KB269388

加耶文明史

가야문명사

진인진

자료 제공 및 협력

개인

강경화　고민정　곽동철　곽장근　권귀향　김경화　김규정　김대욱　김옥순　김주용　김진

김현희　김형곤　남익희　박미라　박형엽　배덕환　신영애　심재용　심현철　안성현　이동희

이종철　이춘선　이현정　임동미　임지승　장동욱　장용준　정상석　정현광　정훈진　조근우

조묘해　조현복　최경규　최완규　최정범　최헌섭　하승철　鈴木一有　松永悅枝　橋本達也

기관

가야역사문화연구원　경남발전연구원　경북대학교박물관　경상대학교박물관　경상북도문화재연구원

경성대학교박물관　계명대학교박물관　국립가야문화재연구소　국립경주박물관　국립김해박물관

대가야박물관　대동문화재연구원　대성동고분박물관　동서문물연구원　동아세아문화재연구원

동의대학교박물관　마한문화재연구원　부산박물관　삼강문화재연구원　삼성미술관 리움

순천대학교박물관　영남대학교박물관　영남문화재연구원　우리문화재연구원　전북대학교박물관

전북문화재연구원　창원대학교박물관　한국문화재보호재단　호림박물관

鹿児島大學博物館　東京國立博物館

가야문명사

초판 1쇄 발행 ｜ 2018년 9월 1일

지 　음 ｜ 박천수
발행인 ｜ 김태진
발행처 ｜ 진인진
등 　록 ｜ 제25100-2005-000003호
본문편집 ｜ 배원일
주 　소 ｜ 경기도 과천시 별양상가 1로 18 614호(별양동 과천오피스텔)
전 　화 ｜ 02-507-3077~8
팩 　스 ｜ 02-507-3079
홈페이지 ｜ http://www.zininzin.co.kr
이메일 ｜ pub@zininzin.co.kr

ⓒ 진인진 2018
ISBN 978-89-6347-383-3 93900

* 이 저서는 경북대학교 2017학년도 경북대학교 연구년 교수 연구비에 의해 연구되었음.
* 이 책 내용의 전부 또는 일부를 다시 사용하려면 반드시 자료 제공 협조기관과 출판사 모두의 동의를 얻어야 합니다.
* 책값은 표지 뒷면에 있습니다.

목차

加
耶

책을 열며

- 가야토기에서 로만글라스까지 -

올해로 필자가 고고학의 길을 걸어 온지도 어느덧 35년을 맞이하게 되었다. 돌이켜보면 대학 1학년이었던 1983년 여름방학 때에 계명대학교에서 주관한 고령 본관동고분군 발굴현장에 간 것이 고고학의 입문이자 가야고고학과의 첫 만남이었다. 1984년에는 계명대학교에서 주관한 고령 고아동벽화고분 발굴현장에서 벽화실측과 주변 지형을 측량하는 대학 선배들을 보조하는 역할을 맡았다. 1986년에는 가을부터 겨울까지 경북대학교의 합천 저포리D지구고분군 발굴에 참여했다. 당시 4학년이었던 필자는 저포리고분군의 초대형 고분인 D지구1-1호석실분의 발굴에 참여하여, 석실 안에서 두 달 동안 조사를 하였다. 1987년 2월에는 사흘 동안 석실을 다시 실측하였으며, 5월에는 2주 동안 봉토조사를 하였다. 이처럼 학부생으로서 대형 석실분의 석실과 봉토를 조사하는 행운을 누릴 수 있었는데, 이것은 필자에게 발굴과 유구실측을 배울 수 있는 절호의 기회가 되었다.

그때부터 이어진 가야고고학 연구는 고분의 조사와 함께 토기공부를 시작하면서부터였다. 2학년 때인 1984년에 처음으로 올랐던 현풍 양리고분군에서 삼성미술관 등에 소장된 상형토기의 제작지를 알 수 있는 삼각거치형 돌대로 장식한 고배뚜껑 파편을 채집했던 일은 아직까지도 기억에 생생하다. 그 이후부터 연구실에 있던 대구 주변지역 고분군 출토 토기 파편을 관찰하는 것이 큰 즐거움이 되었다.

그러다보니 석사 논문의 주제는 자연히 토기를 택하게 되었으며, 당시까지 연구가 미진한 창녕 비사벌토기에 대하여 관심을 쏟게 되었다. 그후 토기에 대해 본격적으로 공부를 시작한 것은 1987년에서 1989년까지 무렵이다. 석사 논문을 쓰기 위해 많을 때는 하루에 20점을 실측한 적도 있으니, 그 때는 정말 연구에 열중했던 것 같다. 당시 가장 인상 깊었던 것은 국립진주박물관에서 창녕 교동고분군 출토 토기를 실측하였을 때이다. 일제강점기에 발굴된 이후로부터 누구도 손대지 않은 채 서울에서 진주박물관 개관을 위해 이송되어온 교동116호분, 11호분 출토 토기로, 일본인들에 의한 묵서가 그대로 선명하게 남아있었다. 그때의 감동은 지금까지도 잊을 수가 없다. 그 때에 비로소 창녕지역에서 제작된 토기가 예상을 넘어 영남지역 전역에 분포하는 것을 확인할 수 있었다. 당시에는 토기가 지역을 넘어 이동한다는 사실이 학계에서 인식되지 못했던 때였다. 각 지역에서 출토된 창녕지역산 토기를 실측하면서 손으로 만져보는 체험을 통해 자료조사의 중요성을 아는 기회가 되었다.

1991년 오사카大阪대학에서 유학하면서 대가야를 중심으로 하는 연구를 시작하게 되었다. 특히 일본열도에 5세기 후반부터 노도와 같이 대가야문물의 역사적 의미를 밝히는

데에 주력하였다. 그 결과를 1995년에 오사카대학 문학부 잡지인『待兼山論叢』29집에「渡來系文物からみた伽耶と倭における政治的變動」을 발표하였다. 여기에서는 한반도산 문물이 일본열도에서 5세기 전반을 경계로 금관가야에서 대가야로 바뀌는 점과 이와 더불어 일본열도산 문물이 금관가야권에서 대가야권으로 이동하는 것을 밝히고, 이 현상이 가야지역과 일본열도의 정치적 변화를 반영하는 것으로 보았다. 일본열도의 한반도산 문물과 한반도 남부지역의 일본열도산 문물이 왜의 침략과 약탈로 비롯된 것이 아니라 한반도와 일본열도의 정치적인 교섭의 산물임을 분명히 하였다.

귀국한 다음에 1997년부터 모교인 경북대학교에서 봉직하며 연구를 계속하게 되었다. 마침 그때 대구의 한국고대사연구회에서 가야자료 집성 부분을 담당하면서 자연스레 그 일을 맡게 되었다. 이 일을 하면서 당시까지 발굴된 가야고고학 자료 대부분을 살펴볼 수 있는 기회를 가졌고, 그 결과 1997년 경상북도에서『가야문화도록』을 간행하는 데에 공저자로 참여하게 되었다. 1998년부터 교육부에 가야사정책위원회가 발족되면서 함께 참여하였고 5년 동안 일부 간행물의 실무를 맡았다. 그 성과로 2003년에 학연문화사에서 펴낸『가야의 유적과 유물』의 공저자로 참여하였다. 이 책을 펴내는 동안에 대가야 부분을 담당하면서 고령에서 하동까지 대가야권의 유적을 수개월에 걸쳐서 대부분 답사하는 기회를 가질 수 있었다.

『가야문화도록』과『가야의 유적과 유물』을 편집하면서 대가야가 호남동부지역으로 진출하는 과정에 뒤따르는 역사적 배경을 생각하는 가운데 아라가야와 소가야의 활동에 주목하게 되었다. 특히『가야문화도록』의 자료를 수집하면서 전북대학교박물관에 소장된 가야토기를 살펴보는 동안에 전북 동부지역으로 시기를 달리하여 아라가야, 소가야 그리고 대가야양식 토기가 서로 다른 시기에 전해진 것을 알 수 있었다. 이와 같은 결과는 이후에 실시한 전남 동부지역에 대한 조사 과정에서 순천대학교박물관 소장 자료를 보며 다시 확인할 수 있었다. 그래서 이전부터 생각해온 대가야의 영역이 남해안에 걸친 대권역 국가인 것과 대가야의 발전 배경에 대한 의문을 풀어볼 수 있는 기회가 되었다. 이른 바 임나사현의 의미를 다시 반추하였다. 이를 바탕으로 479년 대가야 남제견사가 대가야의 호남 동부지역에 대한 확고한 기반 없이는 불가능하였다는 생각을 하게 되었으며 또한 대가야와 백제의 관계를 다시 생각하는 기회가 되었다.

이와 함께 대가야 이전에 이미 호남 동부지역에 활발한 활동을 전개한 아라가야와 소가야로까지 관심 범위를 넓혀보게 되었다. 그래서 4세기대의 왕묘가 조사되지 않아 금관가야에 비해 상대적으로 낮게 평가되어온 아라가야에서 생산된 토기가 각지의 여러 수장묘에 부장된 것은 아라가야를 중심으로 한 관계망이 영남지역 전역에 걸쳐 어우러졌다는 것을 알 수 있었다. 이를 통해 가야전기의 정치구도를 새롭게 보는 기회가 되었으며, 5세기 전반에 활동한 소가야에 대해서도 다시 살펴볼 수 있는 계기가 되었다. 또한 이전의 연구과제였던 창녕양식 토기에 대해서도 새로운 관심을 갖게 되었다. 이로부터 새로운 조사과정에서 창녕지역의 토기가 이전에 필자가 생각한 것과 달리 4세기 후엽부터 낙동강 이서지역에 전해지기 시작하여 5세기 전반에 경남 서부지역 전역에 전해지는 것을 확인할 수 있었다.

또한 가야와 연구와 더불어 필자는 고대한일교섭사 연구를 병행하였다. 1998년에 발간된 『靑丘學術論集』12집에 「4~5世紀における韓日交渉の考古學的檢討-考古學からみた古代の韓日交渉」라는 글을 통해 6세기 초를 전후하여 일본열도에 전해지는 문물의 창구가 대가야에서 백제로 바뀌었다는 것을 밝혔다. 이 시기에 백제가 가야지역과 왜와의 전통적인 일상적 교류를 뛰어넘어 일본열도와의 교류에서 주도권을 장악한 것으로 보았다. 더욱이 백제와 왜의 본격적인 교류가 6세기 초를 전후하여 시작한 점과 새롭게 출현하는 왕조의 창시자인 계체繼體와 관련된 지역에 백제계 문물이 집중되는 점을 백제의 재흥再興과 일본열도에서의 새로운 왕조가 출현하는 배경으로 보았다.

1998년부터 오사카大阪대학에서 사사한 츠데 히로시都出比呂志선생님과의 공동연구를 계기로 영산강유역의 전방후원분에 대한 연구를 개시하였다. 그 때부터 30여 차례 현지 조사를 실시하면서 전방후원분뿐만 아니라 주변의 관련 유적을 함께 답사하였다. 두 유적 간의 관계를 보면서 전방후원분의 출현과정과 성격에 대하여 조사하였는데, 영산강유역 전방후원분에 대한 연구로부터 6세기뿐만 아니라 삼국시대 한일관계사를 조망할 수 있게 되었고 더욱이 일본열도의 전방후원분에 대한 연구를 본격적으로 시작하는 계기가 되었다. 2001년에는 그 연구 성과를 와카야마和歌山시립박물관에서 발간한 『渡來文化の波-2001秋季特別展圖錄』에 「三國·古墳時代における韓·日交渉」이라는 제목으로 한일교섭사의 개요를 발표하였다. 그리고 이 원고를 보완하여 『韓國古代史研究』27집에 「考古資料를 통해 본 古代 韓半島와 日本列島의 相互作用」을 발표하였다.

2002년에는 그 동안 진행한 전방후원분에 대한 연구 결과를 고고학연구회考古學研究會 총회에서 발표하였고, 『考古學研究』49-2호에 「栄山江流域における前方後圓墳の被葬者の出自とその性格」이라는 이름의 논문으로 게재하였다. 이 논문은 그때까지 주목하지 못했

던 영산강유역 전방후원분이 주변을 지배하고 있던 수장 계열과 전혀 관계없이 갑자기 출현하는 과정을 명확하게 밝힘으로써 묘의 주인공을 재지수장으로 볼 수 없음을 분명히 하였다. 그리고 영산강유역 전방후원분前方後圓墳의 묘주는 독립적으로 할거한 것이 아니라, 토착세력의 견제와 일본열도와의 외교 및 대가야 공략을 위해 백제 중앙에서 일시적으로 이 지역에 파견한 왜계倭系 백제 관인官人으로 판단하였다.

2003년에 펴낸 『東アジアの古代文化』117호 「栄山江流域における前方後圓墳の出現の歷史的背景」 글에서는 영산강유역의 전방후원분 피장자에 대해 규슈九州 북부에서 볼 수 있는 석실 유형과 특징적인 유물을 살펴보면서, 이 지역에 영산강유역의 토기와 백제 문물이 전해지는 것을 근거로 규슈 북부로부터 아리아케카이有明海 연안 지역에 걸쳐 존재한 여러 유력 호족豪族으로 파악하였다. 영산강유역 전방후원분을 조영한 규슈지역의 유력 호족은 에타후나야마江田船山고분에서 출토된 백제 장신구와 명문대도銘文大刀, 흠명欽明기에 보이는 왜계倭系 백제관료百濟官僚로 보아 왜왕권과 더불어 백제왕권에 속한 관료로 보았다.

2003년부터 2004년에 걸쳐 일한문화기금 초청으로 구마모토熊本대학에서 1년간 연구할 수 있었는데, 이 기간은 일본열도 전역을 답사하고 관련된 자료를 확보할 수 있는 좋은 기회가 되었다. 특별히 한일 간 항로航路 중간에 있는 오키노시마沖の島유적은 가장 기억에 남았다. 2007년에 구마모토대학에서의 연구 성과를 모아 고단샤講談社에서 『加耶と倭』라는 이름으로 그리고 사회평론 출판사에서 『새로쓰는 고대한일교섭사』라는 이름으로 출간하였다.

2007년에는 한국고고학회에서 출간하는 『한국 고고학 강의』에 가야를 담당하게 되었다. 그러나 3판부터 편집자가 과도하게 고치는 바람에 언젠가는 본인의 생각을 담은 가야 연구서를 간행하고자하는 생각을 가지게 되었으며, 실은 이것이 『가야문명사』 저술의 출발이 되었다.

2008년 고령군 지산동44호분 재보고서 작업을 개시하였다. 1977년 경북대학교에 의해 발굴된 지산동44호분은 지금까지 조사된 가야 최고 위계의 왕릉으로 그 중요성에도 불구하고 소략한 보고서로 평가절하 되어 왔다. 그래서 고고인류학과 학부와 대학원생들과 같이 1년에 걸친 유물의 재실측과 사진촬영을 거쳐 2009년 『고령 지산동44호분-대가야왕릉-』으로 간행하였다. 보고서 출판비 밖에 없는 관계로 무보수로 학생들을 일하게 한 점은 미안하지만, 당시 참가한 학생들이 학계 각 분양에서 활동할 수 있는 실력을 키우게 한 것으로 위안을 삼는다. 또한 2009년에는 유학시절부터 관심을 갖고 조사해온 일본열도 각지에서 출토된 대가야문물 자료를 한데 모아, 『일본열도속의 대가야문화』라는 이름으로 고령군에서 출간하였다. 특별히 이 책에는 거점지역의 최고 유력수장묘인 동일본의 사이타마현埼玉縣 이나리야마稻荷山고분, 서일본의 와카야마현和歌山縣 오타니大谷고분, 규슈九州의 구마모토현熊本縣 에타후나야마江田船山고분 등에 대가야의 위세품이 부장된 역사적 배경에 대해 설명하였다. 그리고 석사논문을 쓴 이후로부터 발표한 가야토기 연구를 종합하여 2010년에 진인진 출판사에서 『가야 토기-가야의 역사와 문화-』라는 이름으로 책을 펴냈다. 이와 함께 2011년에는 국내외에 흩어져있는 대가야자료의 중요성을 인식하고, 이들을 모아 『국내외 소장 대가야 문물』이라는 이름으로 고령군에서 간행하였다.

2011년에 필자는 국제교류기금의 초청으로 20년 만에 오사카大阪대학에서 두 번째 연구년을 갖게 되었는데, 이는 그 동안 공부하지 못했던 아스카, 나라시대 유적을 집중적으로 조사할 수 있는 특별한 기회가 되었다. 아스카, 나라시대 연구는 문헌사료가 풍부하기 때문에 고고자료와 함께 비교 검토가 용이하고, 무엇보다도 그 이전시기의 한일관계를 해석하는 데에도 큰 도움이 되었다. 특히 이 시기의 신라와 일본과의 관계에 주목하였는데, 이러한 연구 성과를 모아 2011년에 진인진 출판사에서 『일본속의 고대 한국문화』로 그리고 2012년에는 동북아역사재단에서 『일본속 고대 한국문화-近畿地方-』이라는 이름으로 책을 간행하였다.

2009년 무렵에 이란의 사산조 페르시아 유적과 유물을 접하게 되면서 실크로드 연구에 관심을 갖게 되었다. 전 세계에서 많은 연구자가 관심을 기울이는 실크로드에서 필자가 연구할 수 있는 분야와 주제가 무엇인지 고민을 거듭하다가 유리를 꼽아보았다. 원래 필자의 전공은 가야토기이다. 토기를 알기 위해서는 실측이 가장 중요한 것임을 알고 있기에 필자는 미술사적·자연과학적 연구에 치중된 유리 연구를 보완할 수 있는 길은 고고학적 방법인 실측과 관찰이 필요할 것이라고 생각하였다. 더욱이 유리라는 주제를 선택한 큰 이유 가운데 하나는 신라고분에는 동아시아에서 유례를 찾아볼 수 없을 정도로 많은 유리기가 부장되었기 때문이었다. 필자는 5세기를 중심으로 한 경주 대릉원고분군에 100점 이상의 로마, 사산조 페르시아 유리기가 부장되었으리라고 본다.

그로부터 시간이 흐르고 신라의 대릉원고분군 출토품과 일본열도 출토 유리기를 직접 실측하는 가운데, 실물자료의 중요성을 인식하면서 로마, 페르시아, 이슬람글라스를 세계 각지로부터 연구 자료로서 확보하였다. 언젠가 실크로드박물관이 국내에 설립되길 기대한다.

실크로드를 공부하면서 두 분의 스승을 만나게 되었다. 세계적인 유라시아연구자인 가토 규조加藤九祚선생님은 칠곡군 약목면 출신으로 2016년에 작고하셨다. 비록 삼년이라는 짧은 기간의 만남이었지만, 선생님이 보여주신 불굴의 학문 정신으로부터 받은 감화는 깊이를 헤아릴 수가 없다. 그리고 세계적인 유리연구자인 요시미즈 츠네오由水常雄선생님으로부터는 유리의 기본부터 배울 수 있었다. 두 분과 함께한 2015년 경북대박물관의 실크로드와 신라-유리의 길-전시는 잊을 수 없는 추억이다. 가토 규조加藤九祚선생님의 장서와 자료는 돌아가신 이후 유언에 따라 경북대학교에 기증되었고, 이를 바탕으로 경북대 실크로드 조사 연구센터가 설립되어 본격적인 활동을 준비하고 있다.

필자는 한국고고학계에 시대별 개론서가 없는 것에 항상 부족함을 느껴왔다. 이러한 생각을 카자흐스탄 답사 중에, 학부시절부터 알게 된 중앙문화재연구원 조상기 원장님께 기회가 되어 전하였고, 부임한 이래로 같이 공부해온 연구자들이 힘을 모아『신라고고학개론』을 2014년 진인진 출판사에서 간행하였다. 곧 이어서 2016년에는『가야고고학개론』을 진인진에서 간행하였다. 그리고 필자는 2016년에 유라시아 실크로드를 조망하는 가운데 신라와 일본과의 관계를 새롭게 밝힌 연구 성과를 진인진 출판사에서『신라와 일본』이라는 제목으로 간행하였다

2017년에 필자는 세 번째 연구년을 맞이하여 중국 시안西安의 시베이西北대학에서 중국 황제릉을 집중적으로 답사하는 기회를 가졌다. 서안의 진, 한, 당 황제릉은 물론 따퉁大同과 뤄양洛陽의 북위 황제릉, 난징南京의 남조 황제릉, 내몽고內蒙古의 거란 황제릉, 인촨銀川의 서하 황제릉, 공이巩义의 북송 황제릉 등을 돌아볼 수 있었다. 특히 당과 주변제국 그 가운데 신라와 당의 관계에 대해서 깊이 생각하는 계기가 되었다. 그해 말에 신장위구르 지역을 홀로 우르무치烏魯木齊에서 호탄和田까지 타클라마칸사막을 따라 답사한 것이 가장 인상적이었다. 긴 여정 끝에 도달한 호탄박물관에서는 니아尼雅유적에서 출토된 로만글라스 각배를 관찰하는 기쁨은 석사시절 국립진주박물관에서 일제강점기 발굴된 창녕 교동 고분군 토기를 처음으로 실측할 때와 맞먹는 즐거움이었다. 그 즐거움과 감동은 글로 표현하기 어려울 정도였다. 이렇게 연구의 출발은 가야토기에서 시작하였으나 로만글라스를 비롯한 페르시아, 이슬람글라스로 확장하여, 실크로드를 통한 동서교섭사를 유물을 통해 본격적으로 도전하고자하는 결의를 다지는 뜻깊은 답사가 되었다.

2018년 1월 귀국하자마자 필자는 바로 이 책의 집필에 착수하였다. 사실 필자는 이전부터 이제까지 공부해온 가야사를 종합하려는 생각을 가지고 있었다. 2010년에 가야 관련 연구서로 진인진에서『가야토기-가야의 역사와 문화-』로 간행하였으나, 이 책은 토기를

중심으로 작성되었기 때문에 항상 부족한 마음을 가지고 있었다. 더욱이 연구사의 검토에서 언급한 바와 같이 근래 간행된 가야 연구서와 다른 시각을 학계에 보여주고 싶기도 하였다. 그러하기에 필자는 고고학 자료를 통하여 가야사를 새롭게 정립하고자 이 책을 준비하였다. 그렇지만 실크로드 연구를 실시한 이래 근래의 가야고고학 자료를 접하지 못하였기 때문에 우선 그 동안에 간행된 주요 보고서를 분석하는 작업을 실시하였다. 그 동안의 증가한 새로운 자료는 놀랄만한 것들이었으며, 가야 전공 대학원생들과 함께 중요 자료를 살펴보고 검토하는 뜻깊은 시간을 가졌다.

이 책을 내면서도 아직도 가야 할 길이 멀다는 생각이 든다. 필자는 항상 부족함을 느끼면서도 중간 평가로 생각하면서 몇 권의 책을 펴냈는데, 이 책도 그 가운데 하나로 생각하며 동시에 가야사 연구의 밑거름이 되기를 바란다.

지난 35년간 지도해주시고 자료 조사에 많은 도움을 주신 국내외 여러분, 2010년 이래 항상 좋은 책을 만들어주신 진인진 출판사의 김태진사장님, 김지인선생님, 배원일선생님, 교정을 도와주신 이재열선생님, 김준식선생, 임영재선생, 자료조사와 도판자성에 힘써준 김도영선생, 장주탁선생, 정진선생 그리고 이한별, 박재현, 정승복, 김미나, 김은숙 님을 비롯한 경북대학교 대학원생들에게 감사드린다.

마지막으로 이 책을 이제까지 살아오면서 은혜를 입은 여러분께 바친다.

2018년 8월 복현 동산에서

박천수

가야문명사

加耶

I

가야 연구의
현상과 과제

1. 가야 연구의 문제 제기

가야는 고대 한반도 동남부에 위치하였던 나라로 하나의 국가로 통일되지 못하였다. 그래서 가야사는 『삼국사기』에 일국사로 기록되지 못하였기 때문에 그 내용이 잘 알려지지 않았다.

그런데 가야사 연구가 본격화된 것은 일제강점기부터이다. 이는 가야가 왜倭와 밀접한 관계에 있었던 나라였기 때문만이 아니라, 일본 제국주의 관학자들의 한반도 식민지지배를 합리화하고자 하는 정치적 의도에서 시작되었다. 그 연구의 중심 주제는 임나일본부任那日本府론이었다.

이 책에서는 먼저 임나일본부론에 대해 살펴보고 해방 이후의 문헌사학과 고고학적 연구 성과에 대하여 쟁점이 되는 부분을 중심으로 설명할 것이다. 그런 다음에 논쟁이 된 부분의 연구에 대해 접근해보고자 한다.

1) 임나일본부론

임나일본부론은 왜가 4세기 후반에 한반도 남부를 침공하여 6세기 후반까지 지배하였다는 것이다. 임나일본부론은 『일본서기日本書紀』 신공神功기의 삼한정벌, 임나일본부 기사, 광개토왕비 왜의 침공 기록과 『송서宋書』 왜국전 왜倭오왕 기사를 논거로 성립되었다.

그 가운데 당대의 사료인 광개토왕비(도 Ⅰ-1)는 1883년 그 묵본墨本이 일본에 들어와 육군 참모본부에서 해석이 시도되었고, "신묘년(391년)에 왜가 바다를 건너 백제 신라를 쳐부수고 신민臣民으

도 Ⅰ-1 광개토왕비

로 하였다"라는 부분이 학계의 각광을 받았다. 이로써 『일본서기』에 보이는 신공神功기의 삼한정벌과 임나일본부 기사가 방증되었다고 보았기 때문이다. 이와 관련하여 1905년 일본 동양사학계의 태두인 시라토리 구라키치白鳥庫吉의 다음과 같은 서술은 매우 흥미롭다.

"이 비문은 당시의 가장 신용할 만한 역사상의 유물이다. 이로써 일본이 조선남부를 지배했음을 알 수 있다. 당시 일본은 삼한 반도 남부를 지배했는데, 북부의 고구려와는 반대 지위에 서있었다. 고구려는 마치 지금의 노국(露國, 러시아)과 같은 관계여서 일본이 반도 남부에 세력을 얻으려 하면 고구려가 이를 누르려 한다. 남부의 삼국을 지배하고 또 지속하기 위해서는 어떻게 해서든지 북부의 고구려를 꺾어야한다. 그 관계는 마치 일본이 지금의 조선을 휘어잡기 위해서는 북의 노국을 쳐야하는 것과 같다. 조선에서 세력을 획득하고자 먼저 중국과 싸웠고 지금은 노국과 싸우는 것과 마찬가지로 일본은 고구려와 전쟁을 벌였던 것이다"(白鳥庫吉 1905: 453-454).

종래 광개토왕비문은 고대 일본의 한반도 지배를 뒷받침하는 제일급 사료로 취급되어 왔으나, 이는 어디까지나 근대 일본이 낳은 해석의 산물이었다. 앞에서 언급한 바와 같이 광개토왕비문에 의거하여 입론立論된 고대 일본의 한반도 지배는 청일전쟁, 러일전쟁 시기 역사 과정의 표상화로 되살아난 과거라는 성격을 가지고 있다(李成市 지음·박경희 옮김 2001: 24).

이와 같은 시대 배경으로 볼 때 임나일본부론은 단지 고대한일관계를 규정하기 위한 것으로 볼 수 없고, 당시 근대 일본 제국주의의 당면과제인 조선에 대한 침략과 통치의 명분을 확보하기 위한 의도로 제기된 것이다.

당연히 일제강점기 조선총독부의 지원을 받은 도쿄東京대학과 교토京都대학의 관학자들에 의한 고적조사가 김해, 함안, 고령에 집중된 것은 임나일본부를 존재를 증명하기 위함이었다(도 Ⅰ-2).

임나일본부론은 앞에서 살펴본 바와 같이 19세기 말~20세기 초 이래 확립되었으며, 스에마츠 야스카즈末松保和의 『임나흥망사任那興亡史』에 의해 완성되었다(末松保和 1949)(도 Ⅰ-3). 그런데 이 책이 출간된 시점이 해방이후인 점이 주목된다. 이는 고대 한일관계사에 대한 일본인 연구자의 관점이 패전 이후에도 전혀 변하지 않고 그대로 지속된 것을 방증하는 것이다. 임나일본부론은 문헌사학에 의해 확립되어 이후 일본 고고학계에 고대 한일관

도 I-2　임나일본부와 관련된 조선총독부의 발굴과 대가야왕궁지 조선총독의 임나일본부 기념비
1: 김해 회현리패총 ｜ 2: 고령 지산동고분군 ｜ 3: 대가야왕궁지

계에 대한 해석의 틀로서 작용하였다.

　　일제강점기 가야·신라유적조사에 참가하고 이후 도쿄대학 고고학연구실의 교수를 역임한 사이토 다다시齋藤忠는 1960년 당시 최고수준을 자랑하는 전문 교양서인 『도설세계문화사대계圖說世界文化史大系-일본日本 I』에서 「해외진출海外進出」이라는 항목을 설정하고 「반도로의 출병半島への出兵」이라는 부제까지 붙이면서 3세기 말~4세기 초 왜가 야마토大和를 중심으로 북부 구주를 포함한 통일 국가체제를 갖춘 후 한반도로 출병한 것으로 주장하였다(齋藤忠 1960: 200). 또한 「임나일본부任那日本府」라는 항목에서는 임나일본부의 지배범위가 영남과 호남지역까지 미치고, 이 지역에 왜의 상비군常備軍이 주둔하여 현지 문화에까지 영향을 끼쳤다고 주장하였다. 이는 한반도 출토 왜계 문물을 통하여 임나일본부

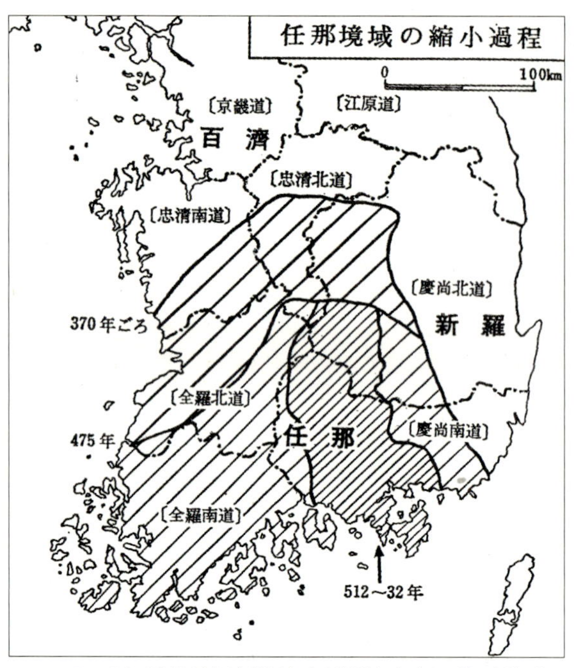

도 I-3 임나일본부의 범위와 변화(야마오 유키히사山
尾幸久 1989)

의 존재와 그 범위가 호남지역에까지 미쳤다는 것을 증명하려고 한 것이다.

패전이후 일본을 대표하는 고대 사학자인 나오키 고지로直木孝次郎도 같은 책의 「왜의 오왕倭の五王」이라는 항목에서 「조선침략이 가져온 것朝鮮侵略のもたらしたもの」 부분을 다음과 같이 기술하고 있다. "4세기 후반부터 시작된 일본의 조선 원정은 백제, 신라를 일본의 지배하에 두고 임나제국을 속국으로 삼았고, 이 때 귀화인과 함께 대륙의 선진 문화와 기술, 물자가 일본에 들어왔다. 4세기 말 ~5세기 전반 오진應神·닌토쿠仁德조가 융성한 것은 조선 정복을 성공했기 때문이며 이에 따른 대륙 문화의 수입이 일본 문화를 고양하였다"(直木孝次郎 1960: 202)고 하였다.

한편, 1963년 김석형에 의해 삼한三韓·삼국三國에 의한 일본열도 분국론分國論이 제기되었다(김석형 1963·1966). 분국론은 한반도의 본국本國으로부터 파견된 이주민이 분국分國을 설치한 결과로 일본에서 고대국가가 형성되었다는 것으로, 임나일본부설을 정면으로 반박하고 고대 일본민족에 대한 한민족의 우월성을 강조하였다. 분국론은 이후의 북한뿐만 아니라 남한의 고대한일관계사 연구에도 엄청난 영향을 미쳤다.

그 후 1970년대 초 나카츠카 아키라中塚明에 의해 광개토왕비 비문의 해독에 육군 참모본부가 의도적으로 관여한 점이 분명히 밝혀지고(中塚明 1971: 561), 이진희에 의해 비문 변조설이 제기(李進熙 1972)됨에 따라, 일본 고대사학계에서 임나일본부에 대한 전면적인 재해석이 개시되는 계기가 되었다.

한편, 문헌사학에서의 이러한 변화에도 불구하고 일본고고학계에서는 의연하게 기존과 같은 해석이 이어졌다. 예를 들면 1975년 오노야마 세츠小野山節는 김석형의 분국론과 이진희의 광개토왕비 변조설을 비판하면서 왜의 한반도 진출이 역사적 사실임을 강조하

24

였다(小野山節 1975: 125). 특히 그는 분국론이 특정유물과 민족을 동일시하는 구스타프 코시나Gustaf Kossinna의 학설과 유사한 것을 지적하고, 코시나 학설이 나치즘에 의해 게르만 민족의 고지故地로 상정된 동유럽에 대한 침략의 구실로 사용된 것을 상기시키며 이를 비판하였다.

그러나 오노야마 세츠와 같은 시각을 가진 일본 연구자가 분국설을 비판하기 위해서는 먼저 일선동조론日鮮同祖論과 임나일본부론이 일본제국주의의 한반도 침략과 통치를 정당화하기 위한 명분으로 활용되었던 역사적 사실에 대한 자아비판이 전제되어야할 것이다.

1980년대에 들어 한국 연구자뿐만 아니라 일본의 문헌사학자에 의해 임나일본부가 6세기 전반에 일시적으로 함안 아라가야에 파견된 왜의 외교사절이 체류한 왜신관倭臣館과 같은 것으로 밝혀지게 되었다. 그럼에도 불구하고 일본의 고대사와 고고학계에서는 아직까지 뿌리 깊게 이전시기 임나일본부론의 영향력이 남아있다. 특히 일본 고고학계에서는 문헌사학의 새로운 연구 성과가 반영되지 않고, 지금까지도 한반도로부터의 문물 도입을 왜왕권에 의해 이루어진 임나경영 혹은 침략에 의한 것으로 보는 시각이 불식되지 않고 있다. 즉 근래 일본학계에서는 예전과 같은 임나일본부에 대한 기술은 보이지 않지만, 4세기 후반 왜왕권이 한반도 남부지역에서 군사 활동을 통하여 철을 포함한 필수 물자와 유통기구를 장악함으로써 일본열도내의 패권을 확립하고 고대국가가 성립된 것으로 보고 있다. 이는 단지 조선총독부와 같은 성격의 임나일본부에 의한 수탈에서 도요토미 히데요시豊臣秀吉의 조선 침략과 같은 군사적 약탈에 의한 것으로 내용이 바뀐 것에 불과하며 그 본질이 전혀 변하지 않았다고 평가한다.

이러한 인식은 2000년 데라사와 가오루寺澤薰가 저술한 고단샤講談社 발행의 역사 교양서인 『일본의 역사2日本の歷史2』에서 임나일본부를 논거로 왜가 한반도에서의 패권을 획득하기 위해 군사력을 투입하여 중국을 본 딴 독자적인 제국帝國 형성을 지향한 것으로 본 것에서도 잘 알 수 있다. 더욱이 왜는 중국 왕조를 대신하여 왜왕의 덕화德化를 통해 한반도의 정치적 질서를 수립한 것으로 주장하였다. 그 실례로 한반도 남부의 김해시 대성동고분군에서 출토된 일본열도산 문물을 왜왕권의 제국적인 국가 의지에 의해 이루어진 한반도 침략의 증거로 보았다(寺澤薰 2000: 338-339)

그리고 일본열도내의 갑주와 금동제 장신구, 마구를 부장한 고분의 피장자를 왜왕권의 한반도 경영 또는 외정外征에 참가한 무장武將으로 보거나, 이주민의 일본열도로의 이주를 도요토미 히데요시가 조선 침략시 약탈한 도공과 같이 설명하고 있는 것은, 조선총독부에 대한 기억과 함께 근세의 사실을 너무나 안이하게 고대에 투영한 것에 지나지 않는다. 왜냐하면 한반도와 일본열도 사이에는 전쟁이 아니라 정치적인 교섭과 교역에 의한 문물의 도입이 얼마든지 가능하기 때문이다. 따라서 한반도 남부의 왜계 문물은 정치적 교섭을 통해 이입된 것으로 볼 수 있지만, 이를 왜의 침략에 의한 것으로 보기 어렵다. 더구나 왜왕의 덕화德化라는 표현은 지극히 자의적이고 소중화적인 관념의 소산에 불과하다.

일제강점기 가야에 대한 연구는 일본제국주의의 조선에 대한 침략, 통치, 활용을 정당화하는 수단으로 이용되었다. 한편 고대한일관계사에 대한 일본학계의 이러한 연구 관점이 패전 이후에도 전혀 변하지 않고 그대로 지속된 것은 특별히 일본 고고학이 제국주의와 결탁하여 어용학문으로 전락했던 명백한 사실에 대한 인식의 부족과 그에 대한 자아비판이 결여된 것에서 기인한다.

더욱이 우려스러운 것은 근래 일본의 국수주의화에 편승하여 다시 임나일본부론이 부활한 점이다. 오히라 히로시大平裕는 고대 조선반도 남부는 일본이 지배하였다고 한다.『알고 있나요 임나일본부知ていますか任那日本府-한국이 절대로 가르치지 않는 역사韓國がけっして敎えない歷史-』라는 자극적인 제목으로 독자를 유혹하고 있다(大平裕 2013). 아직 일본의 유사사학자에 국한되나 앞으로의 동향이 우려된다.

2) 문헌사학의 가야연구

해방이후 국내의 가야사 연구는 1980년대 이후에 활발하게 진행되었으나, 다른 삼국에 비해 매우 부진하며 그 동안 문헌사학에 의해 주도되어왔다.

그때까지 가야는 하나의 분지를 중심으로 형성된 여러 소국이 병립하는 것으로 파악되어 왔으며 그 범위도 영남지역에 국한된 것으로 생각되었다.

그러한 가운데 전영래는 순천, 광양, 여수지역은『일본서기』에 보이는 이른바 임나사현任那四縣의 사타娑陀, 모루牟婁, 다리多唎로 비정하였다(전영래 1985: 146). 또한 임나사현과 기문, 대사지역이 서로 인접하고 호남 동부 지역이 가야에 속한다고 보았으며, 그 중심국인 반파는 섬진강수계와 영남지역에 걸친 영역국가임을 역설하였다. 당시로서는 매우 탁견으로 본인이 발굴한 남원시 월산리고분군의 조사 성과에 기인한 것이었다. 다만 반파와 가라 즉 대가야를 서로 다른 별개의 국으로 본 점은 수긍하기 어렵다.

김태식은 전기에는 김해의 금관가야가 지리적인 이점을 이용하여 가야연맹의 맹주로 군림하였으나 400년 고구려의 남정과 신라의 침략을 계기로 쇠퇴한다고 보았다. 한편 후기에는 후진적이었던 전기에 비해 안정적인 농업 생산을 기반으로 발전하고 있던 북부가야지역은 전화戰禍를 입지 않고 선진적인 문물을 보유한 유민을 받아들어 철산을 개발하면서 고령의 대가야가 주변 집단을 통합하고 470년경 후기 가야연맹을 결성하였다고 한다. 그리고 이에 대한 근거로는 대가야 국왕 하지가 479년 남제와 통교한 점, 『삼국사기』에 3세기 후반 이래 보이지 않던 가야 기사가 481년부터 보이는 점, 5세기 후엽부터 지산동고분군에 대형 고분군이 성립되고 고령양식 토기가 광역 분포권을 형성하는 점을 들었다(김태식 1985·1993).

그리고 김해세력이 지리적인 이점을 활용하여 교역과 철생산을 기본으로 전기가야연맹의 맹주로서 군림하였으나 그 후 고구려의 남정과 신라의 침략으로 쇠퇴하고, 한편 전기에는 후진지역이었으나 전쟁의 피해를 입지 않은 고령세력이 주변집단을 통합하여 470년경, 후기가야연맹을 형성하였다고 한다. 김태식은 '전영래설'을 따르며 대가야의 권역을 나타내는 우륵12곡 가운데 달이達巳는 임나사현의 다리 즉 여수지역으로 파악하고, 임나사현을 대가야권역으로 보았다(김태식 2002: 262-263). 이 견해의 특징은 가야의 제 정치체가 시종일관 단일연맹체를 형성하였다는 것이다.

그 후 '김태식설'을 계승하여 발전시킨 다나카 도시아키田中俊明는 470년경 고령을 중심으로 대가야연맹이 형성되었고 범위는 문헌사료에서 보이는 514년의 자탄子呑·대사帶沙에서 축성의 기록과 우륵이 만든 12곡에 보이는 지명을 단서로 합천, 남원, 거창, 고성, 사천 등도 포함되는 지역을 상정하였다. 이 대가야연맹설이 단일연맹체설과 다른 점은 함안을 중심으로 하는 지역을 대가야와 다른 세력으로 간주하고 가야지역에 복수의 연맹이 존재했다는 것이다(田中俊明 1990: 120-159).

나아가 김태식은 가야사의 정치 구도를 가야 전기 4세기까지는 김해 금관가야, 가야후기인 5세기 이후는 대가야 단일 연맹체를 주도한 것으로 보았으며, 가야의 국권이 300년간 지속된 것으로 볼 때 사국시대로 설정할 것을 제창하였다(김태식 2004). 왜냐하면 엄밀한 의미의 삼국시대는 562년 가야 멸망이후의 98년간에 지나지 않는데다가 가야의 최대 판도는 신라에 버금가며, 말기에는 고대국가 체제를 형성하기도 한 것으로 보았기 때문이다.

그러나 가야 전기는 물론 후기도 금관가야와 대가야가 단일 연맹체를 주도한 것으로 볼 수 없고, 사국시대를 제창하면서도 가야의 사회 발전 단계가 시종일관 연맹체에 머무른 것으로 파악한 것은 모순이라 할 수 있다. 나아가 사국시대의 근거로서 신라, 백제와는 구별되는 독자적인 문명을 형성한 것으로 보고 있으나 그 내용을 밝히지 못하였다.

한편, 근래 가야의 정치 구도에 대해 적극적인 논의를 전개하고 있는 주보돈은 369년 『일본서기』 신공기 가라7국기사에 대가야가 가라, 금관가야가 남가라로 불린 것을 근거로 4세기 후반에 이미 가야의 중심국이 금관가야가 아닌 대가야로 설정하고 있다(주보돈 2014).

그러나 고고학 자료로 보면 4세기 말까지 금관가야가 중심국이며 이 문헌사료도 5세기 이후의 대가야가 중심으로 대두한 이후의 백제 기록에 근거한 것으로 보이기 때문에 수긍하기 어렵다. 또 4세기 고령지역에는 김해지역에 필적하는 유적이 보이지 않으며 대가야의 왕묘인 지산동고분군은 5세기 전엽이 되어서야 축조가 개시된다. 따라서 4세기 대에 이미 대가야가 금관가야를 제치고 중심국이 되었다고 볼 수 없다. 이는 고고학의 연구 성과를 무시하고 오로지 문헌사료에 의해 역사해석이 가능하다는 것으로밖에 볼 수 없다. 또 신라사와 백제사의 입장에서 일방적으로 가야사를 설명하는 것을 문제점으로 지적하고자 한다.

그리고 이와 관련하여 400년 광개토왕비 경자년조의 왜와 함께 신라를 침공한 세력인 임라가라를 대가야로 보고 있으며, 그 임라가라 종발성을 낙동강 이동지역에 비정하고 있다. 나아가 400년 광개토왕비 경자년조의 임라가라 기사에 대하여 금관가야가 고구려 병력으로 타격을 입었다는 증거는 어디에도 없다고 주장한다. 그러나 4세기 왜와 밀접한 세력은 대성동고분군 출토 왜계 문물로 볼 때 금관가야임에 틀림없다. 왜냐하면 임라가라 종발성은 김해의 봉황동토성이기 때문이다. 낙동강 동안의 부산 화명동 일대는 가야시대 성이 없고 군선을 정박할 곳도 마땅하지 않다. 김해시 대성동고분군에서는 5세기에 거대한 왕묘가 보이지 않는데, 400년 전쟁으로 인해 왕권이 쇠퇴하고 왕통이 교체되었을 가능성이 크다.

더욱이 근래 주보돈은 학계에서 일반적으로 김해 금관가야로 보아온 임라가라를 고령 대가야로 보고 있다(주보돈 2017: 164). 이는 앞에서 언급한 바와 같이『일본서기』 가라7국기사에 금관가야가 남가라로 불린 것을 근거로 이 시기 이미 가야의 중심국이 금관가야가 아닌 대가야로 설정한 것에 기인한다. 그러나 왜가 일반적으로 신라를 침공하는 경로가 동해안과 양산단층대에 연한 교통로이며, 고구려군의 남하로 왜군이 내륙으로 퇴각하였다는 것은 수긍하기 어렵다. 이는 앞에서 언급한 바와 같이 400년 이후 대성동고분군이 쇠퇴하는 것에서도 잘 알 수 있으며, 반복해서 강조하지만 임라가라 종발성은 김해 봉황동토성을 가리키는 것이다.

그리고 『일본서기』 신공기 62년조(382년)의 기사를 신라가 가라의 공략에 나서 성공한 것으로 보고, 이때 신라가 공략한 가라가 곧 고령의 대가야이며 백제가 대가야의 사직을 복원시켜준 것으로 주장한다. 신라의 적극적인 공세에 대한 반격으로 백제의 사주를 받은 대가야가 왜와 함께 신라를 공격한 것이 『광개토왕비』의 경자년조(400년) 고구려 남정으로 보았다.

문헌사학에서는 이 기사에 대해 『백제기』라는 확실한 출처를 가지고 있다고 해서 그 내용이 전부 사실을 반영하지 않는 것으로 보고 있다(김현구외 2002: 129). 더구나 그 공격 주체를 신라로 보고 있지 않다. 이는 불확실한 사료에 근거한 주장에 불과하며 거듭 강조하지만 신라를 공격한 가야세력의 주체는 금관가야이다.

나아가 주보돈은 광개토왕비의 안라인安羅人 수병戌兵을 안安 (신)라인羅人 수병으로 해석하고 있다. 즉, 신라인을 수비병으로 삼아 안치했다고 해석하는 것이다. 그러나 이는 자의적인 해석에 불과한데, 왜냐하면 정통적인 견해를 반론할만한 논거가 보이지 않기 때문이다. 이는 5세기 이후의 고고학적 자료와 관련하여 해석하여야 할 것으로 본다. 즉, 400년 이후 토기의 생산과 유통에서 확인되는 영남 전역에 걸친 아라가야를 중심으로 관계망이 일거에 쇠퇴하는데, 이 현상은 아라가야가 가야·왜 연합군의 일원으로 전쟁에 참여하였다가 타격을 입은 것으로 해석될 수 있기 때문이다.

문헌사학의 가야사 연구의 문제점은 앞에서 지적한 바와 같이 고고학의 연구 성과를 무시하고 오로지 문헌사료에 의해 역사해석이 가능하다는 우월주의와 신라사와 백제사의 입장에서 일방적으로 가야사를 설명하는 것을 들 수 있다.

3) 고고학의 가야연구

가야고고학 연구에서는 다음과 같은 논의가 이루어지고 있다.

첫째 역연대론에 대한 논쟁을 들 수 있다. 아직 그 기준인 고분의 연대에 대한 논쟁이 지속되고 있다. 가야고분의 상대연대에 대해서는 연구자간의 상당한 접근이 이루어졌으나, 그 역연대曆年代에 대해서는 100년 이상의 연대폭을 보이는 등 심각한 견해차를 보이고 있다.

예를 들면 신라 가야고분의 편년 기준이 되는 경주시 황남동109호분 3·4곽과 이에 병행하는 부산시 복천동21·22호분의 연대에 대해서는 4세기 중엽(崔秉鉉 1993, 이희준 1995), 4세기 말(朴天秀 1998), 5세기 중엽(신경철 1985, 金斗喆 2001)으로 나뉘어 논의되고 있다.

신라고분뿐만 아니라 가야고분의 역연대의 기준이 되는 황남대총 남분의 연대는 내물왕을 피장자로 보는 5세기 초(이희준 1995)와 눌지왕을 피장자로 보는 5세기 중엽(金龍星 1996, 桃崎祐輔 2005, 朴天秀 2005)으로 구분된다.

가야산 마구와 대장식구가 출토되어 일본열도 고분의 교차연대 기준이 되는 합천군 옥전M3호분, 사이타마현埼玉縣 이나리야마稻荷山고분의 연대에 대해서도 5세기 후엽(白石太一郎 1985, 宮代榮一 1996, 朴天秀 1998)과 6세기 중엽(洪潽植 1993, 金斗喆 2001)으로 논의되고 있다.

연구자간에 이와 같은 심각한 연대차를 보이는 것은 각 연구자의 가야와 신라사의 전개에 대한 인식차를 반영하는 것이다. 연대를 소급하는 연구의 경우 신라의 발전을 과대평가하는 것에 기인하며, 그 연대를 내려보는 경우는 고대 부산지역의 위상을 과대평가하고 부산지역의 신라화 시점을 늦추고자하는 의도가 깔려있다.

필자는 고구려, 백제, 왜의 병행관계, 그리고 특히 일본의 연구 성과로 볼 때 복천동 21·22호분을 5세기 이전으로 보는 것은 전자와 견해가 같으나, 황남대총 남분을 내물왕릉으로 보는 것에서는 의견을 달리한다.

이희준은 황남대총 남분의 피장자를 내물왕으로 보는 관점에서 다음과 같이 신라사를 파악하고 있다. 여기에 따르면 신라토기의 출현 시점이 4세기 중엽으로 소급되어 마립간기의 개시와 같은 시점이 되고, 신라 지방에서는 4세기 후엽에 등장한다. 이와 함께 고총군이 형성되기 시작하며 이 고총들에는 신라식 위세품이 부장된다. 이러한 현상은 마립간시기 신라 영역을 표시하면서 신라와 지방간의 상하관계를 나타내며 신라에 의한 간접지배로 해석하고 있다. 이로써 내물왕릉설이 4세기 후반 이래 신라의 영역을 신라 토기의 분포로 설정할 수 있고, 또한 그 영역내 경주와 각 지역 사이의 관계에 대한 해석은 문헌사 연구와 정합성을 잘 이루며 설명력을 가진다고 주장하였다. 나아가 편년의 가치는 해석 도구로써 얼마나 설득력이 있느냐에 있을 뿐이라서 자신의 연대를 움직일 수 없는 독립된 사실인양 절대시하는 풍조는 학문 발전에 걸림돌이 될 수밖에 없다고 비판하였다. 나아가 신라토기의 성립 연대를 5세기 이전으로 보면서 황남대총 남분의 연대는 눌지왕을 피장자로 보는 필자의 견해를 비판하면서 단위고분군에서 4세기 후엽부터 황남대총 남분에 이르는 기간 동안 축조된 고총이 5세기 후엽의 고총에 비해 지극히 적은 이유가 무엇인지 설명해야한다고 주장하였다(이희준 2010).

그러나 문제는 이러한 논거의 출발점인 황남대총 축조연대가 5세기 초가 아닌 것이 분명하다는 데 있다. 따라서 신라토기의 성립시기에 근거한 신라의 영역 확장과 고총에 대한 해석도 재검토가 필요하다고 본다. 필자는 신라의 낙동강 이동지역 진출이 그가 주장하는 바와 같이 4세기 후엽에 일률적으로 이루어진 것으로 보지 않고 단계적으로 이루어졌으며, 또한 낙동강 이동지역 고총의 전성기가 5세기 후엽인 점이 분명해진 점에서 신라와 지방과의 관계를 일방적으로 해석할 수 없다고 본다.

따라서 이희준은 동아시아의 역연대 자료로 볼 때 객관적으로 5세기 초로 편년할 수 없는 황남대총 남분을 내물왕릉으로 비정하며 신라의 성장을 과대평가함으로써, 본인이 비판하는 고대 부산지역의 위상을 과대평가하는 논자들과 같은 오류를 범하고 있다고 할 수 있겠다.

각 연구자의 편년이 시한부적인 것임을 필자도 주지하는 바이다. 편년을 포함한 연구자의 학설은 새로운 자료와 방법론에 의해 바뀌는 것이다. 그럼에도 마치 자신의 연대관이 영속적인 것으로 착각하는 잘못을 범하고 있다. 역사적 사건과 결부시켜 고고자료의 역曆연대를 도출하는 경우에는 반드시 양자간의 상관관계를 입증할 수 있는 명확한 증거가 제시되어야 한다. 양자를 잘못 결부시킨 경우라면 그 역曆연대와 이에 따른 해석은 사상누각砂上樓閣에 지나지 않을 것이다.

둘째 가야 사회의 발전 동인에 대한 논의를 들 수 있다.

금관가야와 대가야의 성립에 대해 외부로부터 이주를 주장하는 견해와 내부발전을 중시하는 견해가 있다.

신경철은 김해 대성동29호분 출토 동복銅鍑이 유라시아 전역에 분포하는 기마민족의 문물인 것에 주목하여, 대성동29호분의 성립을 기마민족집단의 이주에 의한 것으로 보았다(신경철 1992·1995). 이를 뒷받침하기 위해 대성동29호묘에 보이는 회청색경질토기, 순장, 후장 등의 출현을 북방기마민족의 습속으로 언급하고, 역사적 배경으로는 『통전通典』 동이전 부여조, 『진서晉書』 동이전 부여조의 태강6년(285년)기록을 들고 있다. 특히 285년조 기록을 부여족 일파가 동해안으로 남하하는 것으로 보고, 북방기마민족의 이주에 의

도 Ⅰ-4 　금관가야 왕릉(김해시 대성동고분군)

해 금관가야가 성립하였다고 주장하였다(도 Ⅰ-4).

　　그러나 문물의 이동은 이주에 의한 것이 아니라 교류에 의해 이입된 것이 대부분이며, 동복은 전 평양과 경주 출토품과 같이 김해지역 이외에도 발견된다. 게다가 순장殉葬과 후장厚葬은 초기국가형성기 전 세계적으로 보이는 현상이다.

　　신경철은 자설을 보완하기 위해 언급한 부산 복천동69호묘 출토 표비가 4세기 부여계夫餘系 유적으로 추정되는 길림성吉林省 유수현楡樹縣 노하심老河深 중층中層 56호묘 출토 표비와 유사성이 크다는 것을 근거로 가야의 초기 마구는 부여의 마구 문화에서 영향을 받았다고 주장(신경철 2000)한 점도 납득하기 어렵다. 먼저 마구의 계통 그 자체도 부여로 보기 어렵다. 또 그의 학설에 따른다면, 기마민족의 이주에 의해 처음으로 조영된 왕묘인 대성동29호묘에 기마민족의 필수적인 부장품인 마구가 부장되지 않는다는 점도 명확히 설명되어야 한다. 금관가야권역에 최초로 마구가 부장되는 것은 4세기 이후가 되어야 한다.

　　그리고 무엇보다도 신경철의 기마민족설의 문제점은 고고자료의 분포를 특정민족의 거주지와 결부시키는 20세기 초의 전파론적 방법론에 의거하였다는 점이다. 게다가 기마민족이 이주에 보이는 생업과 고고학적 문화의 변화가 전혀 인정되지 않는 점에서 더 이상 논의의 여지가 없다.

　　그 후 신경철은 오사카부大阪府 오바데라大庭寺TG232요 출토 스에키의 출현과 일본열도의 초대형 전방후원분이 나라奈良북부에서 오사카大阪남부로 이동하는 변화의 배경을 광개토왕비문에 보이는 경자년(400년)조의 고구려 남정에 의한 금관가야의 멸망에 따른 금관가야세력의 전면적이고 조직적인 이주에 의한 것으로 보고 있다(신경철 1997).

조영제는 합천 옥전23호분의 묘제와 유물에서 새로운 요소가 보이는 것을 김해 부산지역과 연결시키며, 이는 400년 고구려 남정 이후의 금관가야세력의 영남지역으로의 이동에 동반한 혼란상을 반영하는 것으로 주장하였다. 즉 금관가야세력의 이주에 의해 내륙지역에 다라국과 가라국 등이 성립되었다고 한다(조영제 2000: 366-369).

그러나 금관가야의 멸망은 문헌사료로 볼 때 532년이 분명하고, 그 고고학적 근거인 옥전23호묘 출토 금공품은 신라, 백제산이며, 토기도 창녕, 경주양식이다. 중국동북지방에 거주하던 기마민족이 김해지역으로 이주하고 또한 이들이 다시 일본열도와 영남내륙지역으로 이동하였다는 주장은 그 실제성과 해석의 방법론적 문제뿐만 아니라 그 근거로 제시한 역연대가 전혀 일치하지 않는다. 필자는 가야사회의 발전은 외부 선진세력의 이주에 따라 이루어지기보다는, 내부의 자체적인 동인과 외부의 자극에 의한 것으로 보고 있다.

셋째 가야의 정치구도와 사회발전 단계에 대한 논의를 들 수 있다. 김태식은 가야의 정치구도에 대해서 가야 전기 4세기까지는 김해 금관가야, 가야후기인 5세기 이후는 고령 대가야가 단일 연맹체를 주도한 것으로 보았으며, 가야의 국가형성에 대해서는 복합수장사회와 같은 연맹체로 파악하였다(김태식 1993).

김태식의 단일 연맹체와 맹주론은 실은 『삼국유사』오가야조에 의거한 이병도의 가야연맹체론(이병도 1976: 388-389)을 계승한 것이다.

더욱이 이는 가야전기 아라가야를 배제한 일방적인 고고학의 금관가야중심론에도 큰 영향을 미친 것으로 본다. 예를 들면 신경철은 가야의 정치구도에 대하여 가야전기에는 금관가야를 맹주로 하는 가야연맹이 형성되었으며, 400년 고구려남정 이후 대성동고분군 축조 중단 후에는 일국 중심의 연맹체에서 다국체제로 전환되었다고 보았다(신경철 2006: 11).

한편 필자는 가야전기의 정치구도에 대하여 왕묘가 조사되지 않았으나, 아라가야양식 토기의 광역분포권으로 볼 때 금관가야와 함께 아라가야에 의한 양대 세력으로 설정하였다(박천수 2007).

그리고 필자는 고고자료를 통하여 5세기 후반 대가야는 호남동부에까지 걸친 권역을 형성하고 그 권역은 대왕인 대가야왕을 중심으로 편제화되었으며, 산성의 축조와 같은 역역동원체제가 형성된 고대국가에 이른 것으로 보았다. 나아가 그 발전과 권역의 형

성배경을 일본열도와의 교역인 것을 처음으로 밝혔다(박천수 1995 · 1997 · 2016)(도 I-5). 그 후 김태식은 가야의 국권이 300년간 지속되었기 때문에 사국시대로 설정할 것으로 주장하였다(김태식 2004).

가야 전기는 물론 후기도 금관가야와 대가야가 단일 연맹체를 주도한 것으로 볼 수 없고, 사국시대를 제창하면서도 가야의 사회 발전 단계가 시종일관 연맹체에 머무른 것으로 파악한 것은 모순이라 할 수 있다. 나아가 사국시대의 근거로서 독자적인 문명을 형성한 것으로 보고 있으나 그 내용을 밝히지 못하고 있다. 그래서 고고학에 의한 가야의 역사와 문명의 정당한 평가를 통한 사국시대의 설정이 필요하다.

넷째 거대 고총이 소재하는 5세기 창녕지역은 가야에 속하는지 신라에 병합된 것인지에 관한 여부가 쟁점이다.

이희준은 창녕지역이 4세기 후엽에 신라에 복속된 것으로 판단하였다. 그리고 합천 옥전고분군의 창녕계, 경주계문물의 이입은 신라가 창녕지역을 통하여 다라多羅를 회유한 것으로 보고, 창녕계 토기의 낙동강 하류역 이동은 신라가 낙동강로를 확보하는 가운데 행해진 중류역과 하류역의 대서안對西岸 연대連帶, 즉 신라의 지방지배가 지역별 각개격파의 수준을 넘어 여러 지역을 연계하여 실시한 수준에 달한 표징으로 파악하였다. 또 부산 가달고분군에 창녕계 토기가 집중 출토되는 것을 신라화 과정에 수반된 사민徙民으로 추정하고, 이는 창녕의 약화와 낙동강 하구 지역의 강화라는 측면에서 파악하였다(이희준

34

1998: 104-110).

그러나 창녕산토기는 낙동강서안의 합천군 옥전고분군과 김해시 대성동고분군에 4세기 후엽부터 이입되기 시작하며, 5세기 전반에는 창녕양식 토기가 신라권역내 뿐만 아니라 낙동강 서안과 하류역의 가야지역에도 집중적으로 부장된다. 이러한 창녕산 토기의 이동을 신라가 교통로를 확보하는 가운데 이루어진 것으로 보고 이를 신라에 의한 창녕의 약화와 특히 낙동강하구에 대한 영향력 강화로 파악(이희준 2005)하고 있으나, 그렇게 볼 수 없다. 왜냐하면 신라가 창녕지역을 복속시켰다면 가장 먼저 선행해야할 이 지역 세력에 대한 대외 활동의 통제가 이루어졌을 것인데 그것이 보이지 않기 때문이다. 창녕양식 토기가 낙동강이서지역으로 이입되기 시작하는 4세기 후엽 이래의 연동하는 일련의 현상으로, 이는 창녕세력의 활동에 의해 가야지역과 백제지역에 이입된 것으로 본다. 사실 창녕지역이 『일본서기日本書紀』신공神功기 49년조 즉 369년에 가야에 속하는 비자발比自㶱국이었다는 분명한 기록은 확인되나, 4세기 후엽 신라에 복속되었다는 기록은 소국 정복기사가 보이는 『삼국사기』어디에도 찾아 볼 수 없다(도 I-6).

그래서 필자는 창녕지역 토기양식이 소멸되고 각지에 이입되던 이 지역 토기가 반출되지 않은 시점 즉 5세기 후엽이야말로 신라에 복속된 시기일 것으로 파악하고 있다. 이는 낙동강 서안에서 창녕지역과 같은 역할을 담당해온 합천 다라국 세력의 활동이 대가야에 의해 통제되는 5세기 후엽과 같이 연동하는 시기인 점에서 더욱더 개연성이 높다고 할 수 있다.

김용성은 창녕지역을 교동지구 고총을 중심으로 한 세력과 계성지구 고총을 중심으로 한 세력으로 나누고 각각 다른 지역 정치체로 보았다. 나머지 고총이 분포하는 현풍지구와 영산지구는 각 세력의 내부에 포함된 읍락 또는 소별읍으로 생각하였다. 계성지구의 세력은 남강과 밀양강을 통한 교역의 통제에 중점을 둔 신라의 지원에 의해 성립되었고, 교동지구의 세력은 회천과 황강유역에 존재했던 대가야와 다라국 세력을 견제하면서 낙동강을 통한 물자의 교역을 완전히 장악하려는 목적으로 신라가 지원함으로써 성립되었다고 보았다. 또, 교동지구에서의 고총의 종언은 신라가 이 지역에 직접적으로 군을 주둔시킴으로써 재지집단에 대한 지원 필요성이 없었기 때문인 것으로 보았다(김용성 2009).

그러나 계성과 교동지구를 각각 다른 지역 정치체 즉 소국으로 본 것은 토기양식 등 고고자료에서 찬동하기 어려우며 단지 지구에 따른 중심지의 이동으로 파악한다. 그 권역 설정도 찬동하기 어려운데, 토기양식과 고총으로 볼 때 현풍지역이야말로 창녕지역과 다른 지역 정치체라 할 수 있기 때문이다. 나아가 지역사를 일방적으로 신라사의 입장에서 설명하는 점은 이희준의 입장과 다르지 않다.

필자는 창녕세력과 다라국, 금관가야, 소가야와의 반세기에 걸친 교섭은 단지 신라의 출선기구로서의 교역이 아니라 독자적인 정치적 활동으로 평가한다.

다섯째 가야와 현대 사회의 관계에 대하여 연구자가 주된 활동대상으로 하는 지역의 평가에 대한 논의를 들 수 있다.

특히 부산지역 연구자들은 400년 이전 금관가야를 영남지역의 패자로 보고 그 멸망을 신라의 흥기와 일본열도의 정치적 변동의 배경으로 보고 있다(신경철 2010). 김두철은 복천동고분군의 위상을 과대평가하여 복천동21·22호분과 10·11호분을 5세기 이후로 보고, 이 시기에도 동래지역이 신라에 복속되지 않고 이 고분군 조영집단이 양 고분 출토의 금공품, 마구, 철기를 독자적으로 제작한 것으로 보며 묘제, 마구, 토기 등이 신라권역으로 전파된 것으로 보고, 이를 근거로 문화의 창조자, 전파자임을 역설하고 있다(김두철 2007).

그러나 필자가 밝힌 바와 같이 토기양식은 물론 복천동21·22호분과 10·11호분의 철정과 전자의 금동제 호록과 후자의 금동관이 신라산인 것은 재론의 여지가 없다(박천수 2007). 또한 마구도 복천동31·32호분 이래의 복천동고분군의 마구는 23호분 출토품을 제외하면 모두 신라산, 신라형마구이다. 부산의 연구자들은 현재 이 지역의 모습을 고대에 투영함으로써 부산지역이 4세기대에는 금관가야와 5세기대에는 신라와 비교할 수 없는 위상임을 인식하지 못하고 있는 것이다.

최근 호남동부 전북지역의 가야고분이 활발하게 조사되고 조명되고 있다. 이 지역의 고총, 산성과 봉수, 철생산에 주목하여 전북가야론이 대두되었다. 전북가야론은 기존의 대가야권역으로 보아온 이 지역(박천수 1996·1997)의 정치체를 백제와 대가야 사이에 위치한 독자적인 가야인 장수가야, 운봉가야로 설정(곽장근 2010·2011)하며, 나아가 전남과 경남에 속하는 섬진강 중상류역의 가야지역까지 영향을 미쳤다고 한다(전상학 2017).

한편, 이 지역은 대가야권에 속하는 정치체였으나 지역 국가인 기문의 명칭을 사용할 정도로 자율성을 가지고 있었다고 보기도 한다. 또한 고령 대가야세력이 이 지역집단을 매개로 중국 남조와 교류한 것으로 보았다(김재홍 2017).

필자는 종래 이 지역을 백제 신라의 중앙과 지방과 같은 개념으로 파악한 것은 문제가 있다고 본다. 그러나 고고자료뿐만 아니라 문헌사료에서도 이 지역에 대한 영유를 다투고 있는 주체가 어디까지나 대가야와 백제인 점에서 백제와 대가야 사이에 위치한 독자적인 가야인 장수가야, 운봉가야로 보기 어렵다고 본다. 특히 그 고고학적 증거인 산성과 봉수, 철생산의 연대를 삼국시대로 볼 수 있는 적극적인 증거를 찾을 수 없고, 특히 산성의 축조와 운영주체를 이 지역 세력으로 볼 수 있을지도 의문이다.

2. 연구의 방법과 과제

1) 연구의 방법

첫째 고고학 연구의 가장 기본인 유구, 유물의 역曆 연대를 확립한다.

역 연대에 대한 설정은 이미 필자에 의해 정립(박천수 1998·2006·2010)되어 새삼 논의할 필요성을 느끼지 못한다. 그럼에도 논의하고자 하는 것은 아직도 논란이 되고 있기 때문이다. 그 대표적인 예로서 앞에서 살펴본 바와 같이 신라고고학의 입장에서 가야고고학을 바라보는 이희준의 연대관을 들 수 있다. 이희준은 경주 황남대총 남분을 내물왕릉(402년 몰)으로 보고 이를 눌지왕릉(458년 몰)으로 보는 필자의 연대관을 비판하고 있다(이희준 2017: 18). 사실 앞에서 살펴본 바와 같이 이를 다시 재론할 필요성을 전혀 느끼지 못한다. 그럼에도 불구하고 이에 기반한 해석이 마치 역사적 사실인양 주장되고 이러한 연대관이 아직도 일정부분 영향을 미치고 있기에 철저하게 논박하고자 한다.

최근 이희준은 황남대총 남분을 내물왕릉(402년 몰)으로 보고 다시 창녕 계남리1,4호분의 연대를 이에 선행하는 4세기 4/4분기 후반, 이에 선행하는 창녕 동리유적을 4세기 4/4분기 전반으로 설정하며 이 시기에 신라양식으로 토기가 이행하는 것으로 보았다. 또한 소위 369년『일본서기』가라7국기사에 의거하여 369년 당시에는 가야에 속했으나 그 직후인 4세기 후엽에 신라에 병합된 것으로 주장하였다. 이로써 신라의 낙동강 수로 전역에 대한 개입이 실현되었고 369년 근초고왕 남정을 통해 낙동강유역에 진출함으로써 가야에 대해 모종의 이해관계를 수립했던 백제의 이익을 침해하게 되었다고 보고 이것이 바로 399년 백제의 후원아래 가야와 왜가 신라로 침입하게 된 요인으로 주장하였다(이희준 2017: 51-52). 즉 400년 광개토왕비에 보이는 경자년조의 고구려 남정이 신라가 창녕을 병합함으로써 야기된 것으로 본 것이다.

그러나 이 주장의 근거인 황남대총 남분은 앞에서 논의한 바와 같이 동아시아 역연대 자료로 볼 때 내물왕릉(402년 몰)으로 볼 수 없고 창녕 계남리1,4호분의 연대가 5세기 중엽인 점이 분명하다. 따라서 본인이 주장하는바와 같이 그 자체의 논리가 아무리 정치할지라도 길을 잘못 들어선 것이라서 도로徒勞가 될 수밖에 없다.

본서에서는 이전의 필자의 역연대론을 보강하여 가야 나아가 신라고분의 역연대에 대하여 고구려, 백제, 왜고분의 연대를 종합하여 정합적인 연대를 도출하여 이를 확립하고자 한다.

둘째 가야사의 시기를 구분한다.

가야사의 시기 구분은 전사론과 전기론이 대치되고 있다. 전사론의 입장은 변한에서 가야로의 단절을 중시하는 입장이며, 전기론은 연속성을 중시하는 입장인 점에서 차이가 있다. 전사론은 신라, 백제사의 입장에서 가야사를 바라보는 관점으로 필자는 전기론의 입장에 있다. 다만 문헌사학에서 전기와 후기로 나누는 것과 달리 가야사를 조기, 전기, 후기로 설정하고자 한다.

즉 전기론의 전기를 구분하여 목관묘에서 새로운 묘제인 목곽묘가 성립하고 계층간의 격차가 확대되는 2세기 후반을 기점으로 한다. 이 시기는 후한後漢의 환령지말(桓靈之末 147~189년)으로 한韓이 강성하고 군현에서 한으로 유이민이 이입되는 격변기이다. 그래서 2세기 후반부터 4세기 초까지를 조기, 그 이후부터 5세기 초 고구려 남정 이후까지를 전기, 그 이후부터 562년 대가야 멸망까지를 후기로 한다.

조기의 설정은 맹아기로 전기와의 연속성을 중시하는 입장에서 설정하였다. 조기와 전기의 구분은 분립적인 변한소국에서 국간의 관계망이 형성되는 것을 중시하였다.

전기는 4세기 초 토기양식과 통형동기와 같은 위신재의 공유로 보이는 김해 구야국과 부산 거칠산국의 연맹과 이 시기 함안산 토기의 분포권과 토기양식의 영향으로 상정되는 광역 관계망의 형성을 논거로 한다. 『삼국지』위서 동이전으로 볼 때 3세기 변한 시기에도 구야국과 안야국은 중심국이었으나 4세기 초 양자가 국간의 통합 활동을 전개한 것으로 보이기 때문에 이를 전기로 설정하였다. 전기론을 택하는 이유는 4세기 초의 변혁이 3세기를 계승하는 측면을 고려한 것이다. 또한 예를 들어 2~5세기에 걸쳐 지속적으로 축조된 김해 양동리고분군과 대성동고분군을 전사론에서는 설명하기 어렵다.

후기는 400년 고구려 남정 이후 금관가야의 쇠퇴와 소가야, 대가야의 대두를 논거로 한다. 4세기 후반에 대가야가 금관가야를 능가하는 것으로 보고 이를 기준으로 전, 후기를 구분하는 것에 대한 비판적인 견해(주보돈 2017)는 이 시기 김해 대성동고분군의 초대형 목곽묘에 외래의 위신재가 부장된 고고학 자료로 볼 때 타당하지 않다. 더욱이 『일본서기』 신공기 49년조(369년) 가라7국기사를 사료 비판 없이 가라와 남가라의 관계로 본 것은 납득하기 어렵다.

셋째 가야권역 설정에는 지형, 묘제, 토기양식, 위신재, 고분군의 위계와 공간적 배치를 기준으로 한다.

수계와 분지는 같은 지형을 기준으로 한다.

묘제는 단곽인 봉토식과 다곽인 분구식 묘제인지의 여부를 기준으로 한다.

토기양식은 수장묘뿐만 아니라 하위분묘에서도 일정 기간 지속적으로 제작 부장되는 것을 중시한다. 또한 수장묘에서 외래의 이입토기가 부장되는 시기에도 하위분묘에 지속적으로 기존의 양식을 고수하며 지속적으로 사용되는 것을 기준으로 한다.

위신재는 4세기대 통형동기, 5세기대 대가야양식의 금제 수식부이식, 금동제 용봉문환두대도 등의 보유 여부를 기준으로 한다.

고분군은 규모와 최고 위계의 고분의 존재 양태를 기준으로 한다.

넷째 고고학 자료와 문헌 사료를 정합적으로 취합하여 논하고자 한다.

앞에서 언급한 바와 같이 문헌사학의 가야사 연구의 문제점은 고고학 자료를 도외시하고 오로지 문헌사료에 의해 역사해석이 가능하다는 인식에 있다. 한편 고고학 연구자 가운데에도 연대론에서 살펴보았듯이 기본 자료인 유물의 철저한 분석보다는 해석에 치중하여 토기양식조차도 제대로 파악하지 못하는 경우도 보인다. 이는 고고학 자료보다는 문헌사료에 의거한 것이 원인이라 할 수 있다.

근래 주보돈은 앞에서 언급한 바와 같이 학계에서 일반적으로 김해 금관가야로 보아온 임라가라를 고령 대가야로 보고 있다(주보돈 2017: 164). 이는 『일본서기』 가라7국기사(369년)에 대가야가 가라, 금관가야가 남가라로 불린 것을 근거로 이 시기 이미 가야의 중심국이 금관가야가 아닌 대가야로 설정한 것에 기인한다. 그러나 왜가 일반적으로 신라를 침공하는 경로가 동해안과 양산단층대에 연한 교통로이며, 바다를 건너온 왜군이 고구려군의 남하로 경주에서 내륙인 고령지역으로 퇴각하였다는 것은 수긍하기 어렵다.

그리고 4세기는 금관가야의 왕묘급 대형목곽묘인 대성동88호분과 91호분의 로마유리기, 서진西晉의 금동제 대장식구, 전연前燕의 금동제 마구와 청동용기, 류큐열도琉球列島산 패제마구, 일본열도산 파형동기, 통형동기, 중광형동모, 경옥제 곡옥, 방추차형석제품 등의 다양한 국제적인 문물이 이입된 것에서 알 수 있듯이 금관가야의 전성기이다. 한편 주지하듯이 대가야의 왕묘인 고령 지산동고분군은 5세기가 되어서야 축조가 개시된다.

이 견해는 고고학의 연구 성과를 무시하고 오로지 문헌사료에 의해 역사해석이 가능하다는 우월주의와 신라사와 백제사의 입장에서 일방적으로 가야사를 설명하는 것에서 기인한다.

필자가 주목한 바와 같이 『일본서기』의 소위 임나사현은 종래 일본인 연구자들에 의해 임나일본부론에 의거하여 그 위치가 호남서부지역 즉 영산강유역으로 비정되어왔으나, 고고자료로 볼 때 순천, 광양, 여수지역으로 판단된다. 더욱이 그때까지 주목하지 못했던 임나사현의 전략적 중요성은 대가야의 고고자료를 통하여 논하는 것이 비로소 가능하다. 즉 문헌사료만으로는 위치 비정에 그친 것에서도 잘 알 수 있다.

그리고 문헌사학에서 논의되고 있는 『삼국사기』, 『삼국유사』에 보이는 포상팔국의 문제를 들 수 있다. 포상팔국 전쟁은 소가야를 중심으로 한 해상세력에 의한 것이다. 포상팔국 전쟁 기사는 기년이 불분명하고, 5세기 이전 포상팔국의 존재와 그 연맹 여부도 확실하지 않지만 사료로서 완전히 부정하기도 어렵다. 그럼에도 포상팔국 전쟁은 고성 고자국을 중심으로 한 5세기 초에 결성된 소가야연맹에 대한 많은 정보를 제공한다고 본다. 왜냐하면 포상팔국의 위치와 발생 배경은 후대의 소가야사 복원에 매우 유효하기 때문이다. 즉 고성읍, 고성 동해면, 사천, 창원, 거제, 진주, 산청 중촌리, 합천 삼가일대에 보이는 소가야식 묘제와 토기양식을 통하여 그 시기를 알 수 없으나 사료에 보이는 포상팔국과 같은 연맹을 상정할 수 있기 때문이다. 포상팔국의 공격대상에 대해서는 아라가야인 아라국阿羅國 또는 금관가야인 가라국加羅國으로 문헌사학에서 논의되고 있다. 문헌 사료로는 더 이상 밝히기 어려운 전쟁의 대상도 고고 자료로 본다면 그 공격 대상은 4세기 말, 5세기 초 남해안과 남강수계의 관계망을 둘러싸고 소가야가 아라가야와 경쟁하고 있다는 점에서 금관가야인 가라국加羅國으로 볼 수 없고 그 이전시기에도 경쟁상대는 역시 아라가야인 아라국阿羅國으로 판단된다. 남해안과 금강수계를 통한 백제와의 교역권을 두고 경쟁하는 대상은 아라가야이기 때문이다. 그래서 기년은 불분명하나 포상팔국 전쟁의 배경은 남해안의 교역을 둘려싼 포상팔국과 아라가야의 갈등으로 결국 아라가야가 승리하였으며, 이는 아라가야양식 토기의 분포를 통한 광역관계망의 형성에서 추론된다.

여기에서 필자가 강조하고 싶은 것은 가야사, 나아가 역사고고학의 경우 고고학 자료와 유리된 문헌 사료에만 의거한 해석이 불가능하며, 양자는 보완적인 관계이며 배타적인 관계가 아니라는 점이다.

다섯째 고고학자료의 의미를 복안複眼적으로 볼 것을 제안하고자 한다.

먼저 토기양식의 경우 532년 신라에 복속된 것이 분명한 금관가야의 토기양식은 5세기 토기양식의 의미를 생각하는데 시사하는 바가 매우 크다. 즉 금관가야양식은 신라양식과 같이 보이지만, 실은 창녕양식과 신라양식을 융합한 양상이 보인다. 이는 금관가야양식 보다 더욱 독자적인 양상을 보이며 가야지역으로 활발하게 유통되는 창녕양식 토기의 의미를 생각하게 한다.

4세기 말 이래 왕묘인 대성동93호분을 비롯한 김해지역에는 특히 창녕양식 토기가 유입된다. 즉 금관가야권역에 해당하는 왕묘군인 김해시 대성동고분군을 위시하여 전역의 고분군에서 출토된다. 이는 금관가야와 창녕지역 집단이 5세기 중엽까지 긴밀한 관계를 가진 것으로 파악된다. 또한 가달고분군과 예안리고분군 등에서 신라양식으로 보이는 토기가 이입되나 이를 금관가야에 복속된 것으로 볼 수 없다. 이는 양 지구뿐만 아니라 금관가야 전역에서 보이는 양상이기 때문이다. 이 토기들은 본서에서 밝힌 바와 같이 창녕양식과 신라양식의 영향을 받아 형성된 금관가야양식인 것이다.

그런데 이희준은 창녕 계남리1호분을 4세기 후엽으로 편년하며 신라가 창녕지역을 이 시기에 병합한 것으로 보았다. 또한 합천 옥전고분군의 창녕계, 경주계문물의 이입은 신라가 창녕지역을 통하여 다라多羅를 회유한 증거로 보고, 창녕계 토기의 낙동강 하류역 이동도 신라가 낙동강로를 확보하는 가운데 행해진 중류역과 하류역의 연대 즉 신라의 지방지배가 지역별 각개격파의 수준을 넘어 여러 지역을 연계하여 실시한 수준에 달한 표징으로 파악하였다. 부산 가달고분군에 창녕계 토기가 집중 출토되는 것을 신라화 과정에 수반된 사민徙民으로 추정하고, 이는 창녕의 약화와 낙동강 하구 지역의 신라의 영향력 강화라고 주장하였다.

그러나 신라양식처럼 보이는 5세기 김해지역의 토기는 금관가야양식이며 신라양식으로 보이는 토기가 출현한다고 하여도 이를 바로 신라로 볼 수 없음을 웅변한다. 이는 창녕양식과 신라양식이 혼재된 복합양식이기 때문이다.

그리고 토기양식뿐만 아니라 위신재인 금공품에서도 그러하다. 합천 옥전23호분, M1,2호분에서는 신라산 금공품과 신라를 통해 이입된 로마유리기가 부장된다. 더욱이 고령 지산동73호분에서도 신라의 영향을 받은 적석목곽분계의 목곽에 신라산 금동제 마구를 비롯한 금공품이 부장되며 이를 신라화로 볼 수 없다. 이는 신라사의 관점에서 4세기 후엽 신라에 병합되었다고 보는 비사벌의 창녕지역도 마찬가지이다. 창녕 계남리1,4호분은 신라의 영향을 받은 적석목곽분계의 목곽에 신라산 금동제 장신구를 비롯한 금공품이 부장된다. 창녕양식 토기는 신라산 철정과 함께 5세기 중엽까지 낙동강하류역과 남해안일대에 이입되며, 각 지역에서 이를 모방한 토기가 제작되기 때문이다. 창녕의 비사벌세력은 신라산 철정과 토기로 볼 때 이 시기까지 신라와 가야간의 중계 교역을 담당한 것으로 보인다.

그래서 토기양식과 위신재의 보유에 대하여 공반유물과 주변 제지역과의 관계사적 맥락에 대한 검토가 필요하다고 본다.

여섯째 가야 전체를 유적, 유물을 종합하여 시기와 지역으로 가야사를 주체적으로 통관通觀하는 연구를 실시하고자 한다. 나아가 주변국과의 관계사적 측면에서 접근하고자 한다.

문헌사학에서는 이러한 연구가 보이나, 특히 고고학에서는 각 지역사에 대한 접근(김영민 2008, 하승철 2015, 이희준 2017)은 있으나, 전체를 통관한 연구를 찾아볼 수 없기 때문이다. 필자는 이전에 가야사를 통관한 적이 있으나 토기만을 소재로 하였기 때문에 한계가 있었다(박천수 2010).

나아가 가야 일국사로 가야사를 조망하는 것이 불가능하다고 본다. 그래서 관계사로서 가야사를 바라보는 입장이 필요하다고 본다.

그런데 앞에서 살펴본 바와 같이 가야사를 보는 시점이 신라사, 백제사의 입장에서 가야사를 논하고 있다. 관계사적 접근은 필요하나 가야사의 주체는 당연히 가야가 되어야 할 것이다. 이는 479년 대가야의 남제 견사가 대가야 단독으로 이루어진 점에서도 그러하다.

주변국과의 관계사적 측면에서 필자가 주목하는 것은 국내의 자료에 한정하지 않고 일본열도의 가야문물과 가야지역의 일본열도산 문물이다.

가야와 왜의 관계를 통하여 가야 전기 금관가야에서 대가야로의 발전 배경과 위상에 대해 논하고자 한다. 이는 이제까지 국내의 고고자료와 문헌사료만 의존해온 연구를 극복하는 방안으로 생각된다. 특히 일본열도의 풍부한 가야관련 유적 유물은 부족한 국내 자료를 보완할 수 있는 점에서 매우 중요하다.

필자의 연구(박천수 1995)이래 대가야의 섬진강유역과 남해안 진출을 중시한 이후 이를 따르는 연구가 나오고 있으나, 왜 대가야가 섬진강로를 통하여 남해안에 진출한 것인가에 대한 구체적인 논의를 전개하지 못하고 있다. 이는 일본열도의 자료에 대한 접근을 할 수 없는 한계에 있기 때문이다.

대가야의 남해안으로의 진출은 단순한 영역확장이 아니라 일본열도와의 교역괴 남해안의 요충을 확보하려는 의도에 있는 것이다.

2) 연구 과제

본고에서는 이상과 같은 인식하에 다음과 같은 발굴된 고고자료 즉 문헌사학의 사료와 같은 보고서의 분석과 고찰을 통하여 금관가야에서 대가야에 걸친 가야사를 새로운 관점에서 체계적으로 접근하고자 한다.

1977년 순장자가 35인 이상 확인된 대가야 왕릉인 고령군 지산동44호분 조사로 대가야의 위상이 밝혀졌다.

1982년 대가야식 묘제와 유물이 출토된 남원시 월산리고분군 발굴조사 이후 호남동부지역이 5세기 후반 대가야의 영역임이 밝혀졌다.

1990년 이래 김해시 대성동고분군 조사에 의해 초대형 목곽묘에서 중국, 일본열도에서 이입된 외래계 문물이 출토되어 신화로만 전승되어온 4세기 금관가야의 실체와 위상이 확인되었다.

1990년대 아라가야의 5세기 왕묘의 내용과 4세기 아라가야양식 토기가 영남지역 전역

에 분포하는 것이 밝혀졌다(도 Ⅰ-7).

　2000년대 이래 소가야에 대한 본격적인 조사가 진행되어 선분구식과 다곽묘라는 특유의 묘제가 알려지고 그 분포범위가 남해안을 벗어나 합천, 산청, 진주 등남강중류역 일대에 걸친 것이 확인되었다(도 Ⅰ-8).

　가야의 영역은 시기에 따라 변동이 있으나 5세기 이후가 되면 신라와는 낙동강을 경계로 하며 백제와는 호남정맥을 경계로 한다. 가야는 고구려 신라 백제와는 달리 끝까지 그 권역이 하나로 통합되지 않고 크고 작은 나라가 분립한 상태로 존재하였다.

　필자는 가야의 시기구분과 정치구도에 대하여 맹아기로서의 조기, 금관가야와 아라가야가 중심국으로 활동하는 전기와 대가야가 중심국으로 활동하는 후기로 설정한다.

　가야 전기는 4세기 초 토기양식과 통형동기와 같은 위신재의 공유로 보이는 김해 구야국과 부산 거칠산국의 연맹과 이 시기 함안산 토기의 분포권과 토기양식의 영향으로 상정되는 광역 관계망의 형성을 논거로 한다.

　가야 후기는 고구려 남정을 계기로 대성동고분군의 조영이 중지되고 금관가야가 쇠퇴하는 5세기 초에서 대가야가 멸망하는 562년까지이다.

　전기는 토기양식과 그 분포로 볼 때 고 김해만을 중심으로 그 배후의 진영일대, 진해, 창원, 동래지역을 연결하는 관계망을 형성한 일본열도와 교섭의 중심지인 금관가야와 남강하류역에 면한 함안분지와 남해안에 면한 진동지역을 중심으로 남강수계, 황강수계, 섬진강수계, 남해안일대에 광역 관계망을 형성한 아라가야가 양대 축을 형성하고 있었다.

　후기는 고구려 남정을 계기로 금관가야가 몰락하고 아라가야가 일시적으로 쇠퇴하는 5

세기 초 남해안의 고성을 중심으로 한 소가야가 아라가야를 대신하여 호남동부지역에 걸친 광역 관계망을 형성하는 시기를 기점으로 한다. 5세기 중엽 이후에는 고령을 중심으로 한 대가야가 성장하여 남강상류역, 금강상류역, 황강수계, 섬진강수계, 남해안일대에 걸친 대 권역을 형성한다.

먼저 본서에서는 가야 권역과 시기구분에 대하여 새롭게 논하고자 한다. 가야의 가야 권역을 설정에는 지형, 묘제, 토기양식, 위신재, 고분군의 위계와 공간적 배치를 기준으로 한다. 가야의 시기구분은 각 지역 유적의 상대 연대를 설정하고 쟁점이 되고 있는 역연대에 대해 논하고자 한다.

다음은 고고학 자료인 유적과 유물을 통하여 가야의 문화가 주변 특히 신라 백제와 다른 독자성을 부각시키고자 한다.

그리고 일본열도 출토 가야 문물과 가야지역 출토 일본열도산 문물을 통하여 가야 전기 금관가야에서 대가야로의 발전 배경과 위상에 대해 논하고자 한다.

나아가 가야 각국사를 특히 고고학의 사료인 각 지역의 왕릉을 중심으로 한 발굴 보고서의 분석을 통하여 가야 전기의 중심국인 금관가야, 아라가야 가야후기의 중심국인 소가야, 대가야의 성립과 전개를 논하고자 한다.

특히 이 책에서는 신라양식과 같이 보이는 김해지역의 토기양식에 대한 인식이 부족하여 그 권역 설정의 기준과 배경을 제시하지 못했던 5세기 금관가야의 토기 양식과 그 역사적 의미에 대해 논하고자 한다.

금관가야, 아라가야, 소가야에 둘러싸여 있으며, 매우 복잡한 토기양식을 보이고 있어 어느 권역에 속하는지를 분명하게 밝히지 못하였던 5~6세기 창원 마산지역의 성격에 대해 논하고자 한다.

신라의 병합시기를 둘러싸고 학계의 쟁점이 되고 있는 5세기 낙동강동안의 창녕의 비사벌에 대하여 논하고자 한다. 특히 이제까지 주목받지 못했던 창녕양식 토기의 낙동강하류역과 남해안의 50년 이상에 걸친 생산 유통과 영향에 주목하여 그 역사적 의미를 밝히고자 한다.

마지막으로 가야의 정치구도와 국가형성, 그 문명의 역사적 의의에 대하여 논하고자 한다.

본서에서는 가야 사회가 문헌사학에서 설정한 바와 같이 시종일관 연맹체로 정체된 것이 아닌 것임을 고고학자료를 통하여 밝힌다. 그래서 구체적으로 소국연합-광역소국연합-영역국가로 발전한 과정과 그 배경을 분명히 한다. 나아가 영역국가로 발전한 대가야의 국가형성 과정과 문명을 규명하여 진정한 의미의 사국시대론을 제창한다.

부록으로 가야 각국 출토 유물의 조형미에 대해 살펴보고 한국, 일본의 가야관련 중요 유적을 탐방하고자 한다. 한국의 유적은 세계유산을 지향하고 있는 고령 지산동, 함안 말이산, 김해 대성동, 합천 옥전, 고성 송학동, 창녕 교동, 남원 두락리고분군을 중심으로 하며, 일본의 유적은 중요 가야 유물이 출토된 구마모토현熊本縣 에타후나야마江田船山고분 등을 선정하였다.

참고문헌

국문

郭長根, 1999, 『湖南東部地域石槨墓의 研究』, 서경문화사.

곽장근, 2010, 「전북 동부지역 가야와 백제의 역학관계」, 『백제문화』43, 공주대학교 백제문화연구소.

곽장근, 2011, 「전북지역백제와 가야의 교통로 연구」, 『한국고대사연구』63, 한한국고대사학회.

金斗喆, 2001, 「大加耶古墳의 編年 檢討」, 『韓國考古學報』45, 韓國考古學會.

김두철, 2007, 「삼국 고분시대의 연대관Ⅱ」, 『한일 삼국·고분시대의 연대관Ⅱ』, 부산대학교박물관.

김석형, 1963, 「삼한 삼국의 일본열도내 분국에 대하여」, 『역사과학』1, 사회과학원출판사.

김석형, 1966, 『초기 조일 관계 연구』, 사회과학원출판사.

김영민, 2008, 『금관가야의 고고학적 연구』, (부산대학교 박사학위논문), 부산대학교대학원

김용성, 1996, 「토기에 의한 대구 경산지역 고대분묘의 編年」, 『韓國考古學報』35, 韓國考古學會.

김용성, 2009, 『신라왕두의 고총과 그 주변』, 하연문화사.

김재홍, 2017, 「위세품으로 본 전북가야의 위상과 성격」, 『전북가야를 선언하다』, 호남고고학회.

김태식, 1985, 「5세기 후반 대가야의 발전에 대한 연구」, 『한국사론』12, 서울대국사학과.

김태식, 1993, 『가야문명사』, 일조각.

김태식, 2002, 『미완의 문명 7백년 가야사』1, 2, 3, 푸른역사.

김태식, 2004, 「가야, 가야 사람, 가야 역사」, 『가야 잊혀진 이름 빛나는 유산』, 혜안.

김현구 외, 2002, 『일본서기 한국관계기사 연구(Ⅰ)』, 일지사.

박천수, 1995, 「政治体의 相互關係로 본 大加耶王權」, 『加耶耶諸國의 王權』, 인제대학교 가야문화연구소 .

박천수, 1996, 「대가야의고대국가형성」, 『석오윤용진교수정년퇴임기념논총』, 석오윤용진교수정년퇴임기념논총간행위원회.

박천수, 1997, 「정치체의 상호관계로 본 대가야왕권」, 『加耶諸國의 王權』, 新書苑.

박천수, 1998, 「대가야권 분묘의 편년」, 『韓國考古學報』33, 韓國考古學會.

박천수, 2004, 「토기로 본 대가야권의 형성과 전개」, 『大加耶의 遺蹟과 遺物』, 大加耶博物館.

박천수, 2005, 「가야고분의 편년」, 『伽倻文化』18, 伽倻文化研究院.

朴天秀, 2006, 「신라 가야고분의 편년-일본열도 고분과의 병행관계를 중심으로」, 『한일 삼국, 고분시대의 연대관』18, 國立歷史民俗博物館.

박천수, 2007, 「가야」, 『한국고고학 강의』, 서울, 사회평론.

박천수, 2007, 『새로쓰는 고대 한일교섭사』, 사회평론.

박천수, 2016, 「가야사 연구 서설」, 『가야고고학개론』, (중앙문화재연구원 학술총서29), 서울, 진인진.

박천수, 2018, 「고고학으로 본 가야의 권역과 대가야 영역국가의 역사적 의의」, 『가야사의 공간적 범위』, (가야사복원을 위한 국제 학술회의), 대구, 계명대학교 인문학연구당 한국학연구원.

신경철, 1985, 「古式鐙子考」, 『釜大史學』9, 釜山大學校史學會.

신경철, 1992, 「金海 禮安里160號墳에 대하여」, 『伽耶考古學論叢』1, 駕洛國史蹟開發研究院.

신경철, 1995, 「金海 大成洞.東來 福泉洞 古墳群 點描-金官加耶이해의 一端-」, 『釜大史學』19, 釜山大學校史學會.

신경철, 1997, 「日本初期 須惠器의 發現」, 『동아시아 속의 韓·日關係』, 釜山大學校韓國民族文化研究所.

신경철, 2000, 「金官加耶土器의 編年 - 洛東江下流域前期陶質土器의 編年 - 」, 『伽耶考古學論叢』3, 駕洛國史蹟開發研究院.

신경철, 2006, 「가야와 그 전환기의 고분문화」, 『가야와 그 전환기의 고분문화』, (제15회문화재연구학술회의), 국립창원문화재연구소.

신경철, 2010, 「대성동고분군 발굴조사의 성과와 과제」, 『대성동고분 발굴20주년기념 대성동고분군과 동아세아』, (제16회가야사국제학술회의), 김해문화원.

이병도, 1976, 『韓國史-古代編-』, 서울, 을유문화사.

李成市 지음, 박경희 옮김, 2001, 「고대사에 나타난 국민국가 이야기」, 『만들어진 고대』, 삼인.

이성주, 2000, 「고고학을 통해 본 阿羅加耶」, 『고고학을 통해 본 가야』, 한국고고학회.

이영식, 2004, 「가야와 왜, 그리고 임나일본부」, 『가야 잊혀진 이름 빛나는 유산』, 혜안.

이희준, 1995, 「경주 황남대총의 연대」, 『嶺南考古學報』17, 嶺南考古學會.

이희준, 1998, 『4~5世紀 新羅의 考古學的研究』, (서울大學校文學博士學位論文), 서울大學校大學院.

이희준, 2005, 「4-5세기 창녕지역 정치체의 읍락 구성과 동향」, 『嶺南考古學』37, 嶺南考古學會.

이희준, 2010, 「皇南大塚 南墳 奈勿王說」의 提起 背景과 槪要 그리고 意義」, 『皇南大塚』, 國立中央博物館.

이희준, 2017, 『대가야 고고학 연구』, 사회평론.

전상학, 2017, 「전북지역 가야고분의 현황과 특징」, 『전북가야를 선언하다』, 호남고고학회.

全榮來, 1985, 「百濟南方境域의 變遷」, 『千寬宇先生還曆記念 한국사학논총』, 서울, 정음문화사.

조영제, 2000, 「다라국의 성립에 대한 연구」, 『가야 각국사의 재구성』, 혜안.

주보돈, 1995, 「서설-加耶史의 새로운 정립을 위하여」, 『가야사연구』, 경상북도.

주보돈, 2014, 「가야사 새로 읽기」, 『가야문화권 실체규명을 위한 학술연구』, 가야문화권 지역발전시장·군수협의회.

주보돈, 2017, 『가야사 새로 읽기』, 주류성.

최병현, 1993, 「新羅古墳 編年의 諸問題 – 慶州·月城路·福泉洞·大成洞古墳의 상대편년을 중심으로」, 『韓國考古學報』30, 韓國考古學會.

하승철, 2015, 『소가야의 고고학적 연구』, (경상대학교 박사학위논문), 경상대학교대학원.

洪潽植, 1993, 「百濟 橫穴式石室墓의 型式分類와 對外傳播에 관한 研究」, 『博物館研究論集』2, 釜山直轄市立博物館.

일문

宮代榮一, 1996, 「古墳時代における馬具の曆年代 – 埼玉稻荷山古墳出土例を中心に – 」, 『九州考古學第』71號, 九州考古學會.

大平裕, 2013, 『知ていますか任那日本府 – 韓國がけっして教えない歷史 – 任那日本府』, PHP研究所.

桃崎祐輔, 2005, 「高句麗太王陵出土瓦·馬具からみた太王陵說の評価」, 『海と考古學』, 六一書房.

末松保和, 1949, 『任那興亡史』, 吉川弘文館.

白石太一郎, 1985, 「年代決定論2」, 『岩波講座日本考古學1 – 研究の方法』, 岩波書店.

白鳥庫吉, 1905, 「滿州地名談好太王の碑文について」, 『中央公論』20-8, 1970 『白鳥庫吉全集』5, 岩波書店.

寺澤薰, 2000, 『日本の歷史02 – 王權誕生 – 』, 講談社.

小野山節, 1975, 「騎馬民族王朝說をめぐって」, 『古代史發掘6 – 古墳と國家の成立ち – 』, 講談社.

李進熙, 1972, 『廣開土王陵碑の研究』, 東京, 吉川弘文館.

田中俊明, 1990, 「于勒十二曲と大伽耶聯盟」, 『東洋史研究』, 京都大學文學部.

齋藤忠, 1960, 「海外進出」, 『圖說世界文化史大系 – 日本Ⅰ – 』, 角川書店.

中塚明, 1971, 「近代日本史學における朝鮮問題—特に廣開土王陵碑をめぐって—」, 『思想』561, 岩波書店.

直木孝次郎, 1960, 「倭の五王」, 『圖說世界文化史大系~日本Ⅰ – 』, 東京, 角川書店.

加耶

II

가야 권역과
시기 구분

1. 가야의 권역

고고학에서 가야의 권역과 신라, 백제를 구분하는 기준은 토기 양식과 묘제이며, 나아가 가야의 각 영역을 구분하는 것도 마찬가지이다.

실은 가야와 신라의 영역과 가야 각국의 영역을 구분하는 것은 필자의 연구(박천수 2004 · 2007)이전에는 분명하지 않았다. 여기에서는 앞에 제시한 기준을 통하여 각 시기별 권역의 변천에 대하여 살펴보고자 한다.

1) 토기양식

(1) 4세기

노형기대는 화로모양의 그릇받침이다. 파수가 붙은 것과 장각형이 있으며, 전자는 금관가야, 후자는 아라가야양식이다. 신라양식은 파수가 붙지 않고 아라가야양식에 비해 장각이 아닌 것이 특징이다.

고배는 음식물을 따로 옮겨 담아서 사용하는 대각이 달린 접시와 같은 기종이다. 외절구연형과 공工자형이 있으며 전자는 금관가야, 후자는 아라가야양식이다. 신라양식은 공工자형에 가까우나 원삼국시대의 와질토기의 전통을 잇는 팔八자형의 대각이 특징이다.

타날문호는 격자문호와 양이부승석문호가 있으며 전자는 금관가야, 후자는 아라가야양식이다. 신라양식은 격자문호가 특징이다.

4세기 금관가야 양식의 특징적 기종으로는 노형기대와 외절구연고배, 격자문타날호를 들 수 있다. 외절구연고배는 배신에서 한번 꺾이어 구연이 외반하는 형태를 하고 있으며, 노형기대는 전대의 와질토기에서 이어지는 기종으로 다른 지역과 달리 동체부에 파수가 부착되는 것이 특징이다.

4세기 아라가야의 특징적인 기종은 공工자형고배, 노형기대, 양이부승석문타날호이다. 공자형고배는 목제두木製豆를 모방한 것으로, 노형기대는 손잡이가 없고 배신에 비해 대각이 높고 나팔상으로 넓게 벌어지며 신부가 얕은 것이 특징이다.

개는 고배, 장경호, 개배에 주로 사용되는 손잡이가 달린 뚜껑을 말한다. 가야양식은 단추형의 손잡이가 붙으며 점열문이 주로 시문되고 곡선적이며 기고器高가 높지 않다. 신라양식은 통형의 손잡이가 붙으며 거치문, 원문, 집선문과 같은 기하학적 문양이 시문되고 기고가 가야양식에 비해 높으며 토우가 부착되기도 한다.

고배는 무개식과 유개식이 있으며 신라토기는 5세기가 되면 무개식이 대부분 사라진다. 고배는 취락에서도 출토되는 것으로 보아 생활용기로 사용되었으며 또 고분에서 제기로도 사용된 가야, 신라토기를 대표하는 기종이다.

가야양식은 곡선적인 팔八자형의 대각에 좁고 긴 상하일렬로 투창이 뚫려 있고 배신

도 Ⅱ-1　5세기 가야토기와 신라토기(고배와 장경호)
1: 고령군 지산동 33호분 ∣ 2, 4: 경산시 조영EⅢ-4호분 ∣ 3: 고령군 지산동 44호분

도 Ⅱ-2 5세기 신라토기와 가야토기(발형기대와 통형기대)

1: 산청군 생초M13호분　｜　2: 국립대구박물관　｜　3: 고령군 본관동 36호분　｜　4: 대구시 성산동고분

이 얇다. 신라양식은 직선적인 제형梯形의 대각에 장방형의 투창이 상하교호로 뚫려있으며 배신이 상대적으로 깊다.

개배는 뚜껑이 있는 접시와 같은 기종으로 고배와 달리 대각이 없으며, 주로 백제지역에 사용되고 가야, 신라토기에는 널리 사용되지 않았다.

가야양식은 배신이 얕고 뚜껑에는 유두형 손잡이가 달린다. 신라양식은 배신이 상대적으로 깊고 뚜껑에는 주로 단추형 손잡이가 달린다.

장경호는 경부가 길며 음식물을 보관하는데 사용되는 항아리와 같은 기종이다.

가야양식은 유개有蓋 무대無臺식이 많아서 따로 만든 기대에 올려놓으며 경부는 3~4단의 돌대로 구분되어 파상문을 주로 시문한다. 또한 경부가 곡선을 이루며 동부에 연결되고, 어깨의 선이 뚜렷하지 않은 구형이다. 신라양식은 무개 유대식이 주류이며 거치문, 원문, 집선문과 같은 기하학적 문양을 시문한다. 신라양식은 경부가 직립하며 동부에 각을 이루어 연결되고 어깨가 각을 이룬다. 토우가 부착된 사례도 있다.

통형기대는 밑이 둥근 호를 받치는 용도로 제작된 기종으로 주로 수장묘에서 출토되며 화려한 문양이 장식되는 것으로 볼 때 실생활 용기보다는 매장의례의 장엄성을 높이는 제기라 할 수 있다.

가야양식은 각종 문양과 세로띠, 투창으로 화려하게 장식하고 상위의 수부가 호형이며 대각이 장고형이다. 특히 대가야양식의 통형기대는 뱀모양의 장식 세로띠를 부착한 것이 특징이다. 6세기대의 수부가 호형이고 대각이 극도로 커진 아라가야양식의 통형기대는 송산리고분군, 능산리고분군 출토품과 같은 백제양식 기대의 영향으로 본다. 소가야양식의 통형기대는 직선적이고 장식이 소박한 것이 특징인데 신라기대의 영향으로 본다.

신라양식은 수부가 직선적으로 외반하고 대각은 직선적인 제형이며 가야양식의 통형기대에 비해 장식이 소략한 점이 특징이다.

발형기대는 밑이 둥근 호를 받치는 용도로 제작된 기종이나 그 자체로도 용기의 역할을 겸한다. 이 기종은 통형기대와 같이 주로 수장묘에서 출토되고, 화려한 문양이 장식되는 것으로 볼 때 매장의례의 장엄성을 높이는 제기로 주로 사용된 것이다.

가야양식은 수부가 얕고 곡선적이며 대각은 팔자형으로 파상문과 송엽문이 주로 시문된다. 아라가야양식과 소가야양식은 기대는 대각의 폭이 좁고 긴 것이 특징이다.

신라양식은 수부가 깊고 직선적이며 대각은 제형으로 파상문 이외에도 격자문, 집선문, 거치문, 원점문 등의 기하학적 문양이 시문된 것이 특징이다. 거기에 대각의 폭이 넓어 전체적으로 안정감을 준다.

대부완은 대각이 달린 깊은 바리와 같은 기종이다. 가야양식은 유개식이며 신라양식은 무개식인 것이 특징이다.

5세기 아라가야양식 토기의 특징적인 기종은 화염형투창고배, 고배형기대이다. 화염형투창고배는 대각에 화염형의 투창을 뚫은 것으로, 발형기대는 배신이 좁고 깊으며 대각은 원통형을 하고 있다.

5세기 소가야양식의 특징적인 기종은 삼각투창고배, 수평구연호, 고배형기대이다. 소가야의 고배로는 삼각투창고배, 일단장방형투창고배가 있다. 고배는 삼각형투창을 가진 것과 장방형 투창을 가진 일단투창고배는 대각하단에 돌대가 돌려진 것이 특징이다. 수평구연호는 구연부의 형태가 일정한 면을 가지고 수평을 이루는 특징을 가진 것이다. 고배형기대는 배신이 직선적으로 외반하고 구연이 수평으로 꺾이며 대각과 배신의 경계부 폭이 좁으며 대각이 원통형에 가까운 것이 특징이다.

5세기 대가야양식 토기의 특징적인 기종은 이단일렬투창고배, 유개식장경호, 세로띠장식 대형 통형기대, 저평형 발형기대이다. 고배는 다른 양식에 비해 대각이 원통형에 가깝고 폭이 넓다. 장경호는 유개식이며, 경부에 밀집파상문이 시문되는 것이 특징이다. 발형기대는 아라가야와 소가야의 고배형기대에 비해 저평형이며 대각과 배신의 경계 폭이 넓다. 통형기대는 접시와 같은 수발부와 종형의 대각을 가진 것으로 통부에는 세로띠가 부착되어 있는데 하부는 뱀머리와 같은 형태를 하고 있다.

5세기 금관가야양식은 김해식 단각고배가 특징으로 지적되어왔을 뿐 현재까지 설정되지 못하였다. 이시기 금관가야양식은 독자적인 양식이 뚜렷하지 않으나, 창녕양식의 영향에 의한 이단교호투창고배, 일단투창고배, 단각고배, 통형기대, 발형기대와 신라양식의 영향에 의한 대부장경호, 유대파수부완을 들 수 있다. 이단교호투창고배는 무개식이며 대각하단이 직선적으로 내려오는 것이 특징이다. 단각고배는 투창이 소형이며 대각이 짧은 점이 특징이다. 통형기대는 하부가 장고형인 것이 특징이다. 발형기대는 대각부를 포함한 전면에 파상문를 시문하고 삼각형의 투창을 뚫은 것이 특징이다. 대부장경호는 신라양식과 유사한 무개식과 창녕양식의 영향을 받은 유개식이 있다. 유대파수부완은 신라양식과 구분하기 어려울 정도로 유사한 것이 특징이다.

5세기 창녕양식 토기의 특징적인 기종은 유충문 개, 유개식 상하일렬투창고배, 무개식 상하일렬투창고배, 직립구연 유개식장경호, 발형기대, 유충문이 시문된 소형의 유대파수부완 등이다. 개는 단추형 손잡이를 가진 신부에 점렬문이 시문된 것으로 그 형태가 유충문으로 불릴 정도로 폭이 넓은 것이다. 무개식고배는 대각의 형태는 유개식과 동일하나 그 가운데 상당수가 연질에 가까운 소성으로 제작된 것이 특징이다. 유개식장경호는 구경부가 직선적인 점과 함께 대각이 달리지 않은 것이 특징이다. 무개식장경호는 경부에 점렬문이 시문되거나 대각의 투창이 횡장방형으로 넓은 것이 특징이다.

발형기대는 파상문을 주로 시문하며 투창은 삼각형에서 세장방형으로 변한다. 배신과 대각의 경계부에 유충문이 시문되는 것과 배신뿐만 아니라 대각에도 파상문이 시문되는 것이 하나의 특징이라 할 수 있다. 소형의 유대파수부완은 창녕 동리 7호분에 보이며 신부에 유충문이 시문된 것이 특징이다.

2) 묘제

도 Ⅱ-3 신라 적석목곽묘(경주 쪽샘 41호분)

목곽묘는 2세기 후반에 출현하는데, 이 시기의 양동리 162호분은 부장품과 규모에서 우월하지만 입지에서는 중·소형분과 함께 조영되었다. 그러나 3세기 중엽의 대성동 29호분은 구릉의 능선부에 단독으로 입지하며 순장이 이루어졌고, 4세기 초의 대성동 13호분에서는 부곽이 더해지고 순장자 수도 늘어난다. 가야는 이혈異穴식 주부곽장방형 목곽묘가 특징이다. 이에 비해 신라는 동혈同穴식 주부곽세장방형 목곽묘가 특징이다. 신라형

목곽묘의 분포는 경주를 중심으로 울산 중산리고분군, 경산 임당동고분군, 칠곡 심천리고분군에 분포한다. 4세기 후반에는 적석목곽묘가 출현한다. 신라의 적석목곽분은 경주분지의 대릉원고분군을 중심으로 경산시 임당동·부적동고분군(도 Ⅱ-3), 의성군 금성리고분군, 부산시 복천동고분군 등에서 조영된다.

5세기 초에는 석곽묘가 본격적으로 출현하나, 목곽묘 전통이 남아 있는 함안지역에서는 5세기 중엽, 또 합천 옥전고분군의 경우에는 5세기 말이 되어서야 석곽묘가 조영된다.

수혈식 석곽은 분구를 조영한 후 묘광을 파고 석곽을 설치하는 방식과 석곽 축조 후 봉토를 조영하는 방식으로 분류된다(이성주 2000).

본서에서는 전자인 선분구식을 분구식, 후자를 봉토식으로 분류한다. 소가야권역에 보이는 분구식은 다곽식을 특징으로 한다. 봉토식은 단곽식이 주류이다. 고령 지산동고분군의 경우도 부곽이 있으나 순장묘를 제외하면 단곽식인 것이다.

소가야의 수혈식 석곽은 송학동 1호분 A1호 석곽의 경우처럼 단벽과 장벽의 비가 1:8일 정도로 세장한 점이 특징이다.

아라가야의 수혈식 석곽은 벽석에 개석을 받치는 도리공과 보공의 가구架構시설을 설치한 점이 특징이다.

대가야 수혈식 석곽은 관정棺釘과 꺾쇠로 조합된 목관이 안치된 점(吉井秀夫 2000)(도 Ⅱ-4), 최고위계의 고분에는 부곽을 갖춘 것이 특징이다.

횡혈식 석실은 백제의 송산리식을 조형으로 하는 궁륭상천정에 연도가 한쪽에 치우친 대가야의 고령 고아동형 석실과 재지의 수혈식 석곽에 횡혈식 석실의 요

도 Ⅱ-4　대가야 수혈식 석곽(고령군 지산동 75호분)

소를 도입하여 중앙에 연도를 설치한 진주 옥봉·수정봉형 석실로 구분된다.

고아동형 석실은 합천 저포리D1-1호분, 옥전M11호분, 남원 두락리 2호분과 같은 대가야권에 분포하고, 진주 옥봉·수정봉형 석실은 고성 송학동고분군, 내산리고분군, 함안 말이산고분군과 같은 소가야권과 아라가야권에서 확인된다.

3) 토기와 묘제로 본 가야의 권역

4세기 금관가야양식 토기는 파수부노형기대와 외절구연고배, 격자타날호가 특징적이다. 아라가야양식은 공工자형 고배, 장각노형기대, 양이부승석문타날호가 특징이다. 신라양식은 가야양식에 비해 명확하지 않으나 경주를 중심으로 포항, 경산 등의 지역에 일정한 분포권을 형성한다.

5세기에는 화염형투창고배, 통형과 고배형기대 등 아라가야양식의 토기가 등장하며, 5세기 초에 성립하는 소가야양식 토기는 삼각투창고배, 수평구연호, 통형과 고배형기대가 특징이다. 대가야양식 토기도 5세기 초 성립하며 유개식장경호와 세로띠 장식의 대형 통형기대가 특징적인 기종이다. 5세기 금관가야양식은 독자적인 양식이 뚜렷하지 않으나 창녕양식의 영향에 의한 이단교호투창고배, 통형기대, 발형기대와 신라양식의 영향에 의한 대부장경호 등을 기종으로 구성한다.

4세기대는 토기양식과 묘제로 볼 때, 고 김해만을 중심으로 한 금관가야, 함안분지를 중심으로 한 아라가야, 경주분지를 중심으로 포항, 경산, 의성을 포함하는 신라의 권역을 상정할 수 있다. 4세기 후엽 신라양식토기와 함께 매장주체부가 적석목곽묘인 복천동 31·32호분이 축조되는 부산지역도 이시기에 신라권역내에 편입된 것으로 본다.

그런데 시기별 토기양식의 분포를 보면, 4세기의 금관가야양식 토기는 고 김해만을 중심으로 주변의 부산·진영·진해 일대에 국한된다. 반면, 아라가야양식 토기는 남강 하류 양안과 진동만 일대를 중심으로 남강과 황강 수계, 낙동강 중상류역, 남해안에 걸쳐 넓게 분포한다. 더욱이 함안산 토기가 가야·신라지역의 수장묘와 낙동강수계, 남강수계, 황강 수계와 남해안일대의 교통로에 연한 거점 취락에 주로 이입되는 것은 아라가야를 중심으로 한 지역간의 경제적인 관계망뿐만 아니라 수장간의 정치적인 관계를 일정하게 반영하는 것으로 본다. 그렇지만 아라가야의 권역은 함안분지와 진동만에 걸친 지역으로 본다.

이 시기에 이들 두 지역 양식이 명확한 분포권을 형성하고 있어 금관가야와 아라가야가 가야 전기의 중심국임을 알 수 있다. 한편, 5세기 초 이후에는 금관가야양식 토기의 양식이 뚜렷하지 않고 분포권이 고 김해만일대로 한정되고 아라가야양식 토기의 분포가 축소되는데, 이는 고구려 남정 이후 특히 금관가야의 쇠퇴를 반영한다.

4세기 토기 양식은 경제권역과 문화권역을 반영하나 5세기에는 정치권역을 반영한다. 즉 4세기 아라가야양식 토기의 분포권은 선線적이며 아라가야와의 경제적인 관계망을 보여주는 것이지만, 5세기대 소가야와 대가야양식 토기의 분포권은 면面적이며 정치적인 관계망을 보여주는 것에서 의미를 달리한다.

한편 양자는 토기양식과 묘제를 공유하는 점에서는 동일하나, 대가야양식 토기의 분포권은 위신재를 공유하는 점에서 차이를 보인다.

본서에서는 5세기대 가야권역을 설정할 때 다음과 같은 방법으로 접근한다.

첫째 수계와 분지와 같은 지형을 기준으로 한다.

황강, 섬진강수계는 대가야권역, 남강수계는 소가야권역, 남강수계이나 한안분지는 아라가야권역, 고 김해만일대는 금관가야권역으로 나눌 수 있다. 나아가 지형은 권역내 정치체의 범위를 구분하는 기준이 된다.

둘째 토기양식을 기준으로 한다. 그 기준은 수장묘뿐만 아니라 하위분묘에서도 일정기간 지속적으로 제작 부장되는 것을 중시한다. 또한 수장묘에서 외래의 이입토기가 부장되는 시기에도 하위분묘에 지속적으로 기준의 양식을 고수하며 지속적으로 사용되는 것을 기준으로 한다.

셋째 묘제를 기준으로 한다. 즉 단곽인 봉토식과 다곽인 분구식 묘제인가의 여부를 확인한다.

넷째 위신재를 기준으로 한다. 대가야양식의 금제 수식부이식, 금동제 용봉문환두대도 등의 보유 여부를 확인한다.

다섯째 고분군의 규모와 최고 위계의 고분의 공간적 배치를 기준으로 한다.

이상의 기준을 통하여 크게 가야권역을 설정하고 세부적으로 접근하고자 한다.

대가야권역은 토기양식, 부곽을 가진 봉토식 묘제, 금제 수식부이식, 금동제 용봉문환두대도를 통하여 고령을 중심으로 진안, 남원, 산청북부, 순천일대에 걸친 그 권역의 설정이 가능하다.

아라가야권역은 토기양식, 봉토식이며 벽석에 개석의 가구시설을 가진 묘제를 통하여 함안분지일대로 설정된다.

소가야권역은 토기양식, 다곽인 분구식 묘제를 통하여 고성을 중심으로 산청남부, 사천, 창원, 통영일대에 걸친 그 권역의 설정이 가능하다.

금관가야권은 토기양식을 통하여 고 김해만 일대로 설정된다.

다음은 남강 중상류역의 경우를 통하여 세부적으로 살펴보고자 한다. 토기양식으로 볼 때 산청지역의 경우 산청북부지역인 생초지구와 남부의 중촌리지구는 전자가 대가야 양식 토기, 후자가 소가야양식 토기를 수장묘와 하위분묘에서 5세기 후엽부터 6세기 중엽까지 지속적으로 제작 부장한다. 또한 양 지구는 전자는 봉토식이며, 후자는 분구식인 점에서 분명하게 경계를 형성한다.

그런데 문제인 것은 함양 백천리지구와 산청 생초지구와의 관계이다.

전자를 후자의 하위지구로 보고 양자를 같은 권역으로 보는 견해(이희준 1995: 390-391)도 있으나, 그렇게 보기 어렵다. 먼저 수계는 연결되어 있으나 백천리지구와 생초지구 사이에는 해발 866m의 태봉산을 경계로 지형이 뚜렷하게 분리되며, 생초지구는 전자에 비해 강유역이 매우 협소하다. 그리고 발굴된 백천리 1호분은 생초M13호분의 하위 위계이나, 그 배후에 위치하는 발굴되지 않은 대형분은 생초고분군의 최고위계의 고분과 봉토의 규모가 동일하다. 더욱이 양 지역 출토 대가야양식 토기의 현지 제작품 간에는 형태차가 보여 토기 생산 단위가 다른 점도 주목된다. 그래서 양 지구는 대가야권역내 각각 다른 정치체로 설정된다.

5세기 초에는 소가야양식 토기가 출현하여 이전의 아라가야양식 토기를 교체하는 양상으로 분포권을 형성한다. 따라서 이 시기에 아라가야를 대신하는 중심세력이 남강 수계와 남해안 일대에 등장하였음을 시사한다.

5세기 중엽에 보이는 대가야양식 토기의 확산은 묘제와 금제 수식부이식, 금동제 마구와 같은 위신재를 동반하며 대가야가 새로이 가야 후기의 중심국으로 성장했음을 웅변하는 것이다.

5세기 후엽 토기양식과 묘제로 볼 때 가야의 권역은 다음과 같다.

금관가야 권역은 고 김해만연안과 현재 진영평야을 중심으로 하는 고 대산만연안으로 생각된다. 동쪽으로는 신라식 고총인 연산동고분군이 소재하는 부산지역과 동북쪽으로는 신라식 고총인 북정리고분군이 소재하는 양산지역과 경계를 형성한다. 북서쪽으로는 소가야양식 토기가 집중 부장되는 창원분지에서 낙동강으로 연결되는 곡간통로의 동쪽에 위치하는 다호리고분군이 소재하는 고 대산만의 서쪽까지로 본다. 남서쪽은 6세기 전엽까지 지속적으로 금관가야양식 토기가 집중 부장되는 창원시 석동유적이 위치하는 진해지역까지이다.

아라가야 권역은 함안분지와 진동만일대로 본다. 북동쪽으로는 남강을 경계로 창녕의 비사벌과 경계를 이루는데 북서쪽은 남강을 넘어 선분구식이 아닌 수혈식석곽을 매장주체부로 하는 중동리고분군이 소재한 의령남부를 포함하는 것으로 본다. 서쪽은 소가야양식 토기가 집중 출토되는 진주 무촌지역과 아라가야양식 토기가 집중 출토되는 사도리고분군이 소재하는 함안 군북지역 사이에 경계를 형성한다. 동쪽은 앞에서 언급한 바와 같이 아라가야양식 토기가 집중 부장되는 함안 오곡리고분군이 소재하는 칠원분지까지이다.

소가야 권역은 고성을 중심으로 사천, 통영, 거제, 진주, 산청남부, 합천남서부, 의령남서부 일대를 포괄하는 지역이다. 북서쪽은 대가야식 고총에 용봉문환두대도가 출토된 생초고분군이 소재하는 산청북부과 경계를 형성한다. 북동쪽은 황강수계에 속하며 대가야식 고총에 대가야양식 토기가 부장된 합천 영창리고분군이 소재하는 합천읍과 남강수계에 속하며 소가야식 고총이 축조된 합천 삼가지역 사이에 경계를 형성한다. 서쪽은 대가야식 석곽묘가 축조되고 대가야양식 토기가 부장된 남산리고분군이 소재하는 하동지역과 경계를 형성한다. 동쪽은 앞에서 언급한 바와 같이 진주 무촌지역까지이다. 북동쪽은 아라가야권역을 넘어 합성동고분군으로 볼 때 마산만, 현동고분군으로 볼 때 덕동만을 포함하는 권역으로 파악된다. 더욱이 창원분지에서 북쪽으로 올라가는 북면일대에는 소가야양식 토기와 반원형 주구가 굴착된 소가야식 묘제가 확인되는 동전리고분군 등이 위치하고, 아라가야권역인 아라가야양식 토기가 집중하는 오곡리고분군이 조영된 함안 칠원지역과 금관가야양식 토기가 집중하는 다호리고분군이 조영된 금관가야권역인 창원 동면 사이의 곡간 통로상 분지도 소가야권역에 속한다고 판단된다.

대가야 권역은 고령을 중심으로 합천, 거창, 함양, 진안, 장수, 남원, 임실, 곡성, 구례, 하동, 순천, 여수를 포함하는 지역이다.

북동쪽은 대가야에 의해 축성된 산성이 고령, 합천, 의령지역의 낙동강 서안에 축조되고 대구, 현풍, 창녕지역의 낙동강동안에 신라에 의한 산성이 축조되는 것에서 낙동강을 경계로 한다.

북쪽은 대형의 판석조석곽을 매장주체부로 하며 신라토기양식과 금공품이 주류를 이루는 성산동고분군이 소재하는 성주지역을 경계로 한다.

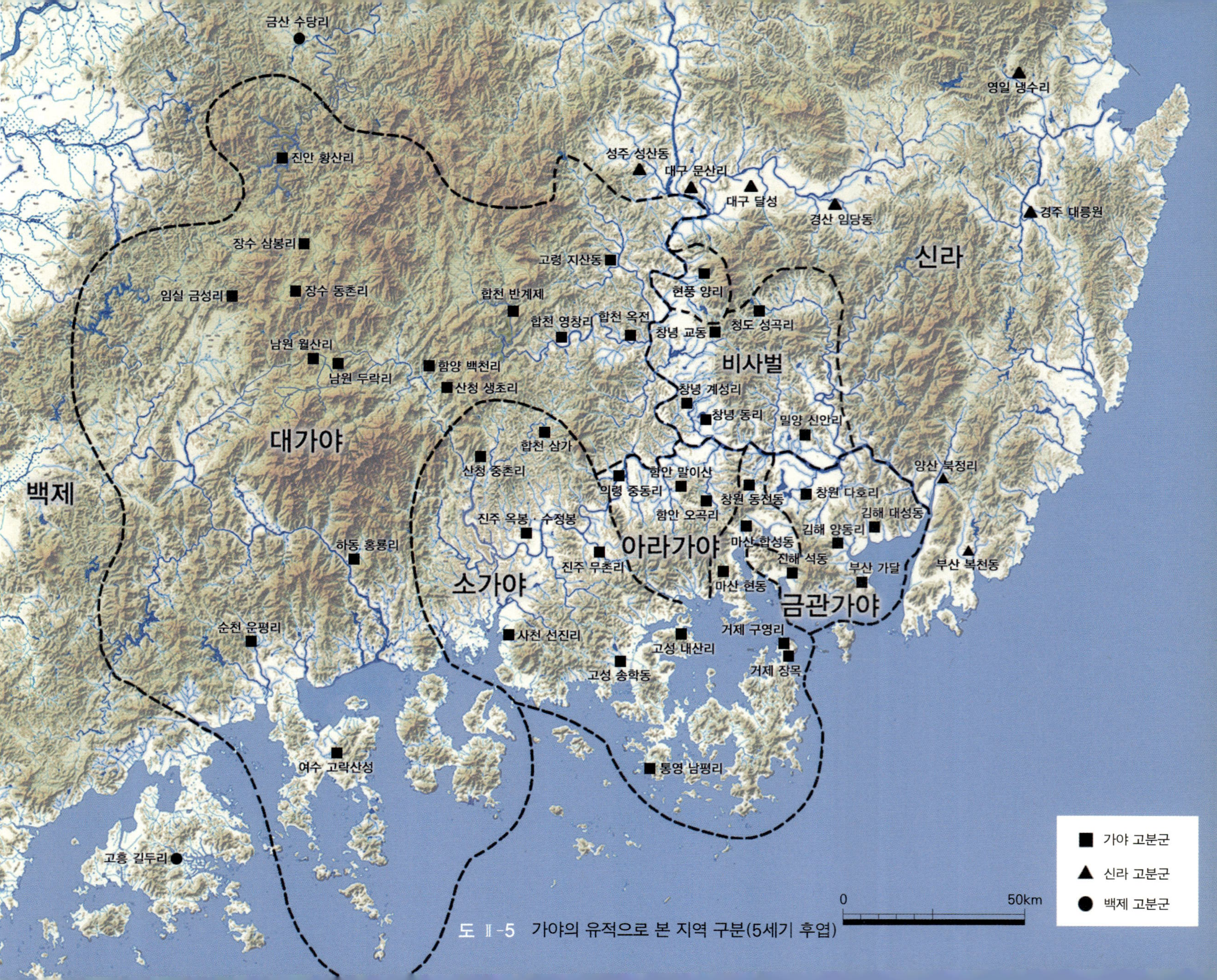

금산 수당리
영일 냉수리
진안 황산리
성주 성산동
대구 문산리
대구 달성
경산 임당동
경주 대릉원
신라
장수 삼봉리
고령 지산동
현풍 양리
청도 성곡리
임실 금성리
장수 동촌리
합천 반계제
합천 영창리
합천 옥전
창녕 교동
비사벌
남원 월산리
함양 백천리
창녕 계성리
창녕 동리
밀양 신안리
남원 두락리
산청 생초리
대가야
합천 삼가
양산 북정리
백제
산청 중촌리
의령 중동리
함안 말이산
창원 동천동
창원 다호리
진주 옥봉·수정봉
함안 오곡리
마산 현성동
김해 대성동
김해 양동리
하동 흥룡리
아라가야
마산 현동
진해 석동
부산 가달
부산 복천동
순천 운평리
진주 무촌리
소가야
금관가야
사천 선진리
고성 내산리
거제 구영리
거제 장목
고성 송학동
여수 고락산성
통영 남평리
고흥 길두리
■ 가야 고분군
▲ 신라 고분군
● 백제 고분군
0   50km
도 Ⅱ-5 가야의 유적으로 본 지역 구분(5세기 후엽)

북서쪽은 대가야식 수혈식 석곽을 매장주체부로 하며 대가야양식 토기가 부장되는 황산리고분군이 소재하는 진안지역과 백제식 고분에 백제토기가 부장된 수당리고분군이 소재하는 금산지역에서 경계를 형성한다.

남서쪽은 남해안의 대가야식 고총이 축조되며 대가야산 이식과 토기 등이 부장되는 운평리고분군이 소재하는 순천지역과 백제식 금동제 관모와 식리가 부장된 안동고분이 소재하는 고흥지역에서 경계를 형성한다. 섬진강수계에서 임실, 순창, 구례에서 백제와 국경을 형성한다.

남동쪽은 소가야식 묘제와 토기양식이 주류를 이루는 소가야의 사천지역과 경계를 형성한다(도 Ⅱ-5).

대가야의 범위는 경상북도, 경상남도, 전라북도, 전라남도라는 4개도에 걸친 당시의 백제영역에 필적하는 광범위한 범위로서 가히 가야사 상의 획기적인 발전이라 할 수 있다.

2. 가야 유적과 유물의 시기구분

1) 금관가야(도 Ⅱ-6-1~3)

금관가야의 편년은 고 김해만을 중심으로 주변의 부산·진영·진해지역를 포괄하는 지역을 대상으로 한다. 금관가야 양식을 대표하는 특징적인 기종으로 파수부노형기대와 외절구연고배를 들 수 있으며 여기에서는 시간적인 변화에 민감한 파수부노형기대를 통하여 김해지역의 대성동고분군을 중심으로 구지로고분군, 칠산고분군, 예안리고분군과 부산지역의 복천동고분군 등의 중요 고분을 편년하겠다.

금관가야양식 토기의 각 기종별 형식 변화의 방향성은 다음과 같다.

이 지역양식의 노형기대는 손잡이의 단면이 원형인 것에서, 방형, 장방형의 것으로, 다시 얇은 세장방형의 것으로 변화한다. 이러한 큰 특징을 중심으로 형식분류하여 편년하면 아래와 같다.

A1형식은 파수가 부착되지 않은 외반구연의 기형에 암문이 시문된 원삼국시대의 와

질 노형기대이며, 그 형태만을 계승한 와질소성의 노형기대를 A2형식으로 한다. B형식은 외반구연 파수부노형기대로서, B1형식은 우각형파수가 부착된 것이고 B2형식은 환형파수가 부착된 것이다. C형식은 내만구연 노형기대로서, C1형식은 단면 원형의 환형파수가 부착된 것이고 C2형식은 단면 장방형의 환형파수가 부착된 것이며 C3형식은 파수가 부착되지 않은 것이고 C4형식은 문양이 시문된 것으로 한다.

외절구연고배는 대각이 짧은 것에서 긴 것으로 변화하며 투창이 없는 것에서 뚫리는 것으로 변한다.

금관가야에 이입된 함안지역산 승석문호는 아라가야양식과 같이 구연부가 직립한 것에서 C자형으로 외반하고 동체부가 평저 구형인 것에서 원저 장동형인 것으로 변하고 또이杯가 있는 것에서 없는 것으로 변화한다.

1기: 김해시 대성동 29호묘, 예안리 160호묘, 74호묘는 와질토기가 유존하는 가운데 회청색경질토기가 출현하는 시기에 조영된 고분이다. 대성동 29호묘는 이전 시기 A1형식의 와질 노형기대와 함께 출토된 와질소성의 외반구연 파수부노형기대의 경우 우각형파수가 부착된 B1형식이 2점, 환형파수가 부착된 B2형식이 3점으로 파수부노형기대 가운데 가장 이른 형식이 부장되어 이 시기로 편년한다.

2기: 대성동 59호묘는 A1형식의 와질 노형기대가 잔존하나 B1형식의 우각형파수가 부착된 노형기대가 소멸되고 환형파수가 부착된 B2형식의 노형기대가 주류를 이루고 회청색경질의 단경호가 다수를 차지하는 것에서 이 시기로 편년된다. 또 59호묘는 구연부가 직립하고 평저의 구형 동체를 가진 고식의 함안지역산 양이부승석문호가 부장된 것에서도 이 시기로 본다.

3기: 구지로 1호묘는 A1형식의 와질 노형기대와 B1형식의 우각형파수가 부착된 노형기대가 소멸되는 가운데, 1기의 대성동 29호묘에서 출토된 노형기대의 형태를 계승한 와질소성의 B2형식과 A2형식이 부장된 것에서 이 시기로 위치지어진다. 또한 1호묘는 대성동 59호묘에 비해 1단계 후행하는 원저의 장동형 동체를 가진 함안지역산 양이부승석문호가 부장되는 것에서도 이 시기로 본다. 그리고 B2형식이 2점 확인된 4호묘도 이 시기로 편년한다.

4기: 대성동 18호묘는 외반구연의 배신이 깊은 B2형식의 노형기대 1점과 A2형식이 유존하는 가운데 단면 원형의 환형파수가 부착된 C1형식이 주류를 이룬 점, 대성동 13호묘도 A2형식이 1점, C1형식이 2점 확인되나 양자 모두 양이가 부착되지 않고 구연이 C자상으로 외반하며 원저 장동형의 동체부를 가진 신식 함안지역산 승석문호가 공반된 점에서 이 시기로 편년한다.

부산지역의 복천동 38호묘는 C1형식이 주류를 이루는 것에서 이 시기로 편년된다. 다만 38호묘에서는 와질의 압형토기가 공반되고 있어 3기와 4기 사이로 편년될 가능성이 높다.

5기: 구지로 6호묘는 이전 시기 외반구연의 배신이 깊은 B류의 노형기대가 유존하고 있으나, 그 가운데 가장 늦은 형식인 B3형식(2점)과 단면 장방형의 손잡이를 가진 C2형식(3점)이 출현하는 것에서 이 시기로 편년한다. 예안리고분군에서는 93호묘, 138호묘 등이 이 시기에 해당한다.

복천동 60호묘는 4점의 파수부노형기대 가운데 손잡이 단면 원형의 고식인 C1형식이 1점이나, 손잡이 단면 장방형의 손잡이를 가진 C2형식이 3점으로 다수인 것에 의거하여 이 시기로 편년한다.

6기: 구지로 15호묘는 외반구연의 배신이 깊은 B류의 노형기대가 완전히 사라지고 파수부노형기대 가운데 손잡이 단면이 원형인 C1형식이 1점 유존하고 있으나 단면 장방형의 손잡이를 가진 C2형식이 3점으로 다수인 점에서 이 시기로 볼 수 있다. 예안리 151호묘는 파수부노형기대가 손잡이 단면 장방형의 손잡이의 C2형식 일색인 점에서 이 시기로 편년한다.

복천동 54, 57호묘는 C1형식이 극소수 유존하고 있지만 단면 장방형의 손잡이를 가진 C2형식이 3점으로 다수인 점에서 이 시기로 본다.

6~7기: 대성동 2호묘는 신경철에 의해 복천동 60호묘와 같은 단계로 설정(신경철 2000: 3)되고 있으나 거치문을 시문한 가장 늦은 C4형식의 노형기대가 유존하는 가운데 발형기대가 출현하는 점에서 6기와 7기 사이로 편년한다. 예안리고분군에서는 117호묘 등이 이 시기에 해당한다.

복천동 95호묘도 출토된 7점의 기대 가운데 노형기대가 1점, 발형기대가 4점으로, 노형기대가 남아있는 가운데 새롭게 발형기대가 출현하는 점에서 같은 시기로 본다. 발형기대의 문양은 배신에 문양이 없는 것이 1점이고, 그 외에는 반원문＋격자문＋거치문(1), 격자문(1), 거치문(1)의 조합으로 구성되어 있다.

7기: 대성동 1호묘는 노형기대가 사라지고 발형기대만 부장된 점, 외절구연고배가 2호묘 출토품에 비해 장각화된 신식인 점에서 이 시기로 편년한다.

대성동 1호묘와 같은 형식의 발형기대가 출토되어 병행관계로 파악되는 복천동

31·32호묘에서는 파수부완과 같은 신라토기가 출현하고 고배에도 교호투창과 같은 신라 양식의 영향이 보인다.

8기: 대성동 93호묘는 상하일렬투창고배, 대각에 파상문이 시문된 발형기대와 같은 창녕양식 토기가 부장되기 시작한 점에서 이 시기로 편년한다. 칠산동 20호묘는 외절구연이 뚜껑받이 턱처럼 변형된 고배와 배신이 깊어지고 배신과 각부의 경계부가 커진 발형기대가 부장된 것에서 같은 시기로 본다.

복천동 21·22호묘도 칠산동 20호묘와 같은 형식의 고배와 발형기대가 부장되고 이전 시기에 비해 신라토기의 부장이 증가한 점에서 이 시기로 편년한다. 14점의 발형기대에 시문된 문양은 기존의 격자문, 거치문, 결승문, 반원문을 조합시킨 복합구성에서 새롭게 파상문이 출현해서 과반수를 차지하는 것도 특징이며 이전 시기 대부완에만 국한되던 신라양식 토기가 고배, 통형기대 등으로 확대된다.

9기: 칠산동 33호묘는 외절구연고배가 소수로 부장되고 상하일렬투창고배와 같은 창녕양식 토기가 부장된 점에서 이 시기로 편년된다. 창녕양식 토기가 부장된 같은 김해지역권에 속한 부산시 가달 5호분도 같은 시기로 본다. 5호분에는 상하일렬투창고배와 단추형 손잡이를 가진 유충문개가 주류를 이루는 가운데 새로이 통형의 손잡이를 가진 개가 출현한다. 또한 대각이 직선화되었으나 고식 요소가 잔존한 유대파수부완과 경부가 내경하며 문양대가 2구분된 고식의 요소가 잔존한 장경호가 공반한다. 발형기대는 배신이 깊은 반구형으로 팔자형에 가까운 대각에 삼각형투창이 뚫린 것이나 옥전 23호분 출토품에 보이는 거치문, 아치상의 삼각형투창, 구연 내면의 단과 같은 고식 요소가 없어진 형식이다.

복천동 10·11호묘는 11점의 발형기대의 문양이 기존의 격자문, 거치문, 결승문, 반원문을 조합한 복합구성의 문양에서 파상문 중심으로 변화하고 전 기종이 신라토기화 되는 것에서 이 시기로 본다.

10기: 대성동 73호묘는 이전시기 부장되던 창녕양식의 상하일렬투창고배에 더하여 새로이 상하교호투창고배가 출현한 점에서 이 시기로 편년한다. 창녕지역의 동리 3호석곽묘와 병행하는 시기이며, 창녕양식의 동일한 형식의 고배가 출토된 옥전 31호분도 이에 해당한다. 이 시기는 창녕양식의 영향에 의한 이단교호투창고배와 신라양식의 영향에 의한 대부장경호를 중심으로 하는 5세기의 금관가야양식 토기가 성립한다.

예안리 36호분은 창녕양식 토기와 함께 부장된 신라양식의 고배, 장경호가 복천동 10·11호묘보다 형식학적으로 1단계 후행하고 경주시 황남동 110호분 출토품과 같은 형식

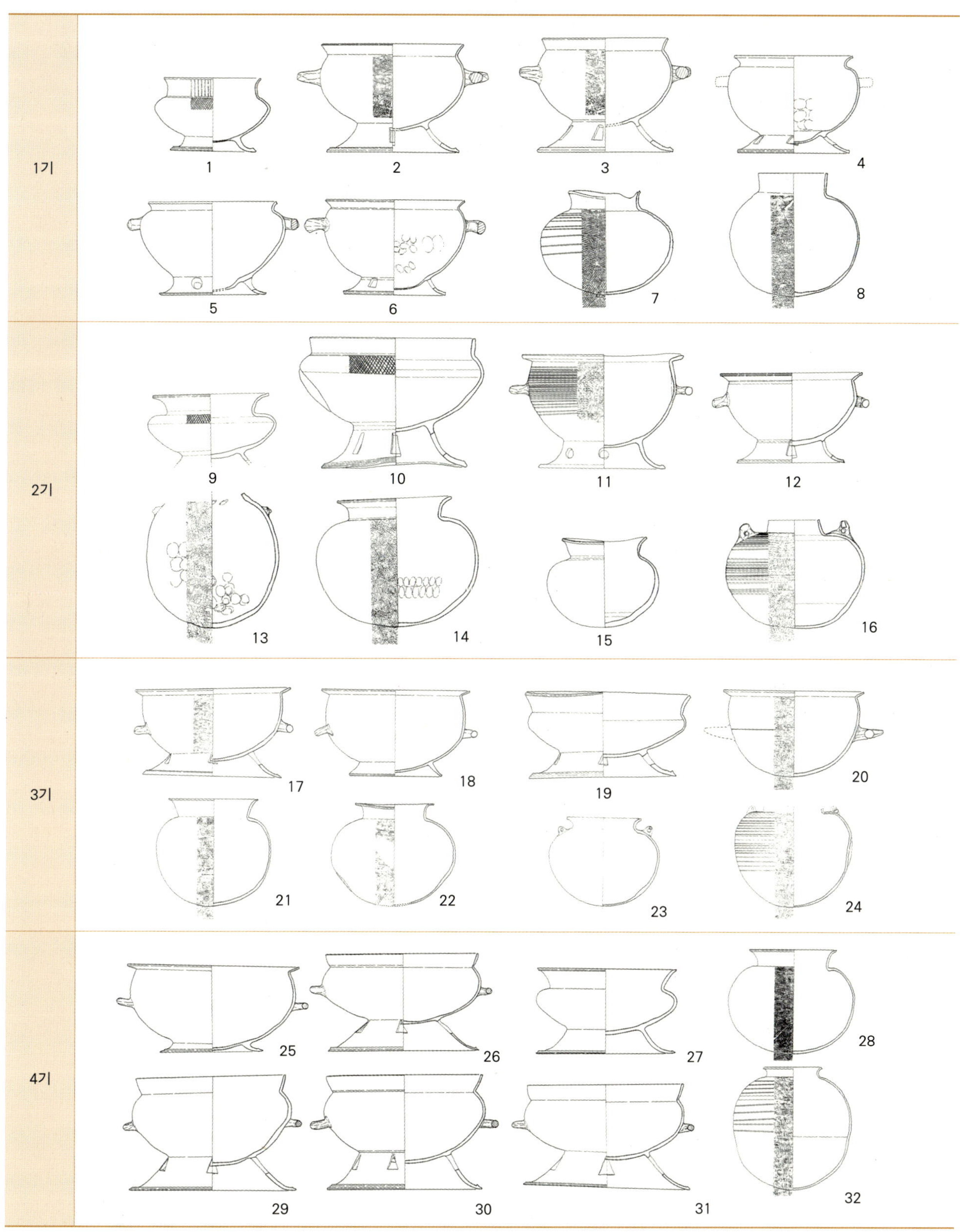

도 Ⅱ-6-1　금관가야권 고분편년(김해지역)

1기(1~8: 대성동 29호묘)　｜　2기(9~16: 대성동 59호묘)　｜　3기(17~24: 구지로 1호묘)　｜　4기(25~32: 대성동 18호묘)

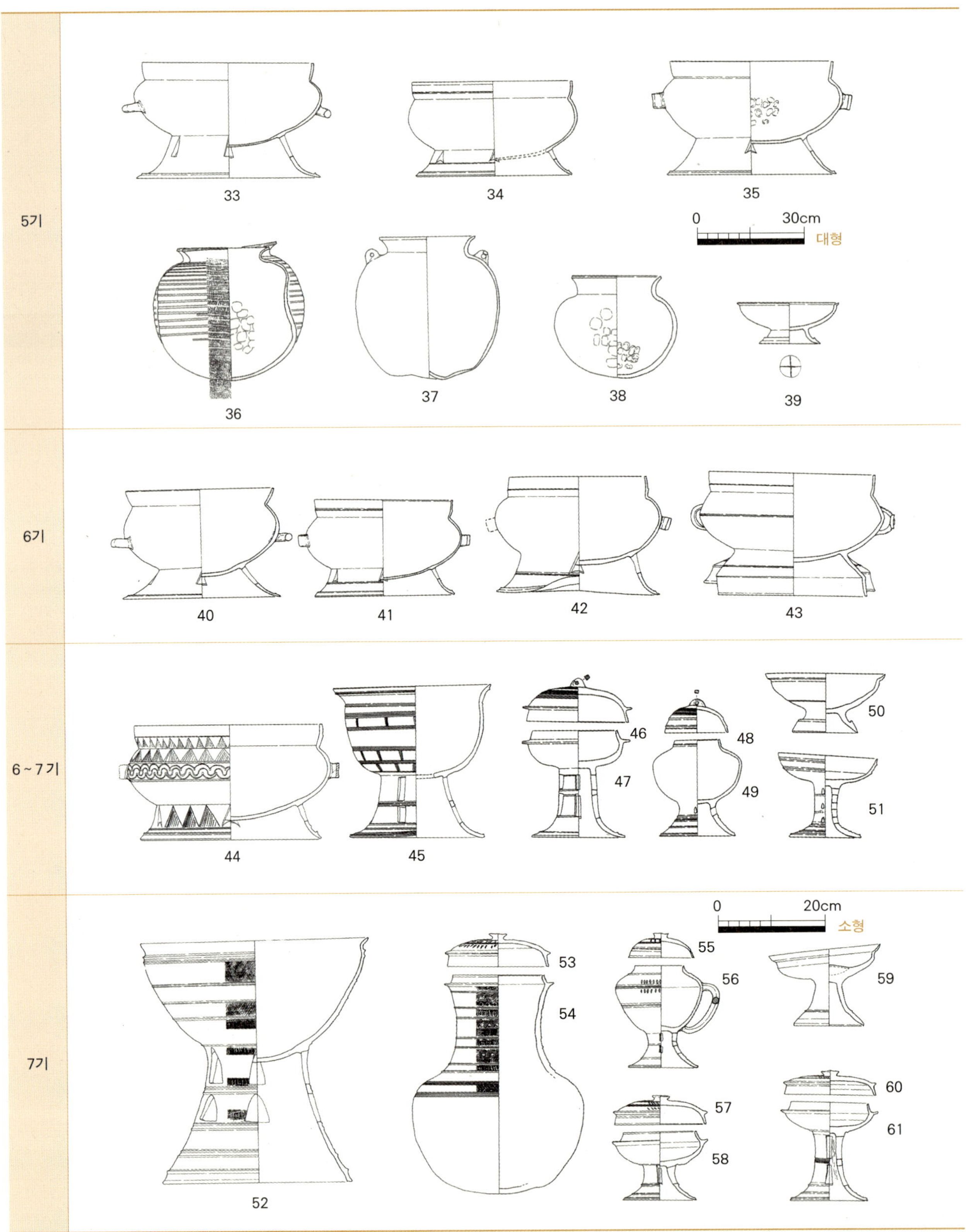

도 Ⅱ-6-2 금관가야권 고분편년(김해지역)

5기(33~39: 구지로 6호묘) | 6기(40~43: 구지로 15호묘) | 6~7기(44~51: 대성동 2호묘) | 7기(52~61: 대성동 1호묘)

도 Ⅱ-6-3　금관가야권 고분편년(김해지역)

8기(62~69: 대성동 93호묘) | 10기(70~76: 대성동 73호묘) | 11기(77~85: 예안리 35호묘)

13기(86~97: 예안리 39호묘) | 14기(98~108: 예안리 57호묘)

인 점에서 이 시기로 본다.

　　복천동(동)1호묘는 복천동 10·11호묘에 후행하고 황남동 110호분 출토품과 같은 신라양식 고배, 유대파수부완, 장경호가 부장된 이 시기로 편년된다.

　　11기: 예안리 35호묘는 신라양식 고배, 장경호가 36호분보다 형식학적으로 1단계 후행하고 경주시 황남대총 남분 출토품과 같은 형식인 점에서 이 시기로 본다.

　　복천동 4호묘, 15호묘는 창녕군 교동 116호분, 교동 3호분 출토품과 같은 형식의 고배가 부장된 것에서 이 시기로 편년된다.

　　12기: 예안리 71호묘는 신라양식 고배, 장경호가 35호묘보다 형식학적으로 1단계 후행하고 황남대총 북분 출토품과 같은 형식인 점에서 이 시기로 본다.

　　13기: 예안리 39호묘는 신라양식 고배, 장경호가 71호묘보다 형식학적으로 1단계 후행하고 경주시 금관총 출토품과 같은 형식인 점에서 이 시기로 본다.

　　복천동 학소대 2구 1호묘는 예안리 39호묘와 같이 신라양식 토기와 같이 창녕양식 토기가 출토되어 이 시기로 편년된다. 이 시기는 김해식 단각고배가 출현하는 시기이다. 김해양식 단각고배는 예안리 39호묘에서 공반된 창녕양식 토기와 형태가 유사한 점에서 창녕양식 토기의 영향에 의해 성립된 것으로 본다.

　　14기: 예안리 57호묘는 신라양식 고배, 장경호가 39호묘보다 형식학적으로 1단계 후행하고 경주시 천마총 출토품과 같은 형식인 점에서 이 시기로 본다. 행정구역은 창원에 속하나 금관가야권역에 속하는 다호리B-1호분도 출토된 경주양식의 부가구연장경호가 천마총 출토품과 같은 형식인 점에서 이 시기로 편년된다.

　　부산지역에서는 두구동 임석 1, 2호분이 이 시기에 해당한다.

　　15기: 다호리B-27호분은 B-1호분에 후행하는 대각이 단각화되고 원형투공이 뚫린 대가야양식의 고배가 공반된 점에서 이 시기로 편년된다.

2) 아라가야(도 Ⅱ-7-1~2)

아라가야의 편년은 함안을 중심으로 의령 남부지역과 진동만 일대를 포괄하는 지역을 대상으로 실시한다.

　　아라가야양식 토기의 각 기종별 형식 변화의 방향성은 다음과 같다.

함안지역의 노형기대는 김해지역과는 달리 기하학적 문양이 시문된 개가 공반된 유개대부호로부터 출현하는 것이 특징이다(윤온식 2006: 5-26). 그래서 노형기대는 유개대부호의 형태를 한 것에서 구경부가 C자형에서 S자형으로 변화하여 점차 노형기대화 되며 동체에 비해 커지고 돌대와 능형문과 같은 장식이 증가한다.

발형기대는 대각이 넓고 완만하게 벌어지는 것에서 점차 대각의 상부가 축약되고 하부 폭도 좁아들어 대각이 원통화되며, 소형에서 대형으로 투창은 삼각형에서 세장방형으로 변화한다.

승석문호는 구연부가 직립한 것에서 C자형으로 외반하고 동체부가 평저의 구형인 것에서 원저의 장동형으로, 또 이耳가 있는 것에서 없는 것으로 변화한다.

화염형투창고배는 대형에서 소형으로, 화염부가 횡타원형의 불꽃길이가 짧은 것에서 원형의 불꽃길이가 길어지는 형태로 변화한다.

1기: 함안군 도항리(문)35호묘는 와질토기가 유존하는 가운데 회청색경질토기가 출현하는 시기에 조영된 고분이다. 이 고분우 회청색경질 노형기대의 조형으로 파악되는 와질 유개대부호와 경질의 대부호, 평저의 구연부가 직립한 승석문양이부호가 부장된 점에서 이 시기로 편년한다. 이 시기는 아직 노형기대가 출현하지 않고 기하학적 문양이 시문된 개가 공반된 유개대부호가 유존하는 것이 특징이다.

2기: 도항리(경)33호묘는 와질토기가 일부 유존하는 가운데 회청색경질토기가 주로 부장되고 유개대부호와 함께 노형기대가 출현하는 점, 1기에 보이던 반구형의 개가 사라지고 전이 달린 개가 출현하고 원저화되었으나 아직까지 구연부가 직립한 승석문양이부호가 부장된 점에서 이 시기로 편년한다. 도항리(문)2호분도 토기 조성으로 볼 때 같은 시기로 편년한다.

3기: 의령군 예둔리 26호묘는 이전 시기 유개대부호의 전이 달린 개가 소멸되고 노형기대의 구경부가 커졌으나 아직까지 S자상으로 외반하지 않은 점, 승석문호는 구경부가 아직까지 직립하나 C자상으로 외반하기 시작하고 대형화되며 상대적으로 양이가 축소되거나 사라진 점에서 이 시기로 볼 수 있다. 함안군 황사리 32호묘는 유개대부호와 C자상으로 외반하기 시작한 승석문호가 부장되어 같은 시기로 본다. 그런데 이 고분에서는 공工자형고배가 공반되어 이 시기 고배가 출현한 것을 알 수 있다. 또 예둔리 2호묘도 노형기대에서는 신식의 요소를 보이고 있으나 소형의 고식 승석문호가 부장된 것에서 이 시기로 편년한다.

4기: 함안군 황사리 45호묘는 구경부가 S자상으로 외반하고 경부와 동체에 돌대가 돌

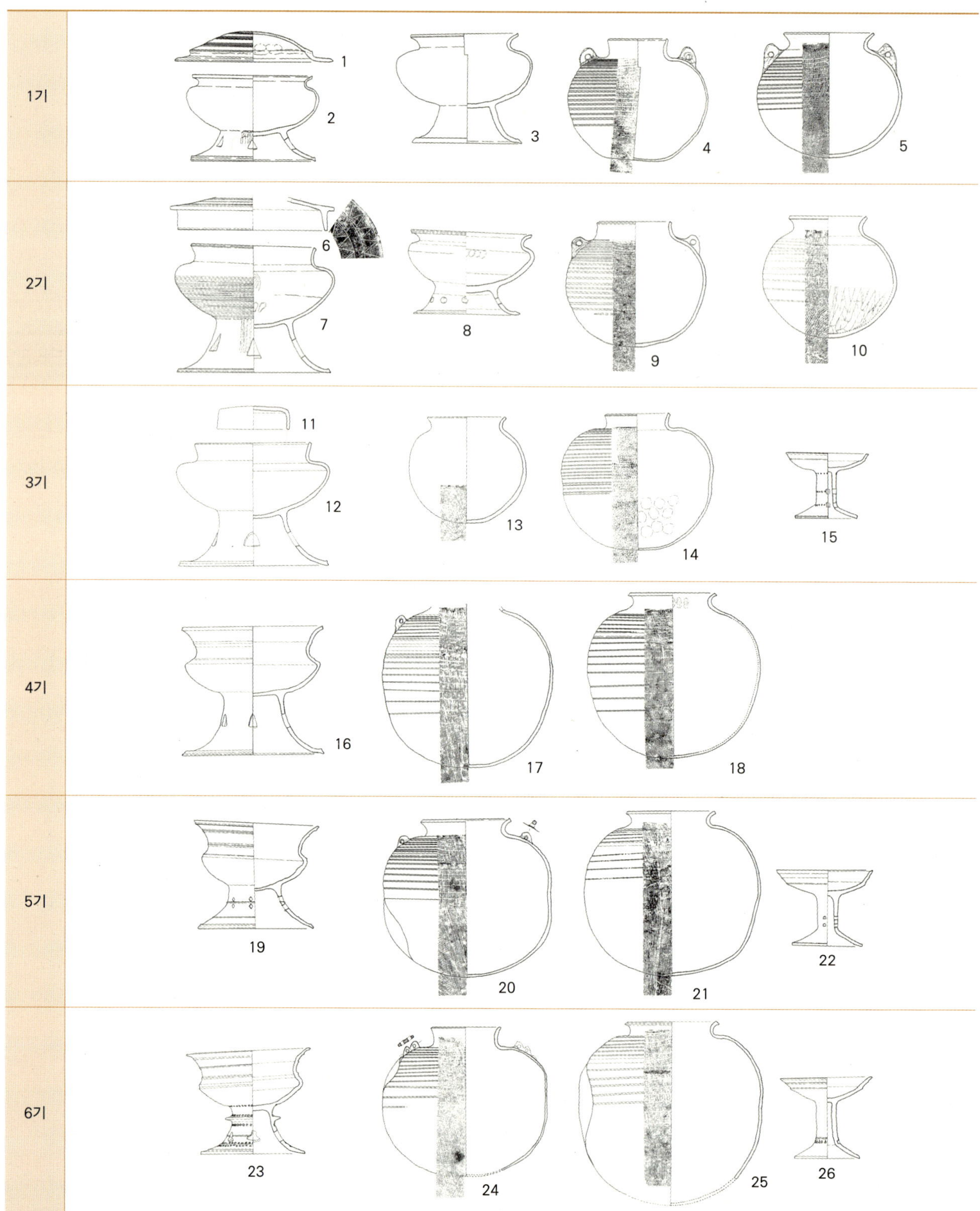

도 Ⅱ-7-1 아라가야권 고분편년

1기(1~5: 도항리(문)35호묘) | 2기(6~10: 도항리(경)33호묘) | 3기(11~14: 예둔리 26호묘, 15: 황사리 32호묘)
4기(16~18: 황사리 45호묘) | 5기(19~22: 황사리 44호묘) | 6기(23~26: 황사리 36호묘)

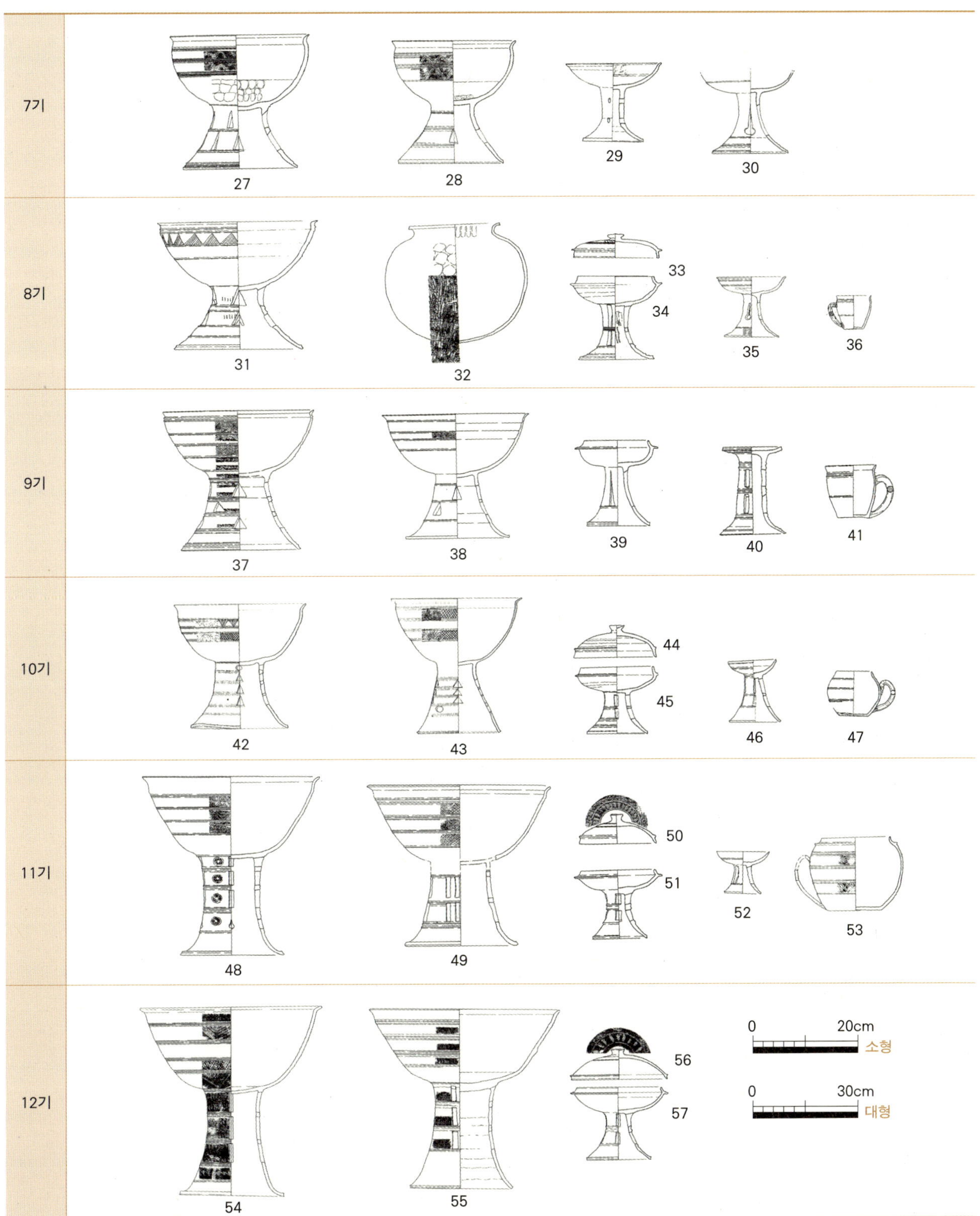

도 Ⅱ-7-2 아라가야권 고분편년

7기(27~30: 도항리(경) 10호묘) ∣ 8기(31~36: 오곡리(문) 36호묘) ∣ 9기(37~41: 도항리(문) 36호묘)

10기(42~47: 도항리(경) 13호묘) ∣ 11기(48~53: 도항리 15호분) ∣ 12기(54~57: 도항리 8호분)

려진 노형기대와 구경부가 완전히 C자상으로 외반한 승석문호가 부장된 점에서 이 시기로 편년한다.

5기: 황사리 44호묘는 구경부가 S자상으로 완전히 외반하고 각부에까지 돌대를 돌린 노형기대, 동하위까지 시문되던 침선이 상위에 국한된 승석문호가 출현하는 것에서 이 시기로 편년한다.

6기: 황사리 44호묘는 각부에 능형문과 방형문의 장식문양대가 시문된 노형기대와 침선이 상위에 국한된 승석문호가 부장된 점에서 이 시기로 편년한다.

7기: 말산리(경) 10호묘는 노형기대와 승석문호가 사라지고 발형기대만이 부장되며, 새로이 화염형투창고배가 출현한다. 이 시기의 발형기대는 형태와 투창의 배치 등에서 노형기대의 요소가 유존하는 것이 특징이다.

8기: 함안군 오곡리 3호묘는 형태, 문양, 투창이 노형기대의 요소에서 탈피한 발형기대와 이전 시기에 비해 화염형투창이 소형화된 신식의 고배가 부장된 것에서 이 시기로 편년한다.

9기: 도항리(문) 36호묘는 노형기대의 전통에서 완전히 벗어난 발형기대와 소형의 통형기대가 출현하는 것에서 이 시기로 편년한다.

10기: 도항리(경) 13호묘는 대각의 폭이 좁아지는 통형화가 진행되고, 배신에 격자문과 원권문이 시문되는 아라가야양식의 발형기대가 출현하는 점에서 이 시기로 편년한다. 그리고 내만구연에 구형球形을 한 컵형토기와 대각이 통형에서 팔자형으로 바뀐 소형 통형고배가 나타나는 점에서 이 시기로 편년할 수 있다.

11기: 도항리 8호분은 아직까지 이전 시기의 삼각형투창을 가진 소형 발형기대가 부장된 것에서 이 시기로 편년한다. 8호분은 배신이 깊고 대각이 팔자형인 고배가 15호분 출토품에 비해 고식이고, 부장된 편원어미형행엽도 15호분 출토품보다 선행하는 형식인 점에서도 이 시기로 편년된다.

12기: 도항리 15호분은 대각의 투창이 삼각형에서 세장방형으로 변하고, 배신에 격자문과 원권문이 시문된 기대와 각부 중앙이 축약된 상하일렬투창고배가 출현하는 점에서 이 시기로 편년한다.

13기: 도항리(문) 51호분은 대각의 폭이 더욱 좁아지고 높아진 발형기대가 부장되는 것에서 이 시기로 편년된다. 그리고 이 시기의 발형기대와 고배는 화염형투창이 화염부가 횡타원형에서 원형으로, 꼬리가 짧은 것에서 길고 가는 것으로 변한다(이주헌 2000).

14기: 도항리암각화고분은 투창이 횡타원형이었던 화염부가 원형으로 변하며, 꼬리는 뚫지 않고 단지 선으로 표현된 가장 늦은 형식의 화염형투창고배와 기고가 낮아지고 기벽이 두터워진 상하일렬투창고배가 부장되어 이 시기로 편년한다.

15기: 도항리(문) 5호분은 사격자문이 각부에 시문된 가장 늦은 형식의 발형기대가 부장된 점과 그 구조가 횡혈식석실인 점에서 이 시기로 편년한다. 같은 구조의 도항리(문) 8호분, 47호분도 같은 시기로 본다.

3) 소가야(도 Ⅱ-8-1~2)

소가야의 편년은 고성지역을 중심으로 남해에 면한 사천지역과 산청남부, 진주와 같은 남강중류역을 포괄하는 지역을 대상으로 한다.

소가야양식 토기의 각 기종별 형식 변화의 방향성은 다음과 같다.

노형기대는 함안지역과 같이 대부호에서 구경부가 C자형에서 S자형으로 변화하며 동체부에 비해 커지면서 노형기대화 되고 돌대와 능형문과 같은 장식이 증가하는 변화를 보인다.

발형기대는 배신이 깊고 넓으며 완만하게 외반하는 대각을 가진 것에서, 점차 배신이 직선적으로 외반하고 구연이 수평으로 꺾이며 대각 지름이 좁아지는 것으로 변한다.

삼각투창고배의 경우 무개식은 배신이 깊고 만곡한 것에서 얕고 외절하는 것으로 변하며, 유개식은 뚜껑받이 턱의 돌출도가 약해지고 투창수가 줄어든다.

일단장방형투창고배는 대각 하단에 돌려진 돌대의 돌출도가 약한 것에서 강한 것으로 변화한다.

수평구연호는 동부가 작아지며, 구연부가 외경하는 형태에서 수평화 또는 외절하는 형태로, 경부가 곡선에서 직선으로, 저부가 원저에서 평저로 변화한다.

1기: 진주시 무촌리 2구 13호목곽묘는 노형기대가 아직 출현하지 않고 유개대부호가 부장된 것에서 이 시기로 편년한다.

2기: 무촌리 2구 124호목곽묘는 노형기대가 출현한 점에서 이 시기로 편년한다.

3기: 무촌리 2구 23, 26호목곽묘는 구경부가 S자상으로 외반하고 경부와 동체에 돌대가 돌려진 노형기대가 부장된 점에서 이 시기로 편년한다.

도 Ⅱ-8-1 소가야권 고분편년

1기(1~4: 무촌리 2구 13호묘) │ 2기(5~7: 무촌리 2구 124호묘) │ 3기(8: 무촌리 2구 26호묘, 9~12: 무촌리 2구 23호묘)
4기(13~15: 송학동 1E호묘) │ 5기(16, 17: 무촌리 2구 24호묘) │ 6기(18~21: 중촌리 21호묘 부곽)
7기(22~24: 옥산리 29호묘)

도 Ⅱ-8-2 소가야권 고분편년

8기(25~27: 우수리 18호묘) │ 9기(28~32: 무촌리 2구 85호묘) │ 10기(33~34: 무촌리 2구 82호묘, 35~37: 우수리 16호묘)
11기(38~41: 연당리 23호분) │ 12기(42~45: 연당리 18호분) │ 13기(46~48: 연당리 18호분)

4기: 고성군 송학동 1E목곽묘는 구경부가 S자상으로 완전히 외반하며 각부에까지 돌대를 돌리고 그 주위에 거치문의 장식문양대가 시문된 노형기대가 출현하는 것에서 이 시기로 볼 수 있다.

5기: 무촌리 2구 24호묘는 송학동 1E호묘 출토품보다 1단계 후행하는 아라가야양식의 동부가 작고 얕은 장각노형기대가 부장된 것에서 이 시기로 편년한다.

6기: 산청군 중촌리 21호분 부곽 출토품은 노형기대의 전통이 남은 무문의 발형기대와 통형고배에서 변화된 팔자형고배가 출현한 점에서 이 시기로 편년한다.

7기: 산청군 옥산리 29호분은 파상문이 시문되고 장각화된 소가야양식의 조형으로 파악되는 발형기대와 수평구연호 그리고 팔자상의 대각을 가진 상하일렬투창고배가 출토되어 이 시기로 편년한다.

8기: 진주시 우수리 18호분은 제형의 대각에 3단의 세장방형 교호투창을 뚫은 발형기대와 무개식의 삼각투창고배, 수평구연호와 같은 전형적인 소가야양식이 출현하는 것에서 이 시기로 본다.

9기: 무촌리 2구 85호분은 배신이 얕아진 발형기대, 구연부가 점차 수평화화 되고 경부와 동체의 경계에 돌대가 형성된 수평구연호, 배신이 얕아진 무개식 삼각투창고배가 우수리 18호분 출토품보다 형식학적으로 후행하는 것으로 파악되어 이 시기로 편년한다.

10기: 무촌리 3구 82호석곽묘는 배신이 이전 시기보다 더 작아지며 구연부가 더욱 수평화된 발형기대가 부장되어 이 시기로 편년되며, 우수리 16호분도 같은 시기이다.

11기: 무촌리 3구 145호석곽묘는 구연부가 완전히 수평화된 발형기대, 호와 배신이 외절한 가장 신식의 무개식 삼각투창고배가 출토되어 이 시기에 위치지어진다.

12기: 고성군 연당리 23호분은 구연부가 완전히 수평화된 발형기대와 호, 각부 하위의 돌대가 돌출한 일단장방형투창고배가 이전 시기보다 형식학적으로 후행하는 것으로 파악되어 이 시기로 편년한다. 송학동 1A-1호분도 발형기대로 볼 때 이 시기로 볼 수 있다.

13기: 연당리 18호분은 구연부가 완전히 수평화된 것에서 변화하여 꺾이고 투창이 3단에서 2단으로 바뀐 발형기대와 같이 구연부가 변화하며 동체의 크기가 축소된 수평구연호, 각부 하위의 돌대가 이전 시기보다 돌출한 일단장방형투창고배가 출토되어 이 시기로 본다. 송학동 1B-1호석실의 1차 매장은 발형기대로 볼 때 이 시기로 파악된다.

14기: 송학동 1B-1호석실의 추가장은 종말기의 대가야양식 토기와 소가야양식 토기가 구성된 것에서 이 시기로 본다.

4) 대가야권(도 Ⅱ-9-1~2)

(1) 고령

대가야의 편년은 5세기 중엽 이후 고령을 중심으로 호남동부지역을 포함하는 지역을 대상으로 한다. 편년의 기준이 되는 대가야양식 토기의 각 기종별 형식 변화의 방향성은 다음과 같다.

쾌빈동 1호목곽묘에서 출토된 무문의 발형기대는 노형기대에서 기형이 변한 가장 고식임을 알 수 있다. 한편 신라후기양식 토기가 공반되는 대가야 멸망기의 합천군 저포리 D1-1호분 단계에는 모두 무문의 기대만 출토된다. 이와 같이 발형기대의 문양은 출현기에는 노형기대의 영향을 받아 무문이나, 그 후 복합구성에서 파상문주체로 변하고 이후에는 다시 무문화되는 방향성이 나타난다.

발형기대는 배신이 깊은 것에서 얕고 크게 벌어지는 것으로, 구연은 노형기대의 흔적인 굴곡이 남아 있는 것에서 없는 것으로 변화한다. 대각은 완만하게 벌어지는 것에서 곧게 뻗어 내리는 것으로, 투창은 아치형에서 그 후 삼각형으로 바뀐다. 배신에는 반원문, 거치문, 결승문, 격자문 등의 다양한 문양이 시문되다가 거치문으로 변하고, 나중에는 송엽문 중심으로 시문되다가 쇠퇴기에는 무문화 된다. 무문계의 발형기대는 일단투창의 것을 대상으로 하며, 배부의 깊이와 각부의 높이의 비율을 기준으로 다음과 같이 분류하였다.

1형식: 각부고와 배부고의 비가 1 : 2.0~3.5

2형식: 각부고와 배부고의 비가 1 : 1.5~3.0

3형식: 각부고와 배부고의 비가 1 : 1.0~2.5

4형식: 각부고와 배부고의 비가 1 : 1 전후

무문계의 발형기대에는 각부의 높이에 비해 배부가 점차 얕아지는 변화의 방향성이 파악된다.

대가야양식의 뱀모양의 세로띠 장식 통형기대는 대각 및 동부의 투창 형태, 세로장식띠를 통해 변화를 살펴 볼 수 있다. 대각은 완만한 바리모양에서 종모양으로 높아지며, 동부의 투창은 방형에서 삼각형으로 변화한다. 세로장식띠의 끝부분 형태가 평면은 능형에서 사각형으로, 단면은 삼각형에서 장방형으로 바뀐다. 시문된 파상문은 파수가 10조 전후에서 점차 줄어들어 나중에는 1조로 변한다.

통형기대는 이와 같이 세로장식띠의 형태, 기고와 각고의 비, 파상문의 파상문 단위수 등의 요소를 고려하여 크게 세 가지 형식으로 분류하고 그 가운데 2형식을 다시 2a형식과 2b형식으로 세분한다.

1형식은 뱀의 머리와 같은 형태를 한 세로장식띠 하부가 사실적으로 표현된 것이다. 즉 그 평면 형태가 능형이며 횡단면의 형태는 삼각형이다. 그리고 눈에 해당하는 곳에 동심원문이 시문되어 있다. 기고 대 각고의 비는 약 4 : 1이고 파상문의 단위수가 10조 이상인 것이다. 투창의 조합은 사각형으로만 된 것과 사각형과 삼각형을 조합한 것이 있다. 지산동 32~34호분의 합사유구 출토품이 이 형식에 속한다.

2형식은 세로장식띠 하부의 사실적인 표현이 쇠퇴한 것이다. 즉, 그 하부는 평면형태가 능형에서 세장방형으로 변화되고, 눈과 같은 표현도 사라져 장식화 된다. 그럼에도 세로장식띠 하부의 횡단면 형태가 삼각형인 것은 1형식의 흔적이 일부 남아 있는 것이다. 기고 대 각고의 비는 약 3 : 1이 되고, 파상문의 단위수가 7~9조의 것이다. 또 투창은 각각 사각형과 삼각형으로만 구성된 것이 존재한다. 특히 이 형식은 투창의 조합, 세로장식띠 하부의 형태, 파상문의 형태에 따라 다음과 같이 세분할 수 있다.

2a형식은 사각형과 삼각형을 조합한 투창을 가지고 있다. 세로장식띠 하부의 횡단면 형태는 1형식과 마찬가지로 삼각형이나, 그 평면형태는 능형이 아니라 장타원형으로 변하고, 또 동심원문의 수가 증가해서 눈의 표현이 사라지게 된 것이다. 이 형식은 합천군 반계제가B호분, 다A호분, 합천군 옥전M4호분, 남원시 두락리 1호분 출토품과 재보고 과정에서 새로이 확인된 고령군 지산동 44호분 출토품이 이에 해당한다. 이 형식은 더 세분될 가능성이 있다.

2b형식은 투창이 삼각형만으로 이루어진 것이다. 또 세로장식띠 하부 횡단면의 형태가 붕괴되어 명확한 삼각형이 아니고 그 평면 형태도 2a형식의 타원형과 3형식의 말각장방형의 중간적인 형태가 된다. 특히 동심원문의 수가 보다 증가해서 눈의 표현이 완전히 사라지게 된다. 파상문의 표현도 2a형식보다 2b형식이 세밀하지 못한 것이 특징이다. 고령군 본관동 36호분, 경주시 계림로 16~30호분 출토품이 이 형식에 속한다.

3형식은 세로장식띠 하부 횡단면의 형태가 완전히 변하여 사각형으로 바뀌어 기본 형태가 소멸된 것이다. 또 기고 대 각고의 비가 약 2 : 1이 되고 파상문도 형태가 붕괴되어 파상문의 단위수는 1조로 제한된 것이다. 진주시 수정봉 2호분 출토품, 진주시 중안동 출토품이 이 형식에 속한다. 이들 형식은 세로장식띠 하부 형태가 뱀의 머리를 표현한 사실적인 표현이 사라진 점과, 출토된 고분의 매장주체부가 수혈식석곽에서 횡혈식석실로 변화되는 것에 대응하는 점에서 1형식 - 2a형식 - 2b형식 - 3형식으로의 변화의 방향성이 파악된다.

고배는 배신이 깊은 것에서 점차 얕아져 평평한 것으로 변화한다. 대각은 팔자형에서 직선화되어 통형으로 변한다. 투창은 세장방형의 2단에서 1단으로 바뀌고, 종말기에는 원형으로 바뀐다. 투창은 침선으로 구획하는 것에서 돌대로 변한다.

장경호는 원저에서 평저로, 동부가 경부보다 큰 것에서 작은 것으로, 뚜껑받이턱의 돌출도가 큰 것에서 작은 것으로 변화한다. 경부의 문양대는 2단구성에서 3단으로 변한다.

파수부완은 대각이 있는 것과 없는 것이 있으나 형식 변화의 방향성은 일치한다. 즉 완의 형태는 곡선적인 호형에서 직선적인 완형으로 변하고, 시문된 파상문은 파수가 줄어드는 변화를 보인다. 대각이 있는 것은 동부보다 대각이 작아지고, 팔자형에서 제형으로 바뀌는 형태변화를 보인다. 파수의 단면은 원형에서 띠 모양의 세장방형으로 변한다.

파수부옹은 적색연질에서 회청색경질로, 파수의 끝부분이 c자상으로 말린 것에서 펴진 것으로, 동체가 길고 곡선적인 것에서 짧고 직선적인 것으로 변화한다.

1기: 반운리고분군 출토품은 무투창 저평 노형기대와 양이부호로 구성되어 있으며 장각화된 노형기대가 출토된 쾌빈동 12호목곽묘보다 선행하는 시기로 파악된다.

2기: 구경부와 각부가 크게 벌어지고 장각화된 가장 늦은 시기의 노형기대가 출토된 쾌빈동 12호목곽묘 출토품이 이 시기에 해당한다.

3기: 노형기대가 사라지고 발형기대가 출현한다. 발형기대의 문양이 격자문(1), 반원문＋거치문(1), 결승문(2), 거치문＋파상문(2)의 조합으로, 노형기대의 전통을 계승한 무문의 기대가 4점 유존하며, 동부가 크고 뚜껑받이 턱이 돌출한 유개장경호와 밀집 침선문을 시문한 개가 부장된 쾌빈동 1호목곽묘 출토품이 이 시기에 해당한다. 또한 격자문, 반원권문, 결승문, 거치문 등의 다양한 문양이 존재하는 것이 특징이다

4기: 이 시기 수장묘급 자료는 없으나, 팔자형의 각부 중간을 침선으로 구획한 고배의 형식으로 볼 때 지산동(경)10호석곽묘가 이에 해당한다.

5기: 지산동 35호분은 출토된 발형기대의 문양이 거치문＋파상문(1), 파상문＋송엽문(3), 파상문(4)의 조합으로, 이전 시기에 시문되던 거치문이 1점에만 보이고, 새롭게 송엽문이 출현하는 것이 특징이다. 발형기대의 투창은 방형 또는 아치형이나 후자가 주류이다. 유개장경호는 뚜껑받이 턱의 돌출도는 줄었으나 여전히 구경부보다 동부가 큰 것이다.

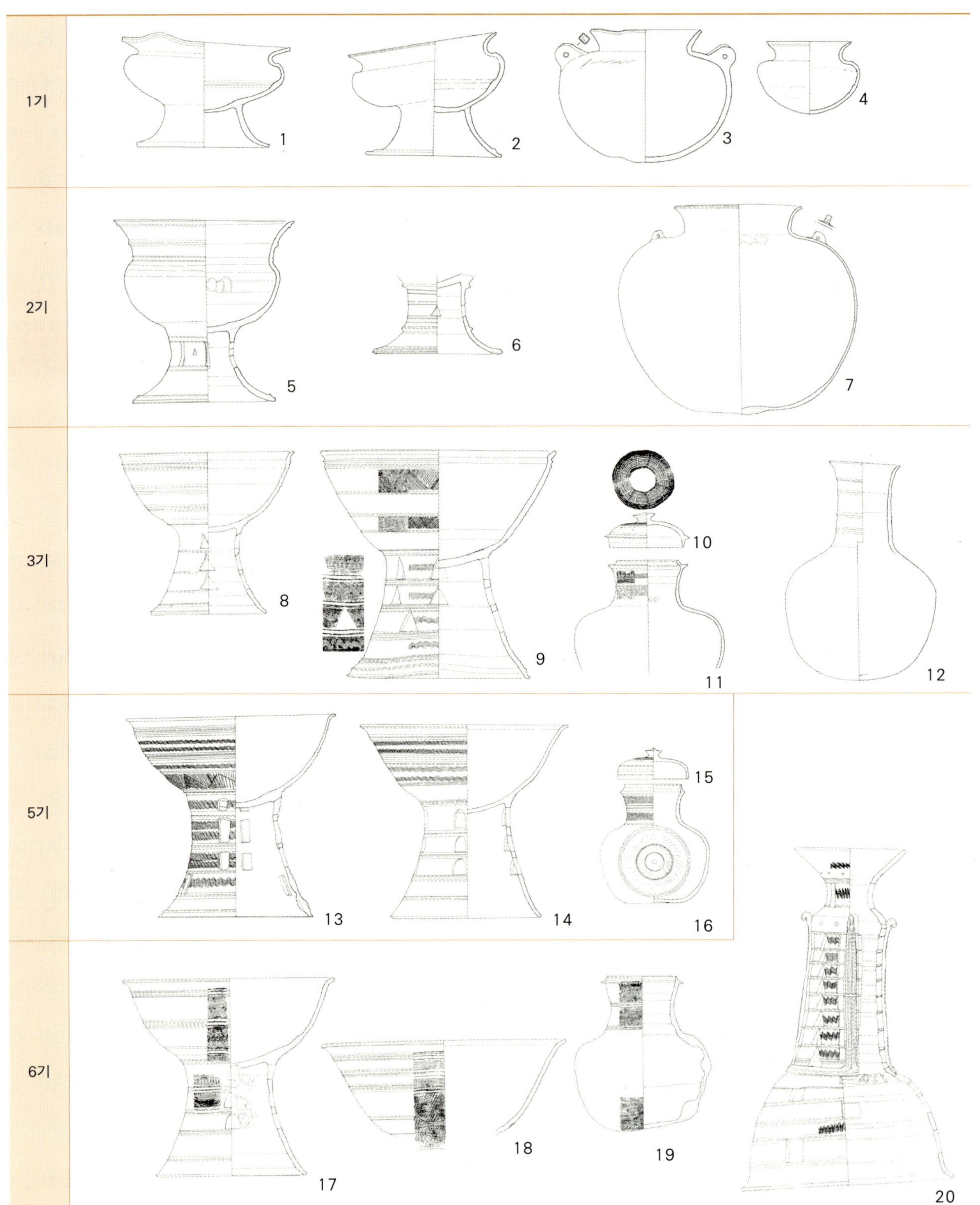

도 Ⅱ-9-1 대가야권 고분편년

1기(1~4: 반운동출토품) ｜ 2기(5~7: 쾌빈동 12호목곽묘) ｜ 3기(8~12: 쾌빈동 1호목곽묘) ｜ 5기(13~16: 지산동 35호분)
6기(17~20: 지산동 30호분)

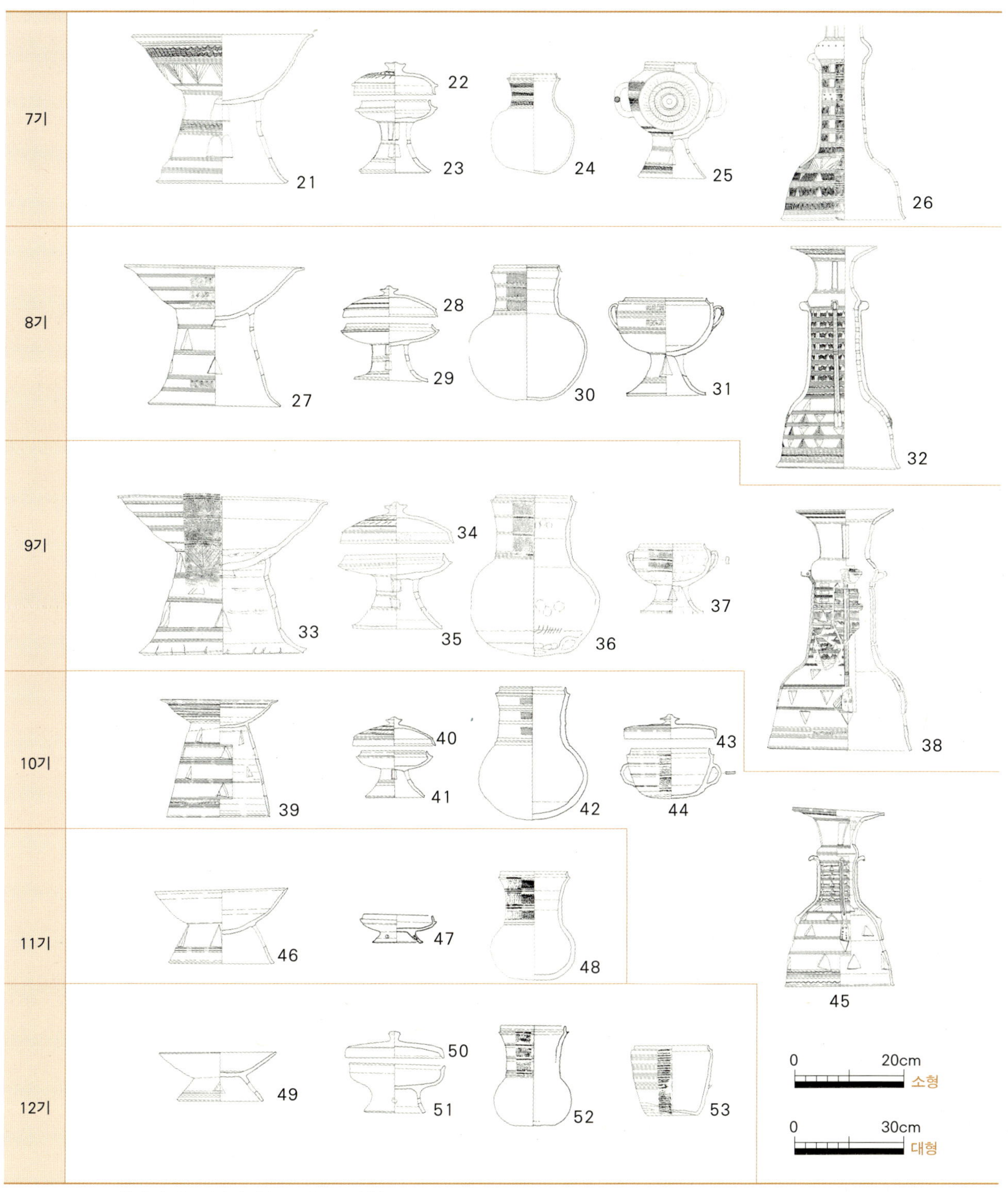

도 Ⅱ-9-2 　대가야권 고분편년(S=1/10 전후)

7기(21~24: 지산동 33호분, 25: 지산동 32호분, 26: 지산동 32-34 합사유구)

8기(27, 31: 백천리 1호분, 28~30: 옥전M3호분, 32: 반계제 가B호분)　│　9기(33~38: 지산동 45호분)

10기(39, 43, 44: 옥봉 7호분, 40~42: 지산동 45호분, 45: 수정봉 2호분)　│　11기(46~48: 삼가 1호분 A호 석곽묘)

12기(49, 52: 저포리D1-1호 석실분, 50, 51: 지산동(경)14호 석곽묘, 53: 저포리D1-16호 석곽묘)

고배는 상부 폭이 좁은 팔자형대각 중간을 침선으로 구획하는 것이 주류이다. 장경호는 경부의 문양대가 2단구성인 것이 2점, 3단구성인 것이 5점으로 후자가 우세하다.

6기: 지산동 30호분은 출토된 발형기대의 문양이 거치문 + 파상문(1), 파상문 + 송엽문(3), 파상문(9)의 조합으로, 파상문이 다수 출현한다. 투창은 방형이 사라지고 아치형이 줄어들며 삼각형이 출현하는 것이 특징이다. 통형기대는 정형화된 뱀 모양의 세로띠로 장식한 형식이 아직 출현하지 않고 다양한 형식이 공존하는 것이 특징이다. 고배는 상부 폭이 좁은 팔자형 대각의 중간을 침선으로 구획하는 것이 잔존하나 돌대로 구획한 것이 주류를 이룬다. 장경호는 경부의 문양대가 아직 2단구성인 것이 극소수이나 잔존한다.

7기: 지산동 32호분은 발형기대의 문양이 송엽문 + 파상문(4), 파상문(1)의 조합으로 구성되어있어 이 시기로 편년한다. 즉 이 고분에서는 30호분의 발형기대에 시문되던 거치문이 없어지고 송엽문 + 파상문의 조합을 가진 것이 다수를 차지하게 된다. 통형기대는 뱀 모양 세로띠로 장식한 형식이 출현하며 그 하부가 사실적으로 표현된 것으로 기고 대 각고의 비는 약 4 : 1이고 파상문의 단위수가 10조 이상인 가장 고식의 1형식이다. 고배는 대각 상부 폭이 이전 시기에 비해 넓어져 팔자형에서 통형으로 변하는 과도기의 것으로 대각의 중간을 침선으로 구획하는 것이 사라진다. 파수부완은 동체에 비해 구경이 작은 호형인 것이다. 장경호는 경부의 문양대가 3단 구성으로 된 것만이 부장된다.

8기: 수장묘급 고분은 아직 발굴되지 않았으며, 지산동(영)1-5호분, 지산동(영대)8호 석곽묘가 이에 해당한다. 고령지역산 토기가 출토되어 같은 시기로 편년되는 함양군 백천리 1호분을 살펴보면, 발형기대는 송엽문 + 파상문의 조합을 가진 것이 소수가 되고, 파상문 주체의 조합을 가진 것이 주류를 이루게 된다. 고배는 대각의 폭이 더욱 넓어져 통형으로 변한 것이다. 통형기대는 세로장식띠 하부의 사실적인 표현이 사라지기 시작하고, 기고 대 각고의 비는 약 3 : 1인 것으로, 사각형과 삼각형을 조합한 투창을 가진 2a형식이다. 파수부완은 호형에서 완형으로 바뀌었으나, 아직 호의 형태가 남아있는 곡선적인 것이다.

9기: 지산동 44호분은 재 보고과정에서 새로이 확인된 석곽과 제사장 등 출토 발형기대의 문양이 송엽문 + 파상문(9), 파상문(12), 무문(3)의 조합으로 구성되어 있어 이 시기로 편년한다. 이 시기 무문계의 기대가 출현하나 유문계가 압도적인 다수를 차지한다. 고배는 대각의 폭이 더욱 넓어져 통형으로 변한 것이다. 파수부완은 여전히 호의 형태가 남아있는 곡선적인 것이다. 통형기대는 2a형식이 잔존하는 가운데 사각형과 삼각형을 조합한 투창에서 삼각형으로 변하고 사실적인 표현이 사라진 2b형식이 출현한다. 지산동 44호분에서는 제사용으로 사용된 것으로 추정되는 2a형식의 통형기대가 확인되어 같은 형식의 통형기대가 출토된 합천군 옥전M4호분과 같은 시기임이 방증되었다. 본관동 36호분은 2b형식의 통형기대가 확인되어 같은 단계 내에서 지산동 44호분에 약간 후행하는 것으로 파악된다. 지산동(영대)1호석곽묘는 모두 유문계의 기대가 출토되었으나, 2b형식의 통형기대가 확인되어 이 시기로 편년된다.

10기: 지산동 45호분은 출토된 발형기대의 문양이 파상문(1), 무문(5)의 조합으로 구성되어 있어 이 시기로 편년한다. 기대는 유문계가 소수가 되고 무문계가 주류를 이루며, 무문계의 기대는 2형식이다. 고배는 2단투창이 유존하는 가운데 1단투창의 것이 출현한다. 파수부완은 직선적으로 변한 것이다. 통형기대는 세로장식띠의 형태가 완전히 변하고, 기고 대 각고의 비가 약 2 : 1이며 파상문의 단위수는 1조로 줄어든 3형식이다.

11기: 이 시기 고령지역의 발굴자료가 있으나 발형기대가 출토된 예가 없어 대가야양식 토기가 출토된 합천군 삼가 1호분A호석곽을 표지로 한다. 기대는 유문계가 완전히 사라지고 모두 무문계로 변화한다. 고배는 원형투창의 것이 출현한다. 유개장경호는 뚜껑받이턱의 돌출도가 미약하고 동체부가 구경부보다 축소된 것이다. 통형기대는 3형식이 유존한다.

12기: 현재 고령지역에는 이 시기의 자료가 분명하지 않아 대가야양식 토기가 출토된 합천군 저포리D1-1호분을 표지로 한다. 고배는 원형투창의 것이다. 유개장경호는 동체부가 구경부보다 더 축소된 것이다. 파수부완은 완전히 직선화 된 것이다. 기대는 무문계 가운데에서 가장 늦은 형식이다. 고아동 벽화고분도 석실구조로 볼 때 이 시기로 편년된다.

(2) 합천

봉산면 일대의 봉계리고분군, 반계제고분군, 저포리고분군을 대상으로 한다.

1기: 저포리A지구 50호목곽묘는 옥전 54호목곽묘 출토품과 같은 특징을 가진 노형기대와 동일 형식의 소문 직구단경호가 부장된 점에서 같은 시기로 편년된다. 저포리A지구 31호목곽묘는 구경부가 직립한 것에서 C자상으로 변화하는 과도기의 양이부승석문호가 출토되어 옥전 54호목곽묘보다 약간 선행하는 것으로 파악되나 형식차가 크지 않은 것에서 같은 단계로 본다.

2기: 이 시기에 해당하는 자료가 뚜렷하지 않다.

3기: 저포리B지구 32호목곽묘는 구경부가 S자상으로 완전히 외반한 가장 신식 노형 기대와 통형고배가 부장된 점에서 이 시기로 편년한다.

4기: 저포리A지구 47호목곽묘는 노형기대의 요소가 잔존한 무문의 최고식 발형기대 와 대각이 통형에서 팔자형으로 변한 고배가 부장된 점에서 이 시기로 편년한다. 봉계리 76호석곽묘도 고배의 형식으로 볼 때 이 시기에 해당하는 것으로 본다.

5기: 봉계리 3호목곽묘는 격자문이 시문된 발형기대가 부장된 것에서 옥전 23호분과 같은 시기로 본다.

6기: 봉계리 13호목곽묘는 복천동 10·11호분 출토품에 병행하는 낙동강이동양식의 고배가 출토된 것에서 이 시기로 본다.

7기: 이 시기에 해당하는 자료가 뚜렷하지 않다.

8기: 소가야양식 토기가 출토된 합천군 반계제나A호분과 저포리A지구 1호석곽묘가 이 시기로 편년된다.

9기: 반계제가A호분에서는 유문계 발형기대가 3점 출토되었다. 기대의 문양구성은 모 두 파상문 주체의 것이다. 이러한 문양구성으로 보아 이 고분은 송엽문＋파상문 조합이 다수 를 차지하는 지산동 32~34호분과 무문계가 출현하는 지산동 44호분 사이에 넣을 수 있다.

배총으로 추정되는 반계제가B호분도 2a형식의 통형기대가 출토되고, 장경호와 고배 가 가A호분과 같은 형식인 점에서 이 시기로 편년된다.

10기: 반계제다A호분은 가A호분과 시간차가 크지 않을 것으로 생각되나 장경호가 평저화되고 배총으로 추정되는 다B호분에서 무문계의 발형기대가 부장된 점에서 이 시기 로 편년한다. 즉 다B호분이 가A호분의 배총인 가B호분보다 1단계 늦은 것으로 파악되기 때문이다. 반계제다A호분은 지산동(영대)1호석곽묘 출토품과 같은 형식의 호등壺鐙이 공 반된 점에서도 이 시기로 편년된다.

11기: 이 시기에 해당하는 수장묘가 확실하지 않다.

12기: 봉계리 대형분에서는 무문계의 발형기대가 1점 출토되었다. 이 기대는 4형식 으로 가장 늦은 형식이다. 저포리 D2-1호분도 장경호의 형식으로 볼 때 이 시기에 해당한 다.

13기: 저포리 D1-1호분에서는 무문계의 발형기대가 3점 출토되었다. 이러한 기대는 4형식으로 가장 늦은 형식의 것이다.

(3) 함양, 산청

• 함양

백천리고분군

1~3호분에서는 유문계의 발형기대가 10점 출토되었다. 기대의 문양구성은 파상문이 8점으로 다수를 차지하고 있고, 송엽문+파상문의 것은 2점뿐이다. 이러한 문양구성으로 보아 이 고분은 송엽문+파상문 조합이 다수를 차지하는 지산동 32~34호분과 무문계가 출현하는 지산동 44호분과의 사이로 편년할 수 있다.

• 산청

생초고분군

생초M13호분에서는 모두 유문계의 발형기대가 출토되었으며, 그 형식으로 볼 때 지산동 44호분과 같은 시기로 편년된다. 이는 이 고분에서 출토된 용봉문환두대도가 지산동 44호분에 선행하는 합천군 옥전M3호분 출토 환두대도보다 신식인 점에서도 증명된다.

생초 9호석곽묘의 대가야양식 토기는 지산동 45호분에서 합천군 삼가 1호분A호석곽으로 가는 과도기적 양상을 보이고 있다. 즉 생초 9호석곽묘는 저평통형기대가 직선화된 각부를 가진 것으로 지산동 45호분과 환형기대가 출토된 삼가 1호분A호석곽 사이로 편년된다. 장경호는 동부가 경부에 비해 축소된 것으로 지산동 45호분 출토품에 후행하는 형식이며, 삼가 1호분A호석곽 출토품과 동일한 형식이다.

(4) 남원, 임실

• 남원

월산리고분군

월산리M1호분에서는 발형기대가 5점 출토되었다. 그 가운데 3점은 투창이 4~6단인 각부가 세장하고 파상문 중심인 점에서 소가야토기양식과 대가야토기양식을 절충한 것이며, 나머지 2점은 고령지역산으로 송엽문과 파상문이 각각 시문된 것으로 기형은 지산동 32~34호분 출토품과 유사하다. 이는 6점의 장경호가 모두 동부가 경부보다 팽창한 형태인 점에서도 방증된다. 따라서 대가야권 7기인 지산동 32~34호분과 같은 시기인 5세기 중엽으로 편년하는 것이 더 적절하다.

월산리M3호분에서는 발형기대가 3점 출토되었다. 1점은 소가야권 9기와 병행하는 고성지역산이며, 2점은 대가야양식이다. 그런데 후자는 이에 1단계 후행하는 합천군 옥전M3호분 출토품과 병행하는 것으로 본다. 이는 대가야양식 장경호가 동부가 경부에 비해 큰 고식의 고령지역산과 이에 후행하는 남원지역산이 공반하는 점에서도 그러하다. 그래서 대가야권 8기인 함양군 백천리 1호분과 같은 시기인 5세기 후엽으로 편년된다.

월산리M4호분에서는 발형기대와 장경호가 각각 1점 출토되었다. 기대는 파상문 중심의 문양구성으로 단각이며, 장경호는 동부가 경부에 비해 큰 대가야양식으로 모두 남원지역산이다. 기대와 장경호는 대가야권 8기인 함양군 백천리 1호분과 같은 시기인 5세기 후엽으로 편년된다.

월산리M5호분에서는 14점의 발형기대가 출토되었다. 그 가운데 투창이 4~6단인 각부가 세장하고 파상문을 시문한 소가야토기양식과 대가야토기양식을 절충한 형식이 11점이며, 파상문+송엽문을 가진 1점을 제외하면 모두 파상문을 시문한 것이다. 대가야양식의 파상문+송엽문을 시문한 기대의 경우에도 각부와 세장방형 투창의 형태는 소가야양식의 영향에 의한 것으로 보인다.

월산리M5호분은 M1-A호곽 출토품에 비해 단각화되고, 공반된 장경호도 동부가 축약된 것에서 M1호분에 1단계 후행하는 것으로 편년되며 합천군 옥전M3호분과 같은 단계인 5세기 후엽으로 본다. 이는 출토된 계수호의 연대와도 모순되지 않는다.

월산리M6호분에서는 발형기대가 5점 출토되었으며 대가야양식의 남원지역 제작품이다. 모두 파상문+송엽문을 중심으로 하는 문양구성으로 합천군 옥전M3호분 출토품과 병행하는 것으로 파악된다. 장경호는 대가야양식으로 장경호가 동부가 경부에 비해 큰 고식과 이에 후행하는 형식이 공존한다. 그래서 대가야권 8기인 함양군 백천리 1호분과 같은 시기인 5세기 후엽으로 편년된다.

두락리고분군

두락리 32호분에서는 13점의 발형기대가 출토되었으며, 파상문 중심의 문양구성이 12점, 파상문+송엽문 중심의 문양 구성을 가진 1점이다. 모두 고령지역에서 제작되어 이입된 것으로 그 형식이 지산동 44호분과 같은 점에서 5세기 말로 편년된다.

두락리 1호분에서는 발형기대가 4점 출토되었는데 유문계와 무문계의 비율은 1:1이다. 이러한 문양구성으로 볼 때, 이 고분은 21:3의 비율로 유문계가 다수를 차지하고 있는 지산동 44호분과 1 : 4의 비율로 유문계가 소수인 지산동 45호분의 사이에 설정할 수 있다. 또, 이 순서는 두락리 1호분 출토 무문계 발형기대가 1형식인 점에서도 방증된다. 즉, 두락리 1호분의 무문계 1형식 발형기대는 지산동 44호분에서 출토된 유문계에서 무문계로 변화하는 과도기의 무문계 발형기대와 지산동 45호분에서 출토된 무문화가 진전된 무문계 2형식의 발형기대 사이에 위치시킬 수 있다. 통형기대가 2a형식인 점에서 지산동 44호분에 가까운 시기로 편년한다.

두락리 3호분에서는 무문계 3형식의 발형기대가 출토되었다. 합천군 삼가 1호분 A호 석곽에서 같은 형식의 발형기대가 출토된 예가 있어 양자는 6세기 전엽으로 편년된다.

두락리 2호분은 횡혈식석실분으로 석실내에서 신라토기가 1점 출토되었다. 2호분의 평면 형태와 규격이 합천군 저포리 D지구 1-1호석실분과 일치하고 있어 6세기 중엽에 초축되었으나, 대가야 멸망이후에도 추가장이 행해진 것으로 보인다.

임실 금성리 1호분은 구경부가 동부에 비해 상대적으로 큰 형식의 장경호가 출토된 점에서 같은 형식의 장경호가 출토되 함양군 백천리 1호분과 같은 시기로 본다.

(5) 장수, 진안

• 장수

삼고리고분군

이 고분군에서 채집된 뚜껑받이 턱이 돌출하고 동부가 큰 장경호와 투창이 아치형인 발형기대는 고령군 지산동 30호분과 병행하는 시기에 제작되어 이입된 것으로 파악되어 주목된다.

6호분, 11호분은 장경호와 저평통형기대로 볼 때 지산동 44호분 단계에서 지산동 45호분 단계사이, 삼고리 13호분은 고배와 병형토기가 출현한 점에서 지산동 45호분 단계로 편년된다. 14호분, 15호분도 광구호의 동부가 작아진 점으로 볼 때 합천군 삼가 1A호석곽 단계로 본다.

삼봉리고분군

조사된 고총은 발형기대, 장경호, 광구호로 볼 때 고령 지산동 44호분과 같은 단계로 편년된다.

8호분은 동부가 큰 장경호와 고배로 볼 때 고령 지산동 44호분과 같은 단계로 편년된다.

• 진안

11호분은 광구호의 동부가 작아지고 백제 삼족기가 공반된 것에서 합천군 삼가 1A호석곽 단계로 본다. 6호분은 동부가 작아진 장경호로 볼 때 같은 시기로 본다. 황산리 13호분과 14호분은 배신이 납작해진 고배로 볼 때 역시 같은 시기로 본다.

(6) 하동, 순천, 여수

• 하동

2호분, 4호분은 장경호, 유대파수부완으로 볼 때 지산동 44호분 단계로 편년된다. 3호분, 8호분은 동부가 작아진 장경호로 볼 때 지산동 45호분과 같은 시기로 편년된다.

• 순천

M2호분은 발형기대가 모두 유문계이고 지산동 30호분 출토 기대와 유사한 형식의 통형기대가 출토된 점에서 지산동 44호분 이전 또는 같은 시기로 편년된다.
M1호분은 장경호의 형식으로 볼 때 지산동 45호분과 같은 시기로 편년된다.
M3, 4호분도 장경호로 볼 때 M1호분과 같은 시기로 생각된다.

• 여수

성벽 축조 후에 형성된 1호 구상유구에서 다수 출토된 것으로 고령지역산이 다수를 차지한다. 이러한 토기는 납작한 신부를 가진 개, 1조의 파상문을 시문한 파수부완, 원형 투공 고배, 고리형 소형기대가 공반된 것에서 합천군 삼가 1A호석곽 단계에서 합천군 저포리 D지구 1-1호석실분 단계 사이로 편년된다.

5) 다라(도 Ⅱ-10-1~2)

쌍책면 옥전고분군을 대상으로 한다.

1기: 옥전 54호목곽묘는 구경부가 작고 그곳에만 돌대가 돌려진 노형기대와 함께 승석문양이부호, 대각이 세장한 공工자형고배가 부장되어 이 시기로 편년한다.

2기: 옥전 27호목곽묘는 구경부가 S자상으로 크게 외반하고 각부에까지 돌대가 돌려진 노형기대가 부장된 점에서 이 시기로 편년한다.

3기: 이 시기 해당하는 자료가 뚜렷하지 않다.

4기: 옥전 68호목곽묘는 노형기대의 요소가 잔존한 소형의 최고식 창녕양식 발형기대와 침선문을 각부 중앙에 돌린 상하일렬투창고배가 부장된 것에서 이 시기로 편년한다.

5기: 옥전 23호묘는 발형기대의 문양이 결승문(2), 결승문 + 거치문(1), 거치문(3), 거치문 + 파상문(2)의 조합으로 구성되어 있으며, 노형기대의 요소가 사라지고 그 전통에서 벗어 난 것이 가장 큰 특징이다. 더욱이 옥전 23호분에서는 옥전 68호목곽묘 출토 창녕양식 토기보다 후행하는 복합문양대를 시문한 발형기대와 각부 중앙에 돌대를 돌린 고배가 출토된 점에서도 이 시기로 편년된다.

6기: 옥전 35호묘는 23호분 출토 창녕양식 고배보다 후행하는 뚜껑받이턱의 돌출도와 하부의 투창이 작아진 고배가 부장된 것에서 이 시기로 편년된다.

7기: 옥전 31호목곽묘는 35호묘에 부장된 창녕양식의 상하일렬투창고배가 유존하는 가운데 새로이 상하교호투창고배가 출현하여 이 시기로 편년한다. 31호목곽묘에서는 동부의 직선화가 진행되었으나 파수의 단면이 원형인 신·고의 요소가 유존하고 있는 유개식 유대파수부완, 구경부가 약간 내경한 흔적이 남아있는 고식의 요소와 문양대를 3단으로 구획된 신식의 요소가 병존하고 있는 장경호가 공반된다.

8기: 옥전M1, M2호분은 옥전 31호목곽묘에 부장되던 창녕양식의 상하일렬투창고배와 유개식 유대파수부완 대신 상하교호투창고배와 무개식 유대파수부완이 부장된 점에서 이 시기로 편년한다. 또한 옥전 31호목곽묘에 후행하는 형식의 구경부가 직립한 장경호가 부장된 것에서도 그러하다.

9기: 옥전M3호분은 이전 시기까지 부장되던 창녕양식 토기가 완전히 사라지고 대가야양식의 토기가 부장된다. 발형기대는 송엽문 + 파상문(2)의 조합을 가진 것이 소수가 되고, 파상문(8) 주체의 조합을 가진 것이 주류이다. 고배는 대가야양식의 상하일렬투창으

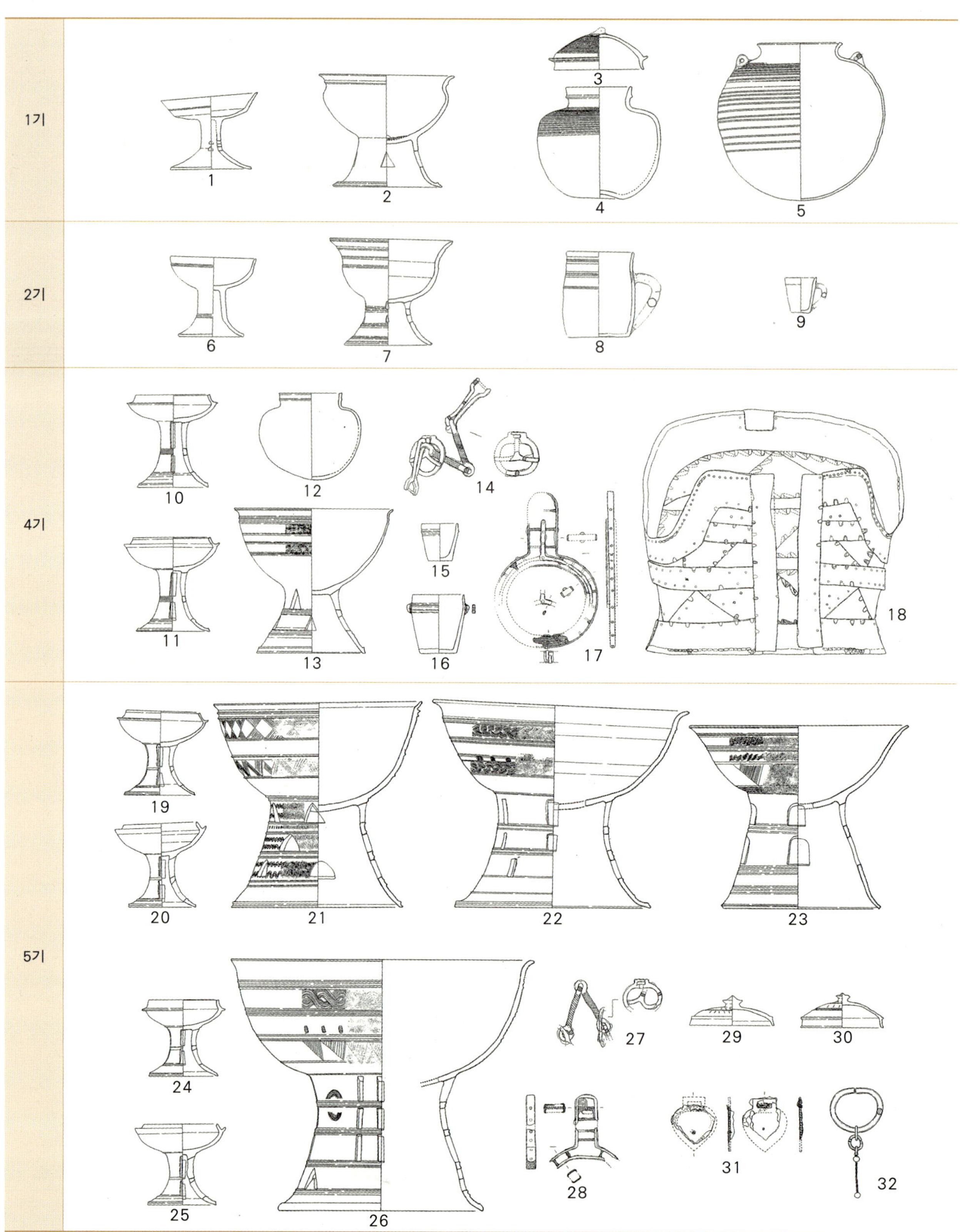

도 Ⅱ-10-1 다라국 고분편년

1기(1~5: 옥전 54호목곽묘) | 2기(6~9: 옥전 27호목곽묘) | 4기(10~18: 옥전 68호목곽묘) | 5기(19~32: 옥전 23호묘)

92

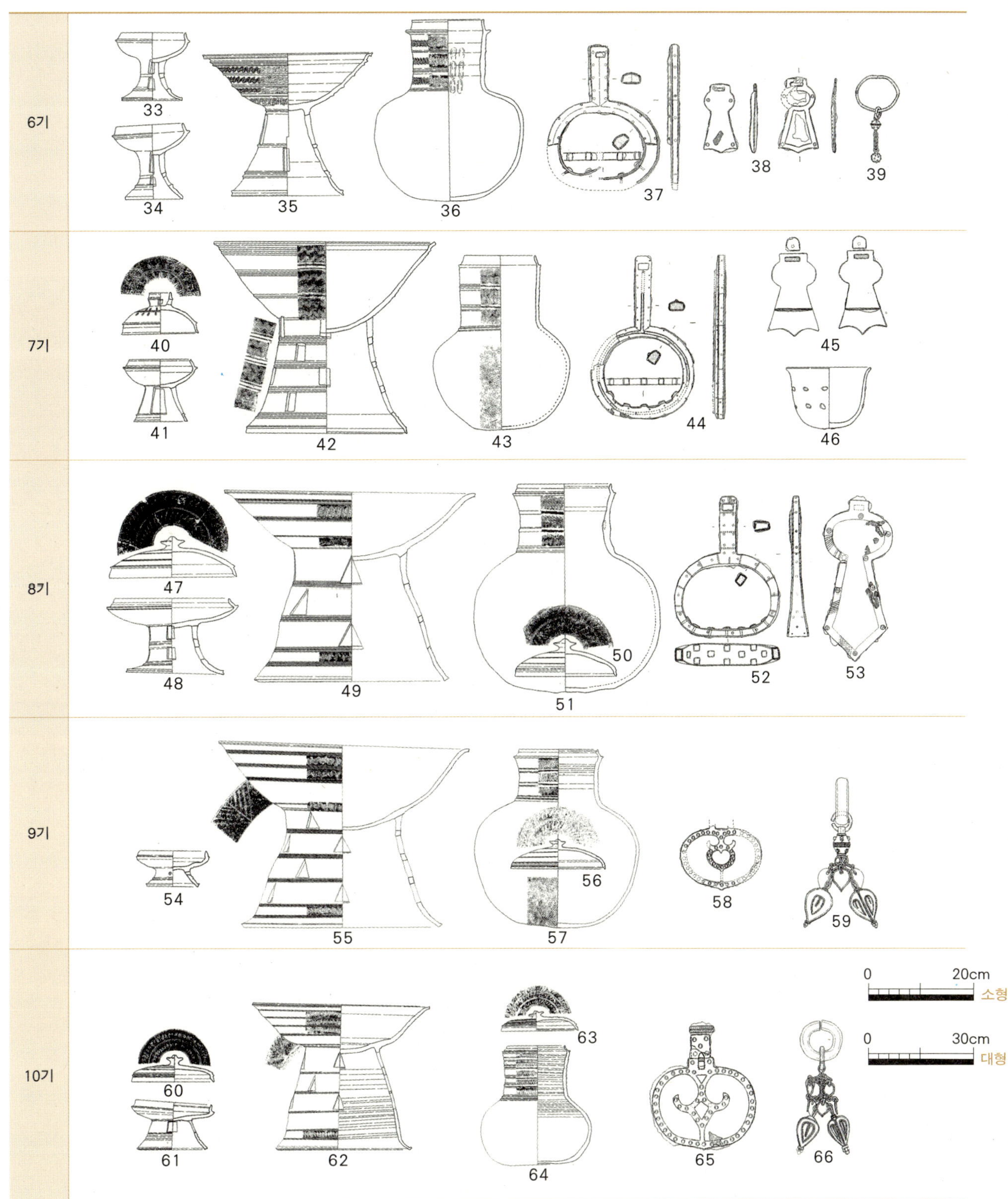

도 Ⅱ-10-2 다라국 고분편년

6기(33~39: 옥전 35호묘) │ 7기(40~46: 옥전M1호분) │ 8기(47~53: 옥전M3호분) │ 9기(54~59: 옥전M4호분)
10기(61~66: 옥전M6호분)

93

로, 대각의 폭이 더욱 넓어져 통형으로 변한 것이다.

10기: 옥전M4호분은 발형기대가 송엽문+파상문의 조합을 가진 것으로, 원형투공의 고배가 출현하여 이 시기로 편년한다.

11기: 옥전M6호분은 발형기대가 송엽문+파상문의 조합을 가진 것만 출토되었으나 옥전M4호분 출토품에 비해 배신이 얕아진 후행하는 형식인 점에서 이 시기로 편년한다.

12기: 옥전M10호분은 그 구조가 횡구식석실이고 환형기대와 경부에 1조의 돌대를 돌린 단경호가 출토된 것에서 이 시기로 편년한다.

13기: 옥전M11호분은 시기를 파악할 수 있는 토기는 출토되지 않았으나 그 구조가 횡혈식석실이고 출토된 대장식구가 사비기의 백제산인 점에서 이 시기로 편년한다.

6) 비사벌(도 Ⅱ-11-1~2)

비사벌의 고지인 창녕지역 편년은 창녕을 중심으로 청도 이서지역까지를 대상으로 한다.

1기: 창녕군 여초리A지구토기가마 출토품을 표지로 하며, 이 시기는 공자형고배, 노형기대, 침선문개가 제작되는 단계이다. 공자형고배와 노형기대는 무투창이고 침선문개는 운두가 높고 고리형 손잡이를 가진 것이 특징이다. A지구 출토품 가운데 노형기대는 창녕군 교육청 소장품과 합천군 저포리A지구 50호분에 유례가 확인된다. 또 소장미고분군 출토 노형기대는 형식은 다르나 같은 시기로 파악되는 합천군 옥전 54호분과 함안군 황사리 1호분에 공자형고배와 공반되고 있는 점에서 1기로 편년된다.

2기: 여초리B지구토기가마는 A지구가마 출토품과 유사한 무투창 노형기대와 같은 1기 출토품도 확인되어 전 후기로 구분된다. 2기는 B지구가마 출토품 가운데 후기 출토품을 표지로 한다. 즉 후기는 이전 단계에 제작되던 공자형고배가 사라지고 새로이 소형투창이 뚫린 통형고배가 출현하며, 노형기대에는 투창이 뚫리고, 운두가 낮고 단추형 손잡이를 가진 침선문 개가 제작된 점으로 볼 때 이 시기로 편년된다.

3기: 이 시기에 해당하는 유구는 아직까지 명확하지 않다.

4기: 창녕양식 토기의 중심 분포권에 속하는 청도군 이서지역의 봉기리 3호목곽묘는 노형기대의 요소가 잔존한 발형기대가 부장된 것에서 이 시기로 편년된다. 능형의 문양을 장식한 고배와 상하일렬투창고배가 공존하는 점에서도 그러하다.

5기: 청도 봉기리 5호목곽묘는 파상문이 시문된 노형기대에서 탈피한 발형기대와 기고가 높고 뚜껑받이턱이 돌출한 상하일렬투창고배만이 출토되어 이 시기로 편년된다.

6기: 창녕 동리 7호목곽묘는 청도 봉기리 5호목곽묘 출토품에 비해 기고가 낮고 뚜껑받이턱이 축소된 상하일렬투창고배가 출토된 점에서 이 시기로 편년한다. 같은 형식의 창녕양식 토기가 출토된 김해시 가달 5호분도 이시기에 해당한다.

7기: 창녕 동리 3호석곽묘를 표지로 한다. 상하일렬투창고배와 상하교호투창고배가 공반된 점에서 이시기로 편년한다. 창녕양식의 동일한 기종 구성인 토기가 출토된 옥전 31호묘도 이 시기로 편년된다.

8기: 창녕 계남리 1, 4호분과 교동 3호분 출토품을 표지로 한다. 상하일렬투창고배가 완전히 사라지고 교호투창을 가진 제형 대각의 고배가 주류를 형성한다. 계남리 1호분에서는 동부가 완전히 직선화되고 파수 단면이 세장방형인 유대파수부완이 출토되었고, 교동 3호분에서는 뚜껑받이 턱이 사라지고 경부가 직선화된 장경호가 공반되고 있다. 그리고 계남리 1호분에서는 상부가 호형이고 각부가 도중에 단을 형성하면서 넓어지는 통형기대가 출토되었다.

9기: 교동 2호분 출토품을 표지로 한다. 2호분에서는 종래 시문되던 파상문 대신 격자문과 원문을 조합한 문양이 시문된 유대파수부완, 장경호와 발형기대가 공반되었다. 그리고 2호분에서는 상부가 직선적으로 외반하고 대각이 직선적으로 넓어지는 계남리 1호분 출토품과 형태가 전혀 다른 신라양식의 통형기대가 출토되었다.

10기: 창녕 교동 11호분 출토품을 표지로 한다. 11호분 출토품에서는 통형의 손잡이를 가진 개에 시문되던 유충문이 사라지고 집선문이 출현하는 변화가 확인된다. 또 와권渦卷상의 도차에 의한 성형흔이 나타나는 것으로 볼 때 제작기술에도 신라양식의 기술도입에 의한 큰 변화가 수반된 것으로 파악된다.

11기: 창녕양식 토기가 완전히 신라양식화 되는 단계이며 교동 31호분 1차매장시 부장된 토기와 계성A지구 1호분 2호관 출토품을 표지로 한다.

12기: 창녕양식 토기가 완전히 신라후기양식화 되는 단계이며 교동 31호분 추가장시 부장된 토기와 계성리(경)3지구 1호분 출토품을 표지로 한다.

도 Ⅱ-11-1 창녕지역 고분편년

1기(1: 청도각남, 2, 4: 대합면, 3: 창락초교, 5: 여초리A지구, 6: 소장미고분군, 7: 여초리A지구)

2기(8: 대합면, 9~12: 여초리B지구) │ 4기(13~19: 청도봉기리 3호목곽) │ 5기(20~26: 청도봉기리 5호목곽)

6기(27~34: 동리 7호목곽묘) │ 7기(35~41: 동리 3호석곽묘) │ 8기(42~47: 교동 3호분, 48: 계남리 1호분)

도 Ⅱ-11-2 창녕지역 고분편년

9기(49~55: 교동 2호분) | 10기(56~60: 교동 11호분) | 11기(61~67: 계성A지구 1호분 1관)

7) 지역간 병행관계

Ⅰ기: 금관가야 1기의 김해시 대성동 29호분, 김해시 예안리 74호분, 160호분에서는 와질 토기가 주류를 이루는 가운데 회청색경질의 소문 단경호가 극소수 출현하며, 아라가야 1기의 함안군 도항리 35호분에서도 이와 같은 양상이 관찰되어 양자는 병행관계로 파악된다.

Ⅱ기: 금관가야 2기의 대성동 59호분에서는 이전 시기에 보이지 않던 양이부승석문호가 출토되어 아라가야와의 병행관계를 알 수 있다. 대성동 59호분 출토품은 편구형의 동부와 구연부가 직립한 것과 같은 고식 요소도 보이나 저부가 평저에서 환저로 변하는 과도기를 요소를 가지고 있는 것에서 아라가야 2기의 도항리(경)33호분 단계의 양이부승석문호로 파악된다. 그리고 59호분에서는 회청색경질토기의 비율이 더욱 높아진 것에서 양자는 병행관계로 본다.

Ⅲ기: 소가야권 2기의 진주시 무촌리 2구 124호분에서는 아라가야양식의 노형기대가 출토되어 양자간의 병행관계가 설정된다. 이 고분은 출토 노형기대는 구경부가 커졌으나 아직까지 S자상으로 외반하지 않은 것이 의령군 예둔리 26호분 출토품과 유사한 점에서

소가야권 2기와 아라가야 3기는 병행하는 것으로 본다.

Ⅳ기: 소가야권 3기의 진주시 무촌리 2구 23, 26호분에서는 아라가야양식의 노형기대가 출토되어 양자간의 병행관계가 설정된다. 양 고분 출토 노형기대는 구경부가 S자상으로 외반한 것이 함안군 황사리 45호분 출토품과 유사한 점에서 소가야권 3기와 아라가야 4기는 병행하는 것으로 본다.

Ⅴ기: 고성군 송학동 1E호분 출토 노형기대는 구경부가 S자상으로 완전히 외반하며 각부에는 돌대를 돌리고 거치문의 장식문양대가 시문된 것으로 함안군 황사리 44호분 출토품과 유사하여 소가야권 4기와 아라가야 5기는 병행하는 것으로 본다.

Ⅵ기: 부산시 복천동 54호묘에서는 금관가야, 아라가야양식의 노형기대와 고배 그리고 아라가야양식의 양이부승석문호가 출토되어 양자간 병행관계가 설정된다(도 Ⅱ-12). 금관가야양식의 노형기대는 단면 장방형파수를 가진 것으로 금관가야 6기로 본다. 아라가야양식의 노형기대는 수부가 발형기대로 변하는 과도기에 해당하는 점, 상하일렬투창의 고배가 출현한 점, 승석문호의 양이가 소멸된 점에서 아라가야 6기로 본다. 따라서 금관가야 6기와 아라가야 6기는 병행하는 것으로 파악된다.

진주시 무촌리 2구 24호분 출토 노형기대는 아라가야양식의 동부가 작고 얇은 함안군 황사리 36호분 출토품과 유사한 점에서 소가야권 5기와 아라가야 6기는 병행하는 것으로 본다.

Ⅶ기: 복천동 21·22호분과 옥전 23호분은 발형기대의 문양 구성으로 볼 때 병행관계로 설정된다. 즉 양 고분의 발형기대는 노형기대의 전통이 사라지고, 기존의 격자문, 거치문, 결승문을 조합한 복합구성에서, 전자는 파상문이 출현하여 과반수를 차지하게 되고 후자는 거치문이 과반수를 차지하게 되는 공통점을 지닌다. 이는 그 후 각각 후속하는 복천동 10·11호분과 지산동 35호분에서는 기존의 격자문, 거치문, 결승문의 복합구성 문양 조합을 가지는 기대가 소수를 차지하게 되어 전자는 파상문이 중심이 되고 후자는 송엽문 중심으로 변화되는 경향이 보이는 것에 착안한 것이다.

그리고 합천군 옥전 23호분의 위치는 부장토기 가운데 창녕지역산 토기가 확인되어 이 지역 편년에서도 방증된다. 즉 옥전 23호분 출토 창녕지역산 토기는 창녕지역 5기에 해당하며, 토기 조성 등에서 이 지역 7기에 병행하는 옥전 31호분보다 분명히 2단계 선행하는 유구이기 때문이다.

Ⅷ기: 창원시 현동 100호분에서는 창녕양식 고배, 장경호, 기대, 소가야양식 고배, 아

도 Ⅱ-12   지역간 병행관계(부산시 복천동 54호묘)

라가야양식 고배와 승문호가 출토되었다. 이러한 토기는 창녕지역 7기, 소가야 10기, 아라
가야 11기로 편년되어 각각 병행관계로 파악된다(도 Ⅱ-13).

창원시 현동 129호분에서는 아라가야양식 고배, 창녕양식 고배, 경주양식 장경호, 소
가야양식 고배와 기대가 출토되었다. 이러한 토기는 아라가야 11기, 창녕지역 7기, 경주지
역 11기, 소가야 10기로 편년되어 앞에서 언급한 바와 같이 각각 병행관계로 파악된다(도
Ⅱ-14).

Ⅸ기: 함안군 도항리(문)47호분에서는 아라가야 15기의 토기와 대가야 11기 소가야
14기의 발형기대, 고배, 수평구연호가 공반되어 삼자간의 병행관계의 파악이 가능하다.

도 Ⅱ-13   지역간 병행관계(창원시 현동(東) 100호 목곽묘)
소가야 10기(1) | 아라가야 11기(2, 3) | 창녕 7기(4~8)

도 Ⅱ-14 지역간 병행관계(창원시 현동(東) 129호 목곽묘)

아라가야 11기(1, 2) ㅣ 창녕 7기(3~4) ㅣ 소가야 10기(5, 6) ㅣ 경주 11기(7)

참고문헌

국문

吉井秀夫, 2000, 「대가야계 수혈식석곽분의 목관 구조와 그 성격-못, 꺾쇠의 분석을 중심으로-」, 『慶北大學校 考古人類學科 20周年 紀念論叢』, 慶北大學校 考古人類學科.

박천수, 2004, 「토기로 본 대가야권의 형성과 전개」, 『大加耶의 遺蹟과 遺物』, 大加耶博物館.

박천수, 2007, 『새로쓰는 고대한일교섭사』, 사회평론.

신경철, 2000, 「金官加耶土器의 編年-洛東江下流域前期陶質土器의 編年-」, 『伽耶考古學論叢』3, 駕洛國史蹟開發研究院.

尹溫植, 2006, 「4세기대 함안지역 토기의 변천과 영남 지방 토기의 樣式論」, 『東垣學術論文集』, 第8輯, 韓國考古美術研究所.

이성주, 2000, 「소가야지역 고분과 출토 유물」, 『묘제와 출토 유물로 본 소가야』, 창원문화재연구소.

이주헌, 2000, 「阿羅加耶에 대한 考古學的 檢討」, 『가야 각국사의 재구성』, 혜안.

李熙濬, 1995, 「土器로 본 大伽耶의 圈域과 그 변천」, 『加耶史研究 -대가야의 政治와 文化-』, 慶尙北道.

加耶

III

加耶　　　　遺蹟
가야의 유적과
遺物　　　　年代
유물의 연대

1. 논점

해방 이후 가야·신라고고학은 한국 역사시대 연구를 주도하여 왔으며 많은 연구 성과가 축척되었다. 그럼에도 현재 신라·가야고고학은 혼돈의 시기라 할 수 있다. 이는 아직도 부산시 복천동 21·22호분과 경주시 황남대총 남분과 같은 신라·가야고분의 역연대에 대해 100년 전후의 연대폭을 보이는 등 심각한 견해차가 나타나고 있기 때문이다. 더욱이 불안정한 연대관에 의거한 주관적인 해석이 난무하고 있다. 여기에서는 먼저 시기별로 연구사를 통하여 가야고고학의 연대론의 논점에 대해 살펴보고자 한다.

1980년대 신라 가야고분의 역연대에 대한 본격적인 논의가 개시되었다. 먼저 이후 특히 가야고분의 편년 연구에 절대적인 영향을 미친 예안리고분군의 연대관에 대해 검토하고자 한다.

신경철은 김해시 예안리고분군의 목곽묘를 Ⅰ·Ⅱ단계로 구분하고 Ⅰ단계는 이 시기에 출토되는 적갈색연질원저옹의 기형과 제작기법이 규슈九州의 야요이彌生종말기-고분전기 고식 하지키土師器와 유사한 것으로 보고, 4세기 전반으로 설정하였다. Ⅱa단계는 출토된 하지키계 연질내만구연옹을 일본의 하지키편년을 참조하여 4세기 중엽에서 후엽에 걸친 것으로 보았다. Ⅱb단계는 하지키 편년과 400년 전후의 고구려 남정을 근거로 4세기 후엽에서 5세기 전엽으로 비정하였다(申敬澈 1983).

그런데 이 연대관은 신경철의 논문에서 "일본 고분의 연대관에 근거하였기 때문에 일본측 연구의 진전에 의하여 변경의 여지가 있다"(申敬澈 1983: 21)고 한 바와 같이 절대적인 것이 아닌 유동적인 것이었다.

그 후 신경철은 복천동 10·11호분의 연대를 유사한 등자가 출토된 시가현滋賀縣 신가이新開고분, 오사카부大阪府 시치칸七觀고분의 연대관에 참고하여 5세기 중엽으로 설정하였다(신경철 1985).

이 연대관은 이 논문 내에서 "신가이, 시치칸고분의 연대는 일본왕릉의 연대를 기준으로 한 것"(신경철 1985)으로 언급하고 있듯이 논거가 불충분한 고분시대 왕릉의 위치비정에 근거를 둔 오노야마 세츠小野山節의 견해(小野山節 1966)를 따른 것이다.

다음은 1980년 전반 이래 오늘날까지 신경철의 가야 신라고분 연대관의 기반이 된 종래의 일본 고분의 연대관, 특히 고바야시 유키오小林行雄에 의해 설정된 고분의 출현연대에 대해 살펴보자. 고바야시 유키오는 고분의 출현연대를 280년 전후로 생각하였는데 그 근거는 다음과 같다. 첫째 정형화된 전방후원분前方後圓墳인 나라현奈良縣 슈진릉崇神陵고분의 축조시기가『일본서기日本書紀』와『고사기古事記』에 전해지는 슈진崇神의 몰년沒年이 4세기 초인 점에서 전방후원분의 출현은 이보다 1단계 빠르다는 것이었다.

둘째 고바야시는 출현기 전방후원인 교토부京都府 츠바이오즈카야마椿井大塚山고분 출토 삼각연신수경三角緣神獸鏡의 고식 경鏡군 가운데 늦은 형식이 있는 것으로 보고, 왜의 여왕인 비미호卑彌呼가 239년 위魏에 입공入貢할 때 사여받은 경鏡은 일정기간 전세傳世된 후 3세기 말에서 4세기가 되어야 고분에 부장되었다는 것이다(都出比呂志 1998).

이와 같이 고바야시 유키오와 오노야마 세츠의 연대관은『고사기』·『일본서기』의 기록에만 의존한 비과학적인 일본의 왕릉 비정을 근거로 한 것이므로 타당하다고 볼 수 없다.

그 후 일본의 고분 연대관은 연륜연대 측정에 따라 기나이畿內의 야요이시대 후기의 개시 연대가 지금까지의 통설보다 100년 정도 소급되게 되었으며 그 뿐만 아니라 경鏡의 형식학적型式學的인 연구에 의해서 고바야시 유키오가 확립한 280년대라는 고분의 출현연대가 3세기 중엽까지 소급되었다.

이상의 검토에서 볼 때 현재 일본고고학의 고분 연대관을 비판하고 있는 신경철의 연대관의 논거가 실은 일본고고학계의 1960년대 고분의 연대관에 의거하고 있음을 잘 알 수 있다. 그럼에도 이를 인식하지 못하고 마치 독자적으로 구축한 연대관으로 주장하는 것은 연구사를 제대로 파악하지 못한 것에 기인한다.

1990년대 이희준은 신경철의 고분 편년의 근거로 제시한 장병長柄에서 단병短柄으로 변화한다는 등자鐙子의 형식학적 변천에 의문을 제기하면서, 황남대총 남분 출토 장병 등자가 415년에 몰歿한 북연北燕 풍소불묘馮素弗墓 출토 단병 등자와는 계통을 달리하는 것으로 보고 남분의 등자가 풍소불묘 출토품에 선행하는 것으로 파악하였다. 즉, 종래 5세기 전엽으로 보아온 칠성산 96호분 출토 장병등자를 4세기 후엽으로 편년하고 황남대총 남분 등자를 이에 약간 후행하는 형식으로 설정하고 그 피장자를 402년 몰歿한 내물왕릉으로 판단하였다(이희준 1995). 이후 황남대총과 관련된 장병 등자가 출토된 태왕릉을 391년 몰한 고국양왕릉으로 보고 황남대총 남분을 내물왕릉으로 보는 자설自說을 보강하였다(이희준 2006).

그러나 황남대총 남분에 대한 피장자는 김용성이 논증한 바와 같이 눌지왕으로 본다(김용성 1996). 또한 결과적으로 태왕릉 출토 등자야말로 황남대총 남분의 피장자가 내물왕이 아님을 증명하는 결정적인 근거를 제시하였다고 보는데 이에 대해서는 뒤에서 자세히 서술하도록 한다.

더욱이 이희준은 황남대총 특별전에 즈음하여 태왕릉 등자와 황남대총 남분 등자의 연대차를 지적하며 내물왕릉으로 볼 수 없다는 필자의 견해(박천수 2006)를 비판하며, 눌지왕릉설에 따를 경우 신라토기 편년의 압축현상이 일어나고 영남지방의 고총이 5세기 후반 이후에 집중되는 왜곡된 현상이 나타난다고 주장하였다(이희준 2010).

그러나 황남대총 특별전에서 새삼 주목된 바와 같이 남분에는 신식의 신라양식 토기 즉 금관총, 식리총 단계의 토기 형식과 유사한 토기가 다수 존재함이 확인되어, 남분을 5세기 초로 편년할 경우 오히려 황남동 109호분 3·4곽과 사이에 그 사이에 적어도 3단계 이상의 토기 형식이 설정되어 신라토기 편년의 압축현상이 일어난다고 할 수 있다. 또한 황남대총 남분 등자는 태왕릉보다는 5세기 말로 편년되는 금관총 출토품에 흡사한 점에서 그 연대를 5세기 초로 볼 수 없다.

신경철은 오바데라大庭寺TG232요 출토 스에키須惠器의 역연대에 대해 그 출현 배경으로 광개토왕비문의 경자년(400년)조 고구려 남정에 의한 대성동세력의 동요에 의한 공인의 이주를 상정하고 오사카부大阪府 모치노키持ノ木고분- 오바데라大庭寺TG232요 - TK73요 순서로 편년하였다. 그리고 오바데라 출토 스에키는 제 1세대 이주 공인 혹은 제 2세대 공인이 제작한 것으로 460년대로 비정된다고 하였다(신경철 1997).

그런데 신경철의 견해는 고구려 남정이라는 역사적인 정황 이외에는 논거를 찾기 어려우며, 또한 역사적 사건과 고고자료의 양자간 상관관계를 입증할 수 있는 명확한 증거가 제시되었다고 보기 어렵다. 그리고 당시 첨단 기술자인 제도공인製陶工人이 마치 유민流民과 같이 일본열도에 이주한 것으로 보기 어려우며, 그가 주장하는 460년대 일본열도에 금관가야계 이주민이 대량으로 이주한 흔적을 어디에서도 찾아 볼 수 없다.

필자는 오바데라TG231, 232요 출토 스에키가 부산시 복천동 21·22호묘와 복천동 10·11호묘 출토 발형기대와 유사한 점에 주목하여 양자를 병행관계로 파악하고 부산시 복천동 21·22호묘의 역연대를 4세기 말로 보았다. 옥전M3호분의 연대에 대해서는 f자형 경판비와 검릉형행엽과 같은 마구가 사이타마현埼玉縣 이나리야마稻荷山고분 출토품과 유사한 것으로 보고, 일본열도로의 마구 이입, 보유, 매납 기간을 고려하여 이나리야마稻荷山고분의 신해년辛亥年 철검명(471년)을 전후한 시기로 편년하였다(朴天秀 1998).

그 후 필자는 나라현奈良縣 헤이죠궁平城宮 하층SD6030유구에서 TG232형식에 1단계 후행하는 TK73형식 또는 TK216형식으로 비정되는 스에키와 함께 출토된 미완성 목제품의 연대가 412년(光谷拓實·次山淳 1999), 교토부京都府 우지시가이宇治市街 유로SD302유구에서 초기 스에키와 공반된 목제품의 연대가 389년으로 확인(浜中邦弘·田中元浩 2006)되어 그 연대관이 증명된 것으로 보고, 황남대총 남분의 연대에 대해서는 태왕릉 출토 마구에 주목하여 그 피장자를 눌지왕으로 보았다(朴天秀 2006).

2000년대 김두철은 510년대『일본서기』의 계체繼體기에 보이는 기문己汶, 대사帶沙 기사에 주목하여, 이를 계기로 일본열도의 교섭 창구가 가야에서 백제로 변하게 된 것으로 보았다. 즉 이 사건을 계기로 6세기 1/4분기 후반부터 그 창구가 가야에서 백제로 전환되고 6세기 2/4분기부터 본격적으로 백제계 문물이 일본열도에 이입된다는 것이다. 그래서 구마모토현熊本縣 에타후나야마江田船山고분의 가야계 마구의 연대를 6세기 제 1/4분기로 설정하고 이에 선행하는 옥전M3호분의 마구를 5세기 제 4/4분기로 보았다(金斗喆 2001). 그런데 김두철의 연대관은 이나리야마稻荷山고분 출토 금상감명철검의 신해년辛亥年을 531년으로 보는 홍보식의 연대관(홍보식 1993)과 연계된 것으로 파악된다.

홍보식은 오사카부 다카이다야마高井田山고분에 대해 현실 평면이 정방형인 송산리형 석실이 무령왕릉의 영향을 받아 장방형화된 송산리Ⅲ식 석실을 그 조형으로 주장하였다. 또 다카이다야마고분의 연대를 출토된 울두熨斗가 무령왕릉 출토품과 유사한 것으로 보고 무령왕릉 축조 이후로 보았다. 그러므로 TK23형식의 스에키가 출토된 다카이다야마고분에 후행하는 TK47형식의 스에키가 출토된 이나리야마고분 출토 철검명의 신해년은 당연히 471년으로 볼 수 없고 531년으로 보아야 한다는 논리이다.

그러나 다카이다야마고분과 유사한 구조의 법천리 2호분은 출토된 등자로 볼 때 분명히 5세기 중엽 이전으로 소급되고, 서울 몽촌토성에서도 475년 이전에 이입된 것으로 파악되는 TK23형식의 스에키가 출토되어 이 고분을 무령왕릉 이후인 6세기 중엽으로 보는 홍보식의 연대관은 성립하기 어렵다. 이는 TK47형식의 스에키를 6세기 제 2/4분기로 본다면 나라현 아즈카사飛鳥寺 정지층整地層 출토품으로 볼 때 분명히 588년에 이전 출현한 TK43형식 사이 약 30년이라는 짧은 기간에 MT15, TK10, MT85형식의 스에키가 들어가야 하는 것에서도 타당하지 않다.

더욱이 김두철이 논거로 제시한『일본서기』의 기문, 대사 사건은 왜와의 교역에서 백제가 결정적인 우위에 선 것을 보여주는 것으로 백제와 왜가 긴밀한 관계에 돌입하는 것은 이미 475년 한성 함락 직후인 479년 동성왕 귀국 기사에서 나타나듯이 웅진기 전반이다. 이를 웅변하는 것이 영산강유역의 전방후원분이며 대가야 문물이 일본열도에 이입되는 것은 5세기 중엽부터 개시되고 후엽에 집중 이입된다(박천수 2007). 이러한 점에서 김두철의 연대관은 당시의 역사적 정황을 올바르게 파악한 것으로 볼 수 없다.

하승철은 초기 스에키가 출토된 유적을 다음과 같은 순으로 편년하고 그 역연대를 부여하였다. 교토부 우지시가이유적(380~400년)- 모치노키持ノ木古墳(5세기제 1/4분기)-오바데라TG232요(415~435년). 그리고 우지시가이유적의 경우 유로流路임에도 바닥의 동일한 공간에서 목제품이 공반되고 토기간의 형식차가 인정되지 않은 점에서 일괄성이 높은 자료로 보았으나, 헤이죠궁平城宮 하층SD6030유구의 경우 상층에서 출토되고 목제품과 토기의 출토지점이 다른 점에서 그 연대에 대해 의문을 제기하였다. 즉 우지시가이유적의 경우 389년 전후로 소급하는 것으로 보았으나, 헤이죠궁을 412년 전후로 인정하지 않음으로써 결과적으로 이에 병행하는 TK73형식을 5세기 중엽까지 하향 조정하고 초기 스에키가 50년이상 지속된 것으로 편년하였다(하승철 2007).

이 연구에서는 지금도 논의의 대상이 되고 있는 오바데라TG232요와 복천동 21·22호묘를 병행관계로 파악한 점은 평가되며, 헤이죠궁 하층SD6030유구의 연대에 대한 문제제기 그 자체는 타당한 것으로 파악된다. 그러나 오바데라TG232요의 개시기의 연대를 고려하면 3자는 같은 단계 내에서 시기 차와 계통 차를 가진 것으로 판단된다. 또한 TK23형식의 역연대가 연륜연대와 몽촌토성 출토정황으로 볼 때 확실하게 460년 전후인 점에서 초기 스에키가 50년 이상의 장기간에 걸쳐서 지속된 것으로 볼 수 없다. 더구나 그가 제시한 5세기 전반의 역연대 기준이 명확하지 않고, 오히려 근거가 분명하지 않는 기존의 영남지역 고분 연대로 이를 편년하는 것은 문제점으로 본다.

조영제는 발형기대와 2단일렬투창고배의 출현 시기를 가야토기의 형식난립기型式亂立期로 파악하고 이는 고구려 남정 이후 금관가야세력의 영남지역으로 이동에 동반한 혼란상을 반영하는 것으로 파악하였다. 이와 함께 금관가야세력이 일본열도에 이주하는 것에 의해 5세기 전반 오바데라TG232요가 출현한 것으로 보았다(조영제 2009).

그러나 금관가야의 멸망은 문헌사료에 의하면 532년이 분명하고 400년 이후 금관가야세력이 집단적으로 영남내륙지역으로 이주한 흔적이 보이지 않으며, 일본열도로의 이주도 확인하기 어렵다. 더구나 분명한 논거도 없이 오바데라TG232요 출토 스에키와 유사한 경남서부지역 토기가 5세기 전반 또는 중엽으로 편년되므로 그 연대를 같은 시기로 보아야 한다는 논리도 성립되기 어렵다. 왜냐하면 5세기 전반대 경남서부지역 토기의 역연대의 근거가 무엇인지 명확하지 않기 때문이다.

그 후 필자는 이제까지 논의가 되어온 신라 가야고분의 역연대에 대해 중국, 한국, 일본의 근거자료를 기반으로 다음과 같은 연대를 설정하였다(박천수 2010).

첫째 400년을 기점으로 전후로 논의되어 온 경주시 황남동 109호분 3·4곽, 부산시 복천동 21·22호묘, 합천군 옥전 23호묘, 오바데라TG232요 출토품을 병행관계로 설정하고 4세기 말이라는 역연대를 부여하였다.

둘째 경주시 황남대총 남분을 내물왕릉으로 보는 견해를 비판하고, 이를 눌지왕릉으로 비정하며 458년이라는 역연대를 부여하였다.

셋째 500년을 기점으로 전후로 논의되어온 합천군 옥전M3호분, 사이타마현 이나리야마고분을 병행관계로 설정하고 5세기 후엽이라는 역연대를 부여하였다.

한편, 홍보식은 앞에 제시한 필자의 연대관에 대한 전면적인 비판을 행하였다. 먼저 그는 부산시 복천동 21·22호묘, 합천군 옥전 23호묘, 오사카부 오바데라TG232요 출토품 간에 보이는 차이점을 부각시키고 필자가 병행관계로 파악해 온 이 세 고분을 그렇게 볼 수 없다고 주장하였다(홍보식 2011).

그러나 필자는 각각 다른 지역 제작품에 필연적으로 발생하는 세세한 차이점보다는 발형기대에 보이는 복합문양이라는 유사성이 오히려 병행관계 설정의 근거가 되는 것으로 본다. 예를 들어 홍보식이 합천군 옥전 23호묘보다 1단계 선행하는 것으로 본 복천동 21·22호분에도 신식요소인 배신의 깊이가 얕은 점, 문양이 파상문 위주인 점 등에서 결코 옥전 23호분에 선행하는 것으로 볼 수 없다. 복천동 21·22호묘와 오바데라TG232요는 대다수의 한국과 일본의 연구자들이 인정한 바와 같이 병행관계로 파악된다. 또한 고령군 지산동 32호분을 경주시 월성로가 11호묘에 병행하는 것으로 보고 황남대총 남분에 후행하는 5세기 후엽으로 설정하였다. 그러나 양자는 후술하겠으나 병행관계로 볼 수 없으며 필자는 지산동 32호분과 황남대총 남분은 병행관계로 설정한다.

더욱이 필자가 5세기 후엽과 말로 설정해 온 합천군 옥전M3호분과 고령군 지산동 44호분에 대해 지산동 84호묘 출토 신라후기양식 토기를 논거로 양자를 6세기 이후로 편년하였으나, 그가 논거로 든 지산동 84호분 출토 신라후기양식 토기는 84호묘 출토 대가야양식 토기와는 100년 정도 시기차가 나는 후대에 혼입된 토기인 점에서 전혀 타당성을 찾아 볼 수 없다.

필자는 신라·가야고분의 역연대는 고구려 태왕릉 출토 마구와 일본의 초기 스에키의 연륜연대에 의해 이미 결정되었다고 본다. 즉 태왕릉 출토 마구에 의해 황남대총 남분이 내물왕릉이 될 수 없다는 것과 우지시가이유적 유로SD302유구 등 초기 스에키의 연륜연대에 의해 이에 병행하는 복천동 21·22호분의 연대가 4세기 말로 소급되는 것이 증명되었다고 판단한다.

그래서 필자는 고구려 태왕릉 출토 마구, 일본의 초기 스에키와 공반된 연륜연대 등에 의거하여 가야·신라고분에 대한 역연대를 보완하여 설정한바 있다(박천수 2012).

그럼에도 불구하고 아직도 황남대총 남분이 내물왕릉으로 주장하는 극소수의 연구자와 복천동 21·22호분을 5세기 이후 고구려 남정이후로 보는 연구자들이 다수 존재한다.

특히 최병현은 황남대총 남분을 눌지왕릉으로 본 필자의 견해에 대해 집중적으로 비판하였으며, 황남대총 남분을 내물왕릉 설정하고 5세기 신라 능원의 형성과정에 대해 논하였다(최병현 2013, 2014a).

최병현은 신라 전기양식토기를 편년하고, 오바데라TG231·232호요 출토품과 신라고분과의 병행관계를 설정하고 역연대를 비정하였다(최병현 2013). 즉 최병현은 연륜연대 측정에 의해 역연대가 389년으로 판명된 교토부 우지시가이SD302유구 출토 초기 스에키를 오바데라TG232형식과 병행하는 시기로 보고, 또한 TG232형식과 복천동 21·22호묘, 복천동 10·11호묘가 병행하는 것을 논거로 후자를 4세기 후엽으로 설정하였으며 이를 논거로 황남대총 남분을 4세기 말-5세기 초로 편년하였다. 또한 필자가 복천동 21·22호묘를 오바데라TG231·232요와 병행하는 것으로 보고 4세기 4/4분기, 복천동 10·11호분을 TK73형식으로 보고 5세기 1/4분기로 편년하는 것에 대하여 가야고분의 연대를 올리고 신라고분의 연대를 내리기 위한 행동으로 규정하고 비판하였다.

이러한 최병현의 비판은 초기 스에키와 신라고분의 병행관계를 이해하지 못한 것에 기인한다. 필자는 복천동 10·11호묘가 우지시가이유적 출토 초기 스에키와 병행하는 시기로 보지 않는다. 왜냐하면 오바데라TG231·232요는 복천동 21·22호묘단계에 개시하여 복천동 10·11호분 단계까지 조업한 것으로, 즉 개시기는 우지시가이SD302유구 출토 초기 스에키와 병행하나, 복천동 10·11호묘 단계는 이에 후행하는 TK73형식과 병행하는 시기로 편년하기 때문이다. 이는 우지시가이SD302유구의 초기 스에키는 오바데라TG231·232호요의 고단계, 즉 부산시 복천동 21·22호묘와 병행하는 시기이나, 신단계는 복천동 10·11호묘와 병행하는 시기 즉 TK73형식기로서 412년 전후로 편년되는 점을 인식하지 못한 것에 기인한다.

나아가 최병현은 황남대총 남분을 내물왕릉으로 보고 이를 중심으로 그 동쪽에 조영된 황남동 90호분과 황남동 39호분의 피장자를 각각 내물왕의 부, 조부로 보았다. 또한 125호분을 눌지왕릉, 교동 119호분을 내물왕릉, 천마총을 지증왕릉으로 비정하였다(최병현 2014a).

그러나 황남대총 남분을 내물왕릉으로 보는 주장의 논거가 인정되지 않으며 황남동 90호분과 황남동 39호분의 피장자를 내물왕의 부, 조부로 보는 문헌 사료와 고고 자료의 논거가 제시되지 않았다. 또한 125호분은 그 배총인 금관총, 금령총, 식리총의 연대가 5세기 말-6세기 초인 점으로 볼 때 눌지왕릉설은 성립하기 어렵다. 교동 119호분을 실성왕릉으로 보고 있으나 정변으로 살해된 왕의 무덤으로 보기 어려운 초대형분인 점에서 타당성이 결여된다. 천마총을 지증왕릉으로 비정하였으나 이 고분은 5세기 신라왕릉에 보이는 배총이 조영되지 않고 그 규묘가 작은 점에서 왕릉으로 볼 수 없다.

또, 최병현은 415년의 역연대를 가진 풍소불묘 등자를 기준으로 연대를 설정하는 소위 풍소불묘설을 비판하며 황남대총 남분의 등자의 연대를 4세기대로 소급시키기 위해 평성 지경동 1호분 출토 등자를 논거로 들고 있다(최병현 2014b).

황남대총 남분의 등자에는 답수부에 미끄럼방지용 병鋲이 형성되어 있다. 필자는 남분 출토 등자에 투조로 문양을 표현하였으나, 사신四神을 비교적 사실적으로 시문하고 있는 태왕릉 등자와 달리 그 문양이 완전히 퇴화한 형식인 점과 태왕릉 등자에 보이지 않는 답수부에 미끄럼방지용 병이 박혀있는 점에서 태왕릉 출토품보다 후행하는 형식으로 파악하였다(박천수 2012). 왜냐하면 등자의 미끄럼방지용 병은 고구려고분에서도 보이는 것이며 신라에서도 그 영향에 의해 출현한 것으로 보고 있기 때문이다.

최병현은 이에 대한 반론으로 평성 지경동 1호분 출토 등자에 미끄럼방지용 병이 박힌 것에 주목하였다. 즉 지경동 1호분의 석실이 4세기대로 올라가는 것으로 보고 출토 마구도 당연히 4세기대로 소급되며 고구려에 이시기 이미 미끄럼방지용 병이 박힌 등자가 출현한 것으로 보았다. 이에 따라 황남대총 남분의 등자도 4세기대로 소급된다는 논지이다.

그러나 필자는 먼저 지경동 1호분 출토 마구가 관연 4세기대로 소급되는 형식인가에 대한 반론을 제기하고자 한다. 등자의 경우 윤부가 역逆하트형인 삼연과 집안 태왕릉 출토 등자와는 달리 타원형으로 4세기 등자와는 형태가 다르며, 5세기대 등자인 집안 만보정 78호분 출토품과 유사하다고 본다. 또한 본인도 인정한 바와 같이 공반된 마구가 황남동 110호분과 교동 3호분 단계의 것인 점이 주목된다. 왜냐하면 최병현은 지경동 1호분의 마구를 편년하는 기준으로 본인이 임의적으로 4세기대로 편년한 양 고분을 통하여 지경동 1호분의 연대를 결정하고 있기 때문이다. 또한 황남동 110호분과 교동 3호분의 연대도 과연 4세기대로 소급될 수 있는지 의문인데, 교동 3호분에서는 5세기 중엽으로 편년되는 TK208 형식의 스에키와 병행하는 일본열도산 대금계형판갑이 출토되었기 때문이다.

무엇보다도 과연 지경동 1호분의 석실 구조가 4세기대로 볼 수 있는가도 문제이다. 최병현이 지경동 1호분과 같은 4세기대 고분으로 언급한 집안 통구 12호분과 마선구 1호분과는 구조가 현격하게 다른 점이 주목되는데, 지경동 1호분은 감실이 퇴화하여 흔적만 남아 있으나 통구 1호분과 마선구 1호분은 감실로서 기능을 하고 있기 때문이다. 오히려 유사한 구조의 석실은 위원 사장리고분이며, 이 고분은 분형이 계단식 적석총인 점에서 장군총과 근접하는 시기로 보인다. 나아가 전 동명왕릉고분에도 소형의 감이 설치되어 있는 점에서 지경동 1호분의 연대가 마구의 연대와 부합하는 5세기 중엽경임을 알 수 있다.

따라서 최병현의 신라 능원 형성과정론은 황남대총 남분을 내물왕릉으로 보는 논거가 전혀 인정되지 않으며, 능원의 형성과정에 대한 해석에도 필자는 견해를 달리한다. 나아가 황남대총 남분의 연대를 소급시키기 위해, 평성시 지경동 1호분 출토 등자를 4세기로 올리고 황남대총 남분의 연대를 그에 가까운 시기로 편년(최병현 2014b)하였으나, 이는 자설을 보완하기 위한 무리한 해석에 지나지 않는다고 본다.

홍보식은 가야·신라고분의 교차편년을 검토하는 가운데 재차 필자의 연대관에 대한 비판을 가하였다(홍보식 2014). 필자와의 연대관의 차이는 다음과 같다.

첫째, 옥전 23호묘의 연대에 대하여 필자는 복천동 21·22호묘, 오바데라TG232호요 출토품과 병행하는 것으로 보았으나, 홍보식은 옥전 23호묘가 양자보다 1단계이상 후행하는 것으로 보았다.

둘째, 필자는 복천동 10·11호묘, 임당동 7B호분을 병행관계로 보았으나, 홍보식은 임당동 7B호분과 황남동 110호분은 복천동 10·11호분에 후행하며 황남대총 남분과 병행하는 시기로 보았다.

셋째, 필자는 창녕양식 토기를 옥전 68호묘-옥전 23호묘-가달 5호묘-옥전 31호묘-교동 3호분, 계남리 1, 4호분, 옥전M1, 2호분으로 편년하였으나, 홍보식은 옥전 31호묘는 창녕 교동 1, 3호분보다 후행하는 것으로 보고, 창녕 계남리 1, 4호분은 옥전M1호분보다 1단계 선행하는 것으로 주장하였다. 즉, 계남리 1, 4호분-옥전M2, M1호분-창녕 교동 1, 3호분-옥전 31호묘로 편년하였다.

넷째, 필자는 옥전M3호분과 지산동 44호분을 5세기 후엽, 5세기 말로 각각 편년하였으나, 홍보식은 지산동 84호석곽묘 토기 가운데 신라토기와 병행관계가 설정가능한 대부직구호가 있는 것에 착안하여 이 고분을 6세기 이후로 편년하였다.

그러나 필자는 옥전 23호묘와 복천동 21·22호묘는 병행관계이며, 복천동 10·11호분과 임당동 7B호분도 병행하는 것으로 보고, 황남대총 남분은 이에 후행하는 것으로 편년한다. 또한 홍보식의 창녕지역 고분 상대 편년도 찬성하기 어렵고, 더욱이 옥전M3호분과 지산동 44호분에 대한 연대를 설정하는 방법에 문제가 있음을 지적하고자 한다.

그래서 여기에서는 100년에 가까운 시간차를 보이며 논의되고 있는 경주시 황남동 109호분 3·4곽, 부산시 복천동 21·22호묘 그리고 피장자에 대해 논쟁이 끊이지 않은 황남대총 남분을 중심으로 검토하고자 한다. 이와 함께 홍보식이 제기한 합천 옥전 23호묘, 창녕 계남리 1, 4호분, 합천 옥전M3호분과 고령 지산동 44호분에 대한 연대에 대해 검토하고자 한다.

필자는 황남동 109호분 3·4곽, 복천동 21·22호묘, 월성로가 13호묘는 4세기 말, 황남대총 남분은 눌지왕릉으로 보는 점에서 최병현, 이희준, 김두철, 홍보식과 연대관을 달리한다. 다음은 쟁점이 되는 고분의 연대에 대하여 논하고자 한다.

2. 가야와 신라의 역연대 설정의 기준

여기에서는 먼저 필자의 가야, 신라고분 역연대의 기준이 되는 자료를 제시하고자 한다.

1) 고구려 태왕릉

태왕릉의 묘주에 대한 논의는 100여 년의 장구한 연구사가 있으며 2004년 발굴보고서(吉林省文物考古硏究所·集安市博物館 2004)가 중국에서 출간되어 그 논의가 활기를 띠게 되었다.

태왕릉은 391년 몰한 고국양왕릉 또는 412년 몰한 광개토왕릉으로 주로 논의되고 있다. 이 고분에서는 신묘년新卯年 호태왕好太王이라는 명문을 가진 동령銅鈴이 출토되어 신묘년은 광개토왕의 즉위 연대인 391년으로 비정되고 있다.

중국측에서는 고구려 왕릉에 수릉제가 실시된 것으로 보고 391년 광개토왕이 즉위하면서 동령을 만들었으며 그 후 자신의 장례에 사용한 것으로 파악하여 태왕릉을 광개토왕릉으로 비정하였다. 한편, 국내에서는 광개토왕이 선왕인 고국양왕의 장례용품으로 391년 만든 후 부장된 것으로 보고 고국양왕릉으로 비정하는 견해가 일반적이다.

현재 양설은 입증할 수 있는 명확한 근거가 각각 있다고 보기 어려우나, 다만 이 고분 출토 마구가 391년 또는 412년 직후에 부장된 것이 분명한 점은 매우 중요하다. 그래서 태왕릉 출토 마구는 동북아시아의 마구의 연대를 규정할 수 있는 자료라 할 수 있다.

태왕릉 출토 마구 가운데 주목되는 것은 투조透彫와 축조蹴刻로 사신四神을 비교적 사실적으로 시문한 금동제 등자이다. 왜냐하면 이 등자는 답수부에 미끄럼 방지용 병鋲이 아직 박히지 않은 것으로 문양과 답수부의 형태로 볼 때 같은 형식 계열의 경주시 황남대총 남분 출토 등자에 선행하는 것으로 파악되기 때문이다(도 Ⅲ-1).

도 Ⅲ-1 집안 태왕릉과 출토 등자

2) 신라 황남대총 남분

필자는 황남대총 남분 출토 등자를 통하여 그 편년적 위치에 대해 접근하였다. 남분 출토 등자는 투조로 문양을 표현하였으나, 사신四神을 비교적 사실적으로 시문하고 있는 태왕릉 등자와 달리 그 문양이 완전히 퇴화한 형식인 점과 태왕릉 등자에 보이지 않는 답수부에 미끄럼 방지용 병鋲이 박혀있는 점에서 태왕릉 출토품보다 후행하는 형식으로 파악하였다(박천수 2012). 왜냐하면 등자의 미끄럼 방지용 병鋲은 고구려고분에서도 보이며, 신라에서도 그 영향에 의해 출현하기 때문이다. 그런데 신라지역에서는 남분과 1단계 이상, 즉 1세대 이상의 시간 폭을 가진 것이 분명한 임당동 7B호분과 복천동 10·11호묘에서 답수부에 병이 박힌 등자가 확인된다. 그래서 만일 남분의 축조연대를 402년으로 본다면 391년으로 추정되는 태왕릉 출토 등자에 선행하여 신라에서 신식의 등자가 출현한 것이 되어 결과적으로 남분의 축조시기를 402년으로 볼 수 없게 된다(諫早直人 2009).

더욱이 남분 출토 등자가 미끄럼 방지용 병鋲과 함께 태왕릉 등자와 구분되는 가장 큰 특징은 무엇보다도 옥충玉蟲 날개로 장식한 점이다. 옥충으로 마구를 장식하는 것은 고구려 마구와 구분되는 신라마구의 특징으로 태왕릉 출토 마구에 전혀 보이지 않는 것이다(諫早直人 2009). 그런데 황남대총 남분 등자는 금관총 출토품과 매우 흡사한 점이 주목된다. 즉 옥충 날개로 장식한 점, 미끄럼 방지용 병이 있는 점, 문양이 퇴화하여 당초문화된 점과 함께 윤부 형태가 횡장방형인 점 등을 들 수 있다. 그래서 남분 등자는 태왕릉 출토품에 비해 5세기 말로 편년되는 금관총 등자에 시기적으로 매우 근접하다고 할 수 있다.

따라서 태왕릉을 고국양왕릉으로 보고 황남대총 남분을 내물왕릉으로 보는 견해(이희준 2006·2010)가 있으나, 만일 태왕릉이 광개토왕릉이라면 이 설은 당연히 성립할 수 없으며, 또한 고국양왕릉이라 가정하여도 그 시기차가 불과 11년에 지나지 않아 형식학적으로 볼 때 황남대총 남분 등자의 연대가 402년이 될 수 없어 내물왕릉설은 성립하기 어렵다. 또한 이희준은 황남대총 남분을 5세기 초로 소급시키기 위하여 복천동 10·11호묘를 같은 단계로 주장하고 있으나 이는 토기, 마구, 금공품으로 볼 때 같은 단계로 볼 수 없다. 남분에는 선각문이 시문된 신식의 신라양식 유개고배가 부장되어 복천동 10·11호묘와 동일한 단계로 설정되지 않기 때문이다.

황남대총 남분 출토 토기는 고배로 볼 때 황남동 109호분 3·4곽과 병행하는 월성로가 13호분에서 그 다음 시기인 황남동 110호분 다음 단계임을 알 수 있으며 복천동 10·11

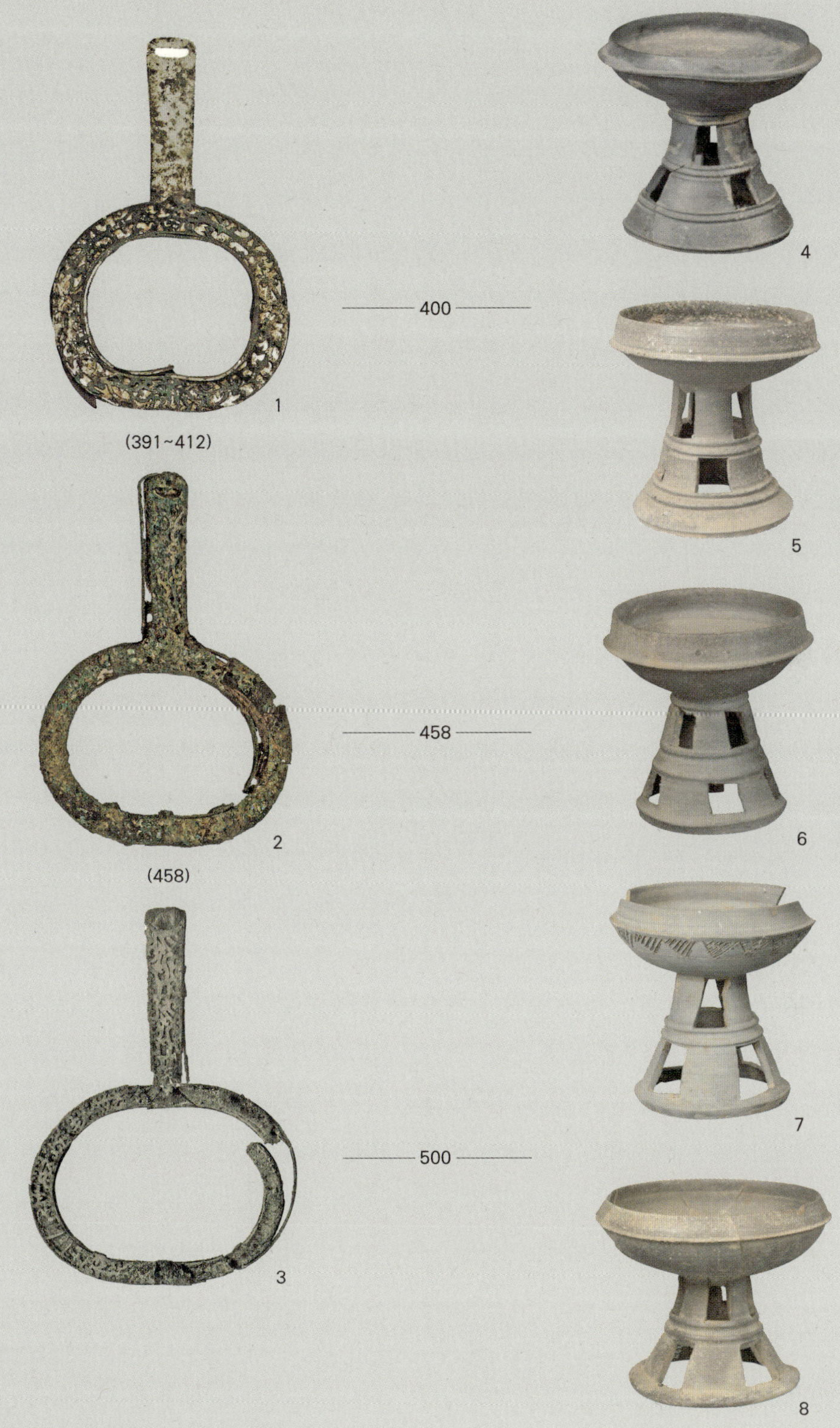

도 Ⅲ-2　토기와 등자로 본 황남대총 남분의 편년적 위치

1: 태왕릉　｜　2, 6: 황남대총 남분　｜　3: 금관총　｜　4: 월성로 가-13호묘　｜　5: 황남동 110호묘　｜　6: 황남대총 남분
7: 황남대총 북분　｜　8. 천마총

호분과 황남동 110호분은 토기와 마구로 볼 때 같은 단계이다. 그래서 도 Ⅲ-2는 황남대총 남분의 고배가 월성로가 13호묘에서 천마총에 이르는 신라 고배의 형식 변화에서 중간단계에 해당함을 적확하게 보여준다. 더욱이 남분의 고배 형식이 2단각인 점에서 3단각인 황남동 110호분 보다는 북분 출토품에 가까움을 잘 나타내고 있다. 복천동 10·11호묘 출토 금동관은 출出자형으로 정형화되기 이전 시기의 신라관으로 교동출토 금관과 같은 형식이며 황남대총 남분 출토 금동관보다 분명하게 선행하는 형식이다. 이는 교동 68번지 출토 금관과 공반된 마구를 통해서도 알 수 있다. 즉, 공반된 편원어미형행엽은 경산시 임당동 7B호분 출토품과 같은 시기로 편년되며 남분에 비해 1단계 이상 선행하는 형식이다.

더욱이 황남대총 남분은 일본열도 고분과의 병행관계에서도 5세기 중엽으로 편년된다. 앞서 언급한 바와 같이 임당동 7B호분보다 분명히 1단계 후행하는 시기에 축조된 것으로 파악되는데, 임당동 7B호분은 용문투조 대장식구와 등자로 볼 때 시가현滋賀縣 신가이新開1호분·오사카부 시치칸고분과 같은 시기로 편년되며 3기의 고분은 412년 전후로 파악되는 TK73형식의 스에키와 병행하는 시기이기 때문이다.

황남대총 남분은 그 외 후쿠오카현福岡縣 츠키노오카月の岡고분, 오사카부 마루야마丸山고분, 기후현岐阜縣 나카야하타中八幡고분 등 일본열도 출토 신라산 마구로 볼 때 TK208형식과 병행하는 시기이다. 따라서 황남대총 남분 피장자는 402년에 몰沒한 내물왕릉설은 성립되기 어렵고 458년에 몰한 눌지왕릉설이 타당한 것으로 본다(朴天秀 2006·2012·2016).

다음으로 황남대총 남분의 편년적 위치에 대하여 고구려와 일본열도 출토 마구를 통하여 접근하고자 한다(도 Ⅲ-3).

황남대총 남분 출토 금동제 투조장식안교와 비교자료는 삼연고분 출토품, 오사카부大阪府 마루야마丸山고분 출토품, 전 대구시 현풍출토품이 있다. 안교는 요녕성遼寧省 북표北票 라마동喇嘛洞ⅡM101호분 출토품에서 황남대총 남분 출토품으로 가는 형식학적 변화가 보인다. 즉 라마동ⅡM101호분에서는 안교의 중앙부에 주빈洲浜금구가 없이 해海금구에서 돌출한 금구가 부착되어 있으나, 마루야마고분 출토품에서는 기磯금구에 장방형의 주빈금구가 출현하며, 현풍 양리고분군 출토품에는 세장방형으로 변하고, 황남대총 남분에서는 사라진다. 이와 함께 투조용문도 퇴화되어간다. 황남대총 남분 단계에 분리안에서 일체안이 완성되며 삼연에 기원을 둔 마구가 고구려에 이입되어 이후 신라에 전해져 비로소 신라식 마구가 완성된 것이다. 그래서 삼연의 투조장식마구와 황남대총 남분의 투조마구에는

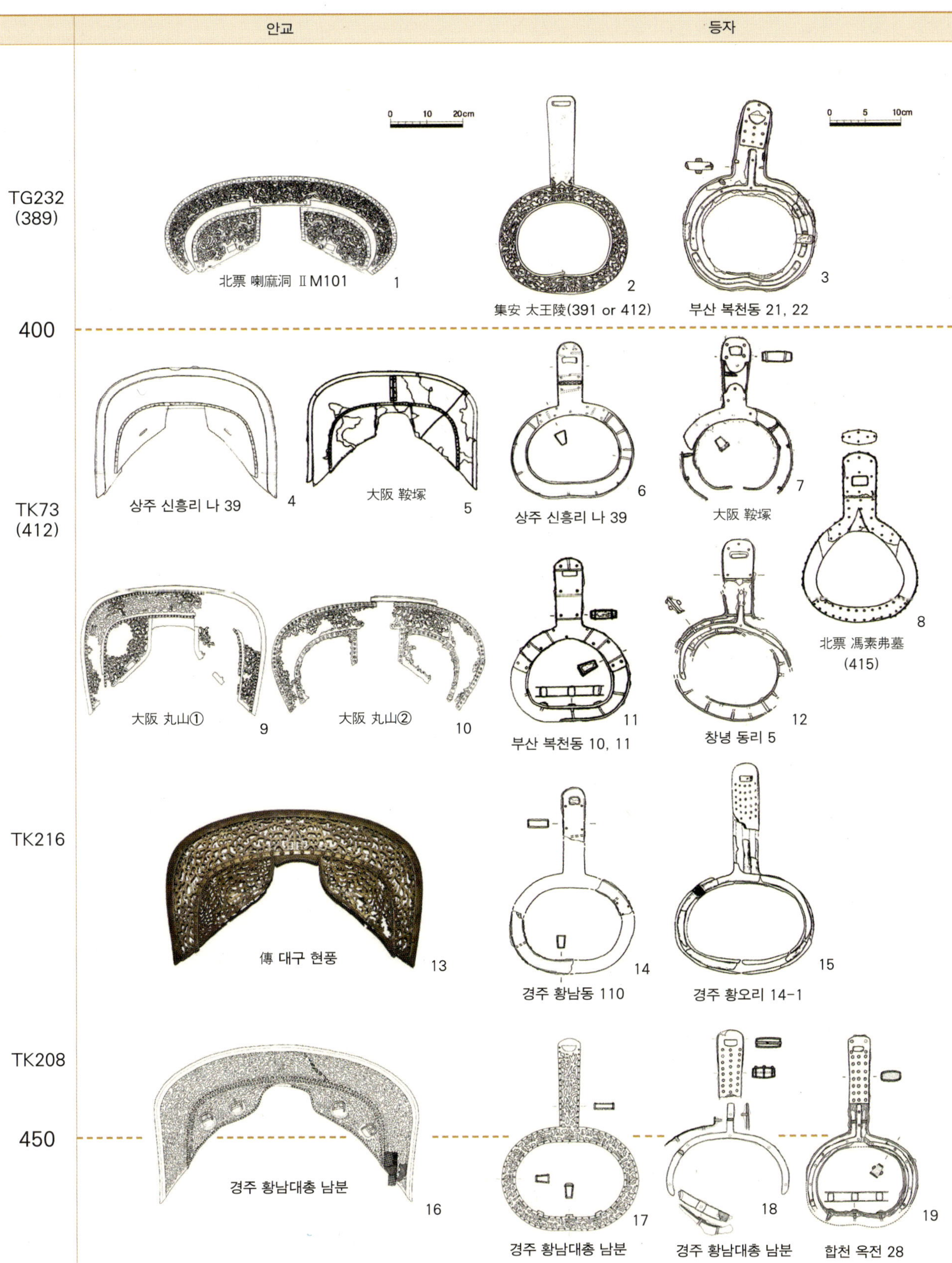

도 Ⅲ-3   마구로 본 황남대총 남분의 편년적 위치

119

2단계이상의 시간차가 있음을 알 수 있다.

등자를 살펴보면 앞에서 언급한 바와 같이 투조장식등자도 태왕릉 출토품에 바로 이어지는 것으로 볼 수 없고 미끄럼방지용 병鋲 등으로 볼 때 2단계이상의 형식 변화한 것이다.

그런데 황남대총 남분에는 역逆Y자형 철대로 보강한 목심등자가 출토되어 주목된다. 이 형식의 등자는 복천동 21·22호묘 단계에 출현하여 창녕 동리 5호묘단계를 거쳐 황남대총 남분 단계로 형식 변화한 것을 알 수 있다.

그리고 황남대총 남분 출토 역Y자형 철대로 보강한 목심등자와 같은 형식이 출토된 창녕군 교동 3호분, 합천군 옥전 28호묘에서는 일본열도산 대금계 판갑이 공반되어 주목된다. 전자에서는 삼각판과 횡장판을 병용한 정결釘結판갑, 후자에서는 횡장판정결釘結판갑이 출토되었는데, 양자는 모두 TK208형식의 스에키와 병행하는 형식으로 5세기 중엽으로 편년된다(도 Ⅲ-4).

따라서 황남대총 남분은 일본열도 스에키 편년으로 볼 때 5세기 중엽 이전으로 소급시킬 수 없다.

그럼에도 일본열도의 스에키 연대관에 논거를 두면서 이를 부정하는 것은 모순적이다. 즉 역연대의 논거를 TG232형식을 이용하여 설정하면서 그에 2단계 이상 후행하는 황남대총 남분의 시기가 TK208형식과 병행하는 5세기 중엽임을 인정하지 않기 때문이다.

그리고 이와 함께 최병현은 필자의 연대관을 비판하면서 등자의 상대편년 기준으로 답수부의 미끄럼 방지용 병의 유무를 기준으로 삼는 것은 지나친 단순화로 비판(최병현 2013)하고 있으나, 동아시아 등자는 병이 없는 것에서 있는 것으로 기능의 강화가 진행되는 것은 주지하는 바와 같다. 앞에서 언급한 바와 같이 391년 또는 413년이 분명한 태왕릉 출토 등자에는 병이 보이지 않으며 더욱이 415년의 연대를 가진 풍소불묘 출토 등자의 답수부에도 병이 없다. 필자는 풍소불묘 출토 등자가 동아시아 고분의 역연대를 규정하는 것으로 보지 않지만, 현재 자료로 볼 때 풍소불묘 출토 등자가 단병이든 장병이든 관계없이 동아시아 등자의 답수부에 병이 출현하는 것은 415년 이후임을 암시하는 중요한 자료로 평가된다. 최병현이 400년 이전으로 소급시킨 황남대총 남분과 복천동 10·11호묘, 지경동 1호분 등자 이외의 4세기대 등자에는 모두 답수부에 병이 보이지 않는다. 이는 역시 양 등자의 제작연대가 415년 이후임을 잘 보여주는 것이다.

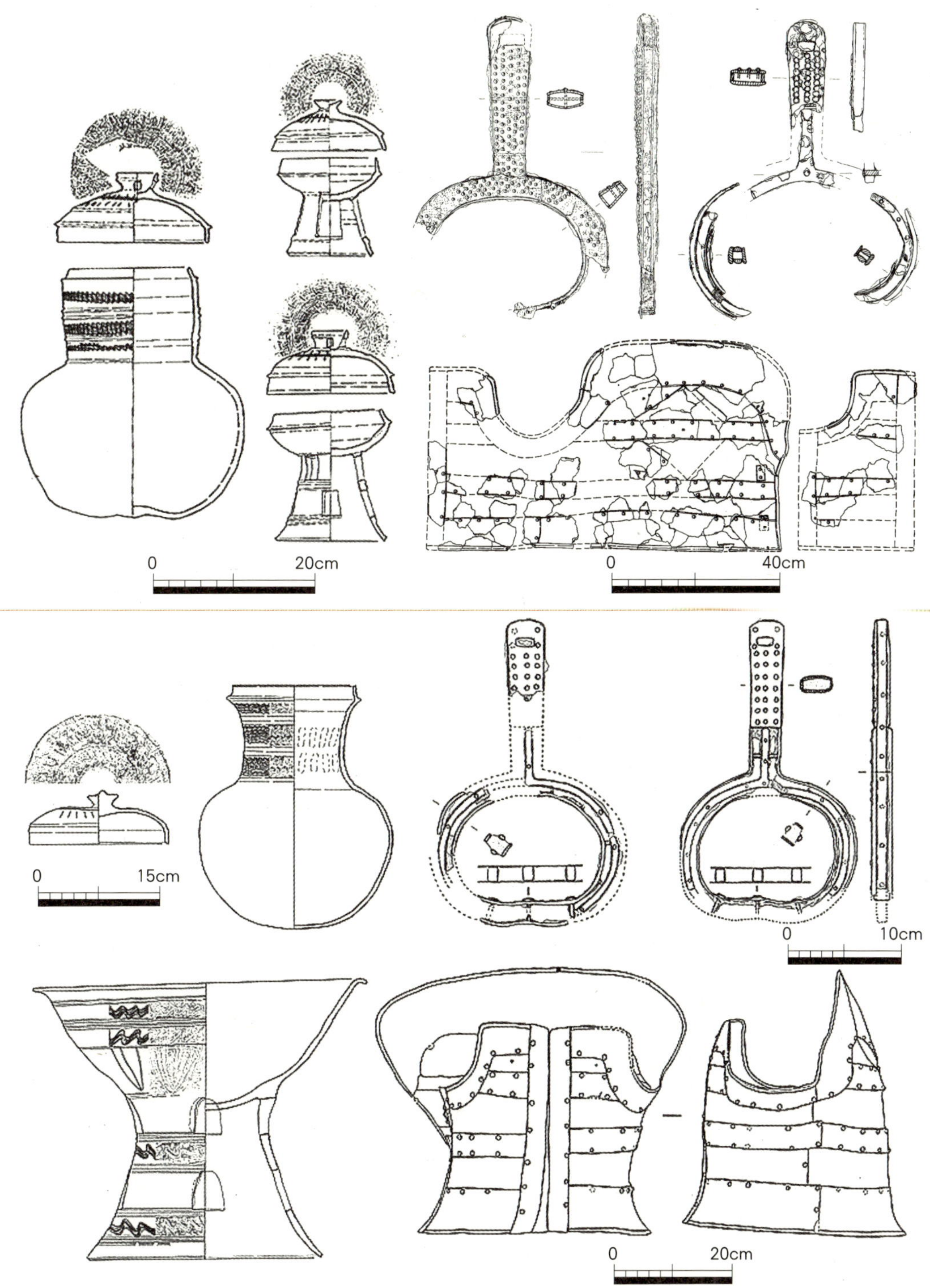

도 Ⅲ-4 창녕군 교동 3호분(상)과 합천군 옥전 28호묘(하) 출토 등자와 일본열도산 판갑으로 본 황남
대총 남분의 편년적 위치

3) 백제(무녕왕릉, 풍납토성 출토 가야토기, 몽촌토성 출토 스에키, 백제지역 출토 중국도자기)(도 Ⅲ-5)

무령왕릉은 삼국시대 왕릉 가운데 유일하게 묘지가 출토되어 이 시기 역연대의 가장 중요한 기준자료이다. 주지하는 바와 같이 무령왕은 523년 몰殁한 후 525년 매장이 이루어진 것으로 밝혀졌다. 무령왕릉 출토품은 가야, 신라지역과 병행관계를 파악할 수 있는 부장품이 많지 않다. 무령왕릉 출토 동완은 합천군 옥전M3호분, 고령군 지산동 44호분 출토품과 유사하나 동완 그 자체가 성격상 변화를 찾아보기 어려워 병행관계를 파악하기 어렵다. 여기에서 주목하고자 하는 부장품은 용봉문환두대도이다. 지산동 47호분 출토 용봉문환두대도는 무령왕릉과 출토품과 유사한 것으로 파악되어 왔다(穴澤咊光·馬目順一 1993). 이 환두대도가 무령왕릉 출토품과의 비교가 가능하다고 판단되는 것은 병부의 문양이 이전시기의 용문에서 구갑문 내 봉황을 시문한 것으로 변한 점이 주목된다. 즉 문양의 구성이 돌연히 변한 것으로 이는 무령왕릉 출토품과 같은 백제 환두대도의 도상이 영향을 미친 것으로 볼 수 있다.

서울시 몽촌토성 3호저장공 출토 개배는 TK23형식의 스에키須惠器이다(酒井清治 1993, 木下亘 2003). 이 스에키는 백제토기와 공반되고 당시의 고구려와 왜의 적대적인 관계로 볼 때 한성漢城 함락 이전에 반입된 것이 분명한 점에서 TK23형식의 출현 연대와 그 이입 시기는 확실히 475년 이전으로 상정된다.

서울시 풍납토성 출토 소가야양식 토기도 이 시기 역연대 설정에 중요한 기준이 된다. 왜냐하면 스에키와 같이 소가야양식 토기도 475년 이전 한성기에 이입된 것으로 판단되기 때문이다(성정용 2007).

한편 홍보식은 몽촌토성 3호저장공 출토 TK23형식의 스에키에 대하여 풍납토성 출토 소가야양식 토기보다 형식학적으로 후행하는 토기와 이 형식의 스에키가 공반되는 것에서 이를 475년 이전으로 소급하여 편년할 수 없는 것으로 주장하였다. 또한 몽촌토성 3호저장공에는 고구려의 마구인 편자가 공반되기 때문에 이를 475년 이전으로 한정할 수 없다고 보았다.

그러나 이 저장공에 고구려 토기가 공반되지 않은 점에서 편자가 고구려 마구일 가능성은 낮은 것으로 보이며, 설령 몽촌토성 3호저장공이 475년 이후에 폐기된 것이라 하여도 고구려와 왜의 적대적인 관계로 볼 때 그 이후에 이입된 것으로 보기 어렵다. 또한 몽촌토성 3호저장공 출토 TK23형식 스에키가 풍납토성 출토 소가야양식 토기보다 형식학적

도 Ⅲ-5 중국도자와 공반된 백제마구와 병행관계

1: 항주시 노화산동 진광녕 2년묘(364년) │ 2, 3: 천안시 용원리 9호분 │ 4: 부산시 복천동 21·22호묘
5: 신창현동 진태원 18년묘(393년) │ 6, 7: 공주시 수촌리Ⅱ-1호분 │ 8: 고령군 지산동 30호분
9: 항주시 사온묘(406년) │ 10, 11: 공주시 수촌리Ⅱ-4호분 │ 12: 고령군 지산동 32호분

으로 후행하는 토기와 공반한 것으로 보기 어렵다. 왜냐하면 그가 풍납토성 출토품과 같은 형식으로 본 진주시 무촌 2구 90호분 출토 소가야양식 토기는 구연부의 형태가 유사한 것으로 볼 수 없으며, 오히려 같은 형식의 스에키가 출토된 명동 2지구 8-2호분 출토 소가야양식 토기와 유사한 점에서 TK23형식이 475년 이전에 출현한 것으로 파악되기 때문이다.

종래 백제지역 출토 중국도자는 이입되어 장기간 전세된 것으로 파악되어 왔으나 형식 변화한 다양한 기종이 시기별로 이입되어 1세대 이상 전세되지 않은 것이 분명해졌다(성정용 2006).

천안시 용원리 9호분에서는 황남동 109호분 3·4곽, 복천동 21·22호묘에 부장된 철대로 윤부와 병부를 보강한 등자가 동진東晉제 계수호鷄首壺와 함께 출토되었다.

용원리 9호분은 공반된 계수호가 항주시杭州市 노화산老和山 동진東晉 광저光寧2년묘(364년) 출토품과 유사한 점에서 4세기 후반에 제작되어 이입된 후 부장되는 시차를 고려하면 4세기 후엽을 전후한 시기로 편년된다.

공주시 수촌리Ⅱ-1호분에서는 윤상부만을 철판으로 보강하고 답수부에 병鋲이 박힌 단면 5각형목심등자가 동진제 사이부호四耳附壺와 함께 출토되었다. 수촌리Ⅱ-1호분은 사이부호가 동진 영화永和7년(351년)에서 송宋 원가元嘉10년(433년) 사이에 들어가는 형식인 점과 등자가 용원리 9호분 등자에 후행하는 형식인 점에서 5세기 초를 전후한 시기로 편년된다.

수촌리Ⅱ-4호분에서는 철판으로 윤 전체를 철판으로 보강하고 답수부에 병鋲이 박힌 단면 5각형목심등자가 동진제 계수호와 함께 출토되었다. 수촌리Ⅱ-4호분은 계수호가 동진 의희義熙2년 사온묘謝溫墓(406년) 출토품을 전후한 시기의 형식인 점과 등자가 수촌리Ⅱ-1호분 등자에 후행하는 형식인 점에서 5세기 전엽을 전후한 시기로 편년된다.

4) 왜(비미호묘, 신해년명철검, 계체릉, 반정묘)

왜 여왕 비미호卑弥呼의 묘의 축조 시기는 『위서』동이전에 따르면 몰歿한 249년 이후부터 다음 왕위 계승자가 위魏에 사절을 파견하는 266년 사이로 비정되고 있다. 나라현奈良縣 하시하카箸墓고분은 일본 최고의 초대형 전방후원분으로 그 규모와 조영시기를 근거로 비미호卑弥呼의 묘로 비정되고 있다.

사이타마현埼玉縣 이나리야마稻荷山고분의 역곽礫槨에서는 신해연명辛亥年銘 철검과 함께 마구, 대장식금구가 출토되었다. 분구상에서는 TK47형식의 스에키須惠器가 출토되었다. 신해년명 철검은 456년, 465년~479, 489년에 재위한 웅략雄略연간 즉 471년에 제작된 것으로 보는 것이 정설이다. 그런데 논의가 된 것은 역곽礫槨의 시기이다. 시라이시 다이치로白石太一郎는 역곽礫槨이 후원부 중앙부에 조영되지 않고 영부행엽鈴附杏葉과 같은 마구가 부장된 점에서 중심 매장주체부로 볼 수 없고 추가된 것으로 보고, MT15형식에 병행하는 시기로 보았다(白石太一郎 1985). 최근 물리 탐사에 의해 중심부에서 새로운 매장주체부가 확인되었다.

한편, 와다 세이코和田晴吾는 중심 매장주체부가 중앙부에 조영되지 않는 예가 있고 영부행엽이 TK23형식에 공반된 예가 있는 점에서 역곽礫槨를 TK47형식에 병행하는 것으로 보았다(和田晴吾 2009). 이나리야마稻荷山고분에서는 합천군 옥전M3호분과 같은 형식의 마구가 출토되어 대가야고분과의 병행관계를 알 수 있다.

필자는 영부행엽鈴附杏葉 가운데 초기 형식의 경우 아직 출토품은 없으나 국립중앙박물관 소장품 등 여러 점이 국내에서 확인되고 일본열도에서 대가야산 문물과 공반되는 점에서 대가야에서 제작되었을 가능성이 큰 것으로 본다. 따라서 영부행엽이 검릉형행엽 등의 마구와 함께 같이 이입되었으므로 이를 검릉형행엽에 후행하는 형식으로 파악하고 이나리야마고분을 늦추어 볼 이유가 없는 것으로 생각한다.

오사카부大阪府 이마시로즈카今城塚고분은 계체릉繼體陵으로 후쿠오카현福岡縣 이와토야마巖戶山고분은 반정묘磐井墓로 파악되고 있다. 계체繼體는 527년 또는 531년, 반정磐井은 528년 몰殁한 것으로 보고 있다. 양자에서는 MT15형식과 TK10형식의 스에키가 출토되었다(표 Ⅲ-1). 그래서 MT15형식과 TK10형식의 스에키의 연대는 6세기 초, 전엽임을 알

표 Ⅲ-1 한일고분의 병행관계와 역연대

연대	일본	한국
3世紀中葉	著墓古墳, AMS240-260(卑弥呼殁249年)	大成洞29號墳
4世紀末	市街遺蹟, TG232窯並行 (年輪389年)	太王陵(故國壤王391年)
5世紀初	平城宮下層, TK73型式並行 (年輪412年)	福泉洞10·11號墳
5世紀中葉	下田東2號墳, TK23型式並行(年輪449年+α)	皇南大塚 南墳(訥祇王458年) 漢城陷落 夢村土城 TK23 475年以前
5世紀後葉	稻荷山古墳, TK47型式並行 (辛亥年471年)	玉田M3號墳
5世紀末	Hr-FA, MT15型式並行 (490年以後)	池山洞44號墳
6世紀前葉	繼體陵, 磐井墓, MT15-TK10型式並行 (530年前後)	武寧王陵 525年

수 있다.

5) 왜(연륜연대, Hr-FA강하연대)

수목은 기상이나 환경 등의 조건에 따라 연륜의 폭이 해마다 변동한다. 연륜연대법은 연륜 폭의 변화로부터 연대를 과학적으로 결정하는 방법이다.

한반도계 문물이 출토되고 있는 일본에서는 1980년부터 연륜연대에 대한 연구가 진행되어 현재 일본열도의 일정한 지역 내의 노송나무ヒノキ, 삼나무スギ, 금송コウヤマキ 등의 침엽수의 연륜을 계측하여 1년 단위 역년표준曆年標準표가 3000년분이 작성되었다. 최근 연륜연대측정법은 연륜측정 대상 목재에 대한 AMS측정을 통하여 연대근거가 보강되었다.

앞에서 언급한 바와 같이 나라현奈良縣 헤이죠궁平城宮 하층SD6030유구에서는 TK73형식 또는 TK216형식으로 비정되는 스에키須惠器와 함께 출토된 미완성 목제품은 수피樹皮형으로 벌채 또는 성장이 멈춘 연대가 412년으로 밝혀졌다. 교토부京都府 우지시가이宇治市街유적 유로流路SD302유구에서 초기 스에키와 공반된 목제품도 역시 수피형으로 벌채 또는 성장이 멈춘 연대가 389년으로 확인되었다. 이 시가이市街유적 출토 스에키는 삼각 거치문이 시문된 발형기대, 점렬문이 시문된 개, 팔자형 대각의 고배 등의 형식으로 볼 때 TG232형식과 병행하는 시기로 파악된다.

나라현 시모다히가시下田東2호분에서는 방형주구묘의 주구에서 금송제의 목관 저판底板이 출토되었다. 목재는 변재邊材형으로 449+α년으로 측정되어 10년 전후의 연륜을 더한다면 460년대에 해당하며 공반된 스에키는 TK23형식이다(和田晴吾 2009).

그런데 시가이유적 출토 스에키에 공반된 목제품의 연륜연대는 TK73형식 또는 TK216형식에 동반한 헤이죠궁平城宮 하층유구의 목제품보다 약 20년 정도 선행하는 점이 주목된다. 이는 TG232형식과 TK73형식간의 형식차를 모순 없이 잘 반영하는 점에서, 그동안 의문시되어 온 헤이죠궁 하층SD6030유구의 연륜연대를 방증하고 TG232형식의 스에키의 연대에 대한 결정적인 단서를 제공한다. 더욱이 2단계 후행하는 시모다히가시下田東2호분 출토 스에키와 공반된 목제품이 460년대인 점은 형식차를 잘 반영하는 것으로, 일본열도의 연륜연대는 기존의 스에키 연대관과 모순이 없는 점에서 그 신뢰성이 인정된다.

군마현群馬縣의 하루나산榛名山은 고분시대에 3번에 걸친 분화활동을 일으켰으며, 그

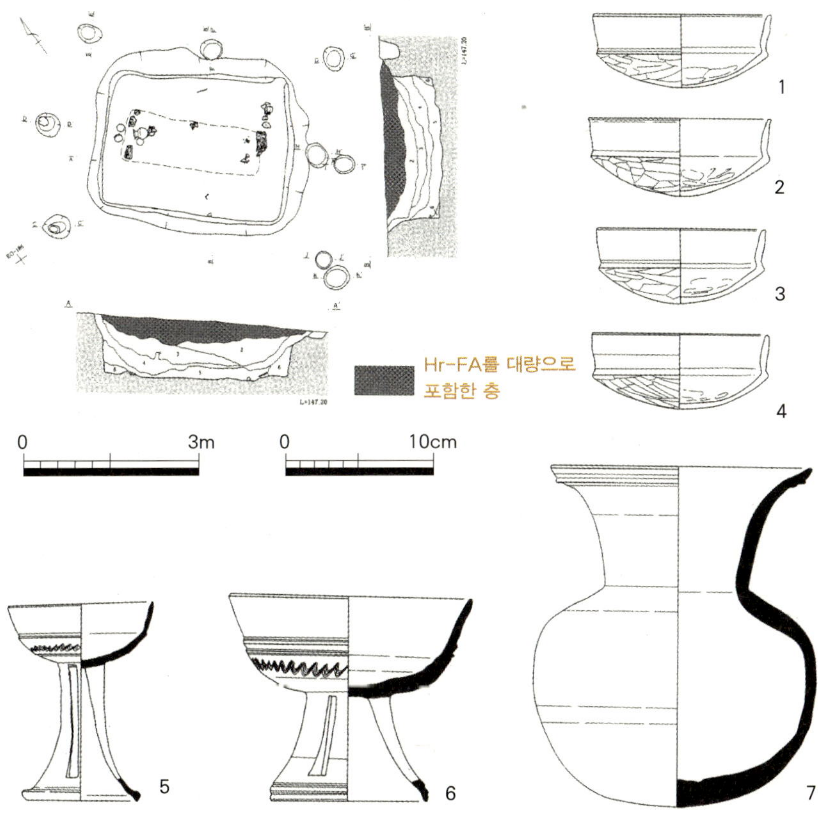

도 Ⅲ-6   Hr-FA층하 군마현(群馬縣) 다타야마(多田山)69수혈 출토 MT15형식 스에키(藤野一之 2009) Hr-FA를 다량으로 포함하는 층

주변의 유적에서는 화산재에 매몰된 유구가 발굴조사에 의해 확인되고 있다. 그 가운데 하루나시부카와榛名澁川화산생성물(Hr-FA)에 의해 쓰러진 3본의 나무에 대한 AMS연대 측정에 의해 5세기 말이라는 연대가 확인되었다. 또한 Hr-FA하의 여러 유적에서 MT15형식의 스에키가 출토되어 이 형식 스에키의 출현 연대가 5세기 말로 소급되는 것이 확실시되었다(藤野一之 2009)(도 Ⅲ-6).

홍보식은 일본의 연륜연대가 모순되는 점을 지적(洪潽植 2011)하고 있으나 이는 나라현 시모타히가시2호분의 연륜연대를 550년으로 잘못 인식한 것에 기인한다.

이상으로 볼 때 스에키는 연륜연대로 볼 때 TG232형식(390년 전후)-TK73형식(410년 전후)-TK216형식-TK208형식-TK23형식(460년대 전후)으로 편년되며 그 역연대가 부여된다.

3. 가야와 신라 유적 유물의 역연대

1) 김해 대성동 29호묘

신경철은 대성동 29호묘 출토 양이부원저단경호가 고월자의 영향에 의해 성립된 것으로 보고 이를 3세기 말로 편년하였다(신경철 1992). 그런데 이는『진서晉書』동이전東夷傳 부여夫餘조의 태강太康6년(285년)기사에 의거하여 부여족이 남하함으로써 금관가야가 성립되었다는 본인의 기마민족이주설을 주장하기 위한 연대관을 염두에 둔 편년으로 본다.

대성동 29호묘 출토 직구 와질타날문단경호와 유사한 형식의 호는 공주시 하봉리 9호묘에서도 확인된다. 이와 같은 와질호는 하남시 미사동A-21호 주거지에서 중도식 경질무문토기와 공반되며, 같은 형식의 경질무문토기는 강릉시 안인리 2호주거지에서도 확인된다. 2호주거지에서는 낙랑토기가 확인되며, 이 낙랑토기는 다카쿠 겐지高久健二의 낙랑고분 편년의 5기인 3세기 전반에 해당하는 형식이다(高久健二 1995: 86-87). 또, 대성동 29호분에서는 일본열도 고분과의 병행관계의 설정이 가능하다. 대성동 29호묘의 하지키土師器계 연질옹은 후쿠오카현福岡縣 츠고쇼카케津古掛고분 출토 하지키와 유사하며, 또 여기에서는 29호묘 출토품과 유사한 정각식定角式철촉과 판상철부가 출토되었기 때문이다. 츠고쇼카케고분은 쇼나이庄內식과 후루布留 고식 하지키가 공반되어 3세기 중엽으로 편년된다.

오사카부大阪府 가미加美1호분구묘 출토 승석문호는 인접한 규호지久寶寺유적 SK303 출토 노형기대와 함께 쇼나이식庄內式 Ⅲ기에 병행하는 것으로 한반도와 일본열도의 교차편년 설정에 중요한 자료이다. 가미1호분구묘 출토 승석문호는 종래 회청색경질토기로 보지 않았으나 횡치소성에 의한 동부의 함몰흔과 구연부의 왜곡 등의 특징으로 볼 때 와질토기에서 회청색경질토기로 가는 과도기의 함안지역산 토기로 파악된다.

쇼나이식Ⅲ기는 일본 최고의 초대형 전방후원분으로 비미호卑弥呼의 묘로 비정되고 있는 나라현奈良縣 하시하카箸墓고분이 축조되는 시기이다. 하시하카고분의 연대는 249~266년 사이로 비정되고 있다. 그리고 이 Ⅲ기는 와질토기가 주류인 가운데 회청색경질토기가 출현하는 김해시 대성동 29호묘와 병행하는 것으로 파악되어 이 시기의 역연대 설정에 참고가 된다. 대성동 29호묘는 이상과 같은 낙랑고분과 일본열도 고분과의 병행관계로 볼 때 3세기 중엽으로 비정된다.

　　나아가 대성동 29호묘의 연대는 하한이 2세기 후엽으로 비정되고 있는 양동리 162호
분보다 2단계 후행하는 점에서 주목된다. 즉 대성동 29호분은 김해시 양동리 162호분의
다음 단계인 회청색경질토기가 출현하는 양동리 235호분에 바로 후행하는 고분인 점에서
이를 3세기 중엽 이후로 늦추어 볼 수 없다.

　　이처럼 대성동 29호묘는 일본열도 고분과 원삼국시대 목곽묘의 편년으로 볼 때 3세기
중엽으로 편년된다.

2) 경주시 황남동 109호분 3 · 4곽, 부산시 복천동 21 · 22호묘, 합천군 옥전 23 호묘, 오사카부 오바데라TG231 · 232호요(도 Ⅲ-7)

　　필자는 오바데라大庭寺TG232호요의 기형을 파악할 수 있는 발형기대를 통하여 부산 · 김해
지역과의 병행관계를 설정하였다. 오바데라유적에서는 격자문, 거치문, 결승문을 복합한
문양구성이 주류를 이루는 가운데 새롭게 파상문이 시문된 기대가 출현하는 양상을 관찰
할 수 있다. 이러한 문양 조합은 복천동 21 · 22호묘와 거의 일치하는 것으로 판단된다. 그
리고 발형기대 가운데 복천동 10 · 11호묘 출토품과 같은 산山자형을 이루는 변형파상문을
가진 것도 소수 확인되어, 필자는 TG232호요에서는 이 기대들을 포함한 초기 스에키須惠
器를 일정한 기간에 걸쳐서 제작된 것으로 보고 그 역연대를 4세기 말~5세기 초에 걸친 것
으로 비정하였다(朴天秀 1998).

　　이후 나라현 헤이죠궁平城宮 하층과 교토부京都府 우지시가이宇治市街유적에서 초기 스
에키와 공반된 목제품의 연대가 각각 412년, 389년으로 확인되어 필자의 연대관이 증명되
었다.

　　그리고 필자는 신경철이 제기한 오바데라TG232호요 출토 초기 스에키가 복천동 10 · 11
호분에 후행한다는 새로운 설(신경철 2010)에 대해 구체적으로 검토하였다(박천수 2012).

　　신경철은 복천동 21 · 22호묘 출토 기대는 오바데라TG232호요보다 배신이 깊고 각부
가 곡선적인 고식만이 부장된 것을 강조하고 있으나, 실은 주곽인 22호곽의 경우 배신이
얕고 각부가 직선적인 신식의 기대가 3점 부장된 것이 확인된다. 필자는 전자에는 후자에
선행하는 형식이 일부 보이는 것은 인정되나, 양자의 문양 조합이 일치하고 전자에도 신식
이 포함된 점에서 양자는 병행관계로 본다.

도 Ⅲ-7 부산시 복천동 21 · 22호묘, 초기 스에키(須惠器)의 편년과 병행관계

1~5: 京都府 市街遺蹟 | 6~9: 京都府 奈具岡北1號墳 | 10~16: 大庭寺TG232窯 | 17~19: 부산시 복천동 21 · 22호묘
20, 21: 부산시 복천동10 · 11호묘

또한 신경철은 TG232호요에서는 복천동 10·11호분 기대와 유사한 형식이 있는 것을 유독 강조하고 있으나 실은 여기서 유사한 형식은 소수에 불과하고 TG232호요 출토 기종 가운데 특히 대호의 수가 다수인 점에서 조업의 시기차를 고려할 필요가 있다고 생각된다. 그래서 이 유적의 일부 토기는 복천동 10·11호묘와 같은 시기에도 조업이 이루어진 것을 반영함에 지나지 않으며 이를 조업 개시기로 볼 수 없다. 왜냐하면 TG232호요에서는 고식의 기대뿐만 아니라 복천동 10·11호묘에 주류를 이루는 신라양식 고배가 보이지 않는 점도 전자가 후자에 후행하지 않음을 나타내기 때문이다.

신경철은 기대의 배신 깊이와 각부 형태를 기준으로 편년하고 있으나, 요지 출토품인 관계로 많은 자료가 도면 복원되어 제시된 TG232호요 출토품과의 정확한 비교는 사실 무리한 점이 많다. 그래서 필자는 기대의 문양구성의 변화가 가장 중요한 편년 요소로 보고, 여기에서 논의의 대상이 되고 있는 이하 3자의 문양구성에 대해 검토하였다(박천수 2012).

TG232호요에서 출토된 발형기대 가운데 배신의 문양이 확인되는 개체는 모두 29점이며 문양은 무문(1), 결승문(1), 격자문(2), 거치문(1), 격자문 + 거치문 + 파상문(3), 파상문 + 거치문(11), 파상문(10)의 조합으로 구성되어 있다.

복천동 21·22호묘의 기대는 모두 14점이며 문양은 점렬문(1), 거치문 + 파상문 + 반원문(1), 결승 + 격자문 + 파상문(1), 격자문 + 거치문(1), 격자문 + 파상문(1), 반원문 + 파상문(1), 거치문 + 파상문(3), 파상문(5)의 조합으로 구성되어 있다.

복천동 10·11호묘의 기대는 모두 11점이며 문양은 결승문(1), 결승문 + 파상문(2), 격자문 + 파상문(1), 파상문(7)의 조합으로 구성되어 있다.

TG232호요에서는 문양구성이 주류를 이루는 가운데 새롭게 파상문이 시문된 기대가 출현하는 양상을 관찰할 수 있으며, 이러한 문양 조합은 복천동 21·22호묘와 거의 일치하는 것으로 판단된다. 그리고 발형기대 가운데 복천동 10·11호묘 출토품과 같은 산山자형을 이루는 변형파상문을 가진 것도 소수 확인되는 것에서 TG232호요가 복천동 21·22호묘 단계에 조업을 개시하여 복천동 10·11호묘 단계까지 조업한 양상을 잘 알 수 있다.

그런데 홍보식은 복천동 21·22호묘, 옥전 23호묘, TG232호요 출토품 간에 보이는 차이점을 부각시키고 옥전 23호묘는 전자에 후행하는 것으로 주장하였다(홍보식 2014).

그러나 필자는 각각 다른 지역 출토품에 필연적으로 발생하는 세세한 차이점 보다는 발형기대에서 관찰되는 복합문양이라는 유사성이 오히려 병행관계 설정의 근거가 되

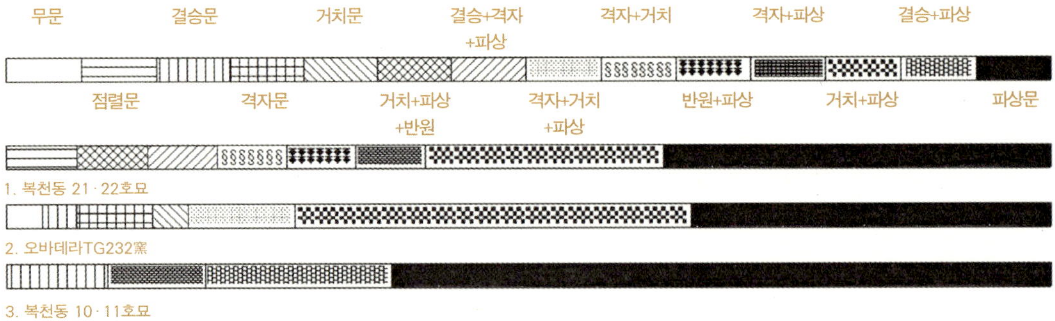

도 Ⅲ-8 오바데라TG232요, 복천동 21·22호묘, 10·11호묘 출토 발형기대의 문양구성 비교

는 것으로 생각한다. 왜냐하면 합천군 옥전 23호묘보다 1단계 선행하는 것으로 본 복천동 21·22호묘에도 신식요소인 배신의 깊이가 얕은 점, 문양이 파상문 위주인 점 등에서 결코 옥전 23호묘에 선행하는 것으로 볼 수 없기 때문이다. 옥전 23호묘 출토 경주양식 2단교호 투창고배는 복천동 21·22호묘 출토품에 비해 배신이 약간 직선화된 점에서는 약간의 시기차가 인정되나 이를 다음 시기인 황남동 110호분 단계로 볼 수 없으므로 양자는 같은 단계의 신·고형식으로 파악된다. 이와 관련하여 공주시 수촌리Ⅱ-1호분에서는 합천군 옥전 35호묘 출토품과 동일 형식인 등자가 4세기 후반에 제작된 중국제 사이부호와 함께 출토되어 5세기 초 전후로 편년되는 것도 참고가 된다. 왜냐하면 옥전 35호묘는 토기와 마구로 볼 때 옥전 23호묘에 1단계 후행하는 시기로 판단되고, 이는 TK73형식의 스에키須惠器가 출토된 교토부京都府 나구오카키타奈具岡北1호분에서 같은 형식의 창녕양식 토기가 공반되기 때문이다. 즉 옥전 23호묘가 TK73형식보다 1단계 선행하는 복천동 21·22호묘, 황남동 109호분 3·4곽과 병행하는 것을 방증하는 자료이다.

그리고 앞에서 언급한 바와 같이 최병현은 황남대총 남분의 연대를 교토부 우지시가이宇治市街유적 유로SD302유구 출토 초기 스에키의 역연대가 389년이며 오바데라大庭寺TG232형식과 병행하는 시기로 보고, 또한 TG232형식과 복천동 21·22호묘, 복천동 10·11호묘가 병행하는 것으로 보고 후자를 4세기 후엽으로 설정하였다. 이를 논거로 황남대총 남분을 5세기 초로 편년하였다.

그러나 필자는 복천동 10·11호묘가 우지시가이유적 유로SD302유구 초기 스에키와 병행하는 시기로 보지 않는다. 왜냐하면 오바데라TG231·232요窯는 복천동 21·22호묘단계에 개시하여 복천동 10·11호묘 단계까지 조업한 것으로, 즉 개시기는 우지시가이유적 유로SD302유구 초기 스에키와 병행하나, 복천동 10·11호분 단계는 이에 후행하는 TK73

형식과 병행하는 시기인 것이다.

3) 부산시 복천동 10·11호묘, 경산시 임당동 7B호분, 고령군 지산동 30호분

신경철은 복천동 10·11호묘의 연대에 대해 유사한 형식의 등자가 출토된 시가현滋賀縣 신가이新開고분, 오사카부大阪府 시치칸七觀고분의 연대관에 근거하여 5세기 중엽으로 설정하였다(신경철 1985).

그런데 두 고분은 종래 일본고분 편년에서는 5세기 중엽으로 비정되어왔다. 이는 신경철에 이어 김두철의 연대관에도 계승되어 그는 양 고분을 5세기 제 2/4분기 말 또는 5세기 제 3/4분기로 편년하고 있다(김두철 2001). 그러나 양 고분은 전방후원분 집성 편년의 6기에 해당하는 TK73형식의 스에키와 병행하는 시기이다. 시치칸고분 출토 용문대장식구는 신라사으로 황남대총 남분 출토품보다 형식학적으로 확실하게 1단계 이상 선행하는 것으로 경산시 임당동 7B호분 출토품과 동일한 형식이다(박천수 2003). 임당동 7B호분은 토기로 볼 때 황남동 109호분 3·4곽보다 1단계 후행하는 경주시 월성로나 13호묘와 병행하고 458년에 몰한 눌지왕의 무덤으로 추정되는 황남대총 남분보다 1단계 이상 선행한다. 또 경산시 임당동 7B호분과 합천군 옥전 35호분에서는 동일한 형식의 신라산 편원어미형 행엽이 부장되어 양자는 병행관계로 파악된다. 그래서 복천동 10·11호분의 연대는 역시 5세기 초로 파악된다.

TK73형식의 스에키가 공반된 교토부京都府 나구오카키타奈具岡北1호분의 창녕양식 토기는 부산시 가달 5호묘 출토품과 같은 형식이다. 또한 합천군 옥전 35호묘에서는 가달 5호분과 같은 형식의 창녕지역산 토기와 함께 병부 단면 5각형 등자가 부장되었다. 이러한 대가야문물은 필자가 5세기 전엽으로 편년해 온 지산동 30호분과 병행하는 시기의 것이다(박천수 2003). 이는 TK73형식 스에키의 역연대가 412년을 전후하는 것과 함께 단면 5각형의 동일 형식의 등자가 출토되어 5세기 초 전후로 편년되는 공주시 수촌리Ⅱ-1호분의 연대와 부합한다.

지산동 30호분은 35호분과 32호분의 사이에 조영된 고분이다. 지산동 35호분과 32호분의 연대에 대해 김두철은 전자를 460년대, 후자를 480년대로 보고(김두철 2001)있으나 어떠한 근거로 이러한 역연대를 도출했는지 알 수 없다.

도 Ⅲ-9　가야 신라고분과 일본열도고분의 병행관계(TK73형식)

A: 京都府 奈具岡北1號墳 ｜ B: 부산시 가달 5호묘 ｜ C: 창원시 도계동(경) 6호묘

D: 大阪府 七觀古墳 · 滋賀縣 新開1號墳 ｜ E: 경산시 임당동 7B호분 ｜ F: 경주시 월성로 나13호묘

그런데 앞에서 언급한 바와 같이 TK73형식 스에키가 출토된 나구오카키타 1호분과 부산시 가달 5호묘, 합천군 옥전 35호묘, 옥전 5호묘는 공반된 창녕양식토기로 볼 때 병행관계로 파악되며, 옥전 35호묘, 옥전 5호묘 출토 병부 단면 5각형 등자는 답수부에 미끄럼 방지용 병鋲이 박힌 것으로 지산동 30호분 출토 등자와 같은 형식인 점에서 후자는 크게 보아 TK73형식 스에키와 공반하는 것으로 파악된다. 또한 수촌리Ⅱ-4호분에서 지산동 30호분 출토품에 1단계 후행하는 형식의 철판으로 윤 전체를 철판으로 보강하고 답수부에 병이 박힌 5세기 전엽 전후로 편년되는 목심등자가 부장된 것도 이를 방증하는 것으로 본다.

홍보식은 임당동 7B호분과 황남동 110호분은 복천동 10·11호묘에 후행하며 황남대총 남분과 병행하는 시기로 주장하였다(홍보식 2014).

그런데 임당동 7B호분과 병행하는 시기로 본 황남대총 남분 부곽 출토 고배는 삼각거치문, 원문, 사격자문과 같은 기하학적 문양을 시문한 개를 동반하고 배신과 각부에도 같은 문양이 시문되어 있다. 이와 같은 문양은 금관총, 천마총, 금령총, 서봉총 출토 토기에 시문된다. 따라서 황남대총 남분 출토 토기는 월성로가 13호묘, 황남동 110호분, 임당동 7B호분보다는 천마총, 금관총, 금령총, 서봉총 출토품에 근사하다고 본다.

임당동 7B호분과 황남대총은 토기, 대장식구, 마구로 볼 때 같은 시기로 볼 수 없고 전자가 1단계 이상 선행하는 것으로 본다. 임당동 7B호분 토기는 고배가 3단각이며 개蓋의 문양이 파상문과 집선문인데 비해 황남대총 남분은 2단각이며 고배에까지 기하학적 문양이 시문된 황남대총 북분에 가까운 형식이 주류를 이룬다. 임당동 7B호분 출토 용문투조대장식구는 황남대총 남분 출토품에 비해 용문이 사실적으로 표현되어 당초문화된 후자에 비해 선행하는 것이 분명하다. 그리고 황남대총 남분에서는 임당동 7B호분에 보이지 않는 철제등자와 함께 심엽형행엽에 삼엽문이란 새로운 문양이 등장하고 편원어미형행엽도 신식이 출현한다. 그래서 토기, 장신구, 마구로 볼 때 임당동 7B호분이 황남대총 남분보다 1단계 이상 선행하는 것은 논의의 여지가 없다.

더욱이 임당동 7B호분 출토품과 동일한 형식의 신라산 용문투조대장식구가 출토된 오사카부 시치칸고분은 전방후원분집성前方後圓墳集成 편년의 6기에 해당하는 TK73형식의 스에키와 병행하는 시기이다(도 Ⅲ-9).

그래서 복천동 10·11호묘, 임당동 7B호분은 병행하는 시기로 볼 수 있으며 황남대총 남분, 일본열도의 초기 스에키, 수촌리고분 출토 중국도자의 연대로 볼 때 5세기 전엽으로 판단된다.

4) 창녕군 계남리 1, 4호분, 합천군 옥전M1, M2호분, 31호묘

필자는 창녕양식 토기를 옥전 68호묘-옥전 23호묘-가달 5호묘-옥전 31호묘-교동 3호분, 계남리 1, 4호분, 옥전M1, 2호분으로 편년하였다(박천수 2010).

그런데 홍보식은 옥전 31호묘는 창녕 교동 1, 3호분보다 후행하는 것으로 보고, 창녕 계남리 1, 4호분은 옥전M1호분보다 1단계 선행하는 것으로 주장하였다. 즉, 계남리 1, 4호분-옥전M2, M1호분-창녕 교동 1, 3호분-옥전 31호묘로 편년하였다(홍보식 2014).

이전부터 필자는 옥전 68호묘, 옥전 23호묘, 가달 5호묘 출토 상하일렬투창고배에 창녕양식이 존재함을 주장하여 왔다. 그리고 창녕양식 토기의 주 분포권은 창녕지역을 중심으로 인접한 청도군 이서지역 일대에 걸쳐있는 것으로 보았다.

그 후 청도군 성곡리고분군에서 이러한 형식의 고배가 다수 출토되어 낙동강하류역 일대에 광범위하게 분포하는 이 형식의 고배가 창녕산 또는 창녕계임은 재론의 여지가 없게 되었다. 그럼에도 창녕양식 토기를 이해하지 못한 경남지역 연구자들의 이에 대한 부정적인 견해가 제시되었다.

그러나 최근 창녕군 동리고분군에서 필자가 주장해 온 창녕양식의 상하일렬투창고배가 다수 출토되어 주목된다. 동리고분군 출토 토기는 필자가 기존 편년한 바와 같이 상하일렬투창고배에서 과도기를 거쳐 상하교호투창고배로 변하는 과정이 잘 확인된다(도 Ⅲ-10).

동리고분군에서도 확인된 바와 같이 창녕양식 토기는 상하일렬투창고배와 단추형손잡이를 가진 개가 공반되는 것에서 상하교호투창고배와 신식의 대각도치형 손잡이를 가진 개가 공반되는 것으로 변화한다.

필자는 옥전 31호묘와 교동 3호분의 선후관계는 유물 조합상에서 볼 때 전자가 선행하는 것이 분명하다고 판단한다. 왜냐하면 전자에는 고식의 상하일렬투창고배 뿐만 아니라 단추형손잡이를 가진 개가 공반되나, 후자에는 상하일렬투창고배와 단추형손잡이가 사라지고 상하교호투창고배와 신식의 대각도치형 손잡이를 가진 개가 부장되기 때문이다(도 Ⅲ-11).

그리고 옥전 31호묘에는 교동 3호분 출토품에 선행하는 형식의 파배가 부장되었다. 즉 옥전 31호묘 출토품은 교동 3호분 파배에 비해 배신이 직선적이고 통형에 가까운데, 이는 2단계 선행하는 옥전 23호묘 출토품의 형태적인 요소가 잔존하기 때문인 것으로 본다. 교동 3호분 출토품은 돌대가 다수 형성된 점, 즉 장식이 부가된 점에서도 후행하는 형식으로 판단된다. 이는 유대파수부완의 경우도 전자에는 유개식에 단면 원형의 파수를 가진 것

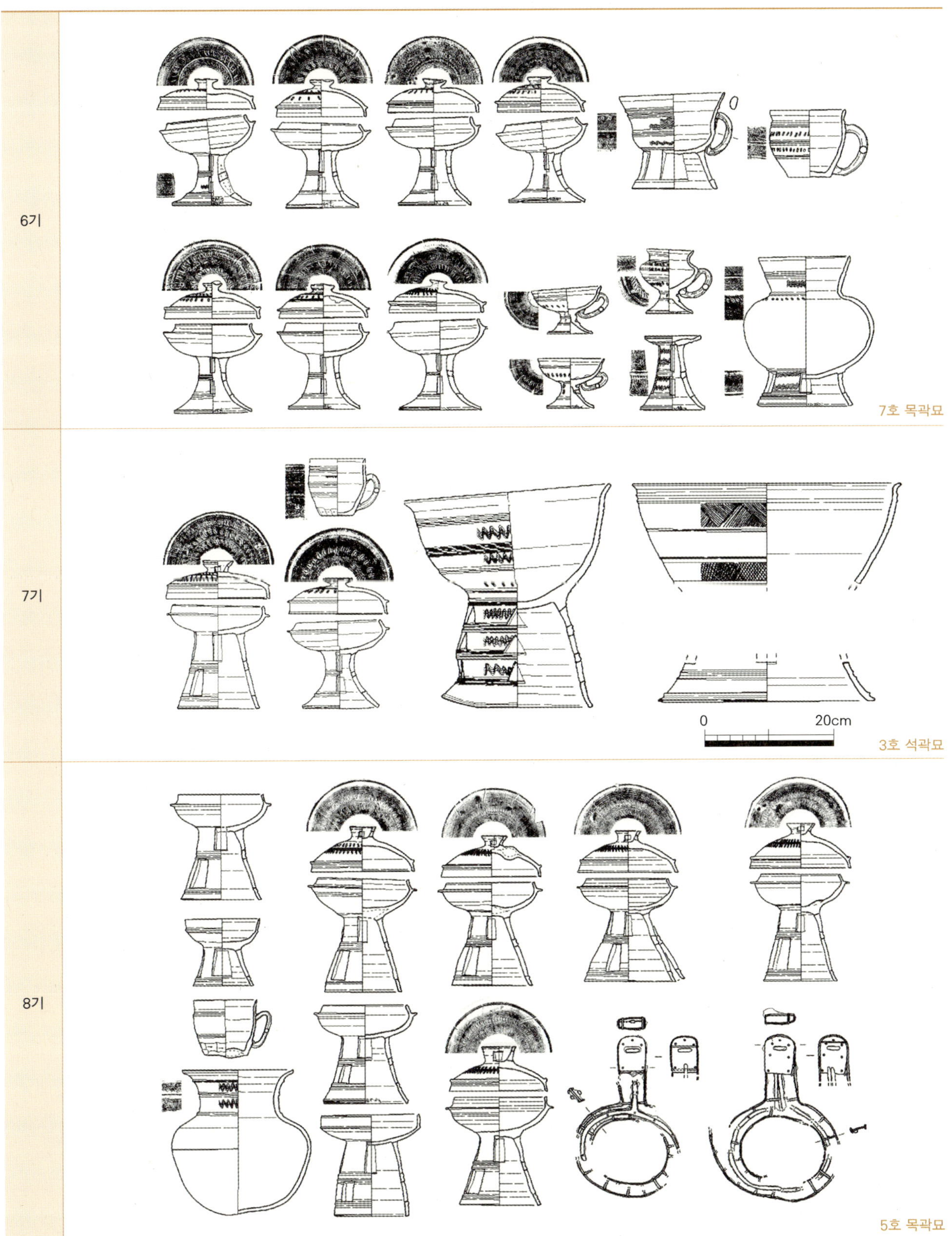

도 Ⅲ-10   창녕군 동리고분군 출토 토기의 편년

도 Ⅲ-11 창녕양식 토기의 편년

이, 후자에는 신라의 영향에 의해 새롭게 출현한 무개식의 단면 세장방형 파수를 가진 것이 공반되는 것에서도 방증된다.

5) 합천군 옥전M3호분, 사이타마현 이나리야마고분, 고령군 지산동 44호분

필자는 옥전M3호분과 지산동 44호분을 5세기 후엽과 5세기 말로 편년한다(박천수 2006).

앞에서 언급한 바와 같이 김두철은 『일본서기』의 510년대에 보이는 기문己汶, 대사帶沙사건을 계기로 일본열도에 이입된 문물이 대가야에서 백제로 전환된 것으로 파악하고, 구마모토현熊本縣 에타후나야마江田船山고분의 가야계 마구를 6세기 제 1/4분기, 이보다 형식학적으로 선행하는 사이타마현 이나리야마고분 출토 철검의 신해년을 531년으로 보아야 한다고 주장하였다(김두철 2001).

그런데 에타후나야마고분에서는 TK23형식과 TK47형식의 스에키가 출토되었으며, 전자는 대가야산 문물에 공반된 것으로, 후자는 백제산 문물에 공반된 것으로 판단된다. 또 후자에는 웅진기에 제작된 것으로 파악되는 백제산 개배가 공반되었다. 그래서 필자는 이 고분의 대가야산 문물은 5세기 제 3/4분기, 백제산 문물은 5세기 제 4/4분기에서 6세기 초에 이입된 것으로 보았다. 이는 기문, 대사 기사에 의거한 김두철의 연대관이 성립할 수 없음을 보여주는 것이다. 또 이 고분의 연대에 근거하여 옥전M3호분을 5세기 제 4/4분기로 편년한 것도 마찬가지이다.

일본열도에서 대가야양식 마구는 시즈오카현靜岡縣 다타오즈카多田大塚 등에서 TK208형식 토기와 공반하여 출현하고 주로 TK23형식과 TK47형식의 스에키가 공반되는 점에서도 성립기의 대가야양식 마구가 부장된 옥전M3호분의 연대를 5세기 말로 늦추어 볼 수 없다.

M3호분과 같은 형식의 마구가 출토된 f자형경판비와 검릉형행엽 등은 일본고분 편년과 병행관계를 파악할 수 있는 중요한 자료이다. 또 M3호분의 f자형경판비의 경판은 전체를 강하게 굴곡시킨 점과 인수에 사슬과 별도로 제작한 인수호를 연결시킨 구조, 연금의 못의 수 등의 점에서 이나리야마고분 역곽 출토품과 유사하다(千賀久 1994).

이나리야마고분은 출토 대장식구의 반육조 용문이 옥전M3호분 출토 용문환두대도의 병두금구의 도상과 같은 점에서도 병행관계로 설정된다.

옥전M3호분의 역연대는 이나리야마고분 역곽은 TK47형식에 병행하는 점에서 일본열도로의 마구의 이입, 보유, 매납 기간을 고려하여 이보다 한 단계 이른 시기인 철검명 (471년)의 전후한 시기에 위치시킬 수 있다(도 Ⅲ-12).

더욱이 이나리야마고분에서는 군마현群馬縣 시부카와하루나잔榛名澁川 화산재(Hr-FA)가 스에키가 출토된 주구의 상층에 퇴적된 것이 확인되고, 그 분화가 MT15형식과 병행하는 것에서 신해년을 531년으로 볼 수 없음과 그 이전에 폐기된 TK47형식의 스에키가 6세기 초 이전으로 소급되는 것이 밝혀졌다(酒井清治 2004). 더욱이 Hr-FA의 강하연대가 군마현群馬縣 하루나잔후타츠타케榛名山二つ岳동쪽 산복에서 화산재에 피복된 채로 발견된 3본本의 수목에 대한 AMS 측정치가 5세기 말로 판명되어 MT15형식의 출현이 6세기 이전 으로 소급되는 것이 증명되었다(藤野一之 2009).

고령군 지산동(영)1-5호묘와 합천군 봉계리 20호묘에서는 TK23형식의 스에키인 유공광구소호와 고배가 각각 출토되어 일본 고분시대 편년과 병행관계의 파악이 가능한 점에서 주목되었으나, 양 고분의 편년적 위치가 모호하여 그다지 활용되지 못하였다. 옥전 M3호분의 연대와 관련하여 그 편년적 위치에 대해 살펴보고자 한다(도 Ⅲ-13).

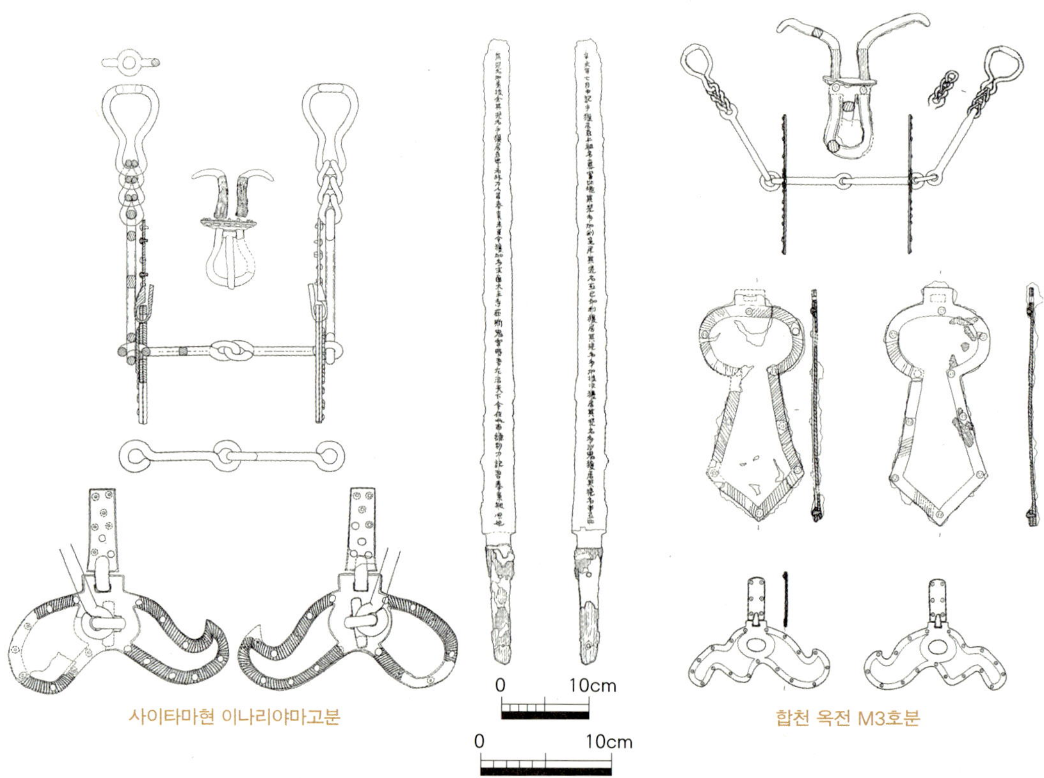

도 Ⅲ-12　합천군 옥전M3호분과 사이타마현 이나리야마고분의 병행관계(471년 전후)

　　지산동(영)1-5호묘는 경부가 곡선화된 장경호와 외면을 3구로 구획하고 그 중간에 1열로 점렬문을 시문한 개가 출토되어 동일한 형식의 개가 공반된 지산동(영)1-12호묘, 1-18호묘와 병행하는 것으로 파악된다. 합천군 봉계리 20호묘는 투창의 길이가 길어진 대가야양식의 1단투창고배가 출토되어 동일한 형식의 고배가 공반된 지산동(영)1-97호묘와 동일한 시기로 본다. 이는 지산동(영)1-97호묘에서는 지산동(영)5호분 출토품과 같은 형식의 개가 공반된 점에서 지산동(영)1-5호묘와 합천군 봉계리 20호묘는 병행관계로 파악된다. 양자는 지산동(영)1-97호묘에서 합천군 옥전M3호분과 동일한 형식의 대가야양식 발형기대가 공반되어, 5세기 제 3/4분기로 비정되는 옥전M3호분과 병행하는 것으로 본다.

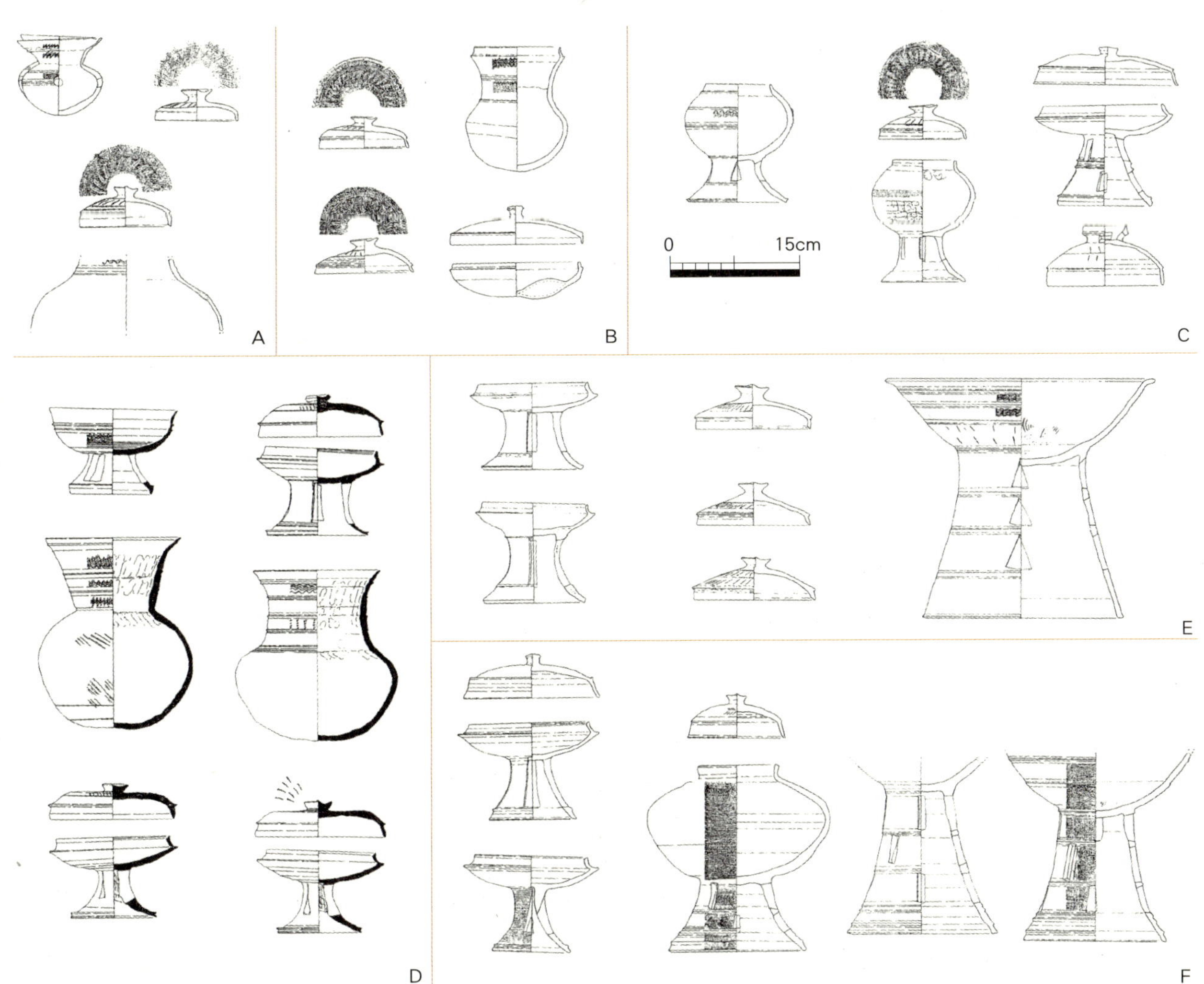

도 Ⅲ-13　스에키 출토 가야고분의 편년적 위치(TK23형식)

A: 고령군 지산동(영)1-5호묘　｜　B: 지산동(영)1-12호묘　｜　C: 지산동(영)1-18호묘
D: 합천군 봉계리 20호묘　｜　E: 지산동(영)1-97호묘　｜　F: 진주시 무촌리 2구 25호묘

더욱이 서울시 몽촌토성 3호저장공에서 출토된 개배 1점이 TK23형식의 스에키는 백제토기와 공반되고 있고 당시의 고구려와 왜의 적대적인 관계로 볼 때 한성 함락 이전에 반입된 것이 분명한 점에서 TK23형식의 출현 연대와 그 이입 시기는 확실히 475년 이전으로 상정된다.

이와 함께 서울시 풍납토성 출토 소가야양식 토기도 이 시기 역연대 설정에 중요한 기준이 된다. 왜냐하면 스에키와 같이 소가야양식 토기도 475년 이전에 이입된 것으로 판단되기 때문이다. 이는 475년 풍납토성이 폐성되는 것에서 더욱 그러하다. 풍납토성 출토 소가야양식의 개 2점은 구연부 내면에 홈이 형성되고 외반하는 것으로 종래 6세기 이후로

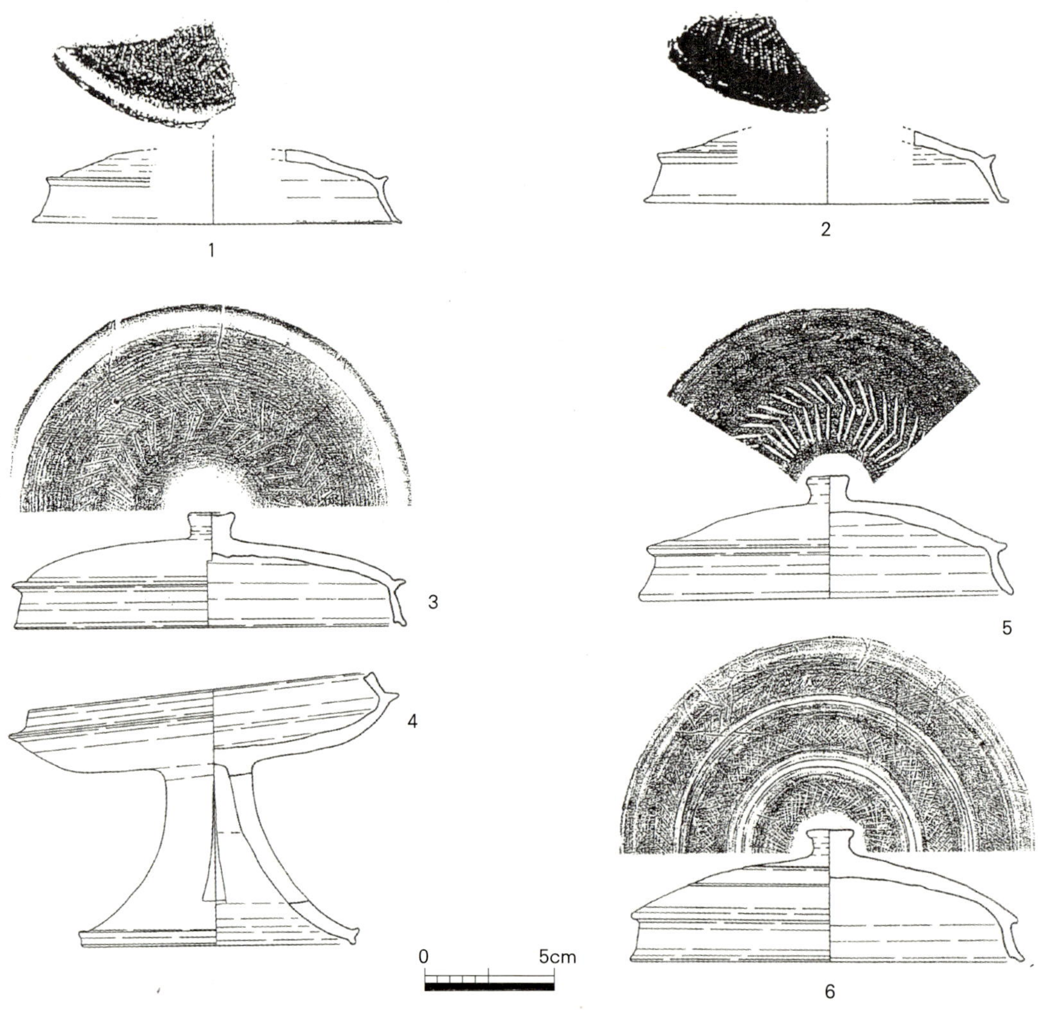

도 Ⅲ-14　서울시 풍납토성 경당지구 출토 소가야양식 토기와 관련자료

1, 2: 풍납토성　｜　3~9: 진주시 무촌리 3구 82호묘

편년하던 형식이다(도 Ⅲ-14).

이 소가야양식 토기는 진주시 무촌리 3구 82호묘, 3구 145호묘 출토 개와 유사한 것에서 이러한 형식의 토기가 475년을 전후한 시기임을 알 수 있다. 그래서 이에 1단계 선행하는 형식의 소가야양식 토기와 대가야양식 토기가 출토된 남원시 월산리M1A호분은 5세기 중엽으로 편년된다.

옥전M3호분, 이나리야마고분의 연대는 이나리야마고분 출토 신해년철검명, Hr-FA의 강하연대, 몽촌토성 출토 스에키, 풍납토성 출토 소가야양식으로 볼 때 5세기 후엽으로 판단된다.

앞에서 언급한 바와 같이 홍보식은 옥전M3호분과 지산동 44호분의 연대에 대하여 지산동 84호석곽묘를 통하여 다음과 같이 접근하였다(홍보식 2012). 지산동 84호석곽묘 토기 가운데 신라토기와 병행관계가 설정가능한 대부직구호가 있는 것에 착안하여 이 기종이 신라지역에서 6세기 이후에 주로 부장되는 것을 근거로 이 고분을 6세기 초로 편년하였다. 이러한 방법으로 지산동 84호석곽묘와 옥전M3호분, 지산동 44호분 출토품의 비교를 통하여 전자가 후자에 선행하는 지산동 32호분 단계로 보고, 지산동 44호석곽묘와 옥전M3호분은 6세기 전반으로 편년하였다.

그런데 과연 지산동 84호석곽묘에 신라양식의 직구대부호가 공반된 것인가에 대한 상식적인 의문이 제기된다. 왜냐하면 같이 출토된 대가야양식 토기와 반원문이 시문된 대부직구호는 100년 이상의 시간차를 보이기 때문이다. 즉 주지하는 바와 같이 이 대부직구호는 6세기 후반 신라토기의 특징적인 형식이다. 필자는 지산동 84호석곽묘가 훼손되지 않은 상태로 대부직구호가 석곽 내에서 출토된 것을 근거로 두고 있으나, 필자는 84호묘 석곽의 개석이 유실된 점, 72호석곽묘와 조선시대 분묘가 중복된 점으로 볼 때 이 대부직구호는 당연히 후대에 혼입된 것으로 판단한다. 이는 옥전M3호분과 지산동 44호분을 6세기 이후로 내리기 위한 너무 자의적으로 해석한 것이다.

필자는 옥전M3호분과 지산동 44호분의 연대에 대해 이미 상술한 바가 있으므로 여기에서는 재언하지는 않는데, 지산동고분군의 왕묘 축조 과정으로 볼 때 지산동 44호분 이외 왕릉급고분이 능선 정상부에 5기 이상 축조된 것에 주목한다. 562년 대가야 멸망을 생각한다면 홍보식이 주장하는 바와 같이 520년대 이후 왕릉급 고분이 5기 이상 축조되는 것이 과연 가능할까 의문이다. 이는 옥전M3호분에 대해서도 마찬가지이다. 이 고분의 축조 후에도 5기 이상의 다라국의 왕릉급고분이 조영되기 때문이다.

따라서 양자는 5세기 후엽 가라국과 다라국의 전성기의 왕묘로서, 6세기 이후로 내려 볼 수 없다.

6) 고령군 지산동 45호분, 고성군 송학동 1호분B호석실

지산동 구 39호분은 출토 용문환두대도가 무령왕릉과 출토품과 유사한 것으로 파악되어 왔다(穴澤咊光·馬目順一 1993). 구 39호분은 발형기대가 무문계로 지산동 45호분과 같은 2유형인 점, 또 사다모리 히데오定森秀夫가 지적(定森秀夫 1987)하였듯이 양 고분 출토 토 기의 조합이 일치하는 점에서도 양자는 병행관계로 본다. 근래 지산동 45호분과 같은 시 기의 의령군 천곡리 25호분에서는 MT15형식의 제병提瓶이 출토되었다.

산청군 생초 9호묘에는 대가야양식의 토기와 함께 MT15형식과 TK10형식의 스에키 須惠器인 고배, 개배 등이 출토되었다. 생초 9호묘의 대가야양식 토기는 지산동 45호분에 서 다음 단계의 합천군 삼가 1호분A호석곽으로 가는 과도기적 양상을 보이고 있다. 즉 생 초 9호분의 저평통형기대는 각부가 직선화된 것으로 지산동 45호분과 환형기대가 출토된 삼가 1호분A호석곽 사이로 편년된다. 장경호는 동부가 경부에 비해 축소된 것으로 지산동 45호분 출토품에 후행하는 형식으로 삼가 1호분A호석곽 출토품과 동일한 형식이다.

고성군 송학동 1호분B호석실에서도 MT15형식과 TK10형식인 유공광구소호가 출토 되었다. 이 고분에서는 지산동 45호분 출토품과 같은 형식의 장경호, 천정부가 만곡한 개 와 함께 삼가 1호분A호석곽 출토품과 유사한 형식의 천정부가 납작한 개, 사이부호가 확 인되었다. 전자는 MT15형식과 후자는 TK10형식과 공반하는 것으로 본다.

지산동 45호분은 MT15형식과 병행하고 그 다음 단계는 TK10형식에 병행하는 것으 로 파악된다. 지산동 45호분은 MT15형식의 스에키가 5세기 말부터 출현하고, 525년 축 조된 무령왕릉, 531년 몰殁한 계체릉繼體陵인 오사카부大阪府 이마시로즈카今城塚고분에서 TK10형식, 528년 몰한 반정묘磐井墓인 후쿠오카현福岡縣 이와토야마巖戶山고분에서 MT15 형식과 TK10형식의 스에키須惠器가 출토되는 점에서 510년대를 전후한 시기의 연대가 설 정된다.

지산동 45호분, 송학동 1호분B호의 연대는 무령왕릉과 MT15형식, TK10형식의 스에 키의 연대로 볼 때 6세기 초, 전엽으로 각각 편년된다(도 Ⅲ-15).

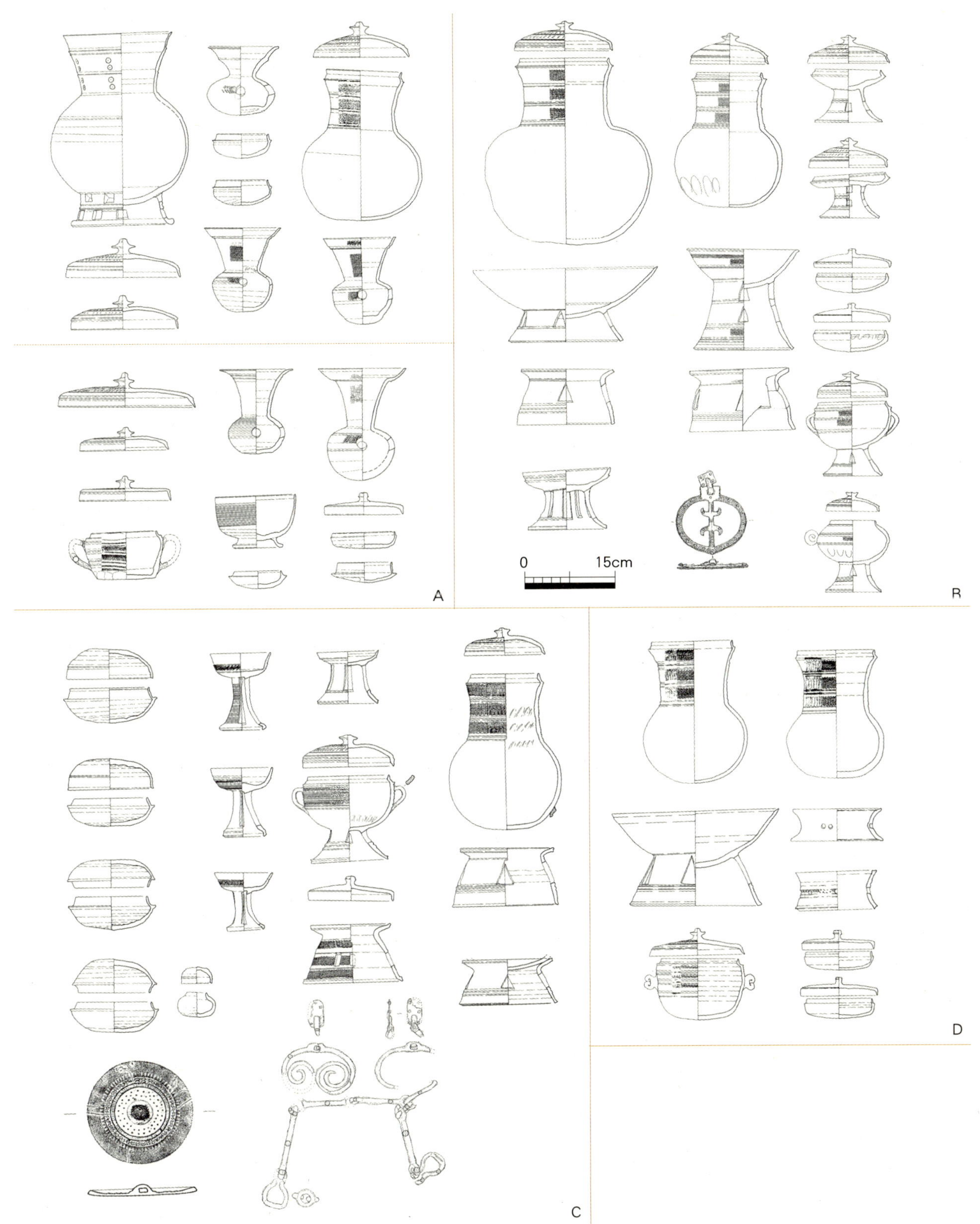

도 Ⅲ-15　스에키 출토 가야고분의 편년적 위치(MT15, TK10형식)

A: 고성군 송학동 1호분B호석실　|　B: 지산동 45호분　|　C: 산청군 생초 9호묘　|　D: 합천군 삼가 1호분A석곽

4. 가야 신라의 유적 유물의 역연대에 대한 전망

여기에서는 100년에 가까운 시간차를 보이며 논의되고 있는 경주시 황남동 109호분 3·4곽, 부산시 복천동 21·22호묘, 오사카부大阪府 오바데라大庭寺TG232호요, 그리고 피장자에 대해 논의되고 있는 황남대총 남분과 한일간 논의의 대상이 되고 있는 합천군 옥전M3호분, 사이타마현埼玉縣 이나리야마稻荷山고분의 역연대를 중심으로 검토하였다(표 Ⅲ-2).

고구려 태왕릉 출토 마구, 중국도자기와 함께 공반된 백제 마구, 일본열도의 연륜연대 자료를 통하여 검토한 결과, 황남동 109호분 3·4곽, 복천동 21·22호묘, 오바데라TG232호요는 병행관계로 파악되어 4세기 말, 황남대총 남분은 5세기 중엽, 옥전M3호분, 이나리야마고분은 5세기 후엽으로 그 역연대가 설정되었다. 이는 역연대의 기준이 되는 3자가 모순 없이 정합성을 보여주는 점에서 신뢰성이 높은 것으로 판단된다.

신라 가야고분의 경우 백제 무령왕릉과 같은 역연대를 알 수 있는 자료가 전무하여 종종 역사적인 정황에 의거하여 그 연대가 비정되어 왔다. 그 대표적인 예가 고구려 남정기록에 의거하여 한반도 남부지방의 기마, 무구, 무기의 출현연대와 계기를 결정하여 온 것이다. 그러한 해석이 잘못된 것임을 이미 오래 전에 밝혀졌다.

경주시 황남동 109호분 3·4곽과 이에 병행하는 부산시 복천동 21·22호묘를 5세기 중엽으로 보는 연대관은 400년 전후 광개토왕의 남정을 지나치게 의식한 것이며, 특히 복천동 21·22호묘의 경우는 신라의 영향력이 부산지역에 미친 시기를 늦추어 보고 이 지역의 독자성을 강조하려는 의도에 의한 것이다. 더욱이 복천동 21·22호묘와 병행하는 합천군 옥전 23호분을 5세기 전엽으로 보는 것도 400년 전후 금관가야 쇠퇴 이후 그 이주민에 의해 다라국이 성립된 것으로 보는 것에 기인한 것이다. 한편 황남동 109호분 3·4곽을 4세기 중엽으로 보고, 황남대총 남분을 5세기 초로 보는 견해는 신라의 성장을 과대평가한 것에 기인한 것으로 판단된다.

그러나 양설은 본고에서 검토한 바와 같이 신라 가야고분의 편년과 이에 병행하는 일본열도 고분과의 병행관계로 볼 때, 황남동 109호분 3·4곽, 복천동 21·22호묘, 옥전 23호묘는 4세기 후엽, 황남대총 남분은 5세기 중엽으로 편년되는 것에서 인정하기 어렵다.

이와 마찬가지로 기마민족이 김해지역으로 이주하고 또한 이들이 다시 일본열도와 영남내륙지역으로 이동하였다는 주장은 그 실제성과 해석의 방법론적 문제뿐만 아니라

表 Ⅲ-2 가야·신라고분의 편년

	慶州	慶山	大邱	星州	尙州	義城	昌寧	咸安	昌原	金海	釜山	固城	高靈	陜川	陜川西部	竝行關係	曆年代
I	皇城洞22號 中山里1a74號	造永洞 EⅠ-3號						道項里(文)35號	道溪洞(東)31號	大成洞29號						著墓(249-266年)	3世紀中葉
II	九政洞3槨							道項里(慶)33號	道溪洞(東)14號	大成洞59號		晋州武村里2丘13號					
III	中山里1a75號	造永洞 ⅠB-60號	深川里50號					宜寧禮屯里26號		龜旨路1號	輻泉洞80號	武村里2丘124號					—300年—
IV	九於里1號	造永洞 ⅠA-19 ⅠB-74	飛山洞3號木槨				余草里A地區	篁砂里45號	三東洞2,4,5,12,14號	大成洞13·18號	輻泉洞38號	武村里2丘23,26號		玉田54號	芋浦里A31,50號		
V	竹洞里2號	造永洞 CⅠ-4號					余草里B地區	篁砂里44號	道溪洞(東)25號	龜旨路6號	輻泉洞60號	松鶴洞1E號	盤雲洞採集	玉田27號			
VI	鶴川里43號	林堂洞 ⅠA-9號						篁砂里36號	道溪洞(慶)17號 懸洞14,40號	龜旨路15號	輻泉洞48,54,57號	武村里2丘24號	快賓洞12號		芋浦里B32號		4世紀中葉
VII	月城路가6號 月城路가8號	林堂洞 G5·6號				清道鳳岐里3號木槨		末山里(慶)10號		大成洞1號	輻泉洞31·32號	山清玉山里2號	快賓洞1號	玉田68號	芋浦里A47號		
VIII	月城路가13號 皇南洞109號 3·4槨					清道鳳岐里5號木槨		梧谷里3號	道溪洞(昌)12號木槨	大成洞93號	輻泉洞21·22號	山清玉山里29號		玉田23號	鳳溪里3號木槨	TG232(389年前後)	—400年—
IX	月城路나13號	林堂洞7A號 林堂洞7B號			新興里나39號		洞里7號木槨	道項里(文)36號	道溪洞(昌)39,6號木槨	七山洞33號 加達5號	輻泉洞10·11,53號	雨水里18號	池山洞35號	玉田35號	鳳溪里18號木槨	TK73(412年前後)	
X	皇南洞110號	林堂洞7C號	汶山里M2號			塔里1號Ⅰ槨	洞里3號木槨	道項里(慶)13號	縣洞(東)100號木槨	大成洞73號 禮安里36號	輻泉洞1號	武村里2丘85號	池山洞30號	玉田31號	芋浦里A1號石槨	TK216	
XI	皇南大塚南墳	造永洞 EⅢ-8號	內唐洞51號1·2槨 汶山里3號4槨	星山洞38號 星山洞59號	青里40號	塔里1號Ⅱ槨	校洞3號	道項里8號	縣洞(東)125號木槨	禮安里35號	輻泉洞4,15號	武村里3丘82號	池山洞32號	玉田M2 玉田M1號	礀溪堤나A號	TK208 皇南大塚南墳(458年)	5世紀中葉
XII	皇南大塚北墳	林堂洞5A號	飛山洞37號2槨	星山洞39號 星山洞57號	青里59號	塔里1號Ⅲ槨	校洞2號	道項里15號		禮安里71號	鶴巢臺2區1號	武村里3丘145號	池山洞(嶺)1號	玉田M3號	礀溪堤가A號 鳳溪里20號石槨	TK23(漢城陷落475年前後) 稻荷山鐵劍(471年前後)	
XIII	金冠塚	林堂洞2號	內唐洞55號	星山洞58號	青里37號	大里里3號	校洞11號	道項里(文)51號		禮安里39號	林石1,2號	蓮塘里23號 松鶴洞ⅠA-1號	池山洞44號	玉田M4號	礀溪堤다A號	TK47	—500年—
XIV	天馬塚	林堂洞6A號		八桃墳	青里D3號	鶴尾里1號	校洞31號(古)	道項里岩刻畵古墳	茶戶里B1號	禮安里57號		蓮塘里18號 松鶴洞ⅠB-1號(1次)	池山洞45號	玉田M6號	鳳溪里大形墳	MT15	
XV	普門里夫婦塚	林堂洞 ⅠB-9 ⅠB-11號					桂城里Ⅲ-1號	道項里(文)47號	茶戶里B27號 盤溪洞13號			蓮塘里18號 松鶴洞ⅠB-1號(2次)	陜川三嘉1號墳A號石槨	玉田M10號	芋浦里D2-1號石室	TK10(武寧王陵)(磐井沒527年前後)	
XVI												高衙洞壁畵古墳		玉田M11號	芋浦里D1-1號石室	大伽耶滅亡(562年)	6世紀中葉

그 근거로 제시한 역연대가 전혀 일치하지 않는 점에서 역사적 사실로 볼 수 없음을 분명히 하고자한다.

1970년대까지 한국 역사고고학이 정립되지 못한 것은 명확한 편년이 결여된 상태로 해석이 행해졌기 때문이다. 현재 신라·가야고고학은 다시 혼란기에 접어든 것 같은 인상이 지우기 어렵다.

필자가 비판하고자 하는 것은 연대관뿐만 아니라 불안정한 연대관 위에 행해지는 주관적인 해석이다.

각 연구자의 편년이 시한부적인 것임을 주지하는 바이다. 편년을 포함한 연구자의 학설은 새로운 자료와 방법론에 의해 바뀌는 것이다. 그럼에도 마치 자신의 연대관이 영속적인 것으로 착각하는 우愚를 범하고 있다. 역사적 사건과 결부시켜 고고자료의 역연대를 도출하는 경우에는 반드시 양자간의 상관관계를 입증할 수 있는 명확한 증거가 제시되어야 한다. 양자를 잘못 결부시킨 경우, 그 역연대와 이에 따른 해석은 사상누각砂上樓閣에 지나지 않을 것이다.

본서에서는 역사적 맥락에 의해 선험적으로 역연대를 결정하는 것을 지양하고, 고고자료의 분석에 기초한 객관적인 역연대의 구축을 지향하고자 노력하였다. 이를 통하여 역사 해석의 합리적인 시간축이 제공될 것으로 본다.

앞으로 중국, 일본과의 교차편년과 국내에서의 연륜연대 측정법과 같은 과학적인 연대 측정법의 활용에 의한 삼국시대 역연대의 축적이 기대된다.

참고문헌

국문

강인구, 1987,「新羅王陵의 再檢討(3)」,『三國遺事의 綜合的 檢討』, 한국정신문화연구원.

高久健二, 1995,『樂浪古墳文化의 硏究』, 學硏文化社.

金斗喆, 1996,「韓國と日本の馬具-兩國間の編年調律-」,『嶺南考古學會·九州考古學會第2回合同考古學大會-4·5世紀の韓日考古學-』, 嶺南考古學會·九州考古學會.

金斗喆, 2001,「大加耶古墳의 編年 檢討」,『韓國考古學報』45, 韓國考古學會.

金斗喆, 2006,「삼국 고분시대의 연대관」,『한일 삼국·고분시대의 연대관』, 歷史民俗博物館.

金斗喆, 2007,「삼국 고분시대의 연대관Ⅱ」,『한일 삼국·고분시대의 연대관Ⅱ』, 부산대학교박물관.

金龍星, 1996,「토기에 의한 대구 경산지역 고대분묘의 編年」,『韓國考古學報』35, 韓國考古學會.

金龍星, 1996,「토기에 의한 대구 경산지역 고대분묘의 編年」,『韓國考古學報』35, 韓國考古學會.

吉井秀夫, 1999,「일본속의 백세」,『특별진 백제』, 국립중앙박물관.

김용성, 2000,「황남대총의 편년적 위치」,『황남대총의 재조명』, 국립경주문화재연구소.

김용성, 2009,『신라왕도의 고총과 그 주변』, 학연문화사.

木下亘, 2003,「韓半島 出土 須惠器(系)土器에 대하여」,『百濟硏究』37, 百濟硏究硏究所.

朴天秀, 1998,「대가야권 분묘의 편년」,『韓國考古學報』33, 韓國考古學會.

朴天秀, 2003,「地域間 並行關係로 본 加耶古墳의 編年」,『가야 고고학의 새로운 조명』, 혜안.

朴天秀, 2005,「가야고분의 편년」,『伽倻文化』18, 伽倻文化硏究院.

朴天秀, 2006,「신라 가야고분의 편년-일본열도 고분과의 병행관계를 중심으로-」,『한일고분시대의 연대관』, 歷史民俗博物館.

朴天秀, 2007,『새로 쓰는 고대한일교섭사』, 사회평론.

朴天秀, 2009,「考古學을 통해 본 新羅와 倭」,『湖西考古學報』21, 湖西考古學會.

朴天秀, 2010,『가야토기-가야의 역사와 문화』, 진인진.

朴天秀, 2012,「新羅·加耶古墳 曆年代 再論」,『원삼국·삼국시대 역연대론』, 학연문화사.

成正鏞, 2006,「백제지역의 연대결정자료와 연대관」,『한일고분시대의 연대관』, 歷史民俗博物館.

成正鏞, 2007,「백제권역의 신라·가야계 문물」,『4-6세기 가야 신라고분 출토 외래계 문물』(第16回嶺南考古學會學術發表會), 嶺南考古學會.

신경철, 1985,「古式鐙子考」,『釜大史學』9, 釜山大學校史學會.

신경철, 1992, 「金海 禮安里160號墳에 대하여」, 『伽耶考古學論叢』1, 駕洛國史蹟開發研究院.

신경철, 1995, 「金海 大成洞.東來 福泉洞 古墳群 點描-金官加耶이해의 一端-」, 『釜大史學』19, 釜山大學校史學會.

신경철, 1997, 「日本初期 須惠器의 發現」, 『동아시아 속의 韓·日關係』, 釜山大學校韓國民族文化硏究所.

신경철, 2009, 「韓國考古資料로 본 日本 古墳時代 年代論의 問題點」, 『한일 삼국·고분고분시대의 연대관Ⅲ』, 福岡, 歷史民俗博物館.

신경철, 2010, 「대성동고분군 발굴조사의 성과와 과제」, 『대성동고분 발굴 20주년기념 대성동고분군과 동아세아』, (제 16회가야사국제학술회의), 김해문화원.

이희준, 1995, 「경주 황남대총의 연대」, 『嶺南考古學報』17, 嶺南考古學會.

이희준, 1996, 「경주 월성로가-13호 적석목곽묘의 연대와 의의」, 『석오윤용진교수 정년퇴임기념논총』, 정년퇴임기념논총간행위원회.

이희준, 1997, 「토기에 의한 新羅 고분의 分期와 편년」, 『韓國考古學報』36, 韓國考古學會.

이희준, 1998, 『4~5世紀 新羅의 考古學的硏究』, (서울大學校文學博士學位論文), 서울大學校大學院.

이희준, 2005, 「4-5세기 창녕지역 정치체의 읍락 구성과 동향」, 『嶺南考古學』37, 嶺南考古學會.

이희준, 2006, 「太王陵의 墓主는 누구인가」, 『韓國考古學報』59, 韓國考古學會.

이희준, 2007, 『신라고고학연구』, 사회평론.

이희준, 2010, 「皇南大塚 南墳 奈勿王說」의 提起 背景과 槪要 그리고 意義」, 『皇南大塚』, 國立中央博物館.

趙榮濟, 2009, 「型式亂立期의 加耶土器와 年代論」, 『한일 삼국·고분고분시대의 연대관Ⅲ』, 歷史民俗博物館.

崔秉鉉, 1993, 「新羅古墳 編年의 諸問題-慶州·月城路·福泉洞·大成洞古墳의 상대편년을 중심으로」, 『韓國考古學報』30, 韓國考古學會.

최병현, 2013, 「신라 전기양식토기의 성립」, 『고고학』12-1, 중부고고학회.

최병현, 2014a, 「경주 월성북고분군의 형성과정과 신라 마립간시기 왕릉의 배치」, 『한국고고학보』3, 한국고고학회.

최병현, 2014b, 「초기 등자의 발전」, 『중앙고고연구』14, 중앙문화재연구원.

河承哲, 2007, 「스에키 출현과정을 통해본 가야」, 『4-6세기 가야 신라고분 출토 외래계 문물』(第16回嶺南考古學會學術發表會), 嶺南考古學會.

洪潽植, 1993, 「百濟 橫穴式石室墓의 型式分類와 對外傳播에 관한 硏究」, 『博物館硏究論集』2, 釜山

直轄市立博物館.

洪潽植, 2011, 「신라 가야토기와 須惠器 편년-교차편년과 역 연대-」, 『原三國 三國時代 曆年代의 제問題』, 世宗文化財研究院.忠南大學校百濟研究所.

홍보식, 2012, 「가야·신라토기와 須惠器 편년」, 『원삼국·삼국시대 역연대론』, 학연문화사.

홍보식, 2014, 「신라·가야고분의 교차편년」, 『신라와 가야의 경계』, 영남고고학회.

일문

江上波夫, 1991, 『騎馬民族國家』(改版), 中公新書.

光谷拓實·次山淳, 1999, 「平城宮下層古墳時代の遺物の年輪年代」, 『奈良國立文化財研究所年報』 1999-1, 奈良國立文化財研究所.

宮代榮一, 1996, 「古墳時代における馬具の曆年代-埼玉稻荷山古墳出土例を中心に-」, 『九州考古學 第』71號, 九州考古學會.

桃崎祐輔, 2005, 「高句麗太土陵出土瓦·馬具からみた人王陵說の評價」, 『海と考古學』, 六一書房.

都出比呂志, 1998, 「總論-弥生から古墳へ-」, 『古代國家はこうして生まれた』, 角川書店.

諫早直人, 2009, 「古代東北アジアにおける騎馬文化の考古學的研究」, 京都大學院文學研究科.

藤野一之, 2009, 「Hr-FAの降下年代と須惠器年代」, 『上毛野の考古學Ⅱ』, 群馬縣考古學ネットワーク.

米田敏幸, 1993, 「古式土師器に伴う韓式系土器について」, 『韓式系土器研究』Ⅳ, 韓式系土器會.

朴天秀, 1993, 「韓半島からみた初期須惠器の系譜と編年」, 『古墳時代における朝鮮系文物の伝播』, 埋藏文化財研究會.

朴天秀, 2001, 「榮山江流域の古墳」, 『東アジアと日本の考古學Ⅰ- 墓制』, 東成社.

白石太一郎, 1985, 「年代決定論2」, 『岩波講座日本考古學1-研究の方法』, 岩波書店.

浜中邦弘·田中元浩, 2006, 「宇治市街遺蹟(宇治妙楽55)古墳時代流路SD302について-出土須惠器と 年代観の檢討を主として-」, 『第14回京都府埋藏文化財研究會發表資料集-京都府内最新 の研究成果-』, 京都府埋藏文化財研究會.

小野山節, 1966, 「日本發見の初期の馬具」, 『考古學雜誌』第52卷第1號, 日本考古學會.

申敬澈, 1983, 「伽耶地域における4世紀代の陶質土器と墓制-金海禮安里遺蹟の發掘調査を中心とし て」, 『古代を考える』34, 古代を考える會.

田中淸美, 2007, 「年輪年代からみた初期須惠器の年代観」, 『한일 삼국·고분시대의 연대관Ⅱ』, 부산 대학교박물관.

定森秀夫, 1987,「韓國慶尙北道高靈地域出土陶質土器の檢討」,『岡崎敬先生退官記念論文集−東アジアの歴史と考古』上, 同朋舍.

酒井清治, 1993,「韓國出土の須恵器類似品」,『古文化談叢』第30集(中), 九州古文化研究會.

酒井清治, 2004,「須恵器生産のはじまり」,『國立歴史民俗博物館研究報告−古代東アジアにおける倭と加耶の交流』第110集, 國立歴史民俗博物館.

千賀久, 1994,「日本出土初期馬具の系譜」,『橿原考古學研究論集』12, 橿原, 吉川弘文館.

穴澤咊光・馬目順一, 1993,「陜川玉田出土の環頭大刀群の諸問題」,『古文化談叢』30上, 九州古文化研究會.

和田晴吾, 2009,「古墳時代の年代決定法をめぐって」,『日韓における古墳三國時代の年代觀Ⅲ』, 福岡, 歴史民俗博物館.

중문

吉林省文物考古研究所・集安市博物館, 2004,『集安高句麗王陵』, 吉林省文物考古研究所・集安市博物館.

加耶

IV

유적_{遺蹟}과 유물_{遺物}로 본
가야_{加耶}의 문화_{文化}

1. 유적

1) 왕성과 주거

금관가야의 왕성은 김해 대성동고분군에 인접한 봉황대를 중심으로 한 봉황동토성에 위치한다. 4세기 봉황동토성은 원삼국시대의 환호취락에서 평지성으로 전환한다. 봉황동토성은 평지에 축조된 대규모의 성벽과 협축挾築 성벽에 즙석葺石한 구조인 점에서 가야전기의 금관가야의 위상을 보여준다.

봉황동토성은 많은 노동력을 동원한 토성의 구조와 규모로 볼 때 백제의 풍납동토성과 신라의 월성에 필적한다(도 IV-1). 이 유적에서는 복골占骨, 말뼈, 철재鐵滓, 일본열도산 하지키土師器가 다수 출토되어, 왕궁내 제사장, 공방, 시市의 존재가 상정된다. 토성내 동쪽에서는 벽주건물지壁柱建物址, 수혈주거지와 함께 굴립주 건물지와 밀집된 고상창고군이 보이고 소토와 목탄으로 구성된 유구가 다수 보여 철기 제작과 관련된 공방이 존재했던 것으로 보인다. 특히 고 김해만에 연한 서쪽에서는 선재船材가 확인되고 인접하여 고상건물지군이 위치한다. 그래서 왕성인 봉황동토성은 북쪽에 왕묘를 배치한 금관가야의 정치적 중심지임과 동시에 의례, 생산, 물류의 중심지임을 알 수 있다.

더욱이 금관가야의 취락은 왕성인 봉황동토성을 중심으로 하계리유적, 여래리유적과 같은 제철취락, 접안시설이 확인된 관동리유적, 신방리유적와 같은 항만취락으로 구성된

도 IV-1　금관가야 왕성지 봉황토성 전경

도 Ⅳ-2　대가야 왕성지 연조리유적 벽주 건물과 부뚜막

다. 특히 관동리유적에서는 도로가 확인되어 왕성과 거점취락이 도로를 통하여 유기적으로 결합된 것을 알 수 있다.

　　대가야의 왕성은 고령 지산동고분군에 인접한 연조리토성으로 본다. 6세기 초를 전후한 시기의 연조리토성에서는 현 향교입구 부근 남쪽에서 벽주건물壁柱建物이 확인되었다. 전체 평면형태를 파악할 수 없으나, 2기의 대형 부뚜막이 설치되고 전면前面에 벽체가 확인되지 않는 점에서 앞부분이 개방된 주방과 같은 성격의 대규모 건물로 추정된다. 이러한 건물은 양 측벽이 있고 그 전면이 개방된 4세기의 고구려 벽화고분인 안악 3호분의 부엌그림에 보이는 대벽건물과 그 성격이 유사한 것으로 파악된다. 부뚜막의 경우에는 상부구조가 남아 있지 않아 그 구조를 정확하게 밝힐 수는 없으나, 부뚜막 연소부의 입구 부분에 '凹'자형의 목재마감처리는 안악 3호분의 부엌그림과 일치하고 있다(도 Ⅳ-2).

　　이 유적의 벽주건물은 인접한 지산동유적 및 대가야권역내의 주거지와 비교할 때 그 규모와 구조가 탁월한 점이 특기된다. 지산동유적에서는 1구역에서 11기의 대가야 멸망 전후의 수혈주거지가 조사되었다. 이 유적에서 조사된 주거지는 모두 방형 말각방형의 한 변 길이가 3~4m에 불과하고 수혈식인 점에서 그러하다. 이 시기 대가야권역의 저포리A지구 주거지는 그 규모가 한 변 8m이며, 백천리유적에서는 1호가 길이 6.7m, 2호 4.2m, 3호 잔존 3.7m, 4호 잔존 2.6m이다. 따라서 대가야의 주거지는 국읍의 대형 대벽건물, 8m급 전후의 수혈주거지, 3~4m급 수혈주거지로 구분되어 고분뿐만 아니라 취락에서의 위계화를 엿볼 수 있다.

더욱이 근래 연조리토성 북쪽에서는 성벽과 해자가 확인되었다. 성벽은 6m 내외의 두께이며 내면 하부에 할석을 쌓고 판축하였고 해자는 폭이 7m내외이다. 해자에서는 대가야 시기의 토기, 기와, 전이 출토되었다. 따라서 대가야궁성은 연조리 구릉에 연하여 성벽과 해자를 돌린 구조인 것으로 밝혀졌다.

벽주건물은 금관가야, 대가야, 다라국왕궁지에서도 확인된 점으로 볼 때 지배층의 거주 공간으로 이해된다.

아라가야의 왕성은 말산리고분군에 인접하며 함안분지 전체가 한눈에 들어와 관망할 수 있는 가야동왕성지에 위치한다. 가야동 일대는 침수를 받지 않는 독립구릉으로 주변에 고분군이 밀집·분포하고 있는 곳이나, 궁성지로 추정되는 구릉에는 고분이 전혀 확인되지 않는다. 이는 궁성지와 관련하여 묘역이 이격되어 배치된 기획임을 암시하고 있다. 구릉의 외곽 사면은 절토하여 단을 조성한 점이 확인된다. 왕궁지 외곽에는 가야리 제방을 축조하여 남강의 역류를 방지하였다. 하천과 연결된 제방은 왕궁지를 방어하는 기능도 겸비한 것으로 추정된다(하승철 2017).

소가야권역인 진주 평거동 취락유적은 자연 제방의 정상부에 주거지, 대형지상식 건물, 고상창고, 도로가 자리하며, 남쪽 사주에는 경작지가 광범위하게 형성되어있다. 평거동유적은 4세기대에 대규모 주거역과 창고역, 생산역, 도로, 공공 대형 건물로 볼 때 생산과 분배를 포괄하는 물류 거점 취락 역할을 담당한 것으로 보고 있다(공봉석 2016; 138). 필자는 평거동유적을 일본의 수장거관과 같은 지역 수장의 근거지로 본다(도 Ⅳ-3).

앞에서 살펴본 바와 같이 가야의 주거지는 수혈주거, 지상주거, 고상주거로 구분된다. 대부분 주거지의 바닥부분만이 출토되어 그 상부구조를 알 수 없으나 가형토기를 통하여 그 형태를 복원할 수 있다.

가야의 가형토기는 대부분 초가이며 지상주거와 고상창고를 본뜬 것이다. 지상주거형 토기에는 고상창고형 토기에는 보이지 않는 출입구에 사다리가 걸려있어 매우 흥미롭다. 이는 사다리의 유무가 주거지와 창고를 구분하는 기준이 되기 때문이다. 그래서 지상건물이나 사다리가 표현되지 않고 앞부분이 개방된 가형토기는 헛간과 같은 지상식 창고로 추정된다.

그런데 지상주거형 토기의 출입구에 사다리가 걸려있는 것으로, 이와 관련하여 후한서『후한서後漢書』 동이전東夷傳 한조韓條에 작토실여총개호재상(作土室如冢開戶在上)이라는 문구가 매우 흥미롭다. 이는 타원형인 초가집의 형태와 사다리를 타고 올라가서 내려가는 출입 구조를 기술

도 Ⅳ-3　진주시 평거동 취락유적

한 것으로 보인다. 이는 대구시 현풍 출토품인 가형토기에 사다리가 부착되어 있고 사다리를 올라가면 선각으로 문이 표현되어 있는 것에서 알 수 있다. 그 외에도 같은 구조의 집은 삼성미술관 소장 현풍산 가형토기에도 보인다.

와즙瓦葺건물로 추정되는 가야토기가 1점 확인되어 주목된다. 삼성미술관 소장의 가형토기는 처마를 막새기와의 모습으로 처리하고 지붕에는 굵은 음각선으로 기와골을 사실적으로 나타낸 것이다. 이 토기는 출토지를 알 수 없으나 토기의 색조가 흑갈색을 띠고 있고 소성도가 높고 자연유가 부착된 것에서 백제토기나 신라토기로 보기 어렵다. 그리고 이 가형토기는 그 형태가 합천군 반계제다A호분 출토 장군형토기와 유사하고 근래 대가야 추정 궁성지에서 와즙건물이 존재했을 가능성이 제기(박천수외 2006)된 것에서 6세기 초 전후의 대가야 토기로 추정한다. 그래서 이 토기는 길이 36cm, 높이 35cm의 대형이고 그 형태가 일반적인 가형토기와는 달리 세장방형에 가깝고 큰 출입구와 창문이 묘사된 점에서 왕궁의 건물과 같은 특수한 건물을 본뜬 것으로 생각된다.

고상창고형 토기는 창고를 본뜬 것으로 추정되며 현풍지역산으로 추정되는 오구라 반출 동경박물관 보관품은 문에 빗장이 잘 표현되어 있다. 이러한 토기는 당시 가장 소중한 곡식을 넣은 곡창으로 추정되어 곡령穀靈 신앙과의 관계도 주목된다.

가형토기는 망자의 생전에 살던 집의 의미가 생각되나 영혼의 주처住處로서 부장하였을 가능성도 상정된다.

이제까지 진행되어온 고분군간과 고분군내의 위계화의 분석과 함께 취락간 또는 취락내 주거지의 위계화의 분석을 통한 가야사회의 구조에 대한 해명이 기대된다.

2) 산성

가야의 성곽은 그 규모면에서 신라의 성곽에 비해 상대적으로 작고 대부분 서로 유사한 형태를 보이고 있다. 성곽의 규모는 그 형태와 밀접한 관련을 지니고 있어, 역시 소형의 테뫼식 중심의 산성이 가야 성곽의 특징이라 할 수 있다. 성벽형태에 있어서 가야 성곽은 일부 성외곽 모서리 부근을 비롯한 부분적인 석축성벽이 확인되기도 하나 대부분 토석혼축과 삭토법을 사용해 성벽을 구축하였다. 그리고 부분 석축된 성벽에 있어서도 편축성벽으로 구축된 예가 대부분이이다.

도 Ⅳ-4 고령 주산성

　고령 주산성(도 Ⅳ-4), 운라산성, 합천 대야성, 함안 봉산산성 등이 대표적으로 이러한 특징을 보이는 가야 성곽이라 할 수 있다. 특히 주산성과 운라산성 그리고 봉산산성은 가야성곽의 특징적인 입지와 성벽 구축형태를 보이고 있을 뿐만 아니라 각기 외성과 내성을 가진 이중구조이다. 산정상부에 외성벽이 돌아가고 성내 봉우리에 다시 내성이 존재한다. 이러한 내성의 존재는 가야 성곽의 특징이라 할 수 있는 소규모의 테뫼식 산성과 관련하여 또 하나의 특징이다(조효식 2005).

　함안 성산산성과 김해 분산성은 협축성벽이나, 성내 출토 유물 가운데 대다수가 신라 유물이라는 점에서 이는 신라가 축조하였거나 기존 성곽을 다시 사용하기 위해 개축하였을 가능성이 크다.

　6세기 초 대가야 왕궁의 배후성인 주산성과 아라가야 왕궁의 배후성인 봉산산성은 외성과 내성을 갖춘 이중성이나, 대부분의 가야 성곽은 소형의 테뫼식산성이다. 축조기법은 외곽 모서리 등에서 부분적인 석축이 확인되지만 대체로 토석 혼축과 삭토법을 사용했고, 부분 석축된 성벽도 대부분 편축성벽이다.

　대가야 왕도의 동쪽과 북쪽은 비교적 그 성곽 밀집도가 높은데 동쪽은 낙동강을 경계로 하여 대가야의 왕도에 이르기까지 2중의 방어선을 형성하고 있는 양상이 확인된다(조효식 2005: 93-96). 즉, 강안에 접한 북쪽으로부터 월성리토성, 무계리산성, 도진리산성으로 연결된 제1방어선이 서로 조망되는 입지에 연계되어 축조되어 있으며 그 보다 내륙에 위치한 의봉산성, 망산성, 소학산성과 같은 성곽들도 상호 조망되는 입지에 축조되어 낙동강 이동으로부터 2중의 방어체계를 형성하고 있다. 이처럼 대가야는 낙동강 이동 지역의 신라세력과 대치하기 위하여 2중의 망상방어체계網狀防禦體系를 완비하고 있었던 것으로 파악된다. 왕도 북변에는 일찍이 신라의 영향을 받은 것으로 생각되는 성주지역과 인접하여 역시 관방시설이 존재하였다. 고령의 북변에 위치한 성곽으로는 노고산성, 예리산성, 운라산성이 있다. 이 산성들을 역시 성내 채집되는 토기와 인근 고분군과의 관계, 그리고 상호 조망되는 양상을 고려할 때 역시 5세기 말 낙동강 쪽의 망상 방어선과 연계될 가능성이 크다.

　대가야의 축성과 관련한 기록이 보인다. 『일본서기』계체繼體 8년(514)조에 “三月 伴跛 築城於子呑·帶沙, 而連滿溪, 置烽 胝閣 以備日本. 復築城於爾列比·麻須比, 而絙麻且奚· 推封…”이에 따르면 반파伴跛 즉 대가야가 축성하여 자탄子呑, 대사帶沙를 만해滿溪에 연결하고 봉후烽堠와 저각胝閣을 설치하고, 이열비爾列比, 마수비麻須比에 축성하여 마차해麻且

﹃奚, 추봉推封에 연결하였다는 것을 알 수 있다.

　　대가야의 산성은『일본서기』의 기록처럼 낙동강 서안의 방어선을 따라 낙동강 동안
의 신라산성과 대치하며 고령에서 의령까지 서로 조망하는 위치에 조밀하게 연계되어 축
조되었다. 또한 내륙에도 서로 조망할 수 있는 위치에 성곽이 조영되어 이중의 방어체계를
형성하고 있다(도 Ⅳ-5). 근래 낙동강변의 고령 봉화산성이 발굴조사 되어 대가야가 낙동
강 서안에 산성을 축조한 것이 증명되었다.

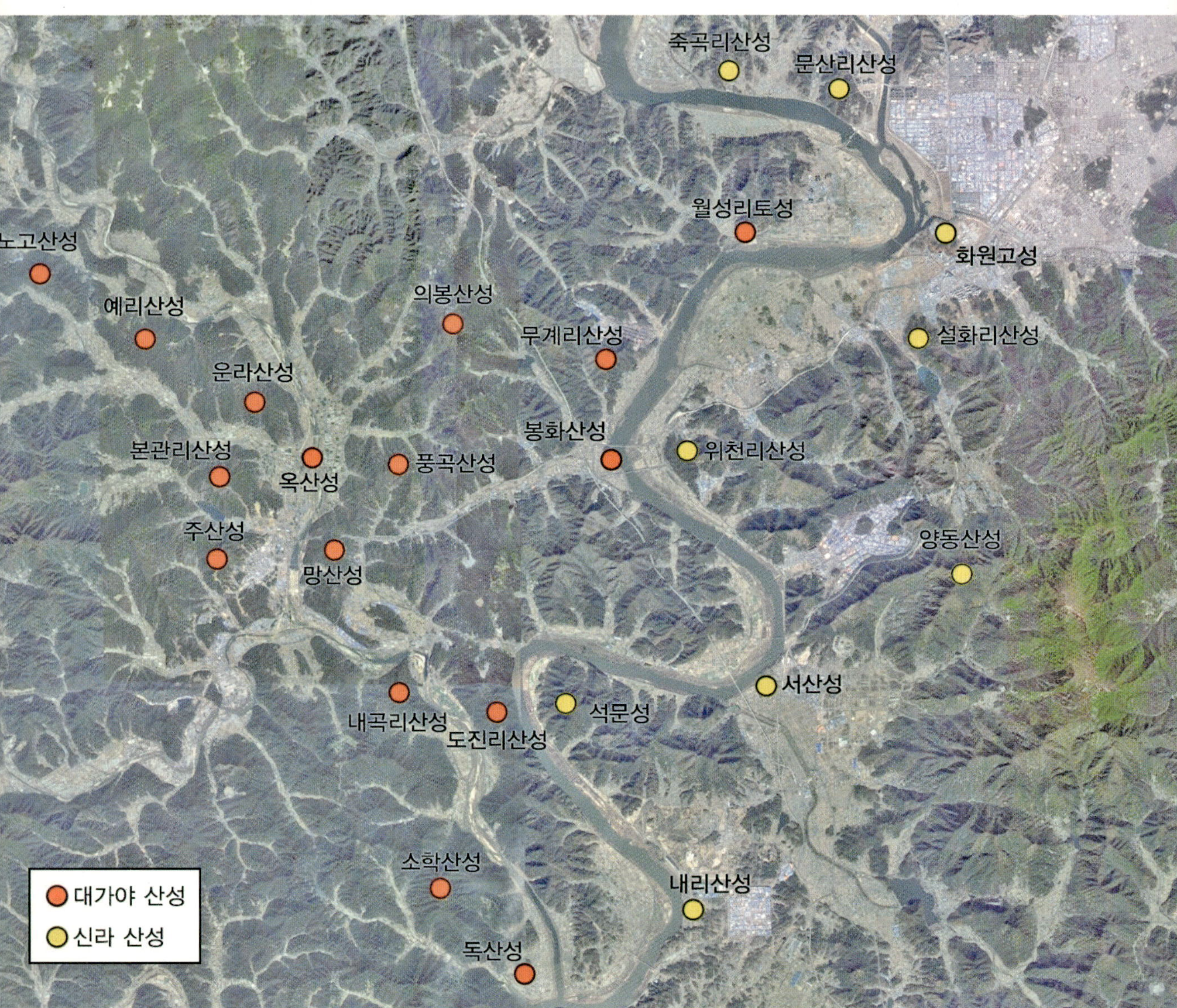

도 Ⅳ-5　낙동강 중류역의 대가야와 신라 산성

162

3) 생산

가야의 대표적인 생업은 농경과 어로, 가축사육이다. 가야의 농경에서는 곡저평야, 선상지, 하천의 범람원 등 다양한 지형을 논으로 이용하는 것에서 도작이 생업의 중심이었음을 알 수 있다. 창원 반계동유적에서는 논에서 밭으로 전환 내지 반복 전환하는 기술체계가 확인된다(곽종철 2003). 가야의 논에서 재배된 벼는 수륙미분화도, 조도·중도·만도와 같은 다양한 품종이 존재한 것으로 추정된다.

제철과 철기제작과 관련된 곳은 제철유적과 단야유적으로 다음과 같다.

제철유적은 금관가야권을 중심으로 분포한다. 김해 하계리 제철유적은 다호리고분군이 위치하는 진영읍에 있으며 4세기대 제련로 1기와 배소시설이 확인되었다. 구릉 사면의 상단부에는 주거지와 수혈이 입지하고, 하단부에는 제련로와 제철관련 유물이 출토된 수혈이 분포하여 주거구역과 공방구역이 분리되어 운영되었다. 동시기 조성된 수혈과 주거지의 배치 형태가 정연한 것으로 부아 비록 소규모이지만 체계적인 생산체제 하에서 제철공정이 운영되었던 것으로 추정된다(신동조·장기명 2016: 452). 그 외 제철유적은 김해 여리리유적, 창원 봉림동유적, 마산 현동유적이 있다. 밀양 사촌유적에서는 제련로製鍊爐 7기와 폐기장이 조사되었고 여기에서 철재鐵滓, 송풍관, 노벽 등의 직접적인 제철관련 유물이 발견되었다. 노의 형태와 크기가 규격화가 되어있고 일렬로 배치되어 동시에 작업이 가능하게 한 점에서 상당히 높은 수준임을 알 수 있다. 이 유적의 시기는 6~7세기대를 중심으로 하나 5C후반까지 올라갈 가능성이 있고 노의 형태, 노벽爐壁의 재질, 송풍관을 통해서 볼 때 진천 석장리유적과 거의 유사한 점에서 가야시대부터 사용되었던 제철유적으로 볼 수 있다.

창원 성산패총과 부산 동래패총에서는 단야로와 철재, 고성 동외동패총에서는 송풍구과 철재, 김해 봉황대유적과 부원동, 진해 용원유적, 산청 옥산리유적에서는 철재가 출토되어 각지에서 단야가 행해진 것을 알 수 있다.

가야의 토기요지는 함안 묘사리유적, 함안 우거리유적, 창녕 여초리유적, 고령 내곡리유적, 송림리유적이 있으며 모두 경사면을 따라 조성된 등요登窯이다. 우거리유적은 서로 인접하며 2기의 요지, 3기의 요지와 폐기장이 각각 조사되었는데, 영남전역과 호남동부지역에까지 반출된 아라가야양식 토기를 제작한 4세기대의 대규모 요지이다. 여초리유적은 4세기대의 토기요지이며 내곡동유적은 출토 토기로 볼 때 대가야양식 토기를 제작한 6세기대의 요지이다.

도 Ⅳ-6 고령군 송림리요지

창원 중동유적에서는 대가야양식의 통형기대, 발형기대, 장경호, 고배, 개배를 제작한 6세기 전엽의 요지가 확인되었다. 이 요지 출토품은 기형과 문양이 정교하여 대가야에서 공인이 파견되어 제작된 것으로 보인다. 중동토기요에서 제작된 토기는 중동, 반계동고분군, 창원 다호리고분군, 진해 석동고분군 등에서 확인된다.

송림리유적에서는 연화문전이 6세기 초 대가야양식 토기와 같이 소성되어 대가야에서는 궁전과 사원에 사용된 전이 생산되었음을 알 수 있다(도 Ⅳ-6).

4) 고분과 순장

(1) 고분

가야의 고분은 목곽묘에서 수혈식 석곽묘로, 그리고 횡혈식 석실묘로 변천한다.

가야 지역의 목곽묘는 2세기 후반에 출현하여 지역에 따라 차이가 있으나 4세기까시 조영된다. 이전 시기 목관묘 단계의 수장묘는 다호리 1호묘에서 알 수 있듯이 탁월한 부장품을 소유하고 있으나, 규모와 입지에서 우월성은 인정되지 않는다. 그리고 출현기의 목곽묘인 2세기 후반의 양동리 162호묘는 부장품뿐만 아니라 규모에서 탁월성이 인정되나 입지에서는 우월성이 인정되지 않는다. 그런데 그 후 3세기 중엽에 조영된 대성동 29호묘에서는 구릉 정부에 위치한 입지에서도 탁월성이 인정되고, 특히 순장이 행해진 점에서 주목된다. 더욱이 4세기 전엽에 조영된 대성동 13호묘에서는 부곽이 더해지고 순장자 수가 증가한다(도 Ⅳ-7).

가야지역에서는 5세기 초에 석곽묘가 본격적으로 출현한다. 다만 함안지역에서는 목곽묘의 전통이 남아있어 5세기 중엽, 합천지역에서는 옥전고분군의 경우 5세기 후엽이 되어서야 석곽묘가 조영된다. 가야지역의 석곽묘는 약간의 차이는 있으나 모두 세장방형으로 평면형태에서는 지역차가 뚜렷하지 않다.

수혈식석곽은 분구를 조영한 후 묘광을 파고 석곽을 설치하는 방식과 석곽축조 후 봉토를 조영하는 방식으로 분류된다. 전자는 소가야권역의 고성 송학동고분군, 내산리고분군, 율대리고분군, 통영, 남평리고분군, 합천 삼가고분군, 산청 중촌리고분군에서 보이고, 후자는 대가야권역과 아라가야권역에 분포한다(도 Ⅳ-8). 소가야권의 수혈식 석곽은 고성

송학동 1호분A1호석곽의 경우 단벽과 장벽의 비가 1:8일 정도로 극도로 세장한 것이 특징이다. 대가야권역과 아라가야권역의 차이는 후자에는 수혈식석실에 벽감과 같은 시설을 설치하는 것이 특징이다.

대가야형 수혈식석곽은 관정棺釘과 꺾쇠로 조합한 목관이 안치된 것도 특징이다. 대가야형 목관은 합천 반계제가A호분, 반계제가B호분, 함양 백천리 1호분, 남원 월산리M1A호분, 두락리 1호분, 두락리 32호분에서 출토되었다. 같은 시기 소가야권의 수혈식석곽인 고성 송학동 1호분A1-11호곽에서는 모두 관정을 사용하지 않고 꺾쇠로만 조합한 목관이 출토된 점은 시사하는 바가 크다. 또 아라가야권의 수혈식석곽에도 도항리 8호분 이외에는 대부분 꺾쇠만으로 목관을 조합하는 차이를 보이고 있다.

횡혈식석실묘는 크게 백제의 송산리식을 조형으로 하는 궁륭상천정에 편수片袖식의 연도를 가진 대가야의 고령 고아동형석실과 재지의 평천장의 석실에 횡혈식석실의 요소를 도입하여 양수兩袖식의 연도를 설치한 진주 옥봉 수정봉형석실로 구분된다. 고아동형석실은 합천 저포리D1-1호분, 남원 두락리 2호분에서 확인되었다. 한편 옥봉 수정봉형석실은 고성 송학동고분군, 고성 내산리고분군, 함안 도항리고분군, 의령 중동리고분군에서 확인되었다. 전자는 대가야권, 후자는 소가야와 아라가야권에 분포한다.

고령 고아동고분은 현실과 연도 천장에 연화문을 그린 가야 유일의 벽화고분이다.

166

도 Ⅳ-8 선분구형과 봉토형 고분
상: 합천군 삼가M7호분 ｜ 하: 함안군 말이산 26호분

167

(2) 순장

순장은 사자死者를 위해 살아있는 인간을 죽여서 함께 매장하는 행위로 계세사상繼世思想의 영향에 의한 것으로 본다.

계세사상은 죽은 후의 세계에서도 삶이 현재의 삶을 이어간다는 것으로, 현생에서의 지위나 권력이 유지되며 사후세계의 생활이 현생의 일생과 다르지 않다는 것으로 해석된다. 따라서 사후의 세계가 현세의 같으며 내세의 삶을 위하여 생전의 생활을 그대로 저승으로 가져간 것이 후장厚葬으로 표현되는 것이다.

그리고 인간을 강제적으로 죽여서 타인의 장의에 사용하는 순장은 인간에 대한 인간의 지배와 예속이 구현된 계급사회의 성립을 보여주는 하나의 표지적인 현상이다. 순장을 규정하는 데는 몇 가지 조건이 필요하다. 첫째 피장자의 장의에 동반하여 순장자가 매장되어야 하는 동시성으로, 이는 추가장과 배장과의 구별하기 위함이다. 둘째 순장자는 자신의 의지와 관계없이 죽임을 당한 강제성으로, 순사와 구별하기 위함이다. 셋째 순장자는 피장자에 종속된 존재이어야 한다(권오영 1991).

고구려에는 순사의 기록은 있으나 고분에서 순장이 확인되지 않고, 백제는 문헌, 고고자료에서 그 존재를 알 수 없다. 한반도의 순장은 가야, 신라에서 주로 확인된다.

가야의 순장은 3세기 중엽 김해시 대성동 29호분에서 최초로 확인된다. 이 고분에서는 피장자의 범위에서 벗어난 곳에서 경식이 출토되어 1인의 순장자의 존재가 추정된다. 4세기 전엽의 왕묘급인 대성동 88호묘에서는 4인이 순장되었으며 순장자는 일본열도산 즐櫛과 경식, 녹각제병도자를 가진 자와, 도자만을 가진 순장자로 구분된다. 91호묘에서는 5인이 순장되었다(도 Ⅳ-9). 4세기 후엽의 왕묘인 대성동 1호묘에서는 5인이 순장되었다. 4세기 말의 왕묘급인 대성동 93호묘에서도 5인이 순장되었다. 대성동고분군에서는 순장자의 수의 증가와 함께, 상위 수장묘에 국한되던 순장이 하위 수장묘에도 채용된다. 이와 같이 4세기 금관가야지역의 수장묘에서 순장이 성행하였다.

5세기에는 대가야지역인 고령군 지산동고분군에서 순장이 성행한다. 5세기 전엽의 왕묘인 지산동 75호분에서는 석곽의 묘광내 장벽을 따라 거의 등 간격으로 순장곽 8기가 사방에 등 간격으로 배치되었고, 봉토내 순장곽을 포함하면 10인 전후가 순장된 것으로 추정되고 있다. 이 고분군의 봉토내 순장곽에서는 철제 관식을 착장한 순장자가 확인되었다. 더욱이 같은 시기 왕묘급인 30호분에서는 2호곽에서는 금동관을 착장한 소아가 순장되었다. 왕묘인 73호분에서는 부곽의 서쪽에 위치한 순장곽에서 금동제 조우형鳥羽形 관식을

도 Ⅳ-9 김해시 대성동 88(상), 91호묘(하) 순장

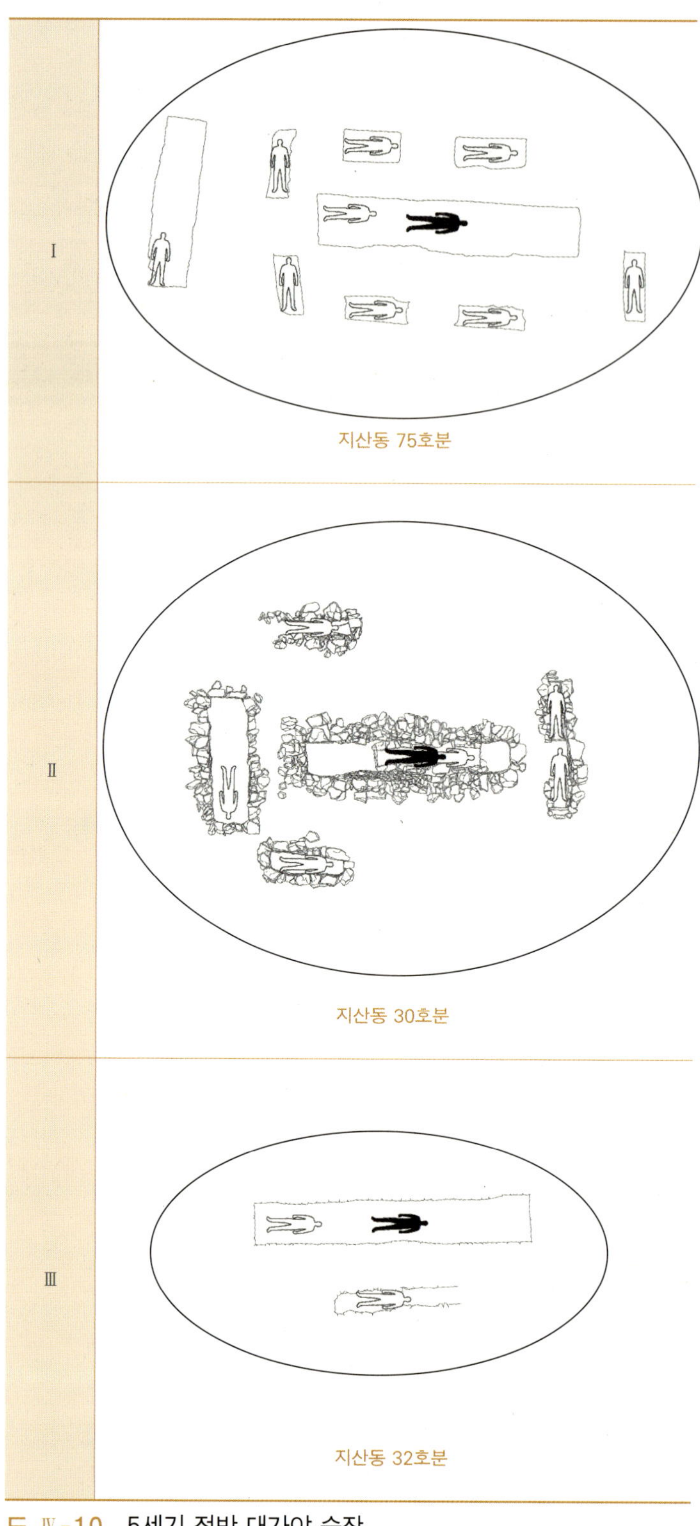

도 Ⅳ-10 5세기 전반 대가야 순장

착장한 순장자가 확인되었다(이한상 2016: 271-272).

5세기 전반 대가야에서는 수장묘에서 행해지며, 지산동고분군에서는 왕묘인 75호분의 10인 전후, 30호분의 5인 전후, 32호분의 1인으로 고분의 규모에 따라 순장자의 수와 신분이 상응하는 점에서 수장의 위계에 따라 순장자의 수와 신분이 규제되었음을 알 수 있다. 대가야야 왕묘의 순장은 수적으로도 우월하나, 특히 관식을 착장한 귀족층을 순장하는 것이 금관가야, 아라가야 순장과 확연하게 구별된다(도 Ⅳ-10).

5세기 후반 대가야에서는 왕릉인 지산동 44호분에서 순장이 극대화된다. 지산동 44호분은 세장방형 주곽 1기와 창고의 성격을 띤 부곽 2기와 함께 주위에 순장곽 32기를 방사상으로 배치한 구조이다. 이 고분의 순장자는 순장곽의 크기, 구조, 부장품으로 볼 때 다른 고분에서 찾아볼 수 없는 비교적 높은 신분의 사람이 포함되어 주목된다. 25호묘 순장자는 부장칸을 마련한 큰 석곽 내에 마구 일습을 갖추고 있고, 13호묘의 순장자는 청년 남성으로 환두대도와 금제 수식부이식을 착장하고 있어 생전의 왕을 호위하던 무장武將으로 파악된다. 그리고 6호석곽에 순장된 금제이식을 착장한 남성과, 32호석곽에 순장된 금제 수식부이식을 착장한 여성은 왕을 근시近侍하던 인물로 추정된다. 그 외 세계 각지의 왕묘에서 보이는 소아의 순장이 확인된다.

지산동 44호분의 순장자는 순장석곽의 크기와 구조, 부장품에 따라 4등급으로 구분된다. 5세기 말 전후 대가야에서는 왕묘인 44호분의 35인 전후, 45호분에서 10인 전

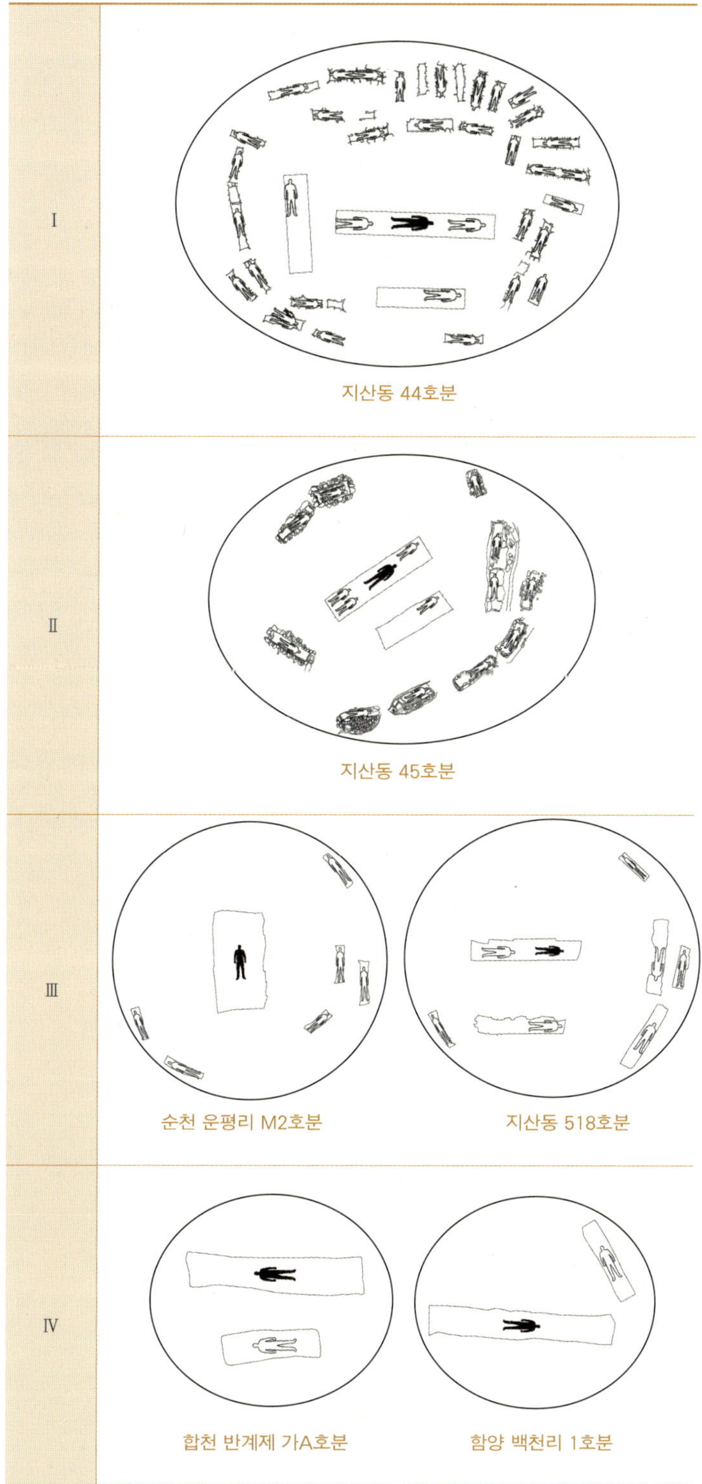

도 Ⅳ-11 5세기 후반 대가야 순장

후, 518호분 5인 전후, 본관동 34호분에서 1인으로 수장의 위계에 따라 순장자의 수와 신분이 규제되었으며, 이전 시기에 비해 격차가 확대되었음을 알 수 있다(도 Ⅳ-11).

아라가야의 5세기 후엽 왕묘급 고분인 도항리 8호분에서는 대가야와 같은 봉분내 순장곽이 없는 것이 특징이며 순장자는 주곽내에 피장자의 족부쪽에 직교되게 5인의 순장자를 나란히 안치하였다. 이는 역시 왕묘인 4호분에서도 거의 유사한 양상을 보이고 있다. 5세기 후반 아라가야에서도 8호분에서 5인 전후, (창)14-2호분에서 1인으로 수장의 위계에 따라 순장자의 수와 신분이 규제되었음을 알 수 있다. 6세기 전엽 아라가야에서는 왕묘인 25호분에서 4인, 왕묘급인 26호분에서 4인의 순장이 확인된다. 그 하위의 (창)14-2호분에서는 1인의 순장이 확인된다. 아라가야의 순장에서는 대가야와 같은 변화가 보이지 않는다.

순장의 출현에 대해 이를 북방 기마민족의 습속으로 간주하고 부여족의 이주에 의한 것으로 보며, 낙동강하류역 즉 김해지역에 출현하여 영남전역으로 파급되었다는 견해가 있다. 그러나 이는 아직 경주지역의 대형 목곽묘의 조사가 이루어지지 않은 점과 순장이 초기 국가단계에서 전 세계적으로 확인되는 현상인 점에서 수긍하기 어렵다. 또한 가야지역의 순장의 성행을 정치체간의 경쟁과 과시에 의한 것으로 보는 견해도 있으나, 대가야와 아라가야간의 순장은 상호 경쟁에 의한 것으로 보기 어렵다. 이는 각 권역내에서 독자적인 일정한 원리와 규제가 행해진 점에서 그러하다. 순장은 6세기 중엽 이후에는 신라, 가야지역에서 사라지는데, 그 요인은 신라의 율령체제 성립과 같은 사회의 변화를 들 수 있다. 이와 함께 일찍이 횡혈식석실분이 도입된 고구려와 백제에서 순장이 성행하지 않았던 점으로 볼 때 장제의 변화도 그 요인으로 들 수 있다.

나아가 불교의 도입도 고려할 필요가 있다고 본다. 가야지역에서 순장의 소멸과 불교의 도입에 대하여 앞으로의 논의가 기대된다.

2. 유물

1) 토기

가야토기는 원삼국시대 와질토기에서 발전한 것으로 도차陶車로 성형한 후 1200℃ 이상의

도 Ⅳ-12 **4세기 금관가야와 아라가야양식 토기**

1~3: 김해시 망덕리 59호묘 | 4: 창원시 마산 현동(東) 35호묘 | 5: 창원시 마산 현동(東) 58호묘
6: 함안군 황사리 36호묘

고온을 내는 등요登窯에서 환원염소성에 의해 제작된 것이다. 초기에는 회청색경질토기가 출현하는 가운데 와질토기가 함께 공반되기도 한다. 가야토기의 출현시기는 김해 대성동 29호분과 양동리 235호분 출토의 회청색경질토기와 함안 도항리 35호분 출토품으로 볼 때 3세기 중엽으로 본다.

금관가야 양식의 4세기대 특징적 기종으로는 노형기대와 외절구연고배, 격자타날호를 들 수 있다(도 Ⅳ-12). 외절구연고배는 배신에서 한 번 꺾이어 구연이 외반하는 형태를 하고 있다. 노형기대는 전대의 와질토기에서 이어지는 기종으로 다른 지역과 달리 동체부에 파수가 부착되는 것이 특징이다.

아라가야의 4세기대의 특징적인 토기는 공工자형고배, 노형기대, 양이부승석문타날

도 Ⅳ-13 5세기 아라가야양식 토기

1: 창원시 현동(東) 100호 목곽묘 | 2: 창원시 현동(東) 1호 석곽묘 | 3: 창원시 현동(東) 6호 석곽묘
4, 5: 함안군 말이산 4호분

호이다. 공자형고배는 목제두木製豆를 모방한 것으로, 통형의 대각이 대각하단에서 넓게
벌어지며 배신은 매우 얕다. 대각은 무문의 것도 있으나 삼각형이나 장방형, 쐐기형의 찍
은 문양이나 투공을 뚫은 것이 있다. 아라가야의 노형기대는 손잡이가 없고 배신에 비해
대각이 높고 나팔상으로 넓게 벌어지며 신부가 얕은 것이 특징이다. 대각에는 삼각형이나

장방형의 투공을 뚫고 문양을 시문하기도 한다.

5세기대의 아라가야양식 토기의 특징적인 기종은 화염형투창고배, 고배형기대이다. 화염형투창고배는 대각에 화염형의 투창을 뚫은 것으로 대형에서 소형으로, 화염부가 횡타원형이고 불꽃길이가 짧은 것에서 화염부가 원형으로 작아지고 불꽃길이가 길어지거나 선으로 표현되는 것으로 변화한다.

고배형기대는 대각이 넓고 완만하게 벌어지는 것에서 점차 대각 상부가 축약되고 벌어지는 폭도 좁아져 대각이 원통과 비슷한 모양으로 변화한다. 또한 늦은 시기까지 배신의 깊은 형태를 유지한다(도 Ⅳ-13).

5세기 소가야양식의 특징적인 기종은 삼각투창고배, 수평구연호, 기대이다. 소가야의 고배로는 삼각투창고배, 일단장방형투창고배가 있다. 일단투창고배는 대각하단에 돌려진 돌대의 돌출도가 약한 것에서 강한 것으로 변화한다.

수평구연호는 구연부의 형태가 일정한 면을 가지고 수평을 이루는 특징을 가진 것이다. 시간이 지남에 따라 경부의 벌어지는 각도가 커지고 구연단은 사방향으로 외반하다가 점차 수평을 이루며 턱을 이루거나 아래로 더 꺾이기도 한다. 그리고 동체가 점점 소형화하는 변화가 나타난다. 광구장경호도 소가야 양식의 특징적인 기종이며, 경부의 외반도가 심해지고 동체에 비해 커지는 방향으로 변화한다.

고배형기대는 배신이 직선적으로 외반하고 구연이 수평으로 꺾이며 대각과 배신의 경계부 폭이 좁은 것이 특징이다(도 Ⅳ-14).

대가야양식 토기는 고령 지산동 35호분 단계인 5세기초에 성립하며 유개식장경호와 세로띠 장식 대형 통형기대가 특징적인 기종이다.

대가야의 통형기대는 접시와 같은 수발부와 종형의 대각을 가진 것으로 통부에는 세로띠가 부착되어 있는데 하부는 뱀머리와 같은 형태를 하고 있다. 대각은 완만한 바리 모양에서 종모양으로 높아지는 것으로 바뀌며 투창은 방형에서 삼각형으로 변화한다. 봉상 돌대의 끝부분 형태도 시간이 지남에 따라 평면 형태가 능형에서 사각형으로, 단면이 삼각형에서 장방형으로 변화한다.

고배형기대는 아라가야와 소가야의 고배형기대에 비해 대각과 배신의 경계 폭이 넓다. 출현기에는 노형기대의 영향을 받아 무문이었으나, 그 후 복합구성의 문양이 시문되다가, 파상문 주체로 변화한다. 대가야 멸망 직전에는 다시 무문화된다.

고배는 다른 양식의 것에 비해 대각의 폭이 넓으며, 유개식有蓋式으로 일단투창고배,

도 Ⅳ-14   5세기 소가야양식 토기

1: 창원시 현동(東) 6호 석곽묘 ┃ 2: 창원시 현동(東) 8호 목곽묘 ┃ 3, 5: 창원시 현동(東) 9호 목곽묘

4: 창원시 현동(東) 6호 목곽묘 ┃ 6: 진주시 가좌동1호분

이단직렬투창고배가 있다. 이단직렬투창고배는 각상단경과 각저경, 구경이 넓어지는 방향으로 변화하며 일단투창유개고배는 투창이 세장방형에서 장방형으로, 또 원형으로 변화한다.

장경호는 유개식이며, 경부에 밀집파상문이 시문되는 것이 특징이다. 원저에서 평저로, 동체가 경부보다 큰 것에서 작은 것으로, 뚜껑받이턱의 돌출도가 큰 것에서 작은 것으로 변화한다(도 Ⅳ-15).

창녕양식은 5세기 초를 전후하는 시기에 형성되며 기종은 유충문 개, 유개식 상하일렬투창고배, 무개식 상하일렬투창고배, 직립구연 유개식장경호, 발형기대, 유충문이 시문된 소형의 유대파수부완 등이다.

개는 단추형 손잡이를 가진 개에는 점렬문이 시문된 것으로 그 형태가 유충문으로 불릴 정도로 폭이 넓은 것이다.

유개식고배는 뚜껑받이 턱이 U자형에 가깝게 깊게 파인 것과 기고에 비해 배신 지름의 비율이 넓은 것도 특징이다.

무개식고배는 창원시 (경)도계동 1호묘 출토품과 같이 대각의 형태는 유개식과 동일하나 그 가운데 상당수가 연질에 가까운 소성으로 제작된 것이 특징이다.

다투창고배는 창녕지역의 출토품 가운데 확인되고 마산시 현동 22호묘 출토품과 같은 형식으로 이 지역 고배의 한 특징으로 볼 수 있다.

유개식장경호는 구경부가 직선적인 점과 함께 대각이 달리지 않은 것이 특징이다.

무개식장경호는 창원시 (경)도계동 37호묘 출토품과 같이 경부에 점렬문이 시문되거나 대각의 투창이 횡장방형으로 넓은 것이 특징이다.

발형기대는 파상문을 주로 시문하며 투창은 삼각형에서 세장방형으로 변한다. 배신과 대각의 경계부에 유충문이 시문되는 것과 배신뿐만 아니라 대각에도 파상문이 시문되는 것이 하나의 특징이라 할 수 있다.

소형의 유대파수부완은 창녕 동리 7호묘에 보이며 신부에 유충문이 시문된 것이 특징이다. 같은 형식이 김해 대성동 93호묘에도 보인다.

이로 보아 창녕양식의 성립을 종래 개의 통형 손잡이에 의거하여 5세기 중엽으로 보아왔으나 그 이전 시기로 소급될 수 있으며 또한 다양한 기종에서 특징이 확인된다. 5세기 전엽 개의 통형 손잡이는 중간에 1조의 돌대를 돌린 것으로 형태는 경주양식의 영향에 의한 것이나 시문된 유충문과 독특한 형태로 볼 때 이 지역에서 재지화한 것으로 본다. 이와 함께 상하교호투창을 가진 사다리꼴 대각의 고배가 출현하며 이는 역시 경주양식 토기의

도 Ⅳ-15　5세기 대가야양식 토기(고령군 지산동고분군)

1, 5: 대가야박물관 부지 10호 석곽묘　｜　2, 3: 지산동 33호분　｜　4: 대가야박물관 부지 2호 석곽묘
6: 지산동 32~34 합사유구

도 Ⅳ-16　5세기 금관가야양식 토기(김해시 대성동 73호묘)

영향에 의한 것이다(박천수 2010).

　5세기 금관가야양식은 김해식 단각고배가 특징으로 지적되어왔을 뿐 현재까지 설정되지 못하였다.

　이에 본서에서 5세기 금관가야양식 토기를 설정하고자 한다. 금관가야는 독자적인 양식이 뚜렷하지 않으나 창녕양식의 영향에 의한 이단교호투창고배, 일단투창고배, 단각고배, 통형기대, 발형기대와 신라양식의 영향에 의한 대부장경호, 유대파수부완을 들 수 있다.

　이단교호투창고배는 김해 죽곡리 46호묘 출토품과 같이 무개식이며 대각하단이 직선적으로 내려오는 것이 특징이다. 전체적인 형태는 창녕양식의 영향을 받았으나 무개식인 점, 세부에서 차이를 보인다.

　일단투창고배는 김해 죽곡리 46호묘 출토품과 같이 투창이 넓은 점이 특징이다. 이는 창녕양식의 영향으로 보인다.

　단각고배는 예안리 39호묘 출토품과 같이 투창이 소형이며 대각이 짧은 점이 특징이다. 앞에서 언급한바와 같이 이 고분에서 공반된 창녕양식 토기와 형태가 유사한 점에서 창녕양식 토기의 영향에 의해 성립된 것으로 본다.

　통형기대는 대성동 73호묘 출토품과 같이 하부가 장고형인 것이 특징이며 창녕 계남리 1호분 출토품과 같은 기대의 영향으로 본다.

　발형기대는 대성동 93, 73호묘 출토품과 같이 대각부를 포함한 전면에 파상문을 시문하고 삼각형의 투창을 뚫은 것이 특징이다. 이 고분에서 공반된 창녕양식 토기와 형태가 유사한 점에서 창녕양식 토기의 영향에 의해 성립된 것으로 본다.

　대부장경호는 김해 예안리 36호묘 출토품과 같이 신라양식과 유사한 무개식과 김해 예안리 36호분 출토품과 같이 창녕양식의 영향을 받은 유개식이 있다.

　유대파수부완은 대성동 73호묘 출토품과 같이 신라양식과 구분하기 어려울 정도로 유사한 것이 특징이다(도 Ⅳ-16).

　시기별 토기 양식의 분포를 살펴보면, 4세기 금관가야 양식은 고 김해만을 중심으로 주변의 부산·진영·진해 일대에 국한되는 반면, 아라가야양식은 공자형고배, 노형기대, 양이부승석문타날호를 통해볼 때 남강하류역의 양안과 진동만 일대를 중심으로 남강과 황강수계와 남해안에 걸쳐 광역분포권을 형성한다. 특히 양이부승석문타날호는 남강수계와 황강수계뿐 만아니라 낙동강 중·상류역의 교통로에 연하여 가장 넓은 분포권을 형성하고 있다. 이 시기 양 지역양식이 각각의 특징을 가지고 명확한 분포권을 형성하고 있는 것은

180

가야 전기의 중심국이 금관가야와 아라가야임을 나타내는 것이다. 한편, 5세기초 이후 금관가야 토기양식이 소멸되고 아라가야양식 토기의 분포권이 축소되는데 이는 고구려 남정 이후 특히 금관가야의 쇠퇴를 반영하는 것이다. 5세기 전반 소가야 양식 토기가 출현하여 이전의 아라가야 토기를 교체하듯이 분포권을 형성한다. 이는 소가야가 이시기 아라가야를 대신하여 남강수계와 남해안 일대에서 가야의 중심세력으로 등장하는 것을 나타내는 것이다. 5세기중엽 소가야양식 토기가 유존하는 가운데 대가야양식 토기가 남강과 황강유역에 반입되기 시작한다. 처음에는 수장묘를 중심으로 반입되다가 점차 하위분묘에까지 대가야양식 토기일색으로 되며 그 분포권도 남강과 황강유역뿐만 아니라, 금강상류역, 섬진강유역, 남해안일대에까지 확산된다. 이는 대가야가 가야후기의 중심국으로 성장한 것을 의미한다.

6세기가 되면 대가야권의 합천군 창리고분군에서 백제양식의 삼족기를 모방한 토기가 대가야양식의 개와 함께 출토되고, 합천군 삼가고분군과 저포리D지구고분군에는 백제계 병형토기가 부장되어 멸망 직전 백제양식의 영향이 미친 것을 알 수 있다. 고령군 지산동 44호분에서는 백제지역에 이입된 중국제 자기 등잔을 모방한 토기가 출토되었고, 진주시 옥봉 7호분에서는 백제의 동완을 모방한 토기도 확인되었다. 그 외 거창군 출토로 전하는 거창박물관 소장품인 동완형토기가 있다

6세기 후엽에는 신라양식과 백제양식 토기가 출현한다. 합천군 저포리C, D지구에서도 횡혈식석실의 최초 매장시는 대가야양식 토기, 추가장에는 신라양식 토기가 부장되는 변화가 보인다. 이는 562년 신라에 의한 가야 멸망을 보여주는 것이다. 다만 6세기 중엽 고성군 내산리고분군과 의령군 경산리고분군에서는 6세기 전엽에 신라양식 토기가 일부 부장되는데 이는 가야 멸망이전 신라와의 교류를 반영하는 것으로 본다.

2) 장신구

(1) 금제, 금동제 관(도 Ⅳ-17)

대가야의 관은 신라관과 백제관과는 달리 보주형寶珠形 입식으로 장식한 것이 특징이다.

32호분 금동제 관은 대륜의 중위에 큼지막한 광배형 입식이 부착된 점이 주요한 특징

도 Ⅳ-17   대가야 금제 금동제 관

1: 지산동 30호분 2곽 출토 금동관 | 2: 지산동 32호분 출토 금동관 | 3: 오구라 반출 금관
4: 삼성미술관 Leeum 금관

이다. 입식의 정부頂部는 보주형을 띠며 소형 곁가지가 따로 부착되어 있다. 대륜에는 상하 가장자리를 따라가면 파상점열문이 시문되어 있고 6개의 원두정으로 입식이 고정되어 있다. 입식 중상위에 영락이 달렸지만 대륜에는 없다. 입식에는 횡선·X선 교차 문양이 베풀어져 있다.

30호분 2곽 출토 금동제 관은 소형이다. 대륜 위쪽에 보주형의 입식 3개가 각각 1개씩의 못으로 고정되어 있으며 같은 간격으로 원형 영락 4개가 달려 있다. 대륜 가장자리를 따라가면서 축조蹴彫기법으로 파상점열문이 시문되어 있다.

이 두 점의 관은 오구라 다케노스케小倉武之助 반출 도쿄국립박물관東京國立博物館 소장 금관과 삼성미술관 소장 금관이 대가야산임을 알 수 있는 결정적인 단서를 제공한다. 즉 양 금관에는 신라·백제 관에 보이지 않는 보주형 입식으로 장식하고 있기 때문이다.

오구라 다케노스케 반출 금관은 중앙에 작은 1개의 보주형 입식을 중앙에 세우고 그 좌우에는 난초처럼 생긴 긴 입식을 반대방향으로 각 2개식 세워 측면을 장식하였다. 대륜과 입식을 파상점열문과 영락으로 장식하였다.

삼성미술관 소장 금관은 4개의 보주형 입식을 일정한 간격으로 돌아가며 전면全面을 세워 장식하였다. 대륜과 입식을 점열문, 격자 점렬문과 영락으로 장식하였다.

대륜에는 경옥제 곡옥이 일정 간격으로 전면에 돌아가며 부착되어 있다. 곡옥은 후대에 추가된 것으로 보는 견해도 있으나, 이관에 신라관의 영향이 보이는 것에서 당대의 것으로 추정된다.

대가야 관은 전면前面을 장식하는 것에서 신라관의 영향을 받아 대륜에 크기가 비슷한 입식 서너 개를 세워 전면全面을 장식하는 것으로 파상열점문에서 열점문으로 문양이 변하고 곡옥이 없는 것에서 있는 것으로 변한다. 따라서 지산동 30호분 금동관 → 지산동 32호분 금동관 → 오구라반출 금관 → 삼성미술관소장 금관 순으로 편년된다.

(2) 이식(도 Ⅳ-18)

가야의 독자적인 대가야 이식의 대표적인 특징은 공구체+사슬이라 할 수 있고, 모두 세환이식이다. 가는 고리 밑에 공구체 중간식을 연결하고 그 아래 사슬모양의 연결고리를 사용하여, 심엽형, 원추형, 산치자형, 낙하산형, 삼익형, 공구체 등의 끝장식을 단 것이다. 초기에는 백제이식의 영향을 받아 제작되다가 차츰 대가야적인 이식으로 변화한다. 대가야의 이식은 고령 지산동고분군을 중심으로 대가야권을 중심으로 분포하고, 5세기후반 이후 일본열도에 다수 이입된다. 고령 지산동 44호분 단계가 되면 산치자형과 낙하산형 등 새로운 수하식이 등장하는 점을 특징이다. 그 후 대가야의 수식부이식은 합천 옥전M4호분의 이식에는 중간식하에 소환연접구체, M6호분 출토 이식에는 사슬대신 통형의 금구를 사용한 점에서 신라이식의 영향이 엿보이며, 전반적으로 장식성이 점차 강화되는 방향으로 변화한다. 옥전M11호분 출토품은 중간식이 새김눈금사로 만든 소환을 연접한 백제식의 공구체이고 연결금구는 금사를 연결고리에 두 번 감고 그 아래에서 돌려 꼰 것이다. 이 이식은 공주 무령왕릉에서 출토품과 유사한 것으로 백제에서 제작되어 대가야로 이입된 것이다.

대가야에서 제작된 이식은 고령 지산동고분과 반계제고분군, 합천군 옥전고분군을 중심으로, 합천군 반계제가A호분, 함양군 백천리 1호분, 산청군 평촌리고분군, 진주시 중안동고분, 고성군 율대리 2호분-3호석곽, 창원시 다호리B-15호석곽에서 출토되었다. 그 외 장수군 봉서리 출토품, 거창군 출토품, 곡성군 석곡 출토품이 있다. 봉서리 출토품은 이전에는 백제이식으로 파악되어 왔으나, 그 형태뿐만 아니라 같은 고분군에서 대가야식의 수혈식석곽과 토기가 출토되어 대가야이식으로 판단된다. 전 거창 출토품은 조선고적도보 Ⅲ에 게재된 것으로 7점의 수식부이식이 포함되어 있다. 이 이식은 모두 대가야형인 점에서 일괄 출토품으로 추정된다. 그 출토지가 거창지역으로 전해지고 있는데 이지역이 대가야권역에 속하는 점에서 거창지역일 가능성이 크다. 곡성군 방송리 출토 금제 수식부이식도 백제이식으로 파악되어 왔으나, 순천시 운평리고분군에서 대가야양식 토기와 대가야산 수식부이식이 3점 출토되어 대가야산으로 파악된다.

남원지역에서는 월산리M5, 6호분에서 출토되었다. 양자 모두 사슬형 연결금구와 공구체형 중간식을 가지며 수하식이 삼익형인 전형적인 대가야형 이식으로 고령지역에서 제작된 것이다.

대가야산 이식은 5세기 후반에는 황강수계와 남강상류역, 금강상류역, 섬진강수계, 남해안일대에 분포하다가, 6세기 전반에는 소가야권역의 진주, 고성 그리고 금관가야권역의 창원 진영분지로 확산된다.

이와 같은 대가야산 위세품의 분포와 대가야양식 토기의 분포가 궤를 같이하는 점에서 양자는 대가야의 권역의 확대와 영향력 증가를 반영하는 것으로 본다.

더욱이 금제 수식부이식을 비롯한 대가야산 이식은 일본열도 전역에서 출토된다.

대가야산 금제 수식부이식은 국내 발굴품 74점을 비롯하여 일본 출토품 38점, 국내외

도 Ⅳ-18   대가야 금제 이식

1: 합천군 옥전 28호묘 | 2: 고령군 지산동 1-40호석곽 | 3: 장수군 봉서리고분군

4, 5: 삼성미술관 Leeum | 6: 도쿄국립박물관

소장품(국내 48점, 일본 27점, 미국 15점) 29점, 현재 도합 186점을 확인하였다.

(3) 대장식구

가야에서는 신라에 비해 대장식구의 제작이 활발하지 않았다.

가야 전기의 김해시 대성동 88호묘 출토 대장식구는 나라현奈良縣 신야마新山고분에서 출토품과 같은 용문의 과판을 가지는 서진西晉제이다. 또 효고현兵庫縣 교자즈카行子塚의 서진계西晉系 대장식구는 낙동강 하류역의 철정, 마구, 단야구와 함께 출토되고 있어 백제를 경유하여 가야지역에서 이입된 것으로 파악되고 있다.

가야 후기의 고령군 지산동 75호분, 지산동구 39호분과 합천군 옥전M3호분 출토 귀면문 대장식구는 대가야양식이다(도 Ⅳ-19). 지산동구 39호분의 귀면문 대장식구는 화살통矢筒장식으로 보는 견해(이한상 2016: 271-272)가 있으나, 같은 문양의 대가야산 대장식구가 일본 오카야마현岡山縣 우시부미차우스야마牛文茶臼山고분에도 있기 때문에 대장구의 가능성이 크며, 자료의 증가가 요망된다.

5세기 중엽 합천 옥전M1호분의 쌍엽문을 기본으로 한 금동제 대금구는 신라산으로 추정된다.

그리고 오구라小倉반출품의 반육조 용문 대장식구는 대가야권 출토품일 가능성이 크다(朴天秀 1998). 이는 오구라小倉반출 대장식구의 하부에 달린 금구는 옥전M3호분 출토 검릉형행엽의 입문立聞 금구 형태와 일치하며, 후쿠이현福井縣 니시즈카西塚고분과 사이타마현埼玉縣 이나리야마稲荷山고분 출토품의 금구와 동일한 형태이기 때문이다. 이 두 고분에서 출토된 대장식구는 과판에 방울을 장식한 것으로 오구라 반출품도 이와 같이 방울을 장식했던 것으로 추정되고, 이러한 대장식구를 부장한 고분에

도 Ⅳ-19   대가야 금동제 은제 대장식구(고령 지산동 75호분)

서 대가야산 문물이 집중 공반하는 것에서도 그러하다.

6세기 중엽의 옥전M11호분 출토 은제 대장식구는 자금이 없는 버섯형교구이고 은판과 혁대의 가장자리에 못을 박아 고정한 것으로 백제의 무령왕릉 출토품과 유사하다.

3) 무기

(1) 금동제 용봉문환두대도(도 Ⅳ-20)

금동제 용봉문환두대도는 둥근 고리모양의 환두부과 그 안쪽에 용과 봉황으로 장식한 대도이다.

종래 고령지역에서는 지산동 47(구 39)호분에서 1점이 출토된 것에 불과하여 다수의 용봉문환두대도가 출토된 합천군 옥전고분군 환두대도와 그 외 국내외 소장 환두대도는 백제산 또는 합천지역산일 가능성이 제기되어왔다. 그러나 옥전M3호분 출토 대도는 무령왕릉 출토 용문환두대도와는 달리 환두내 용봉문 장식을 별주別鑄하여 부착한 점에서 백제산으로 보기 어렵다. 더욱이 지산동 44호분에서 옥전M3호분 출토 용봉문환두대도의 초중금구鞘中金具와 유사한 파상문을 장식한 금판이 재보고 과정에서 확인되어 주목된다(박천수외 2009). 이는 지산동 44호분에 용봉문환두대도가 부장되었음을 시사한다.

옥전고분군 출토 용봉문환두대도의 제작과 관련하여 주목되는 것은 이 고분군 출토품에 보이는 반육조용문의 문양이 일본열도 5세기 후엽의 교토부京都府 고쿠즈카穀塚고분, 후쿠이현福井縣 니시즈카西塚, 사이타마현埼玉縣 이나리야마稻荷山고분, 구마모토현熊本縣 에타후나야마江田船山고분 출토 용문대장식구에서 확인되는 점이다. 이러한 고분의 용문대장식구는 공반된 금제 수식부이식, 금동제 마구, 철제무기와 같은 대가야문물과 함께 고령지역에서 제작되어 이입된 것으로 판단된다. 따라서 대가야권역내 용봉문환두대도는 옥전M3호분 출토품과 같은 형식의 대도가 지산동고분군에서 확인되며 일본열도에 이입된 같은 의장의 용문대장식구가 고령지역산으로 파악되는 것에서 고령지역에서 제작되어 분여된 것으로 추정된다.

이를 방증하는 것이 산청군 생초M13호분 출토 용봉문환두대도이다. 이 환두대도는 지산동 44호분 출토 금동제 십금구에 장식된 유리옥이 환두에 감입된 점에서 고령지역산

도 Ⅳ-20 　대가야 금동제 용봉문환두대도

1: 창녕군 교동10호 ｜ 2: 고령군 지산동47호 ｜ 3: 합천군 옥전M6호 ｜ 4~7: 합천군 옥전M3호

8: 산청군 생초M13호 ｜ 9: 경주시 호우총 ｜ 10: 경주 식리총 ｜ 11: 나주시 신촌리 9호을관

12: 함안둔 도항리54호 ｜ 13·14: 합천군 옥전M4호

도 Ⅳ-21 대가야 금동제 용봉문환두대도

1~5: 도쿄박물관 | 6: 보스턴미술관 | 7, 8: 삼성미술관 Leeum | 9: 기메미술관

189

으로 판단된다.

  대가야산 환두대도의 특징은 환두내 용봉문 장식을 일체식으로 제작한 백제와는 달리 별주하여 부착한 점에 이외에도 환두를 백제산 대도와는 달리 도금하지 않고 금피로 장식한 점을 들 수 있다. 또한 환두내 장식이 주로 용문에 한정된 백제와는 달리 용문과 봉황문, 봉황문, 쌍용문으로 장식하는 점, 병두금구柄頭金具와 초구금구鞘口金具의 문양이 용문인 점을 들 수 있다. 특히 주목되는 것은 병두環頭 내연內緣을 각목문刻目文으로 장식한 점을 들 수 있다. 환두 내연의 각목문은 용의 배를 표현한 것으로 병두금구와 초구금구가 무문인 경우에도 대가야산 환두대도를 식별할 수 있는 단서가 된다. 이와 함께 환두내 용봉문 장식을 일체식으로 제작하여 그간 백제로 보아온 일본열도 출토품의 제작지가 대가야임을 알 수 있는 단서를 제공한다. 그리고 백제 대도의 영향을 받아 병두금구와 초구금구의 문양이 귀갑龜甲문내에 봉황을 시문하는 것으로 변한 지산동 47호분 출토품과 구 오구라小倉 반출품의 경우에도 예외 없이 환두 내연에 각목문이 시문되었다. 이러한 점으로 볼 때 신라권역의 창녕군 교동 10호분, 경주시 식리총, 호우총 출토 용봉문환두대도는 고령지역에서 제작된 것으로 파악된다. 식리총에서는 대가야산 검릉형행엽이 공반되고, 이 시기 교동고분군에는 대가야산 수식부이식이 이입되는 것도 이를 방증한다(朴天秀 2011). 그리고 국내외 소장 출토지 불명의 용봉문환두대도 가운데 삼성미술관 소장품 등 30점 이상이 대가야산으로 추정된다.

  특히 전 오사카부大阪府 모즈百舌鳥고분군의 다이센大仙 전 인덕릉仁德陵고분 출토품으로 전해지는 보스턴 미술관 소장품은 병두금구柄頭金具와 초구금구鞘口金具의 용문이 퇴화한 형식으로, 그 제작시기를 6세기 중엽으로 파악되어 다이센大仙고분 출토품으로 볼 수 없다. 이 시기에는 모즈百舌鳥고분군 용봉문환두대도를 부장할 수 있는 유력 수장묘가 보이지 않는 점에서 모즈고분군 출토품으로 보기 어렵다. 당시 고령지역에서 도굴된 환두대도가 일본으로 널리 유출된 점에서, 이 환두대도는 고령지역 출토품일 가능성이 크다고 본다(도 Ⅳ-21).

  다음으로 환두環頭 내연內緣에 각목문刻目文이 시문되어 대가야산으로 판단되는 도쿄박물관 소장의 용문환두대도가 부장되었던 고분군에 대해 살펴보고자 한다. 그 후보지는 6세기 초를 전후한 시기의 용봉문환두대도가 출토된 고령군 지산동고분군, 합천군 옥전고분군, 산청군 생초고분군을 들 수 있다. 옥전고분군에서는 M3호분(4점), M4호분(2점), M6호분(1점)이 출토되었다. 생초고분군에서는 M11호분(1점)이 출토되었다. 대가야권 고분의 위계분석에서 옥전고분군은 2등급 고분군, 생초고분군은 3등급고분군에 해당하여, 용봉문환두대도는 3등급 이상의 고분에서만 부장된 것으로 볼 수 있다. 4등급의 고분에서는 함양군 백천리 1호분 등에서 확인된바와 같이 은장 오각형환두대도가 부장된다.

은장 오각형환두대도도 대가야양식의 의장도이다. 주로 하위수장묘에서 부장되었다. 합천 옥전M3호분에서는 용봉문환두대도와 함께 출토되었으며 합천 반계제가A호분, 남원 두락리 4호분 등에서 출토되었다.

(2) 철모

철모鐵鉾는 긴 자루의 끝에 양인兩刃의 날을 가진 찌르는 무기이다. 철모는 인부刃部와 공부銎部로 구성된다. 가야의 철모의 형태는 인부와 공부의 형태에서 시기차와 지역차를 보인다.

4세기대에는 인부刃部의 단면이 능형이며 공부銎部가 원형으로 기부基部가 연미형燕尾形인 철모가 출현하여 주로 김해 대성동고분과 부산 복천동고분군 능 금관가야권을 중심으로 분포한다.

5세기 후반에는 공부가 다각형인 철모가 출현하여 주로 대가야권에 분포한다. 다각형철모는 찌르는 기능과 관계없는 공부를 팔각형 등으로 장식한 점이 특징이다. 더욱이 고령 지산동 44호분 주곽 출토품은 인부와 공부에 명료한 능선을 가지며 공부의 기부基部를 은판을 감아서 장식한 최고 위계의 철모이다(도 Ⅳ-22). 필자는 공부다각형 은장철모가 백제, 대가야권, 영산강 유역에 분포하고 있지만 대가야권에서 가장 많이 출토되고 있고 최고 수장급 고분에만 부장되고 있다는 점을 근거로 대가야를 상징하는 의기적인 무기로 파악하였다. 공부다각형 철모도 은장철모와 같이 위신재적인 성격을 띤 것으로 백제지역에서도 분포하고 있으나 고령, 합천, 함양지역 등에서 주로 출토되는 것에서 대가야계로 본다. 또한 이러한 공부다각형 철모는 5세기대 일본열도의 수장묘에서 대가야계 문물과 함께 출토된다.

도 Ⅳ-22 대가야 은장 철모
(고령 지산동 44호분)

(3) 철촉

철촉鐵鏃은 형태와 기능이 다양하며 기본적으로 뿌리莖의 유무에 따라 유경식과 무경식으로 나뉜다. 이것에 목의 길이에 의해 장경식長頸式과 단경식短頸式으로 나눌 수 있으며 촉신의 형태에 따라 도자형刀子形, 유엽형柳葉形, 역자형逆子形, 착두형鑿頭形, 삼익형三翼形 등으로 나눌 수 있다. 이러한 철촉은 촉신의 넓이에 따라 광형계와 세형계로 나누어지며 세형계는 주로 실전적인 용도로 사용되었을 것으로 광형계는 의기적인 성격이 짙은 것으로 보고 있다.

가장 이른 시기에 나타나는 철촉의 형태인 무경식無莖式 철촉은 원삼국시대 초기부터 출현하여 4세기까지 존재하며 이후 2세기 후반대에 유경식有莖式이 등장하면서 촉신의 형태도 다양화 된다. 4세기 이후 촉신이 장경화長頸化되는 것은 갑옷의 등장과 더불어 관통력을 높이기 위한 기술적인 발전과 관련이 있다.

금관가야의 철촉은 의기적인 성격을 띠는 광형계의 능형 철촉이 주로 대형분에서 부장된다. 아라가야는 광형계 철촉이 부장되지 않고 실전용 철촉이 주로 부장된다. 대가야는 5세기중엽이 되어서야 역자형 광형계 철촉이 등장한다. 일본열도에서 5세기후엽에 유행한 촉신이 세장한 도자형 철촉은 대가야산 장신구, 마구, 무기류와 함께 이입된 것이다.

4) 무구

(1) 갑주

갑甲은 크게 종장판갑縱長板甲과 대금계판갑帶金系板甲 그리고 찰갑札甲으로 나눌 수 있다. 먼저 종장판갑은 세로로 긴 형태의 철판을 가죽으로 엮거나 못을 이용해 결합한 것이다. 이러한 종장판갑은 3세기에 출현하였으며 이전 시기에 가죽 갑옷이나 나무 갑옷보다 경갑頸甲과 같은 부속구를 지닌 정형화된 형태를 띠고 있다. 종장판갑은 세로로 긴 철판의 윗부분에 가로로 덧대어진 철판 즉 고대판의 형태 변화를 통해 시기적인 변천을 알아 볼 수 있다. 처음에는 고대판이 없거나 1매의 L자형 철판으로 구성되다가 이후 고대판이 2매의 철판으로 구성되거나 고대판이 て자형으로 제작된 것으로 변해간다. 이러한 종장판갑은 낙동강 하류 지역인 김해를 중심으로 부산 그리고 경주와 울산 등지에서 주로 출토되고 있다

(도 Ⅳ-23).

　　5세기 이후 이전의 종장판갑과 더불어 대금계帶金系판갑이 출현한다. 대금계 갑옷은 삼각판갑, 장방판갑, 횡장판갑으로 분류된다. 삼각판갑은 가로로 긴 철판 사이에 삼각형의 철판을 이은 것으로 가장 아래 부분은 옆으로 긴 철판인 도련판, 가장 윗부분은 옆으로 긴 철판인 고대판을 갖추고 전체가 상하 7단으로 통일되어 있다. 장방판갑은 삼각판갑과 마찬가지로 상하 7단 구성이며 대금帶金과 대금사이의 지판 구성이 장방형으로 이루어져 있다. 횡장판갑은 세장방형 철판을 이용해 인체의 곡률에 맞게 구부려 횡으로 댄 것이다. 한반도에서 출토되는 이러한 대금계판갑은 종장판판갑과 형식학적으로 연결되지 않고, 출토량과 일본열도와 교류하는 곳으로 지역을 옮겨가며 시기별로 반입되는 것에서 일본열도산으로 추정된다.

　　찰갑은 일정한 크기의 소찰을 횡으로 연결한 다음 다시 종으로 수결하여 상하유동성을 가지도록 한 갑옷이다. 소찰을 좌우로 연결하여 전동前胴의 중앙에서 여미는 것을 동환식胴丸式, 전동과 후동後胴의 좌우 옆구리에서 여미는 것을 양당식兩當式이라고 한다. 이러한 찰갑은 부속구로 목가리개, 팔가리개, 팔뚝가리개, 상갑, 대퇴갑 등을 지니고 있다. 철제 찰갑은 고구려 벽화고분에서 자세하게 묘사된 것에서 고구려에서 신라와 백제, 가야로 전파된 것으로 본다. 4세기대 찰갑은 상하 유동성이

도 Ⅳ-23　금관가야 철제 갑주(김해시 양동리 78호묘)

고려되지 않은 큰 철판으로 만들어지고 목가리개와 같은 부속구도 사용되지 않았다. 그러나 5세기대가 되면 상하 유동성이 확보되어 보관할 때 아랫단이 윗단 밖으로 접어지게 만들어져 괘갑挂甲으로 부르기도 한다. 5세기 가야지역에서 판갑이 제작되지 않는 것은 실용적인 찰갑이 널리 제작되었기 때문이다.

주胄는 교전시 전사의 머리를 보호하는 무구로서 갑과 동일하게 철을 비롯해 가죽 등 다양한 재료로 제작되었다. 4세기 초부터 출현하는 투구는 종장판주縱長板胄, 소찰주小札胄, 관모형복발주冠帽形覆鉢胄, 차양주遮陽胄 또는 미비부주眉庇附胄, 충각부주衝角附胄로 분류한다.

종장판주는 종장판의 형태가 만곡의 유무에 의해 두 종류로 나뉘며 시기가 늦을수록 복발의 높이가 높아지면 만곡이 심해진다. 이를 의장용 주로서의 기능 강화와 관련한다. 소찰주는 작은 철판을 상하좌우로 연결하여 만든 것으로 주의 상단에 관모형이나 원형의 복발을 덮어 사용한다.

대금계의 충각부주는 투구의 상부가 앞으로 튀어나오듯이 각이 진 일본열도 철제 주의 대표적인 형태이다. 차양주는 투구 앞쪽에 챙이 붙은 것으로 종장판의 지판으로 볼 때 복발부주에서 기원한 것으로 본다. 충각부주와 더불어 일본에서 제작되어 한반도에 전해진 것이다.

가야지역은 신라지역이 많은 금공품을 위세품으로 분묘에 부장한 것과 달리 이와 같은 갑주를 권력의 상징물로서 부장하였다.

가야지역의 5세기대 갑주의 지역차는 아직 그 내용이 명확하게 밝혀지지 않았으나, 주胄의 경우 어느 정도 경향을 파악할 수 있다. 4세기부터 신라·가야지역에는 복발부주가 널리 분포하지만, 5세기 후엽이 되면 지역차가 나타난다. 즉 5세기 중엽까지는 경주시 황남동 109호분 3·4곽과 부산시 복천동 21호분 등에서 보이는 폭이 좁은 종장지판縱長地板을 가진 복발부주가 양 지역에 공존하고 있었다. 그 후 신라지역에서는 좁은 종장지판을 가진 복발부주가 여전히 제작되나, 가야지역에서는 5세기 후엽이 되면 합천군 옥전 70호분과 구 오구라小倉 반출 전 경상남도 출토품에서 보이는 폭이 넓은 종장지판을 가진 복발부주가 새롭게 출현한다.

남원군 월산리M1-A곽의 복발부주에서 보이는 복발을 종장지판縱長地板과 결합하는 타원형의 중간금구는 복발과 종장지판을 그대로 연접해서 엮었던 복발부주에서는 볼 수 없는 것이다. 같은 형식이 월산리M5호분에서도 출토되었다(도 Ⅳ-24).

이 금구는 관모부주冠帽系胄의 관모상복발冠帽狀伏鉢과 소찰小札 또는 종장지판縱長地

板을 연결하는 중간 금구로 발전한다. 오구라小倉 반출의 전 경상남도 출토품은 폭이 넓은 종장지판에 이 중간금구를 가진 복발부주로 전형적인 대가야형 주胄로 보았다. 같은 형식의 주胄가 그 후 고령 지산동 518호분과 근래 지산동소형목곽묘에서도 출토되어 필자의 견해가 방증되었다.

그리고 관모계 주와 그 계열의 것으로 생각되는 돌기부주突起附胄는 대가야권에서 복발부주를 개량한 것으로 파악된다. 합천군 옥전M3호분·반계제가A호분에서 소찰小札과 폭이 넓은 방형지판을 가진 관모계주冠帽系胄가 출토되었다. 같은 형식의 금동제 주胄가 고성군 송학동 1호분A-호묘에서 출토되었다. 돌기부주突起附胄는 오구라小倉 반출의 전 창녕 출토품이 있다.

폭이 넓은 종장지판을 가진 복발부주와 관모계주는 신라와 백제의 형식과 분명하게

도 Ⅳ-24　대가야 철제 갑주(남원시 월산리 M5호분)

구분되고 대가야양식의 토기 금공품과 공반되는 점에서 대가야형 주胄로 설정할 수 있다.

남원군 월산리고분군 출토 복발부주는 고령에서 제작되어 이입된 것으로 보이며, 공반한 경갑頸甲도 지판의 형태가 주와 동일한 점에서 같이 제작된 것으로 볼 수 있다.

(2) 화살통

화살을 담는 통으로 호록胡籙, 성시구盛矢具 등으로 불리고 있다. 화살통矢筒의 유기질은 부식되고 장식한 금구金具만이 잔존한다. 구조는 크게 전면식금구前面飾金具와 현수식금구懸垂飾金具로 나눈다.

현수식금구는 본체를 전용벨트에 연결시켜주는 금구이며 동시에 장식적인 성격을 가지고 있다.

전면식금구는 화살통의 본체를 장식하는 것으로 산자형과 대륜형이 있다. 5세기대의 산자형山子形금구를 가진 화살통은 고분벽화에 표현된 것을 근거로 고구려계로 보고 있다. 한편, 6세기대의 대륜형금구를 가진 화살통은 합천 옥전 M3호분 등 대가야권역에서 주로 분포하는 점에서 대가야에서 자체적으로 개발한 것으로 본다.

산자형금구를 가진 화살통은 고령 지산동 30호분 출토품을 들 수 있다. 함안 말이산 25호분에서는 2벌의 산자형금구를 가진 화살통이 부장되었는데, 산자형금구를 가진 화살통은 신라산, 대륜형금구를 가진 화살통은 대가야산으로 본다.

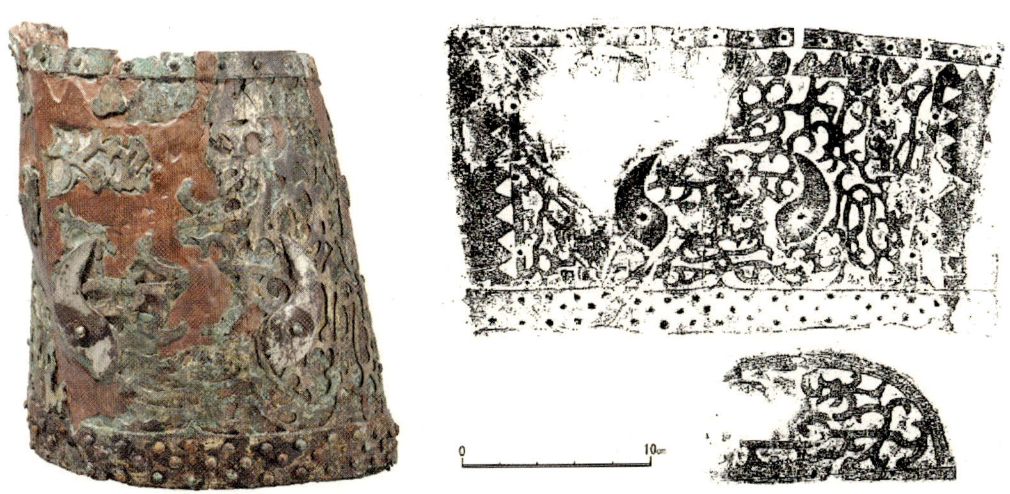

도 Ⅳ-25　대가야 금동제 화살동(고령 지산동 47호분)

196

고령 지산동구 47호분 출토품은 반원통형으로 동지금장판 위에 상, 좌, 우변을 거치문鋸齒文으로 구획하고 이에 연이어 전면을 용문으로 투조한 판을 대었고 그 중앙부에는 은제 곡옥장식 2점을 대칭되게 못으로 고정하였다. 상연에는 대륜상의 금동판을 1열의 못으로 고정하고 하연에는 상연의 두 배 정도 폭의 산자형의 파상波狀 돌출부가 있는 대륜상의 금동판을 3열의 못으로 고정하였다. 반원형의 저판에도 투조로 쌍용문을 새긴 판을 못으로 고정하였다(도 Ⅳ-25).

이러한 대가야산 화살통은 5세기 후반 이후 일본열도에 다수 이입된다.

5) 마구

재갈은 말을 제어하는 데 쓰이며 함, 경판, 인수로 구성된다. 경판의 형태에 따라 표비, 판비, 환비로 분류되는데 그 중 지역색을 가장 뚜렷하게 보여주는 판비는 내만타원형판비와 f자형판비이다. 입문의 형태는 장방형보다는 구멍형태를 이루어 봉상의 구금구가 끼워지는 예가 많고 인수외환에 인수호가 달린 경우가 많다.

등자는 말을 탈때에 발을 걸어 몸의 안정을 유지하기 위한 장구로, 크게 목심윤등과 철제윤등, 호등으로 분류된다. 그 중 가장 출토 예가 많은 목심윤등은 철판보강 방법과 답수부의 폭에 따라 지역성과 시간성을 강하게 반영한다. 가야지역의 대표적인 등자는 병부와 윤상반부까지 철판을 보강하고 병부단면이 오각형을 이루는 등자로 고령·합천지역에서 집중적으로 출토된다. 백제지역인 원주 법천리 1호분과 공주 수촌리고분에서도 이러한 등자가 출토되어 백제지역과의 관련성이 엿보인다.

안장은 기승자의 안정을 위한 장구로, 전륜과 후륜, 좌목으로 구성된다. 안장은 나무는 부식되어 버리고, 안장테를 감싼 복륜覆輪 등의 장식이 주로 발견되는데, 안교鞍橋의 중앙부분과 그 좌우의 기금구磯金具를 일체형으로 만든 것을 신라계 안장, 이를 별도로 분리한 것을 가야계로 본다(千賀久 2004).

행엽과 운주는 말을 장식하기 위한 장식구로 끈의 교차점에 운주가 부착되고 그 밑에 행엽이 달리게 된다. 행엽은 검릉형 행엽, 운주는 환형 운주가 가야지역에서 다수를 차지한다.

마주는 마갑과 함께 적의 공격으로부터 말의 머리를 보호하는 것이다. 마주는 천정부를 세장한 철판을 사용하여 좌우의 면복부面覆部를 결합한 유형과 천정부 전체를 한매의 철판으로 덮은 유형으로 분류된다.

전자는 김해시 대성동 1호묘와 두곡 8호묘, 함안군 마갑총에서 출토되고 있으나 경주시 사라리 65호묘와 옥전M1호분, 35호묘에서 신라산 문물과 공반되고, 부산시 복천동 10호묘에서도 토기를 비롯한 신라문물이 함께 확인되고 있어 신라형으로 본다.

후자는 경주시 황남동 109호분 4곽에서 출토되고 있으나 5세기 후반에는 합천군 옥전M3호분, 옥전 28호묘, 함안군 도항리 8호분에서 확인되고 있어 대가야형으로 본다. 와카야마현 오타니고분 출토의 마주는 미간판眉間板 폭이 넓은 1매의 판으로 된 것으로 대가야지역에서 제작된 것이다. 오타니고분에서는 대가야의 마구와 이식, 사이타마현 쇼군야마將軍山고분에서는 사행상철기와 같은 신라산 마구와 동완이 공반되는 것에서 전자가 대가야형, 후자가 신라형임을 보여준다.

이와 같이 마주馬胄는 출현기에는 신라·가야지역의 형식이 혼재하지만 5세기 후엽에는 상판이 한 판이고 챙의 형태가 삼화형三花形인 합천 옥전 M3호분 출토품과 같은 대가야형 마주와 상판이 2분할된 부산 복천동 10·11호묘 출토품 계열과 같은 신라형 마주로 구분된다.

4세기 전엽 금관가야에는 표비 중심의 기승용 마구가 도입된다. 재갈멈치인 표鑣는 철鐵과 나무, 녹각鹿角 등을 사용하였다. 굴레와의 연결은 표鑣의 중앙에 2개의 구멍을 뚫어 굴레 끈을 직접 연결한 원삼국시대 표비와 달리 철제 입문용立聞用 금구金具를 사용하여 굴레 끈을 연결한 것이 특징이다.

4세기 중엽에는 표비뿐만 아니라 판비가 새롭게 등장하고 기본적인 재갈 외에 안장과 등자, 그리고 장식용 마구인 운주와 행엽 등의 마구류도 출현하여 마구 조합 구성도 갖춘다. 이 시기에 해당하는 대성동 91호분에서는 금동제 용문 투조 반구형 운주, 금동제 마면馬面, 금동제 입형령笠形鈴 등의 금동제 장식마구와 패각貝殼 장식이 부착된 철제 투조 반구형 운주와 패제 소반구형 장식금구 등 요녕성 조양朝陽 원대자袁臺子벽화분, 하남성河南省 안양安陽 효민둔孝民屯154호분 출토품과 형식 조합이 유사한 전연의 화려한 마구가 출현한다(이현정 2016).

그런데 대성동 91호묘 출토 마구의 이입 경로는 경주 월성로가 13호묘 출토품으로 볼 때 신라를 경유하였을 가능성이 크다고 본다. 4세기대 신라에서는 류큐열도산琉球列島産 마구가 발견되지 않았지만, 5세기에는 청자고둥제의 마구가 다수 제작되는 점에서 그러하다.

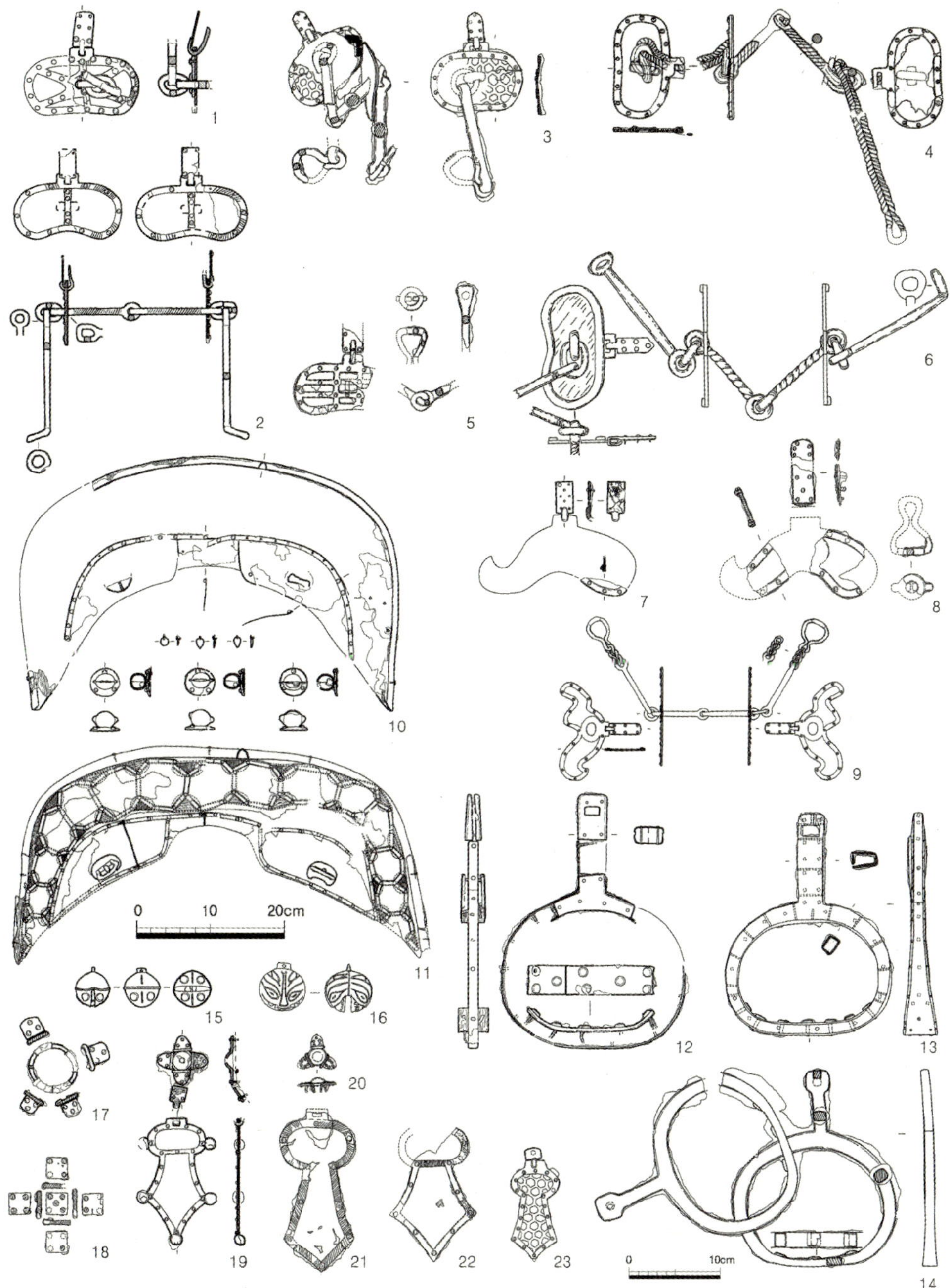

도 Ⅳ-26   5세기 후반 대가야 마구

1·7·10·19: 지산동 44호(경북대학교박물관 외 2009) │ 2·12·15·17: 지산동 44-25호(경북대학교박물관 외 2009) │ 3·9·11·13·14·18·20·21·23: 옥전 M3호(경상대학교박물관 1990) │ 4: 백천리 Ⅰ-3호(부산대학교박물관 1986) │ 5: 옥전 72호(경상대학교박물관 1992) │ 6: 월산리 M1-1호(원광대학교 마한백제문화연구소 1983) │ 8·22: 생초 M13호(경상대학교박물관 2009) │ 16: 반계제가A호(국립진주박물관 1987)

이러한 양상을 참고한다면 아직 4세기 신라 고분이 조사된 사례가 극히 적으므로 금관가야권역의 4세기대 마구의 양상이 기마 문화 도입기의 일반적인 양상처럼 인식하거나, 금관가야에서 중국 동북지방의 기마 문화를 수용한 후 신라와 고령·합천·함안 지역으로 선진 기마 문화를 전파했다는 '낙동강 하류역 기마 문화 확산설'은 객관적인 자료 분석에 근거한 것으로 볼 수 없다(이현정 2016).

5세기 초 고령 지산동 73호분에서는 신라산인 금동제 심엽형 행엽, 철제 환판비, 안교가 부장되었으나, 5세기 전엽으로 편년되는 75호분에서는 대가야산의 금동제의 내만타원형경판비, 검릉형행엽, 은장안교가 부장되어 이 시기에 대가야에서는 독자적인 양식의 마구를 개발된 것을 알 수 있다.

5세기 중엽에는 f자형경판비가 추가되어 내만타원형판비와 검릉형 행엽 등으로 구성된 대가야산 금동제 마구의 조합이 완성된다(도 Ⅳ-26). 한편 다른 지역에서는 이와 같은 현상이 확인되지 않으며, 아라가야에서는 5세기 전반 편원어미형 행엽, 반구형 운주와 같은 신라산 마구가 사용되다가 그 후 검릉형 행엽과 내만타원형비와 같은 대가야산 마구로 바뀌며, 소가야에서도 6세기 이후 대가야산 금동제 마구가 주로 사용된다. 대가야산 마구는 장신구와 함께 대가야의 독자성을 보여준다. 이 대가야산 마구류는 5세기 후엽에서 6세기 전엽에 걸친 시기까지 일본열도에 다수 이입된다.

6) 철기

철정은 길이가 길고 묶어서 운반하기 좋게 양쪽이 넓은 철판으로 4세기 이전에 유행한 판상철부에서 발전한 것이다.

철정은 주로 10배수로 부장되는 양상이기 때문에 화폐, 또는 철소재, 혹은 양자의 기능을 모두 가진 것으로 보는 견해가 있다(송계현 1995).

가야지역에서 가장 이른 시기의 판상철부가 다수 출토되는 곳은 기원 전후한 시기의 창원 다호리고분군이다.

판상철부형 철정은 신라의 경주 월성로가 29호묘, 구어리 1호 목곽묘, 가야의 부산 복천동 38호묘, 46호묘 출토품으로 볼 때 양자 모두 인부刃部가 커지고 날이 없어진 같은 형태이다. 그 후 철정으로 변화면서 신라, 가야 철정은 지역적 특징을 가지며 분화한다.

　　종래 가야 신라의 철정의 지역성에 대해서 필자는 김해, 부산, 경주, 일본열도 출토품을 분석하여 크게 금관가야형과 신라형으로 구분하여 일본열도에 이입된 철소재가 4세기대에는 금관가야, 5세기 전반에는 신라에서 이입된 것을 밝혔다(박천수 2006: 16-17).

　　금관가야형 철정은 김해시 대성동 1, 2, 3호묘, 부산시 복천동 54호묘, 김해시 칠산동 20호묘, 창원시 석동 295호묘 출토품으로 볼 때 측면이 대칭이고 단부가 직선적인 것이 특징이다(도 Ⅳ-27).

　　신라형 철정은 황남대총 남분, 북분, 천마총 출토품으로 볼 때 측면이 비대칭을 이루고 단부가 둥근 것이 특징이다.

　　따라서 그간 금관가야의 대표적인 철정으로 파악되어온 복천동 21, 22호묘의 철정은 이전시기 같은 복천동 54호묘 출토품과 같이 금관가야형 철정으로 볼 수 없다. 따라서 이 철정은 그 규격과 형태가 황남대총 남분 출토품과 유사한 것에서 신라형 철정임이 틀림없다고 할 수 있다.

　　아라가야의 철정은 함안군 도항리 10호묘 출토품 등으로 볼 때 측면이 대칭적이고 양 단부가 내만하며 그 좌우가 둥글게 벌어지는 것이 특징이다(박지혜 2013). 또한 두께가 얇고 양쪽 단부가 크게 벌어지는 형태이다(신동조·장기명 2016: 465).

　　대가야의 철정은 고령 지산동 30호분과 75호분에서 출토되었다. 75호분에서는 심한 도굴의 피해를 입었음에도 불구하고 경주 황남대총과 금관총에 이어 3번째로 많은 114점의 철정이 부장되어 대가야 왕권의 철기의 생산과 유통망의 장악을 알 수 있다(신동조·장기명 2016: 464)

　　그런데 대가야 철정에서 매우 주목되는 현상이 보이는데, 바로 고령 지산동 30호분과 75호분 출토 철정에 신라적인 요소가 보인다는 것이다(도 Ⅳ-28). 즉 연대적으로 그리 멀지 않은 458년 축조된 황남대총 남분 소형철정과 매우 유사하다. 형태가 금관가야와 아라가야 철정과 전혀 다른 비대칭적이며 단부가 둥근 형태가 특징이며 또한 양자가 모두 23cm 전후로서 규격도 일치한다. 따라서 5세기 전반 대가야의 철기 제작에 신라의 영향이 있었음을 알 수 있으며, 이는

도 Ⅳ-27　금관가야형 철정(창원시 석동 295호묘)

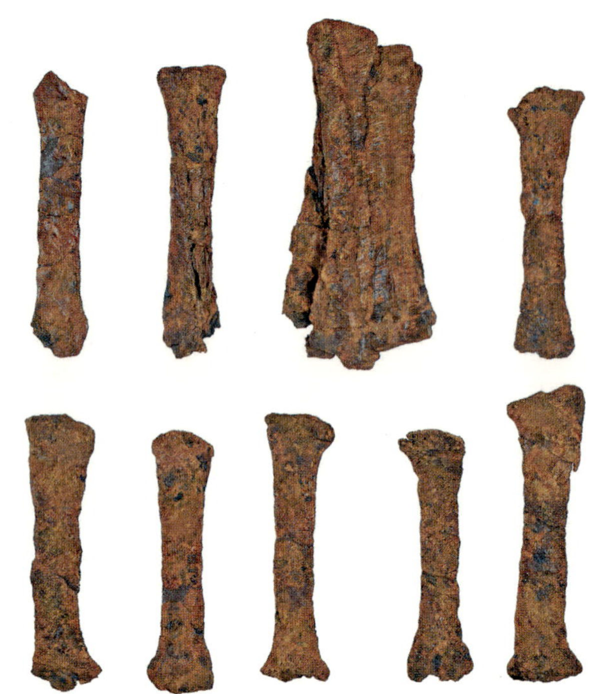

같은 시기 신라마구와 금공품이 대가야에 도입되는 것과 같은 맥락에서 이해된다. 한편 대가야권인 한편 합천 옥전고분군에서 봉상의 철정과 주조철부를 다량으로 부장된 것에서 다른 형태의 철소재를 사용하였을 가능성도 있다.

소가야권역인 창원시 현동고분군에서는 철정의 형태가 시기에 따라 달라진다. 4세기 전반과 후반 현동 76호분과 35호분 출토 철정은 4세기 금관가야의 대성동고분군 출토품과 유사한 좌우 대칭형 철정이다. 5세기 전엽 105호묘, 5세기 중엽 115호묘, 5세기 후엽 6호석곽묘 출토품은 좌우 비대칭형 철정으로 경주형 철정으로 추정된다. 그런데 이와 유사한 형태의 철정이 5세기 중엽 창녕 계남리 1호분에서 보이며, 현동 고분군을 비롯하여 마산만에 면한 창원지역에는 다수의 창녕양식 토기가 이입되고 또한 현지에서 모방 제작된다는 것에 주목할 필요가 있다. 이 창녕양식 토기는 남해안의 고성에 인접한 통영 남평리고분군에서도 다수 확인된다. 따라서 소가야는 4세기대는 금관가야산 철소재를 수입하였으나, 5세기 이후에는 창녕지역을 중계로 신라산 철소재를 수입한 것으로 보인다.

철정은 4세기이후 금관가야지역에서는 부장이 쇠퇴하고 5세기대가 되면 함안과 고령지역에서 그 부장수가 늘어나고 일정한 규격으로 제작되지만, 5세기 후엽부터는 가야 전 지역에서 그 크기도 줄어들고 점차 부장되지 않는다.

철제 농공구는 낫, 따비, 철부, 쇠삽날, 쇠스랑, 살포, 철서 등이 있다. 낫이나 따비, 철부 등은 철기가 유입된 시기부터 나타나고, 쇠삽날, 쇠스랑, 살포 등은 철기 생산이 증가하는 4세기대에 이르러 고분에서 출토되고 있다. 낫이나 철부는 대부분의 고분에서 부장되나, 따비, 쇠삽날, 쇠스랑 등이 부장되는 고분은 그 지역의 중심고분군이다.

대가야권에서 실용적으로 사용되기에는 너무 작고 실제 날도 없는 축소모형철기인 낫, 살포, 따비, 도끼, 도자가 고분에서 출토된다. 이들 철제농공구의 부장은 당시에 농업이 사회경제적으로 중요한 의미를 갖고 있었다는 것을 보여준다.

7) 청동용기

합천 옥전M3호분, 합천 저포리D1-1호분, 의령 경산리 2호분, 진주 옥봉 7호분·수정봉 2호분, 고령 지산동 44호분(도 Ⅳ-29). 등에서 동완 또는 이를 모방한 토기가 출토되었다. 이를 형태에 따라 구분하고자 한다면 크게 굽의 유무에 따라 옥전M3호분, 경산리 2호분, 지산동 44호분 출토품과 옥봉 7호분, 수정봉 2호분 출토품으로 구분할 수 있다. 먼저 전자는 굽이 달리지 않은 것으로 기고에 비해 구경이 크며 기벽은 1mm정도로 아주 얇고 구연부에 이르러서는 단면 역삼각형 상으로 넓어져 구연단이 가장 폭이 넓다. 기면에는 지산동 44호분 출토의 1점을 제외하고는 모두 구연 바로 아래에 침선을 돌렸으며 이외에 동상반부나 저부 등에 침선을 돌리기도 하였다. 개는 지산동 44호분 출토품 중 하나에만 접시형인 것이 있다. 이러한 유형은 고구려 또는 신라지역에서 발견되는 것과는 현저히 다른 것으로, 아직 출토예가 많지 않아 단정하기는 곤란하지만 대가야권의 분묘에서 출토되는 것과 무령왕릉 출토품은 계보상 서로 연결되어 있을 뿐만 아니라 제작지도 같은 곳일 가능성

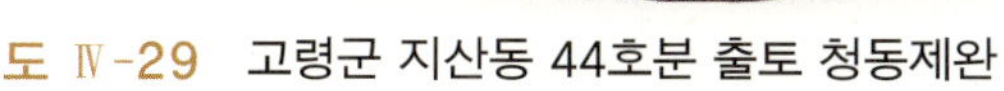
도 Ⅳ-29　고령군 지산동 44호분 출토 청동제완

이 크다.

또 다른 유형으로는 수정봉 2호분 출토 동완과 옥봉 7호분 출토 동완형 토기가 있다. 동완과 동완형 토기는 모두 굽이 달려 있으며 보주형꼭지개를 가지고 있다. 그리고 개와 완신에는 일정 간격으로 침선 또는 돌대를 돌렸다. 수정봉 2호분 출토 동완을 앞의 동완들과 비교해보면 굽이 있는 것뿐 만아니라 구연부까지 얇은 두께가 유지되고 있어 차이를 알 수 있다. 그리고 수정봉 2호분 것은 유일하게 개에 도금이 되어 있다. 옥봉 7호분 출토품은 동완들과 달리 두께가 두꺼우며 구연부가 최대경인 것에서 특징적이다. 수정봉 2호분 출토 동완은 전자와 계통이 다르고, 경주 분황사 출토품과 동일한 형태인 점에서 신라계로 본다.

8) 자연유물

가야지역 해안의 패총에서는 골제와 철제의 낚시바늘, 작살 및 어패류 유해가 출토된다. 김해 대성동 2호묘, 합천 옥전 M3호분과 같은 왕묘급 고분에 역자식 철제 작살이 부장된 상황은 당시 어로활동이 중시되었음을 시사한다. 포획된 어패류는 참돔, 감성돔, 농어, 상어, 소라, 전복, 굴 등이다.

김해 신방리유적에서는 멧돼지와 사슴, 고라니, 노루 등의 포유동물哺乳動物을 비롯하여 고방오리, 재두루미, 꿩 등의 조류鳥類 유체가 출토되었다. 그리고 창원 가음정동유적에서는 족제비와 오소리, 사슴, 고라니, 진해 용원유적에서는 사슴과 멧돼지, 노루, 너구리, 청둥오리, 가마우지, 꿩 등의 유체가 출토되었다.

도 Ⅳ-30　대가야권 출토 마치(1: 고령군 지산동 73호분, 2: 남원시 두락리 32호분)

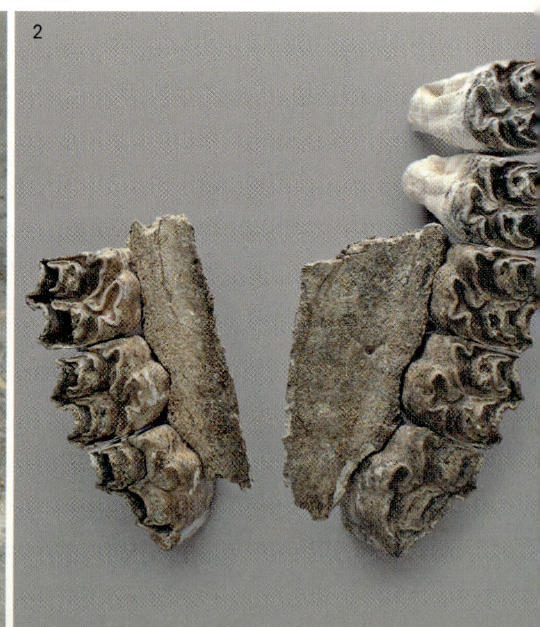

김해 봉황대유적에서는 말과 소, 개, 사슴, 멧돼지 등의 동물 유체가 출토되었다(김도헌 2016).

마산 합성동고분군에서는 수혈유구에서 의례에 사용된 소, 말을 중심으로 멧돼지, 사슴 유체가 출토되었다(정태진 2007).

창녕 교동7호분에서는 북쪽 수혈에서 6개체의 동물유체가 출토되었다. 개 1개체와 쇠기러기 1개체를 겹치게 의도적으로 매납한 것으로 추정된다(유병일 2014).

가축사육은 김해 대성동 1호묘, 11호묘, 24호묘에서 소뼈가 다수 출토되고, 부산 동래패총에서 치주염의 흔적이 있어 멧돼지로 볼 수 없는 돼지뼈가 출토된 것에서 알 수 있다.

말의 유체는 부산 동래패총, 김해 봉황대토성, 창원 합성동고분군, 고령 지산동 44호분, 지산동 73호분, 합천 반계제가A호분, 남원 두락리 32호분에서 출토되었고, 이 시기 일본열도에 대가야산 말이 다수 이입된 것에서 가야지역에 말 사육이 성행했음을 알 수 있다. 특히 대가야권역에서는 말의 머리를 사용한 의례가 실시된 것이 주목된다(도 Ⅳ-30).

상형토기에는 압형토기가 다수를 점하고 그 가운데 목 부분에 고리를 표현한 것이 있어 오리를 사육하였음을 알 수 있다. 소수이지만 계형鷄形토기가 보이고 닭뼈가 토기 안에서 출토되는 것에서 오리와 함께 식용으로 닭도 사육된 것으로 보인다.

도 Ⅳ-31 조형토기와 현대 중국의 가마우지 어로

도 Ⅳ-32 토기내 음식물 공헌

1: 고령군 지산동고분군 34SE-3호분 │ 2: 지산동 34호분 연결석곽 │ 3, 4: 함안군 오곡리 5호묘

그리고 조형토기의 목 부분의 고리와 물고기를 물고 있는 것과 관련하여 오리를 가마우지처럼 어로漁撈에 사용하였을 가능성이 상정된다. 이와 관련하여 『수서隋書』왜국전에 以小環挂鸕鷀項令入水浦漁日得百餘頭라는 기록이 주목된다(도 Ⅳ-31).

가야고분 출토 토기에는 동물 뼈, 패류, 과실 등을 찾아 볼 수 있어서 원래는 대부분의 토기에 생전에 섭취하던 음식물이 공헌된 것으로 보인다.

고령 지산동 44호분에서는 담수어인 누치가 토기에 넣어져 부장되었고, 합천 저포리 B지구 20호묘에서는 어망추가 달린 그물이 부장되어, 담수어로도 성행했음을 알 수 있다. 지산동고분군 34SE-3호분에서는 토막 낸 대구를 고배에 넣어 부장하였고(도 Ⅳ-32), 고둥도 부장되어 해안의 물산이 멀리 떨어진 내륙으로 이동하였음을 알 수 있다.

함안군 오곡리 5호묘에서는 고배내에서 민어과의 조기류와 돔이 출토되었다.

공봉석, 2016, 「가야의 주거와 취락」, 『가야고고학개론』(재)중앙문화재연구원·진인진.

곽종철, 2003, 「가야의 생업」, 『가야 고고학의 새로운 조명』, 혜안.

권오영, 1991, 「고대 영남지방의 순장」, 『한국고대사논총』4, 가락국사적개발연구원.

김도현, 2016, 「가야의 생업과 제의」, 『가야고고학개론』(재)중앙문화재연구원·진인진.

박지혜, 2013, 『4-6세기 영남지방 출토 철정의 변천과 지역성』, 경북대학교 대학원 석사학위논문.

朴天秀, 1998, 「考古學から見た古代の韓·日交涉」, 『青丘學術論集』第12集, 東京, 財團法人韓國文化
　　　　研究振興財團.

朴天秀, 2006, 「3~6世紀 韓半島와 日本列島의 交流」, 『한일신시대의 고고학』, 영남고고학회·구주고
　　　　고학회

박천수, 2010, 『가야토기-가야의 역사와 문화』, 진인진.

박천수(외), 2006, 『전 대가야궁성지』, 경북대학교박물관.

박천수(외), 2009, 『고령지산동 44호분-대가야왕릉-』, 경북대학교박물관.

송계현, 1995, 「洛東江下流域의 古代 鐵生産」, 『加耶諸國의 鐵』, 인제대학교 가야문화연구소·新書苑.

신동조·장기명, 2016, 「가야의 철생산과 철기문화」, 『가야고고학개론』, (재)중앙문화재연구원·진인진.

유병일, 2014, 「7호분 매장주체부 북쪽 수혈 출토 동물유체 분석결과」, 『창녕 교동과 송현동고분군-제
　　　　1군 7호분 및 주변 고분』, 우리문화재연구원.

이한상, 2016, 「가야의 장신구」, 『가야고고학개론』, (재)중앙문화재연구원·진인진.

정태진, 2007, 「마산 합성동유적 매납수혈 내 출토 동물유체에 대하여」, 『마산 합성동 유적』, 경남고
　　　　고학연구소.

趙晶植, 2005, 『洛東江 中流域 三國時代 城郭 研究』, 경북대학교 대학원 석사학위논문.

하승철, 2017, 「아라가야의 고도 함안」, 『한국의 고도와 익산』, 원광대학교 마한 백제문화연구소.

加耶

V

가야와 왜의 교류

가야의 대외 교류는 고고자료와 문헌사료로 볼 때 왜와의 교류가 주류를 이룬다. 여기에서는 가야와 왜의 관계를 통하여 가야 전기 금관가야에서 대가야로의 발전 배경과 위상에 대해 논하고자 한다. 이는 이제까지 국내의 고고자료와 문헌사료만 의존해온 연구를 극복하는 방안으로 판단된다.

선사시대 이래 김해지역은 한반도와 일본열도와의 교류에서 관문 역할을 담당해왔다. 3~4세기 일본열도에는 금관가야산 철정을 비롯한 철제품이 이입되고 4세기 말에는 금관가야의 공인에 의해 일본열도에서 최초로 회청색경질토기가 제작된다.

한편 3~4세기 가야 전기 중심국인 금관가야의 왕묘역인 대성동고분군에서는 종래 구야국의 왕묘역인 양동리고분군에서 부장되던 북부 규슈九州산 광형동모와 방제경을 대신하여 새롭게 파형동기波形銅器가 부착된 방패盾, 벽옥제석제품碧玉製石製品, 옥장玉杖, 통형동기筒形銅器 등 기나이畿內계 문물이 부장된다.

이는 구야국이 철을 매개로 선사시대 이래 오랫동안 일본열도측 창구의 역할을 담당한 규슈지역과 교섭하여 왔으나, 그 후 금관가야가 일본열도 중심부인 기나이지역과의 교섭을 본격적으로 개시한 것을 상징하는 것이다.

이처럼 김해지역의 문물이 일본열도에 이입되고, 이제까지 이입되지 않던 기나이畿內지역의 문물이 대성동고분군에 이입되는 것에 주목하여, 일본열도 속의 금관가야 문화에 대하여 살펴보고 그 이입배경에 대해 살펴보고자 한다.

3~4세기 뚜렷한 토기의 양식적 특징과 분포권을 형성한 정치체가 금관가야와 함께 아라가야인 것은 두 나라가 가야 전기의 중심국임을 나타내는 것이다.

특히 아라가야 양식 토기의 광역 분포권으로 유추되는 관계망은 아라가야가 금관가야와 함께 가야 전기에 양대 세력을 형성한 것으로 보았다. 일본 시코쿠四國지역에서 아라가야 공인에 의한 초기 스에키가 생산되며 더욱이 서일본지역에서 아라가야 양식 토기가 출토된다. 일본열도 출토 아라가야 양식 토기를 통하여 일본열도 속의 아라가야 문화와 그 이입 배경에 대해 접근하고자 한다.

5세기 전반 이전 시기의 아라가야양식 토기를 교체하듯 소가야양식 토기가 동남해안과 황강유역, 남강 중·상류역까지 분포권이 확대된다. 이는 아라가야를 대신하여 남강수계와 남해안 일대에서 소가야가 일시적으로 가야의 중심세력으로 등장하였음을 보여주는 것이다. 이 시기 소가야양식 토기는 광양시 칠성리유적, 광주시 동림동유적, 서울시 풍납토성 경당지구에서도 확인된다. 그런데 칠성리유적과 동림동유적과 풍납토성에 인접한 몽촌토성에서 일본열도산 스에키가 출토되어 소가야세력이 남해안의 제해권을 기반으로 일본열도를 연결하는 중계 교역 활동을 한 것으로 상정된다. 즉 소가야세력은 남강 중류역의 산청군 옥산리·묵곡리유적 출토 백제문물과 서울시 풍납토성의 소가야양식 토기 및 몽촌토성의 스에키로 볼 때, 함안세력을 대신하여 남강수계와 금강수계를 통해 백제지역과 교섭했을 뿐만 아니라 백제와 일본열도를 중계했음을 알 수 있다. 더욱이 근래 에히메현愛媛縣 미나미이치바구미南市場組요에서 소가야양식 토기가 제작된 것이 확인되는 것에서 일본열도 출토 소가야양식 토기를 통하여 일본열도의 소가야 문화와 그 이입 배경에 대해 살펴볼 것이다.

5세기 후반 대가야 양식 토기가 황강 수계, 남강 중·상류역, 금강상류역, 섬진강 수계, 동남해안, 일본열도에 분포한다. 이는 아라가야와 소가야가 활동하였던 관계망을 고령세력이 새로이 장악함으로써 4세기까지 내륙의 소국에 불과했던 대가야가 가야 후기의 중심국으로 성장하는 과정을 잘 반영하는 것으로 본다. 특히 이시기 일본열도에는 5세기 전반에 이입되던 신라산 문물을 대신하여 대가야산 금제, 금동제 장신구, 금동제 마구, 철기 등이 이입된다.

이제까지 대가야 발전의 배경에 대해서는 합천 야로지역 철산의 개발을 중심으로 설명되어 왔으나, 필자는 국내의 자료만으로 그 과정과 배경을 밝힐 수 없다고 생각한다. 그 이유는 대가야의 영역 확장 과정이 섬진강수계와 남해안을 지향하는 것과 5세기 중엽 이래 일본열도 각지에 대가야문물이 유입되기 때문이다. 따라서 그간 내륙에 위치하여 후진국으로 파악되어온 대가야상을 전면적으로 재고할 필요가 있다.

그래서 필자는 대가야의 성장과정을 한반도의 자료뿐만 아니라 가야와 왜의 교류양상을 분석하여 접근하고자 한다. 또한 이제까지 필자가 주목해 온 대가야에 의한 섬진강로의 확보에 따른 일본열도와의 교역과 관련하여, 일본서기의 내용으로 볼 때 대가야영역으로 파악되는 소위 임나사현任那四縣의 여수, 순천, 광양지역의 진출에 의한 남해안의 제해권 장악을 통하여 대가야의 발전 배경에 대해서 살펴볼 것이다.

그리고 한반도의 삼국시대에 해당하는 일본열도의 고분시대 중기인 5세기 후반에 이입된 대가야문물의 분석을 통하여 대가야와 왜의 관계, 대가야권역의 성립시기와 그 형성배경에 대하여 접근하고자 한다. 이 시기 일본열도의 이입문물 대부분이 대가야산임을 밝히고 이제까지 문헌사료로서 파악하기 어려웠던 대가야와 왜의 관계에 대해 접근할 것이다. 대가야권역의 성립시기에 대해 특히 대가야산 문물이 일본열도에 이입되는 것을 통하여 살펴보고자 한다. 대가야권역의 성립배경에 대해서는 대가야의 섬진강로의 확보에 따른 일본열도와의 교역과 관련하여, 남해안 진출에 따른 제해권의 장악을 통하여 접근한다. 나아가 대가야문화가 일본열도의 문명화에 끼친 영향과 그 역사적 의의에 대해 논한다.

1. 일본열도 출토 가야 문물

1) 장신구

고대의 장신구는 단순히 신체를 장식하는 것으로 볼 수 없고, 소유도 엄격히 제한되었으며, 특히 금제, 금동제의 장신구는 착장자의 권력과 위세를 과시하는 용도로 사용되었다. 5세기 후반 대가야는 신라, 백제와 구별되는 독자적인 관모, 이식, 대장식구를 제작하여 일본열도에 수출하였다. 당시 왜가 대가야산 장신구를 수용한 것은 대가야와 왜와의 정치적인 동맹관계를 보여주는 것으로 본다.

(1) 관식(도 V-1)

대가야의 관은 앞에서 언급한 바와 같이 신라관과 백제관과는 달리 보주형寶珠形 입식으로 장식한 것이 특징이다.

후쿠이현福井縣 니혼마츠야마二本松山고분, 나가노현長野縣 사쿠라카오카櫻ヶ丘고분 출토 관은 액대식額帶式으로 중앙에 대형의 보주형장식을 가진 점, 사쿠라카오카고분 출토 관은 연변緣邊에 파상점렬문波狀点列文을 시문한 점과 중앙 돌기에 앵무새 부리형의 장식을 가진 점에서, 지산동 32호분과 지산동 30호분 출토 관을 조형으로 하여 제작된 것으로 본다. 도치키현栃木縣 구와桑57호분 출토 관도 반원형입식이 없으나 액대에서 직접 3개의 입식을 세우고 전방부만을 장식한 점에서 이들 관과 같은 계통이다. 도야마현 아사히나가야마朝日長山고분 출토 금동제의 관모는 합천군 반계제가A호분 출토품과 유사하여 대가야산으로 본다.

도 Ⅴ-1 일본열도의 대가야 관

1, 2: 후쿠이현 니혼마츠야마고분 | 3: 나가노현 사쿠라카오카고분 | 4: 도치키현 구와 57호분

214

(2) 이식

일본열도 출토 금제 수식부이식垂飾附耳飾가운데 특히 사슬형 연결금구와 공구체형 중간식을 조합한 이식은 고령군 지산동고분군 출토품에서 그 계통을 구할 수 있다. 이는 이 형식의 이식이 출토된 구마모토현熊本縣 모노미야구라고분에 공반된 파수부유개완이 대가야양식 토기인 점에서 증명되었다.

대가야 이식은 공구체 중간식을 연결하고 그 아래 사슬모양의 연결고리를 사용하여 심엽형, 원추형, 산치자형, 낙하산형, 삼익형, 공구체 등의 끝장식을 단 것이다. 초기에는 백제이식의 영향을 받아 제작되다가 대가야의 독자적인 이식으로 변화한다.

5세기 후반 대가야산 금제, 은제 수식부이식의 특징은 사슬이 긴 장쇄식長鎖式인 점이다. 구마모토현 에타후나야마江田船山고분, 미야자키현宮崎縣 시모키타카타下北方5호분, 효고현 미야야마宮山고분·간즈스카カンス塚고분, 나라현奈良縣 니이자와센즈카新澤千塚109호분, 와카야마현和歌山縣 오타니大谷고분, 후쿠이현 무카이야마向山1호분·덴진야마天神山7호분·니시즈카西塚고분, 군마현群馬縣 겐자키나가토로니시劍崎長瀞西10호분, 지바현千葉縣 아네자키후타코즈카姉崎二子塚고분, 기온오츠카야마祇園大塚山고분 등 일본열도 전역에서 출토되었다(도 V-2).

6세기 전엽의 대가야산 수식부이식은 사슬이 짧은 단쇄식短鎖式으로 산치자형 수식을 가진 것이 특징이다. 후쿠오카현 히하이즈카日拜塚고분·다치야마야마立山山8호분, 사가현佐賀縣 다마시마玉島고분·류오키龍王崎11호분, 구마모토현 모노미야구라고분·덴사야마傳佐山고분·다이보大坊고분, 나라현 와리즈카割塚고분, 오사카부 이치스카一須賀B7호분, 미에현三重縣 호코리구루마즈카保古里車塚고분, 나가노현 아제치畦地1호분 등 일본열도 전역에 대가야산 이식이 이입된다(도 V-3).

시가현滋賀縣 가모이나리야마鴨稻荷山고분 출토 이식은 무령왕릉과 송산리 6호분 출토품과 같이 작은 고리를 연접시켜 만든 반구체 안에 유리옥이 감입된 중간식이 사용된 것으로 백제계로 지적되어 왔다(野上丈助 1982). 그러나 가모이나리야마고분 출토 이식은 사슬로 된 연결금구와 수하식의 상하를 장식한 금립金粒은 대가야계 이식의 요소인 점에서 공반된 금동제 환두대도와 함께 대가야산으로 파악된다.

그 외 구마모토현 시로카츠지城ヶ辻6호분, 이시카와현石川縣 수이사카마루야마吸坂丸山5호분, 군마현 마에후타코야마前二子山고분 등 출토 금제 소환이식도 고령군 지산동고분군 출토품으로 볼 때 대가야산으로 본다.

1: 구마모토현 덴사야마고분　|　2: 효고현 간즈즈카고분　|　3: 미야자키현 시모키타카타 5호분　|　4: 효고현 미야야마고분

5: 나라현 니이자와109호분　|　6: 구마모토현 에타후나야마고분

도 Ⅴ-3 일본열도의 대가야산 이식(6세기 전반)

1: 오사카부 이치스카B7호분 | 2: 후쿠오카현 히하이즈카고분 | 3: 구마모토현 모노미야구라고분 | 4: 나라현 와리즈카고분
5: 미에현 호고리구루마즈카고분 | 6: 후쿠오카현 다치야마야마고분 | 7: 시가현 가모이나리야마고분

5세기 후엽 일본열도에서는 교토부京都府 고쿠즈카穀塚고분, 오사카부 나가모치야마고분, 후쿠이현 니시즈카고분, 사이타마현埼玉縣 이나리야마稻荷山고분, 구마모토현 에타후나야마고분 출토품과 같은 반육조의 용문대장식구가 출현한다. 오카야마현岡山縣 우시부미차우스야마牛文茶臼山고분에서는 귀면문대장식구가 부장된다.

반육조 용문대장식구는 도쿄박물관 보관의 오구라小倉반출품의 같은 형식 대장식구가 대가야권에서 도굴된 것으로 추정되는 점과, 고령군 지산동구 47호분과 합천군 옥전M3호분에서 귀면문대장식구가 출토된 것에서 대가야에서 이입된 것으로 본다.

고령군 지산동 44호분 출토 금동제 안교에 부착된 방울의 측면에 양이兩耳가 붙은 것이 확인되어 주목된다. 즉 교토부 고쿠즈카고분, 사이타마현 이나리야마고분, 오카야마현 우시부미차우스야마고분 출토 대장식구에는 이와 같은 방울이 달려있는 점에서, 이 시기의 대장식구가 대가야산임이 증명되었다. 또한 이 시기 일본열도 출토 반육조 용문대장식구에는 능삼문稜杉文을 용문의 주연에 시문하고 있으며, 이 문양은 대가야에서 제작된 것으로 파악되는 옥전M3호분 출토 반육조 용봉문 환두대도 용문의 구획에 주로 시문된다. 일본열도 출토 용문대장식구는 옥전고분군 출토 환두대도와 반육조의 용문을 능삼문으로 구획하는 동일한 의장을 가진 점에서 대가야산으로 파악된다.

2) 토기

(1) 금관가야양식

기후현岐阜縣 아쇼비즈카遊塚고분은 4세기 후엽에 조영된 전장 80m의 대형 전방후원분으로 이곳에서 출토된 파수부단경호把手附短頸壺의 개蓋는 일찍부터 부산시 화명동 7호분 출토품과 유사한 것으로 파악되어 왔다(定森秀夫 1982). 이 토기는 아쇼비즈카고분의 철제 농공구와 함께 금관가야에서 이입된 것으로 본다. 인접한 전장 82m의 대형 전방후원분인 기후현 요로이즈카鎧塚고분에서 채집된 통형기대筒形器臺는 4세기 후엽의 김해시 대성동 11호분 출토품에서 유례가 확인되고, 이 고분군에서 토우의 부착 예가 보이는 점으로 보아 김해지역산으로 파악된다. 또 시즈오카현靜岡縣의 전장 110m의 대형 전방후원분인 쇼

린잔松林山고분에 바로 접한 신메이神明고분군에서 출토된 통형기대는 종래 초기 스에키須惠器로 파악(鈴木敏則 1999)되어 왔으나 황갈색의 색조, 기형과 토우가 부착된 점에서 역시 김해지역산으로 판단된다.

오사카부大阪府 구메다久米田고분의 고배형기대는 황갈색의 색조, 배신의 타래문, 집선문, 파상문의 구성과 각부의 즐치문櫛齒文을 세로로 나열하여 시문한 점 등 그 세부에 이르기까지 김해시 대성동 1호묘, 부산시 복천동 31호묘 출토품과 유사하다.

나라현奈良縣 취락유적인 야마타미치山田道유적 출토의 무개식고배는 김해, 부산지역에 분포하는 외절구연 고배로서 부산시 화명동 2, 7호묘 출토품과 유사하다(定森秀夫 1994).

오사카부의 취락유적인 야오미나미八尾南유적 SE21출토 호壺는 구연부에 돌대를 돌리고 타날한 후 나선상침선을 돌린 것으로 복천동 21, 22호묘의 토기와 유사하다(米田敏幸 1993). 이 형식의 호는 오사카부 오바데라大庭寺유적에서도 확인되는 것으로 스에키 공인의 출자 파악에도 단서를 제공한다.

후쿠오카현福岡縣 후쿠오카시 서쪽 해안 사구砂丘상에 입지한 대규모 취락유적인 니시신마치유적西新町유적과 오사카부 규호지久寶寺유적 출토 노형기대는 원삼국시대 후기의 신식 와질토기를 모방하여 현지에서 제작된 것이다. 이러한 토기의 계통은 규호지유적에서 노형기대와 공반된 첨저옹이 부산시 노포동고분군 출토품과 유사하고, 이 시기 일본열도에 이입된 문물의 대부분이 낙동강하류역산인 점에서 김해·부산지역으로 본다.

오사카부 오바데라유적의 가마유구인 TG231, TG232요 출토 토기는 일본열도에서 지금까지 최고 형식으로 설명되었던 스에무라陶邑 TK73형식보다 확실히 1단계 선행하는 초기 스에키로 평가된다(朴天秀 1993). 즉 일본열도에서 최초로 회청색 경질토기를 생산하는 가마가 오사카 남부에서 조업을 개시한 것이다. 이 유적에서는 여러 기종의 토기가 출토되었으나 그 가운데 특히 고배高杯의 개蓋는 가야지역 출토품과 구별이 되지 않을 정도로 흡사한 제작기법으로 만들어졌다(도 V-4).

고배는 대각 투창의 형태에 따라 삼각형, 장방형, 능형으로 분류할 수 있다. 장방형의 다투창 고배와 소형투창을 가진 통형 고배는 함안지역에 주로 분포하고 있으며 그 계통은 아라가야 양식에서 찾아진다. 또한 삼각형투창의 고배는 5세기대에는 소가야권에 분포하고 있으나 4세기대에는 함안지역에서도 분포하는 것에서 아라가야양식으로 본다.

통형기대는 부산시 화명동 7호분 출토품과 유사하다. 고배형 기대는 배신의 문양

도 Ⅴ-4   오사카부 오바데라유적 출토 토기

이 대부분 파악되어, 이 유적의 초기 스에키 공인의 계통을 파악하는데 중요한 자료이다. TG232폐기장에서 출토된 고배형기대의 문양구성을 분석해 보면, 무문無文(1), 격자문格子文(2), 격자문格子文 + 거치문鋸齒文(3), 결승문結繩文(2), 파상문波狀文 + 거치문鋸齒文(11), 파상문波狀文(10)의 조합으로 구성되어 있다. 격자문, 거치문, 결승문을 복합한 문양구성이 주류를 이루는 가운데 새롭게 파상문이 시문된 기대가 출현하는 양상을 관찰할 수 있다. 이러한 문양 조합은 복천동 21·22호묘와 거의 일치하는 것으로 판단된다. 또 그 가운데에는 복천동 10·11호묘 출토의 '산山'자형 변형파상문을 가진 것이 확인된다.

오바데라유적은 폐기장의 규모가 크고 수백 개체의 대옹이 발견되는 점으로 볼 때 일정기간 동안 조업한 것으로 파악되는데 이 기대는 4세기 말부터 5세기 초에 걸친 시기에 제작된 것으로 파악된다(朴天秀 1998). 오바데라유적 출토 초기 스에키는 수장묘에 사용되는 제기인 기대류는 김해·부산지역에서, 고배 등은 함안 등의 경남 서부 지역에 출자를 가진 공인에 의해 제작되었을 가능성이 크다.

(2) 아라가야양식

오사카부大阪府 규호지久寶寺유적에서 약 500m 떨어진 가미加美1호묘 출토 승석문호繩席

文壺는 와질토기에서 회청색 경질토기로 전환하는 시기에 제작된 토기이다. 이토기는 동부에 함몰흔이 있고 구연부가 타원형인 점에서 횡치 소성에 의해 제작된 것으로 파악된다. 가미 1호묘 출토 토기는 이러한 기법은 이 시기 함안지역에서만 확인되는 점에서 아라가야 양식 토기로 본다.

나카사키현長崎縣 쓰시마對馬島의 해안에 입지하는

도 V-5　일본열도의 아라가야양식 토기(나가사키현 다이쇼군야마고분)

석관묘인 다이쇼군야마大將軍山고분에서 출토된 승석문양이부호繩席文兩耳附壺는 직립하는 구연부를 가지고 저면에 타원형의 선각이 있다. 이 토기는 발견 당시 백제토기로 파악(小田富士雄 1978)되어 왔으나 함안지역산 토기로 판단된다. 그 근거는 이 형식의 호가 도항리고분군을 비롯한 함안지역에서 집중적으로 출토되고 있고 이제까지 주목하지 못했던 저면의 선각은 이 지역에서 주로 보이는 도부호이기 때문이다. 따라서 이 토기는 3세기 중엽의 함안지역산으로 판단된다(도 V-5).

후쿠오카현福岡縣 히가시시모타東下田유적에서도 함안지역산으로 보이는 4세기대의 승석문타날호繩席文打捺壺가 출토되었다. 이 토기는 저면에 배모양 선각이 있어 주목된다. 왜냐하면 이러한 선각은 함안지역에서 확인되는 반월형의 예새기호로 판단되기 때문이다. 동일한 형식인 나가사키현의 아사히야마朝日山고분, 미네三根유적, 세토바루瀨戶原유적, 고후노사에コフノサエ유적, 하루노츠지原の辻유적, 후쿠오카현 니시신마치西新町유적, 시마네현島根縣 가미나가하마上長浜패총, 돗토리현鳥取縣 아오키이나바靑木稻場유적 출토 승석문양이부타날호繩席文兩耳附打捺壺도 4세기대의 아라가야양식 토기이다.

5세기에도 일본열도에는 아라가야 양식 토기가 이입된다. 나라현奈良縣 시죠오타나카四條大田中유적에서는 제사에 사용된 것으로 추정되는 금琴, 양산형 목제품 등과 함께 소형 투공이 천공된 함안지역산 소형 기대가 시루, 심발형 토기와 같은 한식계토기와 함께 출토되었다. 나라현 신토新堂유적에서는 유로에서 화염형투창고배 2점, 원통형배 1점이 송풍관, 노재爐滓, 철재鐵滓, 시루 등의 한식계토기와 함께 출토되었다. 에히메현愛媛縣 사루카타니猿ヶ谷2호분 분구 출토품은 고배형기대, 통형고배, 삼각투창고배, 광구소호, 소형기대, 통형기대의 조합을 이루고 있으며 기대와 고배의 형식으로 볼 때 5세기 초에 제작된 것으로 추정된다. 사루카타니 2호분 고배형기대는 사격자문이 시문된 것으로 전형적인 아라가야양식의 기대로 보인다. 고배는 원형투공이 뚫린 통형고배와 삼각투창고배가 있는데, 전자는 아라가야양식의 표지적인 기종이며 후자의 삼각형투창의 고배도 유사한 것이 함안지역에서도 출토되고 있어 양자 모두 아라가야양식으로 파악된다. 그리고 이 고분에서 출토된 나가사키현 에비스야마惠比須山고분 출토품과 유사한 소형기대와 광구소호는 영남지역의 비교적 넓은 범위에서 분포하고 있으나, 함안지역에서도 확인되고 있고 공반된 기종이 이 지역산인 점에서 아라가야양식으로 본다. 또 4세기 말을 전후하여 이입된 에히메현愛媛縣 후나카타니船ヶ谷유적 출토 2점의 소형 통형기대는 기형과 화염형 투창의 형태로 볼 때 함안지역산으로 파악되어 이 시기 아라가야양식 토기가 이 지역에 집중적으로 반입된 것을 알 수 있다(朴天秀 2004).

　　나라현 미나미야마南山4호분의 기마인물형토기는 동일한 형식의 이양선수집 경주박물관 소장품이 김해지역 출토품으로 추정되어 이 지역에서 이입된 것으로 생각되어 왔다. 그런데 이 토기는 각부형태와 능형의 소형 투공과 공반된 소형 통형 기대와 동일한 형식이 합천군 저포리A지구 47호묘 등에서 아라가야양식의 고배, 고배형기대와 함께 출토되고 있어 아라가야양식일 가능성이 크다(도 Ⅴ-6). 나라현奈良縣 후루布留유적의 화염형투창고배는 일찍부터 아라가야양식으로 파악되어 왔다. 나라현 신도新堂유적 출토 2점의 화염형 투창고배와 1점의 사격자문통형배는 투창과 문양으로 볼 때 함안지역산으로 본다.

　　영남지역 전역에서 분포하는 파수부단경호把手附短頸壺는 그 계통의 구별이 어려우나 투공의 형태와 소성상태로 볼 때 나가사키현長崎縣의 구와바루クワバル고분, 고후노사에コフノサエ유적, 후쿠오카현 미쿠모三雲유적, 히로시마현廣島縣 이케노우치池の内2호분, 스나시리砂走유적 출토품은 아라가야양식으로 파악된다. 이는 미쿠모三雲유적에서는 아라가야양식의 세승석문타날호가 공반되었다. 그리고 오사카부大阪府 노나카野中고분 출토품 가운데 동체에 사격자문을 시문한 3점의 파수부단경호는 김해지역산에 비해 소형인 점, 자연유의 색조, 각부의 능형투공 등으로 볼 때 아라가야양식으로 본다.

　　오이타현大分縣 시모고우리下郡유적 출토 고배형기대는 삼각형 투창과 각부의 크기가

도　Ⅴ-6　일본열도의 아라가야양식 토기(나라현 미나미야마 4호분)

배신보다 비교적 작은 점에서 아라가야양식으로, 타래문의 폭이 비교적 넓은 점에서 산청지역과 같은 남강중유역에서 제작된 것으로 추정된다.

아라가야양식의 통형 각부에 능형 혹은 원형의 투공을 가진 통형 고배는 가가와현香川縣 미야야마宮山요, 미타니사부로이케三谷三郎池요, 오사카부 오바데라요 등의 초기 스에키요에서 발견되었다. 종래 필자는 가가와현 미야야마宮山요 공인의 계통을 함안계로 추정(朴天秀 1993)한 바 있는데, 이후 같은 시코쿠四國지방의 에히메현 사루카타니猿ヶ谷2호분과 후나카타니유적에서 집중적으로 아라가야양식 토기가 출토되어 그 가능성이 한층 높아졌다. 또, 와카야마현和歌山縣의 구스미楠見유적 등 통형 각부에 능형의 소투공을 가진 통형고배도 아라가야양식으로 파악된다.

(3) 소가야양식

오사카부大阪府 노나카野中고분 출토품 중 파상문이 시문된 대부단경호臺附短頸壺는 근래 남강유역에서 발견되고 있는 소가야 양식으로 파악된다.

나가사키현長崎縣 에비스야마惠比須山2호묘, 고후노사에コフノサエ유적, 도토고야마トウトゴ山유적, 미시마箕島고분군, 오이타현大分縣 후나오카야마船岡山유적 출토 삼각형투창고배는 소가야양식으로 경남서부에서 반입된 것이다(趙榮濟, 1990).

5세기 전엽 후쿠오카현福岡縣 고데라古寺고분군, 이케노우에池の上고분군에서는 삼각투창고배와 함께 수평구연호, 고배형기대, 유공광구소호가 출토되었다. 고배의 삼각투창, 호의 수평구연에 가까운 구연부 처리와 동하부의 타날, 유공광구소호의 경부 돌대와 고배형기대의 파상문 형태 등으로 보아 소가야양식 토기와 유사하다. 이러한 토기는 형식과 기종의 구성에서 소가야양식으로 판단되나 세부형태가 다른 점에서 후쿠오카현 아사쿠라朝倉요산으로 파악된다(도 V-7, 8). 그런데 오바데라大庭寺유적과 달리 소가야양식과 세부적인 차이가 보이는 이유는 현재 확인된 자료가 1세대 공인에 의해 생산된 것이 아니라 오사카부 스에무라陶邑TK73형식과 같이 2세대 공인에 의해 제작된 것이기 때문으로 추정된다. 장차 아사쿠라朝倉지역을 포함한 규슈지역에서 오바데라유적과 같은 조업 개시기 가마의 발견이 기대된다.

사가현佐賀縣 스즈쿠마鈴熊유적의 ST001·002고분 출토 소가야양식의 유공광구소호도 태토분석 결과 아사쿠라산朝倉産으로 파악되었다. 이러한 초기 스에키須惠器는 당시 규슈

도 V-7   일본열도의 소가야양식 토기(후쿠오카현 이케노우에고분)

지역과 밀접한 관계가 있는 소가야 지역의 공인이 제작한 것으로 판단된다.

그리고 소가야양식 토기는 에히메현愛媛縣 이치바미나미쿠미市場南組요에서 다수 제작되어 주목된다. 미나미이치바쿠미요에서 제작된 소가야양식 토기는 에이메현과 규슈 남단의 가고시마현鹿兒島縣 진료神領10호분, 미야자키현宮崎縣 치쿠이케築池횡혈묘 등에서 다수 출토된다.

시가현滋賀縣 이리에나이코入江內湖유적과 후쿠오카현福岡縣 요시타케吉武유적 출토 일단장방형투창고배는 대각 하위에 1조의 돌대를 돌린 형식으로, 고성 등 소가야권에서 반입된 것이다. 구마모토현熊本縣 모노미야구라物見櫓고분 출토 유공광구소호는 경부에 돌대를 돌린 것으로 최근 고성군 내산리고분군과 송학동고분에서 집중적으로 출토되고 있어 소가야양식으로 판단된다.

그런데 이리에나이코유적과 요시타케유적, 모노미야구라고분에서는 소가야양식 토기가 대가야양식 토기와 공반되거나 인접하여 출토되어 흥미롭다.

(4) 대가야양식

에히메현愛媛縣 기노모토樹之本고분 출토 유개식장경호는 에히메현 가라코다이唐子臺80지점에서 출토된 고배와 함께 5세기 중엽에 이입된 것이다. 오사카부大阪府 니시코야마西小

山고분에서도 같은 시기의 유개장경호가 출토되었다. 효고현兵庫縣 군계郡家유적의 개배는 온돌상의 부뚜막 유구와 함께 확인되어 5세기 후엽 대가야지역의 이주민이 반입한 것으로 추정된다. 도야마시富山市 후쿠이福居고분과 후쿠오카현福岡縣 요시타케吉武유적 출토 장경호도 같은 시기의 것이다.

6세기대의 대가야양식 토기는 후쿠오카현 요시타케유적·이케우라池浦고분·오니노마쿠라鬼の枕고분, 사가현佐賀縣 도츠케藤附C유적ST008고분, 구마모토현熊本縣 모노미야구라物見櫓고분, 에히메현 하리마츠카播磨塚고분·도죠東條고분·시로카타니城ヶ谷고분, 이세야마오츠카伊勢山大塚고분, 오사카부 우에마치上町유적, 시가현滋賀縣 이리에나이코入江內湖유적, 기후현岐阜縣 곤켄야마權現山유적·가미마치히사나카上町久中유적, 시마네현島根縣 모리카소네森ヶ曾根고분, 야마카타현山形縣 히가시카나이東金井유적 등에서 출토되었다. 후쿠오카현 요시타케유적과 구마모토현 모노미야구라고분에서는 각각 대가야산의 금동제 용문환두대도와 금제 수식부이식이 출토되었다(도 Ⅴ-9).

도 Ⅴ-9 일본열도의 대가야양식 토기

1, 2: 시가현 이리에나이코유적 ┃ 3: 후쿠오카현 요시타케고분군 ┃ 4: 에이메현 기노모토고분

(5) 창녕양식

나가사키현長崎縣 미시마箕島고분군 1호분 출토 배신에 유충문幼蟲文이 시문된 무개식고배,
무문 무개식고배와 31호분 출토 각부 하단에 돌대가 돌려진 1단투창고배는 그 형태, 문양
과 시문위치, 흑색의 색조로 볼 때 창녕지역산으로 판단된다.

교토부京都府 나구오카키타奈具岡北1호분 출토 발형기대는 김해시 가달 5호분 출토 창

도 Ⅴ-10　5세기 일본열도의 창녕양식 토기

1: 아이치현 히다출토품　│　2: 니이가타현 미야노시리유적　│　3, 4: 나라현 오미야신사제사유적

5~7: 교토부 나구오카키타고분

녕양식 토기와 흡사한 점에서 창녕지역산으로 판단된다. 그 외 상하일렬투창고배와 유충문이 시문된 개도 같은 지역 양식이다.

미에현三重縣 다이니치야마大日山1호분 출토 고배는 성주지역산으로 보고(定森秀夫 1993: 19, 白井克也 2000: 103)있으나 기형과 각부의 파상문으로 볼 때 확실한 5세기 후엽의 창녕지역산으로 판단된다.

돗토리현鳥取縣 나가세타카하마長瀬高浜유적 출토 한반도산 토기 가운데 유충문 개는 기형, 흑색의 색조와 유충문의 형태로 볼 때 5세기 중엽의 창녕지역산으로 파악된다.

시마네현島根縣 미타카타니弥陀ヶ谷유적 출토 대부장경호 또한 각부의 형태로 볼 때 창녕지역산일 가능성이 높다. 시마네현 이즈모코쿠후出雲國府유적 출토 고배도 기형과 색조로 볼 때 같은 지역양식으로 본다.

오카야마현岡山縣 사이토미齋富유적 출토 고배 개는 시문된 유충문과 흑색 색조로 볼 때 5세기 중엽의 창녕지역산이며, 기후현岐阜縣 히다飛彈지역 출토 1단투창고배, 니이카타현新潟縣 미야노이리宮ノ入유적 출토의 상하교호투창고배도 창녕양식 토기이다.

나라현奈良縣 오미야大宮신사의 제사유적의 개와 장경호도 5세기 중엽의 창녕산 토기이다(도 V-10).

3) 철기

(1) 철정鐵鋌

일본열도 고분시대 전기의 판상철부板狀鐵斧는 정형화된 철정이 성립되기 이전에 농공구로서의 용도뿐만 아니라 철소재로서의 역할을 겸했던 것으로 추정되고 있다. 판상철부板狀鐵斧는 일본열도 전역에 걸쳐서 분포하며, 교토부京都府 츠바이오즈카椿井大塚山고분, 후쿠오카현福岡縣 니시신마치西新町유적, 후쿠오카현福岡縣 하나소게花聲고분, 오카야마현岡山縣 비젠구루마즈카備前車塚고분, 오사카부大阪府 마나이眞名井고분, 니와토리즈카庭鳥塚고분, 교토부京都府 죠호지미나미바라長法寺南原고분, 나라현奈良縣 이케노우치池ノ內6호분, 아이치愛知縣 히가시노미야東之宮고분, 가나가와현神奈川縣 신토오즈카眞土大塚山고분, 군마현群馬縣 마에바시텐진야마前橋天神山고분, 후쿠시마현福島縣 아이즈오즈카야마會津大塚山고분 등에서 출토되었다. 이러한 판상철부의 기원은 창원시 다호리 1호묘 출토품에서 찾을 수 있다. 일본열도 고분시대 전기의 판상철부는 3세기 중엽에 조영된 김해시 대성동 29호묘에서 유사한 형식의 것이 다수 출토되었고, 나라현 이케노우치 6호묘와 후쿠시마현 아이즈오츠카야마고분에서 금관가야산 유견대상철부有肩袋狀鐵斧가 함께 출토된 점에서 김해지역에서 이입된 것으로 판단된다. 그 후 판상철부는 비실용화되면서 판상철부형 철정으로 변하였다가 다시 철정으로 변화한다.

　　4세기 후엽 금관가야형 철정은 김해시 대성동 1, 2, 3호분, 부산시 복천동 54호묘, 김해시 칠산동 20호묘, 창원시 석동 235호묘 출토품으로 볼 때 측면이 대칭이고 단부가 직선적인 것이 특징이다. 4세기 후엽 효고현兵庫縣 교자즈카行者塚고분, 교토부京都府 야하타오즈카八幡大塚고분, 와카야마현和歌山縣 마루야마丸山고분 출토 철정은 전자의 금관가야산과 형태가 유사한 점에서 이 시기 다른 철제품과 같이 김해지역에서 이입된 것으로 파악된다(도 Ⅴ-11). 이는 교토부京都府 야하타오즈카八幡大塚고분에서 금관가야계의 능형菱形철촉(우병철 2004)이 금관가야산 철정, 복발부주覆鉢附冑와 함께 출토된 점에서도 그러하다.

(2) 철제 농공구

철병부수부鐵柄附手斧는 기후현岐阜縣 히루이오즈카晝飯大塚고분, 아쇼비즈카遊塚고분, 나라현奈良縣 우에도노上殿고분, 시카현滋賀縣의 기타다니北谷11호분, 산노야마山王山고분, 야마나시현山梨縣 오마루야마大丸山고분, 오사카부大阪府 오츠카야마大塚山고분에서 출토되었다. 한반도에서는 아직까지 4세기대고분에서는 확인되지 않고 창녕군 교동 3호분, 삼척시 갈야산 적석총, 대구시 달서고분, 경주시 황오동 5호분 등 5세기 전반의 신라 지역의 고분에서 주로 확인된다. 그래서 철병부수부鐵柄附手斧의 계통은 공반유물로 판단할 수밖에 없다. 기후현岐阜縣 아쇼비즈카遊塚고분에서는 금관가야산 토기가 공반되고, 나라현奈良縣 우에도노上殿고분에서는 근래 김해지역에서 집중 출토되는 통형동기筒形銅器가 함께 공반된 점에서 금관가야 지역과 관련된 것으로 보인다.

　　일본열도 출토 유견대상철부는 영남지역에서 널리 분포하고 있으나, 대성동 29호묘, 13호묘, 18호묘 출토품 등과 유사한 형식이고 오사카부大阪府 시킨잔紫金山고분, 나라현奈良縣 다니구치タニグチ1호분, 이케노우치池ノ內5호분, 오카야마현岡山縣 가나구라야마金藏山고분, 히로시마현廣島縣 가메야마龜山고분에서 통형동기筒形銅器가 공반되는 점에서 금관가

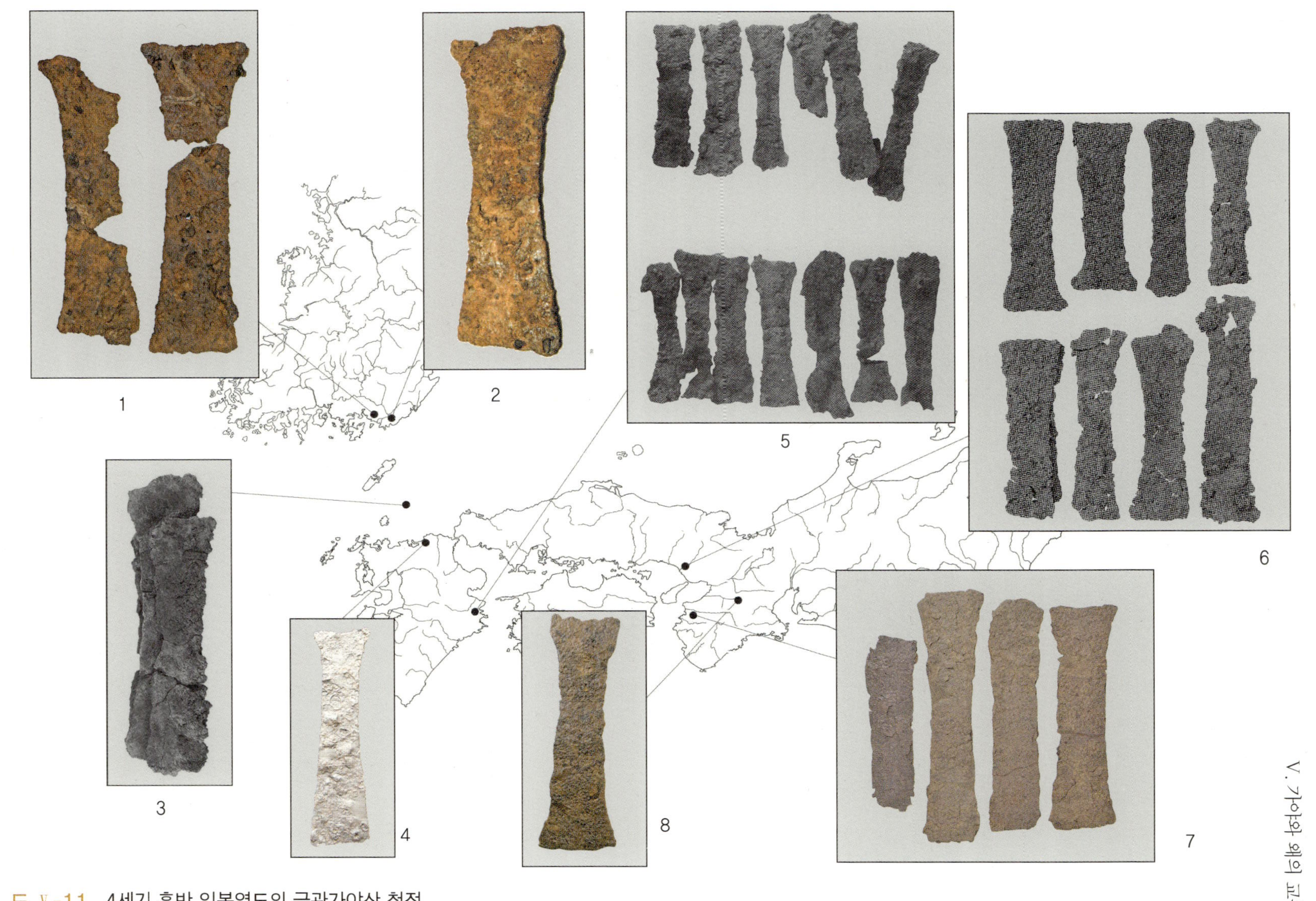

도 Ⅴ-11　4세기 후반 일본열도의 금관가야산 철정

1: 김해시 대성동 2호묘　|　2: 부산시 복천동 54호묘　|　3: 후쿠오카현 오키노시마유적　|　4: 후쿠오카현 와리바타케고분　|　5: 오이타현 시모야마고분
6: 효고현 교자즈카고분　|　7: 와카야마현 마루야마고분

야지역에서 반입된 것으로 파악된다. 또한 나라현 신야마新山고분, 오사카부 노나카野中고분, 기후현岐阜縣 아쇼비즈카遊塚고분, 미에현三重縣 이시야마石山고분, 군마현群馬縣 오후지야마お富士山고분, 도쿄도東京都 노게오즈카野毛大塚고분, 이바라기현茨城縣 가가미즈카鏡塚고분 등에서는 석제모조품石製模造品으로 제작되어 판상철부형 모조품과 함께 제사용 의기儀器로서 부장된다.

U자형 삽날은 4세기대의 후쿠오카현福岡縣 이나바生葉유적 등에서 출토되었는데, 대성동 2호묘에서 부장되고 있어 일본열도의 4세기대 출토품은 다른 철제품과 함께 김해지역 출토품과 관련되는 것으로 추정된다.

따비는 교토부京都府 이마바야시今林5호묘, 시마네현島根縣 니시타니西谷16호묘 등에서 출토되었는데, 그 시기로 볼 때 이마바야시今林5호묘 출토품은 김해시 양동리 212호묘 출토품과 유사하다.

4) 무기

(1) 금동제 용봉문환두대도(도 Ⅴ-12)

대가야산 환두대도의 특징은 환두내 용봉문 장식을 일체식으로 제작한 백제와는 달리 별주하여 부착한 점에 이외에도 환두를 백제산 대도와는 달리 도금鍍金하지 않고 금피金被로 장식한 점 등을 들 수 있다.

그래서 후쿠오카현福岡縣 요시타케吉武S-9호분, 효고현兵庫縣 출토품, 구마모토현 에타후나야마고분, 시가현滋賀縣 가모이나리야마鴨稻荷山고분, 사이타마현埼玉縣 쇼군야마將軍山고분 출토품은 이러한 특징으로 볼 때 대가야산 환두대도로 본다.

그 외 국내외 소장 출토지 불명의 용봉문환두대도 가운데 삼성미술관 소장품 등 30점 이상이 대가야산으로 추정된다.

특히 그간 제작지를 알 수 없었던 전 오사카부 모즈百舌鳥고분군의 전 인덕릉仁德陵고분 출토품으로 전하는 보스턴 미술관 소장품은 환두 내연에 각목문이 시문되어있고 병두금구柄頭金具와 초구금구鞘口金具의 문양 구획을 능삼문稜杉文으로 장식한 점에서 대가야산으로 본다. 또한 다이센고분 출토품은 병두금구와 초구금구의 용문이 퇴화하여 그 제작시

도 Ⅴ-12 일본열도의 대가야산 금동제 용봉문환두대도

1: 후쿠오카현 요시타케S9호분 | 2: 효고현 히사코즈카 주변 출토품 | 3: 사이타마현 쇼군야마고분

기가 6세기 중엽으로 파악되어 다이센고분 출토품으로 볼 수 없다. 더욱이 이 시기에는 이 고분군에 용봉문환두대도를 부장할 수 있는 유력 수장묘가 보이지 않는 점에서 모즈고분군 출토품으로 보기 어렵다. 그래서 필자는 이 환두대도는 당시 고령지역에서 도굴된 환두대도가 일본으로 널리 팔려나간 점에서 고령 출토품일 가능성이 크다.

미야자키현宮崎縣 야마노가미山の神고분 출토 삼엽환두대도도 병부의 어린문魚鱗文이 전형적인 신라산과 다른 반원형인 점으로 볼 때 대가야산으로 본다.

6세기 전반 일본열도의 후쿠이현福井縣 마루야마丸山고분, 나라현奈良縣 다마키야마珠城山1호분 출토 삼엽문 환두대도는 그 계통이 분명하게 알 수 없으나 삼엽문 장식과 어린문魚鱗文의 형태가 전형적인 삼엽문대도와 다른 점에서 신라의 환두대도로 보기 어렵다. 그런데 양 고분 출토품은 대가야산 오구라 반출 용문환두대도와 원두대도, 사이타마현 쇼군야마고분 환두대도에 보이는 연주문이 시문된 점으로 볼 때 대가야산일 가능성이 크다.

(2) 철모

히로시마현廣島縣 가메야마龜山고분 출토 연미형燕尾形 철모鐵鉾는 후쿠오카현福岡縣 료지老司고분 3호석실에서도 금관가야산 능형철촉과 함께 철모鐵鉾가 공반되는 것에서 금관가야산으로 추정된다.

5세기 후반 돌연 대부단면 다각형철모가 이입된다. 대부단면 다각형철모는 구마모토현 에타후나야마고분·와카야마현 오타니고분·사이타마현 이나리야마고분·교토부 우지후타코야마宇治二子山남분 등에서 출토되었다. 다각형철모는 백제지역에도 분포하나, 고령군 지산동 44호분 출토품을 비롯한 대가야권에도 널리 사용되고 이 형식 철모와 함께 이입된 한반도문물의 대부분이 대가야계인 점을 감안한다면 대가야에 그 계통을 찾을 수 있다.

(3) 철촉

후쿠오카현福岡縣 츠코쇼카케津古掛고분, 교토부京都府 츠바이오즈카椿井大塚山고분, 후쿠시마현福島縣 아이즈오츠카야마會津大塚山고분 출토 정각식定角式철촉은 김해시 대성동 29호분 출토품과 같은 금관가야계 철촉으로 파악된다. 이는 이 형식이 김해지역을 중심으로 분포하고, 이러한 고분에는 착두鑿頭형철촉과 판상철부와 같은 금관가야산 문물이 공반되는 점에서도 그러하다.

234

김해시 대성동고분군을 중심으로 분포권을 형성하고 있는 금관가야계의 능형菱形철촉은 교토부京都府 야하타오즈키八幡人塚고분에서는 금관가야산 칠징鐵鉦, 복발부주覆鉢附冑와 함께 출토되었다. 교토부京都府의 가와라타니瓦谷고분과 소노베카이치園部垣内고분에서 방형판 혁결판갑과 함께 출토되었다. 교토부 모토이나리元稻荷고분과 후쿠오카현福岡縣 료지老司고분 3호석실, 오카야마현岡山縣 가나쿠라야마金藏山고분, 효고현兵庫縣 덴뵤야마天坊山고분 등에서는 한반도산 철제품과 함께 출토되었다. 가나쿠라야마고분에서는 금관가야계의 통형동기와 함께 출토되어 이 형식 철촉의 계통을 추정할 수 있다. 야마구치현山口縣 덴진야마天神山1호분에서는 능형철촉이 도자刀子형과 착두鑿頭형철촉과 함께 출토되었다.

김해시 구지로 18호묘와 부산시 노포동 31호묘 등 출토 천공穿孔된 유엽柳葉형 철촉은 후쿠오카현 죠시즈카銚子塚고분 등에서 확인된다.

나가노현長野縣 네즈카根塚유적과 교토부京都府 히루즈카ヒル塚고분출토 와권문장식부철검渦卷文裝飾附鐵劍은 2세기 후엽의 김해시 양동리 212호묘 출토품 등과 유사하다.

사이타마현 이나리야마고분 출토 도자형장경촉刀子形長頸鏃은 공반된 문물이 대가야산인 점에서 대가야에서 그 계통을 구할 수 있다. 오사카부 나가모치야마고분 출토 도자형장경촉도 대가야산 검릉형행엽, f자형판부비, 내만타원형판비와 공반된 것에서 그러하다. 시즈오카현静岡縣 다다오즈카多田大塚고분에서도 대가야산 f자형판부비와 함께 도자형장경촉이 공반된다. 또한 교토부 우지후타코야마 남분에서는 대가야산 철모, f자형판비, 검릉형행엽과 함께 도자형장경촉이 공반된다. 그래서 5세기 후반 일본열도에 출현하는 도자형철촉은 공반유물로 볼 때 대가야에 그 계통이 구해진다.

5) 무구

(1) 화살통

5세기 전반에는 U자형 전면식금구를 가진 신라산 화살통이 일본열도에 이입되나 5세기 후반에는 돌연 화형, 연속 산山형 장식을 가진 대륜상帶輪狀의 식금구를 가진 성시구가 출현한다.

대륜상의 식금구를 가진 성시구는 고령군 지산동 47호분, 합천군 옥전M4호분, 함양

군 백천리 1호분에서 출토되어 대가야형으로 설정된다. 대가야형 성시구는 5세기 후반 와카야마현 오타니고분, 오사카부 시치노츠보七ノ坪고분, 후쿠오카현 오키노시마沖ノ島7호유적 등에서 출토되었다.

또한 이 시기의 전면 식금구가 U자형인 성시구 가운데 오카야마현 덴구야마天狗山출토품은 병대鋲帶가 조밀한 신라산과는 달리 조밀하지 않은 점이 고령군 지산동 30호분 출토품과 유사하고 공반된 검릉형행엽으로 볼 때 대가야산으로 판단된다.

4세기대 판갑은 대수장묘인 야마나시현山梨縣 오마루야마大丸山고분, 오사카부大阪府 시킨잔紫金山고분 등에서 출토된 종장판혁결판갑縱長板革結板甲이다. 신경철은 일본열도 출토 종장판혁결판갑에 대하여 김해시 대성동고분과 부산시 복천동고분군 출토 예를 지적하며 양자간의 차이점은 인정되지만 그 계통을 금관가야 지역에서 구하였다(신경철 1993). 이는 시킨잔紫金山고분에서 금관가야산 통형동기筒形銅器와 유견대상철부有肩袋狀鐵斧가 공반되었고, 오마루야마大丸山고분에서는 철병부수부鐵柄附手斧가 출토되어 그 가능성이 높다.

종장판혁철판갑 뿐만 아니라 시가현滋賀縣 아츠지효단야마安土瓢簞山고분, 나라현奈良縣의 우에도노上殿고분, 니이자와센즈카新澤千塚500호분, 다니구치タニグチ1호분 등에서 출토된 방형판혁결판갑方形板革結板甲에 대해서도 복천동 64호묘 출토 예를 지적하면서 그 계통을 김해, 부산지역에서 찾는 견해가 제시되었다(橋本達也, 1998). 방형판혁결판갑은 아츠지효단야마安土瓢簞山고분, 니이자와

도 V-13 일본열도의 금관가야계 판갑(야마나시현 오마루야마고분)

센즈카新況千塚500호분, 다니구치タニグチ1호분에서 통형동기와 공반되고, 우에도노上殿고분에서 철병부수부가 함께 부장되는 점에서 그 계통이 금관가야와 관련된 것으로 추정된다.

5세기 후반 대가야에서는 폭이 넓은 종장지판을 가진 복발부주가 새롭게 출현한다. 그리고 관모계주와 그 계열의 것으로 생각되는 돌기부주는 대가야권에서 복발부주를 개량한 것이다.

5세기 후반~6세기 전반의 오사카부 미나미즈카南塚고분, 지바현 긴네이즈카金鈴塚 등에 보이는 종장광지판縱長廣地板의 충각부주는 합천군 옥전 70호분, 오구라 반출 전 경상남도 출토품과 같은 한반도산 주의 영향에 의해 제작된 것으로 보고 있다. 또 군마현 간논야마觀音山고분과 후쿠시마현福島縣 이케노우에池の上1호분의 돌기부주는 합천군 반계제가A호분 관모 주의영향에 의한 것으로 보고 있다. 이는 근래 남원시 월산리M5호분에서 돌기부가 출토된 점에서 증명되었다.

6) 마와 마구

(1) 마

말은 군용, 교통, 농업, 운반에 사용된 귀중한 자원이었으나 일본열도에서는 독자적인 말의 사육과 번식 기술을 갖추지 못했다. 5세기 일본열도에 말의 사육, 번식 기술과 말을 제어하고 장식하는 마구가 한반도로부터 도입되었다. 그런데 기나이畿內에는 백제지역으로부터 말이 도입되나, 규슈지방과 동일본지방에는 대가야로부터 말이 도입되어 주목된다. 대가야권역에서는 고령군 지산동 44호분, 지산동 73호분과 합천군 반계제가A호분, 남원 두락리 32호분의 봉토상에서 마치馬齒가 출토되었다.

규슈九州 남단의 미야자키현宮崎縣 시모키타카타下北方5호분에서는 대가야산 마구와 함께 사슬과 금제구슬을 조합한 귀걸이가 출토되었다. 미야자키현 아오키檍1호분의 주구에 접한 야마사키山崎우에노하루上原SC16수혈에서는 내만타원형경판비를 비롯한 마구를 착장한 말이 출토되었다. 미야자키현 시마노우치島內지하식횡혈 1호분 주구상의 SK02출토 수혈에서는 f자형판비와 검릉형행엽이 착장된 한 마리분의 말이 출토되었다. 미야자키현의 말은 대가야산 마구와 공반된 것에서 대가야로부터 마사집단과 같이 이입된 것으로 생각된다.

　　미에현三重縣 오자토니시오키大里西沖유적SK105구덩이에서는 f자형경판부비와 검릉형행엽, 환형운주가 출토되어 말이 순장된 것으로 추정된다. 이와 같이 대가야산 마구와 함께 출토된 말은 대가야에서 이입된 것으로 본다(도 Ⅴ-14).

도 Ⅴ-14　미에현 오자토니시오키유적SK105유구 출토 대가야산 말과 마구

군마현群馬縣 겐자키나가토로니시劍崎長瀞西1, 2호분에 인접한 5세기 중엽의 13호 수혈에서는 철제 재갈이 말 이빨 및 뼈의 일부와 함께 출토되었다. 이 말은 같은 유적에서 금제 수식부이식과 연질토기가 출토되어 대가야에서 마사집단과 함께 이식된 것으로 본다. 그 외 공반된 마구로 볼 때 대가야에서 이식된 것으로 보이는 말이 다음과 같은 유적에서 출토되었다.

나가노현長野縣의 모노미즈카物見塚고분, 미야가이토宮垣外유적 10, 64호수혈, 아라이하라新井原2, 12호분, 차카라야마茶柄山2, 9호분 등이다. 차카라야마 9호분은 길이 24m의 전방부가 짧은 가리비帆立貝형 전방후원분으로 주구 내에 6기의 수혈과 그 외 2기의 수혈에서 말이빨이 출토되어 최소 8마리의 말이 순장된 것으로 추정된다. 미야가이토유적 64호수혈에서는 f자형판비와 검릉형행엽, 환형운주, 등자 등이 출토되었다. 아라이하라 12호분은 길이 36m의 가리비형 전방후원분으로 주구 주변에서 확인된 수혈에서 f자형판비와 검릉형행엽이 착장된 한 마리분의 말이 출토되었다. 이상과 같은 나가노현의 말은 대가야산 마구와 공반된 것에서 대가야로부터 마사집단과 같이 대규모로 이입된 것으로 생각된다. 특히 미야가이토유적과 인접하는 전방후원분인 미조구치노즈카溝口の塚고분에서는 이주민의 형질적 특성을 가진 인골과 함께 대가야의 특징적인 무기인 병부단면다각형 철모가 출토되어, 이 고분의 피장자는 마사집단을 통솔한 이주민 수장으로 추정되어 주목된다.

(2) 마구

5세기 전반에는 신라산 마구가 이입되나, 5세기 후반에는 이입된 내만타원형경판부비, f자형경판부비와 검릉형행엽과 같은 새로운 마구가 이입된다.

이 시기 일본열도의 대표적인 마구는 오사카부 나가모치야마長持山고분 출토 철지금동장 내만타원형경판부비, f자형경판부비와 검릉형행엽, 안금구를 들 수 있다. 이러한 마구의 조합은 대가야권의 합천군 옥전M3호분에서 확인되어 대가야산으로 추정되어왔다. 그런데 지산동 44호분에서 새로이 f자형경판부비가 확인되어 이와 같은 조합관계의 마구는 공반유물로 볼 때 고령지역에서 제작되어 대가야권역과 일본열도로 유통된 것으로 판단된다. 5세기 후반 대가야의 마구는 내만타원형경판비, f자형경판비와 검릉형행엽, 인면문 마령, 안장은 중앙의 주빈洲浜과 그 좌우의 기금구磯金具를 분리하여 만든 분리안으로 병대鋲帶가 조밀하지 않은 것이 특징이다.

그리고 구마모토현熊本縣 에타후나야마江田船山고분, 와카야마현和歌山縣 오타니大谷고분 출토 금동제 검릉형행엽과 f자형경판부비는 중국산으로 상정되어 온 장식성이 높은 마구이다. 그러나 이러한 마구는 문양 이 외에는 그 계보가 중국과 연결되지 않으며 또한 그곳에서 실물이 출토된 바도 없다. 그런데 오타니고분과 후쿠이현福井縣 주젠노모리十善の森고분 출토 검릉형행엽은 방울을 단 고령군 지산동 44호분 영부검릉형행엽방울과 유사한 점에서 대가야에서 그 계통을 구할 수 있다. 더욱이 지산동 44호분 출토 금동제 안교에 부착된 방울의 측면에 양이兩耳를 가진 동령은 주젠노모리고분 영부검릉형행엽, 구마모토현 에타후나야마고분 f자형경판부비 등에서도 확인되어 흥미롭다. 따라서 양 고분의 f자형경판부비와 검릉형행엽은 공반된 금제 수식부이식, 금동제마구, 철제무기와 같은 다른 대가야문물과 함께 이입된 것으로 판단된다. 이는 오타니고분에서는 분리안, 인면문 마령, 마주와 같은 대가야산 마구가 공반된 것에서도 방증된다(도 Ⅴ-15).

종래 검릉형행엽과 f자형경판부비의 대형화는 일본열도의 독자적인 변화로 파악되어 왔으나, 6세기 초로 편년되는 창원시 다호리B지구 1호석실분와 고성군 송학동 1호분에서 대형화된 형식이 출토되어 그 변화가 가야지역과의 관계에 의한 것으로 파악된다. 왜냐하면 송학동 1호분에서는 1A-6호석곽에서 옥전M3호분에 후행하는 5세기 말 지산동 44호분 단계의 대가야산 검릉형행엽과 f자형경판부비가 출토되고, 6세기 초 1A-1호석곽에서는 자체적으로 형식 변화한 대형의 대가야산 검릉형행엽과 f자형경판부비가 출토되기 때문이다. 쌍엽검릉형행엽도 그간 일본열도산으로 파악되어왔으나 송학동 1호분에서 출토되는 것에서 그 초기 형식은 대가야산으로 볼 수 있다. 또한 사이타마현 이나리야마고분 출토품을 비롯한 주조鑄造 영부행엽은 일본열도의 독자적인 마구로 파악되고 있으나, 그 제작기법이 삼환령과 동일한 점, 가야지역 출토품으로 전하는 국립중앙박물관, 삼성미술관 리움 소장품, 오구라小倉반출품에 같은 형식의 행엽이 존재하는 점과 이 시기의 마구의 계통을 생각하면 대가야마구일 가능성도 상정된다. 또한 일본열도에서 다수 출토되고 있는 복환식경판부비도 대가야권역에 속하는 산청군 생초 9호석곽묘 등에서 출토되는 것에서 대가야산으로 본다.

마주는 마갑과 함께 적의 공격으로부터 말의 머리를 보호하는 것이다. 마주는 천정부를 세장한 철판을 사용하여 좌우의 면복부面覆部를 결합한 유형과 천정부 전체를 한매의 철판으로 덮은 유형으로 분류된다.

전자는 김해시 대성동 1호묘와 두곡 8호묘, 함안군 마갑총에 부장되었으나 경주시 사

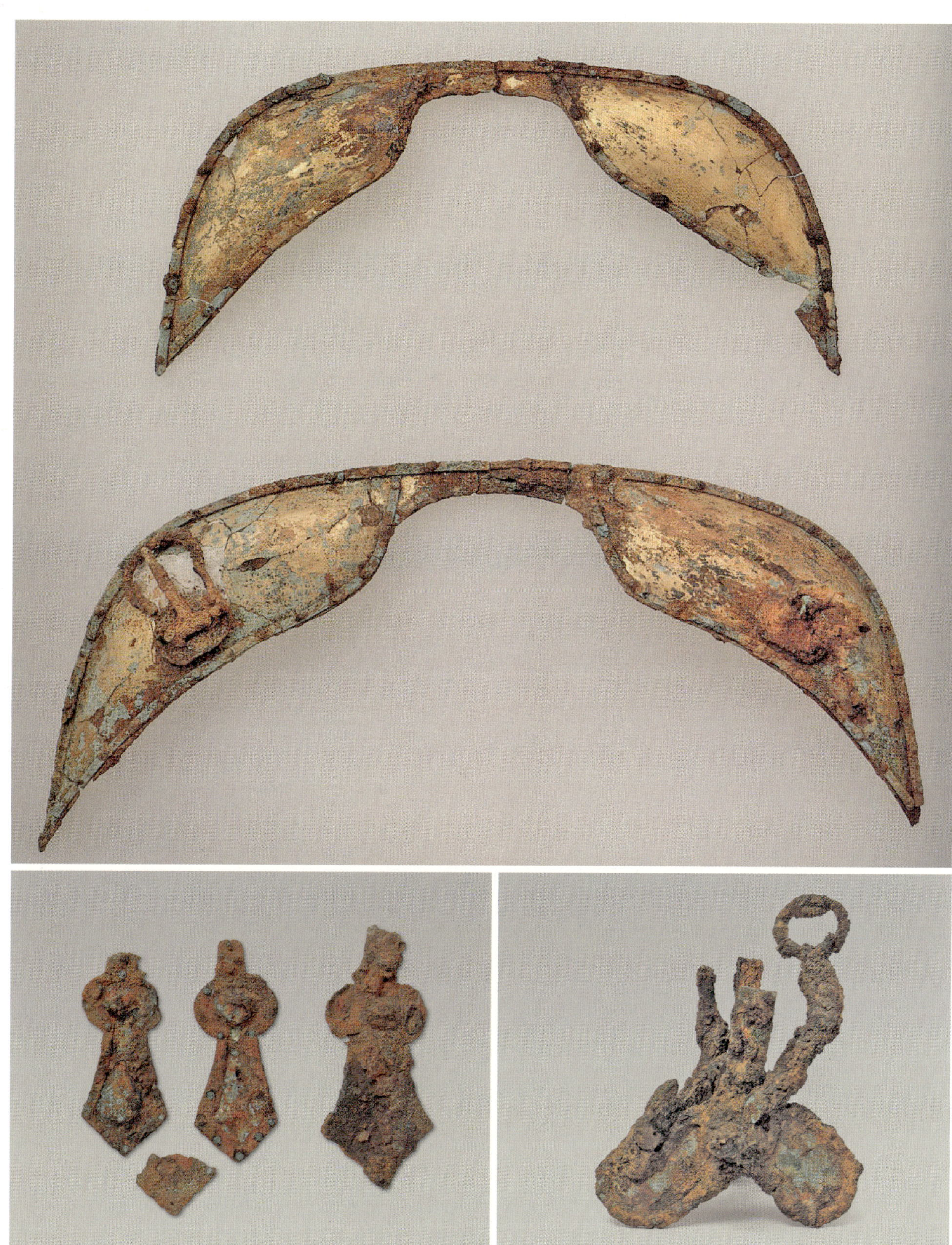

도 V-15 일본열도 출토 대가야산 마구(오사카부 나가모치야마고분)

라리 65호묘와 옥전M1호분, 35호묘에서 신라산 문물과 공반되고, 부산시 복천동 10호분에서도 토기를 비롯한 신라문물이 함께 확인되고 있어 신라형으로 본다.

후자는 경주시 황남동 109호분 4곽에서 출토되고 있으나 5세기 후반에는 합천군 옥전M3호분, 옥전 28호묘, 함안군 도항리 8호분에서 확인되고 있어 대가야형으로 본다. 와카야마현 오타니고분 출토 마주는 미간판眉間板 폭이 넓은 1매의 판으로 된 것으로 대가야 지역에서 제작된 것이다. 오타니고분에서는 대가야의 마구와 이식, 사이타마현 쇼군야마將軍山고분에서는 사행상철기와 같은 신라산 마구와 동완이 공반되는 것에서 전자가 대가야형, 후자가 신라형임을 보여준다.

2. 가야지역 출토 일본열도산 문물

1) 경옥제 곡옥

(1) 금관가야권

대성동고분군의 4세기 전엽 18호묘에서는 두부 좌측에서 양질의 경옥제 곡옥 1점과 벽옥제 관옥 8점이 함께 출토되었다. 4세기 전엽의 88호묘에서는 진晋식 대장식구, 동모, 파형동기, 통형동기, 벽옥제 석제품, 동촉과 함께 경옥제 곡옥이 1점 출토되었다. 71호묘에서는 두부에 침선을 새긴 흔적이 있는 반결형곡옥 1점이 벽옥제 관옥 1점과 함께 출토되었고, 3호묘에서는 경옥제 곡옥 2점이, 미보고인 41호분에서도 1점, 94호묘에서도 2점이 출토되었다.

복천동고분군의 4세기 초 80호묘에서는 길이 4.6m인 대형의 경옥제 곡옥 1점과 수정제 절자옥, 금박유리옥 등이 공반되어 출토되었다. 두부에 침선을 2~3조 새기고 전체적으로 C자형으로 크게 굽은 형태이며, 현재까지 국내에서 출토된 예로는 가장 이른 것으로 생각된다.

4세기 전엽의 38호묘에서는 녹색 투명하며 단면은 둥글고 잘 마연된 양질의 경옥제

곡옥 1점이 출토되
었고 마노제 촉형석
제품, 소형의 활석
제 곡옥, 유리제 곡
옥부경식, 통형동기
등이 공반되었다(도
Ⅴ-16).

도 Ⅴ-16　4세기 금관가야권 출토 경옥제 곡옥(부산시 복천동고분군)

　4세기 중엽의
54, 57호묘에서는 경식으로 사용된 경옥제 곡옥이 각 1점씩 출토되었고 71호묘에서는 통형동기와 함께 경옥제 곡옥이 출토되었다.

　4세기 말에 축조된 22호묘에서는 경옥제 곡옥이 1점 출토되었다. 흰색 불투명한 경옥으로 두부와 미부에는 각이 형성되어 있다.

　5세기 초의 1호묘에서는 유리제 옥류와 함께 경옥제 곡옥 2점이 출토되었으며 금동제 관, 금제 수식부이식 등과 공반되었고, 5세기 전엽에 조영된 53호묘에서는 경옥제 곡옥이 2점 출토되었다.

　5세기 중엽의 15호묘에서는 3점의 경옥제 곡옥이 출토되었다.

(2) 대가야권

지산동고분군의 5세기 전엽 73호분에서는 용봉문환두대도, 마구 등과 함께 경식을 구성한 경옥제 곡옥이 8점이 출토되었다.

　5세기 말 44호분은 수혈식석곽인 주곽은 도굴되었으나, 야광패제 용기, 백제산 동완와 함께 경옥제 곡옥은 1점이 출토되었다.

　6세기 초 45호분은 주곽은 도굴되었으나 금동제 관형장식, 금제 세환이식, 은제 이식, 청동경 등이 출토되었으며 경옥제 곡옥은 5점이 확인되었다. 부곽에서도 금제 수식부이식과 함께 경옥제 곡옥이 1점 출토되어 45호분에서는 총 6점의 경옥제 곡옥이 출토된 것을 확인할 수 있다.

　6세기 초 47호분은 은제 관모, 은제 천, 용봉문환두대도, 금동제 호록 등이 출토되었으며 경옥제 곡옥은 총 5점 확인되었다.

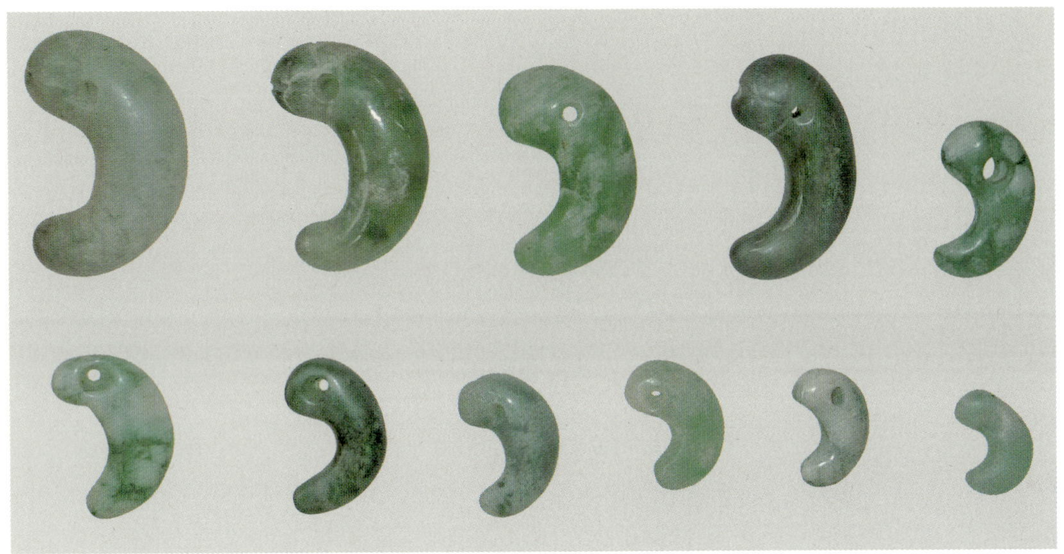

　　지산동고분군의 경옥제 곡옥은 도굴되지 않은 73호분의 출토 예를 볼 때 원래는 현재 확인된 수를 상회할 것으로 생각된다.

　　옥전고분군의 5세기 중엽 M2호분에서는 금제 이식, 금제 천 등과 함께 경식의 구성으로 경옥제 곡옥은 9점이 출토되었다.

　　5세기 후엽의 M4호분에서는 금제 이식, 용봉문환두대도 등과 함께 34점의 경옥제 곡옥이 출토되었다. 경식A는 경옥제 곡옥 20점으로 구성되어 있으며, 경옥은 3.0cm 이상의 크기에 두부에 침선을 새긴 정형 곡옥의 비중이 높다. 경식B는 경옥제 곡옥 14점을 중심으로 구성되어 있으며, 경옥은 1.0~2.0cm 크기의 비교적 소형곡옥으로 이루어졌다(도 Ⅴ-17).

　　6세기 초의 M6호분은 금동제 관이 부장되었다. 경식은 경옥제 곡옥 8점을 중심으로 구성되었다.

2) 류큐열도산 패와 패제품

3세기대 창원 가음정동 패총에서는 청자고둥*Lithoconus litteratus* 반제품이 출토되었다.

　　4세기 전엽 축조된 김해 예안리 77호묘에서는 청자고둥을 가공한 패부貝符 1점이 부장되었다(도 V-18).

4세기 전반 김해 대성동 91호묘에서는 류큐열도산琉球列島産 패각을 가공하여 소재로 한 철제 투조 반구형 운주·십금구(5각 1점, 4각 2점)와 패제 소반구형 장식금구 등 29여 점이 출토되었다. 그 가운데 20점은 고호우라제, 9점은 청자고둥제로 보고 있다. 철제 투조 반구형 운주·십금구는 발부가 약하게 솟아있고 용문이 퇴화한 문양이 투조되어 있다. 투조 문양 위에는 평면 원형의 반구상 패각을 얹어 장식을 더욱

도 V-18   4세기 금관가야권 출토 류큐열도산 패제품(김해시 예안리 77호묘)

높였다. 패각 중앙에는 원형 투공이 뚫려 있고 발부 지름에 맞추어 가장자리를 마연하여 가공하였다. 패제 소반구형 장식금구는 패각을 평면 원형의 반구상으로 가공하여 반구좌로 사용하였다.

한반도에서 가장 이른 시기인 1세기에 이입된 류큐열도산 조개는 평양시 정백동 9호분 출토품이다. 정백동 9호분 출토품은 당시 한漢문물이 집중 이입되는 북부규슈北部九州의 집단에 의해 중개되어 이입된 것으로 추정된다.

3세기대 창원시 가음정동패총 출토품은 이전 시기 한반도 서북부에 이입된 류큐열도산 조개가 동남부지역을 경유한 것을 알 수 있게 한다.

4세기 전엽 김해시 예안리 77호묘는 수장묘로 볼 수 없음에도 불구하고 패부貝符가 부장된 것은 한반도 동남부지역이 류큐열도산 조개의 주된 경유지이었음을 알 수 있다.

같은 시기 대성동 91호묘 출토 마구는 패제 삼계장식구뿐만 아니라 다른 마구들 역시 지금까지 김해 대성동고분군에서는 찾아볼 수 없는 최고급의 마구들이다. 보고자뿐만 아니라 학계에서는 금동제 마구 대부분을 중국 동북지방에서 유입된 '선비계 마구'로 보고 있으며 일부 철제 재갈이나 패제 삼계장식구는 선비계 마구의 영향으로 금관가야에서 제작된 것으로 보고 있다(심재용 2013a: 106; 이상률 2013: 23; 류창환 2013: 51).

대성동 91호묘 출토 금동제 마구는 현존 최고식의 선비계 마구인 4세기 중반 조양 원대자벽화묘, 안양 효민둔 154호묘 출토 마구와 형태나 종류, 구성 등에서 상당한 공통점이 보임에 따라 학계의 일반적인 견해인 전연前燕에서 제작된 마구로 보는 것은 이견이 없다.

문제는 패각이 장식된 철제 투조 운주·십금구와 패제 소반구형 장식금구가 재지에서 제작되었고, 국내에서 마구에 패각을 소재로 활용한 것이 김해지역이 가장 이르다고 보는 데 있다.

하지만 보고자의 견해와 달리 패각을 마구의 소재로 사용하는 예는 이미 중국 삼연지역에서 계보를 찾을 수 있다. 전연 성립 전후인 3세기 말~4세기 전반으로 편년되는 조양朝陽 창량요묘倉糧窯墓, 조양朝陽 요금구 1호묘姚金溝1號墓, 4세기 중반 이후인 북표北標 라마동喇嘛洞ⅡM196호묘, 5세기 전반인 풍소불묘馮素弗墓(415년) 등 선비족鮮卑族의 고분에서 패각을 가공하여 사용한 장식금구가 확인되기 때문이다(木下尚子 2002: 530). 일시적 현상이 아니라 3세기 말부터 5세기까지 지속적으로 패각을 마구 장식에 활용해 왔고 이는 패각을 마구에 사용한 문화가 삼연지역에서 시작되었음을 의미한다(도 Ⅴ-19).

국내에서 확인되는 기마문화는 중국 동북지방, 특히 삼연지역의 영향을 받았으며, 이러한 상호관계 속에서 삼연지역의 패각 사용 마구가 다른 금공마구와 함께 김해 대성동 집단에 유입되었고, 대성동 91호묘에 부장된 것이라 본다. 이러한 관계가 일시적 현상에 그쳤음은 이후 대성동 고분군에서 패각을 소재로 활용한 마구가 더 이상 출토되지 않음이 이를 방증해준다.

현재 국내에서 가장 이른 패각 사용 마구는 김해시 대성동 91호묘 출토 패제 삼계장식구이다. 그런데 신라에서는 5세기 중반 경주 황남대총 남분에서 청자고둥을 소반구형·보요부형 장식금구의 반구좌로 사용하였으며, 5세기 후반 금관총의 소반구형 장식금구, 6세기대의 천마총, 금령총의 발부조합반구형 운주·십금구로 변화하였다. 그래서 패제 삼계장식구가 경주지역을 중심으로 집중 분포함에 따라 '신라 장식마구와 류큐열도산 패각의 융합'으로 신라에서 창안한 것으로 보았다(木下尚子 2002: 526-531, 李炫姃 2009: 110, 中村友昭 2014). 즉 패제 삼계장식구는 5세기 중엽에서 6세기 중반까지 신라권을 중심으로 애용된 장식마구인 것이다.

기노시타 나오코木下尚子가 이미 지적하였듯이, 패각을 장식구로 사용한 문화의 한반도 유입은 삼연 기마문화의 연장선상에서 등장한 것이고, 신라에 집중적으로 분포함은 '삼연 → 고구려 → 신라'로 이어지는 마구 문화의 영향으로 봐야 할 것이다. 신라는 지속적으로 상위계층을 위한 새로운 장식마구를 창안해왔고 마구의 재질과 형태를 통해 마장의 서열화를 진행해왔다. 이러한 흐름 속에서 신라는 삼연지역과 유사한 패제 소반구형 장식금구를 사용하다가 점차 신라 상위지배층의 수요를 충족시키기 위해 지속적으로 마구를 개량, 제작하고 그러한 가운데 희귀품인 류큐열도산 청자고둥을 사용한 신라 독자의 장식마

도 Ⅴ-19　4, 5세기 가야지역 출토 류큐열도산 패제품

상: 김해 대성동 91호묘　ㅣ　하: 창녕 송현동 7호분

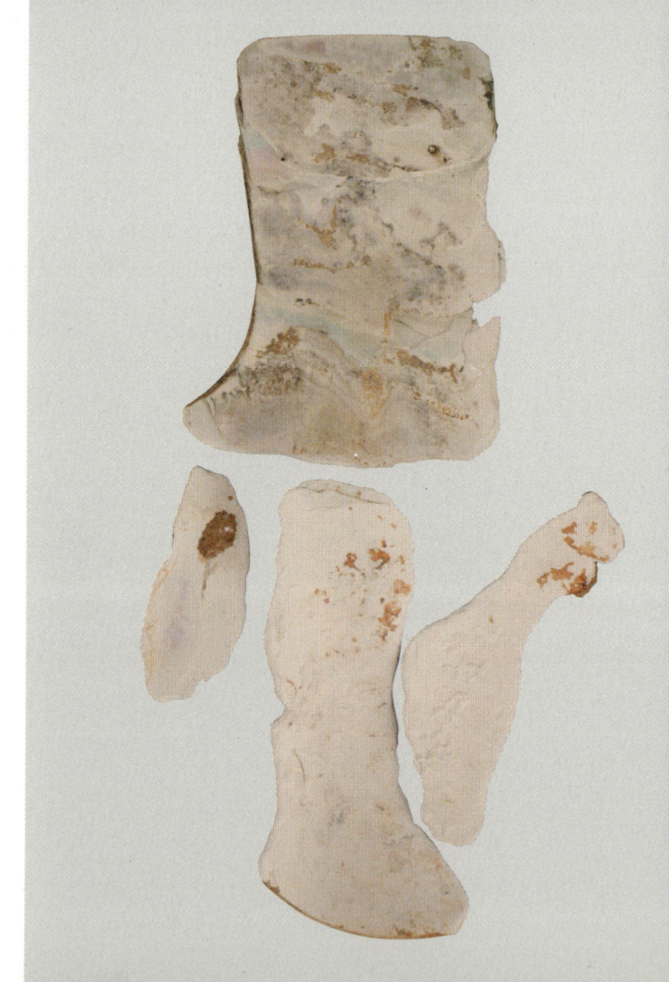

도 Ⅴ-20 5세기 대가야권 출토 류큐열도산 패제품
(고령군 지산동 44호분)

구인 발부조합반구형 운주·십금구가 출현한 것이라 볼 수 있다(李炫姃 2009: 88, 2012: 175).

대성동 91호묘에서 국내 최고식의 패제 삼계장식구가 출현하였지만, 주류를 이룬 곳은 역시 신라권이다. 총 33곳의 유적 중 부산지역까지 포함한다면 신라권에 포함되는 곳은 20곳(60.6%)에 이른다. 그 중 신라의 중심인 경주지역에서만 10곳에 이르는 유적에서 패각을 사용한 운주·십금구, 장식금구가 확인되는 점을 통해 패제 삼계장식구의 제작·사용 중심지는 경주지역임을 짐작할 수 있다.

5세기 말에 축조된 대가야 왕릉인 고령군 지산동 44호분에서는 야광패夜光貝, *Lunatica marmorata*를 가공한 국자형 배杯가 1점 출토되었다(도 Ⅴ-20). 야광패제 용기는 신라의 왕릉과 왕족릉인 경주 황남대총, 금관총, 천마총에 부장된 점에서 그 위신재적 성격을 알 수 있다.

3) 무기

(1) 동모(도 Ⅴ-21)

김해지역을 중심으로 출토되는 의기화된 중광형동모와 광형동모는 일본열도 북부 규슈에서 집중 출토되고 그 주형鑄型이 발견되며, 특히 쓰시마對馬에서 다수 출토되어 일본열도로부터 이입된 것으로 본다.

북부 규슈산 광형동모는 김해시 양동리 고분군 90호묘에서 중광형동모 2점, 200호묘에서 광형동모 1점, 전 양동리 출토품이 있고, 김해시 내덕리 19호묘와 명법동에서 1점씩 출토되었다. 대성동 88호묘에서 중관형동모 1점이 출토되었다.

이와 같이 광형동모의 분포가 김해지역에 집중되고 그 가운데에서 양동리고분군에

도 Ⅴ-21 금관가야권 출토 일본열도산 동모(김해시 대성동 88호묘)

개체수가 많은 것이 특징이다. 따라서 김해 지역의 광형동모는 양동리 집단이 북부 규슈에서 입수한 동모를 이들 집단에 분여한 것으로 본다. 그 외 고성군 동외동패총에서 1점이 출토되었는데, 이는 김해 지역을 경유하지 않고 거제도와 쓰시마를 거친 직접 교류를 통하여 입수한 것으로 추정된다.

(2) 통형동기

통형동기는 출토 상황이 분명한 것은 44기의 고분에서 출토된 59점이이며, 분포는 기나이畿內를 중심으로 북쪽은 사이타마현埼玉縣 구마노신사熊野神社고분, 남쪽은 구마모토현熊本縣 시미즈淸水고분까지 광범위하게 확인된다. 고분시대 전기 중반의 시킨잔紫金山고분 출토품을 부터 중기까지이며 전기 후반을 중심으로 확인된다(井上主稅 2008).

　　김해 대성동고분군과 부산 복천동고분군, 김해 양동리고분군에 집중 출토되었으나 김해 망덕리고분군에서 3점이 확인되었다. 그 외 창원 석동고분군에서 1점, 포항시 남성리고분군에서 2점이 출토되었다. 호소가와 신타로細川晋太郎의 논고(細川晋太郎, 2012)를 참고하면서 근래 추가된 자료를 보완한다.

　　대성동 18호묘에서는 피장자의 두부頭部 부근에서 2점 출토되는데 각각 피장자의 양쪽에 위치하고 있다. 2점의 통형동기는 구연부 방향을 따라가면 각각 창과 대응한다. 그 중 1점에는 내부에 병이 잔존하고 있다. 창의 병도 통형동기의 구연부 쪽으로 향하고 있어 본래는 창을 구성하고 있었음을 파악할 수 있다.

　　대성동 88호묘에서는 북쪽 유물부장 공간에서 3점이 출토되었으며 통형동기와 대칭하는 것은 이지창 1점과 철창 1점이 남쪽에 위치한다.

　　대성동 91호묘에서는 창과의 대응관계는 확인되지 않는다.

　　대성동 94호묘에서는 동북쪽 순장자 인골의 동쪽에서 3점이 출토되었으며 자루 방향은 남쪽으로 남쪽 일지선상에 이지창 1점이 위치한다. 그리고 이지창의 남쪽에서 1점이 출토하였다.

　　대성동 1호묘에서는 목곽 내 북서쪽에서 7점, 목곽 내 남서쪽에서 1점이 출토되어 합계 8점의 통형동기가 확인되었다. 남서모서리에서 출토된 1점은 토기 아래에 들어가 있는 상태로 확인되어 원위치를 유지하고 있을 가능성이 크다. 다만 구연부의 방향을 따라가면 바로 목곽의 벽에 부딪치고 주변에는 대응할 창 등은 눈에 띄지 않는다. 목곽 내 북서쪽에서 확인된 통형동기 7점은 비교적 가까이 합친 상태로 출토되고, 목곽 내 북동쪽에서는 복수의 창이 출토되고 있다. 통형동기와 창의 수량과 같지 않고, 통형동기의 구연부 및 창의 병의 방향도 일치하지 않지만 통형동기의 내부에는 병이 양호하게 잔존하고 있기 때문에 대응관계를 상정할 수 있다.

대성동 2호묘에서는 피장자의 두부 부근, 목곽 내 남동쪽에서 2점 확인되며, 모두 거의 같은 방향으로 구연부가 향하고 있다. 가까이 복수의 창이 존재하고 있다.

대성동 39호묘에서는 목곽내 남동모서리에서 2점 확인되고 주축에 따라서 줄을 서듯이 배치되어 있다. 구연부의 방향은 모두 서쪽을 향하고 있지만, 연장선상에 창 등은 존재하지 않는다. 그러나 2점 중 1점의 내부에는 병이 잔존하고 있다.

복천동 38호묘에서는 2점이 모두 목곽 내 서쪽, 피장자의 두부 방향으로 출토되었다. 통형동기의 내부에는 병이 잔존하며, 구연부 방향의 연장선상에는 창이 있다.

복천동 60호묘에서는 통형동기는 3점이 확인되었다. 피장자의 두부 방향에서 2점씩, 족부에서는 1점이 출토되었다. 내부에 목병의 흔적이 남아있는 것이 있다.

양동리 304호묘에서는 통형동기는 3점이 출토되었다. 창과의 대응관계는 확인되지 않는다.

양동리 340호묘에서는 1점이 출토되었으며, 창과의 대응관계는 확인할 수 없지만, 내면에는 세로 방향의 목질이 부착되어 있다.

망덕리 13호묘에서는 2점이 모두 목곽 내 남동쪽 모서리에서 출토되었다. 출토상황에서 창과의 직접적인 대응관계는 확인되지 않으나 서쪽에서 철모와 철창이 5점 확인되어 대응관계를 추정할 수 있다.

망덕리 16호묘에서는 1점이 남서쪽에서 출토되었다. 내부에 목병의 흔적이 남아있다. 구연부 방향의 연장선상에는 창이 있다..

창원 석동 388호묘에서는 동단벽에서는 통형동기 1점과 부속구로 보이는 각형동기 및 설 각 1점, 북서편으로 약간 치우쳐 철모 1점이 출토되었다. 출토 위치에서 철모에 착장된 것으로 보기 어렵다(도 V-22).

도 Ⅴ-22　금관가야권 출토 일본열도산 통형동기(진해 석동 338호묘)

4) 무구

(1) 갑주(도 Ⅴ-23)

한반도에서 출토된 대금계帶金系 갑주甲冑의 제작지에 대해서는 한반도산이라는 설과 일본 열도산이라는 설로 나뉘어져 논의 되고 있다. 대금계 판갑板甲은 충각부주衝角附冑·차양주 遮陽冑와 함께 수백 점이 출토된 고분시대 중기中期의 구조가 정형화된 일본열도의 특징적 인 갑주이다.

　　금관가야권역에서는 5세기 전엽 김해시 두곡 43호묘에서 삼각판혁결판갑三角板革結板 甲과 차양주遮陽冑, 같은 시기로 추정되는 두곡 72호묘에서는 장방판혁결판갑長方板革結板甲, 5세기 중엽 가달 4호묘에서는 삼각판혁결판갑, 김해시 죽곡리 94호묘에서 삼각판정결충 각부주三角板釘結衝角附冑와 경갑頸甲이 출토되었다.

　　아라가야권역에서는 5세기 초 함안군 도항리 13호분에서 삼각판정결판갑三角板釘結板 甲이 출토되었다.

　　소가야권역에서는 5세기 후엽 여수시 죽림리차동Ⅱ-10호묘에서 횡장판정결판갑橫長

板釘結板甲, 6세기 초 거제시 장목고분에서는 횡장판정결판갑橫長板釘結板甲, 횡장판정결충각부주橫長板釘結衝角附冑, 경갑頸甲이 출토되었다.

대가야권역에서는 4세기 후엽 합천군 옥전 68호묘에서 삼각판정결판갑三角板釘結板甲, 5세기 중엽 옥전 28호묘에서 횡장판정결판갑이 출토되었다. 5세기 중엽 고령군 지산동 32호분에서 횡장판정결판갑·경갑·횡장판정결충각부주, 지산동 1-3호묘에서 차양주, 5세기 후엽의 함양군 상백리고분군에서 산가판정결판갑과 상백리 초생원 1호분에서 횡장판정결충각부주가 출토되었다.

대금계 갑주의 제작지에 대해서는 대부분의 일본 연구자들이 긴키近畿지역을 그 제작지로 파악하고 있다.

한반도 출토 대금계 갑주의 제작

도 Ⅴ-23 　대가야권 출토 일본열도산 갑주(고령군 지산동 32호분)

지와 관련하여 흥미로운 사실은 그 출토지가 시기에 따라 달라진다는 것이다. 대금계 갑주가 4세기 말~5세기 초에는 합천과 함안지역에서 출토되다가, 5세기 전반에는 부산·김해지역에 집중적으로 출토된다. 그리고 그 직후인 5세기 후반에는 고령, 합천, 함양 등의 대가야권에 집중적으로 출토된다. 5세기 후엽 이후에는 망이산성의 횡장판정결판갑, 신덕고분의 협갑, 해남군 외도 상식석관묘의 삼각판혁결판갑, 장성군 만무리고분의 횡장판정결판갑 등 영산강유역과 백제지역에 집중되는 현상이 뚜렷해진다.

이 중 5세기 전반의 부산·김해지역에 집중되는 현상은 이 시기 금관가야의 쇠퇴로 볼 때 가야지역에서 갑주가 생산된 것으로 볼 수 없다. 이는 금관가야 쇠퇴 후 대가야 대두까지 한시적으로 이 지역이 일본열도와의 교류의 장으로서 역할을 수행하는 것에 기인할 가능성이 크다. 즉 이 시기 대금계 갑주는 창녕군 교동 3호분과 창녕산 토기가 출토된 합천군 옥전 68호묘, 부산시 가달 4호묘, 김해시 두곡 43호묘, 부산시 복천동 4호묘, 연산동 8호분의 갑주로 볼 때 이 시기 일본열도와의 교섭에 참여한 창녕 비사벌세력에 의해 이입된 것으로 추정된다.

그 후 5세기 후반 이 시기 대왜 교섭의 중심지인 고령군 지산동고분군, 합천군 옥전고분군, 함양군 상백리고분군 등 대가야권에 대금식 갑주가 집중되는 경향이 뚜렷하다. 고령군 지산동 32호분 출토의 판갑과 주胄에 비해 경갑만이 고식 양상을 보이는 조합은 구마모토현熊本縣 에타후나야마江田船山고분과 후쿠이현福井縣 니혼마츠야마二本松山고분에 있는 것에 주목하고 그 세 고분이 모두 보주형 금동관을 가지고 있는 점을 지적하였다(藤田和尊 1985). 니혼마츠야마二本松山고분의 대가야계 금동관이 상징하는 바와 같이 이 시기 대가야와 왜의 활발한 지역간 교류 가운데 동일한 형식의 갑주가 존재하는 점이 주목된다.

6세기 초를 전후하여 가야지역을 벗어나 백제에 의해 파견된 왜인에 의해 조영한 것으로 파악되는 영산강유역의 전방후원분과 그 배총 및 관련 유적에서 대금계 갑주가 출토되는 점은 그 제작지의 해결에 또 하나의 중요한 단서를 제공한다.

필자는 종장판계 갑주에서 대금계 갑주로 변화하는 과도기적 형식이 현재 한반도 내에서 확인되지 않고, 대금계 갑주가 시기에 따라 일본열도와 교류한 지역으로 이동하는 것으로 보아, 일본열도에서 제작되어 반입된 것으로 본다.

당시 한반도의 갑주가 활동이 편리한 찰갑이 널리 실용품으로 사용되고 있었으므로 대금식의 갑주는 왜와의 교류와 군사적인 동맹관계를 상징하는 의장용 무구로 볼 수 있다.

(2) 파형동기(도 Ⅴ-24)

파형동기巴形銅器는 일본열도에서 야요이彌生시대에 출현한 청동기로서 야요이 후기에 사라졌다가 고분시대 전기후반에 다시 출현한다. 이 청동기는 야요이시대에 주형鑄型이 확인되므로 일본열도산이다. 또 한반도 출토품의 시기가 일본열도 출토품보다 이르지 않는 점에서도 그러하다. 일본열도에서 출토된 파형동기는 모두 93점이며 출토지가 분명하지 않은 것을 제외하면 21기의 고분에서 출토되었다.

파형동기는 긴키近畿지역과 그 주변을 중심으로 동쪽으로는 가나가와현神奈川縣 진토오즈카真土大塚고분, 서쪽으로는 후쿠오카현福岡縣 마루쿠마야마丸隈山고분에서 출토되었다. 그 용도는 주로 방패인 순盾과 가죽 화살통인 채䩹의 장식으로 사용되는데, 효고현兵庫

도 V-24 금관가야권 출토 일본열도산 파형동기(김해시·대성동 13호묘 출토품과 관련자료)

縣 교자즈카行者塚고분에서는 부장품 상자 내에 수납된 채로 발견되었다(井上主税 2008).

파형동기는 전장 208m 오사카부大阪府 츠토시로야마津堂城山고분을 비롯한 미에현三重縣 이시야마石山고분 등의 유력 수장묘에서 부장되는 위신재임을 알 수 있다.

현재 대성동고분군에서만 확인되었고 복천동고분군과 양동리고분군에서는 출토되지 않았다. 그 출토 수는 통형동기에 비하면 매우 적은데 대성동 88호묘에서 13점, 13호묘에서 6점, 2호묘에서 1점, 23호묘에서 2점이다. 출토 고분은 모두 대형 목곽묘이다. 그 외 경주박물관 소장 이양선수집품 가운데 몇 점이 있다.

대성동 13호묘의 파형동기는 그 주위에서 목질 및 거치문의 칠이 노출되어 목제 방패 외에도 화살통에 부착되었을 가능성도 있다. 대성동 88호묘와 3호묘의 파형동기는 범위가 좁고 주변에서 다수의 골촉이 출토되어 화살통에 부착되었을 것으로 본다.

대성동 11호묘에서는 시가현滋賀縣 유키노야마雪野山고분과 교토부京都府 가와라타니瓦谷1호분 등에서 고분시대 전기에 보이는 가죽 화살통인 채靫가 출토되었다.

5) 토기

(1) 하지키

하지키土師器와 이를 모방한 하지키계 연질토기는 고 김해만을 중심으로 하여 부산, 진해 지역 등 동남해안에서 출토되고 있는 점이 특징이다.

하지키에 대해서는 다케스에 쥰이치武末純一가 규슈지역과의 비교연구(武末純一 1988)를 실시하였으며, 그 후 안재호는 하지키를 5단계로 편년하며 그 시기별 반입 양상을 다음과 같이 설명하였다(安在晧 1993).

1단계는 고배高杯, 소형기대小形器臺, 장경호長頸壺가 출현하고, 후루布留식토기를 충실히 모방하는 시기이다. 2단계가 되면 그 수가 증가할 뿐만 아니라 기종도 다양화되며, 이후 가장 많이 제작되는 내만구연호內灣口緣甕이 등장한다. 3단계는 2단계에 비하여 수가 줄어드나 다음 시기에 비하면 아직 비교적 다양한 기종으로 구성된다. 4단계가 되면 기종도 단순해지며 그 제작수법도 현지토기인 연질토기軟質土器의 영향이 강하게 나타난다. 5단계가 되면 옹甕만이 남아있으며 그 제작수법도 완전히 연질토기화 된다.

안재호는 하지키계 연질토기軟質土器가 가장 원형에 충실한 시기를 왜인倭人들이 이주한 시기로 보고 제 1차 이주기를 4세기 전엽의 1단계, 제 2차 이주기를 4세기 후엽의 3단계로 설정하였다. 그 제 1차 이주의 직접적인 계기를 긴키近畿지역의 후루식토기가 열도 전역으로 확산하는 것에 두었으며, 제 2차 이주의 계기는 문헌에 보이는 4세기 후반 왜倭의 활동에서 그 배경을 찾았다. 또 4단계이후 하지키의 쇠퇴는 5세기초 이후의 가야와 왜의 관계악화를 그 원인으로 보았다. 이와 같이 하지키의 출현 시기와 출현 배경, 쇠퇴의 원인을 각각 4세기후반 왜倭의 활동과 5세기초 이후의 가야와 왜 간의 관계악화로 본 해석에 대해서는 의문이 있으나 이 토기가 왜인倭人의 이주를 계기로 제작된 점과 시기별 획기에 대한 파악은 타당한 것으로 판단된다.

하지키는 쇼나이庄內식과 후루식이 있으며 이러한 토기 가운데에는 반입품과 모방품이 함께 나타난다. 먼저 여기에서는 쇼나이식 토기와 후루식 토기의 특징에 대해서 옹甕을 중심으로 살펴보고 구별의 기준으로 삼고자한다.

쇼나이식 하지키: 구연부口緣部는 「く」자상으로 날카롭게 외반하고 단부端部는 위쪽으로 돌출되게 처리하였다. 동체胴體는 외면을 타날한 후 세로 방향 목판 긁기로 조정하고

그 내면은 구연부와 동체의 경계면을 날카롭게 돌출되도록 예새로 깎아서 정면하며 기벽이 얇다.

후루식 하지키: 구연부는 내만하면서 위쪽으로 올라가고 단부는 기본적으로 내측을 두껍게 처리한다. 동체는 거의 구형이고 외면은 목판 긁기로 조정하고 그 내면은 예새로 깎아서 정면하나 경계면이 날카롭지 않고 기벽이 두껍다.

쇼나이식 하지키는 동래패총 출토품과 노포동 2호묘 출토품이 있다. 국립박물관 조사 동래패총 출토품 가운데에는 구연부가 「〈」자상으로 날카롭게 외반하며 동체의 내면은 예새깎기로 구연부와의 경계면을 예리하게 돌출시키면서 정면한 토기가 2~3점 보인다. 노포동 2호묘 출토품은 명황갈색으로 구연부는 「〈」자상으로 외반하고 동체는 외면을 타날한 후에 세로 방향 목판 긁기로 조정하고 그 내면은 목판 긁기로 구연부와의 경계면을 돌출시키며 정면한 것이다. 이 토기는 기벽이 전형적인 쇼나이식보다 두꺼운 점에서 모방품으로 본다.

동남해안 지역의 쇼나이식 토기는 부산시 동래패총 F피트 중 회청색 경질토기를 공반하지 않고 후기 와질토기만 출토되는 10층에서 쇼나이식에 병행하는 북부 규슈九州산, 시마네현, 돗토리현에 걸친 산인山陰산, 후쿠이현, 도야마현, 이시카와현에 걸친 호쿠리쿠北陸산의 하지키 옹이 확인되는 점에서 늦어도 3세기 제 2/4분기 전후에 출현한 것으로 추정된다.

회청색 경질토기를 수반한 3세기 중엽의 김해시 대성동 29호묘, 김해시 예안리 74호묘, 160호묘 출토 소형옹은 쇼나이식과 병행하는 것으로 파악된다. 이 토기는 후쿠오카현福岡縣 츠고쇼카케津古生掛고분, 나가사키현長岐縣 하루노츠지原の辻유적 등에서 유사한 기형이 존재하여 북부 규슈산으로 파악된다.

경주시 월성동가 31호묘의 하지키계 연질토기는 고배, 기대, 옹 등의 다양한 기종이 출토되었다. 이 고분은 공반토기의 회청색 경질화가 호壺류에 한정되고, 와질토기의 소성과 조정수법이 잔존한 기종이 남아있는 점, 또 고배는 쇼나이식(米田敏幸 1993)인 점에서 3세기 후엽으로 편년된다. 3세기 후반으로 편년되는 경주시 황성동 25호분 출토 평저발 1점과 원저완 1점도 하지키계 연질토기로 파악되고 있다.

후루식토기는 김해지역의 대성동고분군, 양동리고분군, 퇴래리고분군, 예안리고분군, 봉황대유적, 부산지역의 복천동고분군, 화명동고분군, 괴정동고분군, 조도패총, 경산시 임당저습지유적, 창녕군 계성리유적 등에서 광범위하게 출토되었다. 이 가운데 괴정동 40호분 출토품으로 전해지는 것은 구연부가 「〈」자상으로 외반하고 동체 내면은 예새깎기로 구경부와의 경계면을 날카롭게 돌출시키며 정면한 후루식토기이다. 이 토기는 후루식 가운데서도 고식이며 그 제작수법으로 볼 때 반입품으로 판단된다. 조도패총 출토품은 다케스에 쥰이치武末純一가 지적한 바와 같이 그 형태가 후루식토기와 유사하여 반입품 또는 충실형으로 분류된다. 그 외 대성동고분군, 복천동고분군, 화명동고분군 출토품은 현지에서 후루식토기의 제작수법을 인지한 공인이 제작한 것으로 추정된다.

4세기 초 대성동 13호묘 등에서 출토된 후루식 내만구연옹內彎口緣甕은 규슈지역 옹의 영향을 받아 김해에서 제작된 것으로, 4세기 중엽 복천동 57호묘에서는 내만구연옹, 환상파수부環狀把手附 이중구연옹二重口緣甕이 출토되었다. 그리고 4세기 말 복천동 93호묘에는 내만구연옹, 환상파수부이중구연옹이 출토되었다. 복천동 57호묘를 전후한 시기의 진해시 용원유적에서는 하지키로 추정되는 토기가 23호 유구에서 고배 1점, 패총 최정상부 피트에서 소형기대 1점, 패총 5피트에서 고배 1점, 패총 9피트에서 고배 1점, 패총 4층에서 고배 1점이 출토되었다. 그 외 26호와 37호 주거지 등에서 하지키계 연질토기가 11점 출토되었으며, 토기는 북부 규슈산 또는 그 계통으로 파악되고 있다. 같은 시기 김해시 부원동유적에서도 A지구와 C지구에서 하지키와 하지키계 연질토기가 다수 출토되었다. 창녕군 계성리 8호 수혈주거지 출토품은 대형복합구연호(도 Ⅴ-25)는 서부 세토우치瀨內海계 또는 기나이畿內계 토기로 파악되고 있다(井上主稅 2008).

패총과 같은 생활유적에서는 반입품, 분묘와 같은 분묘유적에서는 모방품이 보인다.

그 후 하지키계 연질토기는 5세기 중엽 김해시 예안리 35호묘에서 환상파수부이중구연옹이 부장된 이후 소멸한다. 이와 같이 하지키는 3세기 전엽에 출현하여 4세기대

도 Ⅴ-25　창녕지역 출토 하지키계토기(계성리 8호주거지)

에는 김해, 부산지역에서 집중적으로 제작되다가, 5세기 중엽 이후 자취를 감춘다.

그런데 김해·부산지역의 토기 가운데에는 하지키의 속성을 받아들여 제작한 것이 있어 흥미롭다. 즉 김해·부산지역에 분포하는 외절구연고배外折口緣高杯 가운데 김해시 예안리 11호묘 출토품은 배부杯部가 완만하게 외반하며 통형 각부脚部에 단이 형성된 것으로 후루식 고배와 형태가 유사하고, 예안리 31호분 출토품은 하지키계 옹형토기가 공반하는 것에서 하지키의 영향을 받은 것으로 파악된다. 또 노형기대에도 하지키의 속성이 보이는데, 즉 김해·부산지역의 파수把手가 붙은 특징적인 노형기대 가운데에는 다른 지역에서 보이지 않는 내만구연內灣口緣의 속성이 그러하다. 이 구연부의 형태가 함께 출토되는 하지키와 일치하면서 이 두 지역은 하지키계 토기가 가장 밀도 높게 분포하기 때문이다.

(2) 스에키

삼국시대 개배蓋杯의 경우 도차에서 분리한 배를 뒤집어서 손에 들거나 도차위에 놓고 돌려서 저부를 깎는다. 그러나 5세기 중엽 이후 일본열도산 스에키須惠器는 특히 도차위에서 회전을 이용해 깎는 것이 특징(도 Ⅴ-26)이며, 이는 한반도산 토기와 일본열도산 토기를 구분하는 중요한 기준이 된다.

가야지역 출토 스에키는 5세기 중엽인 TK23형식에서 6세기 전엽인 TK10형식에 속하는 것이 특징이다.

합천군 봉계리 20호분에서는 TK23형식에 병행하는 무개고배 1점이 출토되었다. 그리고 고령군 지산동 30호분의 배총인 소형석곽 1-5호묘에서도 TK23형식에 병행하는 스에키인 유공광구소호가 출토되었다. 산청군 명동 1지구 68호묘 출토 개와 명동 2지구 14호묘 출토 유공광구소호는 TK23형식이다. 광양군 칠성리취락유적 수혈 출토 개배도 TK23형식이다. 창원시 대평리 1지구M1-1호석곽 출토 개배는 TK23형식이다.

고성군 송학동 1A-1호석곽에서는 TK23형식과 TK47형식의 개배가 6점 출토되었다.

김해시 관동리유적에서는 TK47형식의 개배가 출토되었다.

함안군 오곡리고분군 출토 개배는 TK47형식이다. 고성군 송학동 1B-1호분석실 출토의 개배·유공광구소호는 TK47~MT15형식이다. 의령군 천곡리 21호묘에서는 MT15형식의 제병이 출토되었다. 산청군 생초 9호묘에서는 MT15형식과 TK10형식의 스에키인 개배·무개고배가 일본열도산 주문경과 함께 출토되었다.

도 Ⅴ-26　대가야권 출토 일본열도산 스에키(산청군 생초 9호묘)

김해시 여래리유적에서는 TK10형식의 개배가 출토되었다.

창원시 대평리 1지구M1-1호석곽과 고성군 송학동 1B-1호분석실은 전자는 분구가 즙석되었고, 후자는 북부 규슈九州계 석실인 점에서 스에기카 왜와 관련된 것임을 알 수 있다. 산청군 생초고분군 9호묘에서도 다수의 스에키와 일본열도산 주문경이 출토되어 그러하다.

5세기대 소가야권역에서 스에키가 출토되는 비율이 높은 것은 소가야와 왜의 교역활동에 기인한 것(이지희 2015)으로, 거점 취락인 광주시 동림동유적에서 소가야양식토기와 공반되는 점에서 잘 알 수 있다. 한편 5세기 말 6세기 전엽 소가야권역의 스에키는 대가야양식 토기와 대가야산 금공품이 공반되는 점에서 소가야와 왜의 교섭의 배후에 대가야의 존재가 상정된다.

260

6) 경

함안군 사내리 출토 방제경과 제주도 산지항 출토 거울은 내행화문일광경계방제경內行花文日光鏡系倣製鏡으로 북부 규슈를 중심으로 하는 서일본에서 제작된 것으로 파악되어왔다(高倉洋彰 1989).

김해시 양동리고분군의 427호묘와 162호묘의 방제경은 왜경으로 파악되고 있다. 양동리 162호묘 출토 8면面의 거울은 내행화문일광경계방제경의 Ⅱa, b형으로 그 주형鑄型이 북부 규슈 특히 후쿠오카현福岡縣 수구須玖유적을 중심으로 출토되고 있어 그 가능성이 높다. 양동리 441호묘 출토 방제방격규구경도 왜경으로 파악되고 있다. 창원시 삼동동고분군에서는 일본열도산 내행화문경이 출토되었다.

6세기 전엽 고령군 지산동 45호묘 출토 거울은 동질銅質·제작기법에서 일본열도에서 제작한 왜경倭鏡으로 변형육수경變形六獸鏡에 가까운 것으로 추정된다(小田富士雄 1988).

산청군 생초 9호묘에서는 MT15형식과 TK10형식의 스에키須惠器와 함께 주문경珠文鏡이 출토되어 이 시기 방제경이 일본열도산임이 증명되었다(도 Ⅴ -27).

도 Ⅴ-27　대가야권 출토 일본열도산 경(산청군 생초 9호묘)

3. 금관가야와 왜

일본열도에 이입된 금관가야 문물은 먼저 오바데라유적에서 보이는 바와 같은 새로운 토기인 회청색경질토기를 제작하는 제도製陶기술을 들 수 있다. 이는 금관가야 양식 토기를 제작하던 도공이 일본열도에 이주하여 스에키須惠器라는 토기를 창출하였으며, 스에키를 계승한 오늘날 일본의 비젠야키備前燒와 같은 세계적으로 유명한 도기陶器의 근원도 실은 초기 스에키라 할 수 있다.

그리고 오사카부大阪府 시킨잔紫金山고분 등에서 출토된 종장판혁결판갑縱長板革結板甲은 그 형태가 금관가야와 신라의 판갑과 다른 점에서 일본열도내에서 금관가야계 공인이 효고현兵庫縣 교자즈카行者塚고분 등의 출토품과 같은 금관가야산 철정을 가공하여 제작된 것으로 파악된다. 그래서 이 시기 일본열도에 금관가야로부터 철기제작 공인이 이주한 것으로 본다. 이는 후쿠오카현福岡縣 니시신마치西新町유적에서는 단야와 관련된 유물이 확인되는 것에서도 방증된다. 그리고 교자즈카行者塚고분에서는 일본열도의 최초의 마구가 부장된다. 교자즈카 마구는 실용품으로 볼 수 없는 점에서 이 시기 기마 풍습이 일반화된 것으로 볼 수 없다. 이러한 점에서 3~4세기 일본열도에 이입된 한반도 문화는 금관가야의 제도, 철기제작 기술을 들 수 있다.

그리고 4세기 초의 부산시 복천동 80호묘에서 처음으로 경옥제 곡옥이 출현한다. 4세기 전엽의 복천동 38호묘에서는 경옥제 곡옥과 함께 마노제 화살촉, 김해시 대성동 18호분에서는 녹색응회암제 방추차형석제품, 벽옥제 관옥과 같은 일본열도산 문물이 공반되어 곡옥의 산지를 추정할 수 있다. 이러한 점에서 야요이시대 이래 일본열도에서 동·서지역 간의 교역품으로 사용되던 경옥제 곡옥이 삼국시대에 이르러 한반도와의 교역에 사용된 것으로 추정한다. 이는 서일본에서 경옥제 곡옥이 유통되지 않은 시기에 한반도 남부에는 보이지 않고 서일본에서 경옥제 곡옥이 사용된 이후에 이입된다(中村大介 2013). 즉 3세기 후엽 나라현奈良縣 사쿠라이차우스야마櫻井茶臼山고분 이래 긴키近畿지역을 중심으로 한 전기 고분에 경옥제 곡옥이 부장된 이후에 비로소 금관가야에 이입되는 것이다(박천수·임동미 2013).

더욱이 경옥제 곡옥이 출토된 4세기 전엽 대성동 88호묘에서는 진晉식 대장식구, 동모, 파형동기, 통형동기, 벽옥제 석제품, 동촉이 공반되고, 91호묘에서는 전연前燕의 청동제 용기와 마구, 로마유리기, 류큐열도산 패제품 등이 공반되어 이 시기 금관가야가 한반도 동남부의 원격지 교역을 주도한 사실과 그 위상을 알 수 있다.

그런데 대성동 91호묘 출토 유리기편은 유리병의 파편으로 추정되며 분석 결과 화학 조성이 로마 유리기로 판명되었다. 91호묘는 로마 유리기, 전연의 마구와 청동용기, 류큐열도산 조개 등의 부장품으로 볼 때 이 시기의 왕묘급 고분으로 평가된다.

김해시 대성동 91호묘 출토 유리기가 문제가 되는 것은 전연에서 직접 이입된 것인지, 경유지를 거친 것인지의 여부이다. 이에 대한 직접적인 증거를 제시할 수 없는 현 시점에서 단서를 제공하는 것은 경주시 월성로가 13호묘 출토 유리기라 본다.

4세기 후엽에 축조된 경주시 월성로가 13호묘에서 2점의 유리기가 부장된 것은, 그 이전 시기에 이미 유리기가 신라에 이입되었음을 시사한다. 이와 함께 이 고분에서는 대성동 91호분과 같은 삼연三燕계의 마구馬具가 공반된 것에서 이를 통해 유리기가 이입된 것으로 파악된다. 요녕성遼寧省 북표현北票縣 북연北燕의 풍소불묘馮素弗墓에서 5점이 출토된 것으로 볼 때 로마 유리기는 초원로를 통하여 중국 동북지방으로 이입된 것으로 추정된다.

특히 문헌사료로 볼 때 금관가야와 중국의 교섭 기사는 전혀 보이지 않는데 반해 신라는 377년과 382년 전진前秦에 견사遣使하고 그것이 고구려 사신의 안내에 의해 이루어진 것으로 볼 때, 신라가 고구려를 통해 북방 세계와 접한 것을 알 수 있다. 따라서 금관가야에 이입된 유리기는 고구려, 신라를 경유한 것으로 보는 것이 합리적이다.

이로서 그간 4세기 후반 일본열도에 독자적으로 이입된 것으로 파악되어온 나라현奈良縣 신야마新山고분과 효고현兵庫縣 교자즈카行子塚 출토의 진晉식 대장식구가 금관가야를 경유한 것이 밝혀졌다. 더욱이 후자에는 금관가야산 철정, 철복鐵鍑이 공반되어 이 시기 금관가야와 왜의 교류 양상을 알 수 있다.

앞에서 살펴본 일본열도의 금관가야산 철기와 김해지역 왕묘역인 대성동고분군의 파형동기를 비롯한 기나이산 문물은 이시기 금관가야와 왜왕권의 밀접한 교섭을 상징하는 것이다. 이는 구야국 시기 대왜 교섭의 상대가 선사시대 이래 일본열도측 창구의 역할을 담당해 왔던 규슈세력이었으나, 금관가야 시기에는 기나이지역과의 교섭이 본격적으로 개시된 것을 웅변하는 것이다.

그리고 일본열도의 왕묘를 포함한 유력 수장묘에 부장되는 파형동기가 부착된 방패, 석제품과 통형동기는 이 시기 왕권을 장악한 나라奈良 북부의 사키佐紀세력이 특별히 갖추어서 증여한 것으로 추정된다. 특히 통형동기는 김해 대성동고분군을 중심으로 양동리고분군, 부산 복천동고분군에 집중적으로 출토되며, 그 출토 수가 일본열도 전역의 개체 수에 육박하는 점에서 철자원을 구하기 위한 왜왕권의 절실한 의도가 간취된다(도 V-28).

400년 광개토왕릉비 경자년조庚子年條에는 신라성을 침범한 왜倭가 고구려군에 패한 후 임라가라任那加羅로 도망하였다는 기록이 보여 주목된다. 임라가라는 김해지역으로 비

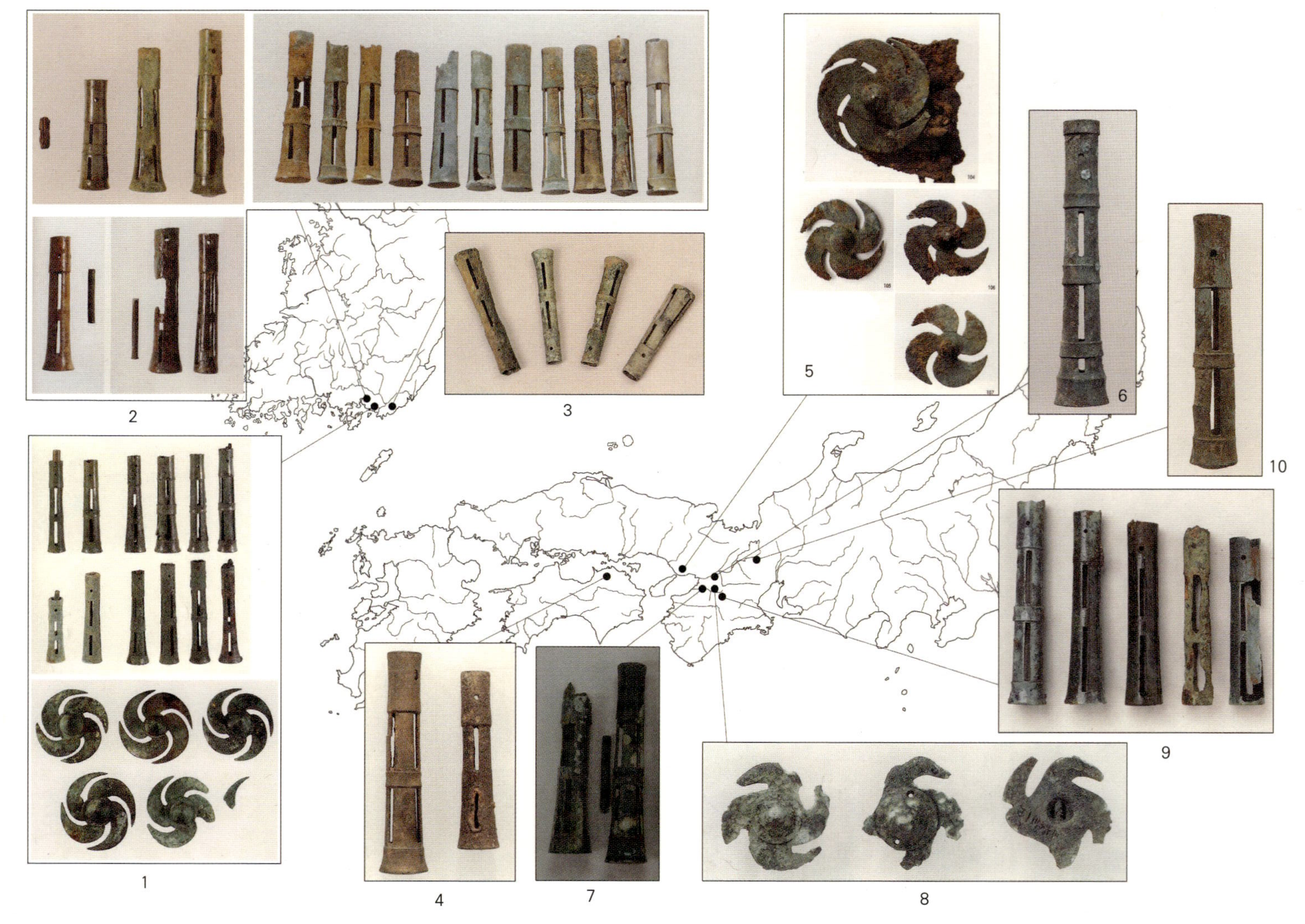

도 Ⅴ-28　통형동기와 파형동기의 분포로 본 금관가야와 왜

1: 김해시대성동고분군　|　2: 김해시양동리고분군　|　3: 부산시복천동고분군　|　4: 香川縣猫塚古墳　|　5: 兵庫縣行者塚古墳　|　6: 大阪府紫金山古墳
7: 大阪府庭鳥塚古墳　|　8: 大阪府黃金塚古墳　|　9: 奈良縣新沢千塚500號墳　|　10: 滋賀縣安土瓢箪山古墳

정되어 이러한 고고자료와 문헌사료는 일본의 연구자가 주장하는 왜군의 독자적인 외정外征과 출병出兵이 아니라 그것은 어디까지나 금관가야 나아가 백제와 관련된 것임을 웅변하는 것이다.

왜냐하면 왜의 독자적인 출병이었다면 퇴각한 곳 즉 군선을 정박한 장소가 경주에 가까운 영일만 또는 울산만이어야 하기 때문이다. 그럼에도 왜군이 고 김해만으로 퇴각한 것은 금관가야와 왜의 공동작전임을 웅변하는 것이다. 이는『삼국사기』자비마립간 6년(463년)에 왜인이 삽량성歃良城에 침입하였으나 이기지 못하고 되돌아갔으며 국경 부근에 두 성을 쌓았다는 기사가 보이는 것(선석렬 2016)에서도 당시의 왜·가야 연합군의 침입로를 잘 알 수 있다. 즉 왜가 고 김해만을 통하여 삽량성인 양산을 거쳐 경주로 침공한 것이다.

한편 이 시기 광개토왕비에 보이는 왜에 대해 기나이畿內세력으로 보지 않고 한반도 남부의 세력, 또는 일본열도의 지역세력으로 보는 견해도 있으나, 현해탄의 고도孤島인 후쿠오카현福岡縣 오키노시마沖の島제사유적에서 돌연 출현하는 벽옥제 석제품과 삼각연신수경三角緣神獸鏡을 비롯한 문물과 대성동고분군의 기나이산 문물로 볼 때 나라북부의 왜왕권을 주축으로 하는 세력이 분명하다. 특히 오키노시마유적 출토 기나이산 문물은 왜의 항해 안전과 전승을 기원하는 제사에 사용된 것으로 보인다.

금관가야는 고구려·신라의 남진정책에 대항하기 위해 왜와의 동맹관계를 이용한 것으로 추정된다. 이 시기 왜가 동원된 배경은 복합적이지만 그 가운데에는 금관가야의 관계망 속에 포함되어있던 동래지역 즉 복천동세력에 가해지는 신라의 영향력 증대와 이와 함께 가해지는 압박에 대한 금관가야의 적극적인 대응과 공세가 직접적인 원인이라 생각된다. 한편 왜의 신흥세력으로 등장한 나라奈良 북부세력은 금관가야와의 제휴를 통하여 군사력을 제공하는 대신 위세품과 철 등의 필수물자를 확보함으로써 일본열도내에서 주도권을 획득한 것으로 생각된다.

4. 아라가야와 왜

3~4세기 아라가야양식 토기의 특징적인 기종은 노형기대, 고배, 승석문양이부호이며, 남

강, 황강수계와 남해안 일대를 포함하는 광역분포권을 형성하였음을 알 수 있다.

　더욱이 승석문양이부타날호를 중심으로 한 아라가야양식 토기가 나가사키현長崎縣 다이쇼군야마大將軍山고분, 하루노츠지原の辻유적, 후쿠오카현福岡縣 미쿠모三雲유적, 히가시시모타東下田유적, 니시신마치西新町유적, 돗도리현鳥取縣 아오키이나바青木稲場유적, 에히메현愛媛縣 사루카타니猿ヶ谷2호분 분구, 후나카타니船ヶ谷유적, 가가와현香川縣 미야야마宮山요, 교토부京都府 시가이市街유적 등에서 확인된다. 이는 금관가야양식 토기가 일본열도에서 주로 기나이畿內와 도카이東海지방에 주로 출토되는 것과 대비되는 것으로, 이 시기 금관가야와 더불어 가야전기의 중심국인 아라가야도 일본열도와의 교류의 한 축을 형성한 것을 보여준다.

　5세기 전엽 일본열도에서 확인된 가장 이른 스에키요인 오사카부 오바데라유적에 이어 시코쿠四國지방에서도 초기 스에키요의 조업이 개시된다. 시코쿠지방의 초기 스에키 가마인 가가와현香川縣 미야야마宮山요, 미타니사부로이케三谷三郎池요에서는 통형 각부에 능형 혹은 원형의 투공을 가진 통형고배가 출토되고 같은 시코쿠의 에히메현 사루카타니猿ヶ谷2호분과 후나카타니船ヶ谷유적에서 집중적으로 아라가야양식 토기가 출토되고 있어 이 지역 초기 스에키 생산 공인은 함안지역의 공인일 가능성이 더욱 높아졌다. 더욱이 교토부京都府 우지시가이宇治市街유적 출토 389년을 전후한 시기의 초기 스에키는, 발형기대가 소형인 점과 시문된 삼각거치문이 함안군 오곡리 3호묘, 마갑총 출토품과 유사한 점에서 기나이畿內지역에서 아라가야계의 공인이 제작한 것으로 본다(도 Ⅴ-29).

　일본열도에 이입된 아라가야 문물은 5세기 전엽 가가와현香川縣 미야야마宮山요, 미타니사부로이케三谷三郎池요에서 보이는 바와 같은 새로운 토기인 회청색경질토기를 제작하는 제도製陶기술을 들 수 있다. 그리고 나라현奈良縣 신토新堂유적에서는 유로에서 화염형 투창고배가 송풍관, 노재爐滓, 철재鐵滓, 시루 등의 한식계토기와 함께 출토된 것에서 이 시기 일본열도에 아라가야로부터 철기제작 공인이 이주한 것으로 본다. 이러한 점에서 5세기 전엽 아라가야의 제도, 철기제작 기술이 일본열도에 이입된 것으로 본다.

　이와 같이 아라가야 세력은 내륙교역의 회랑과 같은 남강수계를 통해 금강유역과 남해를 연결, 백제와 왜를 중계하는 역할을 한 것으로 본다.

　그러나 4세기 말 오사카에서 개시된 일본열도의 본격적인 회청색 경질토기 생산이 금관가야계 공인에 의해 주도된 점, 양동리, 대성동고분군 출토 중국·일본열도산 문물로 볼 때 아라가야세력에 의한 대외교섭의 중심적인 역할은 인정되지 않는다.

도 Ⅴ-29 일본열도의 아라가야양식 토기(교토부 우지시가이유적)

한편 금관가야양식 토기가 낙동강하류역에 분포가 한정되고 일본열도에서도 주로 오사카大阪을 중심으로 한 긴키지역에 주로 출토되는 것과 아라가야의 독자적인 관계망과 대왜교섭으로 볼 때, 금관가야를 중심으로 한 대왜교섭의 독점과 이를 기반으로 한 단일연맹체설과 금관가야 절대우위론은 성립될 수 없다. 또한 금관가야와 왜 왕권과의 중심지간 교섭 외에 각 지역간 교섭이 어느 정도 성행한 것으로 파악된다. 이와 관련하여 4세기말에서 5세기 초 일본열도에서 초기 스에키의 생산이 다원적으로 개시되었고 더욱이 각 지역마다 가야의 다른 지역으로부터 공인을 초빙하여 각각 생산한 점이 주목된다. 즉 금관가야권역에서 주로 공인을 초빙한 왜왕권과는 달리, 독자적으로 각 지역의 호족, 즉 규슈지방의 호족은 소가야, 시코쿠四國 지방의 호족은 아라가야에서 초기 스에키의 공인을 초빙한 것이다. 따라서 4세기대에 이어 5세기 전반까지도 왜왕권이 각 지역의 호족세력들의 독자적인 교섭 활동을 통제하지 못한 것으로 파악된다.

아라가야는 『일본서기』의 이른바 「임나일본부」의 실체로 보이는 안라왜신관安羅倭臣館이 설치되고 임나부흥회의에서도 주도적인 위치를 점하고 있는 것에서 대가야와 함께 여전히 가야 후기의 중심국으로 대왜 교섭에서도 중요한 위치를 차지하는 것으로 파악되어 왔다. 그럼에도 6세기대에는 지역간 교류를 민감히 반영하는 아라가야양식 토기가 일본열도에 이입되지 않고 또 이전 시기부터 이 지역에 이입된 왜의 문물도 도항리(경)13호묘의 삼각판혁결판갑과, 말산리 4호분의 직호문녹각제도장구直弧文鹿角製刀裝具가 출토된 것에 불과하여 고고자료와 문헌사료와의 큰 차이를 보이고 있다. 이는 당시 가야의 중심국이었던 대가야를 견제하려는 백제의 의도로 한시적으로 아라가야에 안라왜신관이 설치되고 이른바 임나부흥회의가 개최된 것에 기인한다. 또 그 시기가 이미 가야 멸망이 임박한 530년대 이후인 것에 원인이 있을 것이다.

5. 소가야와 왜

5세기 초 소가야가 대두하는 것이 토기양식에서 확인된다. 이시기 소가야양식 토기가 아라가야양식을 교체하듯이 남강중상류역, 황강중상류역과 남해안에 걸쳐서 유통되고 또한 금강수계의 백제지역으로 통하는 교통로와 남해안에 출현한다.

주목되는 것은 일본열도에서 소가야양식토기가 이입되면서 제작된다는 점이다. 나가사키현長崎縣 고후노사에コフノサエ유적, 토우토고야마トウトゴ山유적, 미시마箕島고분군, 오이타현大分縣 후나오카야마船岡山유적 출토 삼각형투창고배는 소가야양식으로 경남서부지역에서 반입된 것이다.

5세기 전엽 후쿠오카현 고데라古寺고분군, 이케노우에池の上고분군에서는 삼각투창고배와 함께 수평구연호, 발형기대, 유공광구소호가 출토되었다. 고배의 삼각투창, 호의 수평구연에 가까운 구연부 처리와 동하부의 타날, 유공광구소호의 경부 돌대와 발형기대의 파상문 형태 등으로 보아 소가야양식 토기와 유사하다. 이러한 토기는 형식과 기종의 구성에서 소가야양식으로 파악되나 세부형태가 다른 점에서 후쿠오카현 아사쿠라요朝倉窯산으로 본다. 그런데 오바데라유적과 달리 소가야양식과 세부적인 차이가 보이는 이유는 이러한 토기가 1세대 공인에 의해 생산된 것이 아니라 오사카부 스에무라TK73형식과 같이 2세대 공인에 의해 제작된 것이기 때문이다. 장차 아사쿠라지역을 포함한 규슈지역에서 오바데라유적과 같은 조업 개시기 가마의 발견이 기대된다.

도 Ⅴ-30 일본열도의 소가야양식 토기

1: 가고시마현 진료 10호분 ┃ 2: 미야자키현 치쿠이케횡혈묘

가고시마현鹿兒島縣 진료神領10호분 출토 통형기대와 발형기대는 소가야양식 토기이
나 시코쿠四國지방의 이치바미나미구미市場南組가마에서 제작된 것으로 파악된다. 미야자
키현宮崎縣 치쿠이케築池횡혈묘 출토 통형기대도 소가야양식으로 같은 가마에서 제작된 것
으로 보고 있다. 그러나 이 가마는 소가야양식 토기가 다수 확인되는 것에서 소가야 공인
의 이주에 의해 성립된 것으로 판단된다(도 Ⅴ-30).

소가야양식 토기는 나가사키현長崎縣 쓰시마對馬에 집중하고, 후쿠오카현福岡縣 아사
쿠라朝倉요와 에히메현愛媛縣 이치바미나미쿠미市場南組요의 초기 스에키須惠器요의 공인은
출토 삼각투창고배와 수평구연호, 발형기대, 유공광구소호, 기대가 소가야양식인 점에서
고성지역에서 이주한 공인일 가능성이 크다. 그래서 소가야는 아라가야를 대신하여 남강
과 금강수계를 통하여 백제지역과의 교섭을 하였을 뿐만 아니라 백제와 일본열도와의 중
계교역 활동을 한 것으로 추정된다.

6. 대가야와 왜

특히 5~6세기 가야 제국 가운데 독자적인 의장의 금공품을 제작한 곳은 대가야가 유일하
며 특히 고령에서 제작된 금동제 용봉문환두대도, 금제 수식부이식, 금동제 마구는 가야
전역뿐만 아니라 일본열도 전역에 걸쳐 이입되었다. 현재 확인된 대가야산 금공품은 금관
2점, 금동관 5점, 또한 금동제 용봉문환두대도는 49점, 금제 수식부이식은 229점에 달한다.
그 외 금동제 마구도 다수 확인된다. 수백 점에 달하는 화려한 대가야의 금공품은 백제, 신
라에 필적하는 독자적인 문화를 상징하는 것이다.

대가야산 금공품의 수량은 신라에는 필적할 수 없으나 백제산 금공품의 수량을 웃돈
다. 또한 대가야의 금공품은 신라와 백제와 분명하게 구분되는 독자적인 양식이다. 더욱이
고령에서 성주로 연결되는 금광맥이 존재하고, 현대까지 활발하게 채굴된 점에서 금광의
개발을 통한 금공품 생산과 유통이 대가야 발전의 원동력으로 작용한 것으로 판단된다.

5세기 후반 정치적 지위를 상징하는 위신재인 후쿠이현 니혼마츠야마고분 출토품을
비롯한 금동관과 일본열도 전역에서 출토되는 금제 수식부이식이 대가야계인 것에서 이

시기 대가야가 왜와의 교섭에서 중심적인 역할을 담당하였다는 것을 알 수 있다. 이 시기 대가야산 이식이 일본열도 전역의 고분에서 출토되었다(도 Ⅴ-31).

이 시기 일본열도의 유력수장묘인 동일본의 군마현 이데후타코야마고분, 사이타마현 이나리야마고분, 긴키지역의 와카야마현 오타니고분, 서일본의 구마모토현 에타후나야마고분 등에서 대가야형의 위신재가 부장된다.

그런데 대가야문물이 집중 부장된 구마모토현 에타후나야마고분과 사이타마현 이나리야마고분에서는 상감명문대도가 출토되었다. 이와 관련하여 환두環頭 내연內緣에 각목문刻目문가 시문되어 대가야산으로 판단되는 동경박물관 소장의 용문환두대도에도 상감명문이 시문되어 있어 주목된다. 왜냐하면 이 용문환두대도의 서체書體와 상감기법이 이나리야마고분의 명문철검과 아주 유사하기 때문이다. 또한 창녕군 교동 11호분의 명문 원두대도도 원두에 시문된 문양이 대가야마구에 보이는 능삼문인 점, 10호분의 용봉문환두대도가 대가야산인 점에서 역시 대가야에서 제작되었을 가능성이 높은 것으로 판단된다. 그리고 상감 명문대두가 출토된 구마모토현 에타후나야마고분에 환두부 내연을 각목문으로 장식한 용문대도를 비롯한 대가야산 문물이 공반되고, 상감 명문대도가 출토된 사이타마현 이나리야마고분에서도 마찬가지로 대가야산 문물이 공반되는 점이 주목된다. 이는 대가야에서 문자의 사용이 상당한 수준인 것과, 5세기 후엽의 일본열도 명문대도의 제작에 대가야로부터의 이주 공인工人이 참여한 것을 웅변하는 것으로 본다(도 Ⅴ-32).

이와 같이 5세기 후반 일본열도에서는 대가야 공인에 의해 제작된 명문대도가 왜왕권에 의해 각 지역의 호족세력에게 위신재로 분여된 것으로 본다. 그런데 실은 이와 같은 장식대도를 매개로한 위신재 체계가 금동제 용봉문환두대도와 은장 오각형환두대도와 같은 장식대도를 위신재로 사용하며 다라국을 포함한 그 권역내를 통제한 대가야의 위신재 체계와 유사한 점이 주목된다. 이는 관冠를 매개로한 신라와 백제와는 달리 장식대도와 같은 도검을 매개로한 위신재 체계가 양 지역에 존재하였음을 보여주며, 왜의 위신재 체계가 대가야와 관련된 점에서 흥미롭다.

이제까지 서일본을 경유하고 그 이입빈도가 낮은 것으로 파악되어온 동일본에 대가야산 문물이 직접 이입되고 그 빈도가 높은 점이 주목된다. 특히 그 가운데 군마현 겐자키나가토로니시유적에서는 적석총과 주거지에서 부뚜막, 13호수혈에서는 말의 순장이 확인되고, 주변 10호분에서는 수식부이식과 연질토기가 출토되었다. 수식부이식은 대가야산이며 시루와 옹형토기도 말각 환저의 기형과 격자타날문으로 볼 때 대가야계로 추정된다(도

도 Ⅴ-31 5세기 후반 일본열도속의 대가야문물

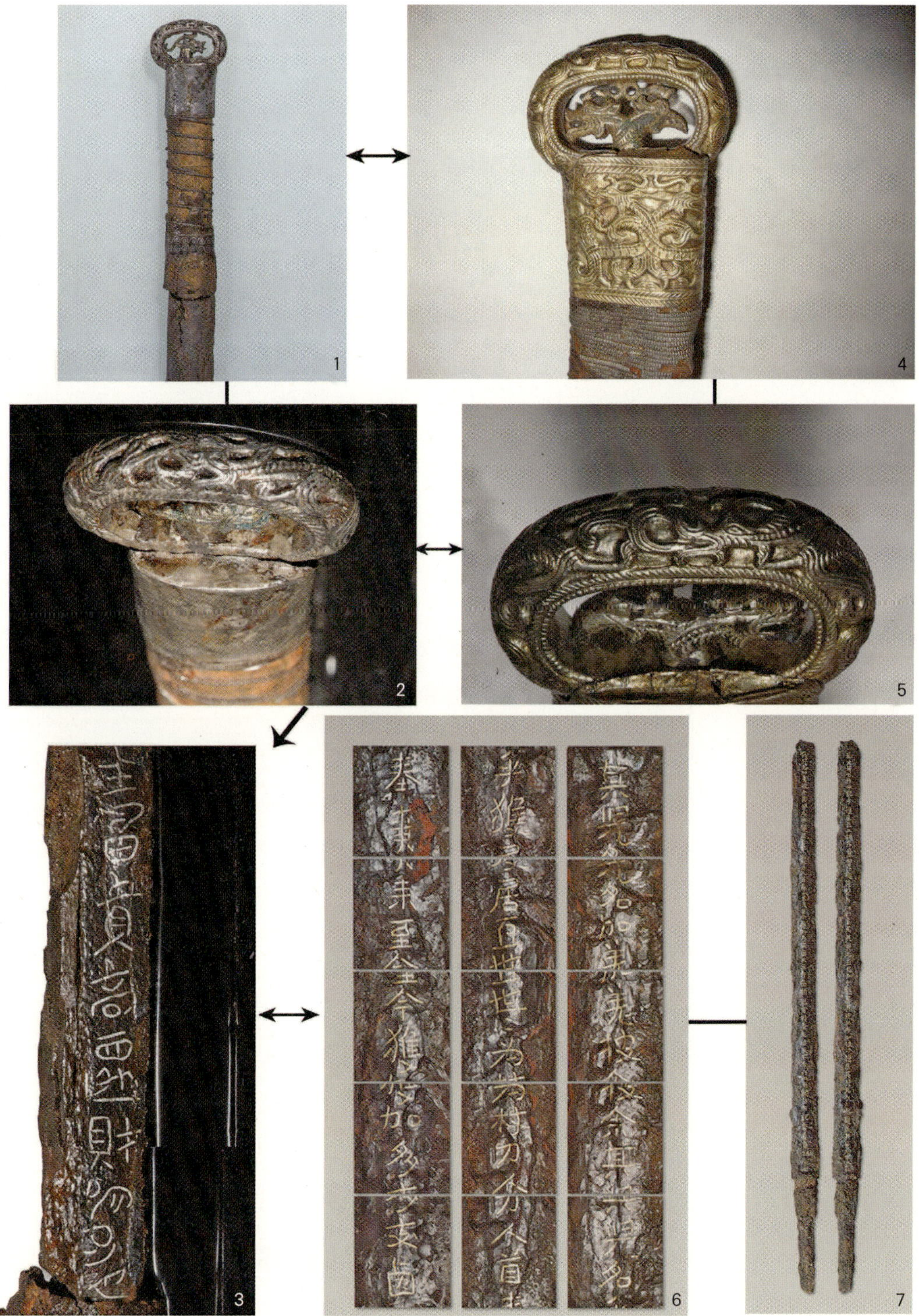

도 Ⅴ-32   사이타마현 이나리야마고분 출토 명문철검의 계보

1~3: 가야지역 출토품 | 4, 5: 합천군 옥전M3호분 | 6, 7: 사이타마현 이나리야마고분

도 Ⅴ-33   군마현 겐자키나가토로니시유적의 대가야 문물

274

Ⅴ-33).

나가노현 아라이하라 12호분 순장마에 동반한 마구는 합천군 옥전M3호분 출토품과 유사한 대가야산이고, 나가노현 미야가이토SM03호분에 부수하는 SK64호수혈의 말과 동반한 f자형경판부비와 검릉형행엽, 환형운주도 전형적인 대가야산마구의 조합이다. 나가노현 아제찌 1호분에서는 대가야계의 수식부이식이 출토되었다. 치바현 오사쿠 31호분 출토 말에 동반하는 재갈도 전자와 같은 대가야계 마구이다.

이와 같이 동일본에 이입된 한반도 문물의 특징은 대부분 그 계통이 대가야에서 찾을 수 있으며 호쿠리쿠北陸에서 간토關東지역에 걸쳐서 분포한다는 것이다.

특히 대가야 문물이 동해에 면한 호쿠리쿠지방에 연한 교통로에 따라 분포하고 중부지역의 산간 회랑을 통하여 동일본에 유입된다. 또한 대가야계 관이 후쿠이현 니혼마츠야마고분 → 도야마현 아사히나가야마고분 → 나가노현 사쿠라카오카고분 → 도치키현 구와 57호분 등 호쿠리쿠~간토지역에 걸쳐서 분포한다. 더욱이 대가야산 수식부이식의 분포권과도 일치하는 것이 주목된다. 수식부이식은 후쿠이현 니시즈카고분, 무카이야마 1호분 → 덴진야마 7호분 → 이시카와현 수이사카마루야마 5호분 → 나가노현 아제치 1호분 → 군마현 겐자키나가토로 10호분에서 분포하는 것이다. 이러한 금동제품은 기나이지역이 분포의 중심이 아니고, 또한 기나이에서 동일본으로 가는 교통로상에 분포하지 않는 것에서 일본열도의 중심지인 이를 경유하지 않고 동해를 통해 호쿠리쿠지방을 경유하여 이입되었을 가능성이 높다. 왜냐하면 와카사만若狹灣연안의 후쿠이현 니혼마츠야마고분에서는 2점의 관과 덴진야마 7호분, 무카이야마 1호분, 니시즈카고분의 금제 수식부이식, 주젠노모리고분의 마구와 같은 대가야산 금공품이 집중적으로 출토되기 때문이다. 더욱이 마사집단과 관련된 군마현 겐자키나가토로니시유적, 나가노현 미조구치노즈카고분, 나가노현 사쿠라카오카고분에서는 대가야부터 이주한 수장이 존재한 것으로 파악된다.

그런데 이제까지 호쿠리쿠지방의 한반도계 문물의 이입 배경은 이 지역의 호족세력이 왜 왕권의 한반도 경영에 참가하는 것에 의한 것으로 해석되어왔다. 이와 관련하여 주목되는 것은 464년 『일본서기』 웅략雄略8년조 임나왕任那王이 호쿠리쿠지방 와카사若狹의 호족으로 추정되는 가시와테노오미이카루카膳臣斑鳩 등을 보내 고구려를 공격하게 하였다는 기록이다. 즉 여기의 임나왕은 당시의 정황으로 볼 때 대가야왕이 분명하고 공격의 대상이 고구려라는 점이다. 또한 이와 관련하여 주목되는 것은 487년 『일본서기』 현종顯宗3년조 기노오히하노스쿠네紀生磐宿禰가 임나任那를 근거로 고구려와 통하고, 임나인의 계책을 이용하여 백제를 공격한 기사이다. 기노오히하노수쿠네는 임나 즉 대가야와 관련된 점과 기씨紀氏인 점에 근거하여 대가야에서 백제지역을 공략하기 위해 파견한 왜인으로 본다. 특히 기씨와 대가야와의 관계는 금동제 마구와 철제 마주 등의 대가야산 문물을 부장한 와카야마현 오타니고분이 그 본거지에 조영된 점에서 그러하다. 더욱이 이 지역 이와세 센즈카岩橋千塚의 횡혈식석실분에는 고구려의 천왕지신총에 보이는 횡가구조물이 보여 흥미롭다. 이와 함께 고성군 송학동 1호분 B호석실의 계통에 대해 목붕木棚를 근거로 이 지역으로 보는 견해가 있어 주목된다.

이 시기 왜계고분인 고성군 송학동 1호분B호석실, 의령군 경산리 1호분(도 Ⅴ-34), 의령군 운곡리 1호분에서는 대가야양식의 토기와 함께 백제, 신라의 문물이 출토된다. 즉 송학동 1호분B호석실에서는 백제와 신라토기가, 경산리 1호분에서는 신라토기가 부장되고 인접한 2호분에서는 백제 마구가, 운곡리 1호분에서도 신라토기가 부장되었다. 거제 장목고분에는 대가야산 팔각형 철모와 함께 대장식구가 부장되었다. 이러한 문물은 영산강유역의 전방후원분에 보이는 대가야계문물과 같이 피장자의 생전 활동을 나타내는 것으로 즉 대가야 왕권하에서 왜, 백제, 신라 교섭에 활약한 왜인의 존재를 상정케 한다. 이와 같은 왜인은 백제가 이식한 영산강유역의 전방후원분 피장자와 같이 대가야와 이에 연계된 소가야에 의해 백제, 일본열도, 신라 외교 및 군사활동을 위해 이식된 것으로 본다. 의령 경산리 1호분의 하위 다수의 중·소형 석곽묘에서 대도, 철모, 철촉과 같은 무기의 부장이 탁월하며, 의령 운곡리 1호분에서도 대도가 복수 부장되고 거제 장목고분에서는 일본열도산 경갑과 괘갑과 같은 갑주와 대도, 철모, 철촉과 같은 무기가 부장된다. 가야지역의 왜계고분 피장자는 이와 같이 무기와 무구의 부장이 탁월한 점에서 백제측에서 활동한 영산강유역 전방후원분 피장자의 활동을 견제하기 위한 군사적인 역할을 수행한 것으로 추정된다.

이렇듯 일부 일인학자들이 임나일본부의 증거로 거론하고 있는 영산강유역의 전방후원분과 가야지역의 왜계고분은 임나사현任那四縣과 대사帶沙, 기문己汶지역을 중앙에 두고 분산 배치되어 있고 6세기 전엽에 국한된 출현시기와 각각 신라, 백제와 대가야산 위세품을 보유한 것에서, 임나일본부任那日本府와는 어떠한 관계도 확인되지 않는다. 이와 같이 대가야는 고구려, 신라, 백제의 전쟁에 왜왕권뿐만 아니라 호쿠리쿠지방과 기이紀伊지역, 규슈九州지역과 같은 호족세력의 군사력을 활용하고, 호족세력들은 반대급부로서 대가야의 문물을 도입한 것으로 추정된다.

그 동안 대가야의 발전 시기에 대해 문헌사학뿐만 아니라 고고학에서도 479년 남제南

齊 견사遺使기록에만 의거하여 5세기 후엽으로 보았다. 그러나 대가야의 발전 시기는 대가
야문물이 남강상류역에 출현하고, 일본열도의 대가야 문물과 대가야지역의 일본열도산 문
물이 이입되는 5세기 중엽으로 본다. 당시 적대국인 신라가 낙동강하구를 장악하고 경쟁
상대인 소가야가 사천만과 고성만에 포진하고 있어, 대가야는 반드시 섬진강로를 확보하

여야만 비로소 양자간 교통이 가능하였기 때문이다. 5세기 중엽 일본열도의 대가야 문물
은 섬진강수계의 호남 동부지역이 대가야권역에 포함된 것을 웅변하는 것이다. 이는 451
년 대가야인 가라加羅가 『송서』 왜국倭國전에 등장하는 시점과 부합한다.

　　이제까지 대가야의 발전은 주로 고령과 안림천수계로 연결된 야로지역의 철산 개발
에 의한 것으로 파악되어 왔다. 여기에서 나아가 필자는 이를 기반으로 한 섬진강로의 확
보, 특히 하동 대사진의 장악을 통한 대 일본열도 교역을 그 원동력으로 보았다.

　　필자는 대가야가 남강 상류역으로 진출한 후 남원분지로 남하하여 구례를 거쳐 섬진
강하구의 교역항인 하동을 확보함과 동시에 이제까지 그다지 주목하지 못했던 여수, 순천,
광양지역을 장악한 것으로 본다. 대가야는 하동의 확보만으로는 남해안의 안전한 교통이
불가능하여 해상 교통과 군사적 요충인 여수반도를 장악한 것으로 본다. 남해안의 제해권
을 확보함으로써 아라가야와 소가야의 내륙회랑인 남강로 뿐만 아니라 양 세력이 활동하
던 남해안로를 차단할 수 있게 된 것이다. 더욱이 백제와 왜의 교통뿐만 아니라 왜의 중국
교통에도 일정한 영향력을 행사할 수 있게 된다.

7. 가야와 왜의 교류의 변천

4세기 가야와 왜의 교류를 주도한 곳은 금관가야였다. 한편 아라가야도 일정한 역할을 담
당하였다. 소가야는 5세기 전반 특히 규슈九州 시코쿠四國지방과 교류한 것이 주목된다.

　　4세기까지 이입되던 금관가야산 문물과 5세기 전반까지 이입되던 신라산 금공품 대
신 대가야산 금공품이 5세기 후반 일본열도에 갑자기 유입되는 배경은 이와 관련된 것으
로 본다. 즉 대가야가 남해안의 제해권을 장악함으로써 특히 백제와 왜의 교통뿐만 아니라
왜의 중국 교통에도 일정한 영향력을 행사할 수 있게 된 것이다. 그래서 왜가 특히 금공품
의 수입처를 신라에서 대가야로 전환할 수밖에 없는 상황이 형성된 것으로 생각된다.

　　이로서 대가야는 종래의 금관가야와 신라를 대신하여 일본열도와의 교역과 교섭을
주도하며 대외관계에서도 가야의 맹주로서 군림하게 된다.

　　5세기 후반 일본열도의 대가야 문화는 4세기에 금관가야가 전해준 철제품과는 비교

할 수 없는 화려한 금제, 금동제 장신구, 금동제 마구를 포함하고 있어 양자간 국가 경쟁력의 질적 차이를 알 수 있게 한다. 또한 대가야는 당시 왜가 원했던 말과 그 사육방법을 전해 준 점, 더욱이 국가체제의 정비에 절대적으로 필요했던 문자의 사용을 본격화 시킨 점에서 대가야 문화는 일본열도의 문명화에 기여한 것으로 판단된다.

한편 6세기 전엽 백제가 임나사현과 대사진을 점령함으로써 대가야는 남해안의 제해권과 교역항을 상실한다. 이에 동반하여 남조 문물을 앞세운 백제산 문물의 본격적인 일본열도 이입으로 인해 대가야와 일본열도의 교역이 퇴조하였으며 이는 대가야의 쇠퇴를 반영하는 것이다.

국문

柳昌煥, 2013, 「三燕·高句麗 馬具와 三國時代 馬具」, 『日韓交涉の考古學-古墳時代』, 日韓交涉の考古學古墳時代研究會.

朴天秀, 2007, 『새로쓰는 고대한일교섭사』, 사회평론.

朴天秀, 2009, 「5-6세기 大伽耶의 發展과 그 歷史的 意義」, 『高靈 池山洞44號墳-大伽耶王陵-』, 慶北大學校博物館·考古人類學科·大加耶博物館.

朴天秀, 2010, 『가야토기-가야의 역사와 문화』, 진인진.

朴天秀, 2011, 『일본 속의 고대 한국문화』, 진인진.

朴天秀, 2012, 「신라 가야 유물」, 『日本所在 嶺南地域 文化財 考古』, 慶北大學校出版部.가야고고학개론』, 서울, 진인진.

朴天秀, 2012, 『日本 속 古代 韓國 文化-近畿지방-』, 東北亞歷史財團.

朴天秀·李炫姃, 2015, 「古代 韓半島 出土 琉球列島産 貝製品의 諸問題」, 『海洋交流의 考古學』, 沖繩, 영남고고학회·九州考古學會.

박천수·임동미, 2013, 「新羅·加耶의 玉: 硬玉製 曲玉을 중심으로」, 『한국 선사 고대의 옥문화 연구』, 복천박물관.

선석열, 2016, 「신라 지방통치과정과 연산동고분군」, 『연산동 고총고분과 그 피장자들』, 부산광역시연제구청.

細川晋太郎, 2012, 「한반도 출토 筒形銅器의 제작지와 부장배경」, 『韓國考古學報』85, 韓國考古學會.

沈載龍, 2013a, 「中國系遺物로 본 金官加耶와 中國 東北地方-大成洞古墳群 출토 金銅, 銅製品을 중심으로-」, 『中國 東北地域과 韓半島 南部의 交流』, (제22회영남고고학회학술발표회), 영남고고학회.

沈載龍, 2013b, 「金海市 大成洞 88號墳과 91號墳의 性格」, 『日韓交涉の考古學-古墳時代』, 日韓交涉の考古學古墳時代研究會.

우병철, 2004, 「영남지방 출토 4~6세기 철촉의 형식분류」, 『영남문화재연구』第17集, 영남문화재연구원.

李尙律, 2013, 「新羅·加耶馬具가 提起하는 問題와 日本馬具」, 『日韓交涉の考古學-古墳時代』, 日韓交涉の考古學古墳時代研究會.

李政根, 2006,『咸安地域 古式陶質土器의 生産과 流通』, (嶺南大學校 碩士學位論文), 嶺南大學校 大學院.

이지희, 2015,『 한반도 출토 須恵器의 시공적 분포연구』, (慶北大學校 碩士學位論文), 慶北大學校 大學院.

이한상, 2004,「대가야의 장신구」,『大加耶의 遺蹟과 遺物』, 大加耶博物館.

이한상, 2006,「裝飾大刀로 본 百濟와 加耶의 交流」,『百濟研究』第43輯, 忠南大學校百濟研究所.

이한상, 2016,「가야의 장신구」,『가야 고고학개론』, 진인진.

李炫姃, 2009,『嶺南地方 三國時代 三繫裝飾具 研究』, (慶北大學校 碩士學位論文), 慶北大學校 大學院.

李炫姃, 2012,「馬具를 통해 본 新羅와 倭의 交流-'新羅 馬具'란 무엇인가?-」,『新羅와 倭의 交流』, 경북대학교박물관·일본 국립역사민속박물관.

井上主稅, 2005,「嶺南地域 출토 土師器系土器의 재검토」,『韓國上古史學報』48, 韓國上古史學會

井上主稅, 2006,『嶺南地域 출토 倭系遺物로 본 한일교섭』, (慶北大學校博士學位論文), 慶北大學校 大學院.

井上主稅, 2008,「창녕 계성리유적 출토土師器系 토기」,『昌寧 桂城里遺蹟』, 우리문화재연구원.

정수희, 2008,『咸安樣式 古式陶質土器의 分布定型에 관한 研究』, (慶北大學校 大學院 碩士學位論文), 慶北大學校 大學院.

趙榮濟, 1990,「三角透窓高杯에 대한 一考察」,『嶺南考古學』7, 嶺南考古學會.

趙晶植, 2005,『洛東江 中流域 三國時代 城郭 研究』, (慶北大學校 大學院 碩士學位論文), 慶北大學校 大學院.

中村大介, 2013,「韓半島 玉文化의 研究 展望」,『한국 선사 고대의 옥문화 연구』, 복천박물관.

일문

高倉洋彰, 1989,「韓國原三國時代の銅鏡」,『九州歷史資料館研究論集』14, 福岡, 九州歷史資料館.

高倉洋彰, 2002,「弁韓·辰韓の銅鏡」,『韓半島考古學論叢』, 東京, すずさわ書店.

橋本達也, 1998,「4~5世紀における韓日交涉の考古學的檢討-竪矩板·方形板革綴短甲の技術と系譜-」,『靑丘學術論集』12, 財團法人韓國文化振興財團.

鈴木敏則, 1999,「静岡縣內における初期須恵器の流通とその背景」,『静岡縣考古學研究』No31, 静岡縣考古學會.

木下尚子, 2001,「古代朝鮮·琉球交流試論－朝鮮半島における紀元1世紀から7世紀の大型卷貝使用製品の考古學的檢討」,『靑丘學術論集』第18集, 韓國文化研究振興財團.

木下尚子, 2002,「韓半島の琉球列島産貝製品－1~7世紀を対象に－」,『韓半島考古學論叢』, すずさ
　　わ書店.

武末純一, 1988,「朝鮮半島の布留系の甕」,『永井昌文教授定年記念論文集－日本民族文化の生成』, 六
　　興出版.

米田敏幸, 1991,「土師器の編年－近畿」,『古墳時代の研究6土師器と須恵器』, 東京, 雄山閣.

米田敏幸, 1993,「古式土師器に伴う韓式系土器について」,『韓式系土器研究』IV, 大阪, 韓式系土器
　　研究會.

米田敏幸, 1993,「古式土師器に伴う韓式系土器について」,『韓式系土器研究IV, 韓式系土器研究會.

朴天秀, 1993,「韓半島からみた初期須恵器の系譜と編年」,『古墳時代における朝鮮系文物の傳播』,
　　(第34回 埋葬文化財研究集會), 埋葬文化財研究會.

朴天秀, 1995,「渡來系文物からみた加耶と倭における政治的變動」,『待兼山論叢』史學編29, 大阪大
　　學文學部.

朴天秀, 1998,「考古學から見た古代の韓・日交渉」,『青丘學術論集』第12集, 財團法人韓國文化研究
　　振興財團.

朴天秀, 2004,「大加耶と倭」,『國立歷史民俗博物館研究報告』第110集, 國立歷史民俗博物館.

朴天秀, 2007,『加耶と倭』, 講談社.

白井克也, 2000,「日本出土の朝鮮産土器・陶器－新石器時代から統一新羅時代まで－」,『日本出土の
　　舶載陶磁－朝鮮・渤海・ベトナム・タイ・イスラム－』, 東京國立博物館.

小田富士雄, 1978,「西日本発見の百済系土器」,『古文化談叢』第5集, 九州古文化研究會.

小田富士雄, 1988,「韓國古墳出土の倭鏡」,『考古學叢考』, 齊藤忠先生頌壽記念論文集刊行會.

申敬澈, 1983,「伽耶地域における4世紀代の陶質土器と墓制－金海禮安里遺蹟の發掘調査を中心と
　　して」,『古代を考える』34, 古代を考える會.

申敬澈, 1993,『伽耶古墳文化の研究』, 筑波大學文學博士論文.

安在晧, 1993,「土師器系軟質土器考」,『加耶と古代東アジア』, 新人物往來社.

野上丈助, 1982,「日本出土垂飾附耳飾」,『藤澤一夫先生古稀記念古文化論叢』, 藤澤一夫先生古稀記
　　念論叢刊行委員會.

李永植, 1993,『加耶諸國と任那日本府』, 吉川弘文館.

定森秀夫, 1982,「韓國慶尚南道釜山金海地域出土陶質土器の檢討」,『平安博物館研究紀要』7, 平安博
　　物館.

定森秀夫, 1993,「日本出土の陶質土器－新羅系陶質土器を中心に－」,『MUSEUM』No.503, 東京國
　　立博物館.

282

定森秀夫, 1994,「陶質土器からみた近畿と朝鮮」,『ヤマト王権と交流の諸相』, 名著出版.

中村友昭, 2014,「琉球列島産貝製品かたみた地域間交流」『古墳時代の地域間交流Ⅱ』, 第17回 九州
　　　　前方後圓墳研究會.

加耶

VI

加耶　　　各國史　　　展開
가야 각국사의 전개

1. 금관가야

금관가야는 『삼국유사』 기이편紀異篇 오가야조에 나온다. 금관가야는 낙동강 하류역의 김해를 중심으로 성장한다. 금관가야의 명칭은 3세기까지는 구야국, 『삼국유사』 가락국기駕洛國記에는 가락국, 『삼국사기』 지리 1 양주 김해소경조에는 금관국, 『일본서기』 신공神功49년조에는 남가라로, 『삼국사기』 김유신 열전에는 남가야, 『광개토왕비』에는 임나가라로 표기되고 있다.

『삼국유사』 가락국기駕洛國記에는 시조 수로왕首露王의 탄생설화와 왕력王曆이 실려 있다. 즉 김해지역의 9간九干이 구지봉龜旨峰에서 하늘에서 내려온 6개의 알을 수습하여 집에 가져오니 모두 사람이 되었다. 그 중 한 사람이 수로왕으로 '가락국'을 세웠고, 나머지 다섯 사람도 모두 돌아가 5가야의 왕이 되었다. 이는 금관가야가 초기에 중심국이었음을 시사하는 설화이다.

가야라는 용어가 대개 진·변한 시기 김해 지역 나라인 구야狗耶로부터 비롯된 것으로 가야 초기에 금관가야가 차지하였던 위상을 알 수 있다.

『삼국유사』 가락국기와 『삼국사기』에 따르면 금관가야는 시조 수로왕이 서기 42년에 개국한 때부터 532년 구형왕仇衡王이 신라에 투항할 때까지 이어졌던 나라였다. 성립시기는 당연히 설화에 지나지 않아 분명하지 않으나 멸망시점은 『일본서기』에도 같은 시기인 점에서 틀림없다.

고 지질 연구에 따르면 가야 당시 그 일대는 넓은 만灣을 이루고 있었던 것으로 복원된다. 현재의 김해평야는 고대에는 대부분이 바다였다. 그래서 김해는 아주 좋은 항구로서의 조건을 갖추었으며 낙동강을 통한 교통에서 반드시 거쳐야 하는 관문지에 해당하였다. 한반도 서해안과 동해안을 동서로 잇고 영남 내륙과 왜를 남북으로 잇는 교통, 교역로의 교차점이었다.

1) 논점

금관가야의 성립에 대해서는 북방 기마민족의 이주에 의한 것으로 보는 관점과 구야국 이래의 자체 발전으로 보는 관점이 있다. 또한 부산시 동래 복천동세력을 금관가야의 한 세력으로 보는 관점과 4세기 초부터 신라화된 세력으로 보는 관점으로 구분된다.

신경철은 금관가야 최초의 왕릉이라 할 수 있는 대성동 29호묘의 연대를 3세기 후엽으로 편년하였으며 거기에 부장된 동복이나 마구류와 무엇보다도 본격적으로 등장하는 도질토기 등의 유물과 훼기 습속 등의 매장의례가 북방 기마 민족의 그것과 유사하다고 주장하였다. 이와 관련하여『진서晋書』동이전 마한 진한조 서진교섭기사와『통전通典』동이전 부여조,『진서』동이전 부여조의 태강 6년(285년)기록을 부여족 일파가 남하하는 것으로 파악하고 이에 주목하여 적극적인 해석을 하였다. 즉 이때 남하하는 북방 기마민족 이주의 결과로 대성동 29호묘가 축조되며 금관가야가 성립된 것으로 보았다(신경철 1992).

그러나 대성동 29호묘의 축조 시기가 3세기 중엽으로 소급되고 부장품 등으로 보아도 그 축조세력을 북방기마민족으로 볼 수 없어 이를 받아들일 수 없다.

나아가 신경철은 동래 복천동세력을 금관가야의 한 세력으로 보는 관점에서 원삼국시대 김해에는 구야국, 동래에는 독로국이 존재하였으며 4세기대 김해시 대성동고분군과 부산시 복천동고분군에서 동일 양식의 토기와 통형동기筒形銅器를 공유한 것은 양국간의 정치적 연합으로 구야국에서 금관가야로 전환하는 고고학적 증거로 보았다. 5세기 초 고구려 남정으로 인한 대성동고분군 축조 세력이 쇠퇴하며 금관가야의 패권이 복천동고분군이 있는 동래지역으로 옮겨진 것으로 파악하고 이 시기부터 532년 멸망할 때까지 금관가야를 이른바 "친신라계 가야"로 규정하였다(신경철 1995).

그러나 김해지역에 6세기 전반까지 금관가야의 왕성인 봉황토성이 건재하며『삼국사기』와『일본서기』에 532년 멸망한 곳이 김해로 기록되어 있어 수긍하기 어렵다. 그러므로 후기의 금관가야도 김해를 중심으로 존재하였던 것으로 판단된다.

가야 전기 동래지역의 정치적 성격과 신라에 의한 병합 시기를 두고, 400년 고구려 남정 이후 금관가야가 동래지역으로 이동했으며 5세기 중엽이 되어서야 신라에 편입된다는 앞의 견해(신경철 1995)에 대해, 4세기 초 신라에 복속되었다는 견해(이희준 1998b)가 있다. 이는 연대관의 차이와 함께 복천동집단의 우월성을 강조하려는 전자의 입장과 신라의 소국 병합 기사를 중시한 후자의 입장에서 극명하게 차이를 보인다.

동래 복천동세력을 4세기 초부터 신라화된 세력으로 보는 관점에서 이희준은 동래 복천동고분군의 38호묘, 80호묘 출토 경옥제 곡옥을 3세기 말 신라를 통하여 이입된 것으로 보고 이 시기부터 신라의 영향력이 미치기 시작하여 4세기부터 이 지역이 완전히 신라화된 것으로 상정하였다. 김해시 예안리고분군과 부산시 가달고분군에 4세기 말 신라토기가 출현하는 것으로 보고, 이는 낙동강서안의 전략적 요충지에 대한 신라의 거점확보에 의한 것으로 파악하였다. 고 김해만 안쪽은 김해식 단각고배를 비롯한 신라양식 토기가 나타나지 않는 것으로 보고 5세기 전반까지 신라화되지 않았던 것으로 파악하였다.

같은 관점에서 김대환은 복천동고분군 성립기의 수장묘인 38호묘의 압형토기, 유자이기, 판갑, 경옥제 곡옥 등을 신라산 또는 신라를 경유한 위신재로 보고 종래 전자의 입장에서 주목해 온 외절구연고배, 파수부노형기대와 같은 토기양식과 통형동기보다 이 집단의 성격을 나타내는 것으로 파악하였다. 이는 신라의 팽창과정에서 낙동강하류역의 교역권을 확보하기 위한 전략에 따라 이 고분군 축조세력이 성립된 것으로 보았다(김대환 2000).

양자의 견해차는 연대관의 차이와 함께 복천동집단의 우월성을 강조하려는 전자와 신라의 소국 병합 기사를 중시한 후자의 상반된 입장에서 비롯된 것이다.

전자는 동래지역이 금관가야가 아닌 별개의 소국인 점, 문헌사료에 5세기 초 금관가야가 동래지역으로 이동하였다는 기록이 전혀 보이지 않고, 또한 멸망시 금관가야의 위치가 김해지역임이 분명한 점, 4세기 후엽 복천동 31·32호묘, 복천동 21·22호묘 단계에 신라산 문물이 출현하는 것에 대한 해명이 필요하다.

후자는 복천동고분군에서는 4세기 중·후엽까지 금관가야와 공통된 양식의 토기, 통형동기, 철제품이 부장된 점에 대한 설명이 필요하다. 또한 이와 관련하여 금관가야의 멸망시기가 532년이 분명한 점에서 김해지역의 토기양식이 경주양식과 유사한 점에 대해서도 논의가 필요하다고 본다. 그리고 신라의 거점 확보에 의한 것으로 보고 김해만 외연의 가달고분군과 예안리고분군의 토기양식이 고 김해만 내연과 같다는 것과, 신라화의 근거로 든 경옥제 곡옥은 신라를 경유하기 보다는 왜에서 직접 또는 금관가야를 거쳐서 이입되었을 가능성이 큰 점에서 재검토가 필요하다.

주보돈은 369년 『일본서기』 가라 7국기사에 금관가야가 남가라로 불린 것을 근거로 이 시기 이미 가야의 중심국이 금관가야가 아닌 대가야로 설정하고 있다(주보돈 2014).

그러나 고고학 자료로 보면 4세기 말까지 금관가야가 중심국이며 이 문헌사료도 6세기 이후의 대가야가 중심으로 대두한 이후의 백제 기록에 근거한 것으로 보이기 때문에 수긍하기 어렵다. 4세기 고령지역에는 김해지역에 필적하는 유적이 보이지 않으며 무엇보다 대가야의 왕묘인 지산동고분군은 5세기 전엽이 되어서야 축조가 개시되기 때문이다. 또한 이와 관련하여 400년 광개토왕비 경자년조의 왜와 함께 신라를 침공한 세력인 임라가라를 대가야로 보고 있으며, 그 임라가라 종발성을 낙동강 이동지역에 비정하고 있다. 나아가 400년『광개토왕릉비』경자년조의 임라가라 기사에 대하여 금관가야가 고구려 병력으로 타격을 입었다는 증거는 어디에도 없다고 주장하였다.

그러나 4세기 왜와 밀접한 세력은 대성동고분군 출토 왜계 문물로 볼 때 금관가야임에 틀림없다. 왜냐하면 임라가라 종발성은 김해의 봉황토성이기 때문이다. 낙동강 동안의 부산 화명동 일대는 가야시대 성이 없고 군선을 정박할 곳도 마땅하지 않다. 김해시 대성동고분군에는 5세기 왕묘가 보이지 않으며 400년 전쟁으로 인해 왕권이 쇠퇴하고 왕통이 교체되었을 가능성이 크다.

홍보식은 400년을 기점으로 금관가야가 쇠퇴한 것으로 보고 복천동 21·22호묘에 금관가야식 외절구연고배가 사라진 것을 근거로 하여 이 고분을 5세기 이전으로 소급하여 편년할 수 없는 이유로 들고 있다(홍보식 2011). 그러나 이는 동래 복천동세력의 성격과 400년 전쟁이 어떠한 배경에 의해 발생한 것인가에 대한 이해가 부족한 것에 기인하는 것으로 본다.

4세기 후반 복천동 고분군에서는 신라 문물이 급격하게 출현하게 되는데 이는 신라의 영향력 하에 들어가면서 발생하는 현상으로 상정된다. 복천동고분군의 가장 높은 곳에 위치하는 구릉 상부에서 가장 먼저 조영되는 4세기 후엽의 31·32호묘에서는 금관가야양식 토기가 주류를 이루는 가운데 유대파수부완과 같은 신라양식 토기가 출현한다. 31·32호묘는 그 구조가 목곽과 묘광 사이를 적석을 한 구조인 점에서 적석목곽분의 초기 형태로 보고, 고소의 대형분을 축조한 집단은 이 지역 지배층 가운데 신흥 유력세력으로 신라의 영향력을 배경으로 등장한 것으로 파악된다(이희준 1998b: 163). 더욱이 이와 함께 주목되는 것은 이 고분에서 종래 부장되던 철정과는 전혀 다른 단부가 직선적이지 않고 전체적인 형태가 비대칭적인 신라산 철정이 출현하는 것이다(박천수 2007: 305-308). 4세기 말 21·22호분에서는 신라토기가 본격 부장되고 신라산 철정, 신라산 금동제 성시구, 착두형 철촉과 같은 위신재가 이입된다.

그래서 400년 전쟁의 원인은 복합적이나 그 중에서도 금관가야의 관계망 속에 포함되어있던 동래지역 즉 복천동세력에 대해 4세기 후엽부터 가해지는 신라의 영향력 증대와, 이를 넘어 김해지역에 가중되는 위협에 대한 금관가야의 적극적인 공세를 가장 직접적인 것으로 본다. 결국 홍보식의 인식은 4세기 후반 낙동강 하류역의 정치적 향방에 대한 이해가 부족한 것으로 밖에 볼 수 없다.

2) 역사 지리적 환경

현재 김해지역은 지금 낙동강 하구 동안의 평야로 되어 있지만, 이는 20세기 초 낙동강 제방공사의 결과로 지형이 변한 것이다. 조선후기의 대동여지도에도 지금의 칠산이 섬인 망산도로 표현되어 있고 그 주변이 모두 해수역으로 되어있는 점에서 이 지역은 삼국시대에는 넓은 만을 이루고 있는 항구로서 좋은 조건을 갖추었다고 할 수 있다(도 Ⅵ-1).

금관가야의 권역은 토기양식으로 볼 때 . 김해지역를 중심으로 배후의 창원에 포함된 주남저수지 일대와 진해만일대를 포함한다.

고 지질 연구에 의하면 이 지역은 삼국시대 해수면의 높이가 현재보다 4~5m 높았던 것으로 밝혀졌다. 대성동고분군이 위치하는 낙동강하구의 서안은 고 김해만을 형성하고 있었으며 배후의 창원 다호리고분군이 위치하는 주남저수지를 포함하는 진영지역은 고 대산만을 형성한 것으로 밝혀졌다(임학종 2007).

그래서 금관가야는 서쪽을 제외한 삼면이 바다에 면한 섬과 같은 천혜의 자연조건을 갖추었다. 더욱이 낙동강을 이용한 교통에서 반드시 거쳐야 하는 관문에 해당하였다. 즉 낙동강을 끼고 있어서 내륙과의 교통이 편리하였고, 또 바다를 통하여서는 왜 및 중국 군현과의 교섭에도 좋은 위치에 있었다. 이는 중개무역지로서의 기능을 한 것이다.

이를 전하는 것으로『삼국지』동이전 왜조에 "대방군에서 왜에 이르기까지 해안을 따라 물길로 가는데 한국을 거쳐 혹은 남으로 혹은 동으로 가서 그 북쪽 연안이 구야한국에 이르렀는데 7천리였다. 즉 從郡至倭循海岸水行 歷韓國 乍南乍東 到其北岸狗邪韓國七千餘里라는 기록은 구야국이 중국 군현과 한반도와 왜를 연결하는 국제적 교역체계에서 중심적인 역할을 한 것을 보여주는 것이라 하겠다. 이는 낙랑·대방군으로부터 서, 남해안을 거쳐 왜로 가는 항로상에서 한반도 내 마지막 기착지였다. 말하자면 한반도 서해안과 동해안을 동서로 잇고 영남 내륙과 왜를 남북으로 연결하는 교통, 교역로의 교차점이라 할 수 있겠다.

금관가야는 권역은 고 김해만연안, 고 대산만연안, 진례분지일대로 구분된다(박영민 2012).

중심지인 고 김해만에 면한 작은 분지를 관통하는 하천 또는 섬을 단위로 하여 수 개의 지구로 구분된다. 즉 양동리고분군이 위치한 조만천변, 봉황대유적·회현리패총·대성동-구지로고분군이 위치한 해반천변으로 구분된다(홍보식 2000).

기원 전후한 시기에는 다호리고분군이 위치한 고 대산만연안에 중심읍락이 위치하였다. 2세기를 전후한 시기에는 김해에서 배후 분지인 진례로 넘어가는 통로상에 위치한 양동리고분군 일대의 조만천변이 중심지로 성장한다. 이 고분군에서는 한漢, 왜倭의 문물과 함께 철기가 다수 출토되어 『삼국지』 위서 동이전 한조의 국으로부터 철을 산출하며, 한, 예濊, 왜가 모두 철을 구해 가고, 시장의 매매에서도 모두 철을 사용하며, 이는 중국에서 돈을 이용하는 것과 같고 낙랑 대방에도 공급하였다는 기록과 함께, 철을 매개로 한 동아시아의 교역이 구야국을 중심으로 행해진 것을 알 수 있다.

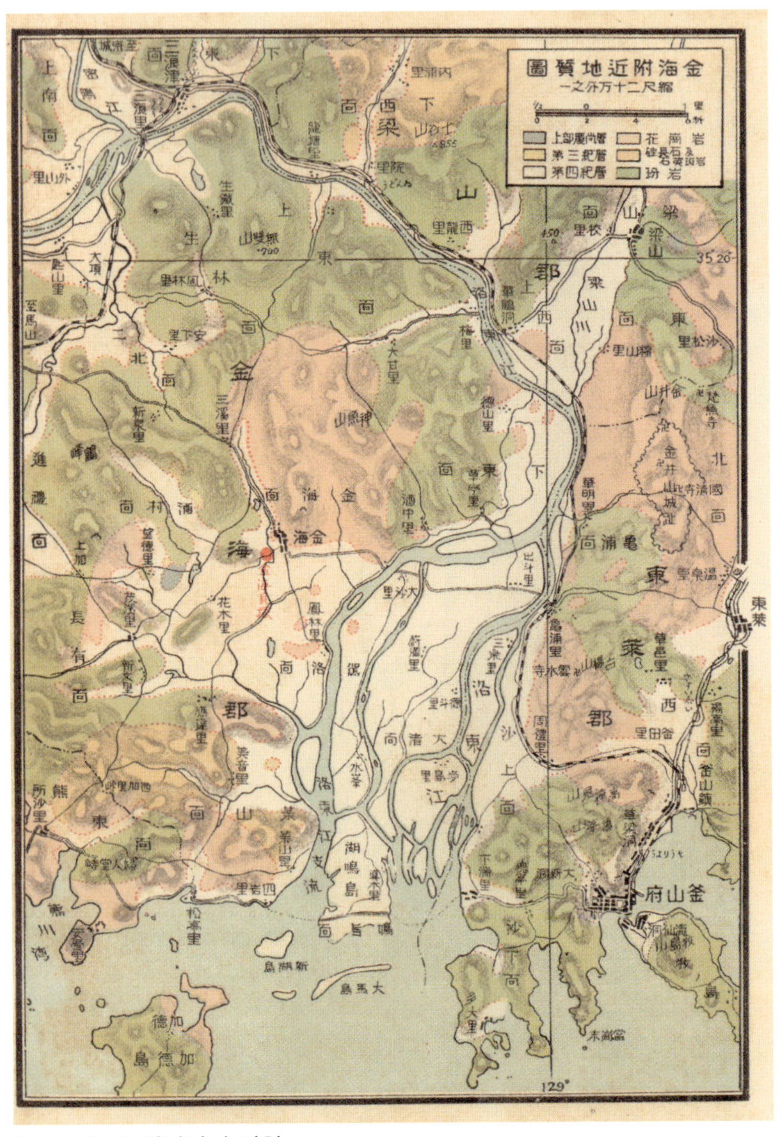

도 Ⅵ-1　금관가야의 지형

『삼국사기』 초기 기록인 파사니사금婆娑尼師今23년조에서 동해안변의 나리인 음즙벌국音汁伐國과 실직곡국悉直谷國 사이에 벌어진 영토 분쟁에 신라가 금관국의 수로왕을 초빙하여 해결을 주선하였다는 설화도 가야 성립을 전후한 시기에 김해 세력이 지녔던 위상을 그대로 말해준다.

그런데 양동리고분군에서는 대형 목곽묘가 조영되나 중소형 목곽묘와 같이 묘역을 형성하고 있어, 『삼국지』 위서 동이전 한조의 비록 국읍에 주수가 있으나 읍락이 잡거하여 잘 제어하지 못한다는 기록과 부합하여 흥미롭다.

3세기 중엽부터 김해

시내 중심부에 위치한 대성동고분군에서 양동리고분군을 능가하는 대형목곽묘의 조영이
개시되며 이때부터 대성동고분군과 봉황토성이 위치한 해반천변이 중심지로 성장한다.

3) 권역과 구조

4세기 금관가야의 권역은 금관가야 양식의 이 시기 특징적 기종인 노형기대와 외절구연고
배, 격자타날호로 볼 때 대성동고분군이 소재하는 고 김해만연안, 다호리고분이 소재하는
고 대산만연안, 진례분지일대이다. 그리고 화명동고분군이 소재하는 고 김해만이었던 낙
동강 동안을 포함한다.

5세기 금관가야의 권역은 이제까지 불분명하였다. 이는 5세기대 금관가야의 토기양
식에 대한 인식의 부재 때문이다. 그래서 예안리고분군과 가달고분군에 4세기 말 신라토
기가 출현하는 것으로 보고, 낙동강서안의 전략적 요충지에 대한 신라의 거점 확보에 의한
것으로 파악하기도 하였다(이희준 1998a). 이는 신라의 발전을 과대평가하는 것과 토기양
식에 대한 이해가 부족한 것에 기인한 것으로 본다. 금관가야의 멸망은 532년이며 예안리
고분군과 가달고분군이 소재하는 지구는 금관가야의 하위 읍락이기 때문이다. 실은 양 고
분에 공반되는 창녕양식와 신라양식 토기는 고 김해만의 중심지인 대성동고분군과 진례
분지의 거점고분군인 죽곡리고분군, 고 대산만연안의 중심고분군인 다호리고분군, 진해만
의 석동고분군에서도 공통하는 양상이기 때문이다. 그래서 5세기 금관가야의 권역은 앞에
서 설정한 이단교호투창고배, 일단투창고배, 단각고배, 통형기대, 발형기대, 대부장경호,
유대파수부완으로 구성된 토기가 분포하는 고 김해만연안, 고 대산만연안, 진례분지, 진해
만을 포함하는 것으로 판단된다. 이는 6세기 전엽까지 조영된 다호리고분군으로 볼 때 532
년 멸망시까지 유지된 것으로 본다.

대성동고분군의 남쪽에 위치한 봉황동토성이 위치한다. 봉황동토성은 고 김해만에
돌출한 저구릉에 입지한다. 이 유적은 초기철기시대에는 구릉사면에 환호취락이 형성되었
으나 삼국시대에는 환호가 폐기되어 평지토성이 축조된 것이다. 봉황대를 둘러싼 하단 폭
이 20m에 달하고 내외면을 치석한 황강암으로 즙석한 성벽을 가진 평지성이다(도 Ⅵ-2).

이 봉황동 토성은 『삼국유사』 가락국기에 보이는 1,500보의 나성과 궁궐, 전당, 무기
고를 갖춘 금관가야의 왕성으로 보이며 광개토왕비廣開土王碑에 보이는 "임라가라 종발성"

도 Ⅵ-2 금관가야의 왕성(김해시 봉황동토성)

으로 추정된다. 봉황동토성은 토성내 유구에서 4세기 후반의 토기가 다수 출토되어 이 시기에는 이미 본격적인 왕성으로 기능한 것으로 본다.

봉황동토성은 많은 노동력을 동원한 토성의 구조와 규모로 볼 때 백제의 풍납토성과 신라의 월성에 필적한다. 특히 고 김해만에 연한 서쪽에서는 선재船材가 확인되고 인접하여 고상건물지군이 위치한다. 그래서 왕성인 봉황동토성은 북쪽에 왕묘를 배치한 금관가야의 정치적 중심지임과 동시에 의례, 생산, 물류의 중심지임을 알 수 있다.

게다가 금관가야의 취락은 왕성인 봉황동토성을 중심으로 하계리유적, 여래리유적과 같은 제철취락, 접안시설이 확인된 관동리유적, 신방리유적와 같은 항만취락으로 구성된다. 특히 관동리유적에서는 도로가 확인되어 왕성과 거점취락이 도로를 통하여 유기적으로 결합된 것을 알 수 있다.

다음은 고분의 위계분석을 통하여 금관가야권의 구조에 대해 접근하고자 한다.

고분은 순장자의 수와 신분, 이입 위신재, 목곽의 규모, 부장품 등을 기준으로 4세기 중엽을 전후한 시기에 조영된 수장급 목곽묘를 4개의 등급으로 분류한다.

제 1등급 고분은 김해 대성동 88호묘를 표지로 한다. 이 등급은 대성동 88호묘유형(5인 내외, 1~2등급 순장자)의 순장자를 가진 것이 가장 큰 특징이다. 대성동 88호묘에서는 족부와 충전토상에 4인이 순장되었다. 순장자는 일본열도산 수즐과 경식, 녹각제병도자를 가진 1등급, 도자만을 가진 2등급으로 구성된다. 중국 중원의 진晉식 대장식구와 일본열도산 파형동기, 통형동기, 중광형동모, 경옥제 곡옥, 방추차형석제품 등이 출토되었다. 91호묘에서는 족부에 3인 두부의 충전토상에 2인이 순장되었다. 순장자의 신분은 88호묘와 유사하다. 로마유리기, 전연前燕의 청동용기와 마구, 류큐열도琉球列島산 패제품 등과 같은 외래산 최고급 위신재를 가진 것도 이 등급의 특징이다. 그리고 북쪽 구릉 중앙의 정상부에 입지가 탁월하고 부곽을 가진 90호묘도 이하의 부장품으로 볼 때 1등급으로 판단한다. 이 고분은 도굴의 피해가 극심함에도 로마유리기, 중원의 연호문경, 전연前燕의 청동용기와 마구, 일본열도산 통형동기가 출토되었으며 3인의 순장자는 유리제 경식과 철검을 착장하고 있다.

제 2등급 고분은 김해 대성동 23호묘를 표지로 한다. 이 등급은 대성동 88호묘유형 (3-5인 내외, 1~2등급 순장자)의 순장자를 가지며, 중국 중원의 방격규구경, 일본열도산 파형동기, 벽옥제 관옥 등이 출토되었다. 순장과 부장품에서 1등급과 유사하지만 외래의 최고급 위신재가 일부 결락된 점에서 차이가 있다.

제 3등급 고분은 부산 복천동 60호묘를 표지로 한다. 이 등급은 대성동 88호묘유형(2인 내외, 2등급 순장자)의 순장자를 가지며, 통형동기가 출토되었으나 외래의 위신재가 다수 결락되었다.

제 4등급 고분은 칠산 11호묘를 표지로 한다. 순장이 행해지지 않으며 외래의 위신재가 부장되지 않은 것이 특징이다.

이처럼 금관가야의 고분에서는 순장의 유무, 입지의 차이를 계층성 구분의 큰 기준으로 생각할 수 있다. 먼저, 지배와 예속관계를 나타내고 수장의 격절성을 상징하는 순장을 수장묘의 가장 중요한 조건으로 설정한다. 그런데 김해 칠산동고분군과 김해 예안리고분군, 김해 퇴래리고분군에서는 해당지역내 최고 위계의 고분이지만 순장이 행해지지 않는 고분이 존재하는 점에서 제 4등급 고분을 포함하여 수장묘로 한다.

따라서 여기에서는 임의로 제 1등급을 최고수장, 제 2등급을 대수장, 제 3등급은 상위수장, 제 4등급을 하위수장, 또 제 5등급 이하는 중간층과 일반 성원층으로 각각 분류하고자 한다(도 Ⅵ-3-1~2).

다음으로 지역간 관계에 대해 접근하도록 하겠다.

김해 대성동고분군에서는 제 1등급의 최고수장묘가 존재하며, 제 2등급의 대수장묘도 이 고분군에서만 존재한다.

도 Ⅵ-3   김해시 대성동 88, 91호묘 출토 이입 유물

1~4: 88호묘 | 5~9: 91호묘

부산 복천동고분군과 양동리고분군에서는 제 3등급의 상위수장묘 이하만 존재한다.

김해 칠산동고분군과 김해 예안리고분군, 김해 퇴래리고분군에서는 제 4등급의 하위수장묘만 존재한다.

이상으로 볼 때 4세기 중엽 금관가야의 계층구조는 최고수장인 왕을 정점으로 그 휘하에 양동리세력의 상위수장, 칠산동, 예안리, 퇴래리지구 등을 포함한 하위수장으로 편재된 구조로 상정된다.

그런데 동맹관계인 거칠산국의 부산 복천동세력은 제 3등급의 수장묘가 조영된 것이 주목된다. 복천동고분군은 도굴의 피해를 입지 않고 부장품의 대부분이 잔존함에도 불구하고 통형동기와 촉형옥제품을 제외한 외래품이 출토되지 않고 순장자의 수도 2~3인에 불과하기 때문이다. 이는 부산지역의 거칠산국이 김해지역의 금관가야에 비해 열세인 것을 웅변한다.

4) 성립과 전개

대성동고분군은 가야의 건국설화가 깃든 구지봉과 봉황대의 중간에 위치하며, 동쪽으로 전(傳) 수로왕릉이 있다. 이 고분군은 봉황대의 북쪽 구릉 정상부에 독립된 묘역을 형성한다(도 Ⅵ-4).

대형의 목곽에 북방계 동복, 중국산 문물, 일본열도산 위세품 등을 부장한 금관가야의 왕묘가 구릉의 낮은 쪽인 북쪽에서 높은 쪽인 남동쪽으로 순차 조영되었다. 대성동고분군의 북쪽 선단부로부터 북동쪽의 저평한 구릉상에 위치한 구지로고분군도 대성동고분군의 범위에 포함된다. 그 남쪽에 연접한 봉황토성은 대성동고분군 조영 집단의 왕성으로 추정된다.

대성동고분군에서 최초의 왕묘는 3세기 중엽에 출현하는데, 북쪽 구릉 중앙 단부에 조영된 29호묘이다. 이 고분에서는 시신이 안치되는 바닥면에 판상철부 100여 점을 열을 지어 깔았으며, 음식물을 공헌한 것으로 추정되는 수십 점의 토기가 북방계 동복과 함께 부장되었다(도 Ⅵ-5). 3세기 전반까지 조영된 양동리고분군의 대형 목곽묘에서는 철기가 주로 부장되고 토기는 소수였으나, 이 시기부터 음식물을 공헌한 토기가 다수 부장된 것에서 가야인의 내세관 변화를 엿볼 수 있다. 또한 대성동고분군에서는 양동리고분군에 보이지 않던 순장殉葬이 처음으로 시행된다. 29호묘에서는 순장자의 인골은 확인되지 않았지만 경식으로 보이는 유리제의 환옥 6점이 목곽의 정중앙에서 출토되었다. 묘주는 동쪽의 판상철부로 만들어진 시상에 안치된 것으로, 정중앙의 환옥은 순장자의 것으로 본다면, 순장자는 묘주의 다리쪽에 순장된 것으로 추정된다. 이러한 순장은 역시 계세사상繼世思想이라는 사후관과 관련된 것으로 보인다.

　　이처럼 구야국의 왕묘역이 양동리고분군에서 김해 시내 중심부에 있는 대성동고분군으로 이동하고 양동리고분군에서 볼 수 없었던 구릉 정상부에 독립된 왕묘역이 형성되고 순장이 행해지는 것은 이 지역 사회의 큰 변화를 반영하는 것으로 본다. 그러나 이를 북방 기마민족의 이주로 볼 수 없다. 왜냐하면 대성동고분군의 남쪽에 인접한 원삼국시대의 칠기, 동경, 칠초철검漆鞘鐵劍이 출토된 유력 수장묘인 가야의 숲 3호 목관묘를 비롯하여 계기적으로 분묘가 조영된 것으로 보아 대성동 세력의 자체적인 성장에 의한 것으로 파악되기 때문이다. 또한 성립기인 3세기 후반에 대성동고분군에 북방기마민족이 일상적으로 사용하고 고분에 반드시 부장하는 마구가 전혀 부장되지 않는 것은 이 고분군 축조집단이 기

도 Ⅵ-4　금관가야의 왕릉(김해시 대성동고분군)

마민족이 아닌 구야
국 이래의 토착세력
임을 웅변하는 것이
다.

　4세기 전엽 구릉
중앙의 정상부에 입
지가 탁월한 곳에 조
영된 대성동 13호묘
에서는 주로 음식물
을 공헌한 토기가 매
납된 부곽이 출현한
다. 주곽에 피장자의
좌우와 족부에 3인이
순장되고, 특히 일본
열도산의 석제품이
16점, 가죽방패에 부
착되었던 6점의 파형
동기가 출토되었다.

　4세기 전~중엽
북쪽 구릉 중앙의 정
상부에 입지가 탁월
한 곳에 조영된 대성
동 90호묘에서는 도

도 Ⅵ-5　3세기 중엽 금관가야의 왕릉(김해시 대성동 29호묘)

굴이 극심함에도 불구하고 로마유리기, 중원의 연호문경, 전연前燕의 청동용기와 마구, 일
본열도산 통형동기가 출토되었고, 4인의 순장자가 확인되었다. 게다가 같은 시기 북쪽 구
릉에 단곽식의 88호묘와 91호묘가 조영된다. 대성동 88호묘에서는 중국 중원의 진晉식 대
장식구와 일본열도산 파형동기, 통형동기, 중광형동모, 경옥제 곡옥, 방추차형석제품 등이
출토되었다. 족부와 충전토상에 4인이 순장되었다. 91호묘에서는 전연前燕의 청동용기와
마구, 로마유리기, 류큐열도琉球列島산 패제품 등이 출토되었다. 족부에 3인, 두부의 충전토

상에 2인이 순장되었다.

그래서 이 시기 금관가야가 한반도 동남부의 원격지 교역을 주도한 사실과 그 위상을 알 수 있다. 이 시기 일본열도 긴키近畿지역의 문물이 출현하는 것은 313년 낙랑 대방 멸망 이후 금관가야와 새롭게 중심세력으로 등장한 나라奈良분지 북부의 사기佐紀집단과 관계가 형성되는 것을 반영하는 것으로 본다. 동래 복천동고분군 출토품으로 볼 때 이 시기 부산지역과 토기양식이 같아지고 위신재인 통형동기를 공유한다.

금관가야양식 토기의 출현은 대성동 29호묘 축조 다음단계인 김해시 구지로 1호묘에서 환형파수부 노형기대와 격자문타날호가 조합을 이루는 3세기 후엽으로 파악된다. 김해지역과 부산지역이 토기양식을 공유하는 시기는 복천동 38호묘에서 환형파수부 노형기대가 부장되는 것에서 4세기 전엽으로 본다. 이는 복천동 38호묘에서 대성동고분군에 다수 출토된 통형동기가 부장되기 시작하는 것에서도 그러하다. 구야국에서 금관가야로의 발전은 토기양식과 위신재인 통형동기의 분포로 볼 때 낙동강 이동의 부산 동래지역과 연맹관계를 맺고, 진영분지, 창원분지까지 권역을 넓히는 4세기 초를 전후한 시기로 보고있다(홍보식 2000). 즉 그 권역은 금관가야양식 토기의 분포로 볼 때 동으로는 복천동고분군이 조영된 부산지역, 북으로는 파수부노형기대가 출토된 김해시 퇴래리고분군이 조영된 진영지역으로 파악된다. 이 시기를 획기로 보는 이유는 구야국이라는 고 김해만 연안의 소국을 탈피하여 부산의 거칠산국를 비롯한 소국과 광역연맹체를 형성하고 그 교섭대상이 규슈지역을 벗어나 새롭게 일본열도의 중심지로 성장한 나라분지 북부세력으로 확대되는 시기로 파악되기 때문이다. 그 배경에는 313년 낙랑 대방의 멸망을 계기로 한 동아시아 정치적 변화가 있었던 것으로 추정된다.

4세기 후엽 최전성기에 조영된 왕묘인 1호묘에서는 주곽에 5인이 순장되고, 철정, 철제 무기, 농공구류가 다수 부장되었다. 또 통형동기가 8점, 마주, 등자, 안금구, 행엽 등의 마구 조합이 출토되었다. 또 이 시기 가장 조형미가 뛰어난 발형기대와 유개장경호를 조합한 토기류가 다수 부장된다.

4세기 말 조영된 왕묘인 93호묘는 1호묘와 같이 5인이 순장되고 마주, 마갑, 금동제 마령이 출토되었다. 93호묘는 이혈 부곽은 아니지만 묘광의 바닥을 깊이 파서 만든 순장자와 부장품을 넣은 부곽이 확인되었다. 그런데 이 시기부터 창녕양식 토기가 이입되어 주목된다. 즉 유충문이 시문된 개가 공반된 이단일렬투창고배와 일단투창고배, 유충문이 시문된 유대파수부완, 대각부를 포함한 전면에 파상문를 시문하고 삼각형의 투창을 뚫은 발형기대는 전 시기의 대성동 1호묘 출토 토기와 계보가 연결되지 않는 것으로 창녕 동리 7호묘 출토 토기와 같은 계통이다.

  5세기 초의 왕묘급 고분은 확인되지 않았으나 5세기 전엽의 왕묘급 고분으로 추정되는 73호묘가 조사되어 주목된다(도 VI-6). 73호묘는 남쪽 구릉 단부의 중앙에 조영된 석곽묘이다. 석곽의 규모는 길이 약 5m, 높이는 약 2m이며 극심한 도굴의 피해를 입었음에도 불구하고 판갑, 경갑, 주로 구성된 철제 갑주류, 금제 이식, 금동제 화살통이 출토되었다. 부장칸에서 순장자가 1인 확인되었다. 이 고분은 같은 시기 부산 복천동고분군의 최고 수장묘인 복천동 10호묘의 석곽과 크기가 유사하고 갑주 일습, 금제 이식, 금동제 화살통 등이 부장되고 순장이 실시된 점에서 왕묘급 고분으로 요건을 갖추었다고 생각된다. 같은 시기 73호묘의 주변에는 일본열도산 대금계판갑, 복발주를 가진 중형석곽인 74호묘가 축조되고, 북쪽 구릉 정상부에 74호묘의 규모가 유사한 85호묘 등이 조영된다. 85호묘는 경옥제 곡옥이 포함된 경식, 녹각제 파수가 달린 안장, 은장 행엽, 재갈 등의 마구 일습, 직호문이 시문된 녹각제 도장구를 갖춘 철도가 부장되고, 직호문이 시문된 녹각제병이 착장된 철도자를 부장한 순장자 1인 확인된 점에서 73호묘 피장자의 하위수장묘로 추정된다.

  더욱이 73호묘

도 VI-6 5세기 전엽 금관가야의 왕릉급 고분(김해시 대성동 73호묘)

에서는 이제까지 인지되지 못했던 금관가야양식 토기가 출현하여 주목된다. 즉 통형기대는 대성동 73호묘 출토품과 같이 하부가 장고형인 것이 특징이며 창녕 계남리 1호분 출토품과 같은 기대의 영향으로 본다. 즉 앞에서 언급한 이단교호투창고배, 일단투창고배, 단각고배, 통형기대, 발형기대, 대부장경호, 유대파수부완으로 구성된 금관가야양식이 출현한다. 발형기대는 대각부를 포함한 전면에 파상문를 시문하고 삼각형의 투창을 뚫은 것으로, 창녕양식 토기의 영향에 의해 성립된 것으로 본다.

그런데 5세기 중엽에도 그 규모로 볼 때 왕묘로 볼 수 없으나 금제 수식부이식, 3점의 경옥제 곡옥을 포함한 경식을 가진 87호묘가 조영되어 주목된다. 이는 이 시기에도 대성동고분군에 왕묘가 축조되었을 가능성을 시사한다.

이처럼 금관가야의 왕묘는 3세기 중엽부터 5세기 전엽까지 대성동고분군의 주 능선상에서 축조되는데 북쪽 구릉 말단부 29호묘에서 축조가 개시되어 정상부의 중앙에 13호묘, 북쪽 구릉 중앙의 70호묘, 남쪽 구릉 말단부 중앙에 1, 2호묘, 북쪽 구릉 중앙의 93호묘, 남쪽 구릉 단부의 73호묘 순으로 조영된다.

여기에서 주목되는 것은 왕묘의 수평배치이다. 4세기 중엽 북쪽 구릉 중앙의 정상부에 입지가 탁월하고 부곽을 가진 13호묘가 조영됨에도 같은 시기 구릉 주 능선에서 벗어난 북동쪽 구릉 사면에 88, 91호묘가 조영되어 주목된다. 이 두 고분은 왕묘인 13호묘에 필적하는 부장품을 보유하고 있는 점에서 이 시기 왕묘의 탁월성이 인정되지 않기 때문이다.

게다가 최초의 왕묘인 29호묘가 4세기 중엽에 조영된 39호묘에 의해 파괴된다. 이는 1세기 후 왕묘의 전승이 단절된 것을 의미하는 것으로 해석된다. 또한 13호묘도 4세기 말 8호묘에 의해 훼손되는 현상이 보인다. 이러한 양상으로 볼 때 4세기 금관가야의 왕권은 세습적으로 계승된 것으로 보기 어렵고 초월적인 존재로 보기 어렵다.

나아가 5세기 전엽 왕묘급고분인 73호묘가 조영되지만 그 규모와 부장품에서 쇠퇴가 완연하며 그 이후에는 대성동고분군에서는 탁월한 왕묘의 존재가 인지되지 않는다. 특히 왕묘인 73호묘와 같은 시기 그 하위 수장묘인 85호묘는 규모에서는 차이를 보이나 순장자의 수가 동일하고 부장품에서도 큰 격자를 보이지 않는 점에서 그러하다.

따라서 왕묘로 볼 때 금관가야의 왕통은 4세기 중엽, 4세기 후엽, 5세기 중엽에 단절과 변동이 있었음을 추정할 수 있다.

그리고 4세기 후반 대성동고분군에서는 중원산 문물과 동북지역산 문물의 부장이 쇠퇴하고 일본열도산 문물이 주류를 차지하는데, 이는 낙랑 대방의 멸망을 계기로 교역이 일본열도로 집중하는 것에 기인한다. 이 시기 일본열도산 문물은 양동리고분군 이래 부장되던 북부 규슈九州산 광형동모와 방제경을 대신하여 기나이畿內산 파형동기가 부착된 방패, 석제품, 통형동기가 출현한다.

일본열도의 금관가야산 철기와 김해지역 왕묘역인 대성동고분군의 파형동기를 비롯한 기나이산 문물은 이 시기 금관가야와 왜왕권의 밀접한 교섭을 상징하는 것이다. 이는 구야국 시기 대왜 교섭의 상대가 선사시대 이래 일본열도측 창구의 역할을 담당해 왔던 규슈세력이었지만, 금관가야 시기에는 기나이지역과의 교섭이 본격적으로 개시된 것을 웅변하는 것이다.

금관가야는 대외적으로는 고구려·신라의 남진정책에 대항하고, 대내적으로는 아라가야세력을 견제하기 위해 왜와의 동맹관계를 이용한 것으로 추정된다. 이 시기 왜가 동원된 배경은 복합적이나 그 가운데에는 금관가야의 관계망 속에 포함되어있던 동래지역 즉 복천동세력에 가해지는 신라의 영향력 증대와 이와 함께 가해지는 압박에 대한 금관가야의 적극적인 대응과 공세가 직접적인 원인이라 생각된다. 한편, 왜의 신흥세력으로 등장한 나라奈良북부세력은 금관가야와의 제휴를 통하여 군사력을 제공하는 대신 위세품과 철 등의 필수물자를 확보함으로써 일본열도내에서 주도권을 획득한 것이다.

그런데 4세기 후엽 이제까지 동맹관계였던 동래지역의 복천동고분군에 신라 문물이 급격하게 출현하여 이 지역이 신라의 영향력 하에 들어가는 변화가 발생한다. 복천동고분군의 가장 높은 곳에 위치하는 구릉 상부에서 가장 먼저 조영되는 4세기 후엽의 31·32호묘에서는 금관가야양식 토기가 주류를 이루는 가운데 유대파수부완과 같은 신라양식 토기가 출현한다. 31·32호묘는 그 구조가 목곽과 묘광 사이를 적석을 한 구조인 점에서 적석목곽분의 초기 형태로 보고, 고소의 대형분을 축조한 집단은 이 지역 지배층 가운데 신흥 유력세력으로 신라의 영향력을 배경으로 등장한 것으로 볼 수 있다(이희준 1998b). 더욱이 이와 함께 주목되는 것은 이 고분에서 종래 부장되던 철정과는 전혀 다른, 끝부분 직선적이지 않고 전체적인 형태가 비대칭적인 신라산 철정이 출현하는 것이다(박천수 2007). 4세기 말 21·22호묘에서는 신라토기가 본격 부장되고 신라산 철정, 신라산 금동제 성시구, 착두형철촉과 같은 위신재가 이입된다(도 VI-7).

400년 고구려 남정을 전후하여 동래지역의 복천동고분군에 토기를 비롯한 신라문물이 급격하게 출현한다. 즉 5세기 초의 10·11호묘에서는 부장된 토기가 완전히 신라산으로 바뀌고 철정, 신라산 금동제 관와 같은 위신재가 이입되는 것으로 보아 이 시기 동래지역

도 Ⅵ-7 　4세기 말 부산시 복천동 21·22호묘의 신라산 문물

이 신라의 영향력 하에 들어간 것이다.

　　대성동고분군은 5세기 전엽 이후 더 이상 왕묘가 축조되지 않는다. 그래서 5세기 이후 금관가야에 대해서는 그 중심이 부산지역의 복천동고분군이 조영된 동래지역으로 이동되었다는 설과 6세기 이후에는 북정리고분군이 조영된 양산지역으로 이동하였다는 설이 있으나, 『삼국사기』와 『일본서기』에는 금관가야가 532년이 되어서야 신라에 복속된 것으로 기록되어 있어 어떠한 형태로든 금관가야의 왕권이 그 권역 내에서 지속한 것으로 본다. 나아가 금관가야의 왕족인 김유신계의 활약으로 볼 때 그러하다. 금관가야의 왕묘는 김해지역의 다른 곳으로 옮겨서 축조되었을 것으로 본다.

　　5세기 부산지역과 김해지역의 결정적인 차이는 부산은 토기양식이 완전히 신라화되지만 김해지역은 창녕양식과 신라양식의 영향에 의해 새로이 금관가야양식이 창출되는 것에 있다.

　　532년 신라에 복속된 것이 분명한 금관가야의 토기양식은 5세기 토기양식의 의미를

생각하는 데 시사하는 바가 크다. 즉 금관가야양식은 신라양식과 같이 보이지만 창녕양식
과 신라양식을 융합한 독자적인 양상이 보인다. 이는 금관가야양식 보다 더욱 독자적인 양
상을 보이며 가야지역으로 활발하게 이입되는 창녕양식 토기의 의미를 생각하게 한다.

특히 4세기 말 이래 왕묘급인 대성동 93, 73호묘를 비롯한 김해지역에는 특히 창녕
양식 토기가 유입된다. 즉 금관가야권역에 해당하는 왕묘군인 김해시 대성동고분군을 위
시하여 칠산동고분군, 윗덕정고분군, 능동고분군, 내덕리고분군, 안영리고분군, 지사리고
분군, 부산시 가달고분군, 창원시 다호리고분군, 외촌리고분군, 현동고분군, 도계동고분
군, 석동고분군 등에서 출토된다. 이는 금관가야와 창녕지역 집단이 5세기 중엽까지 긴밀
한 관계를 가진 것으로 파악된다. 또한 가달고분군과 예안리고분군 등에서 신라양식 토기
가 이입되나 이를 금관가야의 멸망으로 볼 수 없다. 이는 양 지구뿐만 아니라 금관가야 전
역에서 보이는 양상이기 때문이다. 이 토기들은 본서에서 밝힌 바와 같이 창녕양식과 신라
양식의 영향을 받아 형성된 금관가야양식 토기인 것이다. 그리고 이 지역의 토기양식에 신
라의 영향이 보이는 점은 400년 경자년조의 고구려 남정기사에 보이는 신라의 금관가야에
대한 영향력 증가로 볼 수는 있으나, 이를 금관가야의 멸망으로 볼 수 없다. 나아가 5세기
전반 왕묘가 대성동고분군에 지속적으로 축조되고 왕성인 봉황토성이 건재하며 이를 중
심으로 한 김해시 부원동, 관동리, 창원시 여래리 등의 거점 취락이 유기적으로 결합되어
가장 활발하게 기능하고 있기 때문이다. 또한 위치상 봉황동토성을 방어하는 것으로 파악
되는 보루성이 6세기 전엽에도 왕성을 방어하는 기능을 하고 있기 때문이다.

이 시기 고 김해만 일대의 유적은 잘 알 수 없으나 앞에서 언급한 바와 같이 근래 조사
된 김해시 나전리유적에서 6세기 전엽으로 편년되는 김해식 단각고배 등이 출토되는 보루
성이 확인되어 주목된다(도 Ⅵ-8).

이 성은 주변의 다른 보루성과 연계하여 삼랑진에서 봉황토성으로 들어오는 산간 교
통로를 방어하는 역할을 담당하는 것에서 이 시기까지 금관가야의 왕성이 기능한 것을 알
수 있다.

그리고 진영지역인 창원시 다호리고분군에서 대형 횡혈식석실분이 조영된다. 특히
이 고분군의 수장묘인 B1호분은 고령 지산동 45호분단계인 6세기 초에 조영된 왕묘급 고
분으로 파악되어 주목된다(도 Ⅵ-9).

왜냐하면 매장주체부인 석실은 유실되었으나 직경 18m의 봉토에 동반하는 주구에서
대가야산 금동제 검릉형행엽, 안교, 화살통, 고상창고형토기 등이 출토되고, 호석을 가진

도 Ⅵ-8 6세기 전엽 금관가야의 보루성(김해시 나전리보루성, ● 위치)

봉토분인 B5, B15호분이 배총으로 조영되었기 때문이다. B5호분은 길이 4m의 대형 수혈식석곽으로 금제 이식과 유개 철부가 출토되었다. B15호분도 길이 4m의 대형 수혈식석곽으로 대가야산 금제 수식부이식이 출토되었다. 양자는 B1호분을 중심으로 그 외 석곽묘와 함께 위성식으로 배치되어 있는 점에서 그 횡혈식인 묘제와 함께 B1호분이 왕묘급 고분임을 추정할 수 있다. 다호리고분군에서는 5세기 후엽의 합천 옥전 28호분 출토품과 같은 형식의 대가야산 금제 수식부이식이 출토되었다(도 Ⅵ-10).

그런데 B1호분의 주구에서는 발형기대, 유대파수부완, 고배, 개배 등이 대가야양식 토기가 주류를 이루는 가운데 아라가야양식의 통형기대와 발형기대, 소가야양식의 통형기대, 신라양식의 토제 영락부장경호와 대옹과 같은 토기가 함께 출토되었다. 이는 다호리일대에서 가야와 신라의 토기양식을 수용하여 제작된 것을 시사한다. 더욱이 토기뿐만 아니라 따라서 이 지역 집단은 B1호분에서 대가야양식 토기가 압도적인 다수를 차지하고 대가야산 수식부이식과 금동제 마구와 같은 금공품이 출토된 것과 영락부장 경호와 대옹과 같은 신라산 토기가 다수 출토된 것에서 금관가야가 대가야와 신라를 중심으로 아라가야, 소가야와도 교섭하였음을 알 수 있다. 이는 이 고분군 출토 대가야양식 토기와 신라양식 토기가 동일한 가마 내에서 제작된 것에서 그러하다.

그런데 B1호분 이후 고총이 조영되지 않는 점, 대가야산 금공품이 이입되지 않고 가야양식 토기 대신 신라양식 토기만이 부장되며 또한 삼랑진 방면에서 김해 중심부로 들어오는 곡간 통로상에서 나전리보루성을 비롯한 성곽이 이후 사용되지 않는 것도 532년 금관가야의 멸망을 반영하는 것으로 본다.

도 Ⅵ-9 6세기 전엽 금관가야의 왕릉급 고분(김해시 다호리B1호분)

도 Ⅵ-10   5세기 후엽~6세기 전엽 금관가야의 대가야산 수식부이식(김해시 다호리고분군 출토품)

2. 아라가야

『삼국유사』 5가야조에는 아라가야 또는 아야가라阿耶加羅, 『삼국사기』 지리지에는 아시라국 阿尸良國 또는 아라가야阿那加耶, 고구려 광개토왕비와 『일본서기』에는 안라安羅라고 불렸다.

아라가야의 전신인 안야국은 『삼국지』 동이전 한조를 보면 3세기 김해의 구야국과 함께 진왕으로부터 우호優號를 받는 유력한 세력이었다.

아라가야는 남강, 낙동강과 남해안에 면하고 있는 서부경남지역의 중심부로 해로를 이용하면, 남강 및 낙동강을 통해서 가야 전 지역으로 연결될 수 있다. 서북쪽으로 연한 남 강을 거슬러 올라가면 진주, 사천에 다다르고 인근 마산, 창원지역은 육로와 수로 동시에 교류가 가능하다. 남강을 타고 내려와 낙동강을 건너면 창녕지역에 닿고 낙동강의 흐름을 따 라서 내려가면 왼쪽으로 밀양, 김해지역으로까지 연결된다. 반대로 낙동강을 거슬러 올라가

306

면 고령의 대가야와 닿으며 또 황강을 타고 올라가면 합천의 다라국에 다다를 수 있다.

이는 4세기 아라가야산 토기가 남강수계, 낙동강수계, 남해안에 걸쳐 약 1세기간 광범하게 유통되는 것에서 지리적 이점을 이용하여 내륙지역으로의 교역의 중개지 역할을 하였음을 알 수 있다.

1) 논점

김태식은 3세기 전반 『삼국지』위서 동이전에 보이는 변진 12국은 김해의 구야국을 중심으로 통합되어 변한소국연맹 즉 전기가야연맹을 결성한 것으로 보았다. 그 범위는 김해, 함안, 밀양, 동래 등의 낙동강하류역을 중심으로 고령, 개녕 등의 낙동강중상류역과 고성, 단성, 진주 등의 서부 경남지역이 포함된 것으로 설정하였다(김태식 1993: 68-80).

그러나 필자는 5세기 중엽 대가야권이 경남서부지역과 호남동부지역에 걸쳐서 성립되는 배경에 대해 대가야권 형성 이전의 권역에 해당하는 지역에 4세기에는 아라가야양식 토기가 집중 분포하는 것에 주목하였다. 그리고 이 시기 함안에서 생산된 아라가야양식 토기가 남강, 황강, 낙동강중상류역, 남해안일대에 유통되고 또한 이러한 지역의 토기 생산에 영향을 미친 것은 아라가야가 낙동강하류역을 제외한 지역의 관계망을 장악한 것으로 보았다. 따라서 이는 『삼국지』위서 동이전 한조의 진왕으로부터 우호를 받았던 아라가야의 위상을 반영하는 것으로 보고 가야 전기의 정치구도를 금관가야와 아라가야 양대 구도로 파악하였다(박천수 2004).

홍보식은 4세기대 창녕군 퇴촌리, 여초리, 함안군 묘사리, 우거리요지의 출토품이 양식상 유사한 점에서 이러한 토기가 동시 다발적으로 생산된 것으로 보고, 특정지역 즉 함안지역에서 토기가 제작되어 분배된 것으로 볼 수 없다고 주장하였다(홍보식 2006: 168). 나아가 홍보식은 4세기 아라가야는 외부와의 관계망이 제대로 구축되지 않았고 외부세계와의 접촉이 빈번하지 않는 차단된 세계에 머물렀지만, 금관가야는 동북아시아 각지와 밀접한 관계망을 구축한 개방된 세계로 보았다. 나아가 필자가 제기한 함안지역에서의 새로운 토기의 제작기술의 창출과 광범위한 유통은 상정할 수 없다고 보았다(홍보식 2006: 214).

그러나 퇴촌리, 여초리요지와 묘사리, 우거리요지 출토품간에는 노형기대와 승석문호

등에서 형식차가 보이고, 창녕지역 요지에서는 함안지역 요지 출토품에 보이는 도부호가 시문된 토기가 확인되지 않는다. 부산시 복천동 54호묘, 57호묘, 합천군 옥전 54호묘, 합천군 저포리A50호묘, 대구시 비산동 3호 목곽묘, 칠곡군 심천리 50호묘 등의 수장묘에 부장된 승석문호는 함안지역 요지 출토품과 형태가 흡사하고 도부호가 시문된 것으로 함안지역산이 분명하다.

그래서 승석문호와 장각노형기대, 공자형고배는 함안지역에서 출현하여 영남지역 전역에 유통되고 각 지역의 토기양식에도 영향을 미친 것으로 판단된다. 이는 가야전기 금관가야 세력의 우위는 충분히 인정되지만 문헌에 보이는 아라가야의 위상을 일정부분 반영하는 것으로 본다.

결국 이러한 4세기대 토기양식에 대한 이해는 이 시기의 정치구도를 어떻게 파악하는 것에 달려있다고 할 수 있다. 이는 김태식의 단일연맹체론과 흡사하다. 더욱이 가장 큰 문제점은 4세기 아라가야의 왕묘가 조사되지 않은 점을 무시하고 왕묘가 조사된 금관가야를 일방적인 우위로 설정하는 것은 타당하지 않다. 앞으로 4세기 아라가야왕묘의 조사가 기대된다.

2) 역사 지리적 환경

아라가야의 전신인 안야국의 위상은 『삼국지』 동이전 한조에 보인다. 진왕辰王은 목지국目支國을 다스린다. 신지臣智는 간혹 우대하는 호칭인 신운견지보臣雲遣支報, 안야축지安邪踧支, 분신리아불례濆臣離兒不例, 구야소지렴 狗邪素支廉의 칭호를 더하기도 한다. 즉 辰王治目支國臣智或加優呼臣雲遣支報安邪踧支濆臣離兒不例狗邪素支廉之號라는 기록으로 부터 3세기대 안야국이 구야국과 함께 중심국이었음을 알 수 있다. 아라가야의 위상은 광개토왕릉비문에서도 확인할 수 있다. 비문의 광개토왕비 경자년조庚子年條에는 왜의 침입을 받은 신라가 고구려에 구원을 요청함에 따라 고구려가 5만의 병사를 파견하여 신라를 구원하고 있는 내용을 담고 있는데 여기서 '안라인수병安羅人戍兵'이 세 차례 나타나고 있다. 앞에서 언급한 바와 같이 안라인安羅人 수병戍兵을 안安 (신)라인羅人 수병으로 해석하는 견해가 있으나, 이는 자의적인 해석에 불과하다. 이를 통해 볼 때 안라安羅 즉 아라가야가 임라가라인 금관가야와 함께 고구려와의 전쟁에 참여하였다는 것은 분명하며 이는 아라가야가 가야 전기의 중심세력이었음을 보여준다.

그리고 가야 후기에도 아라가야의 위상은 『일본서기』 계체繼體23년(529년) 왜倭왕이 파견한 오우미노케나노오미近江毛野臣의 주재 하에 신라에 의해 멸망된 남가라인 금관가야 와 탁기탄 등의 남부가야를 재건하는 회의가 아라가야에서 개최된 것에서도 알 수 있다. 참가국은 아라가야, 백제, 신라, 왜倭 등이었다. 동쪽으로 진출하려는 백제와 서쪽으로 진 출하려는 신라를 가야가 외교력으로 물리치고자 한 국제회의였다. 이와 함께 아라가야에 는 소위 임나일본부의 실체인 안라왜신관이 설치된 점에서도 주목된다. 임나일본부는 6세 기 전반에 일시적으로 함안 아라가야에 파견된 왜의 외교사절이 체류한 왜신관倭臣館이기 때문이다.

아라가야는 임라부흥회의에서도 주도적인 위치를 점하고 있고 안라왜신관이 설치된 점에서 대가야와 함께 여전히 가야 후기의 중심국으로 대왜 교섭에서도 중요한 위치를 차 지하는 것을 알 수 있다.

아라가야의 중심지인 함안지역은 낙동강과 남강이 합류하는 지점의 남쪽에 위치한 '남고북저' 지형의 분지이다. 남쪽에는 여항산이 솟아있고, 이를 통해 창원, 마산, 진주와 경계를 이루고 있으며 그곳에서 발원한 하천들이 뻗어 나온 구릉들 사이로 흘러 평야를 적 시고 남강으로 유입하고 있다. 이 지역은 낙동강과 남강이 합류하는 지점의 남쪽에 위치 하여 남강, 낙동강과 남해안을 통해 가야 전 지역으로 연결되는 교통의 요충이다. 즉 서북 쪽으로 남강을 따라 올라가면 진주와 산청으로 통하고, 남강을 내려와 낙동강을 건너면 창 녕에 달한다. 여기에서 낙동강을 거슬러 올라가면 황강을 통해 다라국의 합천과 그 내륙에 닿으며, 회천을 통하면 대가야의 고령지역으로 연결된다. 창녕에서 낙동강을 통해서 내려 가면 밀양과 양산을 거쳐 고 김해만에 달한다. 한편 육로로는 동서로 뻗은 산지의 사면 구 릉을 따라 마산, 창원에 연결되고 남쪽으로 나있는 곡간 통로를 따라 내려가면 남해안의 진동만에 접한다. 진동만에는 청동기시대의 대형 지석묘가 다수 분포하고 요녕식동검이 출토되어 일찍부터 이를 이용한 내륙과의 교통이 발달한 것으로 추정된다.

아라가야의 대표적인 유적은 함안군 함안읍 말이산에서 남북으로 길게 뻗은 구릉의 정상부를 따라 50여기의 고총이 5, 6세기대를 중심으로 조영된 말이산고분군이다(도 Ⅵ -11).

도 Ⅵ-11   아라가야의 왕릉(함안군 말이산고분군)

함안군 우거리요 출토 이 지역산 승석문호는 기벽이 매우 얇고 고화도로 소성한 것이 특징이다(李政根 2006, 정주희 2008). 동부의 함몰된 동부, 타원형의 구연부와 동부 측면의 중첩 소성흔으로 볼 때 옆으로 뉘인 채로 구운 것으로 파악된다. 더욱이 이 승석문호는 같은 시기의 창녕군 여초리요, 대구시 신당동요, 경산시 옥산동요 등에서 보이지 않는 특수한 도부호陶符號가 시문된 경우가 많아 그 식별이 아주 용이하다.

도부호는 함안군 우거리요지에서 다수 출토되었으며 공인이 제작한 토기를 구별하기 위해 시문한 것으로, 그 종류는 최소 8종 이상으로 보고 있다(李政根 2006). 아라가야양식의 승석문호는 횡치 소성하는 것과 부호를 새긴 것이 특징이다(도 Ⅵ-12).

3세기 후반 아라가야양식의 공자형고배, 통형고배, 노형기대, 승석문호는 3세기부터 4세기 후반까지 남강과 황강수계, 낙동강상류역을 포함하는 광역분포권을 형성하며 금강수계의 공주시 남산리고분군, 천안시 두정동, 청주시 봉명동 등의 백제지역과 고성군 송학

도 Ⅵ-12   도부호가 시문된 아라가야산 승석문호(함안군 우거리 토기가마 출토품)

동고분군, 여수시 고락산성, 여수시 장도, 순천시 횡전면 등의 남해안 일대에서 출토된다.

이와 같이 함안지역산 토기가 가야 신라지역의 수장묘와 낙동강수계, 남강수계, 황강수계와 남해안일대의 교통로에 연한 거점 취락에 주로 이입되는 것은 아라가야를 중심으로 한 지역간 경제적인 관계망뿐만 아니라 수장간의 정치적인 관계를 분명히 반영하는 것으로 본다. 아라가야를 중심으로 한 관계망의 성립은 4~5세기 이 지역의 고분에서 철정과 이를 가공한 유자이기가 다수 출토되는 것에서 철생산과 지리적인 이점을 살린 유통을 배경으로 하는 것으로 추정된다. 이는 앞으로 왕묘인 대형목곽묘의 조사에 의해 밝혀질 것으로 기대된다.

5세기 초 아라가야양식 토기는 남강하류역을 제외하고 낙동강상류역, 남강상류역, 황강수계, 남해안에 반출되지 않는다. 이 시기 아라가야를 중심으로 한 관계망이 쇠퇴하는 것은 5세기 초 광개토왕비 경자년조의 안라인安羅人 수병戍兵기록과 관련된 것으로 추정된다.

왜냐하면 이 시기를 전후하여 급격하게 아라가야를 중심으로 한 관계망이 쇠퇴하고 소가야가 이를 대신하는 것에서 그러하다.

5세기 아라가야 권역은 함안분지와 진동만 주변으로 파악된다. 서쪽은 4세기대 아라가야양식 토기가 집중 이입되던 진주시 무촌리고분군 일대가 5세기 소가야양식 토기의 분포권에 속하는 것으로 보아 이 부근을 경계로 하는 것으로 본다. 그 동쪽에 위치한 칠원분지에 5세기 전반 소가야양식 토기와 창녕양식 토기가 집중적으로 출토되는 점에서 함안분지의 동변을 경계로 한다.

아라가야의 왕궁지는 말이산고분군에 인접하며 함안분지 전체가 한눈에 들어와 관망할 수 있는 가야동에 위치한다. 함안 충의공원유적은 대형 굴립주건물지는 그 입지, 규모와 주변시설로 볼 때 국가적인 행사와 관련한 유구로 보고 있다. 건물지 좌우로 부속시설로 보이는 고상건물지와 저장용 수혈들이 군집되어 있는 것으로 보아 구릉 전체는 특수한 역할을 담당한 공간으로 추정된다. 일반민들의 저장용 수혈로 보기는 어렵고 아라가야의 공공시설물로 이해할 필요가 있다. 충의공원 부지 일대는 함안천변에 있어 남강-낙동강을 통해 이동한 물자를 보관하는 국가의 중요 시설이 있었던 것으로 보고 있다(하승철 2017).

다음으로 5세기 함안분지의 왕묘를 중심으로 아라가야의 정치적 구조에 대하여 살펴보자.

5~6세기 가야지역 내에서 함안군 말이산고분군이 고령지역의 지산동고분군 다음가는 대규모인 점에서 가야 후기에도 아라가야의 위상은 지속하였음을 알 수 있다.

　　남문외고분군은 말이산고분군의 동쪽에 위치하며 신음천을 따라 길게 형성된 구릉의 정상부에 고총이 분포한다. 직경 10~20m의 봉토분 24기 다수의 중소형분으로 구성되어 있다. 이외에 선왕동고분군, 덕전고분군, 필동고분군 등이 다수 분포한다. 고분의 규모로 보아 아라가야 중하위층에 속한 사람들의 묘역으로 추정된다.

　　고분은 순장자의 수, 석실의 규모, 분구의 규모, 장신구, 부장품인 (마구, 무기, 동완 등을 기준으로 5세기 말을 전후한 시기에 조영된 봉토분을 5개의 등급으로 분류하도록 하겠다 .

　　제 1등급 고분은 말이산 4호분을 표지로 한다. 이 등급은 구릉 정상부에 위치하며 봉분 직경 30m 수혈식석곽의 규모가 10m 내외이다. 말이산 4호분유형(5인 내외, 1~2등급 순장자)의 순장자를 가진 것이 가장 큰 특징이다. 이 유형의 순장자는 장신구와 토기를 가진 1등급과 토기와 철제 도자만을 가진 2등급으로 구분된다. 부장품은 장식성이 높은 금동제 마구, 갑주 등을 갖추고 있다. 또 말이산 4호분의 일본열도산 녹각제도장구와 같은 외래의 위신재를 가진 것도 이 등급의 특징이다.

　　제 2등급 고분은 말이산 8호분 표지로 한다. 이 등급은 구릉 사면에 위치하며 봉분 지경 25m 수혈식석곽의 규모가 10m 내외이다. 말이산 4호분유형(5인 내외, 1~2등급 순장자)의 순장자를 가진 것이 가장 큰 특징이다. 부장품은 장식성이 높은 금동제 마구, 갑주 등을 갖추고 있다. 또 말이산 4호분의 일본열도산 녹각제 도장구와 같은 외래의 위신재를 가진 것도 이 등급의 특징이다. 제 1등급과는 입지와 봉토 규모에서 차이를 보일뿐이다(도 Ⅵ-13).

　　제 3등급 고분은 말이산 34호분 표지로 한다. 이 등급은 구릉 사면에 위치하며 봉분 직경 20m 수혈식석곽의 규모가 10m 내외이다. 말이산 4호분유형(2인 내외, 1~2 등급 순장자)의 순장자를 가

도 Ⅵ-13　아라가야의 왕릉(함안군 말이산 25호분)

진 것이 가장 큰 특징이다. 부장품은 마구, 무기 등을 갖추고 있다. 또 순장자의 수가 줄어들고 말이산 4호분의 일본열도산 녹각제도장구와 같은 외래의 위신재가 결락된 것이 등급의 특징이다.

제 4등급 고분은 말이산 (창) 1-1호분 표지로 한다. 이 등급은 구릉 사면에 위치하며 봉분 직경 15m 수혈식석곽의 규모가 7m 내외이다. (창) 1-1호분유형(2인 내외, 2등급 순장자)의 순장자를 가진 것이 가장 큰 특징이다. 부장품은 마구, 무기 등을 갖추고 있다. 또 순장자의 수는 같으나 신분이 낮은 2등급인 점이 등급의 특징이다. 제 1등급과는 석곽과 봉토 규모에서 차이를 보인다.

아라가야의 고분에서는 순장의 유무, 입지의 차이, 분구의 유무를 계층성 구분의 큰 기준으로 생각할 수 있다. 그래서 먼저, 지배와 예속관계를 나타내고 수장의 격절성을 상징하는 순장을 수장묘의 가장 중요한 조건으로 설정한다. 이와 같은 조건을 갖춘 것은 여기에서 설정한 위계 가운데 순장이 행해진 제 4등급까지의 고분이다.

따라서 여기에서는 임의로 제 1등급을 최고수장, 제 2등급을 대수장, 제 3등급은 상위수장, 제 4등급을 하위수장, 또 제 5등급 이하는 중간층과 일반 성원층으로 각각 분류하고자 한다.

함안 말이산고분군에서는 제 1등급의 최고수장묘를 비롯하여 제 2~4등급의 수장묘가 존재한다.

함안 남문외고분군에서는 제 2등급의 대수장묘를 비롯하여 제 3~4등급의 수장묘가 존재한다.

이상으로 볼 때 아라가야권역의 함안분지에서 왕릉인 말이산고분군에 필적하는 고분군은 찾아볼 수 없다. 그런데 왕릉인 4호분은 입지는 우월하나 같은 능선상에 조영된 왕족묘인 6, 7, 8호분의 3기의 고분과 동일한 규모와 부장품을 가진 점에서 왕릉의 격절성은 찾아보기 어렵다.

4) 성립과 전개

아라가야양식의 승석문호는 3세기 중엽 함안지역의 말이산(문)35호묘에서 출현한다. 승석문호는 3세기 후엽 김해지역의 대성동 59호묘, 대구지역의 문양리 65호묘, 울산지역의 중산리 75호묘에서 확인된다. 이러한 승석문호가 함안산인 것은 다른 지역이 함안지역보다 늦은 시기에 부장되는 점에서도 방증된다. 그러나 이 시기는 아직 광역 분포권을 형성하지 못한 것으로 생각된다.

3세기 말 승석문호는 김해시 구지로 1호묘에서 보이고 경주시 구정동 1호묘의 3호곽에서는 횡치소성흔이 보이는 함안산의 소문호가 확인되기 때문에 아라가야세력이 김해지역과 울산지역을 거쳐 경주지역을 연결하는 관계망을 형성한 것으로 본다. 이와 동시에 낙동강을 통하여 대구지역을 연결하는 관계망을 형성한 것으로 볼 수 있다.

4세기 초 승석문호를 비롯한 함안산 토기가 영남지역 전역과 전남지역의 남해안일대와 전북지역의 호남동부지역에 출현한다.

횡치소성흔과 도부호가 시문된 승석문호는 김해지역의 대성동 13호묘, 퇴래리 7호묘, 예안리 92, 93, 118호묘, 부산지역의 복천동 54호묘, 진주지역의 무촌리 2구 13호묘, 2구 39호분, 3구 124호묘, 합천지역의 옥전 25호묘, 저포리A지구 8, 30, 31호묘, 대구지역의 비산동 1, 3호묘, 문양리 20, 30호묘, 칠곡지역의 신천리 50호묘, 경주지역의 구정동 1호묘 3호곽 등에서 출토되었다. 그 외 도부호가 시문되지 않았으나 함안산으로 파악되는 승석문호는 김해시 대성동고분군, 합천군 옥전 54호묘, 경주시 구어리 1호묘 등이 있다.

칠곡지역의 수장묘인 심천리 50호묘에서는 도부호가 시문된 승석문호뿐만 아니라 기하학적 문양이 시문된 개가 공반된 대부호를 포함한 부장토기 대부분이 함안지역에서 이입된 것으로 보여 주목된다. 또한 대구시 비산동 3호묘에서도 마찬가지로 토기 대부분이 함안지역산이고 합천군 옥전고분군의 수장묘인 옥전 54호묘에서도 같은 양상이 관찰된다.

이처럼 금관가야의 대수장묘인 대성동 13호묘, 동래지역의 대수장묘인 복천동 38호묘, 다라의 대수장묘인 옥전 54호묘, 대구지역의 수장묘인 비산동 3호목곽묘에 함안산토기가 부장된다. 더욱이 이 시기 함안산토기는 여수시 고락산성에서 확인된 고지성취락의 3호주거지, 해남군 신금 55호주거지, 남원시 아영지역, 공주시 남산리고분군 등에서도 출현한다(도 Ⅵ-14). 이 시기는 3세기 말에 성립된 아라가야양식의 승석문호, 장각노형기대, 공자형고배가 영남 전역으로 이입되며 각지에서 이를 모방한 토기가 제작된다.

게다가 함안산토기는 가야지역 뿐만 아니라 경주시 구정동 1호묘 3호곽, 구어리 1호묘, 울산시 중산리 75호묘과 같은 신라지역의 수장묘에서도 부장되었다. 이처럼 함안지역산 토기가 가야 신라지역의 수장묘와 낙동강수계, 남강수계, 황강수계와 남해안일대의 교통로에 연한 거점 취락에 주로 이입되는 것은 아라가야를 중심으로 한 지역간의 경제적인

도 Ⅵ-14　아라가야양식 승석문호의 분포(4세기)

1: 김해 대성동 18호묘　│　2: 부산 복천동 54호묘　│　3: 양산 소토리 1호목곽묘　│　4: 경주 구어리 1호목곽

5: 경주 구정동 3호목곽　│　6: 포항 마산리 149-4적석목곽묘　│　7: 대구 비산동 2호묘　│　8: 칠곡 심천리 54호묘

9: 성주 가암리 45호(31호)주거지　│　10: 합천 옥전 54호묘　│　11: 합천 삼가(동) I 지구 1-2호 목곽묘

12: 합천 저포리A지구 31호묘　│　13: 공주 남산리고분군　│　14: 남원 아영 출토품　│　15: 함안 우거리토기요지

16: 함안 도항리 33호묘　│　17~18: 해남 신금 55호주거지　│　19: 광양 도월리(Ⅱ) 41호주거지

20: 여수 고락산성 3호주거지　│　21: 진주 무촌리 3구 39호묘　│　22: 마산 대평리 2지구 30호묘　│　23: 마산 대평리고분군

관계망뿐만 아니라 수장간의 정치적인 관계를 분명히 반영하는 것으로 해석할 수 있다. 아라가야를 중심으로 한 관계망의 성립은 4~5세기 이 지역의 고분에서 철정과 이를 가공한 유자이기가 다수 출토되는 것에서 철생산과 지리적인 이점을 살린 유통을 배경으로 하는 것으로 추정된다. 이는 앞으로의 4세기대 왕묘인 대형 목곽묘의 조사로 밝혀질 것으로 기대된다.

4세기 후반에는 함안산 토기의 이입이 줄어드나 각 지역에서 모방 제작한 토기가 활발하게 제작된다. 이로 보아 아라가야양식 토기가 일시적으로 이입되는 것이 아니라 각 지역의 토기 생산에도 영향을 미쳤음을 알 수 있다. 4세기 후엽의 고성군 송학동 1호분 분구 하층에서 발견된 1E호묘에서는 아라가야양식의 통형고배, 장각노형기대, 통형기대가 부장되었다. 고령군 쾌빈동 12호묘에서도 아라가야양식의 장각노형기대와 양이부호가 부장된 것이 확인된다. 이는 5세기 전반 소가야권역의 중심인 고성세력과 5세기 후반 가야의 중심국인 고령 대가야세력조차도 이 시기에는 아라가야의 관계망 속에 포함되어 있었음을 알 수 있다.

5세기 전엽 경전선 철로에 의해 절단된 말이산 구릉 북쪽단부에 조영된 마갑총에서는 마갑 2령과 마주, 금동제 환두대도, 마구, 갑주, 무기가 출토되었다. 같은 시기 구릉 북쪽에 조영된 10호묘에서는 10매의 대형 철정과 유자이기, 마구가 부장되었다.

5세기 중엽에 조영된 36호목곽묘에서는 40매의 중형철정과 유자이기, 마구, 갑주가 출토되었다. 이 시기 목곽묘에서는 철소재인 철정과 이를 가공한 유자이기가 다수 출토되어 아라가야에서 철생산이 성행하였음을 알 수 있다.

같은 시기 구릉 중앙부에 조영된 아라가야의 왕묘급 고총인 말이산 4호분과 8호분, 6호분은 수혈식석곽의 규모가 10m 내외이고 5, 6인이 순장되었다.

그런데 이 시기 왕묘인 4호분에서는 심엽형 행엽, 왕족묘인 6호분에서는 철제 마주와 마갑, 철제 주胄, 금장 환두대도가 출토되었고, 왕족묘인 8호분에서는 금장 환두대도, 금동제 화살통矢筒, 은제 대장식금구, 금동제 심엽형 행엽과 편원어미형행엽 신라산 문물이 부장되어 대가야의 토기, 금동제 용봉문환두대도, 마구, 무구와 장신구를 부장한 다라국의 왕묘인 합천군 옥전M3호분과 대비된다(도 Ⅵ-15). 아라가야가 신라의 위신재인 금장 환두대도, 철제 마주, 마갑, 갑주甲胄, 금동제 마구를 도입한 것은 고고학적으로도 아라가야가 대가야와 뚜렷이 구분되는 세력임을 말해준다.

13호분이 위치하는 구릉사면에 위치한 5세기 후엽에 조영된 (문)54호분에 부장된 은

도 Ⅵ-15 아라가야왕릉 출토 신라산 마구

1: 함안군 말이산 6호분 ∣ 2: 말이산 451-1번지석곽 ∣ 3: 말이산 4호분

장용문환두대도는 용문과 제작기법으로 볼 때 대가야산이다. 이 시기부터 대가야산 위신재가 이입되기 시작한 것으로 본다.

6세기 초에 조영된 왕묘인 25호분에서는 신라산 금동제 화살통矢筒 1점 외에는 신라산 마구가 부장되지 않고 대가야산 금동제 화살통矢筒, 금동제 검릉형 행엽, 왕족묘인 26호분에서는 대가야산 금동제 검릉형 행엽과 내만타원형경판비, 대가야양식 토기가 부장되었다(도 Ⅵ-16).

이후 말이산고분군에도 대가야양식 토기가 다수 이입되는데 이는 금관가야의 고총인 창원시 다호리B1호분과 소가야의 고총인 고성군 송학동 1호분에서 대가야양식 토기가 이입된 것과 궤를 같이하는 현상이다.

안야국에서 아라가야로의 성장은 4세기대 대형 목곽묘가 조사되지 않아 그 내용을 잘 알 수 없으나, 아라가야양식 토기의 분포로 볼 때 함안지역을 중심으로 한 광역 관계망이 남강수계, 황강수계, 섬진강수계, 낙동강중상류역, 남해안일대에 형성되는 4세기 초를 전후한 시기로 본다.

아라가야양식 토기는 일본열도에까지 영향을 준 점이 확인되어 주목된다. 즉 시코쿠

318

도 Ⅵ-16　아라가야 왕릉 출토 대가야산 문물

1~2: 함안군 말이산 25호분　│　3~4: 함안군 말이산 26호분

四國지방의 가가와현香川縣 미야야마宮山요, 미타니사부로이케三谷三郎池요와 같은 회청색 경질토기인 초기 스에키須惠器요의 공인은 출토 토기의 형태뿐만 아니라 같은 시코쿠의 에히메현愛媛縣 사루카타니猿ヶ谷2호분과 후나카타니船ヶ谷유적에서 집중적으로 아라가야양식 토기가 출토되어 함안지역에서 이주한 공인일 가능성이 높다.

　　아라가야양식 토기의 광역분포권은 그 세력이 남강하구에서 수계를 거슬러 올라가 금강상류를 통해 백제지역과 교섭함과 동시에 일본열도와도 활발히 교섭하였음을 보여준다. 이처럼 아라가야 세력은 내륙교역의 회랑과 같은 남강수계를 통해 금강유역과 남해를 연결, 백제와 왜를 중계하는 역할을 한 것으로 본다.

　　그러나 4세기 말 오사카大阪에서 개시된 일본열도의 회청색 경질토기 생산에 금관가야계 공인이 주도한 점, 양동리, 대성동고분군 출토 중국·일본열도산 문물로 볼 때 아라가 야세력에 의한 대외교섭의 중심적인 역할은 인정되지 않는다.

그럼에도 금관가야양식 토기가 낙동강하류역에 분포가 한정되고 일본열도에서도 주로 오사카를 중심으로 한 기나이지역에 주로 출토되는 것과 아라가야의 독자적인 관계망과 대왜교섭으로 볼 때, 금관가야를 중심으로 한 대왜교섭의 독점과 이를 기반한 단일 연맹체설 및 금관가야 절대우위론은 성립될 수 없다.

6세기 아라가야는 일본서기의 이른바 임라일본부의 실체인 안라왜신관安羅倭臣館이 설치되고 임라부흥회의에서도 주도적인 위치를 점하고 있는 것에서 대가야와 함께 여전히 가야 후기의 중심국으로 대왜 교섭에서도 중요한 위치를 차지하는 것으로 파악된다.

다음으로 말이산고분군 왕묘의 축조 과정을 통하여 아라가야의 왕권에 대하여 살펴보겠다.

4세기 말 5세기 초 아라가야의 왕묘는 경전선 철로에 의해 절단된 구릉 북쪽 끝부분에 조영된 마갑총이 배총처럼 사면에 조영된 점에서 현재 해동아파트가 위치하는 그 구릉 정상부에 축조되었을 가능성이 크다(도 Ⅵ-17). 5세기 전엽에는 1-1호분 출토 토기로 볼 때 1호를 중심으로 북쪽 구릉 끝부분에 조영된 것으로 본다.

더욱이 48호 목곽묘의 존재가 흥미롭다. 이 고분은 토기로 볼 때 5세기 초로 편년되며 1호분의 남서쪽 8m 떨어진 곳에 있고, 6점의 철제 대도, 3점의 철모, 6점의 철부, 28점의 철촉과 찰갑札甲 등의 다수의 무기 무구와 41점의 철정을 부장하고 있기 때문이다. 따라서 이 고분은 배총으로 추정되어 그 주변의 고총이 왕릉임을 알 수 있다.

5세기 중엽에는 북쪽 구릉 중앙부 입지가 탁월한 곳에 왕묘급 고총인 4호분이 조영된다. 그런데 같은 시기에 조영된 8호분, 6호분의 경우 입지는 4호분에 비할 수 없으나, 수혈식석곽의 규모가 4호분과 같은 10m 내외이고 5, 6인이 순장된 점이 주목된다. 즉 왕릉인 4호분과의 배총 즉 왕족묘로 추정되는 6호분, 8호분과 격차가 보이지 않고, 더욱이 부장품 질과 양도 이에 필적하기 때문이다. 8호분에서는 금동제 대장식구와 행엽, 마갑과 마주 2령, 갑주, 유자이기, 철정이 출토되었다.

이와 같이 3기의 고분으로 볼 때 왕릉과 왕족묘는 같은 작은 구릉 위에 자리하고 모두 동일한 규모인 점에서 왕릉의 격절성은 찾아보기 어렵다.

5세기 후엽에는 구릉 중앙부에 왕릉으로 추정되는 13호분을 비롯한 고분이 조영된다. 이 시기에도 같은 규모의 고총이 여러 소구릉에 분지되어 조영된다.

6세기 전엽에는 왕릉으로 추정되는 25호분을 비롯한 고총이 조영된다. 이 시기에도 이전시기와 같은 양상이 확인된다. 이 시기에도 왕릉으로 추정되는 25호분이 4호분, 13호분과 같이 구릉 정상부에 축조되나, 역시 같은 시기에 동일 능선에 조영된 26호분은 입지는 25호분에 비할 수 없으나, 수혈식석곽의 규모가 10m 내외인 점이 주목된다. 그리고 부장품과 순장자수(25호분: 4인, 26호분: 3~4인)에서도 차이를 보이지 않기 때문이다.

게다가 왕릉인 25호분의 묘곽의 크기와 순장자 수는 거의 같은 시기 1기의 대형 주곽과 2기의 대형 부곽을 중심으로 주위에 방사상으로 32기의 순장곽과 주 부곽에 35인 이상이 순장된 대가야의 왕묘인 지산동 44호분과 비교된다. 순장자의 수에도 열세일 뿐만 아

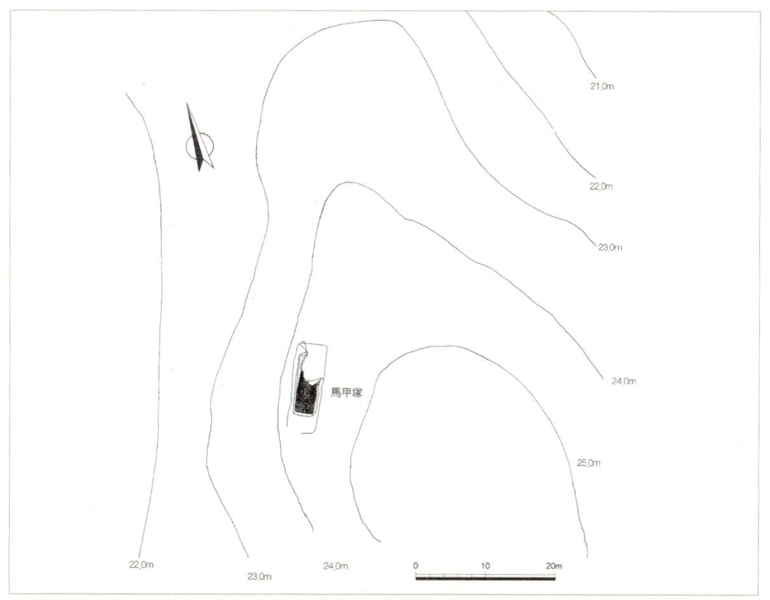

도 Ⅵ-17 마갑총의 위치로 본 4세기 말~5세기 초 아라가야 왕릉의 추정 위치

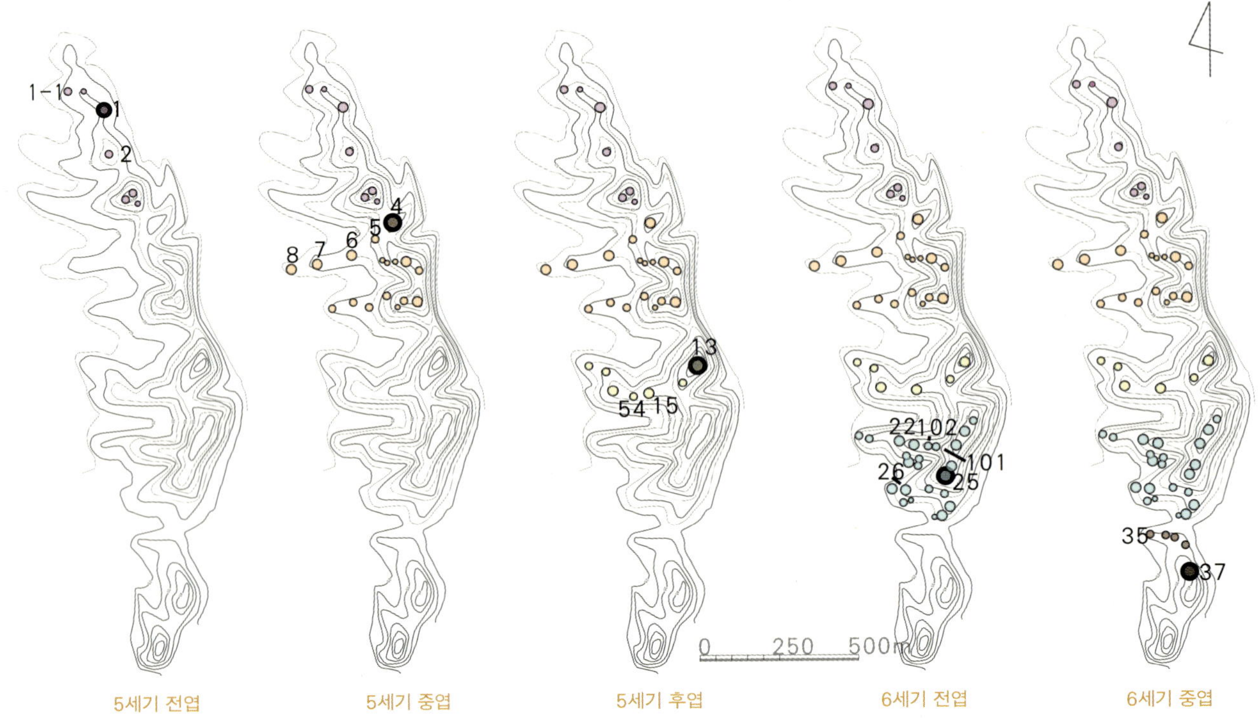

도 Ⅵ-18　아라가야 왕릉의 축조 과정

니라 지산동 44호분에는 아라가야 왕묘에 보이지 않는 마구와 환두대도를 부장한 근시집단이 순장된 점에서 아라가야세력의 한계를 반영하는 것으로 본다. 가야후기의 아라가야의 권역이 함안분지와 진동만 일대에 국한되었으며, 낙동강 중류역에서 섬진강 유역에 걸친 대가야권에 비해 권역이 아주 좁은 것도 양자 사이에서 세력차를 나타내는 것으로 보인다.

　　나아가 아라가야의 왕릉에 보이는 순장이 5세기 중엽의 4호분 단계에서 6세기 초에 해당하는 시기에 변화가 보이지 않는 점에서 더욱 그러하다.

　　6세기 중엽에는 남쪽 구릉 끝부분에 35호분을 비롯한 고총이 조영되며 규모가 축소된다. 37호분이 입지로 볼 때 왕릉으로 추정된다.

　　그런데 아라가야의 왕릉은 1호분, 4호분, 13호분, 37호분의 순서로 축조되지만 각 왕릉은 각각의 독립된 구릉에 배총과 함께 완결되어, 왕릉간에는 단절이 보여 특기된다. 이는 즉 왕의 계보가 연결되지 않는 비세습적인 왕권으로 추정되기 때문이다.

　　아라가야의 왕권은 왕묘의 조영과정에서 살펴본 바와 같이 고령군 지산동고분군과 같이 5세기 후엽 이후 왕묘급 고총이 일계一系에 한정된 것과는 달리 왕권이 특정 수장계열에 고정되지 않았음을 보여준다(도 Ⅵ-18). 더욱이 왕릉에 필적하는 왕족묘가 6세기에도 존재하는 점에서 왕권의 한계를 추정할 수 있다.

그간 아라가야는 562년 대가야와 함께 신라에 의해 멸망한 것으로 파악되어 왔으나, 말이산고분군의 조영이 정지되고 근래 함안 성산산성 출토 목간으로 볼 때 그 이전에 멸망한 것으로 생각된다.

3. 소가야

소가야는 『삼국유사』 5가야조에 지금의 고성에 있었던 것으로 되어있고, 『삼국사기』 지리지 고성군조에 본래 고자국으로 경덕왕때 개명하였다는 기록으로 볼 때 소가야와 고자국은 고성지역을 중심으로 남해안 일대에 자리 잡고 있던 동일한 가야소국을 지칭하는 것이다. 소가야로 기록된 것은 고려시대이나, 그 명칭은 대가야와 비교하여 그 위상을 알 수 있게 한다.

소가야는 앞에서 언급한 바와 같이 고자국으로 불리었다. 『삼국사기』 물계자전에는 고사포국, 『삼국지』 위서 동이전 한조에는 변진고자미동국, 『일본고기』에는 고차국 혹은 구차국으로 나오는데 모두 음운표기상의 차이일 뿐 모두 고자국을 가리키는 것이다. 고자국을 소가야로 부른 것은 고령의 대가야에 비해 상대적으로 작은 가야란 의미로 쓰인 것으로 추측된다. 『삼국사기』와 『삼국유사』에 보이는 포상팔국 전쟁은 고자국을 중심으로 해안을 포함하는 포구상에 위치한 여러 나라가 연합하여 유력국인 아라가야를 공격한 것으로 당시 소가야의 위상을 알 수 있다.

소가야의 중심지인 고성지역은 남해안 해상교통의 요충지인 반도를 중심으로 북서쪽으로 나아가면 사천을 거쳐서 남강중유역의 진주에 접한다. 동쪽으로 나아가면 당항만을 거쳐 진동만, 마산만, 고 김해만에 달하고, 또 연안항로를 따라 나아가 거제도를 거치면 곧바로 쓰시마對馬에 도달한다. 그래서 이 지역은 김해지역을 거치지 않고 일본열도로 나아갈 수 있는 교통의 요충지라 할 수 있다. 이는 고성에 인접하여 초기철기시대 일본열도 북부 규슈의 이주민이 거주한 남해안의 무역 거점인 늑도유적이 위치하는 것에서도 잘 알 수 있다.

조영제는 소가야의 전형적인 기종인 수평구연호를 통하여 사다모리 히데오定森秀夫가 이전에 설정한 사천 고성식 토기(定森秀夫 1981)의 분포권이 진주지역까지 확대되는 것을 밝히고 이를 가야후기 경남서부지역의 특징적인 기종으로 보았다. 이와 함께 삼각투창고배가 수평구연호와 같이 진주를 중심으로 분포권을 형성한 것으로 보았다(조영제 1985, 1990). 더욱이 삼각투창고배는 소가야와 관계없고 오히려 이른 시기에는 함안, 그 후 산청군 중촌리고분군과 관련된 토기이며 이는 소가야가 아니라 중촌리고분군을 조영한 모 가야소국을 상징하는 대표적인 토기로 보았다(趙榮濟 2006). 그러나 이 후 통영 남평리고분군에서 5세기 전엽의 소가야양식 토기가 다수 출토되어 논거가 상실되었다.

　이러한 견해는 소가야의 중심지를 고성으로 인식하고 있지 않은 것에 기인한다. 소가야양식 토기 분포의 중심은 어디까지나 고성지역이며 삼각투창고배의 조형도 함안지역에서 찾을 수 있으나 분포의 중심은 역시 고성으로 본다. 따라서 소가야의 중심은 어디까지나 고성인 것이다.

　필자는 4세기 말부터 소가야양식 기대가 남강수계에 출현하며, 5세기 전반에는 고성 소가야양식의 특징적인 기종인 삼각투창고배, 수평구연호, 발형기대가 남강 중상류역과 황강 중상류역에 걸쳐서 기존의 아라가야양식을 교체하듯이 유통되고, 또 금강수계의 백제지역으로 통하는 교통로상에서 출현한다고 보았다. 더욱이 후쿠오카현福岡縣 아사쿠라 요朝倉窯산의 삼각투창고배와 수평구연호, 발형기대, 유공광구소호가 소가야양식인 점과 규슈九州지역에서 소가야양식 토기가 집중 출토되는 점은 그것들이 소가야지역 공인에 의해 제작되었음을 나타내는 것으로 판단하였다. 또한 소가야 권역의 남강 중류역에 위치하는 산청 옥산리 유적에서는 백제토기, 스에키須惠器, 하지키계土師器系 연질토기, 금층유리옥 등이 출토되고, 황강 중류역의 합천 봉계리 20호묘에서는 스에키須惠器가 출토되는 점으로 보건대 고성 소가야세력은 아라가야를 대신하여 남강 수계를 통해 백제지역과 교섭을 하였을 뿐만 아니라 그와 동시에 일본열도, 특히 규슈九州지역과도 활발한 교섭을 벌인 것으로 상정하였다. 그리고 6세기 전반에 의령, 고성, 사천, 거제에서 북부 규슈九州계 고분이 출현하는 점에 대해 대가야 권역인 의령에서 조영된 점, 대가야산 토기와 마구가 부장된 점으로 미루어 피장자를 대가야와 관련된 왜인倭人으로 상정하였다(박천수 1999, 2007).

그러나 소가야의 발전 배경과 대외 관계를 고고학적으로 접근하였으나 김규운이 지적한 바와 같이 소가야 자체에 대한 연구가 부족하였다.

김규운(2009)은 고성과 통영지역에서 5세기 전반에 해당하는 소가야양식 토기가 출토되고 소가야형 묘제가 확인되는 점으로 미루어 고성지역이 5세기 전반 이후 멸망에 이르기까지 소가야의 중심지인 것으로 상정하였다. 또한 토기뿐만 아니라 고성지역에 분포하는 대형 고총군의 분포 역시 이를 시사하는 것으로 보고, 5세기 전반~6세기 중반 소가야 권역의 변천과 역사적 배경을 다음과 같이 논하였다.

5세기 전반에는 고성을 중심으로 경남 서남부지역을 비롯해 남원 아영지역, 전남 동남부지역까지 세력을 넓히게 되고, 5세기 중반에는 합천 서부지역과 남원 아영지역이 권역에서 벗어나는 반면 마산·창원·김해·칠원지역에 영향을 끼치게 된다. 5세기 후반에는 기존의 권역을 유지하는 가운데 대가야에 의해 호남 동부의 제지역이 모두 권역에서 벗어나게 되며, 6세기에는 소가야의 권역이 급격하게 축소하게 되고 소가야 내 여러지역 집단의 결속력 또한 완화되는 등의 변화를 보이는 것으로 상정하였다(김규운 2009).

이 연구에 의해 시기별 소가야권역의 변천이 어느 정도 밝혀지게 되었으나 포상팔국 전쟁과 5세기 소가야의 대외 교섭에 대해서는 논의가 필요하다.

그 후 필자는 5세기 전반 소가야의 성장에 대하여 다음과 같이 논하였다. 소가야의 성장은 400년 고구려 남정 이후 대왜 교섭의 중심이던 금관가야가 쇠퇴하고 남해안일대와 내륙지역에서의 아라가야를 중심으로 한 관계망의 해체를 배경으로 하며 그 시기는 고성지역을 중심으로 한 광역 관계망이 아라가야를 대신하여 남강상류역, 황강상류역, 섬진강수계, 남해안일대에 형성되는 5세기 초를 전후한 시기로 보았다. 이 시기 소가야의 활동과 관련하여 주목되는 것은 『삼국사기』에 보이는 포상팔국 전쟁이며, 고고자료로 본다면 포상팔국 전쟁이 일어난 시기는 소가야를 중심으로 한 연맹체가 형성되는 5세기 초를 전후한 것으로 파악하였다. 이 시기 이후에는 아라가야를 대신하여 남강수계와 남해안일대에 소가야가 관계망을 형성하기 때문에 아라가야세력으로 추정하였다. 그리고 5세기 초 아라가야는 400년 『광개토왕릉비廣開土王碑』경자년조庚子年條에 보이는 바와 같이 고구려의 공격을 받은 것으로 보았다. 따라서 아라가야가 쇠퇴한 이 시기를 틈타 포상팔국은 연합하여 남해안과 남강수계의 교역권을 아라가야로부터 탈취한 것으로 파악하였다(박천수 2010: 117).

그러나 포상팔국난의 기년이 불분명하고, 5세기 이전 포상팔국의 존재와 그 연맹 여

부도 확실하지 않으나 사료로서 완전히 부정하기 어렵기 때문에 기년을 조정한 자의적인 해석이라 할 수 있다.

하승철은 소가야양식 토기의 분포권을 산청 중촌리고분군을 중심으로 산청, 진주권으로 보고 있다. 그 권역은 남강수계권과 남해안권으로 보고 중심세력은 고성 송학동고분군 축조세력, 산청 중촌리고분군 축조세력, 합천 삼가고분군 축조세력으로 보고 삼자간 횡적인 관계로 보았다. 그리고 산청 중촌리고분군 축조세력을 가장 이른 시기의 맹주국으로 보며 이후 합천 삼가고분군 축조세력, 5세기 말부터 6세기 전반에 걸친 시기에는 고성 송학동고분군 축조세력이 맹주권을 장악한 것으로 파악하였다(하승철 2015).

그러나 이러한 견해는 앞의 견해와 마찬가지로 소가야의 중심지를 고성으로 인식하고 있지 않은 것이 문제점이라 할 수 있다. 고성지역은 인접하여 초기철기시대 남해안의 최대 교역 거점인 사천 늑도유적이 위치하며 고성 동외동유적에서 원삼국시대 중국산 한경과 일본열도산 광형동모, 방제경, 야요이토기 그리고 청동제 검파두식, 조문청동기가 출토된 점에서 소가야의 중심은 어디까지나 초기철기시대 이래로부터 고성이다. 그리고 3세기 삼국지 위서 동이전의 고자미동국은 고자국 즉 고성의 소가야임에 틀림없기 때문이기도 하다.

2) 역사 지리적 환경

『삼국사기』와 『삼국유사』에 보이는 포상팔국 전쟁은 고성 고자국을 중심으로 한 5세기 초에 결성된 소가야연합에 대한 많은 정보를 제공한다. 왜냐하면 포상팔국의 위치와 발생 배경은 후대의 소가야사 복원에 매우 유효하기 때문이다. 먼저 포상팔국 전쟁의 사료에 대해 살펴보도록 하자.

> 물계자는 나해이사금 때의 사람이다. 집안은 대대로 미미했지만 사람됨은 기개가 있어 어려서부터 장한 뜻이 있었다. 그 때 포상팔국(浦上八國)이 모의하여 아라국(阿羅國)을 치니, 아라국 사신이 와서 구원을 청하였다. 이사금은 왕손 내음(榛音)을 시켜 군사를 거느리고 가서 구원토록 하여, 마침내 팔국 군사를 격파하였다. (중략) 그 후 삼년이 지나 골포국(骨浦國), 칠포국(柒浦國), 고사포국(古史浦國)이 갈화성(竭火城)을 공격하였다. 왕

이 군사를 거느리고 나아가 구원하여 군사를 크게 격파하였다(『삼국사기』 열전).

제 10대 나해왕 즉위 17년 임진에 보라국(保羅國), 고자국(古自國)[(고려) 고성], 사물국(史勿國, 고려의 사주(泗州) 등 팔국이 힘을 합쳐 변경을 침략해 왔다. 왕은 태자 내음(㮈音)과 장군 일벌(一伐) 등에게 명하여 군사를 거느리고 막게 하여, 8국은 모두 항복하였다. (중략) 10년 을미에 골포국(骨浦國, 고려의 합포(合浦)) 등 3국의 왕이 각기 군사를 거느리고 와서 갈화(竭火, 고려의 울주(蔚州))를 공격하였다. 왕이 친히 군사를 거느리고 막으니, 3국이 모두 패하였다(『삼국유사』 물계자전).

나해이사금 14년 가을 7월에 포상팔국(浦上八國)이 모의하여 가라(加羅)를 침략하니, 가라(加羅) 왕자가 와서 구원을 청하였다. 왕은 태자 우노(于老)와 이벌찬 이음(利音)에게 명하여 6부의 군사를 이끌고 가서 구원하여, 팔국의 장군을 격살하고 포로가 되었던 6천 명을 빼앗아 돌려주었다 (『삼국사기』 신라본기).

고자국古自國, 사물국史勿國, 골포국骨浦國, 칠포국柒浦國 등의 포상팔국浦上八國의 위치에 대해 살펴보자. 고자국은 송학동고분군이 위치하는 고성읍, 사물국은 사천지역, 골포국은 고총을 중심으로 합성동고분군이 소재하는 마산지역, 그 외 고성 내산리고분군이 조영된 동해면 일대, 남평리고분군이 조영된 통영 일대, 구영리고분군과 장목고분이 조영된 거제도일대 등을 후보지로 생각된다. 이는 5세기 전반에 형성된 고성 고자국을 중심으로 형성된 소가야권의 범위와 일치한다.

그리고 해상에 면한 6지역 외에 남은 지역은 포의 의미를 해상에 면한 곳에 국한할 필요가 없으며, 내륙이나 수로에 면하였으나 묘제와 토기양식으로 볼 때 5세기 소가야 권역에 속하는 유력 지역인 산청군 중촌리, 합천군 삼가, 진주시 옥봉 수정봉 일대도 그 대상에 포함된다고 생각된다. 따라서 고성 송학동, 고성 동해면, 사천, 마산, 거제, 진주, 산청 중촌리, 합천 삼가일대가 포상팔국의 후보지로 상정된다.

소가야의 중심지인 송학동고분군이 위치한 고성읍은 동쪽의 당항만과 서남쪽 고성만이 내륙 깊숙이 만입해 와서 서로 만나는 제방과 같은 소구릉의 반도지형을 이루고, 그 사이의 동쪽에는 거류산이 남해안을 막고 북서쪽에는 천왕산과 무량산이 병풍처럼 둘러져 있다. 그리고 그 중앙에는 양쪽 해안에 연접한 넓은 고성평야가 자리하고 있는데 고성평야

도 Ⅵ-19　소가야의 유력 수장묘(상: 고성군 송학동 1호분, 하: 고성군 내산리 1호분)

역시 고성읍내에 있는 동외동패총 등 주변유적의 분포상태를 감안하면 삼국시대까지는 대부분이 바다에 해당하는 지역이었으나 뒷날 해수면의 후퇴와 간척으로 육지로 변한 것이라 추정된다. 따라서 당시 송학동고분군이 위치한 지금의 고성읍지역은 육로보다는 남해안을 이용한 해로가 어느 지역보다 발달한 곳이었다.

소가야의 대표적인 유적은 5, 6세기대 고성군 고성읍 서북쪽 구릉의 정상부에 10여 기의 고총으로 구성된 송학동고분군과 이곳에서 동쪽으로 약 15km 떨어진 동해면의 한려수도에 면한 60여 기 고총군으로 구성된 내산리고분군이다(도 Ⅵ-19).

송학동고분군은 현재 10여 기에 불과하나 원래 수십기의 고총이 존재하였던 것으로 추정되고, 북부 규슈산 광형동모와 야요이토기가 출토된 동외동유적이 인접한 점에서 소가야의 중심지로 파악된다.

3) 권역과 구조

소가야권역은 5세기 전반 이 지역의 특징적인 토기인 삼각투창고배, 수평구연호, 기대와 같은 토기 양식과 고성군 송학동고분군, 내산리고분군, 율대리고분군, 통영시 남평리고분군, 합천군 삼가고분군, 산청군 중촌리고분군, 진주시 가좌동고분군의 선분구식과 다곽묘라는 특유의 묘제(도 Ⅵ-20)의 분포로 볼 때 고성반도를 중심으로 남해에 면한 통영, 사천, 여수지역과, 산청남부와 합천남부, 진주를 비롯한 남강중류역을 포괄하는 지역으로 파악된다. 그리고 소가야권에 종래 토기양식이 복잡하여 이제까지 인식하지 못했던 마산만에 면한 창원분지와 구 마산지역의 덕동만일대를 포함시키고자 한다. 그간 구 마산, 창원지역은 금관가야, 아라가야, 소가야, 창녕양식 토기가 혼재하여 금관가야권(홍보식 2000), 또는 아라가야권역에 포함시켜왔다.

덕동만에 면한 현동고분군에서는 4세기대에는 함안 아라가야양식 토기가 부장되다가 5세기 전엽부터 5세기 말까지 고성 소가야양식 토기가 부장된다. 또한 이 시기부터 5세기 중엽까지 창녕양식 토기가 부장된다. 중요한 점은 거의 1세기에 걸쳐서 소가야양식 토기가 제작 사용된다는 것이다.

여기에서는 특히 구 마산지역의 합성동고분군에 주목한다. 합성동고분군은 5세기 전엽부터 5세기 말까지 조영된 고분군으로 소가야양식 토기가 주류를 이루는 가운데 창녕양

도 Ⅵ-20   소가야식 선분구축조 다곽식 묘제(상: 고성군 내산리 21호분, 하: 진주시 가좌동 1호분)

식 토기가 다수 부장되는 점은 현동고분군의 양상과 동일하다. 합성동고분군에서는 토기 양식과 부장양상은 다음과 같다.

5세기 전엽 소가야 9기와 병행하는 시기의 30호석곽묘는 삼엽문환두대도를 부장한 중간층의 분묘로서 삼각투창고배를 중심으로 한 수평구연호와 같은 소가야양식 토기가 대부분인데 반해 아라가야양식 승문호 2점, 창녕양식 장경호가 1점 부장되었을 뿐이어서 주목된다.

5세기 중엽 소가야 10기와 병행하는 시기의 77호석곽묘는 대도를 부장한 중간층의 분묘로서 역시 삼각투창고배를 중심으로 한 소가야양식 토기가 주류를 이루며 이밖에 금관가야양식 5점, 신라양식이 6점 부장되었다.

5세기 후엽 소가야 11기와 병행하는 시기의 60호석곽묘는 대도와 철촉를 부장한 중간층의 분묘로서 삼각투창고배를 중심으로 한 수평구연호와 같은 소가야양식 토기가 대부분이며 금관가야양식 장경호가 2점 부장되었을 뿐이다.

그런데 합성동고분군에는 직경 12.5m에 달하는 목곽분인 합성동 1호분이 확인되어 주목된다. 합성동 1호분은 서부구식인 소가야형 목곽묘인 점이 주목되며, 입지가 탁월한 점에서 수장묘로 평가된다. 도굴되어 연대를 알 수 없으나 목곽묘의 구조로 볼 때 4세기 후엽으로 추정한다.

게다가 조사된 합성동고분군이 소재하는 팔령산 사면의 입지가 탁월한 정상부에는 연접한 2기의 고총이 존재한다. 이 고총의 시기는 분구 상면에 석곽이 노출된 점에서 분구식으로 석곽묘의 연대와 같을 것으로 본다. 그래서 직경 15m 전후의 고총이 조영되어 고분군을 형성한 점에서 이 지역을 하나의 국이 소재했다는 것을 알 수 있다(도 Ⅵ-21).

이러한 이유로 마산만과 덕동만에 면한 창원지역은 1세기에 걸쳐서 소가야양식 토기가 제작 사용되고 중심지가 존재한 것에서 소가야권을 구성하는 하나의 국으로 추정된다. 창원지역은 포상팔국의 일원인 골포국骨浦國으로 비정되는 점(남재우 2003: 113)에서도 그러하다. 한편 소가야양식 토기가 일시적으로 다수 부장되나 함안양식 토기가 지속적 다수 부장되는 오곡리고분군이 소재하는 칠원지역은 아라가야권역으로 본다. 칠원산성의 형태가 봉성산성 등 함안지역 산성과 유사한 점도 이 지역이 아라가야 권역임을 방증한다.

4세기 동외동유적과 송학동 1호분 하층에서 출토된 토기가 함안양식의 장각 노형기대, 통형고배, 승석문양이부호인 점에서 4세기에는 고성세력이 아라가야의 관계망 속에 포함되어 있었음을 알 수 있다. 이는 5세기대 소가야양식 토기의 중심분포권에 속하는 진주시 무촌리고분군에서도 아라가야양식 토기가 같은 형식 변화 양상을 보이면서 4세기대

도 Ⅵ-21   마산만 연안 소가야 고총 고분과 출토 토기(창원시 합성동고분군)

에 부장되는 것에서도 그러하다.

　　5세기 전반 소가야양식 토기가 아라가야양식을 교체하듯이 산청군 중촌리고분군·묵곡리고분군, 남원시 월산리고분군, 거창군 말흘리고분군, 합천군 봉계리고분군·저포리A지구고분군, 삼가고분군, 창원시 합성동고분군, 현동고분군, 도계동고분군, 동선동고분군, 함양군 손곡리고분군, 광양시 칠성리유적, 여수시 화장동나 2호주거지, 죽포리고분군, 보성군 조성리유적 등 남강중상류역, 황강중상류역과 남해안에 걸쳐서 유통되고 또한 금강수계의 백제지역으로 통하는 교통로와 남해안에 출현한다.

　　여수시 죽림리고분군에서는 소가야양식 토기가 출토되는 5세기 전반의 석곽묘와 취락이 조사되어 여수지역이 소가야권역에 속했음을 알 수 있다(도 Ⅵ-22).

　　그럼에도 앞에서 살펴본 바와 같이 삼각투창고배가 소가야와 관계없고 산청군 중촌

도 Ⅵ-22　여수시 죽림리고분군 출토 소가야양식 토기(좌: 16호석곽묘, 우: 15호주거지)

리고분군과 관련된 토기이며 이는 소가야가 아니라 중촌리고분군을 조영한 모 가야소국을 상징하는 대표적인 토기로 주장하는 견해가 있다(조영제 2006). 그러나 소가야양식 토기 분포의 중심은 어디까지나 고성지역이며, 삼각투창고배 분포의 중심 역시 고성이라 판단된다. 이와 관련하여 고성지역에서는 아직 이 시기에 해당하는 자료가 확인되지 않았으나 인접한 통영시 남평리고분군에서 개의 형식으로 볼 때 5세기 초에 조영되었다고 생각되는 1호분에서 유개식 삼각투창고배와 수평구연호, 같은 시기의 3호분에서는 무개식 삼각투창고배, 13호분에서도 무개식 삼각투창고배가 출토되어 주목된다(도 Ⅵ-23). 이 지역이 고성에 인접한 남해안에 위치하고 묘제가 선분구축조형에 다곽식인 고성지역의 소가야식 고분인 것에서 이러한 토기가 내륙의 산청군 중촌리 일대로부터 이입된 것으로 보기 어렵기 때문이다.

따라서 삼각투창고배도 다른 소가야양식 토기와 같이 고성지역에서 이입된 것으로 보는 것이 합리적이다. 또한 5세기 전반 이와 같은 토기가 남해안에 연하여 전남지역까지 분포하는 것에서 소가야양식 토기 분포의 중심은 역시 고성지역으로 본다. 이는 차후 4세기대 고성지역 목곽묘의 조사로 판명될 것이다.

소가야의 중심지인 고자국의 왕묘는 고성 송학동고분군이며 현재까지 1호분만이 조사되었다.

도 Ⅵ-23　소가야의 수장묘(통영시 남평리고분군)

1호분은 구릉의 정상부를 정지하여 묘역을 설정한 다음, 그 위에 성토하여 분구를 만들고 일부를 되파기하여 석곽과 석실을 축조하였다. 이처럼 분구를 먼저 축조하고 다시 파서 매장시설을 축조하는 방식은 소가야권역에서 확인되는 특징적인 무덤축조방식이라 할 수 있다. 또 1호분은 1A호분 → 1B호분 → 1C호분 등의 대형 고총이 순차적으로 연접되어 축조되었다.

여기에서는 전형적인 고자국의 왕묘로서 소가야권의 선분구형으로 수혈식석곽을 매장주체부로 하는 1A호분을 중심으로 고성 내산리고분군, 고성 율대리 1호분, 진주 가좌동 1호분, 합천 삼가고분군의 분석을 통하여 소가야권의 계층 구조에 대해 접근하고자 한다.

여기에서는 소가야권의 경우 순장이 행해지지 않았기 때문에 봉토의 규모, 석곽의 수, 중심석곽의 규모, 부장품 등을 기준으로 한다.

제 1등급 고분은 고성 송학동 1A호분을 표지로 한다. 이 등급은 구릉 정상부에 위치하며 직경 30m, 중심 수혈식석곽의 규모가 8m 내외이다. 석곽 수는 11기이며 부장품은 장식성이 높은 금동제 마구, 갑주 등을 갖추고 있다. 또 1A-1호묘의 금동제 갑주, 주변석곽에서도 금동제 마구, 금제 이식과 외래의 위신재를 가진 것도 이 등급의 특징이다.

제 2등급 고분은 합천 삼가M17호분을 표지로 한다. 이 등급은 구릉 사면에 위치하며 직경 20m, 중심 수혈식석곽의 규모가 5m 내외이다. 석곽 수는 11기이며 부장품은 마구, 갑주 등을 갖추고 있다. 제 1등급과는 석곽 수에서는 차이를 보이지 않으나, 입지와 봉토, 중심 석곽 규모에서 차이를 보인다. 부장품의 질이 떨어지고 외래의 위신재가 결락된 것도 주요한 특징이다.

제 3등급 고분은 고성 내산리 8호분을 표지로 한다. 이 등급의 고분은 구릉 사면에 위치하며 직경 15m, 중심 수혈식석곽의 규모가 4m 내외이다. 석곽 수는 7기이며 부장품은 마구, 무기 등이 부장되었다. 제 2등급과는 중심 석곽 규모는 유사하나, 석곽 수, 입지와 봉토규모에서 차이를 보이며 부장품의 질이 상대적으로 떨어지는 것도 특징이다.

제 4등급 고분은 진주 가좌동 1호분을 표지로 한다. 이 등급은 구릉 사면에 위치하며 직경 10m, 중심 수혈식석곽의 규모가 4m내외이다. 석곽 수는 4기이며 부장품은 마구, 무기 등을 갖추고 있다. 제 3등급과는 석곽 수, 입지와 봉토, 중심 석곽규모에서 차이를 보인다.

소가야의 고분에서는 입지의 차이, 봉토의 규모, 석곽의 수, 중심석곽의 규모, 부장품 등을 계층성 구분의 큰 기준으로 생각할 수 있다. 이와 같은 조건을 갖춘 것은 여기에서 설정한 위계 가운데 제 4등급까지의 고분이다.

따라서 여기에서는 임의로 제 1등급을 최고수장, 제 2등급을 대수장, 제 3등급은 상위 수장, 제 4등급을 하위수장, 또 제 5등급 이하는 중간층과 일반 성원층으로 각각 분류하고 파악하고자 한다.

고성 송학동고분군에서는 제 1등급의 최고수장묘를 비롯하여 제 2-4등급의 수장묘가 존재한다. 그리고 조사되지 않았으나 30m급의 대형 봉토분을 중심으로 하는 합천 삼가고 분군과 산청 중촌리고분군도 같은 양상으로 본다.

고성 내산리고분군과 율대리고분군에서는 제 2~4등급의 수장묘가 존재한다.

이상으로 볼 때 소가야권은 중심국의 왕묘인 송학동고분군과 남강하류역의 거점지역 인 합천 삼가지역과 산청 중촌리고분이 소재하는 단성지역은 상호 병렬적인 관계로 볼 수 있다. 다만 고성지역은 왜계석실인 송학동 1B-1호분과 출토 왜계를 포함한 다양한 지역산 문물이 상징하듯이 대외 교섭에서 우위를 점하면서 주도국의 역할을 담당한 것으로 판단된다.

4) 성립과 전개

5세기 전엽 남강 상류역의 함양군 손곡리 4호묘에서는 진주시 우수리 18호묘 출토품과 병 행하는 고식의 수평구연호, 남원시 아영지역의 청계리고분군에는 진주시 우수리고분군 출 토품과 유사한 소가야계 토기로 파악되는 장각의 발형기대, 같은 아영지역의 광평리고분 군에서는 전형적인 삼각투창고배와 수평구연호가 부장되어 이 시기 이미 소가야세력이 아라가야를 대신하여 남강상류역에 관계망을 형성한 것으로 본다. 또한 이 시기 섬진강수 계의 구례군 용두리고분군과 남원시 천사동유적에서 소가야양식 토기가 확인된다. 이는 역시 이전 시기의 아라가야처럼 선진문물을 확보하기 위하여 백제지역과의 교통로를 장

도 Ⅵ-24 소가야양식 토기의 분포(5~6세기)

1: 고성 연당리 18호분 ∣ 2~4: 연당리 14호분 ∣ 5, 6: 통영 남평리 1호석곽묘 ∣ 7: 남평리 10호분
8: 고성 송학동 1A-1호석곽 ∣ 9, 10: 고성 내산리 8호분 6곽 ∣ 11, 12: 진해 석동(동)62호분
13, 14: 마산 현동(동) 103호석곽묘 ∣ 15: 마산 합성동 60호석곽묘 ∣ 16, 17: 마산 합성동 30호석곽묘
18~20: 창원 동전리 10호묘 ∣ 21, 22: 합천 저포리A지구 1호묘 ∣ 23, 24: 진주 가좌동 39-6 1지구 1호석곽묘
25, 26: 합천 삼가(경) 9분분 ∣ 27, 28: 산청 중촌리 3호북목곽묘 ∣ 29, 30: 산청 묵곡리 16호묘
31: 서울 풍납토성 경당지구 ∣ 32: 함양 손곡리 2호묘 ∣ 33: 장수 삼고리 13호분 ∣ 34, 35: 남원 광평 2호분
36: 남원 천사리 2호수혈 ∣ 37: 광주 동림동 102호북동구상유구 ∣ 38: 진주 우수리 18호묘
39, 40: 보성 조성리구상유구 ∣ 41, 42: 고흥 장덕리 장동M1호 목곽 ∣ 43: 여수 죽포리고분군
44, 45: 여수 죽림리 차동15호주거지

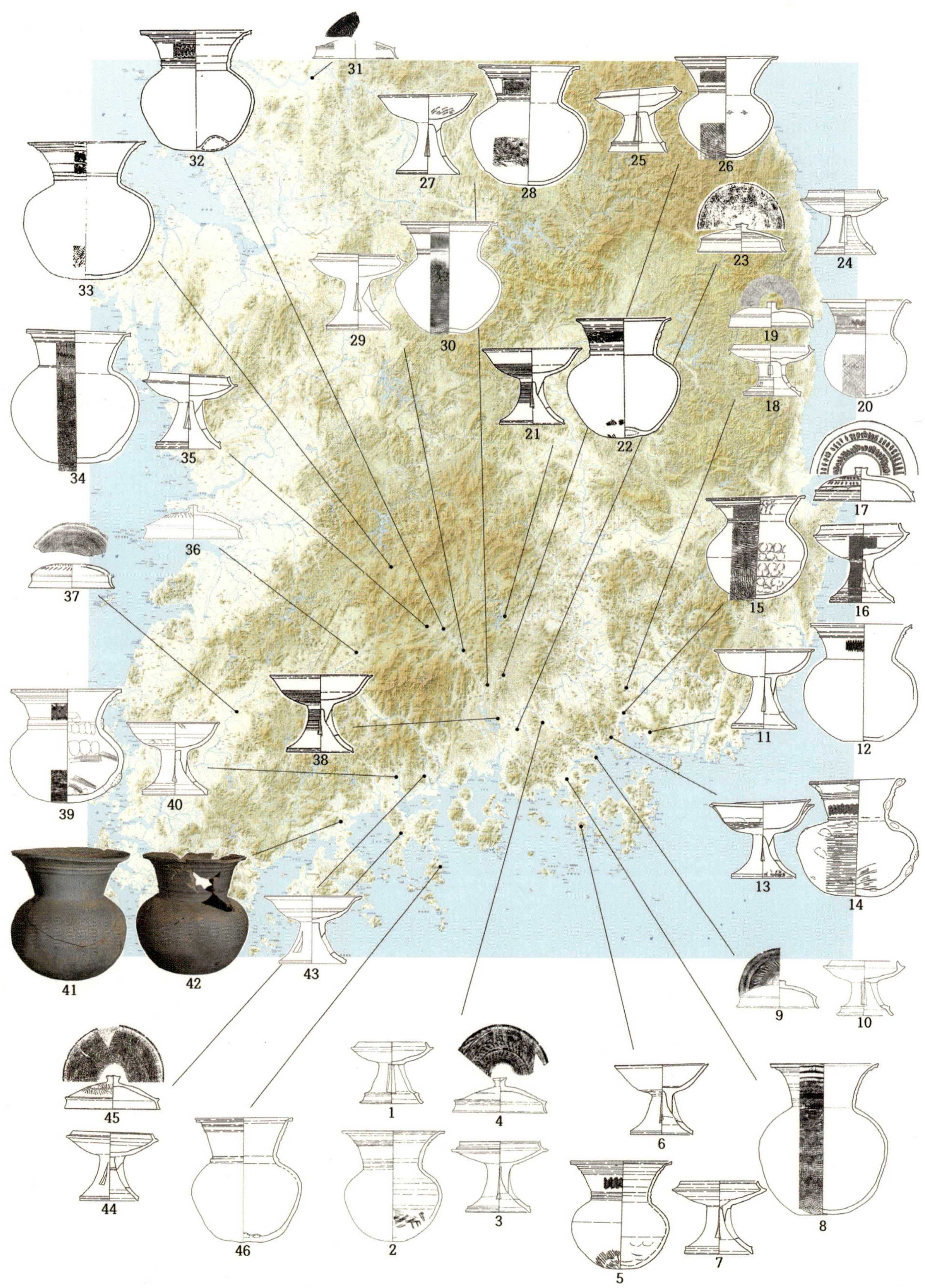

악한 것으로 파악된다. 5세기 전반 여수시 죽림리고분군, 돌산도 죽포리고분군, 장동나 1
호주거지, 보성군 조성리구상유구, 장흥군 지천리나 13호주거지에서 삼각투창고배, 수평
구연호 등이 확인된다. 이 시기 소가야양식 토기가 특히 여수, 보성, 장흥지역의 거점 취락
에서 집중적으로 출토되는 것은 소가야세력이 해상활동을 통하여 남해안일대의 제 세력
과 관계망을 형성한 것을 반영하는 것으로 본다(도 Ⅵ-24).

　　5세기 전엽 통영 남평리고분군에서는 소가야식 다곽분이 축조된다. 10호분은 원형의
주구내에 4기의 목곽이 조영되었으며 소가야양식 토기와 함께 창녕양식 토기가 출토되었다.

　　5세기 전반에 형성되는 소가야권역은 이전 시기 아라가야양식 토기의 분포권과는 다
른 양상을 보인다. 아라가야양식 토기의 분포권은 묘제가 공유되지 않으나 소가야양식 토
기의 분포권은 선분구식 다
곽식의 묘제를 공유하는 점
에서 차이가 있다.

　　5세기 중엽에 해당하
는 월산리M1호분은 M1-A
호곽을 중심으로 동쪽에 6
기의 중소형의 B-G곽이
연차적으로 봉토를 연접하
여 축조된 다곽분이다. 합
천 저포리A지구 1호석곽묘
는 목곽묘가 축조되던 이
지역에 돌연 소가야양식 토
기와 함께 석곽묘가 출현하
는데, 이는 소가야와 연계
하는 가운데 새로운 묘제가
수용된 것을 의미한다. 합
천 삼가지역에서는 5세기
후엽 집중적으로 선분구식
다곽식고총이 축조되며, 신
라식 횡혈식석실에 신라후

도 Ⅵ-25　소가야 왕릉의 발굴전과 복원(고성군 송학동 1호분)

338

기양식 토기가 부장된 (동)삼가 3호분으로 볼 때 가야 멸망후인 6세기 후엽까지도 이 묘제가 지속된다. 남원 월산리고분군에 5세기 중엽 소가야식 묘제가 도입된 것을 감안하면, 삼가지역에는 약 150년간 소가야식 묘제가 유지된다.

소가야의 중심지인 고성지역에는 왕릉을 포함하는 송학동고분군이 위치한다. 이 고분군의 북쪽에 인접하는 기월리 2호분도 직경 50m 전후에 달하는 점에서 왕릉으로 판단된다. 1914년 도리이 류죠鳥居龍藏 조사 사진을 보면 기월리고분군을 포함하는 송학동고분군은 10여 기로 구성되었던 것으로 추정된다. 다음은 유일하게 조사된 소가야의 왕릉에 대해 살펴보고자 한다. 5세기 후엽에 축조가 개시된 소가야의 왕묘인 송학동 1호분은 1A호분과 1B호분, 1C호분 등의 대형 고총이 연접하여 순차적으로 축조되어 일본 고분시대의 전방후원분前方後圓墳과 같은 분구를 형성한 것이다. 그런데 지금의 송학동 1호분의 낙타봉처럼 복원한 것은 원형과 배치되는 것이다(도 Ⅵ-25). 이는 일본의 하니와埴輪와 같이 분주토기를 수립한 점에서도 그러하다.

1A호분은 1호분의 남쪽에 배치되어 있으며 총 11기의 평면 세장방형 수혈식석곽묘기 매장주체부로 사용되었음이 확인되었다. 봉분 정상부 중앙에 축조된 1A-1호를 중심으로 그 좌우에 3기, 그 주위에 동심원 상으로 7기의 석곽묘가 확인된 것이다.

1B호분은 1호분의 북쪽에 위치하고 있으며 매장시설은 봉분의 중앙에 축조된 횡혈식석실묘 1B-1호를 중심으로 그 서남쪽과 서북쪽 외곽 상부에 배장 또는 추가장 한 것으로 추정되는 수혈식석곽묘 1B-2호와 1B-3호가 배치되어 있는 것으로 확인되었다.

1C호분은 1A호분과 1B호분 사이에 위치한 고분으로 매장시설로서는 대형의 횡혈식석실묘가 확인되었다(도 Ⅵ-26).

1A호분은 고성지역 재지의 수혈식석곽묘를 매장주체부로 하였다 한편 1B-1호분은 현문에 입주석이나 문비, 목붕木棚 설치되어 있고 석실 내부가 붉게 칠해져 있다는 점에서 일본 북부 규슈九州지방과 와카야마현和歌山縣의 기이紀伊지방과 고분과 유사한 왜倭계 횡혈식석실묘(도 Ⅵ-27)이며, 1C호분은 1B-1호분과 달리 현문에 입주석이나 문비가 없는 고성지역 재지의 횡혈식석실묘이다. 그리고 출토된 유물로 볼 때 1호분은 5세기 후엽-6세기 전엽까지 약 50년간에 걸쳐 조영된 것으로 보인다.

5세기 소가야의 성장은 고구려 남정 이후 대왜 교섭의 중심이던 금관가야가 쇠퇴하고 남해안일대와 내륙지역에서의 아라가야를 중심으로 한 관계망이 해체하기 시작한 것을 배경으로 한다. 즉 소가야의 성장은 고성지역을 중심으로 한 광역 관계망이 아라가야를 대

신하여 남강상류역, 황강상류역, 섬진강수계, 남해안일대에 형성되는 5세기 초를 전후한 시기로 본다.

소가야는 고성을 중심으로 한 지역의 소국연합이나 이 지역에도 송학동고분군에 필적하는 내산리고분군이 존재하고 산청군 중촌리고분군에도 대형분이 조영된 점에서 연맹국 간에는 대가야권, 아라가야권과 같은 중앙과 지방간의 명확한 상하관계가 형성되지 않았던 것으로 보인다.

5세기 후반 소가야양식 토기는 광양시 칠성리유적, 광주시 동림동유적, 서울시 풍납토성 경당지구 등에서 확인된다. 그런데 칠성리유적과 동림동유적, 풍납토성에 인접한 몽촌토성에서 일본열도산 스에키가 출토되어 이 시기 소가야세력이 남해안의 제해권을 기반으로 일본열도를 연결하는 중계교역 활동을 한 것으로 상정된다. 즉 소가야세력은 남강 중류역의 산청군 옥산리·묵곡리유적 출토 백제문물과 서울시 풍납토성의 소가야양식 토기 및 몽촌토성의 스에키로 볼 때 함안세력을 대신하여 남강수계와 금강수계를 통해 백제지역과 교섭했을 뿐만 아니라 백제와 일본열도를 중계했음을 알 수 있다.

340

도 VI-27   소가야 왕릉의 석실(고성군 송학동 1호분 1B-1호석실)

5세기 중엽 남강상류역의 남원지역과 황강중류역의 봉산지역에 소가야양식 토기가 유존하는 가운데 대가야 문물이 본격적으로 도입된다. 이전 시기 소가야세력과 연계되었던 남강·황강수계의 기존 관계망에 대가야세력이 본격적으로 개입하는 상황을 반영하는 것이다. 그 후 5세기 후엽에는 종래 소가야와 연계되었던 황강 상·중류역, 남강상류역과 남해안일대의 관계망이 와해되고 대가야에 의해 새로운 관계망이 구축된다. 즉 소가야 권역에 속했던 지역들이 대가야 권역에 편입되는 것이다.

6세기 전반에는 소가야 권역 내의 수장묘역인 고성군 송학동고분군, 율대리고분군, 산청군 중촌리고분군, 진주시 옥봉·수정봉고분군에서는 대가야산 금제 수식부이식, 금동제 마구, 토기가 부장되고 대가야양식 토기와 소가야양식 토기가 함께 일본열도로 반입된다. 이는 『일본서기』의 이른바 임라사현, 기문, 대사 사건에 대한 기록에서 알 수 있듯이 대가야의 대외 교통로인 섬진강로가 백제에 의해 차단된 이후의 남해안에 새로운 출구를 확보하려던 대가야의 활동과 관련된 것으로 본다.

내산리 8호분에서 신라양식의 영락부장경호가 출토된 것을 들어 소가야의 멸망시기가 6세기 전엽으로 소급되는 것으로 본 견해도 있으나 타당한 것으로 볼 수 없다. 왜냐하면 이와 같은 형식의 장경호가 창원시 다호리B1호분과 송학동 1호분B호석실에서도 가야양식 토기와 함께 부장된 것에서 소가야와 신라와의 교섭에 의한 것으로 파악되기 때문이다.

그리고 소가야양식 토기가 일본열도에서 출토되어 주목된다. 특히 나가사키현長崎縣 쓰시마對馬에 집중하고, 후쿠오카현福岡縣 아사쿠라朝倉요와 에히메현愛媛縣 이치바미나미쿠미市場南組요의 초기 스에키須惠器요의 공인은 출토 삼각투창고배와 수평구연호, 발형기대, 유공광구소호, 기대가 소가야양식인 점에서 고성지역에서 이주한 공인일 가능성이 높다. 그래서 소가야는 아라가야를 대신하여 남강과 금강수계를 통하여 백제지역과의 교섭을 하였을 뿐만 아니라 백제와 일본열도와의 중계교역 활동을 한 것으로 추정된다.

덕동만에 면한 현동고분군에서는 4세기대에는 함안 아라가야양식 토기가 부장되다가 5세기 전엽부터 5세기 말까지 고성 소가야양식 토기가 부장된다. 그런데 흥미로운 것은 이 고분군에서 소형묘임에도 불구하고 철정이 탁월하게 부장된 점과 철정의 형태가 시기에 따라 달라진다는 것이다.

즉 4세기 전반과 후반 현동 76호묘와 35호묘 출토 철정은 4세기 금관가야의 대성동고분군 출토품과 유사한 좌우 대칭형 철정인데 반해, 5세기 전엽 105호묘, 5세기 중엽 115호묘, 5세기 후엽 6호석곽묘 출토품은 좌우 비대칭의 신라형 철정으로 추정된다(도 Ⅵ-28).

도 Ⅵ-28　창원시 (동)현동 103호 목곽묘 출토 철정, 철기와 창녕양식 토기(3)

도 Ⅵ-29　창원시 (창)현동 6호석곽묘

이와 유사한 형태의 철정이 5세기 중엽 창녕 계남리 1호분에서 보여 주목된다. 또 이 고분군을 비롯하여 마산만에 면한 창원지역에는 다수의 창녕양식 토기가 이입되고 또한 현지에서 모방 제작된다. 창녕양식 토기는 남해안의 고성에 인접한 통영 남평리고분군에서도 다수 확인된다.

5세기 중엽 현동고분군의 수장묘로 생각되는 (창)64호석곽묘에서는 창녕양식토기가 다수 부장되었으나, 이와 함께 소가야양식 발형기대가 2점 수평구연호와 조합을 이루어 출토되어 주목된다. 또한 발형기대와 함께 소가야권에 주로 부장되는 철제 장검이 부장되어 피장자의 귀속성을 상징한다(도 Ⅵ-29). 이 고분에서는 창녕지역을 중개로 수입된 철소재인 철정이 10점 출토되었다.

이런 경향으로 볼 때 소가야와 창녕의 교역 창구를 담당한 것은 마산만일대의 세력으로 본다. 이는 마산만에서 합성동고분군이 소재하는 팔령산을 지나 북향하면 낙동강을 통하여 창녕지역과 연결되기 때문이다. 이 통로상의 창원 북면 외감리고분군에서는 창녕양식 발형기대와 고배 개蓋가 확인되는 점도 이를 뒷받침한다. 북면을 지나 올라가면 낙동강과 합류하는 청도천 하구에 달한다. 청도천 수계는 창녕의 비사벌권역에 속하는 지역으로

344

창녕양식 토기가 대량 출토된 청도 성곡리고분군 등이 위치한다. 청도천 수계에는 토기요지가 다수 확인되어 창녕산 토기는 청도천 수계를 통하여 인근 대산만과 같이 만을 형성한 북일면 일대를 통하여 마산만 일대로 이입된 것으로 보인다.

소가야는 4세기대는 금관가야산 철소재를 수입하였으나, 5세기 이후에는 창녕지역을 중계로 신라산 철소재를 수입한 것으로 볼 수 있다. 4세기 금관가야의 철을 수입하여 교역하였으며 그 상대는 남해안과 서해안에 면한 영산강유역에서 좌우 대칭형 철정이 보이는 점에서 구 마한세력이었던 것으로 보인다. 그 후 400년 고구려 남정의 영향으로 금관가야를 중심으로 한 철의 교역 시장이 붕괴되자 창녕세력을 매개로 신라의 철소재를 수입하여 영산강유역을 포함한 남해안 일대에 교역하였을 가능성이 크다. 이는 양 지역의 묘제가 선분구형인 점과 영산강유역에서 소가야양식 토기가 다수 이입되는 점에서 그러하다. 또한 창녕양식 토기가 남해안을 따라 이입되고 해남 일평리에서는 다수 출토된 점도 이와 관련된 것으로 본다.

그런데 5세기 소가야의 활동과 관련하여 주목되는 것은 『삼국사기』, 『삼국유사』에 보이는 포상팔국 전쟁이다. 포상팔국 전쟁은 소가야를 중심으로 한 해상세력에 의한 것으로 파악되고 있다. 포상팔국 전쟁 기사는 기년이 불분명하고, 5세기 이전 포상팔국의 존재와 그 연맹 여부도 확실하지 않지만 사료로서 완전히 부정하기도 어렵다.

그럼에도 포상팔국 전쟁은 고성 고자국을 중심으로 한 5세기 초에 결성된 소가야연합에 대한 많은 정보를 제공한다. 왜냐하면 포상팔국의 위치와 발생 배경은 후대의 소가야사 복원에 매우 유효하기 때문이다. 포상팔국의 위치는 고성읍, 고성 동해면, 사천, 마산, 거제, 등이 포상팔국의 후보지로 상정된다.

그런데 포상팔국의 공격대상에 아라가야인 아라국阿羅國 또는 금관가야인 가라국加羅國으로 문헌사학에서 논의되고 있으나 명확하게 밝혀진 것으로 볼 수 없으며, 이미 문헌사료로는 그 내용을 밝히기 어렵다.

고고자료로 본다면 그 공격 대상은 4세기 말, 5세기 초 남해안과 남강수계의 관계망을 둘러싸고 소가야가 아라가야와 경쟁하고 있는 점에서 금관가야인 가라국加羅國으로 볼 수 없고 역시 아라가야인 아라국阿羅國으로 판단된다. 남해안과 금강수계의 교역권을 두고 경쟁하는 대상은 아라가야이기 때문이다. 그래서 기년은 불분명하나 포상팔국 전쟁의 배경은 남해안의 교역을 둘러싼 포상팔국과 아라가야의 갈등으로 결국 아라가야가 승리하였으며, 이는 아라가야양식 토기의 분포를 통한 광역관계망의 형성에서 추론된다.

그런데 소가야는 5세기에 접어들면 3~4세기 남해안과 남강유역의 교역을 주도하였던 아라가야를 대신하여 남강수계와 남해안일대에 소가야가 관계망을 형성한다. 이 시기 아라가야는 400년 『광개토왕릉비廣開土王碑』 경자년조庚子年條에 보이는 바와 같이 고구려의 공격을 받은 것으로 추정된다. 아라가야가 쇠퇴한 이시기 소가야는 남해안과 남강수계의 교역권을 아라가야로부터 탈취한 것으로 파악된다. 5세기 전반 소가야는 아라가야에 직접 대항할 수 있을 만큼 강력한 세력을 형성하였고 경남서부지역에서 중심적인 역할을 한 것으로 본다.

그리고 포상팔국이 신라의 갈화성을 공격하였다는 기사도 흥미롭다. 왜냐하면 5세기 전반 일본열도와의 교역에서 신라와 소가야가 경쟁관계일 가능성이 높기 때문이다.

포상팔국 전쟁은 5세기 초에 형성된 소가야권의 범위와 형성 배경을 이해하는 데에 많은 정보를 제공한다. 포상팔국 전쟁의 시기에 대해서는 기년을 자의적으로 조정할 수 없기에 여기서는 차후의 과제로 삼고자 한다. 다만 아라가야를 중심으로 한 광역 관계망이 형성되는 4세기 전엽으로 볼 수 있다는 점이 참고된다.

송학동고분군에서 6세기 중엽 이후에 수장묘가 조영되지 않는 것으로 보아 소가야는 562년 대가야의 멸망을 전후하여 종언을 맞이한다.

4. 대가야

대가야는 『삼국사기』 지리지와 『삼국유사』 5가야조를 보면 고령에 있었다. 대가야로 불린 것은 고려시대이나, 그 위상을 알 수 있게 한다. 이는 금관가야의 세력이 약해지고 고령을 중심으로 한 가야국이 대신 중심국이 되어 대가야라고 불렸기 때문인 듯하다.

대가야는 479년에 남제에 사신을 파견하고 보국장군본국왕輔國將軍本國王이란 작위를 제수받았다. 이는 대가야가 독자적인 힘으로 중국과 교섭을 가진 것을 보여주는데, 이를 통해 당시 대가야의 국제적 위상이 상당히 강화되었다는 것을 알 수 있다.

『삼국사기』 지리지에는 고령군은 본디 대가야국으로 존속 기간이 시조 이진아시왕伊珍阿豉王부터 도설지왕道設智王까지 16세世 520년이며 신라진흥왕眞興王이 멸망시키고 대가야군大加耶郡을 두었다고 한다.

고령을 거점으로 성장한 대가야는 황강수계, 남강 중상류역, 섬진강수계, 남해안일대, 금강상류역에 걸친 넓은 권역을 형성해 가야사상의 획기적인 발전을 이루었다.

대가야권역은 토기, 철과 같은 필수 물자와 금동제 용봉문환두대도, 금제 수식부이식, 금동제 마구와 같은 위신재의 생산과 유통으로 보아 호남 동부지역까지 지배 복속관계로 이루어진 동일한 정치·경제권으로 본다.

특히 5~6세기 가야 제국 가운데 독자적인 의장의 금공품을 제작한 곳은 대가야가 유일하며 특히 고령에서 제작된 금동제 용봉문환두대도, 금제 수식부이식, 금동제 마구는 가야 전역뿐만 아니라 일본열도 전역에 걸쳐 이입되었다. 또한 대가야는 당시 왜가 원했던 말과 그 사육방법을 전해 준 점, 더욱이 국가체제의 정비에 절대적으로 필요했던 문자의 사용을 본격화 시킨 점에서 대가야 문화는 일본열도의 문명화에 기여하였다.

1) 논점

이희준은 대가야양식 토기의 시기별 분포를 바탕으로 고령세력이 5세기 중엽에는 황강유역과 남강의 상류역을 포함하는 연맹체의 맹주가 되어 5세기 후엽이 되면 그 지역을 간접적으로 지배하는 영역국가를 형성한 것으로 보았다. 그리고 대가야를 중심으로 한 연맹체의 성립배경에 대해서는 대가야의 권역이 황강과 남강을 위주로 교통로에 연하여 형성된 것에 주목하였다. 즉 대가야는 낙동강과 남해안을 통하여 필요물자를 교역하면서 일찍부터 선진지역으로 성장하였으나 그 후 신라의 영향력이 강화되어 낙동강을 통한 교통이 어려워지자 황강-남강상류-섬진강-남해안의 교통로를 장악하는 과정에서 그와 같은 정치적 결속이 이루어졌을 것으로 보았다. 대가야권역에 대해서는 황강 상류역 일대를 직접지배권역으로 보고 남원 아영분지와 함양지역을 간접지배권으로 보았다(이희준 1995).

이 연구에서는 대가야양식 토기 분포권의 의미와 분포의 변화를 통한 권역의 형성과정을 설명적으로 논하였다. 한편 대가야권역에 대해서는 섬진강수계를 언급하면서도 황강 상류역 합천 서부, 거창, 남강상류역의 운봉, 함양, 산청지역에 국한시킴으로서 이후의 연구에 적지 않은 영향을 미치게 되는 결과를 낳게 되었다고 평가된다.

필자는 그때까지의 논의가 5세기 대가야성장에 따른 권역의 형성과정을 논하는 것에

초점이 맞추어져 대가야권 성립의 전사인 4세기대 남강, 황강수계에 걸친 가야세력의 동향에 대해서는 그다지 주목하지 않은 것을 문제점으로 인식하게 되었다. 그래서 어떠한 이유로 대가야권역이 남강수계, 황강수계, 섬진강수계, 금강수계에 걸쳐서 형성된 것인가에 대하여 통시적인 설명이 필요한 것을 인지하고 대가야권의 형성과정과 배경에 대해서 다음과 같이 설명하였다.

4세기대 남강유역 교통로의 결절점에서 아라가야·소가야양식 토기가 집중적으로 출토하고 또 이 지역에 백제문물이 나타나는 것에 착안하여 대가야가 진출하기 이전 시기 관계망을 형성한 양 세력의 활발한 백제지역과의 교섭을 상정하였다. 그 후 대가야양식 토기가 남강하류역의 교통 결절점인 아영지역에 집중적으로 출토하는 것에 주목하여 대가야가 남강수계에 진출한 목적은 섬진강로를 통한 왜와의 교역로와 함께 금강상류를 통한 백제지역과의 교역로를 확보하기 위한 것으로 파악하였다. 또한 대가야는 소가야와 아라가야가 행하였던 백제지역과의 교역을 차단하고 일본열도와의 교역을 주도함으로써 아라가야와 소가야에 대해 압도적인 우위를 점할 수 있었던 것으로 보았다(박천수 1996·2000).

조영제는 필자가 설정한 대가야 권역에 대해 대가야의 범위는 경남서부 지역과 호남동부지역을 망라한 것으로 볼 수 없고 합천 서부, 거창, 함양, 운봉, 산청지역에 국한된 것으로 보았다. 특히 문헌에 보이는 대사 즉 하동을 대가야와 관련된 지역으로 볼 수 없다고 주장하였다. 그리고 479년 대가야의 남제 견사기록과 496년 대가야의 등장기록에 의거하여 그 권역의 형성시기를 5세기 제 4/4분기로 보았다(조영제 2002).

이 견해에 따른 대가야권역은 이희준이 설정한 범위와 유사한데 이에 따르면 남강상류역의 최대 고분군인 남원 아영분지의 두락리고분군의 축조 배경을 설명할 수 없게 된다. 즉 아영지역은 섬진강, 금강 양 루트의 결절점에 위치하고 있어 두락리와 같은 대규모 고총군이 조영된 것으로 판단되기 때문이다. 더욱이 대가야양식 토기가 고령에서 하동을 연결하는 반월형 교통로상에서 출토되고 특히 여수시 고락산성에서는 고배, 기대, 장경호 등의 대가야양식 토기가 조합을 이루어 다수 출토되었다. 또 대가야문물이 확인되지 않는 것을 강조한 고이리고분군은 행정구역은 하동에 속하나 실은 섬진강수계가 아닌 소가야권역에 속하고 우복리고분군은 섬진강수계의 대가야권역에 속하나 소가야권역에 인접한 섬진강의 지류인 주교천상류에 입지하고 있어 대사 즉 하동의 중심부라 할 수 없는 곳이다. 그럼에도 불구하고 대가야양식 토기가 출토된 것은 이 지역에 대한 대가야의 영향력을 보여주는 것이다. 더욱이 근래 그가 대가야문물이 보이지 않는 것으로 본 하동지역의 흥룡리고분군과 남산리고분군에서 대가야양식 토기를 부장한 석곽묘가 20여기 확인되어 이를 방증하고 있다.

필자는 이미 섬진강 서안에 위치한 순천시 운평리고분군에서 직경 10~20m의 분구에 대가야식 수혈식석곽내에서 대가야양식 금제수식부이식과 토기를 부장한 고총군이 확인되어 섬진강 수계가 대가야권역이었던 것이 증명되었다고 보았다. 그래서 이 지역으로 가기 위해서는 반드시 확보해야 하는 섬진강 동안의 하동지역은 필자가 이미 예견한 바와 같이 당연히 대가야권역에 포함되며 이제 새삼 이를 재론할 필요성을 느끼지 못한다.

박승규는 대가야권역을 합천 서부, 거창, 함양, 운봉, 산청지역에 국한된 것으로 보고 필자가 상정한 고령-합천-함양-남원-하동 경로는 백제와의 관계와 지리적 여건, 확산자료의 미확인으로 인해 남원-하동의 경로를 대외교통로로 볼 수 없다고 하였다(박승규 2003).

이 견해에 따르면 대가야권역은 앞에서 언급한 조영제와 마찬가지로 황강수계와 남강중상류역에 국한된 범위에 지나지 않게 된다. 그러나 앞에서 언급한 바와 같이 섬진강 수계의 남원분지, 곡성, 구례, 순천, 광양, 여수지역에서 대가야양식 토기가 출토되고 특히 대가야양식 토기와 묘제가 확인된 순천시 운평리고분군과 하동지역의 흥룡리고분군은 섬진강수계와 그 하구역의 남해안일대가 대가야권역임을 웅변하는 것으로 본다.

필자는 5세기대 일본열도에 이입되는 문물이 금관가야계에서 대가야계로 전환하는 것과 이와 연동하여 왜계문물이 금관가야권에서 대가야권으로 옮겨지면서 이입되는 것을 밝혔다. 그리고 대가야권이 고령에서 남해안의 하동에 이르는 교통로 상에 형성되어 있는 것과 교통로 상에 일본열도에서 반입된 왜계문물이 존재하는 것에서 일본열도와의 교역을 대가야권 형성의 하나의 중요한 요인으로 상정하였다.

이는 대가야가 한반도에서 가야를 대표하고 왜와의 교역과 교류를 장악한 중심지가 김해에서 고령으로 이동한 정치적 변화를 반영하는 것으로 5세기 후반 일본열도에 금관가야양식 토기가 반입되지 않고 대가야양식 토기가 반입토기의 주류를 보이는 것은 이를 상징하는 것으로 보았다(朴天秀 1995·2004).

2) 역사 지리적 환경

5세기 중엽 대가야는 고령을 거점으로 성장하여 황강수계, 남강중상류역, 섬진강수계, 남해안, 금강상류역에 걸친 넓은 권역을 형성한 가야사상의 획기적인 발전을 이루었다.

고령지역은 내륙에 있으나 회천을 따라 남쪽으로 내려가면 쉽게 낙동강에 접근할 수 있고, 안림천 지류에 연한 곡간통로를 따라 서쪽으로 나아가면 황강에 접할 수 있는 교통의 요충지라 할 수 있다. 게다가 거창에서 육십령을 넘어가면 금강수계에 접하고, 남하하면 남강수계에 달할 수 있다.

『신증동국여지승람』고령현조에 인용된 최치원의 이정利貞전과 순응順應전에 가야 산신山神 정견모주正見母主가 천신天神 이비가夷毗訶에 감응하여 대가야왕 뇌질주일惱窒朱日과 금관국왕 뇌질청예惱窒靑裔을 낳았다고 한다. 이는 가야후기의 중심국으로 등장한 대가야가 가야전기의 중심국이었던 금관가야와의 형제관계를 자칭하며 정통성을 내세우기 위해 당대에 만들어진 신화로 추정된다. 즉 이 신화에는 가야지역의 통합과 지배의 역사적 근거와 정당성을 내외에 과시하고 주장하기 위한 대가야의 정치적인 의도가 담겨있는 것으로 파악된다.

『남제서南齊書』열전 동남이전東南夷傳 가라국조加羅國條에는 "加羅國 三韓種也 建元元年 國王荷知 使來獻 詔曰 景廣始登 遠夷恰化 加羅王荷知 款關海外 奉贄東避 可授輔國將軍本國王"라는 기사가 나오는데, 이 글은 다음과 같이 해석된다.

「가라국加羅國은 삼한의 종족이다. 건원建元 원년(479)에 국왕 하지荷知의 사신이 와서 공물을 바쳤다. 조서를 내려, "도량이 넓은 자가 비로소 등극하니 먼 오랑캐가 교화에 젖도다. 가라왕 하지가 바다 밖에서 방문하여 동쪽 멀리서 폐백을 바쳤다. 보국장군본국왕輔國將軍本國王을 제수하였다."라고 한다. 이 기사를 통해 대가야가 479년에 남제에 사신을 파견하고 보국장군본국왕輔國將軍本國王이란 작위를 제수 받았음을 알 수 있다. 대가야가 멀리 중국의 남조와 통교하였던 것이다. 이는 대가야가 독자적인 힘으로 중국과 교섭을 가진 것을 보여주는데, 이를 통해 당시 대가야의 국제적 위상이 상당히 강화되었다는 것을 알 수 있다. 대가야는 중국과 통교함으로서 선진문물을 수용하는 기회로도 활용하였을 것이지만, 보다 중시했던 것은 주변 가야 여러 나라들에 대한 우월성을 나타낼 수 있었다는 점일 것이다. 5세기 후반대의 대가야는 그 세력이 섬진강 하구의 하동지역까지 미치고 있었기 때문에 중국과의 직접 통교가 가능하였던 것이다. 내륙의 대가야가 중국과 통교하였다는 사실은 그 자체가 이미 강대국으로 성장하였음을 의미한다. 대가야왕 하지가 제수 받은 '보국장군'은 남제의 제 3품에 해당된다. 남제로부터 제 2품을 받은 고구려, 백제, 왜의 국왕보다는 1급이 낮은 것이나 최초의 사신 파견으로 이러한 작호를 받게 된 것은 남제가 대가야의 국제적 지위를 상당한 수준으로 인정했던 것으로 보아야 한다. 479년 대가야가 남제에 사신을 파견하여 조공하고 보국장군본국왕에 책봉된 사실은 대가야가 한반도 내의 삼국과 같이 유력한 정치세력 가운데 하나로 공인 받은 것이라 하겠다. 이로서 또한 대가야는 가야 여러 나라 가운데에서도 가장 대표적 나라임을 과시하는 성과를 거두게 되었던 것이다.

대가야권은 이러한 낙동강의 대지류인 황강과 남강유역을 중심으로 섬진강유역과 금강 상류역에 걸쳐 형성되어 있는 것이 특징이다. 거창, 함양 등의 내륙지역과 통할 수 있으며, 더 나아가 소백산맥을 넘어 무주, 장수, 임실, 남원 등으로도 통할 수 있다. 다시 말해 대가야권의 중심인 고령을 중심으로 황강수계의 합천, 거창지역, 남강수계의 산청, 함양, 남원지역, 금강수계의 장수, 진안지역, 섬진강수계의 임실, 순창, 곡성, 구례, 하동지역의 남해안의 광양, 순천, 여수일대에 걸친 권역을 형성하였다.

대가야의 대표적인 유적은 배후의 가야산을 배경으로 고령읍을 감싸는 주산에서 남쪽으로 뻗어 내린 높은 구릉의 정상부에 거대한 봉토분이 열을 지어 일대장관을 이루고 있는 지산동고분군이다(도 Ⅵ-30). 지산동고분군은 북쪽에서 흘러오는 대가천과 서쪽에서 흘러오는 안림천이 합류하는 고령 분지의 배후 구릉 위 대가야의 도읍지였던 고령읍을 한눈에 내려다볼 수 있는 곳에 있다. 지산동고분군의 북쪽 산 정상부에는 대가야의 거점 산성인 주산성이, 또 동쪽 구릉 기슭에는 대가야 왕궁지가 위치하고 이 고분군의 외곽에는 규모가 작은 본관리, 월산리, 도진리, 박곡리고분군과 이에 연계된 산성이 포진하고 있다. 지산동고분군은 5세기 초부터 6세기 후반까지 조영된 가야지역 최대 규모의 왕묘를 포함한 대가야의 중심 고분군이다.

도 Ⅵ-30 대가야 왕릉(고령군 지산동고분군)

3) 권역과 구조

대가야권역은 토기, 철과 같은 필수 물자와 금동제 용봉문환두대도, 금제 수식부이식, 금동제 마구와 같은 위신재의 생산과 유통으로 보아 호남 동부지역까지 지배 복속관계로 이루어진 동일한 정치·경제권으로 본다.

여기서는 발굴 자료가 비교적 풍부한 대가야권역내의 회천과 황강수계의 고령지역, 합천 봉산지역의 수장묘와 분포조사에 의한 거창지역과 가조지역의 수장묘들을 대상으로 계층성을 나타내는 요소들에 의거 그 위계를 설정하여 대가야권의 구조를 추론하고자 한다.

(1) 고분의 위계분석

고분은 순장자의 수, 석실의 규모, 분구의 규모, 장신구, 부장품(마구, 무기, 동완 등을 기준으로 5세기 말을 전후한 시기에 조영된 봉토분을 5개의 등급으로 분류한다 (박천수 2000)(도 Ⅵ-31).

제 1등급 고분은 고령 지산동 44호분을 표지로 한다. 이 등급은 지산동 44호분유형(35인 내외, 1~4등급 순장자)의 순장자를 가진 것이 가장 큰 특징이다. 2기의 부곽副槨을 설치하고 장신구나 부장품은 장식성이 높은 금동제 마구, 용·봉문대도, 장신구 조합, 금동제의 금속용기 등을 부장한다. 또, 지산동 44호분의 일본열도산 패제품이나 지산동 45호분 왜경과 같은 외래의 위신재를 가진 것도 이 등급의 특징이다.

제 2등급 고분은 고령 지산동 45호분을 표지로 한다. 이 등급은 순장자의 수가 줄어들고 신분이 낮은 지산동 45호분 유형의 순장자(10인 내외, 1~4등급 순장자)를 가진다. 1기의 부곽을 갖추며, 부장품은 옥전M3호분 출토품을 볼 때 제 1등급과 큰 차이를 보이지 않으나 일본열도산과 같은 외래의 위신재가 결락된 것이 다르다.

제 3등급 고분은 고령 지산동 518호분을 표지로 하며 1기의 부곽을 가진다. 이 등급은 발굴자료가 부족하여 정확한 정황은 알 수 없지만 분구의 상대적 규모와 산청 생초M13호분, 진주 수정봉 2호분과 옥봉 7호분의 장신구나 부장품의 조합을 참고해서 설정한다. 이 등급은 순장자의 수가 줄어들고 신분이 낮은 지산동 518호분 유형의 순장자(5인 내외, 3~4등급 순장자)를 가진다. 이 등급의 장신구나 부장품의 조합은 대략 제 4등급과 같지만 금동제 용·봉문대도와 동완이 포함된 점이 다르다. 또 분구의 규모도 제 4등급보다 탁월하다.

제 4등급 고분은 합천 반계제가A호분을 표지로 한다. 이 등급은 부곽과 외래의 위신

도 Ⅵ-31 대가야 고분의 위계

상: 고령군 지산동 44호분 | 중: 고령군 지산동 518호분 | 하: 고령군 본관동34호분

재를 가지지 않고 반계제유형(1인, 4등급 순장자)의 순장자를 가진 점이 특징이다. 장신구는 주로 장식이 있는 금제 수식부이식이 부장한다. 부장품에는 금동제 용·봉문대도와 동완이 결락되고 대신 은장환두대도 또는 금은상감환두대도를 가진다.

제 5등급 고분은 합천 반계제가B호분을 표지로 한다. 이 등급에서는 순장이 행해지지 않는 점이 무엇보다도 가장 큰 특징이다. 부장품은 소환두대도와 장신구도 장식이 없는 금제의 소환이식만을 부장한다. 제 4등급의 고분과 함께 조영된 경우 능선 정상부가 아닌 사면에 입지한다.

가야의 고분에서는 순장의 유무, 입지의 차이, 분구의 유무를 계층성 구분의 큰 기준으로 생각할 수 있다. 그래서 먼저, 지배와 예속관계를 나타내고 수장의 격절성을 상징하는 순장을 수장묘의 가장 중요한 조건으로 설정한다. 이와 같은 조건을 갖춘 것은 여기에서 설정한 위계 가운데 합천 봉산지역에서 확인된 바와 같이 순장이 행해진 제 4등급까지의 고분이다. 그래서 능선의 정부에 중대형 분구를 가지고 입지하며 순장이 행해진 고분은 각 고분군이나 지역 고분군 중에서 가장 등급이 높은 수장묘로 파악된다.

따라서 여기에서는 임의로 제 1등급을 최고수장, 제 2등급을 대수장, 제 3등급은 상위수장, 제 4등급을 하위수장, 또 제 5등급 이하는 중간층과 일반 성원층으로 각각 분류하고자 한다(도 Ⅵ-31).

고령 지산동고분군에서는 제 1등급의 최고수장묘를 비롯하여 제 2-4등급의 수장묘가 존재한다.

합천 옥전고분군에서는 제 2등급의 대수장묘를 비롯하여 제 3-4등급의 수장묘가 존재한다.

산청 생초고분군에서는 제 3등급의 상위수장묘를 비롯하여 제 4등급의 수장묘가 존재한다.

합천 반계제고분군에서는 제 4등급의 하위수장묘만 존재한다.

(2) 각 지역 정치체의 범위와 위계

고령지역(도 Ⅵ-32)

고령지역은 서북에서 흘러오는 대가천이 남서에서 흘러오는 안림천과 대가야 왕궁지 부근에서 합류하여 회천을 이룬다. 이러한 하천 유역에는 산간분지가 발달하고 있다. 이 산

도 Ⅵ-32　대가야 왕도 고령읍 전경

간분지의 중심부에는 대가야 왕궁지와 왕묘역이 있는 지산동고분군이 존재한다. 한편 북쪽에는 성주분지와의 경계를 형성하는 산지가 존재하고, 대가천변에는 수륜면 월산리고분군과 운라산성이 있다. 동쪽의 낙동강서안에는 성산면 박곡동고분군과 무계리산성 그리고 낙동강 동안의 위천리 신라 보루성과 대치하듯이 축조된 봉화산 보루성이 존재한다. 회천이 낙동강에 합류하는 남동쪽에는 덕곡면 학리고분군과 산성이 있다. 남쪽에는 옥전집단의 합천 쌍책지역과 경계를 이루는 산지가 존재한다. 서쪽에는 철산지가 있는 야로분지와 가야분지가 산지를 사이에 두고 가조분지와 경계를 형성하고 있다. 이 지역은 고령지역과 수계에 의해 결합되어 있고 이곳에 매안리 가야비가 존재한다. 또 대가야의 영역 주변에는 10기 이상의 산성이 에워싸고 배치하고 있다. 특히 낙동강의 서안에는 그 동안의 신라성과 대치하듯이 산성들이 분포하고 있다. 이러한 산성은 고령지역을 이중으로 둘러싸서 방어하고 있고 이것을 연결하는 선이 대가야의 중심 영역으로 생각된다.

거창지역

거창지역은 황강상류역의 남북으로 긴 분지에 위치하고 있으며 개봉동에 중심고분군이 있다. 북쪽에는 김천으로 이어지는 국도 3호선과 인접한 웅양면 성기성을 중심으로 3곳의 능선 위에 하위수장묘가 중심을 이루는 동호리고분군, 성북고분군 I, 성북고분군 II가 있다. 동쪽은 가조분지와 산지로 경계를 이루고, 동남쪽의 봉산지역과 고령지역으로 이어지는 길목에 하위수장묘가 중심을 이루는 무릉리고분군이 위치하고 있다. 서쪽은 안의, 함양으로 이어지는 외곽 길목에 하위수장묘가 중심인 말흘리고분군이 있다.

거창지역에는 개봉동고분군에 제3등급의 수장묘가 조영되고 순장석곽이 1기인 무릉리 3호분을 중심으로 하는 무릉리고분군을 비롯한 주변지역에 제4등급의 수장묘가 분포한다.

합천 봉산지역

봉산지역은 황강 중류역의 길고 좁은 분지에 위치하고 있으며, 반계제고분군이 중심고분군이다. 그 주변에는 중간층을 중심으로 하는 중반계고분군, 봉계리고분군, 저포리고분군, 창리고분군 등의 하위고분군이 존재한다.

북쪽은 거창, 가조분지와 경계를 이룬다. 남쪽은 황강을 따라 내려오면서 지형적으로 변화가 있는 대병면 부근에서 경계를 이룬다. 또한 옥전지역 특유의 재지계 토기가 확인되지 않고 대가야양식 토기 일색인 점도 권역 구분의 기준이 된다.

합천 봉산지역에는 5세기 중엽부터 6세기 전엽까지 수장묘역이 송림리 일대에 조영되다가 6세기 중엽에는 저포리 일대로 이동한다. 그런데 이 전시기는 제4등급의 수장묘만이 조영되다가, 6세기 중엽에는 저포리D지구 1-1호 석실분과 같은 3등급으로 볼 수 있는 수장묘가 조영된다(도 Ⅵ-33). 따라서 6세기 전엽 지역사회의 변화가 있었던 것으로 보인다.

가조지역

가조지역은 거창분지 오른쪽 황강 상류의 지류인 가천천변에 있는 남북으로 긴 삼각형의 분지에 위치하고 있다. 남쪽에 위치한 석강리에 중심고분군이 있다. 그 주변에는 중간층을 중심으로 하는 황사고분군과, 당동고분군이 존재한다.

도 Ⅵ-33　합천군 봉산지구의 수장묘의 축조 과정

1: 합천 반계제나A호분(5세기 중엽)

2, 3: 가A호분과 다A호분(5세기 후엽-말)

4: 봉계리 대형분(6세기 전엽)

5: 저포리 D2-1호 석실분(6세기 중엽)

6: 저포리 D1-1호 석실분(6세기 중엽)

7: 저포리 E4호 석실분(6세기 후엽)

이 지역은 남쪽에 봉산지역으로 열린 교통로 이외는 다른 지역과 산지로서 격리되어 있는 점이 특징이다.

이상으로 볼 때 대가야권역은 왕을 중심으로 왕도인 고령분지내 지구의 수장간의 관계뿐만 아니라 지방수장과의 관계에서도 위계차가 명확하다. 이는 대가야왕권이 왕도의 지구내 수장뿐만 아니라 지방의 수장을 편제하고 통제한 것으로 생각된다. 대가야왕의 격절성은 왕도의 직하 지배 집단이 합천 다라국을 제외한 지방 수장보다 위계가 탁월한 것에서도 알 수 있다.

4) 성립과 전개

다음으로 지산동고분군의 왕릉 축조 과정과 대가야권역의 형성 과정을 통하여 대가야의 성립과 전개에 대해 살펴보고자 한다.

5세기 전엽 지산동고분군에서는 남쪽 가지 능선 말단부에 중형분인 30호분과 73호분, 75호분이 축조된다. 척릉 말단부에 조영된 55호분도 위치로 볼 때 같은 시기로 추정된다. 이와 함께 척릉 중하위에 위치한 35호분이 약간 이른 시기에 축조된다.

이 시기의 왕릉인 73호분은 지산동고분군의 가지 능선 중 중간 능선의 말단 정부에 입지한다. 주체부는 목곽으로 하는 봉토분으로 주곽과 부곽으로 구성되어 있고, 묘광의 충전보강적석 내부와 봉토 중에 순장곽을 배치하였으며 봉분의 규모는 직경 23m, 높이 약 7m로 추정된다. 특히 목곽묘의 묘광과 목곽사이에 적석이 추가된 것이 주목되는데, 출토된 신라산 금동제 관식과 마구로 볼 때 적석은 신라 적석총의 영향으로 추정되기 때문이다. 한편 출토된 환두대도는 제작기법으로 볼 때 백제산으로 파악된다. 이 고분은 장대한 묘광과 목곽, 다수의 순장이 행해졌으나, 도굴되지 않았음에도 불구하고 부장품의 질과 양은 이전 시기의 김해시 대성동의 금관가야의 목곽묘, 이 시기의 신라고분과 이후의 옥전 M3호분과 지산동 44호분과 같은 대가야권 왕릉과 비교할 때 후장厚葬이라 보기 어렵다. 무엇보다 부장품으로 부곽의 서쪽에 위치한 순장곽에서 출토된 금동제 조우형鳥羽形 신라산 관식과 백제산 환두대도가 보여주는 바와 같이 아직까지 대가야양식의 금동제 장신구와 마구가 확인되지 않은 것도 주목된다. 이러한 점에서 73호분은 이 시기 대가야의 발전상을 나타내면서도 그 한계를 반영하고 있는 것으로 볼 수 있다(도 Ⅵ-34).

75호분은 73호분에 비해 약간 늦은 시기에 지산동고분군의 가지 능선 가운데 동쪽 능선의 말단 정부에 축조되었다. 주체부는 이혈 묘광내에 주곽과 부곽의 수혈식석곽 2기를 축조하였다. 석곽의 묘광내 장벽을 따라 거의 같은 간격으로 순장곽 8기가 사방에 같은 간격으로 배치되었고, 봉토내 순장곽을 포함하면 10인 전후가 순장되었다. 봉분은 직경 25m, 높이는 약 8m로 추정된다. 이 고분에서는 심한 도굴의 피해를 입었음에도 불구하고 경주 황남대총과 금관총에 이어 세 번째로 많은 114점의 철정과 마갑이 확인되었다. 더욱 주목되는 것은

도 Ⅵ-34 5세기 전엽 대가야 왕릉(고령군 지산동 73호분)

대가야에서 제작된 것으로 보이는 금동제 내만타원형경판비, 검릉형행엽, 은장안교가 출현한 점이다(도 Ⅵ-35).

그리고 5세기 전엽에 이와 함께 대가야산 금공품, 대가야식 묘제, 대가야양식 토기가 출현한다. 5세기 초로 편년되는 지산동 35호분 단계에서는 대가야양식을 구성하는 주요 기종인 세로띠장식부 통형기대가 출현하지 않고 발형기대인 점에서 아직 대가야양식의 특징이 확인되지 않는다. 5세기 전엽으로 편년되는 지산동 30호분에서는 대가야양식 토기 즉 통형기대, 발형기대, 장경호, 고배가 기종을 이루어 부장된 것이 확인된다. 그래서 이시

도 Ⅵ-35 5세기 초 대가야 왕릉(고령군 지산동 73호분)

기야말로 대가야양식 토기의 성립기라 할 수 있으며 지산동 고분군에 대규모 고총이 출현하는 시기인 점이 주목된다. 게다가 소수이지만 이 시기에 남원시 아영지역, 장수군 삼고리 고분군, 구례군 용두리고분군 출토품에서 알 수 있듯이 남강 수계와 금강상류역에 이입되는 것이 확인된다. 이는 대가야세력이 이미 5세기 전엽에 소가야세력과 관계망을 형성하고 있었던 양 지역과의 교섭을 개시한 것과 대가야의 진출 방향을 알 수 있다.

그런데 이 시기는 지산동고분군에는 분지한 구릉하부 선단에 앞에서 언급한 4기의 왕묘급 고총이 약간의 시기와 규모차를 보이면서 축조된다. 또한 각 분지한 구릉상에 지속적으로 고분이 축조되는 것에서 각 구릉은 하나의 수장 가계家系씩 점유한 것으로 보인다. 각 왕릉급 고분의 시기와 규모의 차이는 각 왕과 왕에 필적하는 유력수장의 사망 시기와 권력의 차이를 반영한다고 본다.

이처럼 5세기 초 지산동 고분군에서 여러 개의 왕릉급 고총이 나란히 존재하는 것이

360

주목된다. 즉 지산동고분군에 수장급 고총이 여러 개가 조영된 것은 대가야의 대내외적 성장이 대가천, 안림천, 회천 수계의 제 집단의 통합에 의한 것임을 보여준다. 즉, 지산동고분군의 조영 계기는 이 고분군의 성립기에 여러 계열의 왕릉급 고총이 확인되어, 특정 세력이기보다는 각 수계의 여러 세력의 결집에 의한 것일 가능성이 크다.

왜냐하면 한 지구의 세력이 단독으로 조영한 것으로 보기에는 이 시기 지산동고분군에서 수장묘의 수가 너무 많고, 무엇보다도 주변 고분군에서는 이 시기에 해당하는 수장묘가 확인되지 않기 때문이다. 즉 본관동고분군, 박곡리고분군, 월산리고분군, 도진리고분군 등 각 지구의 중심고분군에서는 5세기 후엽 이전의 수장묘인 고총이 확인되지 않는다. 그래서 5세기 전엽 대가야 왕권은 복수의 집단에 의한 공립共立에 의한 것으로 특정 수장 계보에 고정되지 못했음을 나타내는 것으로 파악된다.

5세기 중엽 지산동고분군에서는 척릉 중하위에 32~34호분 등이 조영된다. 이 시기 고령 대가야양식 토기와 묘제, 매장의례, 장신구, 무기, 무구, 마구, 농공구 등이 경남 서부지역뿐만 아니라 호남 동부지역에까지 확산된다. 대가야 진출 이전 5세기 전엽에는 황강과 남강수계에 연하여 고성 소가야양식 토기가 분포하고 있는데 이는 소가야와 연계된 관계망이 남강과 황강의 상·중류역에 걸쳐서 형성되어 있던 것을 반영하는 것이다. 그러나 5세기 중엽이 되어 이 지역의 소가야 관계망은 해체되고 대가야에 의한 관계망이 형성되어, 섬진강 유역까지 확산된다.

이 시기 황강수계에서는 하류역의 옥전고분군에서 대가야양식 발형기대와 장경호가 확인되며 중류역의 봉산지역에서는 소가야양식 토기가 유존하는 가운데 봉계리고분군에서 대가야양식 토기가 출현한다. 봉산지역에서는 고총인 반계제나A호분이 출현하며 나A호분과 하위분묘에서는 소가야양식 토기가 확인된다.

남강유역의 남원 아영지역에서는 수장묘로서 고총인 월산리M1호분이 출현한다. M1호분에서는 소가야양식 발형기대가 유존하는 가운데 고령지역에서 제작된 발형기대를 포함한 대가야양식 토기와 이를 모방하여 재지에서 제작한 토기가 부장된다. 그 결과 대가야양식 토기가 다수파로 되고 소가야양식 토기가 소수파로 전락한다. M1호분에서는 내만타원형경판비를 비롯한 대가야산 마구와 종장판주를 비롯한 대가야산 갑주가 부장되었다. 또 이 시기 아영지역에서는 꺾쇠와 관정으로 결합한 목관을 안치한 세장방형석곽과 같은 대가야형 묘제(吉井秀夫 2000)가 도입되는 것도 주목된다.

그래서 5세기 중엽에 인접한 옥전 고분군과 반계제고분군이 소재한 황강 수계에 선행하여 남원 아영지역에 가장 먼저 대가야의 영향이 미친 것이 특기된다. 대가야의 분명한 진출 방향과 의도를 알 수 있기 때문이다. 이는 대가야가 남강상류역의 아영지역을 확보하고 섬진강수계와 금강수계에 진출을 모색하기 위한 것으로 생각되며, 대가야의 진출과정에서 가장 중시한 지역이 바로 이 지역임을 암시하는 것이다.

5세기 후엽에는 지산동 32~35호분과 44호분 사이 척릉에 87호분, 96호분, 97호분이 조영되고 동시에 동쪽 가지 능선에 77호분 등이 축조되는 것으로 볼 때 아직 특정 수장계보에 의한 왕권 장악은 확인되지 않는다.

이 시기 황강수계에서는 하류역의 옥전M3호분과 70호묘와 중류역의 반계제고분군과 중반계고분군에서 확인되듯이 수장묘뿐만 아니라 일반 성원묘까지 대가야양식의 토기 일색이 된다. 또 반계제고분군에서는 통형기대, 노爐와 옹, 시루가 공반되고 있어 고령지역과 동일한 묘전제사가 행해진 것으로 판단된다. 또 이 고분군에서는 대가야산의 금동제 관모부주, 금제 수식부이식와 은제 오각형환두대도, 내만타원형경판비 등이 출토되었다.

이 시기 옥전고분군에서는 이제까지 창녕산토기와 함께 신라산 금동제 위신재가 부장되었으나 이 시기 옥전M3호분에서는 대가야양식 토기와 함께 금동제 용봉문환두대도, 금동제 갑주, 마구, 철제 무구, 무기가 부장되어 주목된다. 이는 대가야가 황강하구를 통하여 낙동강이동지역과 교섭하면서 독자적으로 활동해온 옥전집단 즉 다라국에 대해 대가야가 영향력을 행사할 수 있게 된 것으로 본다. 또 5세기 중엽 월산리M1-A호분에 대가야양식 토기를 비롯한 대가야문물이 집중적으로 부장되는 것에 주목한다. 따라서 다라국이 대가야 권역에 편입된 것은 옥전집단이 섬진강수계, 금강수계를 연결하여 교역활동을 해왔으나 그 결절점인 남원 아영지역이 대가야의 영향 아래에 놓이게 됨에 따라 기존의 교역로가 단절된 것이 가장 큰 원인이라 생각된다.

월산리고분군에서는 5세기 중엽인 M1호분의 구조가 다곽식이고 소가야양식 토기가 유존하는 점에서, 이 시기가 되어서야 대가야와 이 지역과의 관계망이 형성되기 시작한 것을 알 수 있다. 같은 시기 남강상류역에 위치하는 함양군 백천리 1호분에서도 대가야양식 토기 일색으로 출토되며 묘사유구에서 노지와 함께 옹, 시루가 공반하는 것에서 볼 때, 대가야와 같은 묘전제사가 행해진 것으로 파악된다. 그리고 백천리 1호분에서는 대가야산의 금제 수식부이식과 은제 오각형환두대도, 내만타원형경판비 등이 출토되었다.

남강상류역의 임천강수계에서는 소가야양식 토기가 유존하나 같은 상류역인 위천수계와 황강수계에서는 대가야양식 일색으로 된다. 또 황강중류역과 남강상류역의 위천 수계에서는 묘제와 묘전제사까지 대가야와 일치하는 현상이 관찰된다.

　　5세기 말 지산동고분군에서는 척릉 정상부 바로 아래에 44호분이 조영된다. 44호분은 비교적 넓고 평평한 곳에 입지하고 있지만 지산동고분군의 주능선 정부의 주산이 경사져 내리는 끝부분에 걸쳐 있어 다른 고분들보다 더욱 우뚝 솟아 보이는 곳에 위치해 있다. 고분의 아래쪽은 급경사로 밑이 훤히 내려다보이고, 위쪽에는 비교적 넓은 평지가 있어 완만하게 경사져서 45호분과 연결된다. 이 고분의 봉분은 직경 27m이며 잔존 높이 6m이며 1기의 대형 주곽과 2기의 대형 부곽을 중심으로 주위에 방사상으로 32기의 순장곽을 배치한 구조로서, 순장자는 주곽과 부곽에서도 확인되어 모두 35인 이상이 순장된 것으로 파악된다.

　　지산동 44호분에 순장된 사람은 호위무사, 의례관련자, 재산관리자, 시종, 비첩 등을 포함하여 묘주의 가까이에서 주인의 생활 각 방면에서 봉사하는 성격의 근신자들이며, 가족 단위가 인정되는 것이 특징이다. 이러한 순장의 근본 목적은 사후세계에서 이들을 사용하기 위해 데려갔다는 것을 알 수 있다 순장자가 대부분 노동력이 있는 청장년층 위주였음은 주인을 위해 봉사하는 대상으로 순장자가 정해졌음을 의미한다. 신라의 경우는 근신자인 시동과 시녀, 호위무사나 재산관리자 등의 순장이 행해지나, 가족이 단위가 되고 각종의 직능을 가진 봉사자 모두 대상이 되지는 않았다. 이러한 것이 명확하게 구현된 것이 대가야 순장의 특징이다(김용성 2013)(도 Ⅵ-36).

　　지산동 44호분에서는 부장품으로 일본 오키나와 근방인 아마미오시마제도奄美諸島산 야광패夜光貝와 백제산 동완 등 외래의 위신재가 포함되어 있다.

　　이처럼 지산동 44호분에서는 전시기의 지산동고분군에서 볼 수 없었던 비약적인 발전이 있었음을 알 수 있을 뿐만 아니라 이 고분은 대가야권의 같은 시기 다라국의 왕묘급 고총인 합천군 옥전M4호분뿐만 아니라 아라가야의 왕묘급 고총인 함안군 13호분과 소가야의 왕묘급 고총으로 추정되는 고성군 송학동 1호분에 비해 2기의 부곽을 가진 것, 순장, 부장품의 질과 양에서 압도적으로 규모가 큰 점이 특기된다.

　　그런데 44호분이 축조되는 시기에는 지산동고분군에서 이에 필적하는 대형분이 가지 능선에 더 이상 조영되지 않는데 반해, 본관동고분군, 박곡동고분군, 월산리고분군, 도진리고분군에서 수장묘인 고총의 조영이 개시된다. 이는 5세기 후엽까지 지산동고분군의 가지 능선에 고분을 조영하였던 대가천, 안림천, 회천수계의 수장이 그들의 본거지에 수장묘를 조영하기 시작한 것으로 파악된다.

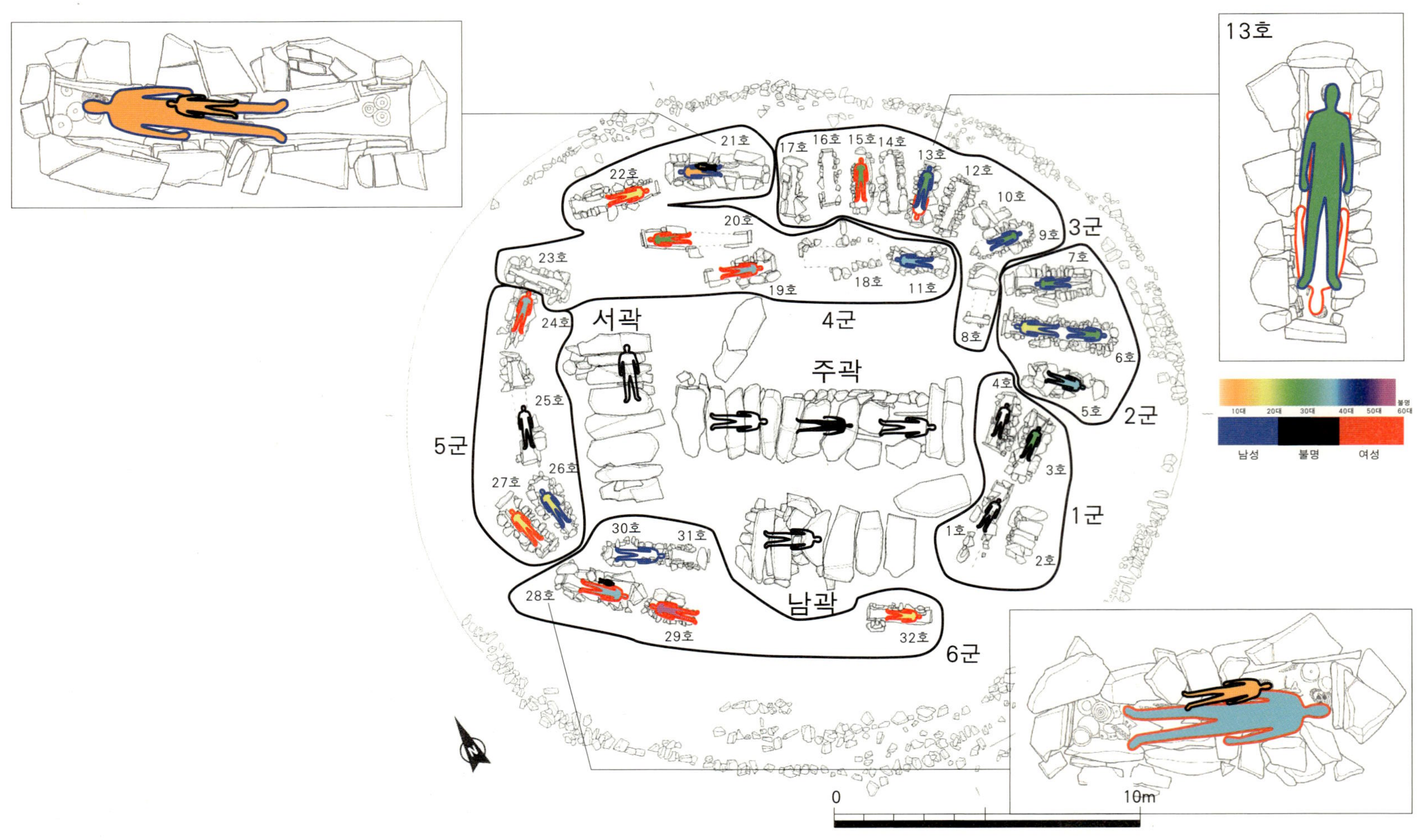

도 Ⅵ-36　대가야 왕릉의 순장(고령군 지산동 44호분)

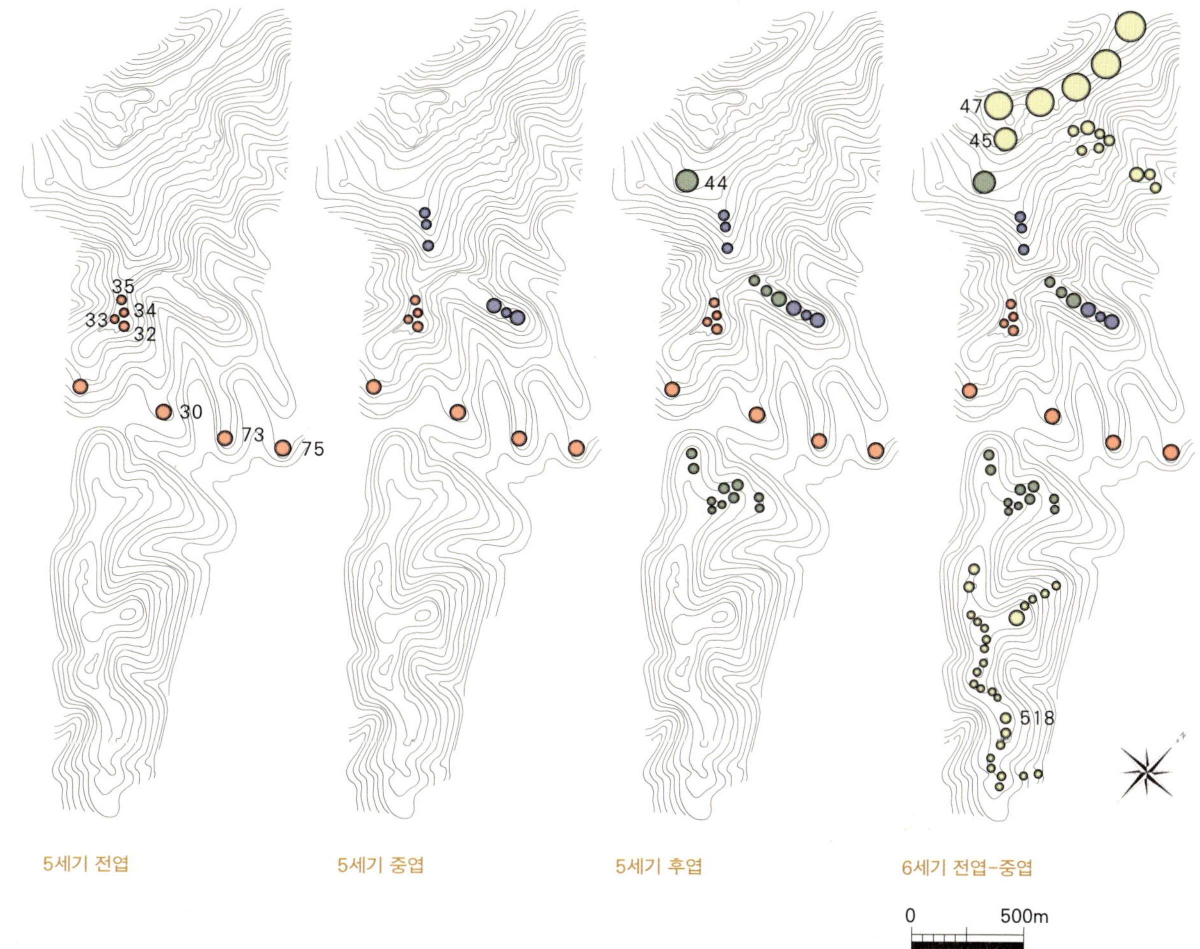

도 Ⅵ-37   대가야왕릉의 축조 과정(고령군 지산동고분군)

따라서 지산동고분군은 5세기 말에 이르러서 특정 수장계열의 왕묘역으로 기능한다고 할 수 있다. 이는 복수 집단의 공립에 의했던 왕권이 특정 수장계열에 고정되어 세습화가 시작되는 과정을 반영하는 것으로 판단된다(도 Ⅵ-37).

특히 이 시기는 대가야가 479년 남제南齊에 견사遣使한 직후인 점에서 대가야의 내 외적인 획기적 발전기로 평가된다. 그 증거로 남원시 월산리M5호분은 다곽식인 소가야 묘제에서 탈피하고 대가야양식의 금제 수식부이식, 갑주, 마구와 함께 중국 남조산 청자 계수호가 출토된 점을 들 수 있다. 대가야산 이식은 5세기 후반 월산리M5호분과 함께 6호분, 함양군 백천리고분군, 장수군 봉서리고분군, 고성군 방송리, 순천시 운평리고분군 출토품으로 볼 때 대가야 양식의 토기와 묘제와 함께 대가야권역에 분포하는 위신재이다.

월산리M5호분 출토 청자 계수호는 대가야의 남제 견사 또는 직전의 남조와의 교섭에 이입된 것으로, 동아시아 세계로의 대가야 등장을 웅변하는 문물로 본다.

이 시기를 전후하여 섬진강수계와 금강수계를 연결하는 교통의 결절점인 남강수계의
남원 아영지역에서 수장묘역인 월산리고분군의 조영이 정지되고 새로이 두락리에 고총이
조영된다. 이는 대가야가 종래 소가야의 관계망에 일정기간 포함되어 있었던 월산리세력
을 배제하고 새로이 두락리세력을 후원하는 것에 기인한 것으로 파악된다(趙榮濟 2002).

게다가 순천시 운평리고분군에서는 이 시기 대가야양식 토기와 금제 수식부이식, 묘
제가 확인된 것에 주목할 필요가 있다. 이는 섬진강수계와 하구인 남해안 일대에 대해 아
직도 대가야권역으로 보지 않는 견해가 있기 때문이다. 그래서 필자는 이 시기 섬진강수계
의 상류인 임실군 금성리고분군과 운평리고분군에 대가야양식 토기가 부장되는 것을 주
목한다. 즉 금성리 1호분은 구경부가 동부보다 상대적으로 큰 형식의 장경호가 출토되고
순장석곽을 가진 점에서 늦어도 5세기 후엽 즉 그 이전에 대가야의 영향이 이 지역에 미친
것을 알 수 있다. 순천 운평리고분군은 직경 10~20m의 분구를 가진 수기의 고총과 다수
의 목곽묘, 수혈식석곽묘로 구성된 고분군으로, M1호분은 영산강유역과 인접한 소가야권
역의 선분구축조형이 아닌 세장방형석곽의 대가야식 수혈식석곽을 축조한 후 봉토를 조
영하는 방식인 점에서 대가야와의 관련이 상정된다.

운평리M2호분에서는 고령지역산 대형 통형기대가 봉토상에서 출토되어 동일한 묘전
제사가 행해진 것으로 본다. 고령지역산 통형기대는 고령군 지산동 30호분, 32호분, 44호
분, 합천군 옥전M4호분, 반계제다A, 가B호분, 남원시 두락리 1호분, 의령군 경산리 1호분
등에서 출토된 대가야권역 수장묘의 제사에 사용되는 특수한 제기이다. 또한, 이 고분에서
는 고령지역산 금제 수식부이식이 출토되었다. 금제 수식부이식은 그간 출토된 장수군 봉
서리고분군 출토품과 곡성군 방송리고분군 출토품이 대가야산인점과 대가야산 위신재가
섬진강수계를 따라 남해안 일대까지 이입된 것을 방증하는 자료이기도 하다.

그 후 하동군 흥룡리고분군과 남산리고분군에서 5세기 말 대가야양식의 토기가 부장
된 대가야형 수혈식석곽이 20여기 확인되었다. 특히 대가야양식 토기는 고령지역에서 제
작된 토기가 다수를 차지하는 점이 흥미롭다. 이로써 대가야 권역은 섬진강수계와 남해안
이 연계되어 형성하였음이 증명된다(도 Ⅵ-38~39).

토기양식과 묘제의 분포로 볼 때 5세기 후반 전성기의 대가야권역은 고령을 중심으로
황강수계의 합천, 거창, 남강수계의 함양, 산청, 운봉, 아영, 섬진강수계의 남원, 임실, 곡
성, 하동, 광양, 남해안의 여수, 순천, 금강수계의 장수, 진안에 걸친 지역이다. 그 북쪽은
대가천상류역의 성주지역에서 신라, 금강상류역의 진안지역에서 백제와 국경을 형성한다.

366

도 Ⅵ-38   섬진강 수계의 대가야식 고분과 출토 토기(하동군 흥룡리고분군)

도 Ⅵ-39　섬진강 수계의 대가야식 고분과 출토 토기(하동군 남산리고분군)

368

동쪽은 낙동강을 경계로 신라와 국경을 형성한다. 남쪽으로는 남강중류역 생초지역에서 소가야, 남강하류역 의령지역에서 아라가야와 경계를 형성한다. 서쪽으로는 섬진강수계의 임실, 순창, 구례, 순천지역에서 백제와 국경을 형성한다. 특히 고흥지역에서 백제에 의해 이식된 왜인이 조영한 안동고분이 확인되어 5세기 후반 대가야권역의 서쪽 국경이 고흥반도의 이동인 것이 확인되었다(도 Ⅵ-40).

6세기 전엽에는 지산동고분군의 척릉 정상부에 직경 49m에 달하는 초대형분인 47호분을 위시한 일계의 누세대적인 왕묘역이 형성된다. 이는 대가야가 아라가야나 소가야와는 달리 이전 시기부터 세습화가 시작된 왕권을 안정시켰음을 보여준다. 47호분에서는 금동제 용봉문환두대도와 금동제 용문투조 화살통이 출토되었다.

이 시기 남원시 두락리 1호분은 고령지역에서 제작된 대가야양식 발형기대·통형기대가 반입된다. 두락리 1호분의 묘사유구에서 노지와 옹이 확인되어 대가야형과 같은 묘전제사가 행해진 것으로 본다. 더욱이 대가야양식 토기는 남강중상류역의 경호강수계에 분포하는 산청군 생초고분구과 그 직하의 평촌리고분군, 주변의 옥산리고분군, 묵곡리고분군에서 확인되듯이 수장묘와 하위분묘에서 출토된다. 생초M13호분에서는 대가야산의 금동제 용봉문환두대도와 검릉형행엽을 비롯한 마구가 출토되었다. 또한 생초고분군은 대가야형의 주·부곽을 축조한 후 봉토를 조영하는 방식인 점으로 보아 소가야권역의 선분구축조형과 구분되어 남강수계에서는 생초지역까지를 대가야권역에 속하는 것으로 본다.

한편, 남강중류역의 산청군 중촌리고분군, 합천군 삼가고분군과 진주시 수정봉·옥봉고분군에서는 수장묘에 대가야양식 토기가 부장되지만 중촌리고분군 바로 아래의 명동고분군, 삼가고분군 바로 아래의 의령군 천곡리고분군, 수정봉·옥봉고분군의 하위인 가좌동고분군에서는 지속해서 소가야양식 토기가 부장되어 대가야권과 다른 특징을 보인다. 또한 수정봉·옥봉고분군과 중촌리고분군의 횡혈식석실은 대가야형의 고아동식과 다른 재지형으로 토기양식뿐만 아니라 횡혈식석실도 고아동식 석실이 채용된 대가야권역의 합천 봉산지역과 남원 아영지역과 다른 점으로 보아 이 지역은 소가야권역으로 설정된다(김준식 2013). 이는 대가야가 남강상류역에 진출한 후 남하하여 새로이 남강중류역의 수장과 관계를 맺은 것을 의미하며 이 지역이 대가야권역 내에 포함되지 않는다는 것을 보여준다.

이와 같은 대가야산 위신제의 분포와 대가야양식 토기의 분포가 궤를 같이하는 점에서 양자는 대가야에 의한 권역의 확대와 영향력 증가를 반영하는 것으로 본다. 또한 필자는 대가야권역의 형성이 이제까지 생각되어온 바와 같이 시간의 흐름에 따라 주변지역으

370

로 서서히 확대된 것으로 볼 수 없고, 대가야의 의도와 진출방향에 따라 이원적으로 진행
되어온 것으로 본다.

즉 대가야가 인접한 황강수계의 합천지역에 비해 상대적으로 먼 남강 상류역의 남
원 아영지역에 선행하여 진출한 점, 또한 인접한 남강중류역의 산청지역보다 상대적으로 원
격지인 순천지역에 같은 시기 또는 그 보다 빠른 시기에 진출한 것은 이를 웅변하는 것이다.

6세기 중엽 함안군 말이산(문)4호석실분에서 대가야양식 통형기대가 부장된 것으로
보아 남강하류역까지 반입되었음을 알 수 있다. 게다가 고성군 송학동 1호분, 고성군 율대
리고분군 등에서도 대가야양식 토기가 확인된다.

그런데 창원 중동유적은 대가야양식의 통형기대, 발형기대, 장경호, 고배, 개배를 제
작한 6세기 전엽에서 중엽에 걸친 요지인 점이 주목된다. 이 유적 출토 토기는 기형과 문
양이 정교하여 대가야에서 공인이 파견되어 제작된 것으로 보인다. 중동토기요에서 제작
된 토기는 중동, 반계동고분군, 창원 다호리고분군, 석동고분군, 마천동고분군 등에서 확
인된다. 특히 소형 석곽묘로 구성된 반계동고분군에서는 대가야양식 토기 일색으로 부장
된 것이 특징이다. 대가야가 공인을 파견하여 토기 양식에 까지 영향을 미친 것은 이 시기
대가야의 영향력을 보여준다.

더욱이 대가야산 위신재인 금제 수식부이식과 금·은장 마구인 f자형경판비, 내만타
원형경판비, 검릉형행엽, 금동장 주具는 5세기 후반에는 황강수계와 남강상류역, 금강상류
역, 섬진강수계에 분포하다가 6세기 전반에는 소가야권역의 진주, 고성 그리고 금관가야
권역의 창원 진영분지로 확산된다. 이는 소가야권역에 속하는 산청군 중촌리고분군에 고
아동형 횡혈식석실분인 중촌리 3호분이 출현하는 것에서도 그러하다.

6세기 전엽 섬진강로의 항구인 하동을 상실한 대가야는 진주를 통하여 사천만과 창원
을 통하여 마산만의 항구를 확보하기 위한 것으로 생각된다.

6세기 중엽에는 대가야양식 대왕大王명 장경호(도 Ⅵ-41)와 함께 합천군 저포리E지구

도 Ⅵ-41　대가야양식 대왕(大王)명 장경호

4호분 출토 하부(下部)명 단경호가 주목된다. 하부명 토기의 명문에 대해서는 유물이 봉토바
닥에 깨진 상태로 매납된 것으로 보아 대가야 멸망 직전 저포리 지역에 밀려왔던 백제 계
통의 문물이나 인물에 대한 반감으로 보고 이를 백제의 부로 보는 견해(김태식 2002)가 있
으나 이는 전적으로 자의적인 판단에 불과하다. 왜냐하면 하부명 토기는 경부에 돌대가 형

성된 전형적인 대가야양식이며 대가야의 경우 매장의례에 사용한 토기를 파쇄하는 경우
가 많기 때문에 대가야와 직접 관련된 토기로 파악되기 때문이다. 무엇보다도 황강중류역
재지 수장세력의 단절된 시기에 대왕명 토기가 제작된 점, 그리고 지산동고분군의 왕묘 축
조 양태에서 왕권이 확립된 시기인 것에 주목하여 대가야의 부로 판단된다.

이 대가야의 부와 관련하여 주목되는 것은 창녕 교동 11호분 출토 명문대도에 상부上
部가 보이는 점이다. 명문은 상부선인귀?내 上部先人貴?內로 판독되고 있다(이영식 1993). 이
영식은 이 명문대도에 대해서는 선인先人을 고구려의 관명으로 보고 고구려산인 환두대도
가 신라를 통해 전해진 것으로 파악하였다. 그 배경을 고구려를 등에 업은 신라가 비사벌
에 진출하고자 가야국왕을 회유한 것에 기인한 것으로 생각하였다.

그래서 교동 11호분 출토 명문대도의 제작지에 대해 논하고자 한다(도 VI-42). 11호
분 출토 명문대도는 공주 송산리 4호분 출토품에 유례가 있어 백제산으로도 추정되어왔
다. 필자는 송산리 4호분 출토품과 전체적으로 유사하나 원두 측면에 능삼문을 새긴 문
양띠가 있는 점이 다르고 이 문양띠
는 대가야의 금동제 용봉문환두대
도와 마구에 널리 사용되는 점(金宇
大 2017: 250-251)에서 대가야산으
로 본다. 이를 방증하는 것이 도쿄박
물관 소장 명문환두대도와 귀貴자
의 서체가 유사한 점(이영식 2017:
687-708)과 내용이 길상구인 점에
서 그러하다. 이는 필자가 논증한 바
와 같이 도쿄박물관 소장 명문환두
대도는 대가야산이며, 인접한 7호분
의 같은 배총인 10호분에서 대가야
산 용봉문환두대도가 출토된 점에서
도 이 명문대도가 대가야산임이 증
명된다.

그리고 우륵于勒 십이곡에도 상
가라도上加羅都 하가라도下加羅都가

도 VI-42　대가야 하부(下部)명 단경호와 상부(上部)명 명문대도
1: 합천군 저포리E지구 4호분 출토품
2: 창녕군 교동 11호분 출토품

보이는 점에서 대가야의 왕도는 상·하로 편제된 것으로 생각된다. 즉, 왕도를 상부로 하부 명 토기가 출토된 합천지역을 하부로 편제한 것이다.

합천 봉산지역에는 5세기 중엽부터 6세기 전엽까지 수장묘역이 송림리 일대에 조영 되다가 6세기 중엽에는 저포리 일대로 이동하고, 이전시기에는 제 4등급의 수장묘만이 조 영되다가, 6세기 중엽에는 저포리D지구 1-1호 석실분과 같은 3등급으로 볼 수 있는 수장 묘가 조영된다. 이는 6세기 전엽 지역사회의 변화가 있었음을 알 수 있다. 그래서 필자는 대가야가 6세기 전엽에 간접지배하에 있었던 봉산지역을 직접 지배하는 것을 나타내는 것 으로 볼 수 있으며 하부의 설치와 관련된다고 생각하였다. 그래서 필자는 그간 하부의 소재지는 토기가 출토된 합천 저포리고분군을 중심으로 한 봉산면 일대로 보았다.

하부는 왕기王畿(이형기 2016: 86)로서 그 치소가 존재하였을 것으로 추정된다. 그런데 6세기 전반 봉산지역의 중심지인 합천 저포리고분군 일대에는 상부의 치소인 연조리 왕궁지와 주산성에 비교되는 유적이 보이지 않는다. 그래서 필자는 합천읍에 있는 대야성에 주목하고자 한다.

대야성은 포곡식

도 Ⅵ-43　합천군 대야성

374

산성으로 그 축조 기법이 고령의 주산성과 동일하며 규모가 1.3km에 달하는 가야의 다른 산성에 비해 탁월하다(도 Ⅵ-43). 게다가 대야성은 다라국이 축조한 토석 혼축의 성산토성과 기법이 다르고, 그 규모나 위치로 볼 때 다라국에 의한 축조로 볼 수 없다. 편축의 석축 기법과 석재 재질 및 가공방법이 고령 주산성과 유사한 점에서 대가야의 중심국인 가라국의 주도하에 축조된 것으로 판단되기 때문이다.

또한 대야성에 인접한 영창리고분군은 직경 20m 정도의 봉토분이 7기 확인되었으며, 소형석곽들도 다수 분포하고 있을 것으로 추정된다. 능선의 최상단 정상부에는 대형분이 위치한다. 이 고분군은 석곽의 구조가 수혈식이며, 봉토분의 주변에서 채집된 발형기대 등의 토기편으로 볼 때 5세기 말에서 6세기 중엽에 걸쳐서 조영된 것으로 추정된다. 영창리고분군은 그 연대가 대야성 축조와 운용 시점과 같은 점에서 대야성과 관련된 집단의 묘역으로 추정된다. 영창리고분군은 매장주체부가 다라국의 합천 옥전고분군과는 달리 지하식 수혈식석곽이고 봉토가 고대한 점에서 지상식 위석목곽묘이며 봉토가 높지 않은 다라국의 옥전고분군의 묘제와 확연한 차이를 보인다.

영창리고분군이 있는 합천읍은 원래 다라의 영역이었다. 이 지역은 6세기 전엽 대가야가 남강수계인 진주방향으로 남하할 때 그 중간 결절점인 삼가 지역을 확보하기 위해 거쳐야하는 교통로상에 입지하고, 채집된 토기편은 모두 대가야양식이며 축조 시기가 5세기 말~6세기 초인 점에서 대가야 왕권의 산하傘下에 들어 간 것으로 파악된다. 그것은 이 시기에 돌연 인접한 황강변에 석축성인 대야성이 축조되는 것에서도 증명된다.

그래서 하부의 치소는 대야성으로 보며 그 범위는 합천읍에서 봉산일대까지로 본다. 이곳에 하부가 설치된 이유는 왕도에 인접한 점과 함께 합천읍은 삼가지역을 통하여 남강 중류역으로 나아갈 수 있는 요충지인 점과 봉산일대는 거창을 통하여 백제와 남강상류역으로 나아갈 수 있는 교통의 요충지인 점을 들 수 있다. 또한 황강하류역의 다라국을 견제할 수 있는 지역인 점도 들 수 있겠다.

6세기 전엽 대가야는 왕도인 고령과 인접한 합천읍, 봉산면 일대를 하부로 두어 왕기王畿로 하며 그 권역을 중앙과 지방으로 편제하였다(도 Ⅵ-44). 이는 『일본서기』 계체繼體 23년조(529년) 대가야왕이 하동지역을 대가야의 영역으로 주장하는 것과 신라의 왕녀를 여러 현에 분산시켰다는 기사로 볼 때 영역관념의 형성과 그 내부를 중앙과 지방으로 편제한 것을 알 수 있다.

이 시기 대가야는 대왕을 칭하며 종래 아라가야권, 소가야권, 금관가야권으로 나뉘어

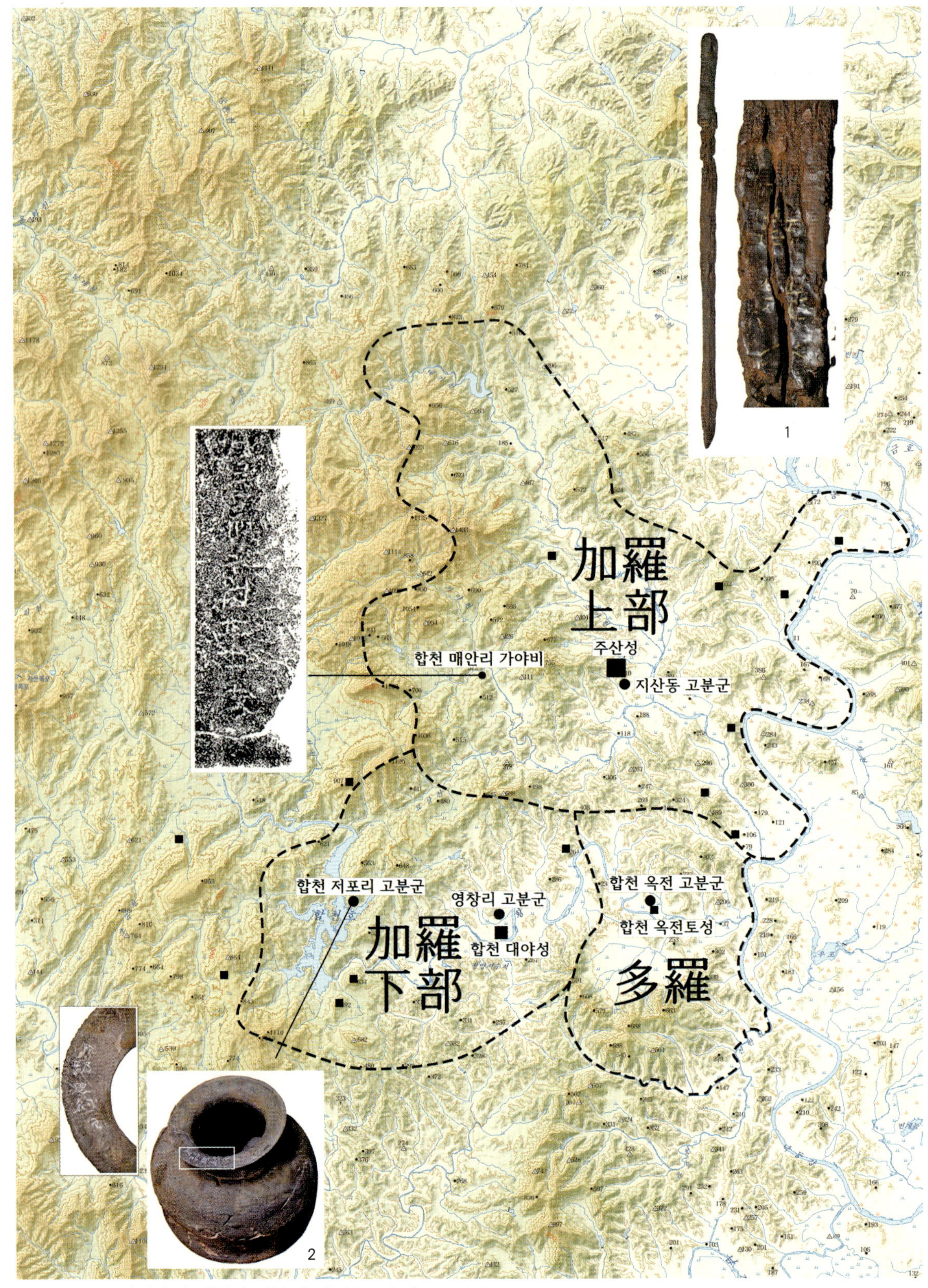

도 Ⅵ-44 대가야의 상부와 하부의 비정(■ 산성)

1: 창녕군 교동11호분 | 2: 합천군 저포리 E지구 4호분

져 독자적인 활동을 했던 가야의 제 세력에 대한 구심체로서 결집을 시도였으나 6세기 전엽 백제가 섬진강하구를 점령하게 되면서 남해안의 제해권과 교역항을 상실한다. 이후 대가야와 일본의 교역도 퇴조하며, 이는 대가야의 쇠퇴 및 멸망 요인의 하나였을 것이다.

그 후 신라가 낙동강을 넘어 가야지역에 진출하고, 금강상류역과 섬진강수계에 백제세력이 압박해 들어오는 가운데 562년 대가야는 신라에 의해 멸망한다. 이는 이 시기 고령지역에서 왕묘역인 지산동고분군의 조영이 정지되고, 대가야권역에서 신라양식의 부장품이 출현하는 것에서도 확인된다.

그런데 대가야멸망 이후의 정황을 나타내는 토기가 확인되어 주목된다. 즉 대가야권에서 수백km 떨어진 강원도 동해시 추암동고분군에서 대가야양식 토기가 신라후기양식 토기와 함께 수 기의 분묘에서 출토되었다. 추암동고분군 가지구에서는 다수의 대가야양식 토기가 6세기 후엽의 신라후기양식 토기와 함께 확인되었다. 위 고분의 피장자는 대가야멸망 이후 대가야권에서 사민徙民된 사람들로 파악된다. 이는 562년 이후 구 대가야권에 대한 신리의 지방지배 방식의 일단을 나타내는 것인과 동시에 1세기 이상 지속한 대가야권의 해체를 웅변하는 것이다.

그동안 대가야의 발전은 주로 고령지역과 안림천으로 연결된 야로지역의 철산의 개발에 의한 것으로 파악하여 왔다. 그러나 필자는 5세기후반 대가야의 발전과 내륙에 있는 지역의 문물이 일본열도에 집중 이입되는 배경을 단지 합천 야로지역의 철산개발과 이를 기반으로 한 섬진강로의 장악, 특히 하동 대사진의 확보만으로는 설명할 수 없다고 보았다. 그래서 백제가 그토록 집요하게 대가야권역으로 보이는 섬진강하구의 임라사현任那四縣 그리고 대사帶沙·기문己汶을 공략한 배경이 무엇인가에 주목하게 되었다. 임라사현은 문헌사료에서 이들 지역이 대가야권역임을 알 수 있는 결정적인 단서를 제공한다. 그래서 이 지역의 위치 비정이야말로 대가야 영역 국가론에 중요한 논거를 제공한다고 본다. 나아가 필자는 이 지역들의 전략적 위치에 대해 주목하여 대가야국가론을 제기하였다.

임라사현에 대해 스에마츠 야스카즈(末松保和 1965)는 그 위치를 영산강유역 등으로 비정하였으나, 전영래(1985)는 순천, 광양, 여수지역을 임라사현의 사타娑陀, 모루牟婁, 다리哆唎로 비정하였으며, 이 설에 의해 임나사현과 기문, 대사지역이 서로 인접하고 가야지역에 속한 것으로 밝혀졌다.

임라사현과 기문, 대사에 대해 백제와 대가야의 분쟁지역인 점에서 그 위치는 양자간의 국경에 해당하는 지역이라 생각된다. 그래서 임라사현은 영산강유역에 위치한 것으로 보기 어렵다. 왜냐하면 백제가 임라사현에 대한 공략을 개시하는 시기가 512년, 기문, 대사에 진출을 시도하는 시기가 513년인 점에서, 양자는 일련의 사건으로 상호 아주 근접한 지역으로 파악되기 때문이다. 따라서 문헌비정시 이론이 거의 없는 대사 즉 하동을 중심으로 양자가 비정되어야 할 것이다. 또 임라사현의 영유기사에는 대가야의 관련이 보이지 않으나, 백제가 대가야의 영역인 기문, 대사지역을 공략하는 것에서 이와 연계된 임라사현은 전자와 같이 원래 대가야의 권역이었던 지역으로 추정된다. 왜냐하면 '임라'라는 명칭은 왜인이 가야지역을 지칭할 때 사용된 점에서도 그러하다. 특히 임라사현의 다리는 대가야의 권역을 나타내는 우륵 12곡의 달이達已로 비정(김태식 2002)되는 것도 이를 방증한다.

더욱이 5세기 전반에 조영된 백제산 위신재를 부장한 고흥군 안동고분이 확인됨으로써 백제의 영향력이 이미 고흥지역에까지 미친 것으로 파악되어, 그때까지 백제영역에 속하지 않았던 임라사현은 고흥반도의 이동에 있는 것이 분명해졌다. 다음으로 임나사현의 위치에 대해 구체적으로 살펴보도록 하겠다.

사타는 사평이라는 고지명과 운평리고분군에서 직경 10~20m의 분구에 고령양식 토기를 부장한 대가야식 수혈식석곽을 가진 고총군이 확인된 것에서 순천지역이라 생각된다.

모루는 마로라는 고지명과 백제가 축조한 마로산성으로 볼 때 광양으로 본다. 광양지역 중에서도 대가야양식 토기가 출토되고 백제산성이 인접하며 광양과 하동을 연결하는 교통로의 결절점인 비평리일대가 그 후보지로 비정되고 있다(李東熙 2005).

다리는 지명만으로는 판단할 수 없으나 순천, 광양지역과 연결되어있고 섬진강하구 일대의 백제산성가운데 고락산성이 가장 이른시기에 조영된 점에서 여수지역이라 판단된다. 그 가운데 미평동일대가 여수지역에서 지석묘가 밀집 분포하고 고락산성과 척산산성이 인접하는 점과 해안과 내륙을 연결하는 교통의 결절점인 점에서 후보지로 비정되고 있다(李東熙 2005). 이는 고락산성에서 4세기 전반의 아라가야양식 토기와 6세기 전엽의 대가야양식 토기가 출토되고, 돌산도 죽포리에서 5세기 중엽의 소가야양식 토기가 출토된 것에서도 그러하다. 즉 이지역이 4세기대에는 아라가야, 5세기 전반에는 소가야, 5세기 후반 이후에는 대가야의 관계망 속에 지속적으로 포함된 중심지인 점에서도 그러하다.

다음은 대사, 기문의 위치에 대해 살펴보자. 대사는 전통적으로 하동에 비정되어 왔다. 이는 섬진강 서안에 위치한 순천시 운평리고분군에서 대가야식 수혈식석곽을 가진 고총군(도 Ⅵ-45)이 확인된 것에서, 이 지역으로 가기 위해 반드시 거쳐야 하는 섬진강 동안의 하동지역은 필자가 예견한 바와 같이 당연히 대가야권역에 포함되며 이제 이를 재론할

도 Ⅵ-45 남해안의 대가야식 고총(순천시 운평리고분군)

필요성조차 느끼지 못한다. 이후 필자가 지적한 바와 같이 하동군 흥룡리고분군과 남산리 고분군에서 대가야식 석곽묘에 대가야양식 토기가 부장된 것이 확인되었다. 이 지역에 고총이 확인되지 않는 것은 대가야가 이 지역이 가진 전략적인 중요성 때문에 재지의 수장층을 해체하고 직접지배를 한 것에 기인한 현상으로 본다.

기문은 뒤에 언급하겠으나 대사와의 관계로 볼 때 하동에 인접한 섬진강수계에 속한 것으로 파악된다. 이는 기문하가 섬진강으로 비정되는 점에서도 그러하다. 섬진강 수계의 남원지역은 『일본서기』에 기문으로, 대가야의 권역을 나타내는 우륵 12곡의 상上·하기물下奇物로 각각 비정되고 있다(김태식 2002).

대가야는 순천시 운평리고분군, 하동군 흥룡리고분군 출토 대가야식 묘제와 토기로 볼 때 대가야는 남강 상류역의 남원 아영지역으로 진출한 후 남하하여 섬진강 하구의 교역항인 하동을 확보함과 동시에 이른바 임라사현에 해당하는 여수, 순천, 광양지역을 확보한 것으로 본다. 즉 하동의 확보만으로는 해상교통의 안전을 보장할 수 없으므로, 대가야는 남해안의 중앙에 위치하고 길게 돌출한 반도상의 지형을 형성한 군사적인 요충인 여수지역을 점유한 것이다. 이로써 하동 즉 대사진과 해상 교통과 군사적 요충인 여수반도를 포함한 임라사현을 확보하고 남해안의 제해권을 장악함으로써, 아라가야와 소가야의 내륙회랑인 남강로 뿐만 아니라 양 세력이 활동하던 남해안로를 차단할 수 있게 된 것이다.

479년 대가야에 의한 남제로의 독자적인 견사는 이와 같은 남해안의 해상활동을 기반으로 한 것이다. 게다가 백제와 왜의 교통뿐만 아니라 왜의 중국 교통에도 일정한 영향력을 행사할 수 있게 된 것이다.

5. 다라

다라국多羅國은 『일본서기』와 양직공도梁職貢圖에 보이는 가야 소국의 하나이다. 지금의 경상남도 합천에 소재하였을 것으로 비정되는데, 이는 합천의 옛 이름이 대량大良, 또는 대야大耶으로 이는 다라와 음이 비슷하기 때문이다.

더욱이 로마유리기, 금동제 용봉문환두대도, 금동제 관 등이 출토된 옥전고분군과 성산토성이 존재하고 그 주변에 다라리 多羅里라는 지명이 있어 이를 방증한다.

『일본서기』흠명 欽明2년(541년) 4월조에 의하면 신라에 병합된 금관가야인 남가라 南加羅 등을 재건하기 위하여 백제성왕이 주재한 회의에 '다라'의 국명이 보이고 있다.

다라는 대가야권역에 속하나 소국명을 가진 일정한 독립성을 띤 소국으로, 황강을 사이에 두고 위치하는 합천 쌍책과 초계지역을 포괄하는 범위로 본다.

다라국을 대표하는 유적은 합천군 옥전고분군과 토성이다.

1) 논점

조영제는 다라국의 성립을 옥전 23호묘의 출현으로 보고, 옥전 23호묘의 축조연대를 5세기 전엽으로 파악하였다. 그는 옥전 23호묘의 갑주, 마구, 금공품과 유개투창고배, 발형기대외 같은 토기는 전시기에서 계통을 찾을 수 없는 것으로 보고 이러한 토기의 출현은 김해, 부산지역과 관련되는 것으로 생각하였다. 따라서 다라국은 400년 고구려군의 남정이후 내륙으로 유입된 금관가야의 이주민에 의해 성립되었다고 주장하였다(趙榮濟 2000, 2005).

그러나 이미 4세기 초에 다라국의 성립을 보여주는 대형 목곽묘인 옥전 54호묘가 축조된 것과 이 지역과 창녕지역과의 관계, 옥전 23호묘의 부장품이 대부분 경주산과 백제산이 주류임을 고려한다면 이러한 주장은 수긍하기 어렵다.

신경철은 옥전 23호묘의 묘제와 토기를 복천동 21·22호묘 등과 유사한 것으로 보고 이 고분의 피장자가 금관가야의 후예인 것으로 파악하였다. 옥전M3호분 등에서 용봉문환두대도가 지산동고분군의 수량을 상회하는 점과 대가야식 묘제를 수용하지 않은 점을 논거로 대가야연맹내에서 다라국의 위치는 맹주인 가락국과 대등한 수준이라고 주장하였다(신경철 2005).

23호묘 출토품 복천동 21·22호묘 출토품과 같은 형식의 토기가 포함된 것은 사실이다. 그러나 뒤에서 자세히 논하겠지만 23호묘 출토 토기는 신라토기이기 때문에 이 시기출현하는 복천동고분군 출토품과 유사한 것으로 본 것에 지나지 않으며, 더욱이 신경철이인지하지 못하는 창녕양식토기가 다수 존재하는 점에서 창녕지역을 통하여 경주로부터이입된 신라토기에 불과하다. 따라서 옥전 23호묘에서 금관가야와의 전혀 관계성을 찾아

볼 수 없다. 옥전M3호분의 용봉문환두대도는 그 형식과 공반된 금제 수식부이식 등으로 볼 때 대가야의 왕도인 고령지역에서 제작되었으며, 지산동고분군의 용봉문환두대도는 도굴되어 남아있지 않은 것에 기인한다.

2) 역사 지리적 환경

다라多羅는 526~536년경 중국 양梁에 파견된 외국인 사절을 그림으로 그려 해설한 양직공도梁職貢圖에 보인다.

사신의 모습과 복식은 각국의 특색을 나타내고 있으며, 그림에 따르는 기록은 그 나라의 상황과 중국과의 왕래 사실을 서술한 것으로, 『양서梁書』제이전諸夷傳의 서술과 부합되고 있다. 특히 삼국시대 백제 사신의 모습과 이에 대한 기술은 다른 곳에서 찾아볼 수 없는 귀중한 자료이다.

백제에 부속된 나라로 반파叛波, 탁卓, 다라多羅, 전라前羅, 사라斯羅, 지미止迷, 마련麻連, 상기문上己汶, 하침라下枕羅 9개의 국을 열거하고 있다.

『일본서기』흠명欽明2년(541년) 4월조에 의하면 신라에 병합된 금관가야인 남가라, 탁기탄 등을 재건하기 위하여 백제 성왕이 주재한 회의에 다라국이 참가하고 있다.

다라국은 황강하류역에 위치한다. 황강은 거창에서 발원하여 합천 적포에서 낙동강에 합류한다. 황강의 상류력에는 거창 개봉동고분과 무릉리고분군이 위치한다. 중류역에는 합천 반계제, 저포리고분군이 있다.

황강은 상류역에서는 북으로 신풍령을 넘으면 백제영역인 금강수계인 무주와 연결되고, 서쪽으로 나아가면 남강수계인 함양과 연결되며, 하구는 창녕지역에 면하고 있다. 그래서 황강은 백제와 신라를 연결하는 교통로의 역할을 하였다. 다라국의 왕묘인 옥전고분군에서는 백제와 신라문물이 다수 확인되는 점도 이를 방증한다. 이는 642년 백제 의자왕이 신라 침공을 위해 합천의 대야성을 공략하는 것에서도 잘 알 수 있다. 이처럼 다라국은 황강의 교통을 기반으로 성립되었으며 황강을 사이에 두고 위치하는 합천 쌍책과 초계지역으로 구성되었다.

왕묘역인 옥전고분군은 낙동강과 합류하는 하구에서 약 7km 들어간 황강黃江 북안의 돌출한 해발 50m의 구릉에 위치한다(도 Ⅵ-46). 고분군의 동남쪽 황강 북안의 돌출한 해

발 50m 구릉 말단부에는 성산리토성이 입지하며 이 토성내에서는 가야토기가 출토되었다. 이 고분군이 위치하고 있는 쌍책지역은 초계분지와 함께 황강하류역의 교통의 요충要衝으로 황강과 낙동강의 수로를 이용하여 주변의 창녕, 의령지역과 고령, 거창지역과도 쉽게 교통 할 수 있는 곳이다.

　옥전고분군에서는 철제 무기, 갑옷, 말갑옷, 말투구 등이 다수 부장되고 철소재인 주조철부가 다수 출토되어 이 지역 집단이 고도의 철 생산 기술을 보유하였을 가능성이 크다. 옥전고분군에서는 백제계의 금제 이식, 금동제 관모 등과 신라로부터 이입된 로마유리기, 경옥제 곡옥, 금동제 관 등이 출토되어 주목된다.

3) 권역과 구조

다라국은 황강을 사이에 두고 위치하는 합천 쌍책과 초계지역으로 구성되었으며, 북쪽의 쌍책지역에는 다라多羅의 왕묘역을 포함한 옥전고분군이 존재한다. 이 옥전고분군의 남동측에는 왕성인 성산리토성이 있다(도 Ⅵ-47).

　다라의 영역은 북쪽으로는 대가야와 경계를 이루고 동측은 낙동강에 접한다. 남쪽은 수장묘가 확인되지 않는 초계분지까지 포함한다. 서쪽 경계는 원래 황강을 거슬러 올라가

도 Ⅵ-47   다라국왕성(합천군 성산리토성)

대병면 부근까지이었던 것으로 파악된다.

　　그래서 그 중간에 위치하는 합천읍도 원래 다라의 영역이었으나, 5세기 후엽 이후는 대가야의 직할령에 속한 것으로 본다.

　　이는 합천읍 소재지에 위치하는 영창리고분군과 대야성의 출현에서 알 수 있다.

　　대야성 배후의 구릉에 위치하는 영창리고분군은 직경 20m 정도의 봉토분이 7기 확인되었으며, 소형석곽들도 다수 분포하고 있을 것으로 추정된다. 능선의 최상단 정상부에는 대형분이 위치한다. 이 고분군은 석곽의 구조가 수혈식 또는 횡혈식이며, 봉토분의 주변에서 채집된 발형기대 등의 토기편으로 볼 때 5세기 말에서 6세기 중엽에 걸쳐서 조영된 것으로 추정된다. 분구의 규모가 옥전고분군에 필적하고 그와는 달리 높고 원형인 것이 특징이다. 이는 매장주체부가 전통적으로 위석목곽묘인 옥전고분군과는 달리 고령 지산동고분군과 같은 수혈식 석곽묘일 가능성이 크다.

　　이 지역은 6세기 전엽 대가야가 진주방향으로 남하할 때 그 중간 결절점인 삼가 지역을 확보하기 위해 거쳐야하는 교통로상에 해당한다. 채집된 토기편은 모두 대가야양식이고 축조 시기가 5세기 말~6세기 초인 점에서 대가야왕권의 산하傘下에 들어 간 것으로 파

384

악된다. 전술했다시피 이 시기에 돌연 인접한 황강변에 석축성인 대야성이 축조되는 것에서도 증명되는데 대야성은 다라국이 축조한 토석 혼축의 성산토성과 기법이 다르고 그 규모나 위치로 볼 때 다라국에 의한 축조로 볼 수 없기 때문이다. 편축의 석축 기법과 석재가 고령 주산성과 유사한 점에서 대가야의 중심국인 가라국의 주도하에 축조된 것으로 판단된다.

이렇게 본다면 다라국의 원래 영역은 황강하구에서 황강을 거슬러 올라가 대병면 부근까지이었으나, 5세기 말 6세기 초부터 합천읍 일대는 대가야의 직할령에 들어가, 6세기부터 멸망까지는 황강 하류역인 초계, 쌍책일대만 영유한 것으로 볼 수 있다.

옥전고분군의 주변에는 별도의 구릉에 하위의 수장묘를 중심으로 하는 다라리고분군, 오서리고분군, 상포리고분군이 분포한다. 아직까지 주변 고분군이 조사되지 않아 영역내 구조를 파악하기 어렵다.

합천 옥전고분군에서는 앞에서 살펴본바와 같이 제 2등급의 대수장묘를 비롯하여 제 3~4등급의 수장묘가 존재한다 중심지의 탁월성은 인정되지만 현재까지는 고령지역과 같이 거점지구의 4등급 수장묘를 중심으로 고분군이 존재하는 것으로 보기 어렵다. 이는 양국의 격차를 반영하는 것으로 본다.

4) 성립과 전개

옥전고분군은 몇 개의 능선에 걸쳐 조성되어 있으며, 수장묘역은 4세기에는 동편 능선 정상부를 중심으로 조영되다가, 5세기이후 서쪽 건너편 능선으로 이동하여 조영된 것으로 확인되었다. 즉 동쪽의 능선 정상부에 수장묘인 23호묘 등이 조영되다가 5세기 전엽 목곽봉토분이 등장하면서 건너편 서쪽능선으로 묘역이 옮겨졌으며 그 이후 M2, M1호분 → M3호분 → M4, M6, M7호분 → M10호분 → M11호분의 순서로 조성되었다.

54호묘는 4세기 초를 전후한 시기에 동쪽 목곽묘군의 중간 지점에 조영된 것으로 대형 묘광을 파고 목곽을 설치한 후, 목곽의 사방을 할석으로 채우고 목곽 위도 할석을 덮은 구조이다. 유물은 고배, 노형토기, 양이부승석문타날호, 침선문針線文 개蓋와 관곽棺槨을 고정시킨 꺾쇠, 경식頸飾이 출토 되었다. 이 고분은 규모로 볼 때 수장묘로 파악되며, 부장된 토기가 아라가야양식인 점과 함께 그 구조가 적석목곽묘와 유사한 점이 주목된다(도 Ⅵ

도 Ⅵ-48　다라국왕릉(합천군 옥전 54호묘)

옥전 68호목곽묘는 4세기 후엽의 소형 목곽묘이지만 일본열도산 판갑과 창녕산 토기를 부장하고 있어 주목된다.

23호묘는 4세기말을 전후하여 조영된 고분으로 동쪽 목곽묘군의 최정상부에서 사면으로 이어지는 북서쪽 경계부분에 있다. 이 고분은 장방형의 넓은 묘광을 파고 대형 목곽을 설치한 후 목곽과 묘광 사이의 공간은 흙과 돌로 채운 구조이며, 묘광내부의 함몰된 흙으로 볼 때 봉분이 있었을 것으로 파악된다. 목곽 안에는 3열의 할석으로 짠 관대 위의 꺾쇠의 범위에 목관이 있었던 것으로 파악된다. 부장품은 토기류는 고배高杯, 발형기대鉢形器臺 등이며 그 중 가장 많은 수를 차지하는 고배에는 창녕 지역산으로 보이는 것과 신라양식의 것도 포함되어 있고, 발형기대에는 대가야양식도 1점 확인된다. 부장품 가운데 장식성이 높은 순금제 이식과 금동제의 관모와 만곡종장판주灣曲縱長板冑, 화살통, 심엽형 행엽心葉形杏葉 등과 함께 환두대도, 철모鐵鉾, 갑주 등의 무구, 그리고 말투구, 등자 등의 마구가 다수 부장된 점, 또 이식과 관모가 백제 지역산일 가능성이 큰 점이 주목된다. 23호묘는 옥전고분군내에서도 규모가 가장 큰 목곽묘이며 출토유물로 볼 때 백제 지역과 낙동강 이동 지역과 교통한 다라국의 최고 수장묘로 파악된다(도 Ⅵ-49).

M1호분은 5세기 중엽을 전후하여 고총이 조영되는 서쪽 능선의 가장 동쪽에 입지하

며, 봉분의 직경 약 20m이다. 석곽은 반지상식으로 위석식 목곽분圍石式木槨墳이다. 이 묘제는 석곽묘로도 볼 수 있으나 평면 형태는 장방형이며 목곽의 주위를 석곽처럼 짜서 맞춘 목곽으로 보는 것이 합리적이다. 이는 석곽묘에 일반적으로 보이는 개석蓋石이 없는 점에서도 그러하다.

이 고분은 매장주체부의 중앙에 격벽隔壁을 만들어 주곽主槨과 부곽副槨으로 구분하였다. 주곽에는 피장자被葬者 머리쪽에 찰갑札甲이 놓여 있고 그 좌우에 대도大刀와 철모鐵鉾가 부장되어 있었다. 도굴이 되지 않은 발치쪽 가까이에는 말갑옷과 그 좌우로 화살

도 VI-49   다라국 4세기 말 왕릉(합천군 옥전 23호묘)

통, 화살촉, 등자, 그 뒤로는 장식성이 풍부한 금동제金銅製 안교鞍橋 등의 마구馬具, 금동제 허리띠 등이 출토되었으며, 격벽 가까이에서는 로마유리기가 출토되었다. 부곽에는 서장벽을 따라서 대옹大甕을 비롯한 호류壺類가 놓여 있고 그 반대쪽에는 주로 고배가 부장되었는데 그 가운데 창녕산 토기가 다수 확인된다. 그리고 토기가 부장되지 않은 단벽 쪽 넓은 공간에는 엘크로 보이는 동물뼈들이 확인되었다. 그리고 M1호분 호석의 서쪽 가장자리 선을 따라 나란히 축조된 M1-1호묘, M1-2호묘, M1-3호, 87호묘와 동쪽 가장자리 선을 따라 조영된 83호묘, 84호묘는 배치와 부장품으로 볼 때 순장곽으로 파악되며, 인접한 82호분은 독립된 호석을 가지고 장식성이 풍부한 경식을 가진 점에서 순장자보다 높은 신분의 배장묘倍葬墓로 추정된다.

이상 M1호분은 다수의 순장곽이 확인된 점, 경주로부터 창녕 세력의 중계에 의해 반

도 Ⅵ-50   다라국 5세기 중엽 왕릉(합천군 옥전M1호분)

입된 로마유리기가 부장된 점에서 다라국 최고 위계의 수장묘로 파악된다(도 Ⅵ-50).

M3호분은 5세기 후엽에 M1호분의 서쪽에 접하여 조영되었다. 봉분의 지름은 약 20m이며 반지상식 위석식목곽분으로, 평면 장방형이며 가운데에 격벽을 만들어 주곽과 부곽으로 나누었다. 주곽에는 가운데 부분에 주조철부鑄造鐵斧를 장방형으로 깔아서 관대棺臺로 하였다. 머리쪽에는 금동제의 안교鞍橋를 비롯한 장식성이 풍부한 마구를, 좌우에는 용봉문환두대도龍鳳文環頭大刀 등이 출토되었다. 그리고 관대위에는 1쌍의 금제이식과 1자루의 용봉문환두대도가 놓여 있었다. 한편 부곽에는 83점의 토기들이 출토되었으며 또한 부곽의 북쪽공간에는 복수 개체의

사슴뿔과 뼈가 발견되었다. 이 고분은 다수의 용봉문환두대도 등의 풍부한 위의구威儀具가 출토되어 다라국의 최전성기의 왕묘로 파악된다. 이 시기 부장 토기가 종래 M1호분 단계까지 지속적으로 부장되던 창녕양식에서 대가야양식으로 교체되는 현상이 관찰되어 대가야 왕권과 다라국 왕권과의 결합이 상정된다(도 Ⅵ-51).

M11호분은 가장 서쪽에 위치한 고분으로 다라국 멸망직전인 6세기 중엽에 조영된 경사가 심한 사면에 축조된 호석 직경 18m인 대형의 봉토분으로, 연도羨道가 오른쪽에 딸린 횡혈식석실분橫穴式石室墳이다. 장축은 동남-북서향이며, 측벽側壁은 4벽 모두 할석을 옆으

388

로 쌓았는데 후벽과 측벽은 15단 정도 쌓았는데 8단까지는 수직으로 그 이상은 내경하게
올렸으며 상위 1~2단은 벽석 뒤에 납작하고 긴 할석을 서로 맞물리게 하면서 뒤로 길게
빼내어 내경하는 상단부의 측벽을 보다 견고하게 축조하였다. 금제이식, 식리飾履, 은제 대
장식구帶裝飾具와 목관 부속구인 연판蓮瓣장식, 금으로 장식한 못 등이 출토되었다. 이 고분
은 다라국 마지막 왕의 무덤으로 석실 구조가 공주의 송산리식 횡혈식석실분 계통이고 장
신구와 목관 장식구에도 백제 양식의 영향이 엿보인다.

　　이 고분군의 발굴을 계기로 문헌에 나타나는 다라국多羅國이 옥전고분군을 중심으로
황강하류역에 실재하였음이 확인되었다. 다라국은 출토 유물로 볼 때 교통의 입지적 특성
을 바탕으로, 이를 매개로 한 교역 특히 낙동강 이동 지역과 가야 내륙지역 그리고 백제 지
역을 연결하는 중계 교역과 교섭이 성장의 배경으로 작용하였으나 한편 입지적인 특성 때
문에 지속적으로 대가야와 신라와 같은 외부세력으로부터 영향과 견제를 받아온 것으로
파악된다.

　　다라국의 왕릉은 화려한 부장품이 출토되었으나 150여 년에 걸쳐 조영된 확실한 왕릉

으로 추정되는 M2, M1호분 → M3호분 → M4, M6, M7호분 → M10호분 → M11호분의 축조과정에서 그 입지와 매장주체부의 구조, 부장품에서 고령 지산동 44호분과 같은 격절성을 띠는 변화가 보이지 않는데, 이는 다라국 왕권의 한계를 반영하는 현상으로 본다.

6세기 후엽 옥전고분군이 위치하는 구릉 정상부의 동북쪽 사면에서 경주 방내리고분군과 유사한 신라형 횡혈식석실인 M28호분이 축조되어 다라국이 멸망했음을 알 수 있다.

6. 기문

호남 동부지역은 호남정맥에 의해 자연지형상 영산강유역에 형성된 서쪽 해안의 평야지대와는 뚜렷하게 구분되는 산악지대로서 전라좌도로 불린 곳이다. 이러한 지형적인 차이에도 불구하고 근래까지 호남 동부지역은 백제영역으로 인식되어 왔으나, 최근의 고고학 연구로 4~6세기에는 가야권역에 속하는 것으로 밝혀졌다.

삼국시대 호남 동부지역의 최대 중심지인 남원은 양직공도梁職貢圖 백제국사조,『삼국사기』잡지 1 가야금조,『일본서기』계체繼體기에 등장하는 기문己汶 지역으로 비정되고 있다.

기문은 대가야권역에 속하나 독립된 앞에서 언급한 다라와 같이 소국명을 가진 일정한 독립성을 띤 소국으로 본다.

1) 논점

곽장근은 일본서기와 양직공도 등에 보이는 기문己汶의 위치를 섬진강수계에 속한 것으로 보지 않았는데, 그 이유로는 섬진강 수계권에서 가야계 중대형 고총이 발견되지 않은 것을 들며 기문이 남강수계에 위치한다고 보았다. 또한 기문에 대하여 남원 월산리와 두락리고분군을 중심으로 장수 삼봉리·동촌리고분군, 함양 상백리고분군·백천리고분군, 산청 중촌리고분군, 합천 봉계리고분군의 중대형 고총에서 봉토 호석시설이 보이지 않는 점, 고령양식과 소가야양식이 혼재된 토기 부장양상을 보이는 점, 임천강을 중심으로 하나의 분포권을 형성하는 점을 들어 남원 월산리·두락리를 중심으로 남강 중유역을 포괄하는 영역국가로 파악하였다(곽장근 2006).

기문의 위치를 남강수계권으로 본 것은 고고자료로 볼 때 타당한 의견이라고 생각한다. 그러나 남원 월산리와 두락리고분군과 주변의 고총은 공통점도 보이지만 차이점도 많다는 점에 주목할 필요가 있다.

먼저 이 고분군들은 같은 수계에 속하지만 지형상으로 독립된 단위일 가능성이 높다고 생각된다. 즉 남원 월산리와 두락리고분군이 위치한 아영분지, 함양 백천리고분군이 위치한 함양분지, 산청 생초고분군이 위치한 생초분지는 지형상으로 뚜렷하게 구분된다. 아영지역에서 제작된 대가야양식의 평저 유개장경호와 같은 토기가 유통되지 않고, 각 지역에서 독자적으로 대가야양식 토기가 제작된 것에서 그러하다. 그리고 고령양식과 소가야양식이 혼재된 토기 부장양상은 5세기 중엽 전후의 시기적 지역적인 특징으로 보고자 한다. 또한 함양 백천리고분군과 장수 삼봉리고분군에서는 남원 월산리와 두락리고분군에서 보이지 않는 순장이 확인되었다. 그리고 고분군의 규모에서는 남원 두락리고분군의 탁월성은 인정되나 산청 생초고분군의 규모와 장대한 수혈식석곽으로 볼 때 양자간 상하관계를 설정하기 어렵다.

따라서 남강중유역의 제諸정치체는 남원 두락리고분군 조영세력을 중심으로 여러 분지의 정치체가 하나의 단위로서 결집된 것으로 볼 수 없고, 대가야와 각각 개별적인 상하관계하에 놓여 있었던 것으로 상정할 수 있다. 그리고 아영지역의 중심이 월산리고분군 주변에서 두락리고분군 주변으로 변화하는 과정에서 대가야의 정치적 개입이 상정되는 것에서, 두락리고분군의 규모의 탁월성은 역시 이곳이 가진 전략적 위치에 대한 대가야의 관심과 후원과 관련있는 현상으로 본다.

최근 호남동부 전북지역의 가야고분이 활발하게 조사되고 조명되면서, 이 지역의 고총, 산성과 봉수, 철생산에 주목하여 전북가야론이 대두되었다.

전북가야론은 기존의 대가야영역으로 보아온 이 지역(박천수 1996, 1997)의 정치체를 백제와 대가야 사이에 위치한 독자적인 가야인 장수가야, 운봉가야로 설정(곽장근 2010, 2011)하며, 나아가 전남과 경남에 속하는 섬진강 중상류역의 가야지역까지 영향을 미쳤다고 한다(전상학 2017).

한편 이 지역은 대가야권에 속하는 정치체였으나 지역국가인 기문을 사용할 정도로 자율성을 가지고 있었다고 보기도 한다. 또한 고령 대가야세력이 이 지역집단을 매개로 중국 남조와 교류한 것으로 보았다(김재홍 2017).

　필자는 그간 이 지역을 백제 신라의 중앙과 지방과 같은 개념으로 파악한 것은 문제
가 있다고 보지만, 고고자료뿐만 아니라 문헌사료에서도 이 지역에 대한 영유를 다투고 있
는 주체가 어디까지나 대가야와 백제인 점에서 백제와 대가야 사이에 위치한 독자적인 가
야인 장수가야, 운봉가야로 보기 어렵다고 본다. 특히 그 고고학적 증거인 산성과 봉수, 철
생산의 연대를 삼국시대로 볼 수 있는 적극적인 증거를 찾을 수 없고, 그 운영주체를 이 지
역 세력으로 볼 수 없기 때문이다.

2) 역사 지리적 환경

기문은 526~536년경 백제주변의 소국에 대하여 기술한 양직공도梁職貢圖 백제국사조에 보
인다(도 Ⅵ-52).

　『삼국사기』권 32잡지 1 가야금조에 가야국 가실왕이 우륵에게 가야금 12곡을 작곡하
게 한 내용이 보인다. 대가야의 권역을 나타내는 우륵 12곡의 상기물上奇物, 하기물下奇物로 각각 비정된다(김태식 2002: 262-263).

　『한원翰苑』백제전에는 기문하가 보이며 이강은 섬진강을 포함하는 수역으로 보고 있다. 『신찬성씨록新撰姓氏錄』기치타노노무라지吉田連조에는 삼기문, 즉 기문이 상 중 하로 구성된 기록이 보인다. 『속일본후기續日本後記』에도 상기문이 보인다. 그래서 기문은 상중하의 세지역으로 나뉘어져 있고 소국으로 기능한 것은 상, 하 2개의 소국일 가능성이 있다(김재홍 2017: 54).

　기문이 위치하는 호남 동부지역은 험준한 산간분지에 위치하고 있으나, 한편 섬진강수계와 금강수계를 통하여 바다와 내륙을 남북으로 연결하는 교통의 요충지이다.

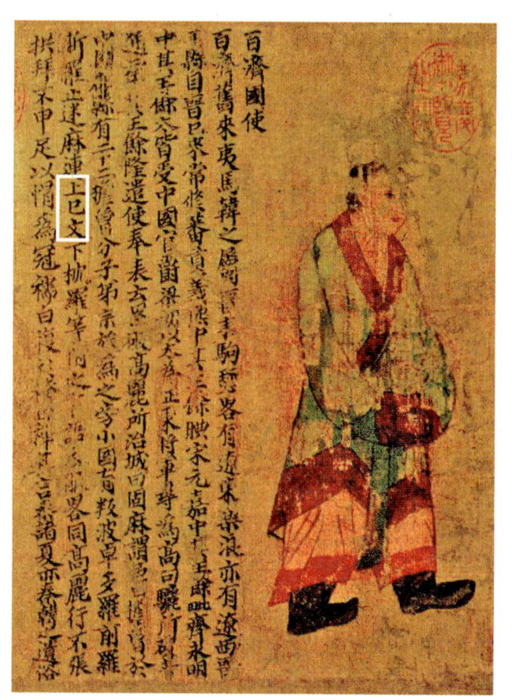

도 Ⅵ-52　양직공도에 보이는 기문

특히 기문의 중심지로 비정되는 남원 운봉 아영지역은 고원지대로서 남강수계에 속한다. 이 두 지역은 남강 상류역에 위치하며 원래 함양에 속했다. 이 지역에서 남강을 따라서 동쪽으로 나아가면 함양과 산청으로 연결되며 북쪽으로 올라가면 남강수계의 장수지역에 접하고 서쪽으로 나아가면 남원분지에서 섬진강수계인 요천과 접하여 곡성, 구례를 따라서 남하하면 항구인 하동에 도달한다.

5세기 후반에는 남원 월산리고분군을 비롯한 대가야식 고총이 출현한다(도 Ⅵ-53). 이는 내륙에 위치한 대가야가 남해안의 항구를 확보하기 위해 호남 동부지역으로 진출한 것을 반영하는 것이다. 그런데 6세기 전반에는 남원 초촌리고분군을 비롯한 백제식 횡혈식석실분과 함께 백제산성이 출현한다. 이는 한강유역을 상실한 백제가 웅진으로 천도한 이후에 가야지역을 확보하기 위해 호남 동부지역을 공략한 것을 보여주는 것이다.

따라서 호남 동부지역을 둘러싼 대가야와 백제의 충돌은 필연적인 것이었으며, 이를 보여주는 역사적 사건이 『일본서기』에 보이는 이른바 임나사현任那四縣과 기문, 대사帶沙지역을 둘러싼 대가야와 백제의 공방이다.

남원지역은 섬진강수계, 남강수계를 통하여 바다와 내륙을 남북으로 연결하는 교통의 요충지로, 월산리, 두락리고분군으로 볼 때 삼국시대 호남 동부지역의 최대 중심지로서 기문으로 비정되고 있다.

도 Ⅵ-53 기문국 유력 수장묘군(남원시 월산리고분군)

　　1982년 월산리고분군 발굴로 남원지역이 가야문화권임이 밝혀졌으며, 그 후 두락리
고분군의 조사로 특히 대가야와의 상관성이 주목되었다.

3) 권역과 구조

기문의 위치에 대해서는 남원동부-운봉고원(곽장근 1999), 남원서부-임실(김태식 1993
2002, 田中俊明 1992, 박천수 2009), 김재홍은 상기문(장수), 중기문(임실), 하기문(운봉)
으로 비정하였다(김재홍 2012).

　　필자는 양직공도가 만들어진 530년대 상기문 만이 보이는 점에서 기문은 크게 상하
로 분류하고자 한다. 왜냐하면 이 시기에는 하기문인 남원분지는 이미 백제에 병합되었기
때문에 상기문만 남아 있었다고 생각되기 때문이다. 그래서 기문己汶은 남강수계의 월산
리, 두락리고분군이 고분군이 위치하는 남원 아영지역을 중심으로, 금강수계의 장수 동촌
리고분군이 위치하는 장수지역, 섬진강수계의 임실 금성리고분군을 중심으로 하는 남원분
지일대로 구성된다.

　　고원지대에 위치하는 남원 아영지역은 호남 북부지역 최대의 고총군인 월산리와 두
락리고분군이 위치한다. 한편 인접한 운봉분지에는 매요리고분군, 임리고분군, 권포리고
분군, 신기리고분군, 장교라고분군 등이 분포하지만 모두 소규모 고분군이다. 그래서 아영
분지의 세력이 두 분지를 통합한 것으로 판단한다(박천수 1995).

　　금강수계의 장수지역은 장수분지와 장계분지로 구성되며 전자에는 동촌리고분군, 후
자에는 삼봉리고분군이 위치한다. 장수분지의 동촌리고분군은 직경 20m급 고총을 중심
으로 40여기가 분포한다(도 Ⅵ-54). 장계분지의 삼봉리고분군은 직경 20m급 고총을 중심
으로 20여기가 분포한다. 또 삼봉리고분군에 연결되는 직경 15m급 고총을 중심으로 15여
기가 존재하였던 월강리고분군이 존재한다.

　　섬진강수계의 임실 금성리고분군에서는 직경 15m의 봉분을 가진 이전에 조사된 A호분
과 이 곳에서 북동쪽으로 약 200m 떨어진 북쪽에 위치하는 직경 8m의 봉토분이 확인된다.

　　이와 같이 세 지역으로 구분되는 기문에서 상기문에 해당하는 아영분지의 월산리·두락
리 축조세력이 고분군의 규모에서 탁월성은 인정되지만 같은 상기문에 해당하는 장수지역
에도 그에 필적하는 고분군이 존재한다. 따라서 남원 두락리고분군 조영세력을 주축으로 분

지를 초월하여 여러 분지가 하나의 단위로서 결집된 것으로 볼 수 없고, 대가야와 각각 개별적인 상하 관계 하에 놓여있었던 것으로 상정된다. 또한 상기문의 경우 장수분지와 장계분지는 고분군의 규모차가 보이지 않는 점에서 두 지역 세력이 병립한 것으로 본다.

하기문에 해당히는 섬진강수계의 남원분지는 앞의 두 지역에 비해 고총의 존재가 현저하지 않는 점이 주목된다.

다음은 기문지역 세력의 대가야권역에서 위계를 검토하고자 한다. 앞에서 언급한

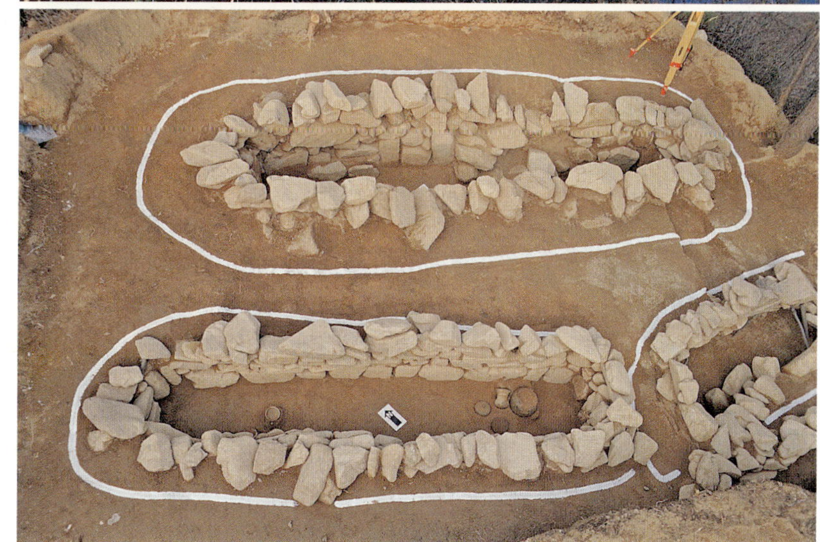

도 Ⅵ-54　기문국의 유력 수장묘군(장수군 동촌리고분군)

바와 같이 대가야권역은 제1등급 최고수장, 제2등급 대수장, 제3등급 상위수장, 제4등급 하위수장으로 편제된다.

5세기 말에 조영된 대형분인 남원 두락리 32호분은 직경 21m의 봉토분으로 주곽과 부곽이 좌우로 병렬되게 배치되었으며, 길이는 주곽 7.5m, 부곽 5.1m의 규모이다. 주곽에서는 중국산 의자손수대경宜子孫獸帶鏡과 백제산 금동제 식리飾履가 부장되었으며, 부곽에서는 고령산 발형기대가 13점 출토되었다(도 Ⅵ-55).

같은 시기에 조영된 대형분인 산청군 생초M13호분은 직경 23m의 봉토분으로 주곽과

도 Ⅵ-55 5세기 말 기문국의 유력 수장묘(남원시 두락리 32호분)

부곽이 좌우로 병렬되게 배치되었으며, 길이는 주곽 6.8m, 부곽 4.5m의 규모이다. 주곽에서는 대가야산 용봉문환두대도가 부장되었으며, 부곽에서는 고령산 발형기대가 16점 출토되었다.

같은 시기에 조영된 고령군 본관동 36호분은 직경 20m 전후의 봉토분으로 주곽과 부곽이 좌우로 병렬되게 배치되었으며, 길이는 주곽 10m, 부곽 5.1m의 규모이다. 주곽은 대부분 도굴되었으며, 부곽에서는 고령산 금제 수식부이식이 출토되었다.

이 세 고분은 서로 상당한 거리를 두고 떨어진 다른 지역에 축조되었음에도 불구하고 봉토, 주 부곽의 규모와 배치가 매우 흡사하다. 특히 고령 본관동 36호분과 규모와 구조가 유사한 점은 두락리 32호분과 생초M13호분이 대가야 묘제의 축조 기획에 따라 조영된 것을 알 수 있다. 이는 두 고분에서 고령지역에서 제작·이입되어 부장된 발형기대의 개수도 흡사한 데서도 방증된다. 생초M13호분은 중국제와 백제산 위신재는 보이지 않지만 대가야산 금동제 용봉문대도가 부장되었다. 이 생초M13호분과 본관동 36호분은 대가야권역의 제 3등급인 상위수장묘에 해당한다.

그리고 6세기 중엽 횡혈식석실분인 두락리 2호분은 평면 형태와 규격이 합천군 저포리D지구 1-1호석실분과 유사하다. 이 두 고분도 제 3등급인 상위수장에 해당한다.

이상으로 볼 때 남원 두락리 32호분은 중국제와 백제산 위신재를 출토됨에도 불구하

고 대가야왕권과 독립된 존재로 보기 어렵다. 대가야왕권이 지방의 수장을 편제하고 통제
한 것으로 생각되기 때문이다.

4) 성립과 전개

여기에서는 먼저 남원지역 출토 유물을 통하여 시기별 이 지역 세력과 영남지방 가야세력
과의 관계망 변화와 그 정치적 향방에 대하여 논하고자 한다.

　나아가 이 지역에 백제에 병합되는 시기와 과정에 대해 접근하고자 한다. 그리고 월산
리M5호분에서 출토된 중국 남조산 계수호의 이입 배경과 역사적 의의에 대해 살펴보고자
한다.

　4세기 남원지역에 최초로 이입된 가야토기는 아라가야 토기로서 전북대학교 박물관
소장 이영지역 출토 승석문호와 노형기대 등이 있다. 이 시기 남원지역의 아라가야양식 토
기는 남강을 통해 이입된 것으로 보이며, 영남지방의 분포권 성립과 궤를 같이 하고 있기
때문에 이 지역이 아라가야 세력의 관계망에 연계되었음을 알 수 있다.

　이 지역이 아라가야와의 관계망과 연계된 것은 공주시 남산리고분군 출토 승석문호
에서 알 수 있는 바와 같이, 남강과 금강을 연결하는 중계 역할을 담당한 것에 기인한다고
볼 수 있다. 4세기 아라가야와 남원지역의 관계는 낙동강, 남강수계의 집단과 같이 교역을
매개로 한 병렬적인 것으로 본다. 이 시기 가야의 정치적 발전 수준은 김해 대성동세력과
부산 복천동세력과의 관계로 볼 때 소국 연합단계로 볼 수 있다.

　5세기 전엽 남강상류역의 남원 광평리고분군, 청계리고분군 출토 삼각투창고배와 수
평구연호, 발형기대는 전형적인 소가야양식 토기로서 영남지방의 소가야토기 분포권 성립
과 궤를 같이 한다.

　5세기 중엽 월산리M1호분의 묘제도 소가야와 관련되어 주목된다. 이 고분의 매장주
체부는 꺾쇠와 관정으로 결합한 목관을 안치한 세장방형석곽과 같은 대가야형 묘제이지
만, M1-A호곽을 중심으로 동쪽에 6기의 중소형의 B-G곽이 연차적으로 봉토를 연접하여
축조된 다곽분인 점이 주목된다. 아직 전시기 이 지역 수장묘가 조사되지 않아 분명하지
않지만 5세기 중엽 고성지역과 같은 소가야식 묘제가 남원지역에 도입되었을 가능성이 크
다. 이처럼 남원지역도 소가야의 묘제와 토기 양식이 도입된 것으로 볼 때 소가야연합의

도 Ⅵ-56   5세기 후엽 기문국의 유력 수장묘와 출토 대가야산 수식부이식(남원 월산리M5, 6호분)

일원으로 볼 수 있다.

그런데 주곽인 M1-A호곽에서는 대가야형 묘제와 함께 대가야양식의 토기, 갑주, 무기가 확인되었으며, 월산리M5, 6호분에서는 대가야양식의 금제 수식부이식이 출토되었다(도 Ⅵ-56). 대가야산 이식은 5세기 후반 함양군 백천리고분군, 장수군 봉서리고분군, 고성군 방송리고분군, 순천시 운평리고분군 출토품으로 볼 때 대가야 양식의 토기와 묘제와 함께 대가야권역에 분포하는 위신재라 볼 수 있다.

5세기 후엽 월산리M5호분 출토 중국 남조산의 청자 계수호가 출토되었다(도 Ⅵ-57). 계수호는 이제까지 천안시 용원리 9호분, 공주시 수촌리 4호분과 같이 백제지역에서 확인된 바가 있으나, 가야지역인 월산리M5호분에서 출토되어 주목된다.

월산리M5호분 출토 계수호는 절강성浙江省 서안瑞安 융산隆山 송宋 대명大明5년(461년)묘 출토품과 형식이 유사한 것으로 보고 있다(박순발 2012: 119).

그런데 문제는 계수호의 이입 과정과 배경이다. 박순발은 묘제와 토기양식이 대가야 계통임을 인정하면서도 고령지역에서의 출토예가 없기 때문에 공반된 철제 초두와 함께 백제를 통해 입수한 것으로 보았다. 그리고 백제 중앙정권이 대가야의 정치적 영향하에 있었던 남원지역의 수장에게 사여한 것으로 보았다(박순발 2012: 120).

그런데 백제지역 출토 계수호의 부장 시기가 천안시 용원리 9호분은 4세기 후엽, 공

398

도 Ⅵ-57 5세기 후엽 기문국의 유력 수장묘
출토 남조산 청자 계수호(남원시 월산리M5호분)

주시 수촌리 5세기 전엽이지만, 월산리 M5호분 출토품은 본고에서 편년한 바와 같이 5세기 후엽인 점이 주목된다. 이와 함께 중국 남조산 도자기가 출토된 지역이 모두 백제 영역내에 속하지만, 이 지역만이 대가야 권역에 포함된다는 점이 흥미롭다. 그에 대해서는 앞에서 언급한 박순발의 견해처럼 백제 중앙정권이 대가야의 정치적 영향 하에 있었던 남원지역의 수장에게 사여한 것으로 보는 견해가 주류이다.

그러나 필자는 백제지역 출토 계수호의 연대가 4세기 후엽~5세기 전엽인 점, 중국 남조산 도자기가 출토된 지역이 모두 백제 영역내에 속하나, 이 지역만이 대가야 권역에 포함된 점에서 대가야 왕권에 의해 이 지역 수장에게 사여된 것으로 본다. 이는 부장 시점이 479년 대가야의 남제南齊 견사遣使가 이루어진 직후인 점에서 더욱 그러하다. 또한 475년 한성漢城이 함락에 의해 일시기 멸망에 빠진 백제가 과연 이 시기 남원지역 수장에게 이를 사여할 수 있는 여력이 있었는지 의문이다.

왜냐하면 이 시기는 백제와 남조와의 교섭이 단절되는 시기이기 때문이다. 이는 이하의 기록에서 확인된다. 즉『삼국사기』문주왕 2년(476년), 사신을 송에 보내어 조공하려 했으나 고구려가 길을 막아 가지 못하고 돌아왔으며,『삼국사기』동성왕 6년(484년), 추 7월 남제에 조공하려 하였으나 서해 가운데에서 고구려병을 만나 가지 못하였다. 백제와 남조의 교섭이 재개되는 것은 490년대에 이르러서야 가능하였다.

필자는 월산리M5호분 출토 중국 남조산의 청자 계수호는 대가야의 남제를 증명하는 것으로, 견사 또는 직전의 남조와의 교섭에 이입되었으며, 동아시아세계에 대가야가 등장했음을 웅변하는 문물로 본다.

5세기 말 두락리 32호분에서는 문양과 형태로 볼 때 고령지역에서 제작·이입된 13점의 발형기대가 부장되었다. 그런데 이 고분에서는 무령왕릉에서 출토된 의자손수대경宜子孫獸帶鏡과 익산 입점리 1호분과 나주 신촌리 9호분에서 출토된 금동제 식리가 확인되었다. 중국산 의자손수대경과 백제산 금동제 식리飾履는 두락리 32호분이 주부곽이 좌우로 나란히 배치된 고령 본관동 36호분, 산청 생초M12호분과 같은 구조이고 내부에 관정과 꺾쇠로 결합된 대가야식 목관이 사용된 점과 그 외 대부분의 부장품이 대가야양식인 점에서 백제를 통해 직접 입수하였을 가능성도 있으나 대가야 중앙정권을 통해 사여되었을 가능성도 크다. 왜냐하면 크게 보면 송산리형 횡혈식석실분인 6세기 중엽 두락리 2호분은 평면 형태와 규격이 합천군 저포리D지구 1-1호석실분과 일치하고 있어 백제로부터 직접 도입된 것으로 볼 수 없고, 고령 고아동형 석실의 영향에 의해 축조된 것으로 생각되기 때문이다(도

Ⅵ-58).

그래서 월산리M5호분과 두락리 32호분의 중국제와 백제산 문물은 이 지역 세력이 직접 백제와 통교하여 입수한 것으로 보기 어렵다. 이는 기문이 대가야의 통제 아래 있었으나 섬진강 수계를 통하여 남해안으로 나아갈 수 있고 금강수계를 통하여 백제와 연결되는 교통의 요충에 위치한 점에서 대가야 왕권의 특별한 배려를 상징하는 것으로 본다.

그런데 『일본서기』계체繼體7년(513) 대가야와 백제가 기문 즉 남원지역을 두고 다투는 기록이 보인다. 그 내용은 원래 대가야권역인 이 지역을 백제가 공략하는 것으로 보고 있다(김태식 2008: 14).

다음해인 『일본서기』계체繼體 8년(514)조의 반파伴跛 즉 대가야가 축성하여 자탄子呑, 대사帶沙를 만해滿奚에 연결하고 봉후烽堠와 저각邸閣을 설치하고, 이열비爾列比, 마수비麻須比에 축성하여 마차해麻且奚, 추봉推封에 연결하였다는 것을 알 수 있다. 여기서 주목되는 것은 대가야가 하동으로 비정되는 대사에 축성한 것이다. 구체적인 위치를 알 수 없는 이 열비爾列比, 마수비麻須比에 축성하여 마차해麻且奚, 추봉推封 가운데 일부는 남원지역일 가능성이 크다. 왜냐하면 운봉고원 일대에 축성된 성곽 가운데 상당수가 고령의 대가천, 그리고 낙동강 이서지역 등 대가야의 북변과 동변에서 확인되는 성곽과 유사한 소규모 테뫼식 산성이 방어선을 형성하며 축조되었기 때문이다(조효식·장주탁 2016: 185). 이는 축성 주체가 대가야 동변인 낙동강 서안에 축조된 성곽과 같이 지역 세력이 아니라, 대가야 중앙에 의해 이루어진 것을 알 수 있다. 운봉지역의 산성은 그 방향이 백제가 공략한 남원분지를 향하여 축성된 것도 이를 뒷받침한다(도 Ⅵ-59).

그리고 월산리, 두락리고분군이 위치한 남원 아영지역은 건지리고분군과 두락리 2호분으로 볼 때 562년 대가야 멸망까지 대가야권역에 속했을 가능성이 매우 크다. 필자는 백제가 병합한 기문은 이 지역 전체가 아닌 하기문에 해당하는 섬진강 수계에 속한 남원분지로 본다. 왜냐하면 이 시기에 이르러 남원분지에는 백제 고분군인 초촌리고분군이 출현하며, 이와 함께 척문리토성이 축조되기 때문이다. 한편, 아영, 운봉지역에서는 대가야 멸망기까지 섬진강 수계와 남해안 일대에 집중 축조되는 백제식 산성이 확인되지 않는 점에서도 그러하다.

그래서 6세기 전엽 백제에 함락된 곳은 하기문 즉 남원분지 일대로 판단된다. 백제가 하기문에 해당하는 섬진강수계의 남원분지를 공략한 것은 교통의 결절점인 점도 있으나 원래 이 지역에 고총의 존재가 현저하지 않는 점, 즉 비교적 지역세력의 기반이 미미했던

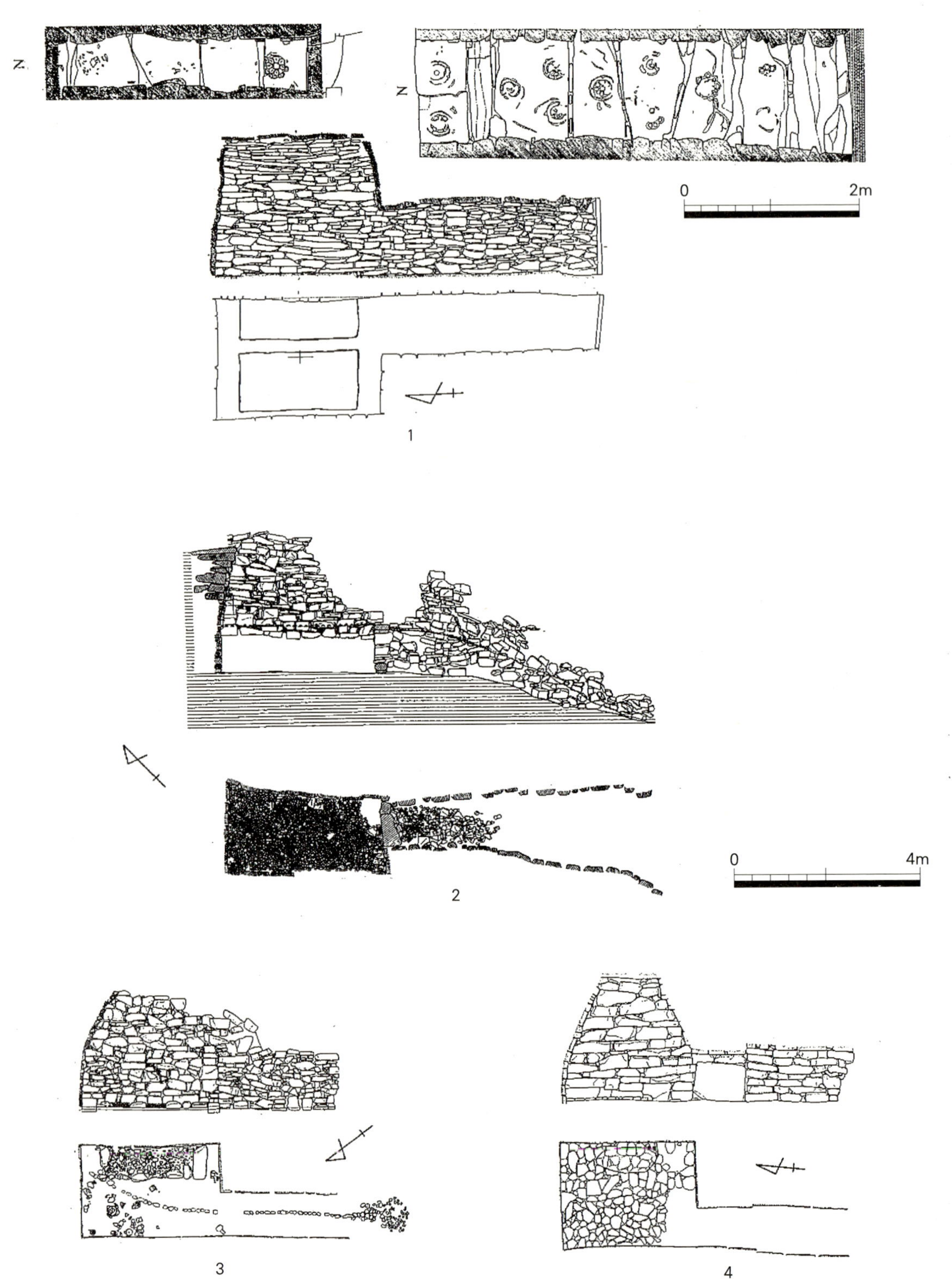

도 Ⅵ-58 6세기 중엽 대가야식 횡혈식석실과 위계

1: 고령군 고아동벽화고분 │ 2: 합천군 옥전M11호분 │ 3: 합천군 저포리D지구 1-1호분 │ 4: 남원시 두락리 2호분

도 Ⅵ-59   대가야의 방어체계

▶ 1: 노고산성 | 2: 예리산성 | 3: 운라산성 | 4: 옥산리성지

● 1: 무계리성지 | 2: 봉화산성 | 3: 의봉산성 | 4: 풍곡산성 | 5: 망산성 | 6: 도진리성지 | 7: 소학산성

  8: 독산성지 | 9: 다남산성 | 10: 삼학리성지 | 11: 상적포성지 | 12: 두곡리성지 | 13: 앙진리성지

  14: 유곡리성지 | 15: 성산리성지 | 16: 백야리성지

■ 1: (아막산성)-청계리산성 | 2: 이곡리산성 | 3: 고남산성 | 4: 장교리산성 | 5: 준향리산성 | 6: 노치산성

점을 들 수 있다.

『일본서기』흠명欽明 23년 562년 대가야 멸망시 다리와 거증산居曾山에서 왜군이 출병하여 신라를 공격하였다는 기사는 다리와 기문의 비정에 단서를 제공한다. 이 기사에 따르면 구 대가야영역에 진주한 신라에 대한 공격의 효율성을 생각한다면, 다리의 위치는 대가야에 근접한 백제영역으로 보는 것이 합리적이며, 영산강유역으로 보기 어렵다. 또한 거증산은 남원의 동북쪽에 위치한 거사물현居斯勿縣으로 비정되고 있기 때문이다. 그래서 이 기사는 임나사현과 기문이 상호 연계되고 대가야에 인접한 곳임을 방증하는 것이다.

기문이 대가야와 관련된 것은 그 멸망시기인 562년을 전후하여 신라에 병합된다. 이는 대가야의 고아동유형 석실인 두락리 2호분에 6세기 후엽 이후 추가장되면서 신라형 대장식구가 부장된 점에서 그러하다. 이처럼 기문은 대가야권역의 일원으로 대가야와 성쇠를 같이하였다.

7. 비사벌

비사벌은 낙동강 중류역 동안의 화왕산 산록의 창녕지역을 중심으로 위치하였다(도 Ⅵ
-60). 창녕은『삼국지』위서동이전에 보이는 변진한 24국 가운데 불사국不斯國이 있었던
것으로 추정되며『일본서기』신공神功 49년조(369년) 가라 7국 가운데 비자발比自鉢은 창
녕에 비정되고 있다.

비사벌국의 범위는 자연지형, 고분과 토기양식의 분포로 볼 때, 서쪽과 남쪽은 낙동강
에, 동쪽은 산지에 면하고 있으며 북쪽은 현풍지역을 관류하는 차천과 우포늪을 거쳐 낙동
강에 합류하는 토평천의 분수계를 이루는 현풍 정녕리와 창녕 십이리 일대의 현재 도계道
界를 형성하는 나지막한 산지로 파악된다.

4세기 후엽에 성립하는 창녕산 토기는 독특한 형태와 소성기법으로 인하여 쉽게 구분
이 가능하다. 5세기 전반 이 지역산 토기는 영남지역 전역에서 출토가 확인되고 있으며 특
히 낙동강의 대안에 위치하는 합천 옥전고분군과 김해, 창원지역에서 일정기간 집중적으
로 이입되었다.

1) 논점

창녕지역에 대한 고고학 연구는 해방전 야츠이 세이츠谷井濟一에 의해 1918년과 1919년

도 Ⅵ-60　5세기 후반 비사벌국의 유력 수장묘군(창녕군 교동고분군)

에 걸쳐서 조사된 교동고분군 자료를 정리한 아나자와 와코穴澤咊光·마노메 쥰이치馬目順一(1975: 23-75)에 의해 개시되었다. 그들은 교동 고분군을 7호분을 주분으로 하는 A군과 89호분을 주분으로 하는 B군으로 나누고, 각각의 주분은 수기의 배총陪塚을 보유하고 있는 것으로 파악하였다. 또 출토 유물의 연대가 5세기 후엽에서 6세기 초에 걸치고 그 계통을 신라계로 보았다. 양인의 보고에 의해 해방전 조사된 교동고분군의 내용이 어느 정도 밝혀지게 되었으며, 출토 유물의 계통이 신라계라는 지적은 적확한 것으로 평가된다. 다만, 배총의 존재 여부와 연대관에 대해서는 논의가 필요할 것으로 생각된다.

최종규는 가야의 국권이 5세기 이후에도 낙동강동안지역에 존재한다는 것에 대해 의문을 제기하고 교동 116호분, 89호분 토기를 경주지역 토기와 비교하고 양자의 유사성을 지적하면서 창녕지역 토기를 신라양식 내로 포함시켰다. 또한 5세기 초두에 경주지역에서 창녕지역으로 무구·마구·금속공예품이 이입되었다고 보고, 5세기 중엽대의 토기를 신라양식 토기로 파악하고 창녕지역 집단의 성격을 신라연맹체 내에 속하는 하나의 단위집단으로 규정하였다(최종규 1983: 71-73). 이 연구에서 기존의 가야토기 낙동강동안군에 대한 문제 제기는 타당한 것으로 파악되나, 창녕지역의 신라화가 5세기 초에 급격하게 진행되었다는 근거가 충분히 제시되었다고 볼 수 없다.

신경철은 5세기 이후의 가야를 친신라계가야와 비신라계가야로 양분하고 부산, 김해, 창녕, 대구, 성주 지역의 집단은 친신라계가야에 속한다고 하였다. 이 가운데에서 창녕과 성주의 5세기 후반대의 토기는 양식상으로는 신라토기의 범주에 들어가는 것이 분명하지만 형식에서는 이 지역들의 토기는 같은 시기 경주지역 토기와 뚜렷한 차이가 있다고 하였다. 즉, 5세기 후반대의 부산, 김해의 토기는 경주지역 토기와 지역성이 전혀 인정되지 않

는데 비해, 창녕과 성주의 토기는 신라양식의 토기내에서도 창녕식토기로 설정될 수 있을 만큼 같은 시기 경주지역 토기와는 명백한 형식차가 인정된다고 하였다. 그리고 이와 같은 현상은 창녕과 성주가 5세기 이후 신라권으로 편입되었음에도 불구하고 부산, 김해지역에 비해 더 많은 자치권이 허용된 데 기인한다고 하였다(신경철 1989: 424). 이 연구는 낙동 강 이동지역내의 신라화 과정이 일률적이지 않은 점을 지적한 점은 평가되지만, 친신라계 가야와 같은 개념규정이 모호한 점이 문제이다.

필자는 4~6세기의 창녕지역 토기를 7단계로 편년하고, 양식과 분포 분석을 통하여 창 녕지역 집단의 성격과 그 변화를 밝히려고 시도하였다. 여기에서는 먼저 토기 양식을 근거 로 창녕지역이 4세기에서 5세기 전엽까지는 가야지역에 속했던 것으로 파악하였다. 그리 고 5세기 중엽대~6세기 전엽대의 이 지역 토기 양식을 신라, 가야양식을 절충한 복합양식 으로 설정하고, 이 시기 창녕지역집단의 성격은 토기의 양식이 복합적이고 또한 교류가 신 라, 가야의 양대세력에 걸쳐서 이루어진 것으로 파악하여, 기존의 견해처럼 단순히 이 집 단을 신라 또는 가야세력에 속한다고 볼 수 없다고 주장하였다(박천수 1990). 이 연구는 발굴자료가 부족한 시점에도 불구하고 통시적인 관점에서 창녕지역 집단의 변천과정을 파악하고자 하였으나, 창녕 지역의 독자성을 지나치게 강조하고 주변지역과 관계사적인 측면에서 접근하지 못한 점은 문제점으로 지적된다.

이영식은『일본서기』계체繼體기 23년조 즉 529년 이사부의 4촌 공략 기사에 보이는 다다라多多羅, 수나라須那羅, 화다和多, 비지費智가운데 비지費智를 창녕지역으로 보고 이 시 기 이전에 멸망하지 않은 것으로 보았다(이영식 1994). 그러나 이사부의 4촌 공략 기사는 고 김해만 주변으로 보는 것이 일반적이며 창녕지역으로 보기 어렵다.

정징원·홍보식은 5세기 제 2/4분기 창녕형 토기 양식의 성립을 비화가야가 지역 국 가체의 형성을 나타내는 것으로 보고, 또 신라형 위세품을 동반한 대형 봉토분이 출현하고 이 지역 양식토기가 확산되는 5세기 제 3/4분기를 비화가야가 가장 발전하는 가운데 신라 의 영향력이 미치는 시기로 파악하였다. 그리고 5세기 제 4/4분기가 되면, 중심고분군이 계남리에서 교동으로 이동하는 가운데 신라토기의 영향이 나타나고, 6세기 제 1/4분기 창 녕 양식토기가 소멸되고 신라 토기화가 되는 것을 비화가야의 해체로 보았다(정징원·홍 보식 1995). 이 연구는 계남리고분군과 교동고분군의 구조, 축조시기의 분석을 통하여 창 녕지역에서 중심지가 이동하였을 가능성을 지적한 점에서 주목되나, 비화가야의 개념과 존재, 신라의 영향력이 미치는 시기를 비화가야가 가장 발전하는 시기로 파악한 점은 문제점으로 지적된다.

다나카 도시아키田中俊明는 창녕에 하주下州가 성치된 점에 주목하여 신라의 주는 대외 진출기에 전략적 거점을 선택하여 설치하였으며, 한성漢城에 설치된 신주新州의 예를 들며 지방 통치단위로서 금방 획득한 땅에 설치한다고 보았다. 따라서 창녕의 복속 시점을 555년 직전으로 파악하였다(田中俊明 2001).

신라의 주가 지방 통치단위로서 바로 획득한 땅에 설치한 것과 연관하여 복속연대를 상정한 점은 수긍이 가나, 6세기 전반 탁순과 탁기탄의 재건을 위한 소위 임나부흥회의에 비사벌의 존재가 보이지 않는 점이 문제이다.

이희준은 창녕지역에 대해 교동고분군을 중심으로 남쪽의 영산과 북쪽의 현풍을 포괄하는 지역으로 그 정치체의 범위를 파악하였다. 그러면서 신라계 위세품이 출토된 계남리 1, 4호분을 4세기 제 4/4분기로 편년하고 이 지역이 4세기 후엽에 신라의 간접 지배화된 것으로 판단하였다. 그리고 합천 옥전고분군의 창녕계, 경주계문물의 이입은 신라가 창녕지역을 통하여 다라多羅를 회유한 증거로 보고, 창녕계 토기의 낙동강 하류역 이동은 신라가 낙동강로를 확보하는 가운데 행해진 중류역과 하류역의 연대, 즉 신라의 지방지배가 지역별 각개격파의 수준을 넘어 여러 지역을 연계하여 실시한 수준에 달한 표징으로 파악하였다. 또 부산 가달고분군에 창녕계 토기가 집중 출토되는 것을 신라화 과정에 수반된 사민徙民으로 추정하고, 이는 창녕의 약화와 낙동강 하구 지역의 신라의 영향력 강화라는 측면에서 파악하였다(이희준 1998: 104-110).

그러나 계남리 1, 4호분은 4세기 제 4/4분기로 볼 수 없고 5세기 중엽으로 편년되는 점에서 이러한 주장은 전제부터 잘못되었다. 창녕산토기는 낙동강서안의 합천군 옥전고분군과 의령군 유곡리고분군에 4세기 후엽부터 이입되기 시작하여 5세기 전반에는 창녕양식 토기가 신라권역내뿐만 아니라 부산시 가달고분군, 김해시 칠산동고분군, 지사리고분군, 윗덕정고분군, 능동고분군, 내덕리고분군, 안영리고분군, 죽곡리고분군, 다호리고분군, 함안군 오곡리고분군, 창원시 현동고분군, 합성동고분군, 도계동고분군, 통영시 남평리고분군 등 가야지역에 집중적으로 부장된다. 더욱이 여수시 화장동유적, 고흥군 방사유적, 장흥군 상방촌유적, 해남군 일평리토성과 같은 전라남도 남해안일대와 서울시 풍납토성 경당지구에서도 확인된다. 이러한 창녕산 토기의 이동을 신라가 교통로를 확보하는 가운데 이루어진 것으로 보고 이를 신라에 의한 창녕의 약화와 특히 낙동강하구에 대한 영향력 강화로 파악(이희준 2005)하고 있으나, 그렇게 볼 수 없다. 왜냐하면 신라가 창녕지역을 복속시켰다면 가장 먼저 선행해야 할 이 지역 세력에 대한 대외 활동에 대한 통제가 이루어졌을 것이기 때문이다.

창녕양식 토기가 낙동강이서지역으로 이입되기 시작하는 4세기 후엽 이래의 연동하는 일련의 현상으로, 이는 창녕세력의 활동에 의해 가야지역과 백제지역에 이입된 것으로 본다. 사실 창녕지역이 『일본서기』 신공神功기 49년조 즉 369년에 가야에 속하는 비자발比自烋국이었다는 분명한 기록은 확인되나, 4세기 후엽 신라에 복속되었다는 기록은 소국 정복기사가 보이는 『삼국사기』 어디에도 찾아 볼 수 없다.

그래서 필자는 창녕지역 토기양식이 소멸되고 각지에 이입되던 이 지역 토기가 반출되지 않은 시점 즉 5세기 후엽이야말로 신라에 복속된 시기일 것으로 보았다. 이는 낙동강 서안에서 창녕지역과 같은 역할을 담당해 온 합천 다라국 세력의 활동이 대가야에 의해 통제되는 5세기 후엽과 같이 연동하는 시기인 점에서 더욱더 개연성이 높다고 할 수 있다.

주보돈은 가라 7국 가운데 오로지 비자발을 제외하고 모두 6세기 초까지 모습을 보이는 것을 근거로 그 멸망 시점은 그 이전으로 보았다. 그러면서 400년 고구려 남정으로 인해 낙동강이동 전역이 전장화 된 것으로 보고 창녕도 온존하지 않았던 것으로 추정하였으며 그 이전 시기를 멸망시점으로 보았다. 『일본서기』 신공기 62년조(382년) 기사를 가라 즉 대가야가 신라에 멸망당하고 백제에 구원을 요청한 것으로 보고 당시 고령 대가야도 멸망하는 정세속에서 창녕도 복속된 것으로 주장하였다(주보돈 2017).

그러나 이러한 주장은 앞에서 언급한 계남리 1, 4호분을 4세기 제 4/4분기로 보고 이 지역이 4세기 후엽에 신라의 간접 지배화된 것으로 파악한 이희준의 영향에 의한 것이다. 앞에서 언급한 바와 같이 계남리 1, 4호분은 5세기 중엽으로 편년되어 그가 논거로 둔 고고학적 논거는 전제부터가 잘못된 것이다. 더욱이 낙동강 전역이 전장화 되었다는 것은 사실과 다른데, 김해 대성동고분군이 쇠퇴하고 한편 고령 지산동고분군이 새롭게 출현하는 점에서 낙동강하구역만이 전화를 입었던 것을 알 수 있다. 또한 『일본서기』 신공기 62년조 기사가 과연 신빙성이 있는지 의문스럽다. 이 기사를 사실로 인식하는 것은 문헌사학에서도 매우 드물다.

김용성은 창녕지역을 교동지구 고총을 중심으로 한 세력과 계성지구 고총을 중심으로 한 세력으로 나누고 각각 다른 지역 정치체로 보았다. 나머지 고총이 분포하는 현풍지구와 영산지구는 각 세력의 내부에 포함된 읍락 또는 소 별읍으로 생각하였다.

계성지구의 세력은 남강과 밀양강을 통한 교역의 통제에 중점을 둔 신라의 지원에 의해 성립되었고, 교동지구의 세력은 회천과 황강유역에 존재했던 대가야와 다라국이라는 세력을 견제하면서 낙동강을 통한 물자의 교역을 완전히 장악하려는 목적으로 신라가 지원함으로써 성립되었다고 보았다. 교동지구에서 고총의 종언은 신라가 이 지역에 직접적으로 군을 주둔시킴으로서 재지집단에 대한 지원 필요성이 없었기 때문인 것으로 보았다(김용성 2009).

그러나 계성과 교동지구를 각각 다른 지역 정치체 즉 소국으로 본 것은 토기양식 등 고고자료에서 찬동하기 어렵다. 단지 지구에 따른 중심지의 이동에 불과하다고 본다. 그 권역 설정도 그러하다. 이미 지적한 바와 같이 토기양식과 고총으로 볼 때 현풍지역이야말로 창녕과 구별되는 지역 정치체이다. 나아가 지역사를 일방적으로 신라사의 입장에서 설명한다는 점에서 이희준의 입장과 동일하다. 창녕세력과 다라국, 금관가야, 소가야와의 반세기에 걸친 교섭은 단지 신라의 출선기구로서의 교역이 아니라 독자적인 정치적 활동으로 평가되기 때문이다.

앞선 연구에 의해 5세기 중엽 이후의 창녕지역 정치체의 성격과 그 변화에 대한 논의가 이루어졌으나 통시적인 관점에 의한 연구는 충분하다고 할 수 없으며, 더욱이 신라권역에 속하는 낙동강 중류역의 동안에 위치하면서 대안對岸의 정치체 특히 다라국과 금관가야, 소가야와 같은 가야의 유력 정치체와 접하고 있던 창녕지역 정치체에 대한 관계사적 접근이 필요하다고 판단된다.

여기에서는 4세기부터 6세기까지의 창녕지역과 경주세력, 가야 지역과의 관계사적 검토를 통하여 이 지역 정치체의 성격과 변천에 대해 살피고자 한다. 또 경주세력의 낙동강 동안 진출과정과 낙동강 서안의 가야지역, 특히 합천지역 정치체의 향방에 대한 검토를 통하여 5세기 후반의 낙동강 중류역의 신라, 가야세력의 정치적인 동향에 대해 살펴보고자 한다.

2) 역사 지리적 환경

창녕지역은 일찍부터 사료에 등장하는데 『삼국지』위서 동이전의 변진한 24개국의 하나인 불사국不斯國은 이 지역에 있었던 것으로 보고 있다. 『일본서기』신공神功 49년조 즉 369년의 가라 칠국 기사에는 비자발比自㶱, 남가라南加羅, 탁국啄國, 안라安羅, 다라多羅, 탁순卓淳,

가라加羅가운데 비자발로 비정되고 있다.

『삼국사기』권 34 지리지 화왕군조에 "화왕군은 본래 비자화군比自火郡 또는 비사벌比斯伐으로 진흥왕 16년(555)에 하주下州를 설치하고, 진흥왕 26년(565)에 주를 폐하였다가 경덕왕때 개명하여 창녕군으로 하였다."고 기록되어 있다.

창녕지역은 동쪽으로는 동북쪽의 비슬산과 연한 화왕산, 관룡산, 영취산과 같은 높은 산지와 면해 있으며 북쪽으로는 나지막한 산지를 경계로 현풍지역, 서북쪽으로는 낙동강과 합류하는 회천하구를 마주보면서 고령지역, 서쪽으로는 황강하구를 마주보면서 합천지역, 서남쪽으로는 남강하구를 마주보면서 의령지역, 남쪽으로는 낙동강을 경계로 함안지역과 접하고 있는 분지상에 위치하고 있다. 동쪽으로는 산지를 경계로 청도군과 접하고 있다. 비사벌에 속하는 청도 이서지역은 청도천이 낙동강으로 합류하는 지점에서 창원 북면과 접하고 있다. 창녕지역에서는 낙동강 수계를 따라 남하하면 고 김해만, 창원 북면을 따라 내려가면 마산만, 남강 수계로 나아가 남하하면 사천만에 도달한다.

창녕지역의 낙동강을 통한 수로활동이 활발하였음이 남쪽 낙동강에 면한 신석기시대 창녕 비봉리유적에서 환목주丸木舟가 출토된 것에서도 알 수 있다. 비봉리유적에서는 해수성 조개가 출토되어 해수의 영향이 이 지역까지 미친 것으로 판명되었다.

창녕지역 4세기 토기양식은 고배, 노형토기, 승석문호의 형식으로 볼 때 크게 보아 낙동강유역 양식으로 좁게 보아 아라가야 양식으로 파악된다. 이는 창녕지역 집단이 낙동강을 매개로 남강하구와 황강하구, 회천하구를 통하여 가야세력과 밀접하게 교류하고 있었음을 보여주는 것으로 판단된다.

필자는 1990년 창녕지역 토기가 낙동강유역뿐만 아니라 신라·가야지역 전역에 이입된 것을 밝혔다. 당시에는 토기가 지역을 넘어 이동한다는 사실이 학계에서 인식되지 못하던 시절이었다.

5세기 후엽 창녕 송현동 7호분의 주형舟形 목관은 일본열도산 녹나무제 선재船材를 목관(도 Ⅵ-61)으로 사용한 것으로 낙동강을 통한 창녕세력의 교역활동을 상징하는 것이다. 창녕산 토기의 김해, 창원지역으로의 유입으로 볼 때 낙동강을 통한 교역이 매우 활발하였음을 알 수 있다.

도 Ⅵ-61 창녕 송현동 7호분의 녹나무제 주형 목관

3) 권역과 구조

비사벌국의 범위는 자연지형, 고분과 토기양식의 분포로 볼 때, 서쪽과 남쪽은 낙동강에, 동쪽은 산지에 면하고 있으며 북쪽은 현풍지역을 관류하는 차천과 우포늪을 거쳐 낙동강에 합류하는 토평천의 분수계를 이루는 현풍 정녕리와 창녕 십이리 일대의 현재 도계道界를 형성하는 나지막한 산지로 파악된다. 그런데 문제가 되는 것은 창녕지역과 현풍, 청도지역과의 관계이다.

현풍지역은 삼국사기 지리지에 창녕지역의 영현領縣으로 기록된 것에 근거하여 창녕지역 정치체의 하부 단위로 보는 견해(이희준 1998: 218-219)가 주류이지만 이 지역은 8기의 직경 30m급 봉토분을 정점으로 하는 양리고분군이 존재하고 있으며 주변의 대구, 고령, 창녕지역과 구별되는 토기 양식으로 볼 때 주변지역 특히 창녕지역과 구분되는 독자적인 정치체로 판단된다(박천수 2000b).

흥미로운 것은 이와 같이 북쪽의 현풍지역과는 낮은 산지를 사이에 두고 토기 양식이 전혀 다른데 비해 서쪽의 청도지역 이서지구와는 높은 산지를 사이에 두고 있지만 토기 양식이 1세기 이상 동일한 점이 주목된다. 그래서 앞에서 언급한 바와 같이 현풍지역은 창녕지역과 같은 정치체로 볼 수 없고 광의의 창녕지역 정치체의 범위는 현재의 창녕군의 범위와 청도 청도천수계의 이서지역을 포함하는 것으로 본다. 그리고 밀양시 신안리, 미전리, 사포리고분군에서 창녕양식 토기가 일정 비율로 부장된 것에서 밀양강 수계도 그 권역에 속

도 Ⅵ-62　5세기 전반 비사벌국의 유력 수장묘와 출토 철정(창녕군 계성고분군)

하는 것으로 본다.

　　창녕지역 1단계과 2단계의 4세기 전엽과 중엽의 토기 양식은 고배, 노형토기, 승석문 타날 단경호의 형식으로 볼 때 크게 보아 낙동강유역 양식(윤온식 2001) 좁게 보아 아라가야 양식(박천수 2000a)으로 파악된다. 이는 창녕지역 집단이 낙동강을 매개로 남강하구와 황강하구, 회천하구를 통하여 가야세력과 밀접하게 교통하고 있었음을 나타내는 것으로 판단된다.

　　창녕지역의 중심지는 고분군의 축조 양상으로 볼 때 시기에 따라 이동한 것으로 생각된다.

　　4~5세기 전반의 중심지는 남쪽의 계성고분군이 축조된 영산지역이다(도 Ⅵ-62). 영산역의 중심인 계성고분군은 봉토 직경 20m 이상 되는 대형분 10여 기를 중심으로 조영되었다. 남북으로 형성된 3곳의 구릉 위에 분포하고 있다.

　　그런데 5세기 중엽부터 남쪽의 계성고분군에 조영되던 대형분이 북쪽의 교동고분군에서도 조영되는데, 이는 5세기

도 Ⅵ-63　5세기 후반 비사벌국의 유력 수장묘 출토품(창녕군 교동 7호분)

전반까지 그 중심지가 남쪽이었으나 새롭게 북쪽이 중심지로 대두하는 것을 보여준다.

　　교동고분군은 인접한 송현동고분군도 연결되는 같은 고분군으로 본다. 이 고분군은 크게 3군으로 구분된다. 북쪽에서 남쪽으로 가면서 교동 7호분이 중심을 이루는 1군, 교동 89호분이 중심을 이루는 2군, 송현동 6·7호분이 중심을 이루는 3군으로 구분된다.

　　여기에서는 왕묘급 고분인 교동 7호분, 교동 89호분을 중심으로 분석하고자 한다.

　　제 1등급 고분은 교동 7호분과 교동 89호분을 표지로 한다. 7호분은 호석을 갖춘 봉토의 직경이 32m이며 매장주체부인 횡구식석실의 길이는 9m이다(도 Ⅵ-63). 부장품은 금동제 관, 은제 과대, 금동제 투조안교, 금제 수식부이식, 청동제의 초두, 각배형용기, 합 등이 출토되었다. 교동 89호분은 봉토가 조사되지 않아 정확한 규모를 알 수 없으나, 40m전후이다. 부장품은 은제 관식, 은제 과대, 은제 천, 금동제 식리, 금제 수식부이식, 금동제 투조안교, 철제 갑주 등이 출토되었다.

제 2등급 고분은 교동 11호분을 표지로 한다. 교동 11호분은 봉토가 조사되지 않아 정확한 규모를 알 수 없으나, 30m전후로 추정된다. 부장품은 금동제 관, 은제 과대, 금동제 명문환두대도 등이 출토되었다.

제 3등급 고분은 교동 10호분을 표지로 한다. 교동 11호분은 봉토가 조사되지 않아 정확한 규모를 알 수 없으나, 동급으로 생각되는 (동)교동 4호분으로 볼 때 10m전후, 석실은 5m전후로 추정된다. 부장품은 은제 과대, 용봉문환두대도 등이 출토되었다.

제 4등급 고분은 (동)교동 2호분을 표지로 한다. (동)교동 2호분의 석실은 4m전후로 추정된다. 부장품은 금제 이식, 마구 등이 출토되었다.

창녕지역의 고분에서는 입지의 차이, 봉토의 규모, 석곽의 규모, 부장품 등을 계층성 구분의 큰 기준으로 생각할 수 있다. 이와 같은 조건을 갖춘 것은 여기에서 설정한 위계 가운데 제 4등급까지의 고분이다.

따라서 여기에서는 임의로 제 1등급을 최고수장, 제 2등급을 대수장, 제 3등급은 상위수장, 제 4등급을 하위수장, 또 제 5등급 이하는 중간층과 일반 성원층으로 각각 분류하고자 한다.

창녕 교동고분군에서는 제 1등급의 최고수장묘를 비롯하여 제 2~4등급의 수장묘가 존재한다. 그런데 교동고분군에서는 5세기 후엽의 제 1등급의 최고수장묘가 2기 확인되어 주목되는데 즉 교동 89호분과 교동 7호분이 그것이다. 약간의 규모 차는 있어도 2기는 각 지구의 동급 수장묘로 판단된다. 또한 봉토와 석실의 규모, 부장품으로 볼 때 송현동 6·7호분도 왕묘에 필적하는 고분으로 본다.

남쪽의 창녕 계성고분군에서는 제 2~4등급의 수장묘가 존재한다.

이처럼 창녕지역은 중심고분군에 2기의 최고 수장묘가 병립적으로 존재하는 점에서 탁월한 왕권의 존재를 상정하기 어렵다.

4) 성립과 전개

여기에서는 창녕지역과 마주보는 낙동강 서안의 황강 하구에 위치하며 상호교류를 행해온 합천 쌍책지역과 낙동강하류역의 금관가야, 소가야와의 관계를 중심으로 살펴보고자 한다.

4세기 말을 전후한 시기에는 신라가 낙동강이동지역 대구, 경산, 울산, 양산, 부산지역에 영향력을 행사하는 것이 토기양식에서 관찰되지만 창녕지역에서는 이와 같은 현상이 확인되지 않는다.

그간 창녕지역과 합천 쌍책지역과의 교류시기는 창녕양식토기가 출토되는 옥전M2호분 단계인 5세기 중엽으로 파악하여 왔다. 그런데 창녕지역과 쌍책지역의 관계는 늦어도 4세기대 후반까지 소급되는 것이 확인되는데, 4세기 후엽 옥전 68호묘 출토 상하일렬투창고배는 창녕지역산으로 파악되기 때문이다.

왜냐하면 옥전 68호묘 출토 고배가 약간 후행하는 시기로 파악되는 옥전 47호묘 출토의 배신이 얕은 쌍책 재지산 고배와 형태가 다르고 청도 고철동 출토품과 같은 창녕지역 출토품과 유사하기 때문이다. 옥전 68호묘 출토 발형기대는 발부에 비해 낮고 저경이 짧은 대각이 특징인데 이러한 형태의 기대는 창녕권역 내에 속하는 청도군 봉기리 3호 목곽묘 출토품과 동일한 기형으로 발부에 시문된 점렬문도 동일하다. 이와 흡사한 기대는 대각만이 잔존하고 있으나 창녕군 봉화골 7호주거지에도 확인된다. 봉기리 3호 목곽묘 출토 유개식 2단일렬투창고배도 약간의 차는 인정되나 옥전 68호묘 고배와 같은 형식으로 보며, 이와 유사한 형식의 고배로는 창녕군 퇴촌리 출토품과 청도군 고철동 출토품이 있다. 따라서 옥전 68호묘 출토 토기는 창녕지역산으로 판단된다.

옥전 23호묘 출토 상하일렬투창고배의 대다수는 창녕산으로 이는 4세기 후엽의 옥전 68호묘 출토 고배의 기형을 계승한 것이다. 또한 이 고배는 김해지역의 예안리 117호묘 고배와 옥전 재지산 고배에 비해 뚜껑받이 턱이 U자형에 가깝게 깊게 파인 것이 특징이다. 또 옥전 23호묘의 창녕산 고배는 김해지역산에 비해 기고에 비해 배신 지름의 비율이 넓은 것도 특징이다. 옥전 재지산 고배는 배신이 얕고 대각이 팔자형이며 각단이 곡선적으로 처리되는 것이 특징인 점에서 창녕산고배와는 분명하게 구분된다. 그래서 이희준이 계보가 불확실한 것으로 본 부산시 가달 5호묘 출토 고배(이희준 2007: 157)는 고배를 비롯한 모든 기종이 창녕양식이다.

그리고 68호묘 출토 철대를 두른 목심철판등자는 그 형식으로 볼 때 경주지역산으로 추정된다. 또 여기에서는 일본열도산으로 추정되는 삼각판 혁철 판갑이 출토되었다. 그런데 이 시기 옥전 23호묘의 경주산 문물과 공반된 창녕산 고배는 쌍책집단과 함께 이 지역 집단의 역할을 상징하는 것으로 생각하여, 이 지역 세력이 신라와 다라국을 연결하는 중계역할을 수행하고 있었음을 나타내는 것으로 파악하였다(박천수 2001). 그 후 5세기 전엽

도 Ⅵ-64 5세기 전반 창녕양식 토기

1~7: 창녕군 동리고분군 ∣ 8: 창녕군 계남리1호분

416

창녕 동리 5호목곽묘에서 경갑, 안장, 환판비, 목심철판등자와 같은 신라산 문물이 출토되어 필자의 추정이 증명되었다.

그런데 필자가 2001년 상하일렬투창고배를 비롯한 이러한 토기군을 창녕양식으로 설정한 이래 반론이 제기되어 왔다. 조성원은 필자가 제기한 김해 가달고분군 출토품 등 낙동강하류역의 이시기의 토기를 창녕양식을 설정할 수 없고 범영남식 창녕산이라는 모호한 개념을 제기하였다(조성원 2010). 필자는 낙동강하류역 김해·부산지역과 창녕지역에는 유사한 형식의 장각의 상하일렬투창고배가 있었으나 5세기를 전후한 시기에 고배과 뚜껑의 형식에서 낙동강하류역과 구별되는 형식이 출현한 것으로 본다. 그래서 필자가 설정한 창녕양식은 조성원이 설정한 것처럼 범영남식 창녕산으로 볼 수 없다.

필자가 이러한 토기군을 창녕양식으로 설정한 것은 정식발굴에 의한 출토품은 아니지만 창녕지역 각지 학교의 향토실에 인근 고분군에서 출토된 토기 일괄품이 소장되어 있고, 창녕군 우강리고분군 출토품, 또한 창녕지역과 같은 토기양식권에 속하는 청도군 송서리고분군 일괄 출토품에서 확인되기 때문이었다. 그 후 창녕지역에 인접한 청도군 성곡리 고분군에서 출토되었다. 특히 결정적인 것은 창녕군 동리고분군에서 이러한 형식의 고배가 다수 출토되어 낙동강하류역 일대에 광범위하게 분포하는 이 형식의 고배가 창녕산 또는 재지산 창녕양식임은 재론의 여지가 없다(도 Ⅵ-65).

4세기 말 조영된 금관가야의 왕묘인 93호묘에서는 창녕양식 토기가 이입되어 주목된다. 즉 유충문이 시문된 개가 공반된 이단일렬투창고배와 일단투창고배, 유충문이 시문된 유대파수부완, 대각부를 포함한 전면에 파상문를 시문하고 삼각형의 투창을 뚫은 발형기대는 전 시기의 대성동 1호분 출토 토기와 계보가 연결되지 않는 것으로 창녕 동리 7호묘 출토 토기와 같은 계통이다.

이 시기 조영된 다라국 왕묘인 옥전 23호묘에는 합천 쌍책 재지산 고배와 함께 창녕산 고배, 발형기대가 부장되는 가운데 경주산 고배와 고령산 발형기대도 1점 확인된다. 23호묘 출토 목심철판 등자는 그 형식으로 보아 경주지역산으로 추정된다. 그리고 여기에서는 백제지역산으로 파악되는 금제 수식부이식과 함께 관모가 출토되었다. 옥전 23호묘의 경주산 문물, 창녕산 토기, 고령산 토기와 함께 백제계 문물은 쌍책의 다라세력이 황강상류를 통해 가야 내륙을 비롯한 낙동강 이서지역과 그 이동지역을 연결하는 중계역할을 수행하였음을 나타내는 것으로 파악된다. 또한 이 시기 쌍책지역의 창녕산 토기와 신라산 문물의 존재는 다라의 낙동강 이동지역의 교섭 창구가 창녕지역인 것과 이 지역 세력이 낙동강

도 Ⅵ-65 청도군 봉기리·성곡리고분군 출토품으로 본 창녕양식토기와 그 변화

1~2: 봉기리 4호목곽묘 | 3: 봉기리 2호목곽묘 | 4~5: 성곡리 나 1호목곽묘 | 6: 성곡리 가 25호석곽묘 | 7~10: 성곡리 가 47호석곽묘
11~14: 성곡리 가 34호석곽묘 | 15~18: 성곡리 가 21호석곽묘 | 19~22: 성곡리 가 18호석곽묘

이동지역에서 이서지역을 연결하는 다라국과 같은 중계역할을 담당한 것을 알 수 있게 한다.

5세기 초에도 이 지역 토기양식은 여전히 가야양식의 범주에 속하면서 창녕지역의 특징적인 양식이 출현한다. 대표적인 기종은 유충문 개, 유개식 상하일렬투창고배, 무개식 상하일렬투창고배, 직립구연 유개식장경호, 파상문 발형기대 등이다. 창녕군 동리 7호목곽묘, 청도군 성곡리 1호목곽묘, 47호묘는 유개식 상하일렬투창고배로 볼 때 이 시기에 해당하는 고분이다. 이 시기의 옥전 35호묘에는 재지산 토기와 함께 수 점의 창녕산 고배와 개, 대가야양식의 장경호, 소가야양식의 발형기대가 출토되었다. 옥전 35호묘의 창녕산고배는 하단 투창의 길이가 짧고 배신이 깊은 것으로 창녕양식이 일괄 출토된 청도군 이서면 송서리 일괄품과 대구시 현풍 내리 4호묘 출토 창녕산토기에 유례가 확인된다. 그리고 여기에서는 경주산 편원어미형행엽과 장봉철모長鋒鐵鉾, 고령산 금제 수식부이식, 단봉문 상감환두대도가 출토되었다. 또 옥전 5호묘에서도 창녕산 토기 수점과 대가야양식 기대 1점이 확인되었다. 옥전 35호묘의 창녕, 경주산 문물과 대가야, 소가야, 일본열도산 문물의 존재는 다라국이 황강상류를 통해 가야 내륙을 비롯한 낙동강 이서지역과 신라를 연결하는 중계역할을 담당하고 있었음을 보여주는 것으로 판단된다. 더욱이 5세기 전반 창녕양식 토기가 부산시 복천동고분군, 당감동고분군, 가달고분군, 미음동고분군, 김해시 칠산동고분군, 윗덕정고분군, 능동고분군, 내덕리고분군, 안영리고분군, 지사리고분군, 죽곡리고분군, 창원시 도계동고분군, 합성동고분군, 현동고분군, 석동고분군, 함안군 오곡리고분군, 통영시 남평리고분군, 해남군 일평리토성 등에서 출토된다(도 Ⅵ-66).

특히 부산시 가달 5호묘에서는 부장토기의 대부분이 창녕산이며 이후 약 반세기간 계속해서 창녕산 토기가 반입된다(도 Ⅵ-67). 가달고분군의 이러한 현상을 이희준은 4세기 후반 경주세력에 의한 신라화 과정에서 창녕지역 집단을 사민徙民하는 것에 의한 것으로 파악하고 있다(이희준 1998: 216-225). 그러나 가달고분군을 비롯한 앞에서 언급한 낙동강하류역과 남해안일대에서 집중적으로 창녕양식 토기가 이입된 것에서 이러한 고분군의 피장자를 신라가 사민한 창녕지역 출신자로 보기 어렵다. 앞에서 지적한 대로 상기 논고에서 계남리 1, 4호분 단계를 이희준은 4세기 4/4분기로 보고 있지만 사실은 본서의 5세기 중엽에 해당하는 시기이다. 이 시기는 경주양식의 영향력이 나타나기 시작하는 단계이고, 가달 5호묘는 토기 조성에서 알 수 있듯이 경주양식이 영향이 미약한 시기로 파악된다. 또한 가달고분군과 예안리고분군 등에서 신라양식과 이와 유사한 토기가 보이지만 이를 신라의 진출로 볼 수 없다. 이는 가달과 예안리 지구뿐만 아니라 금관가야 전역에서 보이는

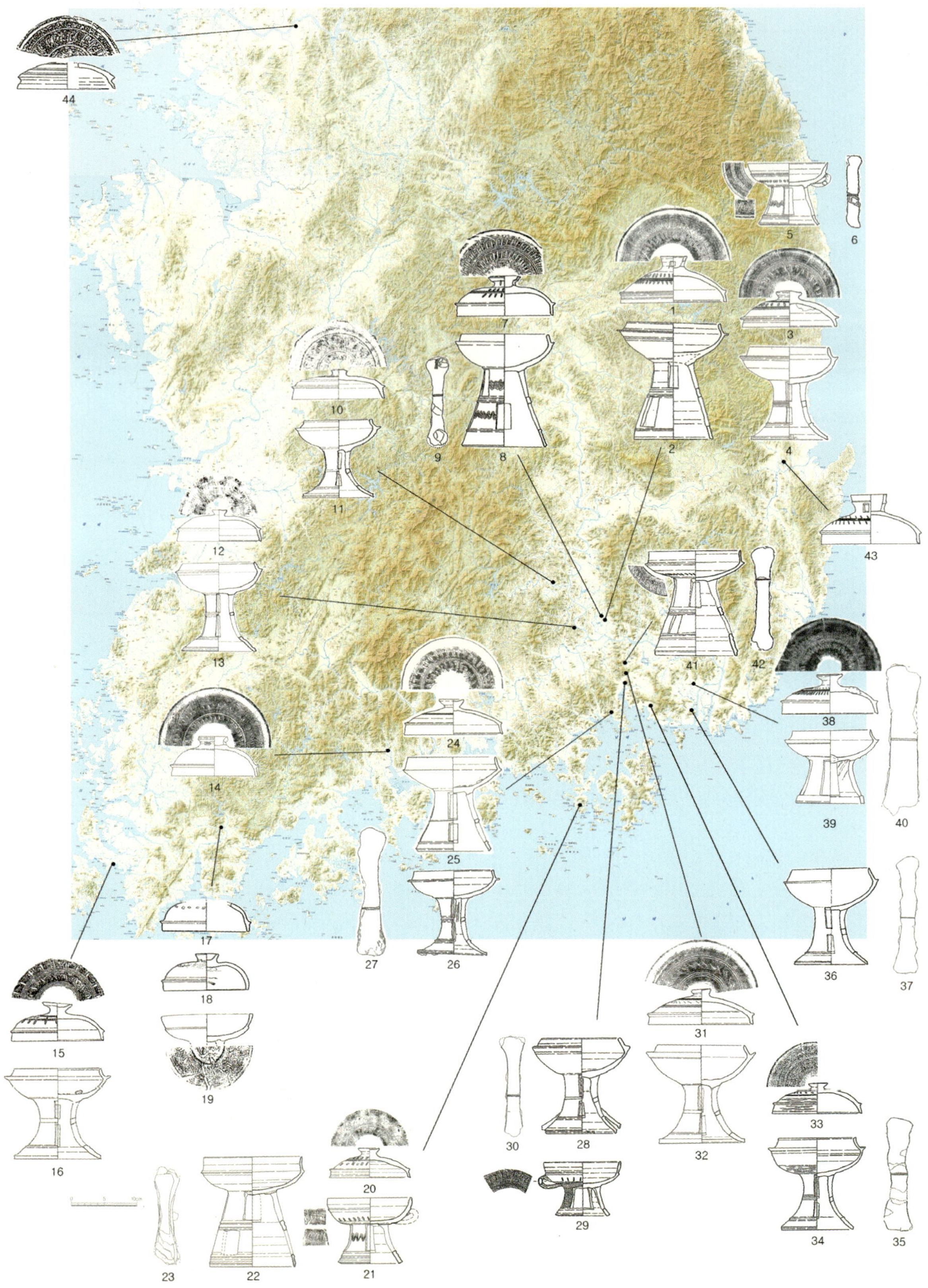

도 Ⅵ-66   창녕양식 토기와 철정의 분포(5세기 전반)

1~7: 창녕 동리고분군 | 7~9: 창녕 계남리 1호분 | 10, 11: 합천 옥전 23호묘
12, 13: 의령 유곡리고분군 | 14: 여수 화장동주거지 | 15, 16: 해남 일평리토성
17: 장흥 상방촌A3호주구묘 | 18: 상방촌A나 2-3호주거지 | 19: 상방촌B13호주구
20~23: 통영 남평리 10호분 | 24~27: 마산 현동(동)103, (창)64호묘 | 28~30: 마산 합성동고분군
31, 32: 창원 도계동 39호목곽묘 | 33~35: 진해 석동 | 36, 37: 부산 가달 4호묘
38~40: 김해 대성동 73호묘 | 41, 42: 창원 동전리고분군 | 43: 경주 안계리 4호분
44: 서울 풍납토성 경당지구

양상으로, 이 토기들은 앞에서 논증한 바와 같이 창녕양식과 신라양식의 영향을 받아 형성된 금관가야양식 토기이다.

더욱이 이 시기 교토부京都府 나구오카키타奈具岡北1호에서는 발형기대, 상하일렬투창고배, 유충문이 시문된 개 등의 창녕양식 토기가 다수 부장된다. 돗토리현鳥取縣 나가세타카하마長瀨高浜유적, 시마네현島根縣 미타카타니弥陀ヶ谷유적, 시마네현 이즈모코쿠후出雲國府유적, 니이카타현新潟縣 미아노이리宮ノ入유적 등 동해에 면한 일본열도에서 다수 출토되어 주목된다.

5세기 중엽에 조영되는 계남리 1호분 출토 경주산 금동제 관과 관식, 은제 과대와 금제 이식은 전형적인 신라의 착장형 위신재로 본다. 낙동강 이서의 가야지역과 이와 함께 상하교호투창고배와 대각도치형 손잡이의 개가 출현하는 것은 신라양식의 영향으로 본다.

도 Ⅵ-67 5세기 전반 금관가야의 창녕양식 토기(부산시 가달 5호묘)

또 이 시기의 옥전M1, M2호분, 28호묘에는 경주지역에서 이입된 로마유리기, 마구가 부장된다. 옥전 고분군의 이러한 현상을 이미 4세기 후엽에 신라의 간접지배하에 들어간 창녕지역 집단을 통해 5세기 중기를 전후하여 옥전의 다라多羅를 외교적으로 회유한 증거로 파악하는 견해가 있다(이희준 1998: 223). 그러나 다라에 이 시기 경주계 문물이 이입되는 것은 앞에서 살펴본 바와 같이 일방적이고 갑작스런 경주세력의 압력과 회유에 의한 것으로 볼 수 없으며, 오히려 4세기대 이래 창녕세력의 지속적이고 독자적인 활동의 연장선상에서 이해할 수 있을 것이다. 또 부산, 양산, 경산, 대구지역 더욱이 강릉, 상주, 안동지역과 같이 상대적으로 창녕지역보다 먼 지역에서도 경주양식 성립 직후부터 동일한 토기가 제작되고 있음에도 불구하고 경주양식화 되지 않은 토기양식이 존재하는 점에 대해서도 설명이 필요할 것이다.

전술한대로 532년 신라에 복속된 것이 분명한 금관가야의 토기양식은 신라양식과 같이 보이지만, 사실은 창녕양식과 신라양식을 융합한 독자적인 양상이 보인다. 그런데 창녕양식 토기는 금관가야양식 보다 더욱 독자적인 양상을 보이며 가야지역으로 활발하게 이입된다. 특히 낙동강하류역과 남해안의 금관가야, 소가야권역에 집중적으로 이입되며 토기양식에도 영향을 미친다. 따라서 금관가야의 토기양식과 신라에 복속된 경산, 대구, 부산지역의 토기양상을 고려하면 5세기 전반대에 복속된 것으로 볼 수 없다.

그리고 5세기 전반 고령지역의 지산동 73호분과 합천 M1, M2호분에서 신라의 착장형 위신재와 금공품이 이입된 것에 견주어 볼 때, 신라의 착장형 위신재와 금공품이 창녕지역에 출토된 것을 근거로 이를 창녕지역의 신라화라고 단정할 수 없다. 물론 고령과 합천 지역에 비해 창녕지역에 신라의 영향력이 강하게 미쳤다는 것은 인정한다.

그래서 창녕지역은 지정학적 입지를 활용하여 일정 기간 동안 신라와 가야간의 양면적인 관계를 유지한 것으로 추정된다. 이와 같이 창녕 지역에 독자적인 토기양식이 유지되고, 또 가야지역으로부터 문물이 계속하여 반입되고 있는 점도 주목된다.

이 시기 남쪽의 계성고분군에 조영되던 대형분이 북쪽의 교동고분군에서 조영되는데, 이는 5세기 전반까지 그 중심지가 남쪽이었으나 이후 북쪽이 중심지로 대두하는 것을 보여준다. 교동고분군 가운데 가장 이른 시기에 조영된 것으로 추정되는 3호분이 경주산 위신재인 마구, 무기를 부장한 점에서 종래 중심지였던 계성지역이 쇠퇴하고 새롭게 경주세력과 결탁한 교동지역 세력이 흥기하는 것으로 파악된다.

교동 3호분에서는 편원어미형행엽, 심엽형행엽, 목심철판 등자와 유담 철모 등과 같

은 신라의 마구·무기와 함께 삼각판횡장판병용정결판갑이 출토되어 주목된다. 이 판갑은
교토부京都府 우지후타코야마宇治二子山고분 출토품에 유례가 확인되며, 한반도내에서는
함양군 상백리 출토품과 유사성이 지적되었다(高久健二 1992: 259~260). 이 판갑은 일본
열도산으로 파악되며, 교동 3호분 출토 관모형 주胄는 전 창녕 출토 관모형 주와 함께 합
천군 반계제고분군의 출토예로 볼 때 대가야에서 이입된 것으로 생각된다. 왜냐하면 이 시
기 대외교역對倭交易의 중심지가 고령지역이고 지산동고분군과 그 세력권내의 함양지역에
서 동일한 형식의 출토예가 확인되는 것으로 볼 때 그러하다. 그러나 창녕지역에의 이입은
이 지역과 일상적인 교류관계에 있었고, 같은 시기 옥전 28호묘에 삼각판정결판갑三角板釘
結板甲이 부장되고 있는 합천 쌍책지역 집단과 관련 있는 것으로 파악된다.

창원 덕동만에 면한 현동고분군에서는 5세기 전엽 105호묘, 5세기 중엽 115호묘, 5세
기 후엽 6호석곽묘에서 좌우 비대칭형인 신라형 철정이 이입된다. 이와 유사한 형태의 철
정이 5세기 중엽 창녕 계남리 1호분에 보이고 이 고분군을 비롯하여 마산만에 면한 창원
지역에는 다수의 창녕양식 토기가 이입되고 또한 현지에서 모방 제작된다. 그래서 창녕세
력이 신라의 철소재를 수입하여 소가야와 교역한 것으로 본다.

5세기 전엽 통영 남평리고분군에서는 소가야식 다곽분이 축조된다. 10호분은 원형의
주구내에 4기의 목곽이 조영되었으며 소가야양식 토기와 함께 창녕양식 토기가 출토되었
다(도 Ⅵ-68). 또한 창녕양식 토기가 소가야양식 토기와 같이 해남지역에 걸친 남해안 일
대 전역에 출토되는 것이 주목된다. 양자는 창녕양식 토기가 마산 현동 64호묘, 합성동 77
호묘, 함안 오곡리(경)11호묘, 진해 석동고분군, 통영 남평리고분군 등에서 소가야양식 토
기와 공반된다. 이는 창녕세력이 낙동강중하류역을 중심으로 활동하고 한편 소가야세력이
남해안을 중심으로 활동하는 것에서 상호 보완적으로 본다.

창녕산토기가 다수 이입된 부산 가달고분군에도 좌우 비대칭형 철정이 확인되는 점
에서 금관가야에도 창녕세력이 철소재를 수입하여 중계하였을 가능성이 있다. 또 하나 흥
미로운 것은 금관가야의 제철유적인 김해 여래리유적에서 창녕산토기가 다수 출토된다는
것이다. 이로 보아 창녕세력이 제철과 관련된 활동을 하였음을 짐작할 수 있다.

5세기 후엽에는 송현동 7호분의 녹나무제 주형舟形 목관이 이입된다. 이는 일본열도
산 녹나무제 선재船材를 목관으로 사용한 것으로 낙동강을 통한 창녕세력의 교역활동을
상징하는 것이다. 이 목관은 선재를 목관으로 전용한 점에서 낙동강을 통하여 왜로부터 직
접 이입되었을 가능성이 크다. 필자는 창녕산 토기의 김해, 창원지역으로의 유입으로 볼

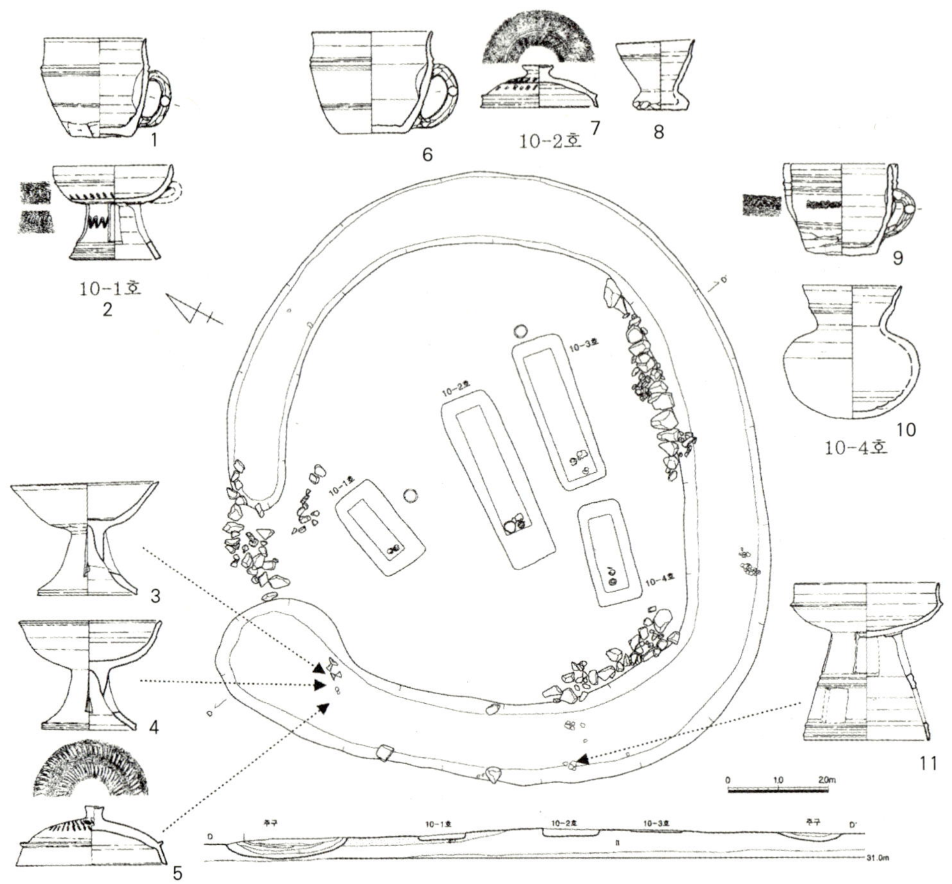

도 Ⅵ-68 5세기 전엽 소가야의 창녕양식 토기(통영시 남평리 10호분: 2, 7, 9, 11)

때 낙동강을 통한 교역이 활발했던 것으로 생각한다. 교동 89호분의 직호문녹각장검直弧文鹿角裝劍은 일본열도산으로 녹나무제 목관의 이입 의미를 알 수 있게 한다.

교동 10호분 출토 금동제 용봉문환두대도는 용문의 의장과 제작기법으로 볼 때 옥전 M3호분 출토품과 같이 대가야에서 제작되어 이입된 것으로 추정된다.

앞에서 언급한 바와 같이 교동 11호분 출토 원두대도에는 명문이 확인되어 주목된다. 명문은 상부선인귀?내上部先人貴?內로 판독되고 있다(이영식 1993). 이영식은 이 명문에 대해서는 선인을 고구려의 관명으로 보고 고구려산인 환두대도가 신라를 통해 전해진 것으로 파악하였다. 그 배경을 고구려를 등에 업은 신라가 비사벌가야에 진출하고자 가야국왕을 회유한 것에 기인한 것으로 생각하였다.

먼저 11호분 출토 명문대도의 제작지에 대해 논하고자 한다(도 Ⅵ-69). 11호분 출토

424

명문대도는 공주 송산리 4호분 출토품에 유례가 있어 백제산으로도 추정되기도 하였다. 필자는 교동 11호분 출토품이 송산리 4호분 출토품과 전체적으로 유사하지만 원두 측면에 능삼문을 새긴 문양띠가 있는 점이 다르고 이 문양띠는 대가야의 금동제 용봉문환두대도와 마구에 널리 사용되는 점(金宇大 2017)에서 대가야산으로 본다. 이를 방증하는 것이 도쿄박물관 소장 명문환두대도와 귀(貴)자의 서체가 유사한 점(이영식 2017)과 내용이 길상구인 점에서 그러하다. 이는 필자가 논증한 바와 같이 도쿄박물관 소장 명문환두대도는 대가야산이며, 인접

도 Ⅵ-69 5세기 말 창녕 교동 11호분 출토 명문대도의 제작지 동정

한 7호분의 같은 배총인 10호분에서 대가야산 용봉문환두대도가 출토된 점에서 증명된다.

교동 10호분과 11호분 출토 은장철모銀裝鐵鉾는 백제의 무령왕릉, 신덕고분, 지산동 44호분, 옥전M1호분과 일본열도의 고분에서 그 출토예가 확인되며, 경주 식리총, 대구 비산동고분군 출토품과 같이 가야지역에서 반입된 것으로 판단된다. 교동 89호분 출토품에는 신라 가야의 요소를 절충한 유담 은장철모가 확인되어 주목된다.

그리고 옥전M4호분, M6호분 출토품에서 유례가 보이는 계성A1호분 1관과 교동 31호분 출토 산치자형수식을 가진 금제 수식부이식은 주환이 굵고 중간식에 신라적인 요소가 보이나, 수식의 형태와 전체적인 의장이 대가야양식이고 이 시기 대가야 마구의 의장에 신라의 영향이 보이는 것에서 대가야에서 제작되어 창녕지역으로 이입된 것으로 파악된다.

이는 6세기 초까지 신라의 창녕지역의 통제가 관철되지 못했음을 반영하는 것으로 본다.

5세기 후엽에는 창녕양식의 각 기종에 신라양식화가 진행되고 경주산 위신재의 사여가 본격화되며 신라의 영향력이 극대화되는 전환기로 파악된다. 그런데 이 시기 합천 옥전 M3호분에는 종래 이입되던 창녕산 토기가 전혀 부장되지 않고 대가야양식의 토기로 교체

되어 부장 토기의 대부분을 차지하는 양상이 확인된다.

이로 보건대 두 지역에 동시에 나타나는 변화 즉 창녕지역에 대한 신라의 견제와 쌍책지역에 대한 대가야의 견제가 상호 연동된 것일 가능성이 크다. 즉 이 시기 대가야는 황강 중류역에 진출하여 지금까지 그 하류역에 위치하면서 그 수계를 통해서 내륙과 교역활동을 해 왔던 옥전세력 즉 다라에 압박을 가하여 그 지역을 권역 안에 넣게 된다. 이와 같은 낙동강 이서지역의 변화는 종래 다라와의 교섭창구 역할을 하던 창녕지역 정치체가 쇠퇴를 초래한 것으로 파악된다.

필자는 이 시기야말로 신라와 대가야가 낙동강을 국경선으로 본격적으로 대치하게 되는 단계로 판단된다. 이는 5세기 말을 전후하여 낙동강 양안에 산성 축조가 본격화되는 점에서 방증된다. 즉 낙동강 동안에 위치하는 창녕지역의 동북쪽 산성인 위천리 보루와 석문성에서 5세기 후엽 이후에 주로 조영되는 원형의 적석망루가 확인되고, 대안의 대가야 보루와 산성인 봉화산산성과 도진리산성과 고분군이 5세기 말 이후에 축조된 것으로 파악되기 때문이다. 또 적포리산성의 대안에 위치하고 석문성에서 확인된 적석망루가 조영된 등림리 산성, 신반천 하구를 방어하는 성전성, 낙동강에서 창녕지역으로 들어가는 교통로를 방어하는 선소리 산성의 축조시기도 출토 유물과 축조 기법으로 볼 때 5세기 말 이후로 추정된다.

현재로서는 창녕의 비사벌세력이 신라에 복속된 시기는 문헌사료로 알 수 없다. 앞에서 살펴본 바와 같이 문헌사학에서의 논의는 자의적인 해석에 불과하다. 따라서 고고자료로 추론하는 것이 가장 설명적이라 생각한다. 본서에서는 그 시기는 앞에서 언급한 바와 같이 창녕세력이 독자적인 교역과 교섭 활동이 중단되는 것이 낙동강 대안의 합천 옥전고분군의 다라국에서의 변화와 연동하고 낙동강 동안에 산성이 축조되는 시기가 5세기 말인 점에서 5세기 후엽으로 본다.

참고문헌

국문

高久健二, 1992, 「綜合考察-鐵製遺物」, 『昌寧校洞古墳群』, 東亞大學校博物館.

金大煥, 2000, 「부산지역 금관가야설의 검토」, 『嶺南考古學』, 嶺南考古學會.

김규운, 2009, 『고고자료로 본 5-6세기 소가야의 변천』, (慶北大學校碩士學位論文), 경북대학교 대학원.

김용성, 2009, 「창녕지역 고총 묘제의 특성과 의의」, 『한국 고대사 속의 창녕』, 경북대 영남문화연구원.

김재홍, 2012, 「전북동부지역 백제, 가야, 신라의 지역지배」, 『한국상고사학보』78, 한국상고사학회.

김재홍, 2017, 「위세품으로 본 전북가야의 위상과 성격」, 『전북가야를 선언하다』, 호남고고학회.

김태식, 1993, 『가야문넝사』, 일소삭.

남재우, 2003, 『安羅國史』, 혜안.

박순발, 2012, 「계수호와 초두를 통해 본 남원 월산리고분군」, 『운봉고원에 묻힌 가야무사』, 국립전주박물관·전북문화재연구원.

朴升圭, 2003, 「大加耶土器의 擴散과 관계망」, 『韓國考古學報』49, 한국고고학회.

박영민, 2012, 『4-6세기 금관가야의 읍락 구성』, (慶北大學校碩士學位論文), 慶北大學校 大學院.

박천수, 1990, 『5-6세기대 창녕지역 도질토기의 연구』, 경북대학교 문학석사학위논문.

박천수, 1993, 「三國時代 昌寧地域 集團의 性格研究」, 『嶺南考古學』13, 영남고고학회.

박천수, 1995, 「정치체의 상호관계로 본 대가야왕권」, 『가야제국의 왕권』, 인제대학교가야문화연구소.

박천수, 1999, 「器臺를 통하여 본 伽耶勢力의 動向」, 『伽耶의 器臺』, 金海博物館.

박천수, 2000, 「考古學으로 본 加羅國史」, 『가야각국사의 재구성』, 혜안.

박천수, 2000, 「三國時代 玄風地域 土器의 地域相」, 『慶北大學校 考古人類學科 20周年 紀念論叢』慶北大學校考古人類學科.

박천수, 2001, 「고고자료를 통해 본 가야시기의 창녕지방」, 『가야시기 창녕지방의 역사, 고고학적 성격』, 창원문화재연구소.

박천수, 2004, 「가야토기에서 역사를 본다」, 『가야 잊혀진 이름 빛나는 유산』, 혜안.

박천수, 2007, 『새로쓰는 고대한일교섭사』, 사회평론.

박천수, 2010,『가야토기-가야의 역사와 문화』, 진인진.

신경철, 1989,「삼한·삼국·통일신라시대의 부산」,『부산시사』1, 부산직할시사 편찬위원회.

신경철, 1992,「金海 禮安里160號墳에 대하여」,『伽耶考古學論叢』1, 駕洛國史蹟開發研究院.

신경철, 1995,「金海 大成洞.東來 福泉洞 古墳群 點描-金官加耶이해의 一端-」,『釜大史學』19, 釜山
　　　大學校史學會.

윤온식, 2006,「4세기대 함안지역 토기의 변천과 영남 지방 토기의 樣式論」,『東垣學術論文集』8, 韓
　　　國考古美術研究所.

이성주, 2000,「분구묘의 인식」,『한국상고사학보』32, 한국상고사학회.

이영식, 1993,「창녕 교동 11호분 출토 환두대도명」,『송갑호교수 정년퇴임 기념논문집』, 송갑호교
　　　수 정년기념논문집간행위원회.

이영식, 2017,『가야제국사 연구』, 생각과 종이.

이용현, 2007,『가야제국과 동아시아』, 서울, 통천문화사.

李政根, 2006,『咸安地域 古式陶質土器의 生産과 流通』, (嶺南大學校碩士學位論文), 嶺南大學校 大
　　　學院.

이주헌, 2000,「阿羅加耶에 대한 考古學的 檢討」,『가야 각국사의 재구성』, 혜안.

이형기, 2016,「대가야의 부체제에 대한 고찰」,『대가야의 국가발전 단계』, 고령군 대가야박물관·
　　　대동문화재연구원.

이희준, 1998a,「김해 예안리유적과 신라의 낙동강 서안진출」,『韓國考古學報』39, 한국고고학회.

이희준, 1998b,『4~5世紀 新羅의 考古學的 研究』, (서울大學校博士學位論文), 서울大學校大學院.

이희준, 2005,「4-5세기 창녕지역 정치체의 읍락 구성과 동향」,『嶺南考古學』37, 嶺南考古學會.

이희준, 2007,『신라 고고학 연구』, 사회평론.

이희준, 2017,『대가야 고고학 연구』, 사회평론.

임학종, 2007,「낙동강하 지류역의 패총문화에 대한 재인식」,『대동고고』1, 대동문화재연구원.

전상학, 2017,「전북지역 가야고분의 현황과 특징」,『전북가야를 선언하다』, 호남고고학회.

정주희, 2008,『咸安樣式 古式陶質土器의 分布定型에 관한 研究』, (慶北大學校碩士學位論文), 경북
　　　대학교 내학원.

鄭澄元·洪潽植, 1995,「昌寧地域의 古墳文化」,『韓國文化研究』7, 부산대학교 한국민족문화연구소.

조성원, 2010,「고분 출토 고배로 본 5세기 대 낙동강 하류역의 소지역성 연구」,『영남고고학』55,
　　　영남고고학회.

조영제, 1990,「三角透窓高杯에 대한 一考察」,『嶺南考古學』7, 嶺南考古學會.

조영제, 2000,「多羅國의 成立에 대한 研究」,『가야각국사의 재구성』, 부산, 부산대학교한국민족문

화연구소.

조영제, 2002, 「考古學에서 본 大加耶聯盟體論」, 『盟主로서의 금관가야와 대가야』, (第8回加耶史學術會議), 金海市.

조영제, 2006, 『西部慶南 加耶諸國의 成立에 대한 考古學的 研究』, (부산대학교박사학위논문), 부산대학교.

조효식·장주탁, 2016, 「가야의 성곽」, 『가야 고고학개론』, 진인진.

주보돈, 2009, 「문헌상으로 본 고대사회 창녕의 향방」, 『한국 고대사 속의 창녕』, 경북대 영남문화연구원.

주보돈, 2014, 「가야사 연구의 흐름과 경향」, 『가야문화권 실체 규명을 위한 학술 연구』, 고령, 가야문화권 지역발전 시장군수협의회.

주보돈, 2017, 『가야사 새로 읽기』, 주류성.

崔鍾圭, 1983, 「中期古墳의 性格에 대한 약간의 考察」, 『釜大史學』7, 부산대학교 사학회.

하승철, 2015, 『소가야의 고고학적 연구』, (경상대학교박사학위논문), 경상대학교 대학원.

하승철, 2017, '아라가야의 고도 함안」, 『한국의 고도와 익산』, 원광대학교 마한 백제문화연구소.

홍보식, 2000, 「考古學으로 본 金官加耶」, 『考古學을 통해 본 가야』(한국고고학회학술총서 1), 한국고고학회.

홍보식, 2006, 「토기로 본 가야고분의 전환기적 양상」, 『가야와 그 전환기의 고분문화』, (제 15회 문화재연구학술회의), 국립창원문화재연구소.

홍보식, 2011, 「신라 가야토기와 須惠器 편년-교차편년과 역 연대-」, 『原三國 三國時代 曆年代의 제問題』, 世宗文化財研究院.忠南大學校百濟研究所.

일문

金宇大, 2017, 『金工品から読む古代朝鮮と倭』, 京都大學學術出版會.

朴天秀, 1995, 「渡來系文物からみた加耶と倭における政治的變動」, 『待兼山論叢』史學編29, 大阪大學文學部.

朴天秀, 1998, 「考古學から見た古代の韓·日交渉」, 『青丘學術論集』第12集, 財團法人韓國文化研究振興財團.

朴天秀, 2001, 「榮山江流域の古墳」, 『東アジアと日本の考古學Ⅰ - 墓制』, 東成社.

朴天秀, 2004, 「大加耶と倭」, 『國立歷史民俗博物館研究報告』第110集, 國立歷史民俗博物館.

朴天秀, 2007, 『加耶と倭』, 講談社.

田中俊明, 2001, 「新羅の加耶進出と比斯伐」, 『가야시기 창녕지방의 역사, 고고학적 성격』, 창원문화
　　　　재연구소.

定森秀夫, 1981, 「韓國慶尙南道昌寧地域陶質土器の檢討」, 『古代文化』, 33-4, 古代學協會.

穴澤咊光 · 馬目順一, 1975, 「昌寧校洞古墳群-梅原考古資料を中心とした谷井濟一氏發掘資料の研究
　　　　-」, 『考古學雜誌』60-4, 日本考古學會.

加耶

VII

加耶 國家形成
가야의 국가형성과

文明 歷史的 意義
문명의 역사적 의의

이 책에서는 고고자료를 중심으로 가야 전기의 중심국인 금관가야, 아라가야 가야 후기의 중심국인 소가야, 대가야의 성립과 전개를 논하였다. 또한 실체가 불분명한 5세기대 금관가야와 소가야에 대해 새롭게 밝히고자 하였으며, 남강상류역을 중심으로 한 남원의 기문, 낙동강중류역 동안에 위치하는 창녕지역의 비사벌의 역사에 대해서도 논하였다.

가야 전기는 토기양식과 그 분포로 볼 때 고 김해만을 중심으로 그 배후의 진영일대, 진해, 창원, 동래지역을 연결하는 관계망을 형성한 일본열도와 교섭의 중심지인 금관가야와 남강하류역에 면한 함안분지와 남해안에 면한 진동지역을 중심으로 남강수계, 황강수계, 섬진강수계, 남해안일대에 광역 관계망을 형성한 아라가야가 양대 축을 형성하고 있었다.

전기에는 토기양식과 위신재로 볼 때 김해 구야국과 동래 거칠산국이 연합한 소국연합이 출현한다. 연합의 동인은 일본열도산 위신재와 하지기계土師器系 토기가 두 지역에 다수 확인되는 것에서 일본열도와의 철을 중심으로 한 교역으로 판단된다.

가야 후기는 고구려 남정을 계기로 금관가야가 쇠퇴하고 아라가야가 일시적으로 쇠퇴하는 5세기 초를 기점으로 한다. 이 시기에는 남해안의 고성을 중심으로 한 소가야가 아라가야를 대신하여 호남동부지역에 걸친 광역 관계망을 형성한다. 5세기 중엽 이후에는 고령을 중심으로 한 대가야가 성장하여 남강상류역, 금강상류역, 황강수계, 섬진강수계, 남해안일대에 걸친 대권역을 형성한다.

후기의 금관가야는 5세기 토기양식에 대한 인식의 부재로 멸망한 것으로 보거나, 일부가 신라에 복속된 것으로 보았다. 이는 532년 멸망하였다는 문헌기록을 무시하고 신라의 발전을 과대평가하는 것에 기인한다. 이책에서 밝힌바와 같이 5세기대 창녕양식과 신라양식의 영향을 받아 융합한 금관가야양식 토기가 존재하고 있었다. 이 지역의 토기양식에 신라의 영향이 보이는 점은 400년 경자년조의 고구려 남정기사에 보이는 신라의 금관가야에 대한 영향력 증가로 볼 수는 있으나, 이를 곧바로 금관가야의 멸망으로 볼 수 없다는 점을 분명히 하고자 한다.

그리고 소가야권역에 종래 토기양식이 복잡하여 이제까지 인식하지 못했던 마산만에 면한 창원분지와 구 마산지역의 덕동만일대를 포함시켰다. 덕동만에 면한 현동고분군과 마산만에 위치한 합성동고분군에서는 1세기에 걸쳐서 소가야양식 토기가 제작·사용되고 고총이 축조되는 중심지가 존재한 것에서 양 지역을 소가야권을 구성하는 하나의 국으로 보았다. 소가야와 창녕의 철소재의 교역 창구를 담당한 것은 철정의 부장이 탁월한 점과 교통로를 고려하여 마산만일대의 세력으로 보았다.

5세기 전반 소가야는 고성을 중심으로, 사천, 마산, 거제, 진주, 합천, 산청지역 일부를 포괄하는 이전시기 포상팔국을 연합한 광역 소국연합으로 발전한다. 연합의 동인은 신라산 철소재와 일본열도산 스에키須惠器가 다수 확인되는 것에서 남해안과 일본열도와의 철을 중심으로 한 교역으로 판단된다.

비사벌의 창녕지역은 거대 고총이 소재하며 가야에 속하는지 신라에 병합된 것인지에 대한 여부가 쟁점이었으며, 이제까지 신라사의 입장에서 이 지역을 4세기 말에 신라에 복속된 것으로 파악되어 왔다. 그러나 필자가 제기한 바와 같이 먼저 그 근거가 된 4세기 말로 본 창녕 계남리1호분의 연대가 실은 5세기 중엽으로 잘 못된 것이며, 5세기 전엽까지 신라양식 토기와 전혀 다른 토기양식이 보이고 있으며 5세기 중엽에도 독자적인 양식이 보인다.

532년 신라에 복속된 것이 분명한 금관가야양식은 신라양식과 같이 보이지만 창녕양식과 신라양식을 융합한 독자적인 양상이 보인다. 이는 금관가야양식 보다 더욱 독자적인 양상을 보이며 가야지역으로 활발하게 유통되는 창녕양식 토기의 의미를 다시 생각하게 한다. 즉 창녕지역은 5세기대 신라에 복속된 문헌 기록이 문헌기록이 보이지 않는다. 6세기가 되어서야 신라에 복속되는 금관가야 보다 독자적인 양식의 토기양식을 보유하고 있으며 창녕지역양식 토기는 금관가야와 소가야권 전역에 5세기 초부터 중엽까지 약 50년에 걸쳐서 이입되고 토기양식에도 영향을 미치고 있다.

이는 4세기 아라가야양식, 5세기 전반 소가야양식, 5세기 후반 대가야양식과 같은 가야토기의 생산과 유통에서 이미 인식되는바와 같이 분명한 정치 경제적 함의를 내포하고 있는 것이다. 그래서 50년 이상에 걸친 창녕양식 토기의 생산과 유통은 비사벌의 활동과 위상를 반영하는 것으로 판단한다.

더욱이 비사벌은 금관가야와 소가야권역에서 창녕산토기와 함께 신라형 철정이 동반하고 다라국의 옥전고분군에 신라에 들어온 로마유리기가 창녕산토기와 공반하는 점에서, 신라와 낙동강 대안의 다라국, 낙동강하류역의 금관가야, 남해안의 소가야를 연결하는 철소재를 비롯한 중계 교역을 담당한 것으로 생각한다.

비사벌은 신라와 가야사이의 완충지대적인 국이었다고 생각한다. 고대 국간의 관계를 현대 국가간의 관계와 같은 개념으로 생각하기 어렵다.

그래서 창녕지역과 마주보는 낙동강 서안의 황강 하구에 위치하며 상호교류를 행해 온 합천 쌍책지역과 낙동강하류역의 금관가야, 소가야와의 관계로 볼 때, 창녕지역 토기양식이 소멸되고 각지에 이입되던 이 지역 토기가 반출되지 않은 시점 즉 5세기 후엽이야말로 창녕지역이 신라에 복속된 시기로 생각한다. 이는 낙동강 서안에서 창녕지역과 같은 역할을 담당해온 합천 다라국 세력의 활동이 대가야에 의해 통제되는 5세기 후엽과 같이 연동하는 시기인 점에서 더욱더 개연성이 높기 때문이다. 이전시기 창녕세력과 다라국, 금관가야, 소가야와의 반세기에 걸친 교섭은 단지 신라의 출선기구로서의 교역이 아니라 독자적인 정치적 활동으로 평가된다.

가야 후기의 중심세력인 대가야는 비록 가야 전체를 통일하지 못했으나 황강수계, 남강수계, 소백산맥, 섬진강수계를 넘어서 고령에서부터 남해안일대에 걸치는 당시 백제의 영역과 큰 차이를 보이지 않는 가야사상의 최대 판도를 형성하였다.

대가야는 백제와의 교통로의 요충인 소백산맥과 노령산맥에 형성된 금강수계의 진안고원부터 남해안의 최대의 요충인 여수반도까지를 영유하는 내륙과 해양을 연결한 국가였다. 대가야가 남해안에 진출한 것은 대 일본열도 교역과 해양에 영향력을 행사하기 위함이며, 이것이야말로 대가야 발전과 국가형성의 원동력으로 본다

고령지역의 왕릉인 지산동고분군은 6세기 신라의 왕릉인 서악동고분군과 조영원리가 유사하고, 왕성의 부속성인 주산성은 백제의 부소산성과 입지와 규모가 흡사한 점에서 대가야가 백제, 신라와 같은 사회발전 단계에 도달하였음을 웅변하는 유적으로 평가된다(도 Ⅶ-1).

도 Ⅶ-1 대가야 거점 산성(고령군 주산성)

그리고 앞에서 살펴본 바와 같이 섬진강수계에 면한 지역 즉 임라사현任那四縣과 기문己汶, 대사帶沙지역은 문헌사료와 고고자료에서 명백히 대가야권역임이 확인되었다. 섬진강 하구 서안의 순천시 운평리고분군, 여수시 고락산성, 하동군 흥룡리고분군, 남산리고분군의 대가야식 묘제와 대가야양식 토기는 6세기 전엽의 것으로 백제 진출 이전 섬진강 양안이 대가야권역이었음을 웅변하는 것이다. 그리고 차후 곡성, 구례 등지에서의 대가야관련 유적의 조사도 기대된다.

따라서 대가야는 전성기에 소백산맥을 넘어 금강 상류지역과 노령산맥 이남의 섬진강 유역 및 광양만, 순천만 일대의 호남동부지역을 영유한 것으로 보인다. 그런데 기문에 해당하는 남원 월산리M5호분과 두락리32호분의 중국제와 백제산 문물을 통하여 이 지역 세력이 독자적인 행보를 한 것으로 보는 견해가 있으나, 외래문물은 이 지역 세력이 직접 백제와 통교하여 입수한 것으로 보기 어렵다. 이는 기문이 대가야의 통제아래 있었으나 섬진강 수계를 통하여 남해안으로 나아갈 수 있고 금강수계를 통하여 백제와 연결되는 교통의 요충지에 위치한 점에서 대가야 왕권의 특별한 배려를 상징하는 것으로 본다.

6세기 전엽 대가야는 왕도인 고령과 인접한 합천읍, 봉산면 일대를 하부下部로 편제하여 왕기王畿로 삼았으며 그 권역을 중앙과 지방으로 편제하였다. 이는 『일본서기』 계체繼體 23년조(529년) 대가야왕이 하동지역을 대가야의 영역으로 주장하는 것과 신라의 왕녀를 여러 현에 분산시켰다는 기사로 볼 때 영역관념의 형성과 그 내부를 중앙과 지방으로 편제한 것을 알 수 있다.

514년 대가야가 사졸과 무기를 모아 신라를 공격하고 또 섬진강 하구에서 군사를 일으켜 왜를 공격하였다는 기사와, 553년 대가야가 백제와 함께 관산성을 공격한 기사는 대가야가 대외 전쟁에 권역 내의 병사와 무기를 징발하여 신라, 왜와 교전할 수 있는 군사권을 확립한 사실을 보여주며, 더욱이 대가야군의 작전 범위가 금강수계, 섬진강 하구에 걸치는 광범위한 것임을 알 수 있다.

대가야왕도의 주산성은 내성과 외성의 둘레를 더하면 2.1km 정도이며, 이러한 성곽의 규모는 여타 신라와 백제, 고구려에서도 중앙 또는 지방을 관할하는 중대형의 거점성곽에 해당된다.

그리고 주산성을 중심으로 10km 전후한 범위에 축조된 무계리산성, 강정리보루성, 도진리산성, 소학산성, 만대산성, 노고산성은 대가야 왕도를 방어하는 1차 방어선으로 추정된다. 또한 주산성을 중심으로 5km전후한 범위에 축조된 망산산성, 운라산성, 옥산리산성,

미숭산성은 대가야 왕도를 방어하는 2차 방어선으로 추정된다.

　이처럼 낙동강 중류역의 서안으로는 신라와 대치하고 있는 대가야성곽이 존재하며, 이들은 일정시기 동안 상호 연계되어 방어망을 형성하고 있었다. 즉 고령의 입구에 해당하는 낙동강변에 접한 강정리 봉화산성에는 신라의 위천리 보루성과 대치하듯이 보루성이 축조되었으며, 도진리에는 신라의 석문산성과 대치하듯이 낙동강을 조망하는 능선상에 도진리산성이 축조되었다. 근래 강정리 봉화산성은 주산성과 같은 정교한 석축기법으로 축조된 산성임이 확인되었다.

　이러한 낙동강변에 보이는 대가야산성과 신라산성의 대치 관계는 의령지역과 창녕지역에서도 확인되어 대가야를 견제하기 위해 낙동강중류역 서안에 방어망이 형성된 것을 알 수 있다.

　『일본서기』계체繼體 8년(514)조의 반파伴跛 즉 대가야가 축성하여 자탄子呑, 대사帶沙를 만해滿溪에 연결하고 봉후烽堠와 저각邸閣을 설치하고, 이열비爾列比, 마수비麻須比에 축성하여 마차해麻且奚, 추봉推封에 연결하였다는 것을 알 수 있다.

　그런데 낙동강변에서 확인된 대가야에 의한 성곽의 방어체계는 『일본서기』에 보이는 대가야 축성 기사와 매우 흡사함을 알 수 있다. 더욱이 운봉고원 일대에 축성된 성곽 가운데 상당수가 고령의 대가천 그리고 낙동강 이서지역 등 대가야의 북변과 동변에서 확인되는 성곽과 유사한 소규모 테뫼식 산성이 방어선을 형성하며 축조되어 있다. 이는 축성 주체가 대가야 동변인 낙동강 서안에 축조된 성곽과 같이 지역 세력이 아니라 대가야 중앙에 의해 이루어진 것을 알 수 있다. 앞으로 대가야의 축성 기록이 보이는 하동지역을 포함한 섬진강수계에서 대가야 산성의 발견이 기대된다(도 Ⅶ-2).

　대가야의 거점 성곽인 주산성은 신라, 백제의 거점 성곽에 필적할 정도의 축성기술과 규모를 보이고 있어 대가야의 국력을 알 수 있다.

　이 주산성을 중심으로 대가야 왕도를 방어하는 15기 전후의 산성이 축조되고 나아가 낙동강중류역 서안에 성곽에 의한 방어망이 형성된다. 이처럼 6세기 초를 전후하여 고령 분지, 합천지역 및 의령지역을 포함한 낙동강 중류역에 걸쳐 대가야식 산성이 연계하여 집중 조영된 것에서, 대가야는 그 권역 내의 민民을 동원할 수 있는 역역체제力役體制를 구축한 것으로 판단된다.

　대가야가 대두한 400년 이래 멸망하는 562년까지 신라와 국경을 형성하였음에도 150년 이상의 기간 동안 신라가 그 국경인 낙동강을 넘어서지 못했다. 이는 대가야가 국경에

체계적인 방어망을 구축하였을 뿐만 아니라, 신라의 침공에 대비한 국력을 갖추었음을 알 수 있게 한다.

도쿄국립박물관 소장 명문환두대도, 창녕군 교동11호분 출토 명문환두대도, 하부명 단경호, 대왕명 장경호 등으로 볼 때 대가야에서 문자의 사용이 상당한 수준에 달하였음을 알 수 있게 한다. 더욱이 산청군 하촌리취락유적에서 이득지二得知라는 인명이 새겨진 파수부완이 출토되어 주목된다. 왜냐하면 이 파수부완은 왕성과 수장거관이 아닌 하위취락에서 사용된 것으로, 이는 문자가 일반 촌락에서도 어느 정도 일상화된 것을 보여주기 때문이다(도 Ⅶ-3).

근래 발견된 고령군 송림리요 출토 연화문전은 고아동벽화고분에 보이는 연화문과 함께 대가야에 불교적 세계관의 존재를 보여주는 것으로 고등 종교인 불교가 도입되었을 가능성을 시사한다. 이는 최근 주산성에서 승려인물문 전이 출토된 것에서도 그러하다. 장차 고령지역에서 불교와 관련된 사원지의 조사가 기대된다(도 Ⅶ-4).

이와 관련하여 1963년 의령군 대의면 하촌리 출토 연가延嘉 7년(539년)명 고구려 불상

도 Ⅶ-3　대가야의 문자 사용(산청군 하촌리 1지구 7호주거지 출토 이득지(二得知)명 토기)

의 존재가 특기된다. 신라에 이입된 것으로 보고 있으나 출토된 지역이 6세기 중엽 대가야
와 밀접한 관계를 가진 집단이 거주한 합천 삼가지역에 인접한 점에서 대가야에 이입되었
을 가능성도 상정되기 때문이다. 또 『일본서기』 현종顯宗 3년 기노이쿠하노스쿠녜紀生盤宿
禰가 임라任那에 웅거하며 고구려와 교통하였다는 기사는 대가야와 고구려가 5세기 말 이

도 Ⅶ-4　대가야의 불교적 세계관의 도입(고령군 고아동벽화고분, 고령군 송림리요지)

래 교통(이용현 2007: 58)한 것을 알려 준다. 그러므로 대가야는 백제 또는 고구려를 통하여 불교를 도입했을 가능성이 있다고 할 수 있겠다.

대가야권역은 토기, 철과 같은 필수 물자와 금동제 용봉문환두대도, 금제 수식부이식, 금동제 마구와 같은 위신재의 생산과 유통으로 보아 호남동부지역까지 지배 복속관계로 이루어진 동일한 정치·경제권으로 본다.

특히 5~6세기 가야 제국 가운데 독자적인 의장의 금공품을 제작한 곳은 대가야가 유일하며 특히 고령에서 제작된 금동제 용봉문환두대도, 금제 수식부이식, 금동제 마구는 가야 전역뿐만 아니라 일본열도 전역에 걸쳐 이입되었다. 현재 확인된 대가야산 금공품은 금관 2점, 금동관 5점, 또한 금동제 용봉문환두대도는 49점, 금제 수식부이식은 229점에 달한다. 그 외 금동제 마구도 다수 확인된다. 수백 점에 달하는 화려한 대가야의 금공품과 이를 통한 위신재 체계는 백제, 신라에 필적하는 독자적인 문명을 상징하는 것이다(도 Ⅶ-5).

대가야산 금공품의 수량은 신라에는 필적할 수 없으나 백제산 금공품의 수량을 웃도는 점에서 주목된다. 또한 대가야의 금공품은 신라와 백제와 분명하게 구분되는 독자적인 양식이다. 더욱이 고령에서 성주로 연결되는 금광맥이 존재하고, 현대까지 활발하게 채굴된 점에서 금광의 개발을 통한 금공품 생산과 유통이 대가야 발전의 원동력으

南齊列傳三九 〈八〉 寶永乙酉年 松會堂

加羅國三韓種也建元元年國王荷知使來獻詔曰量廣始登遠夷洽化加羅王荷知款關海外奉贄東遐可授輔國將軍本國王

도 Ⅶ-5   대가야의 남제 견사(남제서와 남조 황제릉)

로 작용한 것으로 판단된다.

고대의 장신구는 단순히 신체를 장식하는 것으로 볼 수 없고, 소유도 엄격히 제한되었으며, 특히 금제, 금동제의 장신구는 착장자의 권력과 위세를 과시하는 용도로 사용되었다. 5세기 후반 대가야는 신라, 백제와 구별되는 독자적인 관모, 이식, 대장식구를 제작하여 일본열도에 수출하였다. 당시 왜가 대가야산의 장신구를 수용한 것은 대가야와 왜와의 정치적인 동맹관계를 보여주는 것으로 본다. 이 시기 일본열도의 대가야 문화는 4세기에 금관가야가 전해준 철제품과는 비교할 수 없는 화려한 금제, 금동제 장신구, 금동제 마구를 포함하고 있어 양자간 국가 경쟁력의 질적 차이를 알 수 있게 한다. 또한 대가야는 당시 왜가 원했던 말과 그 사육방법을 전해 준 점, 더욱이 국가체제의 정비에 절대적으로 필요했던 문자의 사용을 본격화 시킨 점에서 대가야 문화는 일본열도의 문명화에 기여한 것으로 판단된다.

가야의 발전 단계는 다음과 같이 볼 수 있다.

4세기에는 삼국지 위서 동이전에 보이는 변한의 소국이 분립된 상태로 존재하는 2~3세기의 소국단계에서, 김해 구야국과 동래 거칠산국이 연합하는 소국연합단계로 발전한다. 그러나 양자 간 관계는 구야국이 우월하나 거칠산국을 압도하는 세력으로 볼 수 없다.

5세기 전반에는 고성의 소가야를 중심으로 남해안일대의 이전 시기의 포상팔국과 같은 광역 소국연합단계로 발전한다. 이는 연합의 규모는 확대되었으나, 구성국간의 분명한 상하관계가 형성되지 않은 시기이다.

5세기 후반 고령을 중심으로 한 대가야는 내륙과 해양을 연결한 그 권역의 범위가 넓으며 그 내부 구조가 명확한 상하관계가 확립되고 영역지배화가 이루어졌다(박천수 2016).

근래 김태식에 의한 사국시대론이 제기되었다. 삼국시대는 신라의 인식에 기원한 고려시대의 역사인식이며, 엄밀한 의미의 삼국시대는 가야멸망후인 562년부터 668년까지 100여년에 지나지 않는다는 것이다. 가야는 적어도 4~6세기의 260여 년(300~562)동안 엄연히 독자적인 정치세력으로 활동하였다는 것이다(김태식 2014: 129~131). 그리고 사국시대의 근거로서 신라, 백제와는 구별되는 독자적인 문명을 형성한 것으로 보고 있으나 그 내용을 밝히지 못하였다.

본서에서 논한바와 같이 특히 대가야는 독자적인 문명과 불교라는 고등 종교의 도입, 광범위한 영역과 이를 통제할 수 있는 군사권, 479년 중국 남제로의 견사, 문자의 사용, 왜와의 교섭에서 확인되는 외교권(도 Ⅶ-6), 그리고 산성의 축조에서 파악되는 역역동원 체제를 갖추었다. 규모와 내용에서는 차이가 있으나 신라, 백제에 필적하는 고대국가단계로서 나아가 신라, 백제와 구별되는 독자적인 문명을 형성한 것으로 판단된다.

가야가 국제세계에서도 독립된 정치체로 활동한 것은 광개토왕비, 『송서』, 『남제서』, 『일본서기』에서 잘 확인된다. 특히 『일본서기』에는 5세기 후반부터 6세기 후반까지 백제·신라와 동등한 국으로 나오고 있다.

특히 대가야가 대두한 400년 이래 멸망하는 562년까지 신라와 국경을 형성하였음에도 150년 이상의 기간 동안 신라가 그 국경인 낙동강을 넘어서지 못했다. 이는 엄밀한 의미의 삼국시대인 가야멸망후 562년부터 668년까지 100여 년에 지나지 않는다는 기간보다, 훨씬 더 오랜 기간 동안 대가야가 신라와 대치하는 국경선을 형성하였다. 이와 마찬가지로 백제가 대가야와의 국경인 고흥반도에 진출하는 것은 길두리 안동고분이 5세기 전엽 축조되는 것에서 그 피장자가 활동하는 5세기 초로 보인다. 백제가 대가야권역인 섬진강 수계인 기문과 대사, 임라사현에 공략을 개시하는 것은 6세기 전엽으로, 1세기 정도 백제와도 국경을 형성한 것이다.

이상으로 볼 때 대가야는 신라, 백제와 1세기 이상 국경을 형성하며 국권을 유지하고 독자적인 문명을 창출하였다. 사국시대는 허상이 아니라 역사적 사실인 것이다. 앞으로 고고학에 의한 가야의 역사와 문명의 정당한 평가를 통한 사국시대의 확정이 기대된다.

도 Ⅶ-6 대가야의 금제, 금동제 위신재

1, 2: 도쿄국립박물관 | 3: 합천군 옥전M3호분

　　가야사상의 획기적인 발전을 이룬 대가야의 범위는 경상북도, 경상남도, 전라북도, 전라남도에 걸쳐 확인된다. 그럼에도 대가야권의 대부분 지역사회에서는 그 권역에 포함되었다는 사실을 인지하지 못하고 있는 실정이다. 특히 대가야권역에 속하는 전라북도와 전라남도 동부지역의 경우 이제까지 막연하게 백제지역으로 인식하고 있으므로, 앞으로 각

도 Ⅷ-7 일본열도 출토 대가야산 문물의 분포

지역의 유적 정비와 박물관 건립과 함께 이러한 지역의 주민들이 대가야의 후예라는 것을 느낄 수 있는 '대가야권 문화벨트'의 조성이 필요하다. 대가야권 문화벨트 조성은 해당 지역의 후예들이 대가야의 문화를 공유하고, 행정구역과 지역감정을 넘어 서로 화합하는 마음을 가질 수 있도록 하는 점에서 필요하다.

그래서 대가야 문화유적 활용 방안을 다음과 같이 제안하고자 한다.

첫째 대가야문화벨트를 종단하는 답사코스의 설정이 필요하다. 대가야권의 경우 특히 경상북도, 경상남도, 전라남도, 전라북도를 포괄하는 권역을 형성하고 있어, 공동 답사코스를 개발 운영하여 영호남 대 화합을 도모하는 문화행사로서의 실시가 요망된다. 이를 위한 대가야권 유적의 정비와 박물관 건립이 함께 실시되어야한다.

둘째 대가야의 대외 교역로에 연한 고령 → 합천 → 거창 → 함양 → 남원 → 곡성 → 구례 → 하동 → 광양 → 순천 → 여수지역에서는 고령에서 제작한 금동관, 금제 이식, 금동제 마구, 철기, 무기, 무구, 토기를 구 교통로를 따라 마차에 실어 각 지자체가 교대로 운반 수송하는 대가야 축제를 실시하여 지역간 일체감을 조성한다.

셋째 5세기 중엽부터 대가야산 금제, 금동제 장신구와 마구, 철기, 무기, 무구, 토기와 함께 말이 일본열도에 이입된다. 고령에는 대가야문물을 복원 제작하는 공방과 함께 일본 속의 대가야문화관과 같은 박물관을 설립한다(도 Ⅶ-7). 고령에서 여수까지 릴레이로 운반해온 대가야산 문물을 복원한 삼국시대 배에 싣고 여수에서 거제도-쓰시마-이키-후쿠오카-오사카로 가는 대가야 무역선의 항해 재현을 통하여 대가야 후예로서의 자긍심과 일체감을 고양한다(박천수 2018).

현재 가야고분군의 세계유산 등재를 추진하고 있다. 세계유산으로서의 가치가 인정되는 날이 기대된다.

김태식, 2014, 『사국시대의 가야사 연구』, 서경문화사.

박천수, 2016, 「가야고고학 연구 서설-소국에서 영역국가로-」, 『가야고고학개론』, (중앙문화재연구원 학술총서29), 진인진.

박천수, 2018, 「고고학으로 본 가야의 권역과 대가야 영역국가의 역사적 의의」, 『가야사의 공간적 범위』, (가야 복원을 위한 국제 학술회의), 계명대학교 인문학연구단 한국학연구원.

이용현, 2007, 『가야제국과 동아시아』, 통천문화사.

加耶

VIII

<ruby>加耶<rt>가야</rt></ruby> <ruby>遺物<rt>유물</rt></ruby> <ruby>鑑賞<rt>감상</rt></ruby>

가야 유물 감상

도 Ⅷ-1 금관

도쿄국립박물관 소장 | 높이: 13.2cm | 둘레: 17.1cm

01

금관(도 VIII-1)

도쿄국립박물관에는 일제강점기 대구에 거주한 오구라 타케노스케 小倉武之助가 불법으로 반출한 1,000여 점에 달하는 문화재가 보관되어 있다. 그 가운데 대륜帶輪과 전前 입식立飾, 측면側面 입식으로 장식한 초화형草花形 금관이 있다. 금관의 전前 입식은 보주형으로 그 중앙에 꽃잎 모양의 장식을 타출하고 그 주위에는 원형의 보요를 달았다.

더욱이 보주형 입식의 양 측면에는 나뭇잎 모양의 보요로 장식하였다. 좌우의 측면 입식은 2개를 각각 난초처럼 마주보게 세웠으며 원형의 보요를 달아 장식하였다. 대륜과 입식의 주연周緣은 파상문波狀文으로 장식하였다.

이 금관은 초화형 입식을 가진 점에서 출자형出字形 입식으로 장식한 신라관으로 볼 수 없고, 고령군 지산동 30호분 출토 금동관과 지산동 32호분 출토 금동관과 같은 형식인 점에서 대가야관이 분명하다.

이와 함께 오구라 타케노스케 반출품 가운데 대가야산 용봉문환두대도가 다수 포함된 점에서, 이 금관은 고령지역 특히 지산동고분군에서 도굴된 것이 분명하다.

이 금관은 입식과 대륜의 형태와 비율, 문양이 잘 조화된 조형미가 뛰어난 점에서 이미 국보로 지정된 삼성미술관 리움 소장품과 함께 국보급 문화재로 평가된다. 그래서 이 금관은 신라의 금관과 함께 가야 문화를 상징하는 문화재라 할 수 있다.

더욱이 이 금관은 5세기 전반에 제작된 지산동 30호분 금동관과 지산동 32호분 출토 금동관에 이어 5세기 후반에 제작된 것으로 판단되며, 6세기 전반에 제작된 삼성미술관 리움 소장 금관이 대가야에서 제작된 것임을 알 수 있게 하는 매우 학술적 가치가 높은 문화재이다.

도 VIII-2 용봉문환두대도

도쿄국립박물관 소장 ㅣ 길이: 84.6cm

02

용봉문환두대도(도 Ⅷ-2)

평면 타원형의 외환 안에 봉황을 장식하였다. 환내 장식과 외환은 별도로 제작하여 결합하였다. 외환은 횡타원형으로 주조하여 새긴 무늬 위에 은피를 붙이고 주룡문을 장식하였다.

외환에는 투조기법이 확인되고 가장자리에서는 각목문을 새긴 것을 확인할 수 있다. 환 내부에는 환과 별도로 금동으로 주조한 단용이 장식되어 있다.

용은 목이 굵고 뻣뻣하게 표현되었고 입을 벌려 짧은 혀를 내밀고 있다. 귀는 입 뒤로 표현되었고 관모와 뿔은 일체형이 되어 정수리에서 솟은 것이 뒤쪽 아래로 내려오다가 끝부분이 위로 말려 올라갔다. 병두금구는 무문의 은판을 사용하였고 초구금구는 상부에 파상문을 연견한 문양을 두 줄로 은상감하여 장식했다.

파부에는 각목문을 새긴 은선을 나선형으로 성기게 감았다.

칼등에 "-不畏也□令此刀主富貴高遷財物多也"와 같은 명문이 상감되어 있어 '이 대도을 소유한 자에게는 두려울 것이 없고 높은 지위와 부가 보장된다'는 의미이다.

대가야의 명문환두대도로서 고령군 지산동고분군을 비롯한 대가야권 주요 고분군에서 도굴되어 반출된 것으로 국내에서는 찾아볼 수 없는 국보급 문화재이다. 대가야문명을 상징하는 것으로 복원제작하여 국내에 전시할 필요가 있다고 본다.

국립중앙박물관 소장 ｜ 잔존길이: 35cm

03

용봉문환두대도(도 Ⅷ-3)

고령군 지산동고분군의 능선 최정상부에 가장 큰 규모인 직경 49m의 47호분에서 출토되었다. 47호분에서는 금동제 용봉문환두대도와 금동제 용문투조 화살통이 출토되었다. 일제강점기 유리원판 사진을 보면 주실의 벽석에 기대어진 상태로 출토되었다.

환두는 철로서 무늬를 새겨 주출하였으며, 그 위에 금피를 붙였다. 환두와 병두금구, 초구금구의 구갑문의 결절점에는 둥근 홈을 파고 구슬 등을 감입하였으나 현재 남아있지 않다.

환두내에는 별도로 주출하여 도금한 용머리를 끼워서 장식하였다.

환두에는 구갑문의 구획내에 연꽃문으로 장식하였으며, 병두금구와 초구금구에는 구갑문내에 봉황문으로 장식하였다.

병부에는 은판을 능형으로 투조하고 그 가장자리를 사선문으로 장식하였다.

이 용봉문대도는 무녕왕릉 출토품과 같은 백제 용봉문대도의 영향을 받았으나 제작기법, 의장이 다르게 대가야에서 제작된 것으로 판단된다.

그리고 도굴이 심한 고령 지산동고분군의 왕릉에서 출토된 점에서 합천군 옥전고분군 출토 환두대도가 대가야 왕도의 공방에서 제작된 것을 알 수 있게 하는 중요한 유물이다.

도쿄국립박물관 소장 ｜ 길이: 9.4cm

04

수식부이식(도 Ⅷ-4)

주환은 세환식으로 여기에 봉을 구부려서 만든 유환을 연결하였다.

중간식은 산치자형으로 동최대경 부분을 2줄의 각목을 새긴 금선으로 장식하였다. 그리고 이를 기준으로 상부에는 세립과 각목을 새긴 금선을 이용하여 화형장식을 하였으며, 하부에는 구멍을 3개 뚫은 후 그 사이로 금사를 통과시켜 고리를 만든 후, 4단위의 사슬을 이용하여 중앙부에 물방울 모양의 타출이 되어있는 산치자형 수식을 각 1개씩 연결하였다.

수식에는 금판의 접합부에 각목대를 둘렀으며 수식의 아랫부부에는 최상단과 최대경에 각목대 장식을 한 공구체 장식을 하였다. 사슬형 연결금구와의 연결에는 수식 위의 Ω자형 고리를 이용하였다. 유환과이 연결은 중간시 상하로 뚫린 구멍으로 2줄의 금사를 통과시켜 만든 고리를 이용하였다.

중간식의 아래에 있는 고리에는 다시 사슬형 연결금구를 연결한 후, 금판의 중앙부와 그 둘레로 타출 장식과 누금장식을 하고, 접합부에는 각목을 새긴 금선으로 장식한 산치자형 수식을 연결하였다. 수식의 상단에 누금장식을 한 반구체형이 덧붙여 있는 것이 특징이며, 그 위에 있는 Ω자형의 고리를 이용하여 사슬형 연결금구와 연결하였으며 수식의 하단에는 최대경에는 각목을 새긴 금선을 표면에는 누금장식을 한 공구체를 붙였다.

화려한 대가야의 수식부이식으로 국내에서는 찾아볼 수 없는 중요 문화재이다.

도 Ⅷ-5 봉황문투조대장식금구

도쿄국립박물관 소장 | 대단금구 길이: 8.2cm

05

봉황문투조대장식금구(도 Ⅷ-5)

금동판에 은제의 투조 용과 봉황문을 장식한 판을 붙인 것이다. 뒷면에 직조흔이 남아 있다. 포대와 연결은 못으로 하였는데 못은 금피를 한 원두정이다. 장방형 과판의 투조 문양은 뒤돌아보는 용문양인데 한 점은 두 마리가 반대방향을 보는 형상이다. 교구와 연결되는 방향에 가까운 작은 띠연결부와 심엽형 과판은 봉황을 투조하였다. 심엽형 과판(3점)의 표면 중앙에는 환형고리가 붙어 있고 이면에는 갈고리 형태의 띠연결고리가 있다. 과판 중 한 점은 폭이 좁다. 교구는 종으로 긴 반타원형으로 T자형 걸쇠가 있다. 띠끝금구는 규형으로 용은 앞을 보고 있다.

대가야의 용문투조대장식구로서 국내에서는 찾아볼 수 없는 중요 문화재이다.

도 Ⅷ-6 장경호와 발형기대

김해시 대성동 1호묘 출토 ∣ 국립김해박물관 소장

항아리   높이: 35cm ∣ 구멍 지름: 14.5cm   그릇받침   높이: 38.8cm ∣ 지름: 36.7cm

06

장경호와 발형기대(도 Ⅷ-6)

곡선미가 넘치고 화려한 문양과 부드러운 자연유가 붙어있는 4세기 후기 무렵의 가야토기 가운데 가장 조형미가 뛰어난 긴목항아리와 바리모양그릇받침이다.

긴목항아리와 바리모양그릇받침은 가까이에서 함께 출토되었으나, 원래 긴목항아리와 짝을 이룬 것은 사방향격자무늬가 그려진 다른 그릇받침이다.

긴목항아리 목둘레에 돌대를 돌리고 그 사이에 타래무늬를 중심으로 원, 점줄, 줄 등 여러 무늬를 새겼다. 몸통에 두 개 가로줄을 돌리고 줄 사이에 안에 '〉' 모양의 점띠무늬를 둘렀다. 그런데 이 띠무늬를 넣은 부분이 목과 몸통에만 그려진 것은 원래 그릇받침에 넣어서 쓸 것을 염두에 두고 제자한 것인을 알 수 있다. 즉 몸통 아래는 그릇받침에 들어가서 보이지 않기 때문에 무늬를 새기지 않은 것이다.

긴목항아리의 입언저리, 목 부분, 몸통 윗부분, 바닥 안쪽에 자연유가 붙어 황녹색을 띠며, 다른 부분은 회색을 띤다. 밑 부분은 소성할 때에 바닥에 닿아 녹색을 띠며 짚 흔적이 남아 있다. 목과 몸통 바깥쪽은 물레질로 마무리하였으며, 몸통 아래 부분은 세로줄새김판으로 두두린 후에 물손질로 지웠으나 희미하게 그 흔적이 남아 있다.

긴목항아리 뚜껑에는 단추 모양의 손잡이가 붙어있으며 가로로 가는 선을 돌리고 점줄무늬를 위아래로 새겼다. 뚜껑 색깔은 바깥쪽 아래 부분은 어두운 회색이고, 윗부분은 밝은 회색이다. 안쪽에는 자연유가 붙어있으나 산화되어 밝은 회색에 녹색을 띤다.

바리모양그릇받침은 몸통에 돌대를 거의 같은 간격으로 돌렸으며, 중간 돌대를 경계로 위에는 삼각띠무늬를 상하로, 아래에는 삼각띠무늬 한 가지만을 두르고 다시 그 밑에는 점줄무늬를 새겼다. 굽다리는 돌대로 나누고 위쪽 두 단에는 점줄무늬를 같은 간격으로 세 곳에 두르고, 아치형에 가까운 삼각형 구멍 6개를 위와 아래 단에 각각 한 줄로 뚫었다. 몸통 안쪽은 자연유가 붙어 산화하여 황녹색을 띠고 바닥에는 소성할 때에 토기를 얹어 구은 흔적이 있으며 그 주위로 자연유가 산화되어 회갈색을 띤다.

이러한 전처럼 뚜껑받이 턱이 돌출한 긴목항아리와 삼각띠무늬가 새겨진 바리모양그릇받침은 모양은 약간 다르나 김해지역을 중심으로 부산시 복천동 31·32호묘, 함안군 오곡리 8호묘, 경산시 임당동G5, 6호분, 고령군 쾌빈동 1호묘 등 영남지역 전역에 보인다.

07

조형장식유개호(도 Ⅷ-7)

이 토기는 새, 톱니 모양의 장식대, 전면에 베풀어진 돗자리무늬가 한데 어울려 화려하고 조형미가 매우 돋보이는 와질 항아리이다.

뚜껑은 높으며 동심원 모양의 선으로 장식한 후 가운데에 오리 모양의 손잡이를 붙였다. 새 장식은 눈·코·입 등을 사실적으로 표현하였다. 높은 대에 장식된 새의 모습은 마을의 입구 또는 경계·성역에 세웠던 솟대를 연상시킨다.

항아리는 몸통이 갸름하며, 새끼줄 무늬를 두드려 찍은 후에 여러 줄의 선을 돌린 돗자리무늬를 새겼다. 세 개의 톱니 모양 장식대를 세로로 드리우고, 그 위에 오리 모양의 새 장식을 높이 세웠다. 장식대에는 가가 위·아래 두 곳에 구멍이 뚫려 있는데, 이곳에 끈을 매어 사용했던 것으로 보인다.

새 모양 장식과 두드린 무늬 그리고 뚜껑 모양으로 볼 때 함안지역에서 만들어진 것으로 추정된다.

도 Ⅷ-7　조형장식유개호
호림박물관 소장
뚜껑　높이: 14.7cm ┃ 지름: 13cm
항아리　높이: 31.6cm ┃ 지름: 9.2cm

전 김해시 덕산리출토 | 국립경주박물관 소장 | 높이: 23.2cm | 폭: 14.7cm

464

08

기마인물형각배(도 Ⅷ-8)

굽다리 위에 직사각형 판을 놓고 그 위에 기마인물상을 올려놓았으며, 말 엉덩이 부분에 뿔잔 2개를 붙여 U자형으로 세워놓은 기마인물모양뿔잔이다.

말은 머리에 투구를 씌웠고 눈과 귀, 잎 등을 자세히 표현하고 있다. 다리는 깎아서 면을 만들었기에 더욱 힘차게 보인다. 몸통과 다리를 둘러 전체에 철편을 엮은 갑옷을 입힌 것을 나타내기 위해 사방향격자무늬를 새겨넣었다.

말 위에 탄 전사는 양쪽 다리를 등자 위에 올려놓고 있으며, 왼손에는 중앙에 마름모무늬가 새겨진 방패를, 오른손에는 팔을 약간 내려서 창을 쥐고 있으며 머리에는 투구를 쓰고 목 갑옷을 입고 있다. 전사 뒤 말 엉덩이 부분에는 1쌍의 뿔잔이 붙어 있다 뿔잔 윗부분에는 사방향격자무늬가 두 군데에 둘러있다.

굽다리는 나팔 모양으로 벌어지며 한 줄로 된 돌대를 두 곳에 돌려 단을 나누고 1단과 2단에 작은 마름모꼴 구멍을 뚫었다. 지금까지 실물을 찾아보기 어려운 방패를 사실적으로 묘사하고 있고, 말 갑옷과 조금은 웃기는 듯 한 모양의 투구와 기마인물보다도 훨씬 큰 두 개의 뿔잔이 인상적인 토기이다.

특히 이 토기는 고구려 벽화고분에 보이는 것과 같은 중무장한 기병의 모습을 잘 나타내고 있어 이 시기 특히 말 갑옷 연구에 귀중한 자료를 제공하는 것이다.

출토지가 김해지역으로 전해지고 있으나, 굽다리 모양이 아라가야 양식의 손잡이굽다리잔과 유사한 점에서 함안지역에서 만들었거나 또는 아라가야 양식의 영향을 받아 김해지역에서 제작된 것으로 본다. 국보275호로 지정된 조형미가 뛰어난 토기이다.

09

압형토기 (도 Ⅷ-9)

머리를 아래로 숙이고 있어 마치 먹이를 찾는 듯한 모습을 보이고 있으며 눈과 부리 또한 실제 오리처럼 잘 묘사한 한쌍의 오리모양토기이다.

목에는 목테가 끼워져 있는 것으로 보아 집에서 기르는 오리로 본다.

그런데 목테는 매어놓는데 쓰기보다는 가마우지와 같이 물고기잡이로 이용하려는 것으로 추정된다.

몸통은 배가 둥글게 부른 모습으로 등 가운데에 입언저리를 톱니 모양으로 장식한 주구를 뚫고 양 옆으로 빗금친 띠를 덧붙여 날개를 표현하였다. 또한 몸통 아래에는 물결을 희미하게 표현하였다

굽다리에는 큼지막한 사각형의 구멍 4개를 뚫었다. 안쪽을 비우고 등에 원통 모양의 주둥이와 꼬리는 뭉툭하게 잘라낸 것처럼 또 다른 구멍을 내어 용기로서의 기능을 갖추었다.

회갈색의 토기 겉면에 점점이 자연유가 붙어 있다.

굽다리 아래쪽에 만들어놓은 단과 원통 모양 주둥이 위쪽의 톱니모양 장식, 그리고 자연유의 색깔 등 전체적인 소성 분위기로 볼 때 현풍지역 제작품으로 판단된다.

도 Ⅷ-9 압형토기
국립중앙박물관 소장
왼쪽　높이: 15.7cm
오른쪽　높이: 16.5cm

468

10

가형토기 (도 Ⅷ-10)

넓찍한 점토판 위에 그럴 듯하게 보이는 초가집을 세웠고, 집 옆면과 뒤를 둥그스름하게 마감한 것이 특징인 집모양토기이다.

출입구를 낸 벽면의 굵은 기둥은 동아줄과 같은 모양이고 기둥 사이에 사다리를 세워 출입문을 표현하였다. 지붕에 가로와 세로로 점토 띠를 붙여 새끼로 지붕을 가로 질러 이엉을 얽어맨 모습을 표현하고, 지붕에 이어서 도리와 창방도 내었다. 또한 지붕 한쪽에는 원통 모양의 주둥이를 붙여 굴뚝을 표현하면서 동시에 용기로서의 기능을 갖추었다.

모양과 소성 분위기로 볼 때 현풍지역에서 만든 것이 틀림없다. 집모양토기 가운데 조형미가 돋보인다.

대성동고분박물관 소장 | 대선금구 길이: 3.6cm

11

대장식구(도 Ⅷ-11)

김해 대성동 88호묘에서 출토한 것으로 대선금구 1점과 과판 및 수하식 3점으로 이루어져 있으며 재질은 모두 금동제이다.

대선금구는 거의 완형이다. 전방부가 반원형, 후방부는 방형으로 제작된 두께 1mm의 동판 의 외연을 따라 두께 2mm의 연금을 돌리고 7개의 못을 사용하여 못으로 고정하였다. 동판에는 동체가 S자이며 벌린 입 사이에 이빨을 표현한 용 1마리와 서로 마주보고 있는 또 다른 용 1마리를 표현하였다.

과판은 전체적으로 세로로 긴 장방형은 좌·우단은 가운데가 팬 3자형이다. 과판의 상단과 하단에 삼엽문을 가가 2개씩 배치하였으며 가운데 세로로 긴 단만 반원형외 금속대를 작은 못으로 고정하고 네 모퉁이 원두정을 사용하여 대와 고정하였다. 하단에는 설을 제작하여 수하식을 연결하였다. 과판 아래에는 수하식이 달려 있는데 형태에 따라 마제형馬蹄形 2점, 심엽형 1점으로 나눌 수 있다.

대선금구와 과판, 수하식의 표면에는 정치한 축조蹴彫기법을 비롯하여 원문圖文, 점문點文 등 정밀한 조금기술을 확인할 수 있다.

진식 대장식구의 제작 연대는 교구 혹은 대선금구에 표현된 용문이 기준이다. 대성동 88호묘에서 출토된 대선금구와 유사한 과 동일한 사례로는 요녕성遼寧省 북표시北票市 라마동喇嘛洞ⅡM275호묘 출토품을 들 수 있다. 이 외에 출토지 불명품으로 일본 이데미츠미술관出光美術館, 교토대학京都大學, 등의 소장품을 들 수 있다. 이 사례들은 용의 퇴화가 진행되지 않아 제작시기는 유사한 것으로 생각된다.

한편 용문의 퇴화로 보아 광주시廣州市 대도산진묘大刀山晋墓, 라마동喇嘛洞ⅡM101호묘 출토품은 앞서 사례보다 제작 시기가 늦은 것으로 생각된다. 이 가운데 대도산진묘大刀山晋墓에서 「태령이년太寧二年」명이 새겨진 전塼이 출토되어 그 제작 시기가 324년임을 알 수 있다. 대성동 88호묘 출토품은 용문으로 보아 324년 이전에 제작되었을 가능성이 있어 중국 서진시대에 제작되었을 가능성이 크다.

중국에서도 용문투조 대장식구는 황제와 왕족 등이 착장한 위신재로서 대성동 88호묘 피장자의 위계를 알 수 있게 한다.

국립중앙박물관 소장 | 높이: 7.1cm | 구경: 9.7cm

12

유리완(도 Ⅷ-12)

합천군 옥전고분군의 고총이 밀집 분포되어 있는 묘역의 동북쪽 끝에 위치하는 옥전M1호분에서 출토되었다.

이 고분은 부장품으로 볼 때 낙동강의 대안에 위치하는 창녕지역과 연계된 다라국의 왕묘로서 조영 시기는 출토된 창녕산 토기와 신라마구로 볼 때 5세기 중엽으로 파악된다.

유리기는 저부에서 완만하게 올라가다가 구연부에 꺾여서 외반하는 광구완이다. 담록색淡綠色으로 투명도가 높으며 작은 기포가 다수 보인다. 구연부는 끝을 반원형半圓形으로 처리하였다. 기면에는 중앙에 2열에 걸쳐 감색의 원형圓形 반점과 같은 돌출문을 붙여 장식하였다. 저부는 환저이며 그 중앙에는 원형의 폰티 흔적이 남아 있다.

이와 같은 반점문완은 로마유리기로서 시리아 등 동지중해일대와 독일의 쾰른에서 제작된 것으로 흑해-카자흐스탄-몽골-중국동북지방-고구려를 거쳐 이입된 것으로 추정된다.

같은 형식의 유리완은 경주시 대릉원고분군의 왕족묘인 금령총에서 2점이 출토되어 신라에서 이입된 것으로 본다. 이 고분에서는 창녕산 토기가 다수 출토되어 낙동강 대안의 창녕 비사벌의 중계를 통하여 들어온 것으로 생각된다. 다라국의 왕묘인 옥전고분군에도 로마유리기가 부장된 것은 신라에 이입된 유리기의 수량을 알 수 있게 한다. 또한 앞으로 창녕지역에서의 출토가 기대된다.

가야문명사

加耶

IX

韓日　　　　加耶關聯
한일 가야관련
遺蹟　　　探訪
유적 탐방

1. 한국

1) 대가야

(1) 고령 지산동고분군(사적 제 79호)(도 IX-1-5)

경상북도 고령군 고령읍 지산동 산 8번지에 위치한다. 대구-고령-거창으로 통하는 국도상에 위치한 금산고개에서 서쪽으로 고령읍을 내려다보면 가야산伽倻山을 배경으로 주산主山 남쪽에 거대한 봉토분이 열을 지어 일대장관을 이루고 있는 지산동고분군이 시야에 들어온다. 이 고분군은 북쪽에서 흘러오는 대가전과 서쪽에서 흘러오는 안림천이 합류하는 고령 분지의 배후 구릉 위에서 대가야의 도읍이었던 고령읍을 한 눈에 내려볼 수 있는 위치에 입지하고 있다. 지산동고분군은 고령읍을 감싸는 주산에서 남쪽으로 뻗어내린 높은 구릉의 정상부와 그 구릉에서 분지된 작은 구릉의 경사면에 걸쳐 크고 작은 고분 수백 기로 구성되어 넓게 분포한다. 대형분은 남쪽 척릉脊稜의 정상에, 중형분은 읍내쪽으로 뻗어내린 가지능선과 국도를 건너 남쪽 고아리의 낮은 구릉에 입지한다. 그리고 소형분과 소형석곽묘는 중·대형분이 위치한 능선의 사면에 고루 분포한다. 지산동고분군은 정밀 분포조사 결과 704기의 봉토분으로 구성된 가야지역 최대 규모이다.

　지산동고분군의 북쪽 산 정상부에는 대가야의 거점 산성인 주산성이, 또 동쪽 구릉 기슭에는 대가야 궁성지로 추정되는 건물지가 위치하고 있으며 이 고분군의 외곽에는 규모가 작은 본관리, 월산리, 도진리, 박곡리, 월광리고분군 등이 분포하고 있다.

　지산동고분군은 1910년 세키노 다다시關野貞 이래 조사가 개시되어 고분군의 정상부 동쪽 사면의 소형분과 정상부에 입지한 현 47호분·절상천정총折上天井塚이 발굴되었다. 광복 후 1977년 경북대와 계명대에 의해 정상부에 인접한 왕릉인 44호분과 45호분이 발굴조사되었으며. 그 후 1978년 계명대에 의해 초대형분이 위치하는 척릉 정상부에서 급경사로 내려와 넓은 평탄면을 이루는 곳에 2~3m 간격을 두고 조영된 중형분인 32~35(현

476

도 IX-1-2 고령 지산동 32-35호분 발굴전경

68~71)호분이 조사되었다. 이와 같은 조사 결과 지산동고분군은 대체로 능선의 아랫부분에서 정상부로 조영되어 간 것으로 파악되었다. 90년대에는 1993년 경북대에 의해 32~35호분과 44호분 사이에 위치한 87, 96, 97호분에 대한 시굴 조사가 실시되었고, 1994년 영남문화재연구원 의해 조사된 대가야 왕릉 전시관 부지에서는 고령-합천간 국도에 접하는 남쪽 가지구릉 말단부에 위치한 중형분인 30호분을 중심으로 그 서쪽 사면에 다수의 소형묘가 발굴 조사되었다. 1999년 경상북도 문화재 연구원이 조사한 30호분의 동쪽 옆 가지

도 Ⅸ-1-4 고령 지산동 73호분 발굴전경

구릉 말단부의 대가야 역사 자료관 부지 범위내의 서쪽 사면에서도 다수의 소형분이 발굴 조사되었다. 2002년에는 영남대에 의해 국도 건너편 서쪽 사면에 위치한 소형석곽묘가 수 기 조사되기도 하였다.

2007년 대동문화재연구원에 의해 왕릉인 73, 75호분 등이 조사되었고 2012년 가야문 화재연구소에 의해 남쪽 구릉상의 518호분이 조사되었다.

5세기 전엽에 축조된 73호분은 지산동고분군의 가지 능선 중 중간 능선의 말단 정부에 입지한다. 주체부는 목곽으로 하는 봉토분으로 주곽과 부곽으로 구성되어 있고, 묘광의 충 전보강적석 내부와 봉토 중에 순장곽을 배치하였으며 봉분의 규모는 직경 23m, 높이 약 7m로 추정된다. 특히 목곽묘의 묘광과 목곽사이에 적석이 추가된 것은 출토된 신라산 금 동제 관식과 마구로 볼 때 적석은 신라 적석총의 영향으로 추정된다. 한편 출토된 환두대 도는 제작기법으로 볼 때 백제산으로 파악된다. 이 고분은 장대한 묘광과 목곽, 다수의 순

479

도 IX-1-5 고령 지산동고분군 출토유물

1: 47호분 | 2: 32호분 | 3: 45호분 | 4: 32~34 합사유구 | 5: 75호분

장이 행해졌으나, 도굴되지 않았음에도 불구하고 부장품의 질과 양은 이전 시기의 김해시 대성동의 금관가야의 목곽묘, 이 시기의 신라고분과 이후의 옥전M3호분과 지산동 44호분과 같은 대가야권 왕릉과 비교할 때 후장厚葬이라 보기 어렵다. 무엇보다 부장품으로 부곽의 서쪽에 위치한 순장곽에서 출토된 금동제 조우형鳥羽形 신라산 관식과 백제산 환두대도가 보여주는 바와 같이 아직까지 대가야양식의 금동제 장신구와 마구가 확인되지 않은 것도 주목된다. 이러한 점에서 73호분은 이 시기 대가야의 발전상을 나타내면서도 그 한계를 반영하고 있는 것으로 볼 수 있다.

75호분은 73호분에 비해 약간 늦은 시기에 지산동고분군의 가지 능선 가운데 동쪽 능선의 말단 정부에 축조되었다. 주체부는 이혈 묘광내에 주곽과 부곽의 수혈식석곽 2기를 축조하였다. 석곽의 묘광내 장벽을 따라 거의 같은 간격으로 순장곽 8기가 사방에 같은 간격으로 배치되었고, 봉토내 순장곽을 포함하면 10인 전후가 순장되었다. 봉분은 직경 25m, 높이는 약 8m로 추정된다. 이 고분에서는 심한 도굴의 피해를 입었음에도 불구하고 경주 황남대총과 금관총에 이어 세 번째로 많은 114점의 철정과 마갑이 확인되었다. 더욱 주목되는 것은 대가야에서 제작된 것으로 보이는 금동제 내만타원형경판비, 검릉형행엽, 은장안교가 출현한 점이다.

32호분은 봉분 주위에 직경 11.2m의 타원형 호석護石을 돌리고 있었으며 묘역 가운데에 길이 5.6m의 주곽主槨과 길이 2.5m의 순장곽殉葬槨 1기를 나란히 배치한 구조이다. 주곽은 납작한 직사각형의 할석割石으로 네 벽을 엇물리게 쌓았으며, 넓고 편평한 할석 10매로 뚜껑돌을 덮었다. 부장품은 유개장경호, 유개고배, 고배형기대, 큰 합 안에 작은 합들이 들어있는 모자합母子盒 등의 토기류와 장방판정결판갑長方板釘結板甲, 충각부주衝角附胄, 경갑頸甲과 같은 갑옷과 투구, 환두대도, 발걸이, 마구 등과 함께 금동관이 출토되었다. 이 고분의 주인공은 석곽 가운데에 안치된 목관 속에 동북방향으로 안치되었으며, 주인공의 발치쪽 부장품 주변에는 순장자로 파악되는 인골이 발견되어, 주곽에 1명, 순장곽에 1명 적어도 2명이 순장된 것으로 보인다. 고분이 만들어진 시기는 5세기 중엽 경으로 파악된다.

44호분은 비교적 넓고 평평한 곳이지만 주산이 경사져 내리는 끝부분에 걸쳐 있어 다른 고분들보다 더욱 우뚝 솟아 보이는 곳에 위치해 있다. 고분의 아래쪽은 급경사로 밑이 훤히 내려다보이고, 위쪽에는 비교적 넓은 평지가 있고 완만하게 경사져서 45호분과 연결된다. 이 고분은 직경 27m 현재 높이 6m의 타원형 봉분 중앙에 길이 9.4m의 주인공이 안치된 주곽主槨 1기와 창고의 성격을 띤 부곽副槨 2기와 함께, 주위에 순장곽 32기를 방사상으로 배치한 구조이다. 순장자는 32기의 작은 석곽과 그 외에 주곽과 부곽에도 1명 이상씩 묻혀있어 35명 전후로 파악된다. 순장자는 묘곽의 크기 부장품으로 볼 때 다른 고분에서 찾아볼 수 없는 비교적 높은 신분의 사람이 포함되어 있어 주목된다. 즉 25호묘 순장자는 부장칸을 마련한 큰 석곽내에 마구 일습을 갖추고 있고, 13호묘의 순장자는 청년 남성으로 환두대도와 순금제이식을 착장하고 있어 생전의 왕을 호위하던 무장武將으로 파악된다. 그리고 6호 석곽에 순장된 금제이식을 착장한 남성과, 32호 석곽에 순장된 순금제이식을 착장한 여성은 왕을 근시近侍하던 인물로 추정된다. 그 외 세계 각지의 왕묘에서 보이는 소아의 순장이 확인되어 흥미롭다. 부장품은 대부분 도굴되었음에도 은장철모銀裝鐵鉾, 금동제용기金銅製容器, 토제 등잔燈盞, 야광패제용기夜光貝製容器, 마구馬具가 남아있었고, 남쪽의 부곽에서는 장경호長頸壺, 발형기대鉢形器臺를 비롯한 토기가 다수 출토되었다. 이 고분은 출토 유물로 볼 때 5세기 말에 조영된 것으로 파악된다.

6세기 전엽에는 지산동고분군의 척릉 정상부에 직경 49m에 달하는 초대형분인 현 47호분을 위시한 일계의 누세대적인 왕묘역이 형성된다. 이는 대가야가 아라가야나 소가야와는 달리 이전 시기부터 세습화가 시작된 왕권을 안정시켰음을 보여준다. 47호분에서는 금동제 용봉문환두대도와 금동제 용문투조 화살통이 출토되었다.

이 고분군의 묘제는 세장방형의 수혈식석곽분이 주류를 이루며 초기에는 석관묘도 눈에 띈다. 초 대형분이 위치한 구릉 정상부와 국도를 건너 남쪽 고아리의 낮은 구릉에는 일제강점기에 조사된 절상천정총折上天井塚과 같은 횡혈식석실분이 조영된 것으로 추정된다.

지산동고분군에서는 ‘고령양식’, ‘대가야양식’으로 불리는 여러 종류의 토기류와 금동제 환두대도, 마구, 금동제관, 금제귀걸이, 금동제용기金銅製容器 등이 출토되었다. 이 고분군에서 출토된 토기, 장신구, 무기, 무구, 마구, 농공구 그리고 세장방형 수혈식 석곽의 형태와 순장의 양태를 포함한 묘제는 합천, 거창, 함양, 남원, 장수, 진안 등의 지역에서 확인되어 대가야 권역 설정의 기준 자료로 활용되고 있다.

출토품 가운데 금동제 환두대도와 청동제용기는 백제와의 관계를 나타내는 문물이며, 일본열도와의 관계에서 주목되는 유물은 32호분에서 출토된 금동관과 44호분에서 출토된 야광패제용기夜光貝製容器이다. 이 금동관은 관대의 앞면에 꽃가지모양의 장식이 좌우로 각각 하나씩 달린 광배모양 입식立飾을 한 것으로, 이와 유사한 대가야양식의 금동관이 일본의 후쿠이현福井縣 니혼마쯔야마二本松山고분에서 2점 출토되었다. 그리고 일본 류큐열도 주변이 원산지인 야광패제용기는 당시 대가야의 원거리 교역활동을 보여주는 주목되는 자료이다.

지산동고분군은 왕묘를 포함한 대가야의 중심 고분군으로 5세기초 35호분 조영을 시작으로 6세기 중엽까지 지속된 가야지역 최대 규모의 고분군이다. 이 고분군은 가야 후기 중심국으로 성장한 대가야의 위상을 나타내며, 현재의 고령 지역을 중심으로 합천, 성주 일부를 포괄하는 대가천, 안림천, 회천 수계를 통합한 대가야의 정치적 기념물로서 조영된 것으로 추정된다. 지산동고분군은 조영의 개시와 함께 대가야세력이 경남 서부지역과 호남 동부지역으로 진출하고, 전성기에는 능선의 정상부에 초 대형분이 조영되다가, 562년 대가야 멸망후 왕묘역으로서의 종언終焉을 맞이하며, 대가야의 역사적 전개를 후세에 전하고 있다.

출토된 유물은 경북대학교 박물관, 경상북도 문화재연구원, 계명대학교 박물관, 김해박물관, 대가야왕릉전시관, 중앙박물관, 진주박물관, 영남 문화재연구원, 영남대학교 박물관에 보관, 전시중이다.

지산동고분군은 44호분을 무형으로 제작하여 그 내부를 볼 수 있으나, 세계유산 등재를 위해서 일제강점기 조사된 절상천정총을 확인 재발굴하여 매장주체부를 공개할 필요가 있다.

(2) 고령 고아동고분군(사적 제 165호)(도 IX-2)

경상북도 고령군 고아리 산 13번지에 위치한다. 벽화고분은 고령읍 남쪽 약 1.5km 떨어져 있는 고아리 뒷산에서 마을을 감싸며 뻗어 내린 남북의 능선 중에서 북쪽 능선의 끝자락에 자리잡고 있다. 유적이 위치하고 있는 곳은 고령읍의 동쪽을 북에서 남으로 흐르는 대가천大伽川과 남쪽을 서에서 동으로 흐르는 안림천安林川이 합류하여 회천會川을 이루는 교통의 요충要衝이다. 벽화고분의 주위와 골안 마을을 감싸는 능선상에 수기의 고분이 분포하고 있으며, 지산동고분군과 연결되어 있는 듯 보이나, 중간에 구릉이 연결되지 않고 고분이 조영되지 않은 곳이 있어 별도의 고분군으로 파악된다.

벽화고분은 1963년 서울대학교 고고인류학과에 의해 조사되었으며, 1964년에는 경북대학교 박물관에서 벽화고분의 북쪽에 위치한 횡혈식석실분을 조사하였다. 1984년 계명대학교 박물관에 의해 보수공사를 위한 벽화고분의 실측과 봉토조사가 시행된 이후 밀봉한 상태에서 현재까지 보존되고 있다.

도 IX-2   고령 고아동벽화고분

484

벽화고분은 횡혈식석실분으로 봉토 직경이 남북 약 20m, 동서 약 25m, 높이 현실 바닥에서 6.8m이며, 경사가 완만한 서북부에 동서 직경이 18m인 호석護石을 갖추고 있다.

현실은 장축이 남북방향으로 길이 3.7m, 폭 2.8m, 높이 3.1m이며 4벽에는 폭 27cm, 깊이 27cm의 강돌을 채운 배수구를 돌리고 그 위에 얇은 판석을 깐 후 회를 섞은 흙을 깔아 바닥으로 하였다. 그리고 바닥 위에 높이 9cm의 할석割石으로 짠 장방형 관대 2기를 30cm 간격으로 현실 장축방향과 평행하게 설치하였다. 서벽에서 약 10cm 떨어진 관대는 길이가 남북 2.8m, 동서 1.3m이며 동벽에 접한 관대는 남북 2.8m, 동서 80cm이다. 현실의 남-북벽은 직립에 가깝게 쌓고, 장벽인 동-서벽은 하반부는 직립하나 상반부는 점차 내경하게 좁혀서 아치형으로 쌓아 올렸다. 이렇게 길게 좁혀진 천정은 넓적한 판석으로 덮어 터널과 같은 형태를 하고 있으며, 천정의 개석蓋石은 판석 4매를 중앙부에 덮고 양쪽 끝 부분에 판석을 1매씩 덧대었다. 벽석은 사암砂岩과 약간의 니암질泥岩質의 할석을 사용하였으며 서로 엇물러 쌓지 않고 남-북벽이 동-서벽 안쪽에서 상반부를 받치고 있다.

연도는 현실의 오른쪽에 딸려있으며 길이 4.8m, 폭 1.4m, 높이 1.6m의 긴 세장방형의 평면과 동서 단면 정방형正方形의 형태이며 동·서 양兩벽은 현실의 하반부와 동시에 수직으로 쌓았다. 연도 천정은 사암질의 장대석 8매를 사용하였다.

벽화는 천정의 판석에는 얇게 회칠을 한 후, 그 위에 분홍색, 녹색, 흑색, 갈색으로 채색하였으며 벽면에는 굴 껍질이 섞인 회灰를 두껍게 이겨 바르고 표면을 문지른 후에 그림을 그렸다. 벽화는 대부분 탈락되었고 일부 형태를 알 수 있는 것은 현실과 연도 천정에 남아 있으며 남벽의 상부에도 채색 흔적이 약간 보인다.

현실 천정에는 북쪽 개석에 화방花房을 중심으로 8판瓣의 연꽃을 이중으로 겹친 연화문蓮花文이 잘 남아있다. 남쪽 개석에 이와 유사한 무늬가 일부 남아있고 그 사이에도 채색 흔적이 보여 전면에 연꽃이 장식된 것으로 파악된다. 연화문은 화방에서 뻗어나온 연판에 분홍색으로 주연周緣을 그리고 내부는 백색白色으로 남겨 놓았는데 그 안에 갈색의 꽃 줄을 한 줄기씩 그렸다. 안쪽 연꽃은 잎 끝이 둥근 곡선이나 바깥쪽 연꽃은 잎 끝이 약간 뾰족하게 그렸으며 사이에는 녹색의 점을 찍었다. 연도에도 현실과 같은 연화문 11개가 교차되게 천정을 장식하였다. 현재는 찾아볼 수 없으나 연도의 동벽 하부에도 홍紅, 흑黑색의 당초문唐草文 흔적이 남아 있었다고 하며, 현실과 연도의 전면을 벽화로 장식하였던 것으로 추정된다.

현실에는 2기의 관대가 있고 벽면에는 처음의 회칠 위에 다시 짚을 섞은 황갈색 점토를 바르고 회칠을 한 1차 보수와 다시 그 위에 흑갈색점토를 입힌 2차 보수의 흔적이 남아있어 추가장追加葬이 이루어진 것으로 파악된다.

고아동 벽화고분에서는 도굴로 인하여 부장품이 거의 남아 있지 않았다. 1차 조사 때 현실에서 청동 못 4점과 쇠못 3점, 토기편 수점, 인골 편, 봉토 바깥부분에서 토기편 수점이 수습되었고, 2차 조사시 봉토단면에 대한 확인 조사 중 대가야양식 토기편과 조족문鳥足文 토기편이 추가로 수습되었을 뿐이다.

이 고분은 구조가 무녕왕릉과 송산리 6호분 및 송산리 29호분 등과 유사하여 백제의 6세기 전축분塼築墳계 석실분의 영향에 의해 축조된 것으로, 그 조영 시기는 봉토 출토 대가야양식 토기와 석실의 구조로 볼 때 6세기 중엽경으로 파악된다.

벽화고분 북쪽의 고아 2리고분은 장축을 동서로 한 길이 4.8m, 폭 3,5m의 장방형 현실에 길이 7.8m, 폭 1.1m의 세장한 연도를 중앙에 연결한 횡혈식석실분이다. 봉토 동쪽 기저부 연도의 좌우에는 반원주상半圓周狀의 호석護石을 돌렸다. 석실의 상단부가 붕괴되었으며 현실의 동-서벽은 직립에 가깝게 쌓고 장벽인 남-북벽은 하반부는 직립하게 상반부는 점차 내경하게 좁혀서 아치형으로 쌓아 올린 것으로 추정된다. 바닥에는 현실 4벽에 접한 곳과 장축 방향으로 삼등분한 곳에 폭 17cm, 깊이 27cm의 배수구를 파고 자갈을 채워 연도를 지나 호석에까지 이르게 하였다. 유물은 연도에서 약간의 굴 껍질을 확인한 것에 불과하다.

벽화고분은 가야지역 유일의 채색 연화문을 묘실에 장식한 고분으로 부여 능산리고분군에서 나타나는 불교적 세계관의 도입이 확인되어 주목된다. 벽화고분과 고아 2리고분과 벽화의 유무有無외에 장축 방향이 다르고 연도가 중앙에 딸린 것과 연도를 구획하여 전실을 설치한 것 등의 차이가 보이나, 양자兩者는 백제의 송산리식 석실분의 영향에 의해 성립된 공통점을 가지며 이 시기 백제문화의 전파를 보여주는 중요한 자료로 평가된다.

세계유산 등재를 위해서는 지산동44호분과 같은 고아동벽화고분 전시관을 건립할 필요성이 있다.

(3) 고령 주산성(사적 제61호)(도 IX-3-1~4)

경상북도 고령군 고령읍 중화리 산 3번지에 위치한다. 주산성은 고령읍 배후의 해발 311m 주산主山 정상부와 능선에 축조된 산성으로 내성內城과 외성外城으로 이루어져 있다. 내성

도 Ⅸ-3-1 고령 주산성 전경(일제강점기)

도 IX-3-2 고령 주산성 전경

은 산의 정상부를 포함하여 해발 270~290m의 9부 능선을 따라 성벽을 쌓은 테뫼식 산성
으로 평면형태는 긴 타원형이며, 둘레는 약 711m 이다. 외성은 내성의 남북 양끝에서 시
작하여 산 아래 쪽으로 대략 해발 160m 정도의 6부 능선을 따라 성벽을 돌린 포곡식 산
성이며 둘레 약 1,035m, 평면형태는 5각형에 가깝다. 내성과 외성의 총면적은 910,747㎡
(275,500평)로 추정되고 있다.

　　2011년과 2014년 대동문화재연구원에 의해 성벽과 성내유구에 대한 조사가 이루어졌다.

　　성벽은 완만하게 경사지면서 내려오는 구간인 내성의 북벽, 동벽, 외성의 북벽, 남동벽, 서벽은 경사면을 이용하여 바깥쪽을 면맞춤한 돌로 편축片築하였다. 내, 외성이 만나는 내성의 서벽의 양쪽을 협축夾築한 성벽은 고려시대에 3차로 축성된 것으로 밝혀졌다.

　　내, 외성을 포함하여 성벽 주위에는 지형에 따라 내성 북벽에 4개소, 외성의 동벽을 따

도 Ⅸ-3-4　고령 주산성 목곽고와 성내
출토 전

라 4개소로 모두 합해 8개소에, 적의 접근을 감시하고 정면 또는 측면에서 방어할 수 있게 성벽을 돌출시킨 치雉를 설치하였다. 성벽의 축조재료나 축조방법은 성벽의 기능이나 위치에 따라 다른데, 급경사면은 토축, 완경사면은 석축하였으며, 흙과 돌을 섞어 쌓은 부분도 많다. 외성의 남벽 중앙 부분에 성벽이 잘 남아 있다.

내성의 내부는 대체로 평탄하며 서단부에 건물지로 보이는 대지가 보이며, 외성 안에도 동쪽에 치우쳐 건물지가 확인된다. 건물지는 초석이 남아 있지 않아 그 규모를 확실히 알기 어려우나 내성의 것이 약 1,200여 평, 외성의 것이 약 400평 정도로 추산된다. 내성내부에서 저장시설인 목곽고木槨庫가 발굴되었다.

이 산성은 건물지 주변에서 6세기 초 대가야양식의 통형기대, 발형기대, 장경호, 와전瓦塼 등이 확인되어 대가야에 의해 축성된 것으로 판단된다. 주산성은 남쪽구릉에 연결하여 왕묘역인 지산동 고분군과 동쪽구릉의 말단부에 대가야 왕궁지가 입지하고 있어 궁성에 부속된 배후산성으로 판단된다.

대가야의 거점 성곽인 주산성은 신라, 백제의 거점 성곽에 필적할 정도의 축성기술과 규모를 보이고 있어 대가야의 국력을 알 수 있다.

이 주산성을 중심으로 대가야 왕도를 방어하는 15기 전후의 산성이 축조되고 나아가 낙동강중류역 서안에 성곽에 의한 방어망이 형성된다. 즉 주산성을 중심으로 10km 전후한 범위에 축조된 무계리산성, 강정리보루성, 도진리산성, 소학산성, 만대산성, 노고산성은 대가야 왕도를 방어하는 1차 방어선으로 추정된다. 또한 주산성을 중심으로 5km전후한 범위에 축조된 망산산성, 운라산성, 옥산리산성, 미숭산성은 대가야 왕도를 방어하는 2차 방어선으로 추정된다.

(4) 고령 연조리 전 왕궁지(도 Ⅸ-4-1~3)

경상북도 고령군 고령읍 연조리 608번지에 위치한다. 지산동고분군과 주산성이 소재하는 주산의 동쪽 산기슭에서 고령 읍 소재지를 향해 돌출한 낮은 구릉에 입지하고 있다. 구릉의 동쪽은 고령읍과 낙동강의 지류인 회천會川을 사이에 두고 금산의 망산산성을 마주보고 있다. 지형은 전체적으로 동쪽이 넓고 서쪽이 좁아서 마치 주걱과 같은 형태를 띠고 있으며 현재 주변의 건물에 가려져 뚜렷하지는 않지만 북쪽과 동쪽 그리고 남쪽 일부는 단을 이루고 있다. 구릉 중앙에 위치한 향교 주변의 가장 높은 평탄면은 초등학교와 중학교의 학교부지로 사용되었고 최근까지는 테니스장으로 이용되면서 심하게 훼손되었다.

492

도 Ⅸ-4-2 고령 연조리왕궁지 발굴전경

도 Ⅸ-4-3 고령 연조리왕궁지 발굴전경

    이 유적은 1910년 세키노 타다시關野貞의 조사이래 왕궁지로 비정되어 왔으며, 진주박물관에 의한 시굴조사에서 그 가능성이 지적되었다. 2000년 경북대학교의 발굴 조사에 의해 진주박물관의 시굴조사에서 궁성지와 관련된 것으로 파악되어온 북서쪽 사면의 석축열은 삼국시대 이후에 축조된 것으로 밝혀졌다. 삼국시대의 유구는 향교 동쪽 옆 고령성당 뒤 남동쪽사면에서 동서로 4m 간격을 둔 2기의 부뚜막과 그 사이에 벽체가 남아있는 지상

식 대형 건물지가 확인되었다. 부뚜막은 폭 1.3m, 길이 1.2m의 대형으로, 평면형태는 북쪽 부분의 모를 줄인 오각형에 가까운 동일한 구조 것이다. 이 부뚜막은 암반을 얕게 파고 남쪽은 폭 10cm 가량의 각목재로 모서리를 각 지게 맞추어 'ㄷ'자형의 틀을 짜고, 북쪽은 짚을 섞은 토벽을 만들어 세운 것으로 고구려 벽화고분에 묘사된 것과 구조가 유사하여 주목된다. 벽은 그 두께가 약 15cm이며 높이 22cm 정도이다. 북쪽 토벽아래에는 긴 강돌을 세우고 돌과 벽면 사이를 진흙으로 발라 취사용 토기의 받침대로 이용하였다.

벽체시설은 건물지의 북쪽에 치우쳐 있는데 폭 30cm 정도로 바닥을 약간 판 후 양옆에 짚을 섞어 만든 점토벽을 세웠다. 벽체시설 내에서 탄화된 직경 10cm의 기둥과 기둥구멍이 확인되었다.

유물은 주로 벽체 남쪽에서 주로 출토되었으며, 고리모양의 손잡이가 달린 파수부단경호와 연질우각형파수호 4점, 단경호 2점, 뚜껑 4점, 개배 3점, 고리형기대 1점, 시루 등이 출토되었다. 또 제 1아궁이에서 회백색경질의 뚜껑 1점, 제 2아궁이에서 건축부재로 보이는 꺾쇠 1점 등이 출토되었다.

이 건물지의 조영시기는 바닥면에서 고령 지산동 44호분의 단계부터 나타나기 시작하는 무문계의 고배형기대와 배신이 얕고 거의 직선화되는 뚜껑이 출토되고 있는 점 등을 감안할 때 5세기 말에서 6세기초로 추정된다. 또 출토된 연질의 시루 등의 생활토기와 부뚜막, 벽체건물은 가야시기의 생활상을 복원하는 데 중요한 자료로 평가된다.

더욱이 근래 연조리토성 북쪽에서는 성벽과 해자가 확인되었다. 성벽은 6m내외의 두께이며 내면 하부에 할석을 쌓고 판축하였고 해자는 폭이 7m내외이다. 해자에서는 대가야 시기의 토기, 기와, 전이 출토되었다. 따라서 대가야궁성은 연조리 구릉에 연하여 성벽과 해자를 돌린 구조인 것으로 밝혀졌다.

경상남도 합천군 쌍책면 성산리 옥전마을 산 9, 23, 32번지에 위치한다. 옥전고분군은 낙동강과 합류하는 하구에서 약 7km 들어간 황강黃江 북안의 돌출한 해발 50m의 구릉에 위치한다. 이 고분군이 위치하고 있는 쌍책지역은 초계분지와 함께 황강하류역의 교통의 요충要衝으로 황강과 낙동강의 수로를 이용하여 주변의 창녕, 의령지역과 고령, 거창지역과도 쉽게 교통 할 수 있는 곳이다.

옥전고분군은 몇 개의 능선에 걸쳐 조성되어 있는데, 1985년 이래 경상대학교 박물관에 의한 지속적인 조사결과 수장묘역은 4세기에는 동편 능선 정상부를 중심으로 조영되다가, 5세기이후 서쪽 건너편 능선으로 이동하여 조영된 것으로 확인되었다. 즉 동쪽의 능선 정상부에 수장묘인 23호분 등이 조영되다가 5세기 전엽 목곽봉토분이 등장하면서 건너편 서쪽능선으로 묘역이 옮겨졌으며 그 이후 M2, M1호분 → M3호분 → M4, M6, M7호분 → M10호분 → M11호분의 순서로 조성되었다.

54호묘는 4세기초를 전후한 시기에 동쪽 목곽묘군의 중간 지점에 조영된 것으로 길이 5.7m, 폭 3.2m, 깊이 1.1m 장축이 북동-남서향인 대형 묘광을 파고 길이 3.8m, 폭 1.2m의 목곽을 설치한 후, 목곽의 사방四方을 할석割石으로 채우고 그 위에도 할석을 덮은 구조이다. 유물은 고배高杯, 노형토기爐形土器, 양이부승석문타날호兩耳付繩蓆文打捺壺, 침선문개針線文蓋와 관곽棺槨을 고정시킨 꺾쇠, 경식頸飾이 출토 되었다. 이 고분은 규모로 볼 때 수장묘로 파악되며, 부장된 토기가 아라가야양식인 점과 그 구조가 적석목곽묘와 유사한 점이 주목된다.

도 Ⅸ-5-1 합천 옥전고분군 전경

23호묘는 4세기 말을 전후하여 조영된 것으로, 동쪽 목곽묘군의 최정상부에서 사면으로 이어지는 북서쪽 경계부분에 입지한다. 이 고분은 장축이 북동-남서향인 길이 6.8m, 폭 4.5m, 깊이 1.3m 장방형의 넓은 묘광을 파고 길이 5.3m, 폭 1.8m, 깊이 1.2m의 목곽을 설치한 후 목곽과 묘광 사이의 공간은 흙과 돌로 채운 구조이며, 묘광내부의 함몰된 흙으로 볼 때 1.3m 이상 되는 봉분이 있었을 것으로 파악된다. 목곽안에는 3열의 할석으로 짠 관대 위의 꺾쇠의 범위에 해당되는 길이 2.2m, 폭 1.1m의 목관이 있었던 것으로 파악된다. 피장자被葬者의 두향頭向은 관모와 이식의 출토위치, 환두대도環頭大刀의 놓인 방향을 볼 때 남동향으로 추정된다. 부장품은 토기류는 고배高杯, 발형기대鉢形器臺 등이며 그 중 가장 많은 수를 차지하는 고배에는 창녕 지역

도 IX-5-3 합천 옥전고분군 발굴전경(M6호분)

산으로 보이는 것과 신라양식의 것도 포함되어 있고, 발형기대에는 대가야양식도 1점 확인된다. 부장품 가운데 장식성이 높은 순금제 이식과 금동제의 관모와 만곡종장판주灣曲縱長板冑, 시통矢筒, 심엽형행엽心葉形杏葉 등 위의구威儀具와 함께 환두대도, 철모鐵鉾, 갑주 등의 무구, 그리고 말투구, 등자 등의 마구가 다수 부장된 점, 또 이식과 관모가 백제 지역산일 가능성이 높은 점이 주목된다. 23호묘는 옥전고분군내에서도 규모가 가장 큰 목곽묘일 뿐만 아니라 출토유물로 볼 때 백제 지역과 낙동강 이동 지역과 교통한 다라국의 최고 수

도 IX-5-2 합천 옥전고분군 발굴전경
상: 54호묘 ㅣ 하: M3호분

도 Ⅸ-5-4 합천 옥전고분군 출토품

1, 2: M3호분 | 3: M2호분 | 4: M4호분

장묘로 파악된다.

M1호분은 5세기 중엽을 전후하여 고총이 조영되는 서쪽 능선의 가장 동쪽에 입지하며, 봉분의 지름은 동서 19.5m, 남북 21.4m 평면 타원형을 이루며 높이는 약 2.2m이다. 매장주체부는 장축이 동남-서북향인 반지상의 위석식 적석목곽분으로, 평면 형태는 장방형이며 그 가운데에 격벽隔壁을 만들어 주곽主槨과 부곽副槨으로 구분하였다. 주곽에는 피장자 머리쪽에 찰갑札甲이 놓여있고 그 좌우에 대도大刀와 철모鐵鉾가 부장되어 있었다. 도굴이 되지 않은 발치쪽 가까이에는 말갑옷과 그 좌우로 화살통과 화살촉, 등자, 그 뒤로는 장식성이 풍부한 금동제金銅製 안교鞍橋 등의 마구馬具, 금동제 허리띠 등이 출토되었다. 또한 격벽 가까이에서는 로마유리기Roman-Glass가 출토되었다. 부곽에는 서장벽을 따라서 대옹大甕을 비롯한 호류壺類가 놓여 있고 그 반대쪽에는 주로 고배가 부장되었으며, 그 가운데 창녕산 토기가 다수 확인된다. 그리고 토기가 부장되지 않은 단벽 쪽 넓은 공간에는 짐승뼈들이 확인되었다. 그리고 M1호분 호석의 서쪽 가장자리 선을 따라 나란히 축조된 M1-1호묘 M1-2호묘 M1-3호 87호묘와 동쪽 가장자리 선을 따라 조영된 83호묘, 84호묘는 배치와 부장품으로 볼 때 순장곽으로 파악되며, 인접한 82호분은 독립된 호석을 가지고 장식성이 풍부한 경식을 가진 점에서 순장자보다 높은 신분의 배장묘倍葬墓로 추정된다. M1호분은 다수의 순장곽이 확인된 점, 경주로부터 창녕 세력의 중계에 의해 반입된 로마유리기가 부장된 점에서 다라국 최고 위계의 수장묘로 파악된다.

M3호분은 5세기 후엽에 M1호분의 서쪽에 접하여 조영되었다. 봉분의 지름은 동서 19.3m, 남북 21.6m 높이 약 2.5m이며 1단의 할석으로 동서 14.5m 남북 16.8m의 호석을 돌렸다. 매장주체부는 장축이 남북향이며 반지상의 위석식 적석목곽분으로, 평면 장방형이며 가운데에 격벽을 만들어 주곽과 부곽으로 나누었다. 주곽에는 가운데 부분에 주조철부鑄造鐵斧를 장방형으로 깔아서 관대棺臺)로 하였다. 머리쪽에는 금동제의 안교鞍橋를 비롯한 장식성이 풍부한 마구를, 좌우에는 용봉문환두대도龍鳳文環頭大刀 등이 출토되었다. 그리고 관대위에는 2점의 금제 이식과 1점의 용봉문환두대도가 놓여 있었다. 한편, 부곽에는 83점의 토기들이 출토되었으며 또한 부곽의 북쪽공간에는 복수개체의 사슴뿔과 뼈가 발견되었다. 이 고분은 다수의 용봉문환두대도 등의 풍부한 위의구威儀具가 출토되어 다라국의 최전성기의 왕묘로 파악된다. 이 시기 부장 토기가 종래 M1호분 단계까지 지속적으로 부장되던 창녕양식에서 대가야양식으로 교체되는 현상이 관찰되어 대가야 왕권과 다라국 왕권과의 결합이 상정된다.

M4호분은 5세기 말에 M3호분의 서쪽에 접하여 조영되었다. 봉분의 지름은 동서 15m, 남북 13.6m 높이 약 1.9m이며 1단의 할석으로 호석을 돌렸다. 북쪽 호석에 접하여 위치하는 3기의 석곽은 배장곽으로 보인다. 수혈식석곽은 평면 세장방형이며 서쪽에 유물 부장칸, 동쪽에 관대를 설치하였다. 관대 부분이 도굴 당했으나 대가야산 용봉문환두대도 2점, 금제 수식부이식 4점과 장식 유리구슬, 경옥제 곡옥 등이 출토되었다. 이 고분에서는 M3호분 단계까지 축조되던 목곽묘가 사라지고, 목개인 점은 차이가 있으나 고령군 지산동고분군에 보이는 세장방형 석곽이 축조된 점이 주목된다. 부장칸에서는 대가야양식 토기가 출토되었으나 그 가운데 통형기대도 보인다. 이 시기 한층 더 대가야 왕권과 다라국 왕권과의 결합이 엿보인다.

M6호분은 6세기 초에 M4호분의 북서쪽에 접하여 조영되었다. 봉분의 지름은 동서 10.8m, 남북 9.1m 높이 약 1.5m이며 1단의 할석으로 호석을 돌렸다. 수혈식석곽은 평면 장방형이며 서쪽에 유물 부장칸, 동쪽에 관대를 설치하였다. 관대 부분이 도굴 당했으나 피장자의 두부 부근에서 금동제 출자형 관과, 은제 관, 금제 수식부이식 2점, 피장자의 왼쪽 장벽에 접하여 용봉문환두대도 1점, 족부 부근에서 금동제 마구 등이 출토되었다. 이 고분에서는 신라양식의 금동제 출자형 관과 심엽형행엽이 부장되어 주목된다. 이를 신라산으로 보는 견해도 있으나, 그 제작지는 심엽형행엽의 입문공이 방형인 점 등으로 볼 때 고령지역으로 판단된다. 이 시기 대가야 금공품에 신라의 영향이 엿보이며, 지산동45호분 출토 마구에도 그러한 현상이 보인다. 묘주는 왕묘인 M7호분에 인접한 점에서 왕비묘로 추정된다.

M10호분은 M6호분의 서쪽에 위치한다. 봉분의 지름은 12.4m, 높이 약 1.5m이며 2-3단의 할석으로 호석을 돌렸다. 북쪽 단벽을 현문으로 하며 팔八자상의 묘도墓道가 호석으로 연결되는 횡구식석실분이다. 석실의 장축은 북쪽에서 서쪽으로 치우쳤다. 측벽側壁은 4벽 모두 할석을 옆으로 쌓았는데 후벽과 측벽은 10단 정도 수직으로 쌓았으며 목개를 하였다. 현실 상면은 자갈을 깍고 활석을 2열로 놓아 관대를 만들었다. 횡구부는 1단으로 문지방석을 놓고 활석을 쌓아 패쇄하였다. 이 고분은 도굴로 인하여 부장품은 대부분 망실되었으며, 묘제와 출토된 대가야양식 토기로 볼 때 6세기 전엽에 축조된 것으로 생각된다.

M11호분은 가장 서쪽에 위치한 고분으로 다라국 멸망되기 직전인 6세기중엽에 조영된 경사가 심한 사면에 축조된 호석 직경 18m인 대형의 봉토분으로, 연도羨道가 현실 남쪽 전벽前壁의 오른쪽에 딸린 횡혈식석실분이다. 장축은 동남-북서향이며, 측벽側壁은 4벽 모두

502

할석을 옆으로 쌓았는데 후벽과 측벽은 15단 정도 쌓았는데 8단까지는 수직으로 그 이상
은 내경하게 올렸으며 상위 1~2단은 벽석 뒤에 납작하고 긴 할석을 서로 맞물리게 하면서
뒤로 길게 빼내어 내경하는 상단부의 측벽을 보다 견고하게 축조하였다. 금제 이식, 식리
飾履, 은제 대장식구帶裝飾具와 목관 부속구인 연판蓮瓣장식, 금으로 장식한 못 등이 출토되
었다. 이 고분은 다라국 마지막 왕의 무덤으로 석실 구조가 공주의 송산리식 횡혈식석실분
계통이고 장신구와 목관 장식구에도 백제 양식의 영향이 엿 보인다.

옥전고분군에서는 철제 무기, 갑옷, 말갑옷, 말투구 등이 다수 부장되고 철소재인 주조
철부가 다수 출토되어 이 지역 집단이 고도의 철 생산 기술을 보유하였으며, 또 유달리 많은
구슬류가 출토되어 이곳의 지명인 구슬밭과 관련하여 옥생산이 행하여졌을 가능성도 있다.
옥전고분군에서는 백제계의 환두대도, 금제 이식, 금제 귀면장식품, 금동제 관모 등과 신라로
부터 이입된 로마유리기, 비취곡옥, 금동제 관 등이 출토되어 주목된다.

옥전고분군은 4세기 전엽부터 6세기 중엽까지 적석목곽-위석식목곽-수혈식석곽-횡
구식석실-횡혈식석실으로의 묘제의 변화를 잘 보여주고 있다.

이 고분군의 발굴을 계기로 문헌에 나타나는 다라국多羅國이 옥전고분군을 중심으로
황강하류역에 실재하였음이 확인되었다. 다라국은 철생산과 교통의 입지적 특성을 바탕으
로 이를 매개로한 교역 특히 낙동강 이동 지역과 가야 내륙지역 그리고 백제 지역을 연결
하는 중계 교역과 교섭이 성장의 배경으로 작용하였으나 한편 입지적 특성으로 인해 지속
적으로 대가야와 신라와 같은 외부세력으로부터 영향과 견제를 받아온 것으로 파악된다.

(6) 합천 성산토성(도 Ⅸ-6-1~2)

경상남도 합천군 쌍책면 성산리 185번지 일대에 위치한다. 낙동강 본류로부터 약 6km 정
도 떨어진 곳이다.

도 Ⅸ-6-1 합천 성산토성 전경

　　황강을 한눈에 조망할 수 있으며, 강을 넘어 서쪽으로는 단봉산을 사이에 두고 4면이 산지로 둘러싸인 초계분지가 자리잡고 있다. 북쪽으로는 협곡을 따라서 고령지역과 연결되고, 동쪽으로는 황강을 따라 창녕, 의령, 함안으로 연결된다.

　　성지는 옥전고분군의 동남쪽으로 이어진 황강 북안의 돌출한 해발 53m 전후 ㄱ자형 구릉의 가장자리를 따라서 축조되었다. 규모는 직선거리 남-북 약 285m, 동-서 약 155m, 총 둘레 약 1.050m이다. 서북쪽 돌출부의 서쪽면은 강의 침식에 의해 형성된 높은 절벽이

도 Ⅸ-6-2　합천 성산토성 발굴전경

자연성벽을 이루고 있다. 성산토성은 처음에는 지형에 따라 토성이 1차로 돌려지고, 후기에는 강변으로 이어지는 남서사면을 중심으로 석성이 부가되는 구조인 것으로 파악된다.

성내에서는 벽주건물을 포함한 대형건물지와 구상유구, 수혈주거지 등이 확인되었다.

출토유물은 6세기 전엽 대가야양식 토기가 주류이나 4세기대 토기도 보이는 점에서 4세기 이후부터 토성으로 기능한 것으로 보인다.

성의 중앙부에 해당되는 곳에서 책렬로서 구획된 5동의 방형 벽주건물이 확인되어 주목된다. 벽주 건물은 금관가야, 대가야왕궁지에서도 확인된 점으로 볼 때 다라국 지배층의 거주 공간으로 이해된다.

(7) 남원 두락리고분군(사적 제 542호)(도 IX-7-1~4)

전라북도 남원시 아영면 두락리와 유곡리에 걸쳐서 위치한다. 이 고분군은 전라북도와 경상남도의 경계부에 있는 연비산鳶飛山에서 아영들 중간까지 동서방향으로 뻗어내린 성내마을 뒷 능선의 정상부와 사면에 위치하며 모두 34기의 봉토분이 분포하는 남강 상류역 최대의 고분군이다. 고분은 능선의 정상을 중심으로 그 능선과 직교되게 북쪽으로 돌출된 두 개의 구릉에 밀집되어 있으며, 주능선에서 완만하게 흘러내린 북쪽 경사면과 가파른 경사면을 이루는 남쪽 경사면에도 일부 분포되어 있다. 1989년 전북대학교 박물관에 의한 조

도 IX-7-1 남원 두락리고분군 전경

도 Ⅸ-7-2 남원 두락리 32호분(상), 1호분
(하) 발굴전경

도 Ⅸ-7-3   남원 두락리 2호분 발굴전경

사에서 수혈식석곽분竪穴式石槨墳 4기와 횡혈식석실분橫穴式石室墳 1기가 조사되었다.

2013년 전북대학교박물관에 의해 32호분이 조사되었다.

5세기 말 두락리 32호분에서는 문양과 형태로 볼 때 고령지역에서 제작·이입된 13점의 발형기대가 부장되었다. 그런데 이 고분에서는 무령왕릉에서 출토된 의자손수대경宜子孫獸帶鏡과 익산 입점리 1호분과 나주 신촌리 9호분에서 출토된 금동제 식리가 확인되었다. 중국산 의자손수대경과 백제산 금동제 식리飾履는 두락리 32호분이 주부곽이 좌우로 나란히 배치된 고령 본관동 36호분, 산청 생초M12호분과 같은 구조이고 내부에 관정과 꺾쇠로 결합된 대가야식 목관이 사용된 점과 그 외 대부분의 부장품이 대가야양식인 점에서 백제를 통해 직접 입수하였을 가능성도 있으나 대가야 중앙정권을 통해 사여되었을 가능성도 크다.

507

도 Ⅸ-7-4 남원 두락리고분군 출토유물

1, 2: 3호분 | 3: 1호분

508

6세기 초 1호분은 봉분 직경 20.5m이며 그 중앙에 동서길이 8.6m, 남북 폭 1.3m, 높이 1.8m 규모의 대가야식 세장방형 수혈식석곽竪穴式石槨이 배치된 구조이다. 이곳에서는 봉분내의 제사 유구로 보이는 수혈竪穴내에서 목탄과 연질토기가 발견되어 고령 본관리고분군, 합천 반계제고분군, 함양 백천리고분군과 같이 석곽의 천정석을 덮는 밀봉시 묘사가 행해진 것으로 파악된다.

6세기 중엽 2호분은 횡혈식석실분橫穴式石室墳으로 직경 20.8m 봉분의 중앙에 남북 길이 3m, 동서 폭 2.4m, 높이 2.8m 크기의 현실에 길이 2.1m, 폭 1m의 연도가 현실의 좌측에 딸린 구조이다. 이 고분은 현실의 4벽을 내경시켜 천정은 1매의 판석으로 덮었고 전면에 회를 칠하였으며, 현실은 1매의 판석으로 폐색閉塞하였고 바닥에 배수구를 마련하였다. 2호분은 그 구조가 공주의 송산리식 횡혈식 석실분과 유사하나 이 시기 백제 지역에서 이러한 구조의 고분이 조영되지 않고, 고령 고아리 벽화고분 합천 저포리 D지구 1-1호 석실분과 구조 축조 기법이 유사하여 대가야에서 파견된 석공石工집단에 의해 축조된 것으로 파악된다.

부장품은 고배·개배·단경호·장경호·기대 등 토기류는 대가야양식 일색을 이루고 있으며, 등자·재갈·말안장에 깃발을 꽂는 기꽂이 등의 마구류, 환두대도環頭大刀 등이 출토되었다. 이 가운데 1호분에 부장된 통형기대와 발형기대는 대가야의 도성인 고령지역에서 제작되어 반입된 것이다.

두락리고분군은 5세기 전엽을 전후하여 조영된 소가야양식 토기가 부장되던 월산리고분군과 작은 하천인 풍천을 사이에 두고 위치를 달리하여 5세기말을 전후한 시기에 조영되어 주목된다. 즉 아영지역에서 종래 소가야와 연계된 수장이 조영한 월산리고분군의 축조가 정지되고 새로이 두락리에 고총이 조영되기 시작한 것이다. 두락리고분군은 소가야양식 토기가 부장된 월산리 고분군과는 달리 대가야양식 토기 일색의 부장 양상을 보이고 있어, 이 고분군이 남강 상류역 최대의 고분군으로 조영된 배경에는 대가야가 종래 소가야와 연계되었던 월산리 세력을 배제하고 새로이 두락리세력을 후원하는 것에 기인하는 것으로 파악된다. 대가야가 아영 지역의 세력을 후원한 배경에는 이 지역이 남해안으로 가는 섬진강로와 금강을 통한 백제 지역으로의 교통로의 중간 결절점이었기 때문인 것으로 추정된다.

세계유산 등재를 위해서는 횡혈식석실인 두락리2호분을 정비복원하여 그 내부를 공개할 필요가 있다.

2) 금관가야

(1) 봉황동유적(사적 제 2호)(도 Ⅸ-8-1~3)

경상남도 김해시 회현동 봉황대 356-1번지 일대에 위치한다. 표고 46.5m의 봉황대를 중심으로 청동기시대부터 삼국시대까지 장기간에 걸쳐 형성된 유적으로, 지석묘, 옹관묘, 패총, 환호, 토성 등이 복합적으로 존재한다. 김해패총, 회현리유적, 봉황대유적으로 불리기도 한다.

1907년 이마니시 류今西龍에 의해 발견되었으며, 조선총독부에 의해 1920년부터 조사가 개시되어 1934년, 1935년에 걸쳐 이루어졌다. 지석묘, 상형석곽묘 1기, 옹관묘 3기로 구성된 묘지가 확인되었다. 옹관묘는 특히 북부규슈의 야요이彌生토기로 구성된 것으로 이 지역이 일본열도와의 교역의 거점인 것을 알 수 있게 한다. 패총에서는 화천貨泉이 출토되었다.

2003년 경남고고학연구소의 발굴조사에 의해 유적의 북동쪽에서 협축挾築 성벽에 즙석葺石한 구조의 토성이 확인되었다. 최근 가야문화재연구소에 의한 조사에서 벽주건물지가 확인되었다.

4세기 봉황동토성은 원삼국시대의 환호취락에서 평지성으로 전환한다. 봉황동토성은 평지에 축조된 대규모의 성벽과 협축挾築 성벽에 즙석葺石한 구조인 점에서 가야전기의 금관가야의 위상을 보여준다. 그래서 금관가야의 왕성은 김해 대성동고분군에 인접한 봉황대를 중심으로 한 봉황동토성으로 밝혀졌다.

『삼국유사』 가락국기에는 수로왕이 도읍을 정하면서 길이 1천 5백보의 나성羅城을 쌓고, 궁궐, 관청, 무기고, 창고, 신궁 등을 지었다고 전하는 기록과 부합한다.

봉황동토성은 많은 노동력을 동원한 토성의 구조와 규모로 볼 때 백제의 풍납동토성과 신라의 월성에 필적한다. 이 유적에서는 복골占骨, 말뼈, 철재鐵滓, 일본열도산 하지키土師器가 다수 출토되어, 왕궁내 제사장, 공방, 시市의 존재가 상정된다. 토성내 동쪽에서는 벽주건물지, 수혈주거지와 함께 굴립주 건물지와 밀집된 고상창고군이 보이고 소토와 목탄으로 구성된 유구가 다수 보여 철기 제작과 관련된 공방이 존재했던 것으로 보인다. 특히 고 김해만에 연한 서쪽에서는 선재船材가 확인되고 인접하여 고상건물지군이 위치한다. 그래서 왕성인 봉황동토성은 북쪽에 왕묘를 배치한 금관가야의 정치적 중심지임과 동시

도 Ⅸ-8-1　김해 봉황동토성(일제강점기)

511

도 IX-8-2 김해 봉황동토성 성벽전경

512

도 Ⅸ-8-3 김해 봉황동토성 발굴전경

에 의례, 생산, 물류의 중심지임을 알 수 있다.

더욱이 금관가야의 취락은 왕성인 봉황동토성을 중심으로 하계리유적, 여래리유적과 같은 제철취락, 접안시설이 확인된 관동리유적, 신방리유적와 같은 항만취락으로 구성된다. 특히 관동리유적에서는 도로가 확인되어 왕성과 거점취락이 도로를 통하여 유기적으로 결합된 것을 알 수 있다.

(2) 대성동고분군(사적 제 341호)(도 Ⅸ-9-1~5)

경상남도 김해시 대성동 434번지 일대에 위치한다. 대성동고분군은 가야의 건국설화가 깃든 구지봉과 봉황대의 중간에 위치하며, 동쪽으로 전傳 수로왕릉이 있다. 이 고분군은 봉황대의 북쪽 구릉 정상부에 독립된 묘역을 형성한다.

대형의 목곽에 북방계 동복, 중국산 문물, 일본열도산 위세품 등을 부장한 금관가야의 왕묘가 구릉의 낮은 쪽인 북쪽에서 높은 쪽인 남동쪽으로 순차 조영되었다. 대성동고분군의 북쪽 선단부로부터 북동쪽의 저평한 구릉상에 위치한 구지로고분군도 대성동고분군의

도 Ⅸ-9-1　김해 대성동고분군 전경(일제강점기)

도 Ⅸ-9-2 김해 대성동고분군 발굴전경

도 IX-9-3 김해 대성동고분군 발굴전경

좌: 13호묘 ㅣ 우: 91호묘

범위에 포함된다. 그 남쪽에 연접한 봉황토성은 대성동고분군 조영 집단의 왕성으로 추정된다.

　대성동고분군에서 최초의 왕묘는 3세기 중엽에 출현하는데, 북쪽 구릉 중앙 단부에 조영된 29호묘이다. 이 고분에서는 시신이 안치되는 바닥면에 판상철부 100여 점을 열을 지어 깔았으며, 음식물을 공헌한 것으로 추정되는 수십 점의 토기가 북방계 동복과 함께 부장되었다. 3세기 전반까지 조영된 양동리고분군의 대형 목곽묘에서는 철기가 주로 부장되고 토기는 소수였으나, 이 시기부터 음식물을 공헌한 토기가 다수 부장된 것에서 가야인의 내세관 변화를 엿볼 수 있다. 또한 대성동고분군에서는 양동리고분군에 보이지 않던 순장殉葬이 처음으로 시행된다. 29호묘에서는 순장자의 인골은 확인되지 않았지만 경식으로 보이는 유리제의 환옥 6점이 목곽의 정중앙에서 출토되었다. 묘주는 동쪽의 판상철부로 만들어진 시상에 안치된 것으로, 정중앙의 환옥은 순장자의 것으로 본다면, 순장자는 묘주의

516

도 Ⅸ-9-4   김해 대성동고분군 발굴전경

1: 39호묘 | 2: 2호묘 | 3: 73호묘

도 Ⅸ-9-5 김해시 대성동고분군 출토유물

1: 23호묘 ┃ 2: 1호묘 ┃ 3: 29호묘

518

다리쪽에 순장된 것으로 추정된다. 이러한 순장은 역시 계세사상繼世思想이라는 사후관과 관련된 것으로 보인다.

이처럼 구야국의 왕묘역이 양동리고분군에서 김해 시내 중심부에 있는 대성동고분군으로 이동하고 양동리고분군에서 볼 수 없었던 구릉 정상부에 독립된 왕묘역이 형성되고 순장이 행해지는 것은 이 지역 사회의 큰 변화를 반영하는 것으로 본다. 그러나 이를 북방기마민족의 이주로 볼 수 없다. 왜냐하면 대성동고분군의 남쪽에 인접한 원삼국시대의 칠기, 동경, 칠초철검漆鞘鐵劍이 출토된 유력 수장묘인 가야의 숲 3호 목관묘를 비롯하여 계기적으로 분묘가 조영된 것으로 보아 대성동 세력의 자체적인 성장에 의한 것으로 파악되기 때문이다. 또한 성립기인 3세기 후반에 대성동고분군에 북방기마민족이 일상적으로 사용하고 고분에 반드시 부장하는 마구가 전혀 부장되지 않는 것은 이 고분군 축조집단이 기마민족이 아닌 구야국 이래의 토착세력임을 웅변하는 것이다.

4세기 전엽 구릉 중앙의 정상부에 입지가 탁월한 곳에 조영된 대성동 13호묘에서는 주로 음식물을 공헌한 토기가 매납된 부곽이 출현한다. 주곽에 피장자의 좌우와 족부에 3인이 순장되고, 특히 일본열도산의 석제품이 16점, 가죽방패에 부착되었던 6점의 파형동기가 출토되었다.

4세기 중엽 북쪽 구릉 중앙의 정상부에 입지가 탁월한 곳에 조영된 대성동 90호묘에서는 도굴이 극심함에도 불구하고 로마유리기, 중원의 연호문경, 전연前燕의 청동용기와 마구, 일본열도산 통형동기가 출토되었고, 4인의 순장자가 확인되었다. 게다가 같은 시기 북쪽 구릉에 단곽식의 88호묘와 91호묘가 조영된다. 대성동 88호묘에서는 중국 중원의 진晉식 대장식구와 일본열도산 파형동기, 통형동기, 중광형동모, 경옥제 곡옥, 방추차형석제품 등이 출토되었다. 족부와 충전토상에 4인이 순장되었다. 91호묘에서는 전연의 청동용기와 마구, 로마유리기, 류큐열도琉球列島산 패제품 등이 출토되었다. 족부에 3인, 두부의 충전토상에 2인이 순장되었다.

4세기 후엽 최전성기에 조영된 왕묘인 1호묘에서는 주곽에 5인이 순장되고, 철정, 철제무기, 농공구류가 다수 부장되었다. 또 통형동기가 8점, 마주, 등자, 안금구, 행엽 등의 마구 조합이 출토되었다. 또 이 시기 가장 조형미가 뛰어난 발형기대와 유개장경호를 조합한 토기류가 다수 부장된다.

4세기 말 조영된 왕묘인 93호묘는 1호분과 같이 5인이 순장되고 마주, 마갑, 금동제 마령이 출토되었다. 93호묘는 이혈 부곽은 아니지만 묘광의 바닥을 깊이 파서 만든 순장자와 부장품을 넣은 부곽이 확인되었다. 그런데 이 시기부터 창녕양식 토기가 이입되어 주목된다. 즉 유충문이 시문된 개가 공반된 이단일렬투창고배와 일단투창고배, 유충문이 시문된 유대파수부완, 대각부를 포함한 전면에 파상문를 시문하고 삼각형의 투창을 뚫은 발형기대는 전 시기의 대성동 1호분 출토 토기와 계보가 연결되지 않는 것으로 창녕 동리 7호분 출토 토기와 같은 계통이다.

5세기 초의 왕묘급 고분은 확인되지 않았으나 5세기 전엽의 왕묘급 고분으로 추정되는 73호분이 조사되어 주목된다. 73호분은 남쪽 구릉 단부의 중앙에 조영된 석곽묘이다. 석곽의 규모는 길이 약 5m, 높이는 약 2m이며 극심한 도굴의 피해를 입었음에도 불구하고 판갑, 경갑, 주로 구성된 철제 갑주류, 금제 이식, 금동제 화살통이 출토되었다. 부장칸에서 순장자가 1인 확인되었다. 이 고분은 같은 시기 부산 복천동고분군의 최고 수장묘인 복천동 10호분의 석곽과 크기가 유사하고 갑주 일습, 금제 이식, 금동제 화살통 등이 부장되고 순장이 실시된 점에서 왕묘급 고분으로 요건을 갖추었다고 생각된다.

대성동고분군은 5세기 전엽이후 더 이상 왕묘가 축조되지않는다. 이러한 현상에 대하여 금관가야 멸망, 지배층의 부산지역으로 이주, 가야내륙 또는 일본으로의 이주 등으로 보는 견해가 있으나 사실로 보기 어렵다. 왜냐하면『삼국사기』,『일본서기』에 532년 전후 멸망한 것으로 분명히 기록되어있기 때문이다. 나아가 금관가야의 왕족인 김유신계의 활약으로 볼 때 그러하다. 금관가야의 왕묘는 김해지역의 다른 곳으로 옮겨서 축조되었을 것으로 본다. 장차 발견이 기대된다.

3) 아라가야

(1) 말이산고분군(사적 제 515호)(도 IX-10-1~4)

아라가야의 대표적인 유적은 함안군 함안읍 말이산에서 남북으로 길게 뻗은 구릉의 정상부를 따라 50여 기의 고총이 5, 6세기대를 중심으로 조영된 말이산고분군이다.

4세기 말 5세기 초 아라가야의 왕묘는 경전선 철로에 의해 절단된 구릉 북쪽 끝부분에 조영된 마갑총이 배총처럼 사면에 조영된 점에서 현재 해동아파트가 위치하는 그 구릉 정상부에 축조되었을 가능성이 크다. 5세기 전엽에는 1-1호분 출토 토기로 볼 때 1호를 중심

도 IX-10-1　함안 말이산고분군 전경(일제강점기)

도 Ⅸ-10-2　함안 말이산고분군 발굴전경(말이산 8호분)

으로 북쪽 구릉 끝부분에 조영된 것으로 본다.

더욱이 48호 목곽묘의 존재가 흥미롭다. 이 고분은 토기로 볼 때 5세기 초로 편년되며 1호분의 남서쪽 8m 떨어진 곳에 있고, 6점의 철제 대도, 3점의 철모, 6점의 철부, 28점의 철촉과 찰갑札甲 등의 다수의 무기 무구와 41점의 철정을 부장하고 있기 때문이다. 따라서 이 고분은 배총으로 추정되어 1호분이 왕릉임을 추정할 수 있다.

5세기 중엽에는 북쪽 구릉 중앙부 입지가 탁월한 곳에 왕묘급 고총인 4호분이 조영된다. 그런데 같은 시기에 조영된 8호분, 6호분의 경우 입지는 4호분에 비할 수 없으나, 수혈식석곽의 규모가 4호분과 같은 10m 내외이고 5, 6인이 순장된 점이 주목된다. 즉 왕릉인 4호분과의 배총 즉 왕족묘로 추정되는 6호분, 8호분과 격차가 보이지 않고, 더욱이 부장품 질

도 Ⅸ-10-3　함안 말이산고분군 발굴전경((문)48호목곽묘)

도 Ⅸ-10-4 함안 말이산고분군 출토마구

1, 3: 말이산 8호분 | 2: 말이산(경) 10호묘 | 4: 말이산(창) 14-2호묘
5: 말이산(문) 4호 | 6: 말이산 451-1호분 | 7~9: 말이산 26호분

과 양도 이에 필적하기 때문이다. 8호분에서는 금동제 대장식구와 행엽, 마갑과 마주 2령, 갑주, 유자이기, 철정이 출토되었다.

이와 같이 3기의 고분으로 볼 때 왕릉과 왕족묘는 같은 작은 구릉 위에 자리하고 모두 동일한 규모인 점에서 왕릉의 격절성은 찾아보기 어렵다.

5세기 후엽에는 구릉 중앙부에 왕릉으로 추정되는 13호분을 비롯한 고분이 조영된다. 이 시기에도 같은 규모의 고총이 여러 소구릉에 분지되어 조영된다.

6세기 전엽에는 왕릉으로 추정되는 25호분을 비롯한 고총이 조영된다. 이 시기에도 이전시기와 같은 양상이 확인된다. 이 시기에도 왕릉으로 추정되는 25호분이 4호분, 13호분과 같이 구릉 정상부에 축조되나, 역시 같은 시기에 동일 능선에 조영된 26호분은 입지는 25호분에 비할 수 없으나, 수혈식석곽의 규모가 10m 내외인 점이 주목된다. 그리고 부장품과 순장자수(25호분: 4인, 26호분: 3-4인)에서도 차이를 보이지 않기 때문이다.

6세기 중엽에는 남쪽 구릉 끝부분에 35호분을 비롯한 고총이 조영되며 규모가 축소된다. 37호분이 입지로 볼 때 왕릉으로 추정된다.

6세기 후엽에는 고분군의 조성이 중단되어 아라가야의 멸망을 알 수 있게 한다.

세계유산 등재를 위해서는 4호분을 재발굴하여 현지에 전시관을 건립할 필요가 있다.

(2) 가야리왕궁지(도 Ⅸ-11-1~2)

아라가야의 왕성은 말산리고분군에 인접하며 함안분지 전체가 한눈에 들어와 관망할 수 있는 가야리에 위치한다.

아라가야 왕궁지에 대한 고고학 조사는 일제강점기부터 시작되었다. 1917년 이마니시 류今西龍는 왕궁지의 후보지를 성산산성과 함안읍 가야리 가야동을 유력한 것으로 파악하였다. 가야리 266번지에서 초석으로 추정되는 석재를 발견한 것으로 기록되어 있고, 가야시기 토기편을 수습하였다. 좀 더 세밀한 관찰과 『함주지』의 기록을 바탕으로 가야동 주변을 왕궁지로 추정하였다.

도 Ⅸ-11-1 　함안 가야리왕궁지(일제강점기)

도 Ⅸ-11-2　함안 가야리왕궁지와 제방유구

526

1995년 창원문화재연구소와 창원대학교박물관에서 정밀 지표조사를 실시하였다. 조사단에서는 유물산포 현황, 지형조건, 추정 성벽을 근거로 (큰)가야동 일대를 아라가야 왕궁지로 추정하였다. 『함주지』에 기록된 성의 둘레 값이 1,606尺으로 이를 환산하면 514.40m이고, 지표조사에서 확인된 성의 둘레가 약 530m로 비슷하다는 점을 근거로 제시하였다.

왕궁지 동편으로 문암산성·포덕산성·동지산성, 남쪽으로 성산산성, 북서쪽으로는 봉산의 봉산산성과 선왕동의 구릉이 에워싸듯이 있고, 말이산고분군과 남문외고분군 등 대형고분군과 함께 다수의 중소형 고분군이 주위에 있는 점도 추정 근거로 작용하고 있다.

정식조사는 이루어지지 않았으나 가야동 일대는 지표조사에서 아라가야 유물이 상당량 출토되고 있어 유적이 존재할 것은 확실하다. 2010년 왕궁추정지 서쪽에 위치한 토성지에 대한 발굴조사에서 대규모의 노동력을 동원하여 축조한 제방이 확인되었다. 왕궁지와 관련한 토성은 아니지만 가야동 일대가 아라가야의 중요 시설이 존재할 가능성은 한층 커졌다.

가야동 일대는 침수를 받지 않는 독립구릉으로 주변에 고분군이 밀집·분포하고 있는 곳이나, 궁성지로 추정되는 구릉에는 고분이 전혀 확인되지 않는다. 이는 궁성지와 관련하여 묘역이 이격되어 배치된 기획임을 암시하고 있다. 구릉의 외곽 사면은 절토하여 단을 조성한 점이 확인된다. 왕궁지 외곽에는 가야리 제방을 축조하여 남강의 역류를 방지하였다. 하천과 연결된 제방은 왕궁지를 방어하는 기능도 겸비한 것으로 추정된다.

현재 국립가야문화재연구소에 의한 발굴조사가 실시되고 있어 그 내용이 밝혀질 것으로 기대된다.

4) 소가야

(1) 송학동고분군(사적 제 119호)(도 Ⅸ-12-1~4)

소가야의 중심지인 고성지역에는 왕릉을 포함하는 송학동고분군이 위치한다. 이 고분군의 북쪽에 인접하는 기월리 2호분도 직경 50m 전후에 달하는 점에서 왕릉으로 판단된다. 이 고분은 시기가 단독분인 점에서 송학동 1호분 보다 이른 시기인 5세기 후반에 축조되엇을 가능성이 크다.

도 Ⅸ-12-1　고성 송학동고분군 전경(일제강점기)

528

도 Ⅸ-12-2　고성 기월리 2호분

　1914년 도리이 류죠鳥居龍藏 조사 사진을 보면 기월리고분군을 포함하는 송학동고분군은 10여기로 구성되었던 것으로 추정된다. 다음은 유일하게 조사된 소가야의 왕릉에 대해 살펴보고자 한다. 5세기 후엽에 축조가 개시된 소가야의 왕묘인 송학동 1호분은 1A호분과

도 Ⅸ-12-3 고성 송학동 1호분 발굴전경

도 IX-12-4 고성 송학동 1호분 출토유물

1B호분, 1C호분 등의 대형 고총이 연접하여 순차적으로 축조되어 일본 고분시대의 전방후원분前方後圓墳과 같은 분구를 형성한 것이다. 그런데 지금의 송학동 1호분의 낙타봉처럼 복원한 것은 원형과 배치되는 것이다. 이는 일본의 하니와埴輪와 같이 분주토기를 수립한 점에서도 그러하다.

1A호분은 1호분의 남쪽에 배치되어 있으며 총 11기의 평면 세장방형 수혈식석곽묘가 매장주체부로 사용되었음이 확인되었다. 봉분 정상부 중앙에 축조된 1A-1호를 중심으로 그 좌우에 3기, 그 주위에 동심원 상으로 7기의 석곽묘가 확인된 것이다.

1B호분은 1호분의 북쪽에 위치하고 있으며 매장시설은 봉분의 중앙에 축조된 횡혈식석실묘 1B-1호를 중심으로 그 서남쪽과 서북쪽 외곽 상부에 배장 또는 추가장 한 것으로 추정되는 수혈식석곽묘 1B-2호와 1B-3호가 배치되어 있는 것으로 확인되었다.

1C호분은 1A호분과 1B호분 사이에 위치한 고분으로 매장시설로서는 대형의 횡혈식석실묘가 확인되었다.

1A호분은 고성지역 재지의 수혈식석곽묘를 매장주체부로 하였다 한편 1B-1호분은 현문에 입주석이나 문비, 목붕木棚 설치되어 있고 석실 내부가 붉게 칠해져 있다는 점에서 일본 북부 규슈九州지방과 와카야마현和歌山縣의 기이紀伊지방과 고분과 유사한 왜倭계 횡혈식석실묘이며, 1C호분은 1B-1호분과 달리 현문에 입주석이나 문비가 없는 고성지역 재지의 횡혈식석실묘이다. 그리고 출토된 유물로 볼 때 1호분은 5세기 후엽-6세기 전엽까지 약 50년간에 걸쳐 조영된 것으로 보인다.

소가야 왕릉을 포함하는 송학동고분군은 일제강점기 이후부터 유실되어 원형을 잘 알 수 없다. 이는 소가야 연구의 큰 장애이며, 기월리 2호분과 같은 이전 시기의 왕릉의 조사가 기대된다.

세계유산 등재를 위해서는 송학동1호분B호석실을 정비복원하여 그 내부를 공개할 필요성이 제기된다.

5) 비사벌

(1) 교동·송현동고분군(사적 제514호)(도 Ⅸ-13-1~6)

경상남도 창녕군 교리 및 송현리일대에 분포한다. 교동고분군은 인접한 송현동고분군도 연결되는 같은 고분군이다. 일제강점기부터 현재까지 확인된 봉토분은 304기이다.

　　1911년 세키노 다다시關野貞에 의해 처음으로 조사되었다. 1917년 분포조사를 시작으로 1918년과 1919년에 걸쳐서 대형봉토분인 7호분, 교동 89호분을 중심으로 11기의 고분이 발굴조사가 실시되었으나 제 21, 31호분을 제외하면 보고서가 간행되지 않았다. 이 시

도 IX-13-1　창녕 교동·송현동고분군 전경(일제강점기)

도 IX-13-2　창녕 송현동 6, 7호분 발굴전경

도 Ⅸ-13-3 창녕 송현동 15호분 발굴전경

기 조사에 의해 마차 20대와 화차 2량분의 유물이 출토되었다고 전하나 그 실상을 알 수 없다.

1992년 동아대학교박물관에서 교동 1-4호분의 조사가 실시되었다. 2004-2006년에 걸쳐 경남문화재연구원과 가야문화재연구소에 의해 대형 봉토분인 송현동 6·7호분에 대한

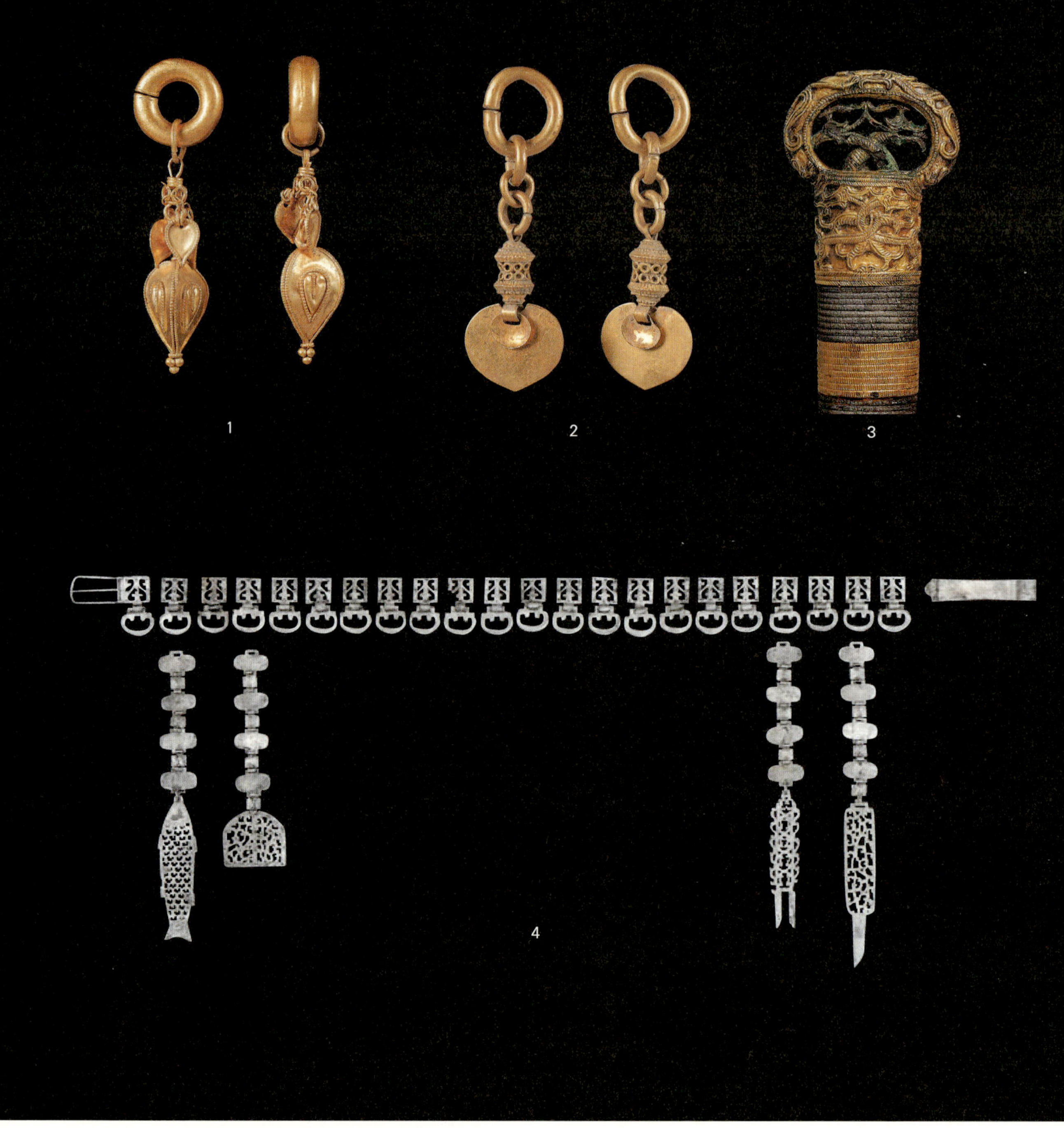

도 Ⅸ-13-4 창녕 교동·송현동고분군 출토유물

1: 교동 31호분 | 2: 송현동 7호분 | 3: 교동 10호분 | 4: 교동 7호분

536

도 Ⅸ-13-5 창녕군 송현동 7호분 목관복원

발굴조사가 실시되어 선재船材를 전용한 녹나무제 목관 등의 중요 유물이 출토되었다(도 Ⅸ-13-5).

2006-2008년 가야문화재연구소에 의해 실시된 조사에서는 대형봉토분인 15·16호분 등이 조사되었다. 특히 15호분에서 확인된 4구의 순장인골에 대한 처음으로 이루어진 학제간 융합연구를 통한 복원연구는 주목된다.

2011년에는 우리문화재연구원에 의해 일제강점기 발굴이래 보고서가 간행되지 않았던 대형 봉토분인 7호분에 대한 재조사가 이루어져 봉토의 축조방법과 석실의 구조에 대한 재조사가 이루어졌다.

이 고분군은 크게 3군으로 구분된다. 북쪽에서 남쪽으로 가면서 교동 7호분이 중심을 이루는 Ⅰ군, 교동 89호분이 중심을 이루는 Ⅱ군, 송현동 6·7호분이 중심을 이루는 Ⅲ군으로 구분된다.

여기에서는 왕묘급 고분인 교동 7호분, 교동 89호분을 중심으로 살펴보고자 한다.

1군의 7호분은 호석을 갖춘 봉토의 직경이 32m이며 매장주체부인 횡구식석실의 길이는 9m이다(도 Ⅸ-13-6). 부장품은 은제 과대, 금동제 투조안교, 금제 수식부이식, 청동제

도 Ⅸ-13-6　창녕군 교동 7호분 발굴전경

의 초두, 각배형용기, 합 등이 출토되었다. 이 고분은 주변에 위성식으로 11호분을 비롯한 5기의 배총이 축조되어있다.

7호분의 배총인 교동 11호분은 봉토가 조사되지 않아 정확한 규모를 알 수 없으나, 동급으로 생각되는 (동)교동 1호분으로 볼 때 30m전후로 추정된다. 부장품은 금동제 관, 은제 과대, 금동제 명문원두대도 등이 출토되었다.

7호분의 배총인 교동 10호분은 봉토가 조사되지 않아 정확한 규모를 알 수 없으나, 동급으로 생각되는 (동)교동 4호분으로 볼 때 10m전후로 추정된다. 부장품은 은제 과대, 용봉문환두대도 등이 출토되었다.

II군의 교동 89호분은 봉토가 조사되지 않아 정확한 규모를 알 수 없으나, 40m 전후이다. 부장품은 은제 관식, 은제 과대, 은제 천, 금동제 식리, 금제 수식부이식, 금동제 투조안교, 철제 갑주 등이 출토되었다.

이처럼 창녕지역은 중심고분군에 최고 수장묘가 병립적으로 존재하는 점에서 탁월한 왕권의 존재를 상정히기 어렵디.

교동·송현동고분군은 6세기 전엽이후 더이상 대형분이 축조되지 않는다.

세계유산 등재를 위해서는 송현동 7호분의 석실에 대한 정비복원이 이루어져, 녹나무제 목관이 안치된 내부를 볼 수 있게 할 필요가 있다고 본다.

2. 일본

(1) 세이바루고분군(도 IX-14-1~2)

세이바루清原고분군은 구마모토현熊本縣 나고미정和水町의 기쿠치가와菊池川과 에타가와江田川가 합류하는 지점의 대지상에 조영되었으며 국가지정사적이다.

이 고분군에서는 강 남쪽에 위치한 히메즈카姬塚고분이 가장 먼저 축조되었으며 4세기말로 추정되나 현재는 소멸되어 자세한 것은 알 수 없다. 이후 5세기 중엽에는 고쿤죠虚空藏고분이 조영된다. 이 고분은 에타후나야마江田船山고분의 남서쪽에 위치한다. 고분은 길이 55m, 후원부 지름 34m, 전방부 길이 21m, 전방부 폭 25.5m이다. 출토품은 TK208형식

도 Ⅸ-14-1　구마모토현 에타후나야마고분 전경

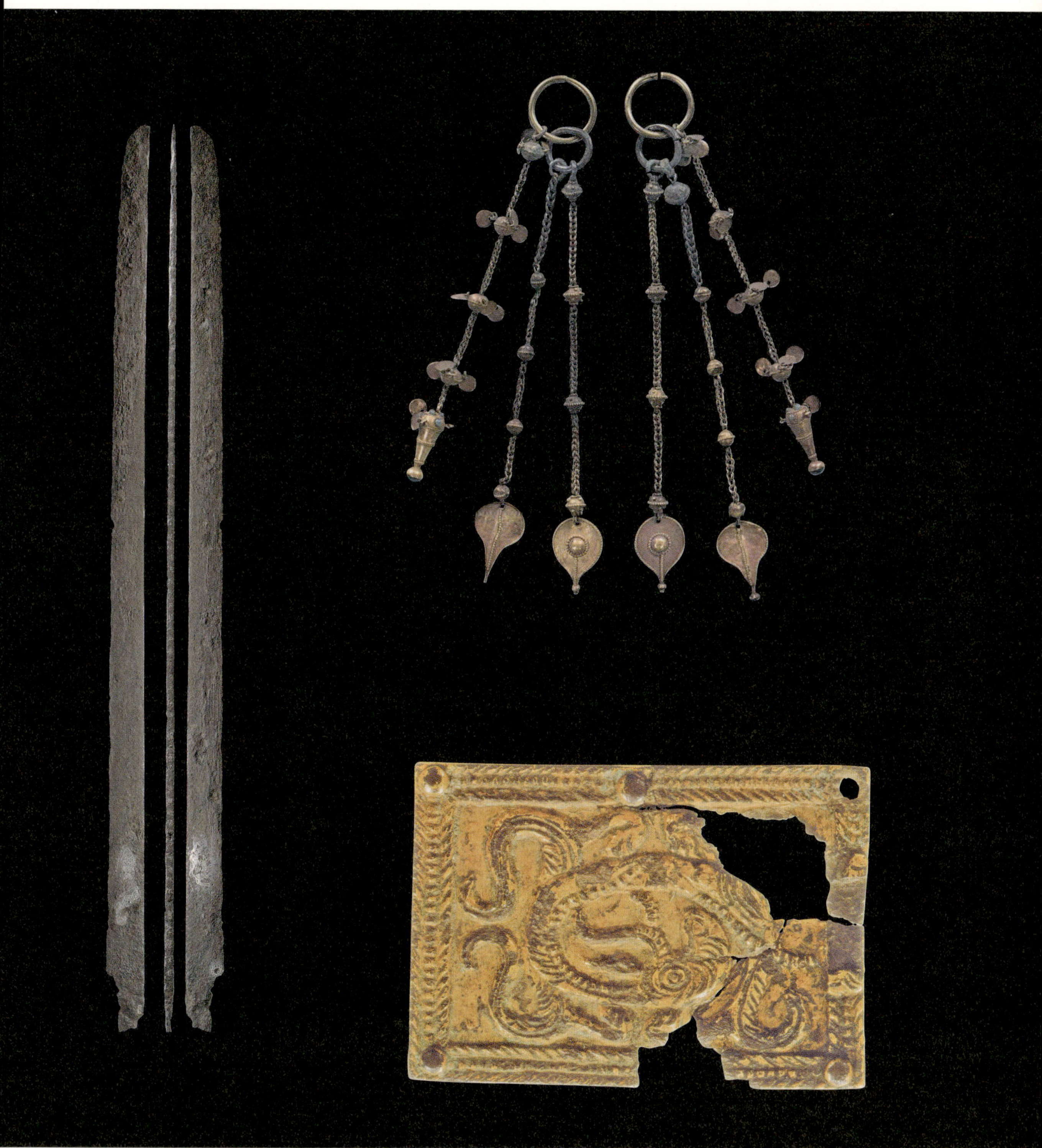

도 IX-14-2   구마모토현 에타후나야마고분 출토유물

의 스에키須惠器, 하지키土師器, 원통형, 인물형 하니와埴輪가 있다.

이 고분군 가운데 최대의 전방후원분은 에타후나야마고분으로 길이 66.8m, 높이 10m, 주구를 포함한 전체 길이는 78m이다. 후원부의 중앙에 추가장을 위한 입구를 가진 횡구식 가형석관家形石棺이 안치되어있다. 이 고분은 1873년 토지소유자가 발굴 한 후, 1934년 교토京都대학, 1975년 기쿠스이정菊水町, 1985년 구마모토현교육위원회에 의해 발굴조사가 실시되어 5세기 후엽에 축조되어 6세기 전엽까지 추가장이 이루어진 것이 밝혀졌다.

부장품은 상감명대도銀象嵌銘大刀를 비롯하여 복수의 도검, 용문환두대도, 동경銅鏡, 옥류, 금제 수식부이식 4, 금동제 관 1, 금동제 관모 1, 금동제 식리飾履2, 갑주, 마구, 삼환령, 철모, 스에키 등 90점 이상이 출토되었다. 은상감명대도는 대도의 등날 부분에 75자를, 몸체에는 말, 새, 물고기 등을 은으로 상감하였으며, 사이타마현埼玉縣 이나리야마稻荷山고분 출토 금상감명철검金象嵌銘鐵劍과 함께 유명하다.

에타후나야마고분의 판독되지 못했던 獲□□□鹵大王은 이나리야마고분 출토 신해년辛亥年 철검명문에 의해 와카타케루대왕獲加多支鹵大王 즉, 왜왕倭王 무武인 유라쿠雄略로 밝혀졌다. 에타후나야마고분의 은상감명대도는 아리아케카이有名海연안의 호족이 왜 왕권과 정치적으로 밀접한 관계에 있었음을 보여주는 것이다.

츠카보주塚坊主고분은 5세기 말 고쿤죠虛空藏고분의 남쪽에 조영된 길이 32m, 폭 13m, 높이 5m의 전방후원분이다. 매장주체는 요부를 향하여 남쪽으로 입구가 열린 횡혈식석실이다. 석실은 궁륭형穹窿形으로 복실複室구조로서 중앙연도식이다. 내부에는 채색한 석옥형石屋形석관을 비롯한 2기의 석관을 안치하였다. 출토된 유물은 철지금동장 f자형경판부비, 검릉형행엽, 인면문마령人面文馬鈴, 환형경판부비, 목심철판장 등자, 동경, 철모, 대도 등이 출토되었다. 출토된 유물가운데 f자형경판부비, 검릉형행엽, 인면문마령은 대가야산으로 판단된다. 환형경판부비 등은 추가장에 의해 부장된 것으로 본다. 츠카보즈고분 출토 대가야산 마구는 이제까지 주목되지 못했으나 에타후나야마고분 출토품과 같이 대가야와 키쿠치카와 유역의 수장과의 교섭을 보여주는 중요한 유물로 평가된다.

이 고분군에서 가장 주목되는 에타후나야마고분 부장품이다. 이 고분에 처음 부장된 용문환두대도는 환두부 내연을 각목문으로 장식한 점, 대장식금구는 반육조 용문을 시문하고 외연을 능삼문으로 구획한 점, 장쇄식長鎖式이식은 사슬과 중간식인 공구체의 형태 및 원추형의 수식과 그 하단의 금립을 붙인 점, f자형경판부비는 부착된 방울의 측면에 양이兩耳를 가진 점, 철모는 대부가 단면 다각형인 점에서 대가야산으로 본다. 한편 추가장시

부장된 관冠, 단쇄식短鎖式이식, 식리飾履, 개배蓋杯는 특히 무녕왕릉 출토품 등과 유사하여 백제산으로 본다.

에타후나야마고분에 부장된 문물은 한반도와의 교섭 상대의 변화를 잘 반영하고 있어 교류사의 연구에 귀중한 자료로 평가된다.

이 고분의 피장자는 이 시기 일본열도에서 가장 화려한 대가야와 백제문물을 부장하고 왜 왕권과 관련된 명문대도를 부장하고 있는 점에서 왜왕권과의 관계하에 아리아케카이를 통하여 한반도 교섭에 직접 종사한 유력호족으로 파악된다. 더욱이 이 고분의 피장자는 이 고분과 인근유적에서 백제계문물의 부장이 탁월한 점, 영산강유역에서 발견된 고호우라제 패천貝釧이 분포하는 점으로 보아 백제왕권과 연계하여 영산강유역에서 활약한 전방후원분 피장자와도 관련된 인물로 파악된다.

출토품은 국보로 지정되어 도쿄 국립박물관과 나고미정 역사민속자료관에 전시되고 있다.

(2) 교자즈카고분(도 IX-15-1~2)

효고현兵庫縣 가고카와시加古川市 야마테山手 2쵸메 2丁目 가고카와加古川 좌측 구릉에 조영된 전방후원분으로 국가지정사적이다.. 히토즈카人塚와 니즈카尼塚 등으로 구성된 사이죠西条고분군 내에 위치한다. 1995년과 1996년 사적 정비에 동반하여 후원부의 매장시설 일부와 분구가 발굴조사 되었다.

분구는 3단 축성으로 길이 100m, 후원부 지름 68m, 높이 10m, 전방부 폭 55m, 높이 5.5m이다. 분구의 사면은 즙석葺石하였으며, 여러 겹의 하니와埴輪를 돌렸다. 매장주체는 후원부 분구 정상에 점토곽粘土槨 3기와 북동쪽 돌출부에 점토곽 1기가 있다. 외부시설은 즙석, 하니와열, 제사장, 주구周溝, 제堤가 갖추어져 있다.

후원부 분구 정상에는 기부鰭附원통형, 원통형, 가형家形, 갑주형甲冑形 하니와를 돌리고, 매장주체는 9.75×7m의 장방형 묘광내에 점토곽 3기가 확인되었다. 중앙곽과 서곽 사이의 북쪽에서 0.8×0.25m의 목상木箱으로 된 중앙부장고中央副葬庫내에서 금동제 용문대장식구 5점, 재갈䥯 3점, 철부 3점, 통형 청동제품 6점이 출토되었다. 서부장고는 1.5×0.35m의 크기의 목상으로 철복鐵鍑 4점, 철정鐵鋌 40점, 철도 6점, 철검 8점, 철모 1점, 철촉鐵鏃 9점, 물미형철제품 4점, 수겸手鎌 85점, 철초鐵鍬, 철서鐵鋤 6점, 철부 7점, 철겸 15점, 철착 7점, 철거鐵鋸 1점, 철추鐵錐 15점, 철도자 5점, 철상鐵床 1점, 파형동기巴形銅器 4점이

도 Ⅸ-15-1　효고현 교자즈카고분 전경

출토되었다.

　서쪽 돌출부의 제사장은 14.0m×9.0m의 방형으로 원통, 호壺·가형하니와가 돌려지고 그 내부에서 고배, 호壺 등의 하지키土師器, 토제품 등이 출토되었다. 여기에서 가형 하니와와 여러 공물供物를 모방한 토제품이 출토되어 당시 제사 내용을 어느 정도 알 수 있게 되었다.

　북동쪽 돌출부의 제사장은 12.5×8.5m의 규모로서 방형 하니와열과 점토곽묘광 5.3×2.6m, 점토곽 4.7×1.0m, 목관 4.3×0.6m가 검출되었으며 곡옥 2점과 방패盾, 화살통靫, 판갑板甲, 가형 하니와가 출토되었다. 북서쪽 돌출부의 제사유구는 11.5×9m의 규모로서 방형 하니와 열과 북쪽에 소성 수혈이 확인되었다. 원통형, 나팔형, 호형 하니와와 소호小壺가 출토되었다. 북동쪽 돌출부의 제사유구는 13.0m×7.4m의 규모이다. 그 외 서쪽 연결부에서 울타리형圍形 하니와, 동쪽 연결부에서 울타리형, 가형하니와, 제堤에서도 하니와 열이 확인되었다.

　이 고분 분구 정상부의 중앙 부장고에서 출토된 금동제 용문대장식구는 서진西晉에서 이입된 것이며, 그 외 원형, 장방판경판부비, 철정, 철복 철부, 철겸, 철상 등은 김해시 대성동고분과 양동리고분군에서 출토되는 것에서 금관가야산으로 볼 수 있다. 그래서 이 고분

544

출토 금동제 용문대장식구는 서진西晋에서 만들어진 것이나, 중국으로부터 직접 이입된 것으로는 볼 수 없고 금관가야를 매개로 하여 들어온 것으로 추정된다.

교자즈카고분의 축조시기는 매장된 부장품이 금관가야 전성기에 제작된 것으로 보아 4세기 말로 파악된다.

도 Ⅸ-15-2 효고현 교자즈카고분 출토유물

이 고분의 피장자는 김해지역에서 나타나는 철상과 철정, 다수의 철제농공구 그리고 파형동기가 상징하는바와 같이 세토나이카이瀬戶內海를 이용하여 금관가야와 교섭한 하리마播磨지역의 유력호족으로 파악된다. 이 고분이 조영된 하리마지역은 5세기 전반에도 이주민의 무덤으로 보이는 미야야마宮山고분 등이 조영되는 것으로 보아, 이후 한반도와의 교류 거점으로서의 역할을 담당한 것으로 볼 수 있다.

(3) 노나카고분(도 Ⅸ-16-1~2)

오사카부大阪府 후지이데라시藤井寺市 노나카野中 산쵸메3丁目 국가지정사적인 후루이치古市고분군 내에 위치한다. 전체 길이 225m의 대형 전방후원분인 하카야마墓山고분의 후원부 북측에 위치하는 점에서 이 고분의 배총陪塚로 추정되는 방분이다.

분구는 2단 축성이며 한 변이 28m, 높이 4m으로 주구周溝가 돌아간다. 즙석葺石이 확인되며 원통형, 양산, 충각부주衝角附冑, 차穀, 위형囲形 등의 하니와埴輪가 수립되었다. 또한, 분구 정상부에서 호, 대부호, 고배 등의 스에키須惠器, 호, 유개고배, 유공광구소호 등의

도 Ⅸ-16-1 오사카부 노나카고분 전경

도 IX-16-2   오사카부 노나카고분 출토유물

하지키土師器가 출토되었다.

매장주체부는 분구 정상부의 북서에서 남동으로 5기가 나란히 조영되었다. 북서쪽에서부터 제 1열로 호칭되었으며 조합식석관組合式木棺 또는 목궤木櫃로 추정된다. 철정鐵釘의 출토범위에서 규모가 판명된 제 1열 목궤는 길이 3.95m, 폭 0.42m, 제 2열 목관은 길이 3.1m, 폭 0.35m이다. 주朱의 흔적으로 볼 때 제 2열에서는 인체가 매장된 것으로 생각되나, 다른 4기는 모두 부장품 매납시설로 추정된다.

제 1열에서는 철지금동장 삼미철三尾鐵 3점, 혁결 충각부주衝角附冑 3점, 소찰정결미비부주小札釘結眉庇附冑 7점, 삼각판정결단갑三角板釘結板甲 4점, 횡장판정결판갑橫長板釘結板甲 3점, 삼각판혁결금부판갑三角板革結襟附板甲 3점, 견갑肩甲 7점, 경갑頸甲 7점, 철제 상갑裳甲 1점, 철도 8점, 철검 3점이 출토되었다.

제 2열에서는 벽옥제 관옥 2점, 소찰정결미비부주小札釘結眉庇附冑 1점, 삼각판정결단갑三角板釘結板甲 1점, 철촉이 8개 군에서 총 628점, 철도 1점, 도자 2점, 철사 사 12점, 한반도산 유대파수부호有臺把手附壺 4점, 한반도산 소형 개蓋 3점이 출토되었다.

제 3열에서는 금동제 금구金具편 12점, 철촉이 2개 군에서 총 96점, 사암제 저杵 1점, 사암제 구臼 1점이 출토되었다.

제 4열에서는 철도 약 145점, 철검 약 13점, 철모 3점, 철부 30점, 철정鐵鋌 18.5kg이 출토되었다.

제 5열에서는 철제 수겸手鎌 14점, 철촉 2점, 철사鐵鉇 6점, 축소모형철기 7점, 자돌구刺突具 2점, 철착 2점, 철초鐵鍬 11점 이상, U자형삽날鐵鋤 4점이 출토되었다.

더욱이 제 2열 판갑 상부의 교란토 중에서도 판갑, 견갑, 철초, 철서, 철겸, 수겸 및 축소모형철기, 철착, 철서, 철정鐵鋌 등의 파편과 함께 활석제 곡옥 1점, 활석제방추차紡錘車 1점, 토제방추차 2점, 활석제 부 1점, 활석제 겸 2점, 활석제 도자 81점이 출토되었다.

조영 시기는 한반도산 토기로 볼 때 5세기 전엽에서 중엽에 걸친 시기로 추정된다. 이 고분 출토 철정은 종래 가야지역산으로 파악되어왔으나, 양 단부가 비 직선적이고 좌우 비대칭인 점에서 신라형으로 본다. 이와 함께 관부가 발달한 철모, U자형삽날도 그 형태로 볼 때 신라형이다. 한반도산 유대파수부호는 그 형태로 볼 때 함안지역 또는 창녕지역산으로 판단된다. 개는 손잡이 형태가 창녕지역 출토품과 유사한 점에서 창녕지역산으로 본다.

이 고분 출토품은 다수의 신라산 철정, 철제품과 함께 창녕지역산 토기를 부장한 점에서 5세기 전반 비사벌과 왜의 교섭 하에 이입된 것으로 본다.

(4) 오타니고분(도 IX-17-1~2)

와카야마현和歌山縣 와카야마시和歌山市 오타니大谷에 위치하는 전방후원분으로 국가지정 사적이다. 이 고분은 기노카와紀の川 하류역 북안구릉에 입지하며 고분은 기노카와와 그 연변에 충적 평야를 조망할 수 있는 탁월한 입지에 조영되었다. 고분에서는 서쪽으로는 기 노카와 하구가 조망되고, 남쪽 300m 지점에는 한반도산 문물이 출토된 이와세센즈카岩橋 千塚고분군이 보인다. 그리고 바로 밑에는 5세기 중엽의 낙동강 중류역산 토기가 다수 출 토된 구스미楠見유적이 위치한다. 1957년, 1958년 교토대학 고고학연구실에 의해 발굴 조 사되었다.

이 고분은 이주미和泉산맥 남록의 구릉 끝을 이용하여 축조된 길이 67m의 전방후원분 으로, 전방부는 남서쪽으로 향하고 있다. 이 고분은 후원부 지름 30m, 전방부 폭 48m, 후 원부와 전방부 높이 6~8m이다. 후원부는 정원형이 아니고 약간 주축방향이 길다. 전방부 는 북서 모퉁이가 약간 돌출하고, 전방부 전면의 가장자리는 직선이 아니고 주축에서 약간 돌출한 검선상劍先狀를 띠고 있다. 후원부에는 중단을 의식한 경사가 완만한 부분이 띠모 양으로 돌아가고 있으나 전방부에서는 보이지 않는다.

남측 연결부에서는 동서 16m, 남북 7m의 테라스상의 평탄지가 있다. 이 평탄지는 암 반을 정형한 것으로 하니와埴輪 열은 보이지 않으나 제장祭場의 성격을 띤 것이다. 분구는 석관의 위치로 볼 때 후원부 분정부에는 약간의 성토가 이루어졌으나 대부분 암반을 가공 하여 조성하였다. 원통형 하니와 열은 후원부 가장자리에서 원호상으로 검출되었고 남쪽 연결부에서도 확인되었다.

매장주체부는 석곽을 동반하지 않는 조합식 석관으로, 나가모치형長持形석관과 가형석 관의 과도기적 단계의 것이다. 석관은 석재가 구마모토熊本산 아소응회암阿蘇凝灰岩고 큐슈 九州지역 석관에 보이는 환상승괘돌기環狀繩掛突起를 가진 것이 특징이다.

부장품으로는 마주馬冑 1점, 마갑馬甲 1점, 안금구 1점, 등자 4점, 금동제 경판비鏡板轡 1 점, 금동제 검릉형행엽 3점, 금동제 운주雲珠 2점, 십금구辻金具 4점, 교구鉸具 3점, 인면문 마령馬鈴 4점, 면계부금구面繫附金具 12점, 은제 사엽형금구四葉形金具 50여 점, 금동제 대장 식금구 7점, 소문경 13점, 벽옥제 관옥 18점, 유리제 곡옥 21점, 유리제 옥 1만 점이상, 활 석제 옥 230점, 철도 6점, 철검 2점, 철모 5점, 철촉, 철추鐵鍬 8점, 철겸 10여 점, 철부 15점, 도자 5점, 철착鐵鑿 18점, 충각부주衝角附冑 1점, 횡장판정결판갑橫長板釘結板甲 1점, 소찰小 札 다수 등이 출토되었다.

도 IX-17-1　와카야마현 오타니고분 전경

도 IX-17-2 와카야마현 오타니고분 출토유물

이 고분 출토품 중 가장 중요한 것은 고구려벽화 고분에 보이며 가야지역에서 다수가 출토된 마주이다. 이 마주는 대가야권인 합천군 옥전 28, M3호분 출토품과 유사한 형태이며 마구, 장신구와 함께 대가야에서 제작된 것으로 파악된다. 이와 함께 수식부이식, 금동제 대장식구, 금동제마구, 철모 등 대가야 문물이 조합을 이루며 부장되었다.

이 고분의 피장자는 대가야 왕권과 밀접한 관계를 가진 대 호족세력인 기씨紀氏의 일족으로 추정된다. 기씨세력은 이 고분의 석관이 수백km 떨어진 구마모토 남부에서 바다를 통하여 운반된 것에서 아리아케카이有明海연안의 호족과 연계한 것으로 파악된다.

출토품은 와카야마 시립박물관에 수장 전시되고 있다.

(5) 가모이나리야마고분(도 Ⅸ-18-1~2)

시가현滋賀縣 다카시마군高島郡 다카시마정高島町 가모鴨지역의 가모카와加茂川에 의해 형성된 충적대지에 입지한다. 이 고분은 1902년 부장품이 출토되었고, 1923년 교토대학 고고학연구실에 의해 조사되었다. 봉토는 유실되었지만 주구가 돌려져 있으며, 주구를 포함하는 길이는 60m이고, 주구를 제외한 분구는 길이 45m의 전방후원분이다.

매장주체부는 길이 10m, 폭 1.8m의 횡혈식석실이며 석실 안에 뚜껑 좌우 장변 사면에 각 2개의 승괘돌기繩掛突起를 지닌 오사카大阪남부의 니조산二上山산 백색응회암제白色凝灰岩製의 가형석관이 안치되었다.

부장품은 관 안에서 금제 수식부이식, 금동제 관, 금동제 쌍어패雙魚佩, 식리飾履 등의 금제, 금동제 장신구 외에 절자옥, 내행화문경內行花文鏡, 금동제 쌍용문환두대도, 녹각장대도鹿角裝大刀, 녹각장도자鹿角裝刀子, 철부 등이, 관 밖에서는 철지금동장 심엽형경판부비, 심엽형행엽心葉形杏葉, 안금구鞍金具, 운주雲珠, 마령馬鈴, 등자 등의 마구류 외에 고배, 호, 기대 등의 스에키須惠器가 출토되었다.

부장품 가운데 금제 수식부이식은 연결금구와 중간식에 백제적인 요소가 가미되었으나 사슬, 수식 등에 대가야적인 요소가 주류를 이루는 점에서 6세기 전엽 백제의 영향에 의해 고령지역에서 제작된 것으로 본다.

쌍용문환두대도는 환두내 용봉문 장식을 별주別鑄하여 부착한 점, 도금鍍金하지 않고 금장金張으로 장식한 점, 병두금구柄頭金具와 초구금구鞘口金具의 문양이 용문인 점, 환두環頭 내연內緣를 각목문刻目문로 장식한 점으로 볼 때 고령지역산으로 볼 수 있다. 경판부비, 심엽형행엽도 그 형식과 주연부의 호박씨 모양 장식 못으로 볼 때 대가야산으로 본다.

도 Ⅸ-18-1　시가현 가모이나리야마고분 전경

도 Ⅸ-18-2　시가현 가모이나리야마고분 출토유물

식리는 백제산, 쌍어패는 신라산으로 추정된다. 조영 시기는 환두대도, 마구로 볼 때 6세기 전엽으로 본다.

이 고분의 피장자는 출토유물과 고분의 위치로 볼 때 후쿠이현福井縣 와카사만若狹灣와 시가현비와호琵琶湖를 연결하는 다카시마지역을 거점으로 한반도와 기나이畿內지역을 중계한 호족세력으로 특히 계체繼體왕권과 관련된 유력수장으로 볼 수 있다.

출토품은 교토대학 박물관과 도쿄 국립박물관에 수장되어있다.

(6) 니혼마츠야마고분(도 Ⅸ-19-1~2)

호쿠리쿠北陸지방을 대표하는 후쿠이현 마츠오카정松岡町 마츠오카고분군 가운데 위치한다. 마츠오카고분군은 산정상부를 따라 조영되었는데 고분시대 전기에는 북쪽에서 전장 129m의 전방후원분인 데구리가죠야마手繰ヶ城山고분이 출현하고, 중기에는 길이 85m의 이시부네야마石船山고분, 길이 53m의 도리고에야마鳥越山고분이 열을 지어 축조된다. 마츠오카고분군의 대형 전방후원분은 고대 고시노쿠니越國를 지배한 대수장의 무덤이며 국가 지정사적으로 지정되었다.

이 고분군의 가장 높은 곳인 해발 273m의 지점에 위치한 길이 90m의 전방후원분인 니혼마츠야마고분에서는 후쿠이福井시내를 관류하는 구즈류카와九頭龍川와 동해東海의 웅대한 조망을 만끽할 수 있으며 어떻게 이 고분에 대가야의 관冠가 부장되었는가를 알 수 있게 해준다. 니혼마츠야마고분은 전방부의 서쪽은 경관을 의식하여 정연하게 쌓았으나 동쪽은 그렇지 않다. 고분의 후원부 동쪽 연결부에 접하여 지름 30m 전후의 배총이 위치한다. 니혼마츠야마고분은 에도江戶시대와 메이지明治기에 조사되었다. 후원부의 주형舟形석관에서 금동제 관, 은동제 관, 갑주甲冑, 경鏡, 옥 등이 출토되었다. 고분의 축조 시기는 출토된 유물로 볼 때 5세기 중엽으로 본다.

이 고분은 출토 두 점의 관은 액대식額帶式로 그 가운데 하나는 도은청동제鍍銀靑銅製로 U자형 입식立飾 위에 세 개의 보주형寶珠形 장식이 있다. 다른 하나는 금동제로 위쪽에 아래로 접어 넣은 장식이 있고 폭이 넓은 관대 중앙에 대형 역보주형 장식이 있는 것이다. 이 두 점의 관의 계통은 그 형태로 볼 때 고령군 지산동 32호분과 30호분 출토 대가야양식 금동관에서 구할 수 있다. 근래 같은 구릉에 위치하는 니혼마츠야마고분 직전에 조영된 도리고에야마고분에서도 대가야양식 기대를 모방한 토기와 대가야산 마구가 출토되어 대가야

도 Ⅸ-19-1　후쿠이현 니혼마츠야마고분 전경

도 Ⅸ-19-2　후쿠이현 니혼마츠야마고분 출토유물

와 이 지역 수장층과의 밀접한 교섭 관계가 다시 확인되었다. 이 고분에서는 북부 규슈계의 초기 횡혈식석실이 확인되어 주목된다.

이 고분의 피장자는 출토유물과 고분의 규모, 입지로 볼 때 동해를 통하여 대가야와 교류한 호쿠리쿠지방의 유력 수장이다.

출토품은 도쿄국립박물관에 수장 전시되고 있다.

(7) 사쿠라카오카고분(도 Ⅸ-20)

나가노현長野縣 마츠모토시松本市 아사마淺間의 사쿠라가오카 구릉의 돌출한 선단부에 위치한다. 경작에 의해 분구가 노출되어 금제 소환이식, 곡옥이 출토된 것으로 전한다. 1954년 철도, 철검, 갑주가 발견되었으며, 1955년 발굴조사 되었다.

분구는 지름 30m, 높이 6m의 원분이며, 매장주체부는 분정부의 동쪽에 치우쳐 조영된 수혈식석곽이다.

석곽은 주축을 동북-서남으로 한 세장방형으로 중간을 석렬로 구획하여 서남쪽을 주곽, 동북쪽을 부곽으로 하였다. 주곽은 파괴되었으나 길이 2.5, 폭 1.2m로 추정된다. 부곽

556

도 Ⅸ-20 나가노현 사쿠라카오카고분 전경과 출토유물

557

은 길이 1.85, 폭 0.6m, 높이 0.3m로 바닥이 주곽보다 10cm 높게 조성되었다. 부장품은 부곽에서 금동제 관 1점, 빗 1점, 곡옥 1점, 환옥 9점, 소옥 35점, 구옥 5점, 철검 1점이 출토되었다. 그 외 철모 1점, 철도 1점, 철검 4점, 충각부주衝角附冑 1점, 경갑頸甲 1점, 횡장판혁결판갑横長板革結板甲 1점은 파괴된 주곽에 부장되었던 것으로 추정된다. 고분의 조영 시기는 금동관과 판갑으로 볼 때 5세기 중엽에서 후반에 걸친 것으로 볼 수 있다.

이 고분 출토 관은 파상점렬문波狀点列文를 시문한 점과 중앙 돌기에 앵무새 부리형의 장식을 가진 점에서, 지산동 32호분 출토 관을 조형으로 제작된 것으로 본다. 사쿠라가오카고분은 단독으로 조영된 원분으로 소형분임에도 금동관을 소유하고 이 시기 일본열도에서 찾아보기 어려운 부곽을 갖춘 점에서 그 피장자는 대가야로부터의 이주민으로 본다.

출토품은 마쯔모토 시립고고박물관에 전시 수장되어있다.

(8) 간논야마고분(도 Ⅸ-21-1~2)

간논야마고분은 국가지정사적으로 군마현群馬縣 다카사키시高崎市 와타누키정綿貫町 아자칸논야마字観音山에 위치하는 전방후원분이다. 가라스카와烏川와 이노카와井野川의 합류점에서 이노카와를 2km 올라간 서안대지상에 입지한다.

이 고분은 방패 모양의 이중 주구를 돌린 거대한 전방후원분이다. 이 고분은 남쪽에는 5세기 후반부터 조영된 후겐지우라普賢寺裏고분, 후도야마不動山고분, 이와하나후타고야마岩鼻二子山고분이 있고 가장 나중에 축조된다.

간논야마고분은 군마현교육위원회에 의해 발굴 조사되었으며 국가사적으로 지정되었다. 분구는 2단축성으로 전방부를 북북서로 두고 있다. 길이 97.2m, 전방부 폭 63.9m, 높이 9.1m, 후원부 지름 61m, 높이 9.4m의 규모이며 후원부의 분정, 분구서측의 중단평탄면과 분정에서 인물 하니와埴輪 군과 기재器財 하니와 군이 발견되었다. 인물 하니와는 주로 석실 입구쪽 중단평탄면에 배치된다. 석실입구부에 성시구盛矢具, 삼인동녀童女, 무녀巫女, 악인楽人 등의 무리, 연결부에 귀인貴人, 무인武人 등의 인물군이 배열된다. 더욱이 전방부 측부에는 방패와 원통 하니와 열이 있고, 전방부의 양 모서리에는 말, 중앙에는 농부가 있다. 동측은 원통 하니와 열이 돌려지고, 전방부 분정에는 집, 후원부 분정에도 집, 기재, 계형鷄形 하니와가 있다. 후원부의 서측 분구중단에 상면床面를 둔 횡혈식석실의 전정부前庭部에는 매장의례와 관련된 사람들을 표현한 인물군상이 배치되었다.

인물 하니와에는 하나의 대좌위에 삼인의 무녀가 나란히 앉은 예와 치마를 입은 귀부

도 Ⅸ-21-1 군마현 간논야마고분 전경

도 Ⅸ-21-2 군마현 간논야마고분 출토유물

인의 정좌한 자세가 보이는데, 일본의 하니와 인물상 가운데에서도 희귀한 예로서, 하니와 제식이 가장 발달한 시기의 것이다.

주구는 방패형으로 2중으로 돌려졌다. 안쪽 주구는 깊이 1.5m, 폭 25m, 중제中堤폭 10m, 바깥쪽 주구는 폭 5m 정도이다. 주구의 용적과 분구 성토량은 거의 일치한다. 주구를 포함한 전체 길이는 157m, 폭 145m이다.

석실의 구축은 주구 굴삭토로 후원부 하단을 쌓고 그 정지면을 조성한 후 석실의 왼쪽에 경사 16° 정도의 경사면을 만들어 개석을 비롯한 석실 용재를 운반하여 쌓았다.

석실은 후원부에 구축되어 남서쪽으로 개구한다. 길이 12.6m, 현실은 폭 3.9m, 길이 8.2m, 높이 2.3m이다. 석실 동측벽이 대부분 붕괴하여 석실내로 밀러 들어가고 현실에 하나의 무게가 약 25톤이나 되는 개석이 떨어져 있었다. 이와 같은 석실의 붕괴가 후세의 도굴로부터 내부를 보호하는 역할을 하였으며, 완전히 도굴의 피해를 면하여 매장 당시의 모습을 그대로 보존하고 있었다.

560

측벽은 시이나산 후타츠다케二ツ岳의 분출에 의해 생성된 각섬석角閃石 안산암安山岩를 절석하여 쌓았다. 연도는 4.5m로 짧다. 후반을 각섬석 안산암으로, 전반은 강돌로 쌓았다. 현실 후반은 구획석과 백석으로 관좌棺座와 같이 마련하였다. 이 부분의 벽에는 철구鐵鉤를 박았는데 포布와 같은 유기질이 부착되어 있어 장막을 친 것으로 보인다.

부장품은 관좌 부분과 전실 측벽바닥에 연하여 그 종류에 따라 배치되어 있었다. 돌기부주突起附冑, 동제 수병水瓶, 금동제 영부대대鈴附大帶, 괘갑, 금은장金銀裝 대도大刀, 소도, 도자, 철모, 동지금장 소환이식, 은제 소환이식, 금제 중공환옥中空丸玉, 유리제 옥류, 금동제 반구형식금구半球形飾金具, 금동제 마구재갈, 안금구, 등자, 환령, 운주, 행엽, 보요부입주식운주步搖附立柱式雲珠, 스에키須恵器, 하지키土師器 등이 있다.

2면이 출토된 동경銅鏡가운데 한 면은 지름 23.3cm의 수대경獸帶鏡이다. 이 수대경은 백제·무령왕릉 출토품과 동범경同笵鏡인 것으로 판명되어 무령왕과 왜倭의 밀접한 관계를 보여주는 것이다.

동제수병은 높이 31.0cm의 유려한 형상을 한 것으로 호류사法隆寺의 백제관음이 손에 든 수병을 연상하게 한하며, 보주형의 손잡이가 붙은 개蓋가 부속된 완형품으로 도쿄 국립박물관 소장 긴키지역 출토품에 유례가 있다. 북제北齊 출토품과 유사하여 중국제로 보고 있다.

이 수병은 다른 중국제 유물이 보이지 않고 삼국의 유물이 대부분인 점에서 그 곳에서 직접 전래된 것으로 볼 수 없고, 이 시기 신라가 한강유역을 점유한 것으로 볼 때 신라를 경유하여 들어온 것으로 볼 수 있다.

이 고분은 석실 구조와 출토 유물로 볼 때 6세기 후반에 축조되었다. 돌기부주는 합천군 반계제 가A호분 관모주의 계통의 것으로 대가야에서 제작된 것이다.

금동제 보요부입주식운주, 심엽형행엽은 신라산이며 금동장 도자는 무령왕릉에서 출토예가 있는 것으로 백제산이다.

이 고분의 피장자는 고분의 규모와 6세기의 삼국의 공예기술을 집약한 부장품을 소유한 것에서 한반도와 밀접한 관계를 가진 가미츠케노上毛野 지방의 호족으로 본다.

고분은 1973년에 국가 사적으로 지정되고, 군마 현립역사박물관에 전시 수장되어 있는 석실내 출토품은 1982년 국가 중요문화재로 지정되었다.

사키타마고분군은 국가지정사적으로 5세기 후반~7세기 전반에 조영된 8기의 전방후원분과 1기의 대형원분을 중심으로 중소형의 방분과 원분이 조영된 대규모 고분군이다. 사이타마후도기노오카さきたま風土記の丘로서 공원으로 정비, 활용되어 왔다. 발굴 10여 년이 지난 후의 보존처리 중 이나리야마稻荷山고분 출토 철검에서 5세기 후엽에 새겨진 115자의 금상감명이 발견되어 일본열도를 놀라게 하였다.

이나리야마고분 출토 금상감명철검의 신해년辛亥年는 서력 471년 또는 531년설이 있으나 출토유물과 6세기 초에 분화한 하루나산의 화산재가 이 고분의 주구를 덮고 있는 것에서 471년이 확실하다. 그리고 와카타케루대왕獲加多支鹵大王는 왜왕 무武인 유라쿠雄略로 비정되고 있다.

이 고분은 길이 120m의 전방후원분으로 전방부가 소멸되었으나 근래 복원 정비되었다. 현재 금상감명철검이 출토된 후원부의 역곽礫槨는 매몰 보존하고 대신 복제된 것이 전시되고 있다. 이나리야마고분에서는 강돌로 목관을 감싼 역곽과 점토곽이 후원부에서 확인되었으며 후자는 도굴되어 유물이 출토되지 않았으나, 역곽에서는 금상감명철검 외에 금동제 대장식구, 마구, 화문대환상유신수경畵文帶環狀乳神獸鏡, 철검, 철촉, 철모, 곡옥, 은환 등이 출토되었다.

이 고분에서는 주구에서 TK23, 47형식의 스에키가 출토되어 그 연대를 금상감명철검의 신해년의 471년과 관련하여 알 수 있게 되었다. 이는 일본열도의 고분연구 뿐만 아니라 이 고분에 부장된 한반도산 마구와 일본열도산 스에키가 출토된 삼국시대 고분의 역연대 연구에도 귀중한 단서를 제공하였다.

이 고분의 철지금동장 f자형경판부비, 환상운주, 대장식구, 삼환령, 철모는 고령, 합천지역 출토품과 형태와 조합관계가 일치하여 대가야에서 이입된 것으로 본다. 더욱이 금상감명철검은 당시 왜에서는 상감 기술이 발달하지 못했기 때문에 이러한 문물과 함께 일본열도에 이주한 대가야의 공인이 제작하였을 가능성이 높다. 화문대환상유신수경은 왜왕권으로부터 금상감명철검과 함께 분여된 것이다.

이 고분군은 이나리야마고분의 조영을 계기로 형성된 점, 이 고분의 금상감명철검이 화문대환상유신수경과 함께 왜왕권으로부터 분여된 점에서 왜왕권이 이 지역의 호족세력을 지원하는 가운데 형성된 것으로 보인다.

도 Ⅸ-22-1 사이타마현 사키타마고분군 전경

도 Ⅳ-22-2 사이타마현 이나리야마고분 출토유물

도 Ⅸ-22-3　사이타마현 쇼군야마고분 전경

도 Ⅸ-22-4 사이타마현 쇼군야마고분 출토유물

이나리야마고분의 동쪽에 위치한 6세기 후반에 조영된 길이 90m 전방후원분인 쇼군야마將軍山고분은 신라로부터 이입된 마주馬冑, 동령銅鈴, 동완銅盌가 출토되었다. 금동제 삼엽형환두대도는 환두부와 병두금구에 용문을 시문하고 환두내 장식을 별주하여 삽입한 점에서 6세기 중엽의 대가야산 환두대도로 본다. 이 고분은 매장주체부인 횡혈식석실과 부장품을 복원 전시하고 있다. 이나리야마고분의 서쪽에 위치한 마루하카야마丸墓山고분은 지름 105m의 대형 원분이다.

이 고분군은 왜왕권과 함께 대가야·신라와 관계를 가진 무사시노쿠니武藏國의 호족에 의해 조영된 것으로 고대 한반도 문화를 찾아 볼 수 있는 유서 깊은 유적이다.

출토품은 사키타마 자료관과 토쿄 국립박물관에 수장 전시되고 있다. 고분군의 남쪽에 위치한 자료관에는 국보로 지정된 이나리야마고분 출토품과 쇼군야마고분 출토 신라산 마주가 전시되고 있다.

(10) 구와57호분(도 Ⅸ-23)

도치기현栃木縣 오야마시小山市 오아자키자와大字喜沢에 있는 가리비형 전방후원분이다. 1971~72년 2회에 걸쳐서 발굴조사가 실시되었다.

전체 길이 38.3m, 지름 31.4m, 높이 4.7m, 전방부 폭 14m, 길이 3.5m이다. 분구에는 하니와埴輪가 둘러져졌으며 즙석葺石가 있다. 매장주체는 목관묘이다.

부장품은 매장주체부에서 금동제 관 1점, 철모 1점, 방격규거사신경方格規矩四神鏡 1면, 변형용호경變形龍虎鏡 1면, 불명경不明鏡 1면, 사행검蛇行劍 1점, 철도 2점, 철검 2점, 녹각장도자鹿角裝刀子 4점, 녹각장추鹿角裝錐 1점, 녹각장사鹿角裝鉇 2점, 청동제 령鈴 8점, 은환銀環) 2점, 유리제 소옥, 활석제 소옥, 관옥 등이, 또한 매장주체부 아래 1.3m 지점에서는 철모 1점, 철도 1점, 철검 1점이 출토되었다.

목관내에서 출토된 치아에 의하면 피장자는 여성으로 추정된다.

조영 시기는 출토된 금동관으로 볼 때 5세기 후엽으로 본다. 금동관은 반원형입식이 없으나 액대에서 직접 3개의 입식을 세우고 전방부만을 장식한 점에서 고령군 지산동 30호분과 32호분 출토 관과 같은 계통이다. 출토품은 오야마 시립박물관에 전시되어 있다.

도 IX-23　도치기현 구와 57호분과 출토유물

加耶

X

가야사 ^{加耶史}

문헌 목록 ^{文獻} ^{目錄}

I. 발굴조사 보고서와 도록

__ 한국(발굴조사 보고서)

1. 경상북도

1) 고령군

(1) 연조리왕궁지

朝鮮總督府, 1916,『朝鮮古蹟圖譜三』, 京城, 朝鮮總督府.

박천수·박경예·이인숙·정주희, 2006,『傳大加耶宮城址』, (慶北大學校博物館學術叢書34), 大邱, 慶北
　　　　　大學校博物館.

(2) 주산성

金誠龜·金弘柱·金圭東·楊夏錫, 1996,『主山城地表調査報告書』, (國立大邱博物館學術調査報告　第1
　　　　　册), 大邱, 國立大邱博物館·高靈郡.

大東文化財研究院, 2014,『高靈主山城Ⅰ』, (大東文化財研究院學術調査報告　第64輯), 大邱, 大東文化財
　　　　　研究院.

大東文化財研究院, 2017,『高靈主山城Ⅱ』, (大東文化財研究院學術調査報告　第87輯), 大邱, 大東文化
　　　　　財研究院.

(3) 지산동고분군

朝鮮總督府, 1916,『朝鮮古蹟圖譜三』, 京城, 朝鮮總督府.

今西龍, 1920,「慶尙北道善山郡·達城郡·高靈郡·星州郡·金泉郡, 慶尙南道咸安郡·昌寧郡調査報告」,
　　　　　『大正六年度古蹟調査報告』, 京城, 朝鮮總督府.

浜田耕作·梅原末治, 1922,「慶尙北道星州郡·高靈郡, 慶尙南道昌寧郡古蹟調査報告」,『大正七年度古
　　　　　蹟調査報告』, 京城, 朝鮮總督府.

尹容鎭·金鍾徹, 1979,『大伽耶古墳發掘調査報告書』, 高靈, 高靈郡.

金鍾徹, 1981,『高靈池山洞古墳群32~35號墳·周邊石槨墓』, (啓明大學校博物館遺蹟調査報告　第1輯),

大邱, 啓明大學校博物館.

嶺南埋藏文化財研究院, 1998,『高靈池山洞30號墳』, (嶺南埋藏文化財研究院學術調査報告 第13册), 大邱, 社團法人嶺南埋藏文化財研究院·高靈郡.

慶尙北道文化財研究院, 2000,『大伽耶歷史館新築敷地內高靈池山洞古墳群』, (學術調査報告 第6册), 慶山, 慶尙北道文化財研究院·高靈郡.

嶺南埋藏文化財研究院, 2000,『大伽耶歷史館新築敷地內-高靈池山洞古墳群-』, 大邱, 高靈郡.

有光敎一·藤井和夫, 2002,『朝鮮古蹟硏究會遺稿Ⅱ公州宋山里第29號墳·高靈主山第39號墳發掘調査報告1933, 1939』, 東京, ユネスコ東アジア文化硏究センター·財團法人東洋文庫.

有光敎一·藤井和夫, 2003,「附篇 高靈 主山第39號墳發掘調査槪報」,『朝鮮古蹟硏究會遺稿Ⅱ公州宋山里第29號墳·高靈主山第39號墳發掘調査報告1933, 1939』, 東京, 유네스코東아시아문화연구센터·財團法人東洋文庫.

嶺南埋藏文化財研究院, 2006,『高靈池山洞古墳群Ⅰ』, (嶺南埋藏文化財研究院學術調査報告 第70册), 大邱, 財團法人嶺南埋藏文化財研究院·高靈郡.

嶺南埋藏文化財研究院, 2006,『高靈池山洞古墳群Ⅱ』, (嶺南埋藏文化財研究院學術調査報告 第108册), 大邱, 財團法人嶺南埋藏文化財研究院·高靈郡.

嶺南埋藏文化財研究院, 2006,『高靈池山洞古墳群Ⅲ』, (嶺南埋藏文化財研究院學術調査報告 第109册), 大邱, 財團法人嶺南埋藏文化財研究院··.

嶺南埋藏文化財研究院, 2006,『高靈池山洞古墳群Ⅳ』, (嶺南埋藏文化財研究院學術調査報告 第110册), 大邱, 財團法人嶺南埋藏文化財研究院·高靈郡.

嶺南埋藏文化財研究院, 2006,『高靈池山洞古墳群Ⅴ』, (嶺南埋藏文化財研究院學術調査報告 第111册), 大邱, 財團法人嶺南埋藏文化財研究院·高靈郡.

嶺南埋藏文化財研究院, 2006,『高靈池山洞古墳群Ⅵ』, (嶺南埋藏文化財研究院學術調査報告 第112册), 大邱, 財團法人嶺南埋藏文化財研究院·高靈郡.

慶尙北道文化財研究院, 2007,『高靈 池山洞遺蹟』, (學術調査研究 第70册), 大邱, 慶尙北道文化財研究院.

朴天秀(外), 2009,『高靈池山洞44號墳-大伽耶王陵-』, (慶北大學校博物館學術叢書37·考古人類學科考古學叢書1), 大邱, 慶北大學校博物館·考古人類學科.

大東文化財研究院, 2012,『고령 지산동고분군 종합정비계획을 위한 정밀지표조사 결과보고서』, 大邱, 大東文化財研究院.

曹永鉉, 2012,『高靈 池山洞 第73~75號墳』, (大東文化財研究院學術調査報告 第36輯), 大邱, 大東文化財研究院.

국립가야문화재연구소, 2016, 『고령지산동고분군-518호분 발굴조사보고서-』, (學術研究叢書 第68 輯), 昌原, 국립가야문화재연구소.

(4) 고아동고분군

金英夏·尹容鎭, 1966, 『仁同·不老洞, 高靈古衙古墳發掘調査報告』, (慶北大學校博物館叢刊第2冊), 大邱, 慶北大學校博物館.

金元龍·金正基, 1967, 「高靈壁畵古墳調査報告」, 『韓國考古』2, 서울, 서울大學校文理大學考古人類學科.

金世基·曹永鉉·金秉柱, 1985, 『高靈古衙洞壁畵古墳實測調査報告』, (啓明大學校博物館遺蹟調査報告 第2輯), 大邱, 啓明大學校出版部.

(5) 본관동고분군

金鍾徹·金世基·曹永鉉·金秉柱(外), 1995, 『高靈本館洞古墳群第34·35·36號墳 및 石槨墓群』, (啓明 大學校博物館遺蹟調査報告 第4輯), 大邱, 啓明大學校博物館.

(6) 송림리토기·전요지

박승규·박상은·김성태, 2014, 『高靈 松林里 大加耶 土器가마 시굴조사 보고서』, (嶺南埋藏文化財研 究院學術調査報告 第219冊), 漆谷, 財團法人嶺南埋藏文化財研究院.

박영협·최규진, 2017, 『高靈 松林里 大加耶 土器가마 遺蹟』, (嶺南埋藏文化財研究院學術調査報告 第 233冊), 漆谷, 財團法人嶺南埋藏文化財研究院.

(7) 여타유적

李殷昌, 1982, 「新羅伽耶土器窯址」, 『曉星女子大學博物館學術調査報告』1, 하양, 曉星女子大學校博物館.

嶺南埋藏文化財研究院, 1996, 『高靈快賓洞古墳群』, (嶺南埋藏文化財研究院學術調査報告 第3冊), 大邱, 社團法人嶺南埋藏文化財研究院.

嶺南文化財研究院, 2002, 『高靈桃津里古墳群』, (嶺南文化財研究院學術調査報告 第45冊), 大邱, 嶺南文化財研究院.

2) 성주

신영애·소동영·정은정·이은정, 2008, 『성주 가암리 유적』, (慶尙北道文化財研究院學術調査報告 第 103冊), 慶山, 慶尙北道文化財研究院.

2. 경상남도

1) 김해시

(1) 봉황토성

梅原末治·濱田耕作, 1923, 『金海貝塚發掘調査報告』, (大正九年度古蹟調査報告 第1冊), 京城, 朝鮮總督府.

徐姈南(外), 1998, 『金海鳳凰臺遺蹟』, (釜山大學校博物館硏究叢書 第23輯), 釜山, 釜山大學校博物館.

林志暎·宋槇植·千羨幸, 2002, 『金海會峴里貝塚-轉寫를 위한 試掘調査報告書-』, (釜山大學校人文大學考古學科學術叢書 第1輯), 釜山, 釜山大學校人文大學考古學科.

심재용·박진현, 2004, 『金海 會峴洞 消防道路 區間 內 遺蹟 13·14·15통』, (調査硏究報告書 第10冊), 昌原, 慶南發展硏究院 歷史文化센터.

김한상·홍성우·정태진, 2005, 『金海 鳳凰洞 遺蹟-金海 韓屋生活體驗館 造成敷地 內 遺蹟 發掘調査 報告書』, (慶南考古學硏究所 遺蹟發掘調査 報告書 第2冊, 晋州, 慶南考古學硏究所.

최종규·김현·김혜진, 2005, 『鳳凰土城-김해회현동사무소-분성로간 소방도로 개설구간 발굴조사 보고서-』, 晋州, 慶南考古學硏究所.

이창희, 2006, 『傳金官伽倻宮墟址: 시굴조사 보고서』, (釜山大學校博物館硏究叢書 第32輯), 釜山, 釜山大學校博物館.

김갑진·김병표·이유진, 2014, 『김해 봉황동유적』, (東洋文物硏究院調査硏究報告 第16輯), 釜山, 東洋文物硏究院.

頭流文化硏究院, 2016, 『김해 부곡동·봉황토성』, (發掘調査報告書 第15·16輯), 金海, 頭流文化硏究院.

(2) 양동리고분군

林孝澤·郭東哲, 2000, 『金海良洞里古墳文化』, (東義大學校博物館學術叢書 7), 釜山, 東義大學校博物館.

林孝澤·郭東哲, 2008, 『金海 良洞里古墳群I』, (東義大學校博物館學術叢書 14), 釜山, 東義大學校博物館.

東義大學校博物館, 2017, 『金海良洞里古墳群Ⅱ』, (東義大學校博物館學術叢書 18), 釜山, 東義大學校博物館.

(3) 대성동고분군

申敬澈·金宰佑, 2000, 『金海大成洞古墳群I』, (慶星大學校博物館硏究叢書 第4輯), 釜山, 慶星大學校博物館.

申敬澈·金宰佑, 2000, 『金海大成洞古墳群Ⅱ-13·18·29호분-』, (慶星大學校博物館硏究叢書 第7輯),

釜山, 慶星大學校博物館.

申敬澈·金宰佑, 2000, 『金海大成洞古墳群-槪報-』, (慶星大學校博物館研究叢書 第4輯), 釜山, 慶星大學校博物館.

申敬澈·金宰佑·沈載龍·李映周, 2000, 『金海龜旨路墳墓群』, (慶星大學校博物館研究叢書 第3輯), 釜山, 慶星大學校博物館.

申敬澈·金宰佑·沈載龍·李映周, 2000, 『金海大成洞古墳群周邊地域試掘調査』, (慶星大學校博物館研究叢書 第5輯), 釜山, 金海市·慶星大學校博物館.

申敬澈·金宰佑·李在勳·河志鎬·權貴香, 2003, 『金海大成洞古墳群Ⅲ-展示館敷地의 發掘調査 및 47·52號墳-』, (慶星大學校博物館研究叢書 第10輯), 釜山, 慶星大學校博物館.

申敬澈·金宰佑, 2010, 『金海大成洞古墳群Ⅳ-1~3號墳-』, (慶星大學校博物館研究叢書 第14輯), 釜山, 慶星大學校博物館.

大成洞古墳博物館, 2011, 『金海 大成洞古墳群-68~72號墳-』, (博物館學術叢書 第10冊), 金海, 大成洞古墳博物館.

大成洞古墳博物館, 2013, 『金海 大成洞古墳群-73~84號墳-』, (博物館學術叢書 第13冊), 金海, 大成洞古墳博物館.

大成洞古墳博物館, 2015, 『金海 大成洞古墳群-70號墳主槨·95號墳-』, (博物館學術叢書 第16冊), 金海, 大成洞古墳博物館.

大成洞古墳博物館, 2015, 『金海 大成洞古墳群-85~91號墳-』, (博物館學術叢書 第15冊), 金海, 大成洞古墳博物館.

大成洞古墳博物館, 2016, 『金海 大成洞古墳群-92~94號墳, 支石墓-』, (博物館學術叢書 第17冊), 金海, 大成洞古墳博物館.

(4) 대성동유적

李尙律·李昶熺·金一圭, 1998, 『金海大成洞燒成遺蹟』, (釜慶大學校博物館遺蹟調査報告 第3輯), 釜山, 釜慶大學校博物館.

慶南考古學研究所, 2006, 『金海 大成洞遺蹟 -가야의 숲 조성공사 부지내 시굴조사 및 동편지구 발굴조사 보고서』, 慶南考古學研究所 遺蹟發掘調査報告書.

東亞細亞文化財研究院, 2006, 『金海 伽耶의 숲 助成敷地內 金海 戊溪里 共同住宅 建設敷地內 遺蹟 發掘調査報告書』, (財)東亞細亞文化財研究院 發掘調査報告書 第8輯.

慶南文化財研究院, 2013, 『김해 대성동유적』, (學術調査研究叢書 第104輯).

(5) 구지로고분군

申敬澈·金宰佑·沈載龍·李映周, 2000, 『金海龜旨路墳墓群』, (慶星大學校博物館研究叢書 第3輯), 釜
山, 慶星大學校博物館.

(6) 예안리고분군

鄭澄元(外), 1985, 『金海禮安里古墳群I』, (釜山大學校博物館遺蹟調査報告 第8輯), 釜山, 釜山大學校
博物館.

鄭澄元(外), 1993, 『金海禮安里古墳群II』, (釜山大學校博物館遺蹟調査報告 第15輯), 釜山, 釜山大學
校博物館.

(7) 죽곡리고분군

辛勇旻(外), 2010, 『金海竹谷里遺蹟I』, (東亞細亞文化財研究院發掘調査報告書 第36輯), 馬山, 東亞細
亞文化財研究院.

(8) 망덕리고분군

東西文物研究院, 2015, 『金海 望德里古墳群I-IV』, (東西文物研究院調査研究報告 第84冊), 東西文物
研究院.

(9) 관동리고분군

三江文化財研究院, 2009, 『金海 官洞里 三國時代 津址』, 三江文化財研究所 遺蹟發掘調査報告書.

(10) 여래리유적

우리문화재연구원, 2009, 『金海 餘來里遺蹟』, (學術調査研究叢書17冊), 昌原, 우리문화재연구원.

韓國文化財保護財團, 2014, 『金海 本山里·餘來里 遺蹟I-III』(學術調査報告 第274冊)서울, 韓國文化
財保護財團.

(11) 구산동고분

李源鈞·李尙律, 2000, 『金海龜山洞古墳』, (釜慶大學校博物館研究叢書 第5輯), 釜山, 釜慶大學校博物館.

(12) 칠산동고분군

申敬澈·李相憲·李海蓮·金宰佑, 1989, 『金海七山洞古墳群Ⅰ-第Ⅲ地區의 發掘調査-』, (慶星大學校博物館遺蹟調査報告 第1輯), 釜山, 慶星大學校博物館.

(13) 부원동유적

東亞大學校博物館, 1981, 『金海府院洞遺蹟』, (古蹟調査報告 第五册), 釜山, 東亞大學校博物館.

(14) 나전리유적

東西文物研究院, 2009, 『金海 羅田里土壘: 김해 나전리 토취장 사업부지내 유적』, (東西文物研究院調査研究報告書 第52册), 金海, 東西文物研究院.

(15) 여타유적

李源鈞·李尙律, 2000, 『金海龜山龜洞古墳』, (釜慶大學校博物館研究叢書 第5輯), 釜山, 釜慶大學校博物館.

김재우·이영주·전성남·박소은, 2001, 『金海윗德亭遺蹟Ⅰ』, (慶星大學校博物館遺蹟調査報告 第8輯), 釜山, 慶星大學校博物館.

全虎兒·金榮眠·金賢哲, 2001, 『金海陵洞遺蹟Ⅰ-木槨墓』, (蔚山大學校博物館學術研究叢書 第8輯), 蔚山, 蔚山大學校博物館·韓國土地公社.

김영대·현희정·이유진, 2006, 『金海 安養里 古墳群-2~5호분 시굴조사 및 6~7호분 발굴조사-』, (學術調査研究叢書 第33輯), 馬山, 慶南文化財研究院.

조명래·이주성·이상용·김지연, 2011, 『金海 荷溪里 製鐵遺蹟』, (東亞細亞文化財研究院發掘調査報告書 第54輯), 昌原, 東亞細亞文化財研究院.

全虎兒·金榮眠(外), 2012, 『金海陵洞遺蹟Ⅱ-石槨墓』, (蔚山大學校博物館學術研究叢書 第17輯), 蔚山, 蔚山大學校博物館.

慶南文化財研究院, 2013, 『김해 우계리유적 -본문·도면-』, (學術調査研究叢書 第102輯), 馬山, 慶南文化財研究院.

두류문화연구원, 2015, 『신기산성』, (발굴조사보고서 제9집), 김해, 두류문화연구원.

강산문화연구원, 2017, 『김해 퇴래리 소업Ⅰ유적』, (강산문화연구원 유적조사보고 제4책), 김해, 강산문화연구원.

강산문화연구원, 2017, 『김해 퇴래리 소업Ⅱ유적』, (강산문화연구원유적조사보고 제5책), 김해, 강산

문화연구원.

2) 부산시

(1) 복천동고분군

金東鎬, 1971,『東萊福泉洞第1號古墳發掘調査報告』, (1970年度古蹟調査報告), 釜山, 東亞大學校博物館.

鄭澄元·申敬澈, 1982,『東萊福泉洞古墳群Ⅰ』, 釜山, 釜山大學校博物館.

釜山大學校博物館, 1989,『東萊福泉洞第2次調査槪報』, 釜山, 釜山大學校博物館.

鄭澄元(外), 1990,『東萊福泉洞古墳群Ⅱ』, (釜山大學校博物館遺蹟調査報告 第14輯), 釜山, 釜山大學
　　　校博物館.

宋桂鉉·河仁秀·洪潽植·李賢珠, 1992,『東萊福泉洞53號墳』, (釜山直轄市立博物館遺蹟調査報告書 第
　　　6冊), 釜山, 釜山直轄市立博物館.

鄭澄元·李在賢·全玉年·林志英·董鎭淑, 1996,『東萊福泉洞古墳群Ⅲ』, (釜山大學校博物館遺蹟調査報
　　　告 第19輯), 釜山, 釜山大學校博物館.

鄭澄元·李在賢·全玉年·林志英·董鎭淑, 1996,『東萊福泉洞古墳群Ⅲ』, (釜山大學校博物館遺蹟調査報
　　　告 第19輯), 釜山, 釜山大學校博物館.

宋桂鉉·李海蓮, 1997,『東萊福泉洞古墳群-第5次發掘調査99~109號墓-』, (釜山直轄市立博物館遺蹟
　　　調査報告書 第12冊), 釜山, 釜山直轄市立博物館.

洪潽植, 1997,『東萊福泉洞93·95號墳』, (釜山廣域市立博物館福泉分館研究叢書 第3冊), 釜山, 釜山廣
　　　域市立博物館福泉分館.

宋桂鉉·洪潽植·金恩瑩, 1999,『東萊福泉洞古墳群-第6次發掘調査141~153號·朝鮮時代遺構-』, (釜山
　　　廣域市博物館福泉分館研究叢書 第7冊), 釜山, 釜山廣域市博物館福泉分館.

福泉博物館, 2001,『東萊福泉洞古墳群-52·54號-』, 釜山, 福泉博物館.

禹順姬·金枝秀, 2001,『東萊福泉洞鶴巢臺古墳』, 釜山, 釜山大學校博物館.

李賢珠, 2004,『福泉洞古墳群東便整備地域試掘調査報告』, (福泉博物館學術研究叢書 第18冊), 釜山,
　　　福泉博物館.

박현숙, 2004,『東萊壽安洞231~2番地遺蹟』, (福泉博物館學術研究叢書 第19冊), 釜山, 福泉博物館.

河炳嚴, 2004,『福泉洞古墳群第7次調査報告』, (福泉博物館學術研究叢書 第17冊), 釜山, 福泉博物館.

福泉博物館, 2008,『東萊福泉洞古墳群-第8次發掘調査160~166號-』, (福泉博物館學術研究叢書 第27
　　　冊), 釜山, 福泉博物館.

福泉博物館, 2010,『東萊福泉洞古墳群-第5次發掘調査38號墳-』, (福泉博物館學術研究叢書 第35冊),

釜山, 福泉博物館.

福泉博物館, 2010,『東萊福泉洞古墳群-第8次發掘調査167~174號-』, (福泉博物館學術研究叢書 第33
册), 釜山, 福泉博物館.

申敬澈(外), 2012,『東萊福泉洞古墳群Ⅳ-35·36號墳-』, (釜山大學校博物館遺蹟調査報告 第37輯), 釜
山, 釜山大學校博物館.

金斗喆(外), 2013,『東萊福泉洞古墳群Ⅴ-19·20, 25·26, 31·32號墳-』, (釜山大學校博物館遺蹟調査
報告 第38輯), 釜山, 釜山大學校博物館.

金斗喆(外), 2013,『東萊福泉洞古墳群Ⅵ-2·27, 8·9, 14·24號墳』, (釜山大學校博物館遺蹟調査報告
第39輯), 釜山, 釜山大學校博物館.

金斗喆(外), 2016,『東萊福泉洞古墳群Ⅷ-4·7·12·13, 30號墳』, (釜山大學校博物館遺蹟調査報告 第42
輯), 釜山, 釜山大學校博物館.

(2) 연산동고분군

安春培, 1989,「釜山蓮山洞4號墳 發掘調査報告」,『釜山女大史學』第6·7合輯, 釜山, 釜山女大史學會.

釜山博物館, 2012,『蓮山洞古墳群 -고총고분 기초 조사-』, (釜山博物館學術研究叢書 第34輯), 釜山,
釜山博物館.

釜山博物館, 2012,『蓮山洞古墳群 -연제체육공원 조성부지 조사-』, (釜山博物館學術研究叢書 第34
輯), 釜山, 釜山博物館.

釜山博物館, 2014,『蓮山洞 M3號墳 -연산동 고총고분군 2차 조사-』, (釜山博物館學術研究叢書 第41
輯), 釜山, 釜山博物館.

釜山博物館, 2014,『蓮山洞 M7·M10號墳 -연산동 고총고분군 3차 조사-』, (釜山博物館學術研究叢書
第44輯), 釜山, 釜山博物館.

釜山博物館, 2014,『蓮山洞 M8號墳 -1987년도 조사-』, (釜山博物館學術研究叢書 第45輯), 釜山, 釜
山博物館.

(3) 청강리유적

釜山廣域市立博物館, 1998,『機張清江里古墳群』, 釜山, 釜山廣域市立博物館.

福泉博物館, 2009,『機張 清江里遺蹟』, (福泉博物館學術研究叢書 第29册), 釜山, 泉博物館.

慶南文化財研究院, 2011,『기장 청강·대라리 유적(Ⅱ-Ⅳ지구)』, (學術調査研究叢書 第95輯), 馬山, 慶
南文化財研究院.

(4) 가동유적

蔚山大學校博物館, 2008, 『機張 佳洞遺蹟 I 』, (蔚山大學校博物館學術研究叢書 製15輯), 蔚山, 蔚山大
　　　　學校博物館.

蔚山大學校博物館, 2009, 『機張 佳洞遺蹟 II 』, (蔚山大學校博物館學術研究叢書 製16輯), 蔚山, 蔚山大
　　　　學校博物館.

釜慶文物研究院, 2014, 『機張 佳洞 古墳群(上) -본문·도면-』, (古蹟調査報告 第10輯), 釜山, 釜慶文物
　　　　研究院.

釜慶文物研究院, 2014, 『機張 佳洞 古墳群(中) -본문·도면·III지구·부록-』, (古蹟調査報告 第10輯),
　　　　釜山, 釜慶文物研究院.

釜慶文物研究院, 2014, 『機張 佳洞 古墳群(下) -사진-』, (古蹟調査報告 第10輯), 釜山, 釜慶文物研究院.

(5) 동백리유적

慶南文化財研究院, 2014, 『기장 동백리유적-본문·부록-』, (學術調査研究叢書 第107輯), 馬山, 慶南文
　　　　化財研究院.

(6) 오륜대고분군

釜山大學校博物館, 1973, 『五倫臺古墳群發掘報告書』, 釜山, 釜山大學校博物館.

釜山廣域市立博物館, 1999, 『釜山五倫臺遺蹟』, (釜山廣域市立博物館研究叢書 第8冊), 釜山, 釜山廣域
　　　　市立博物館.

(7) 가달고분군

宋桂鉉·洪潽植, 1993, 『生谷洞加達古墳群 I 』, (釜山直轄市立博物館遺蹟調査報告書 第8冊), 釜山, 釜山
　　　　直轄市立博物館.

釜山直轄市立博物館, 2001, 『生谷洞加達古墳群 II 』, (釜山直轄市立博物館遺蹟調査報告書 第20冊), 釜
　　　　山, 釜山直轄市立博物館.

東洋文物研究院, 2014, 『부산 생곡동 가달고분군』, (調査研究報告 第18輯), 釜山, 東洋文物研究院.

(8) 미음동고분군

한겨레문화재연구원, 2013, 『釜山 美音洞 1180番地 遺蹟』, (학술조사보고서제 19책), 蔚山, 한겨레문
　　　　화재연구원.

(9) 구랑동고분군

釜山博物館, 2013, 『九朗洞古墳群』, (釜山博物館學術研究叢書 第37輯), 釜山, 釜山博物館.

(10) 여타유적

韓炳三·李健茂, 1976, 『朝島貝塚』, (國立博物館古蹟調査報告 第9冊), 서울, 國立中央博物館.

金廷鶴·鄭澄元, 1979, 『釜山華明洞古墳群』, (釜山大學校博物館遺蹟調査報告2), 釜山大學校博物館.

尹炳鏞·林孝澤·沈奉謹, 1983, 『釜山德川洞古墳』, (釜山直轄市立博物館遺蹟調査報告書 第1冊), 釜山, 釜山直轄市立博物館.

尹炳鏞, 1985, 『釜山老圃洞古墳』, (釜山直轄市立博物館遺蹟調査報告書 第2冊), 釜山, 釜山直轄市立博物館.

尹炳鏞·宋桂鉉, 1988, 『釜山老圃洞遺蹟Ⅱ』, (釜山直轄市立博物館遺蹟調査報告書 第3冊), 釜山, 釜山直轄市立博物館.

鄭澄元·安在皓(外), 1988, 『釜山老圃洞遺蹟』, (釜山大學校博物館遺蹟調査報告 第12輯), 釜山, 釜山大學校博物館.

宋桂鉉·河仁秀, 1990, 『東萊福泉洞萊城遺蹟』, (釜山直轄市立博物館遺蹟調査報告書 第5冊), 釜山, 釜山直轄市立博物館.

洪潽植, 1997, 『釜山의 三韓時代遺蹟과 遺物Ⅰ-東萊貝塚-』, (釜山廣域市立博物館福泉分館研究叢書 第2冊), 釜山, 釜山廣域市立博物館福泉分館.

洪潽植, 1998, 『釜山의 三韓時代遺蹟과 遺物Ⅱ』, (釜山廣域市博物館福泉分館研究叢書 第4冊), 釜山, 釜山廣域市博物館福泉分館.

宋桂鉉·董鎭淑, 1999, 『釜山의 三國時代遺蹟과 遺構』, (釜山廣域市博物館福泉分館研究叢書 第6冊), 釜山, 釜山廣域市博物館福泉分館.

3) 함안군

(1) 가야리왕궁지

우리문화재연구원, 2010, 『咸安 伽倻里 堤防遺蹟』, (學術調査研究叢書24冊), 昌原, 우리문화재연구원.

慶南發展研究院歷史文化센터, 2017, 『咸安 伽倻里 133~8번지 소규모발굴조사』, 昌原, 慶南發展研究院歷史文化센터.

(2) 말이산고분군

今西龍, 1920, 「慶尙北道善山郡·達城郡·高靈郡·星州郡·金泉郡, 慶尙南道咸安郡·昌寧郡調査報告」, 『大正六年度古蹟調査報告』, 京城. 朝鮮總督府.

秋淵植, 1987, 「咸安道項里伽耶古墳群發掘調査豫報」, 『嶺南考古學』3, 釜山, 嶺南考古學會.

昌原文化財研究所, 1996, 『咸安岩刻畵古墳』, (學術調査報告 第3輯), 昌原, 國立昌原文化財研究所.

李柱憲, 1997, 『咸安道項里古墳群Ⅰ』, (學術調査報告 第4輯), 昌原, 國立昌原文化財研究所.

李柱憲, 1999, 『咸安道項里古墳群Ⅱ』, (學術調査報告 第7輯), 昌原, 國立昌原文化財研究所.

慶南考古學研究所, 2000, 『道項里末山里遺蹟』, 晋州, 慶南考古學研究所.

李柱憲, 2000, 『咸安道項里古墳群Ⅲ』, (學術調査報告 第8輯), 昌原, 國立昌原文化財研究所.

李柱憲, 2001, 『咸安道項里古墳群Ⅳ』, (學術調査報告 第13輯), 昌原, 國立昌原文化財研究所.

池炳穆·李柱憲, 2002, 『咸安馬甲塚』, (學術調査報告 第15輯), 昌原, 國立昌原文化財研究所·咸安郡.

慶南發展研究院歷史文化센터, 2004, 『함안말산리 451~1번지유적, 함안말산리 101~2번지유적』, (慶南發展研究院歷史文化센터調査研究報告書 第14冊), 慶南發展研究院 歷史文化센터.

李柱憲, 2004, 『咸安道項里古墳群Ⅴ』, (學術調査報告 第26輯), 昌原, 國立昌原文化財研究所.

辛勇旻(外), 2008, 『咸安道項里6號墳』, (東亞細亞文化財研究院發掘調査報告書 第22輯), 馬山, 東亞細亞文化財研究院.

慶尙文化財研究院, 2011, 『咸安 道項里 古墳群-도항리 428~1번지 일원-』, (發掘調査調査報告書 第1冊), 晋州, 慶尙文化財研究院.

慶南發展研究院歷史文化센터, 2016, 『咸安 末伊山100·101號墳』, (慶南發展研究院歷史文化센터調査研究報告書 第125冊), 昌原, 慶南發展研究院歷史文化센터.

國立金海博物館, 2017, 『咸安 末伊山4號墳(舊 34號墳)』, (國立金海博物館學術調査보고 16冊), 金海, 國立金海博物館.

우리문화재연구원, 2018, 『咸安 末伊山第25·26號墳』, (學術調査研究叢書96冊), 昌原, 우리문화재연구원.

(3) 남문외고분군

慶南發展研究院歷史文化센터, 2017, 『咸安 南門外 11號墳』, (慶南發展研究院歷史文化센터調査研究報告書 第131冊), 昌原, 慶南發展研究院歷史文化센터.

(4) 오곡리고분군

朴東百·金亨坤·崔憲燮·兪炳一·朴文洙, 1995,『咸安梧谷里遺蹟』, (昌原大學校博物館學術調査報告 第9冊), 昌原, 韓國道路公社·昌原大學校博物館.

박동백·박성천·권주영·정현광·임지승·이유진·강정미, 2007,『咸安梧谷里遺蹟』, (學術調査研究叢書 第62輯), 昌原, 慶南文化財研究院.

우리문화재연구원, 2008,『咸安 梧谷里 87番地 遺蹟』, (學術調査研究叢書9冊), 우리문화재연구원.

우리문화재연구원, 2010,『咸安 梧谷里 28番地 遺蹟』, (學術調査研究叢書26冊), 우리문화재연구원.

(5) 우거리토기요지

李政根, 2007,『咸安于巨里土器生産遺蹟』, (國立金海博物館學術調査報告書 第5冊), 金海, 國立金海博物館.

(6) 여타유적

昌原大學校博物館, 1992,『咸安 阿羅加耶의 古墳群(I)』, (昌原大學校博物館 學術調査報告 第5冊), 昌原, 昌原大學校博物館.

趙榮濟·朴升圭·柳昌煥·李瓊子·金相哲, 1994,『咸安篁沙里墳墓群』, (慶尙大學校博物館學術調査報告 第9輯), 晋州, 慶尙大學校博物館.

國立昌原文化財研究所, 1998,『咸安城山山城』, (學術調査報告 第5輯), 昌原, 國立昌原文化財研究所.

國立昌原文化財研究所, 2004,『咸安城山山城Ⅱ』, (學術調査報告 第27輯), 昌原, 國立昌原文化財研究所.

辛勇旻·金寶淑, 2006,『함안 충의공원 조성부지내 문화유적 발굴조사 보고서』, (東亞細亞文化財研究院發掘調査報告書 第9輯), 馬山, 東亞細亞文化財研究院.

咸安博物館, 2009,『咸安 武陵·安谷山城: 정밀지표조사 보고서』, (咸安博物館學術調査報告 第3冊), 咸安, 咸安博物館.

東西文物研究院, 2011,『咸安 下基里遺蹟』, (東西文物研究院調査研究報告 第30冊), 東西文物研究院.

4) 고성군

(1) 송학동고분군

姜仁求, 1986,『韓國의 前方後圓墳-舞妓山과 長鼓山 測量調査報告書-』, 서울, 韓國精神文化研究院.

沈奉謹, 2005,『固城 松鶴洞古墳群』, (古蹟調査報告 第37冊), 釜山, 東亞大學校博物館.

(2) 내산리고분군

國立昌原文化財研究所, 2002,『固城內山里古墳群Ⅰ』, (學術調査報告 第18輯), 昌原, 國立昌原文化財研
　　　　究所.

國立昌原文化財研究所, 2005,『固城內山里古墳群Ⅱ』, (學術調査報告 第30輯), 昌原, 國立昌原文化財
　　　　研究所.

國立昌原文化財研究所, 2007,『固城內山里古墳群Ⅲ』, (學術調査報告 第38輯), 昌原, 國立昌原文化財
　　　　研究所.

(3) 고성패총

金鍾徹·徐五善·申大坤, 1992,『固城貝塚』, (國立博物館古蹟調査報告 第24冊), 서울, 國立中央博物館.

김두철·박경도, 2003,『固城東外洞遺蹟』, (國立晋州博物館遺蹟調査報告書 第16冊), 晋州, 國立晋州博
　　　　物館.

(4) 여타유적

國立晋州博物館, 1990,『固城栗垈里2號墳』, (國立晋州博物館遺蹟調査報告書 第4冊), 晋州, 國立晋州
　　　　博物館.

朴淳發·李相吉, 1994,『固城蓮塘里古墳群』, (慶南大學校博物館叢書5), 馬山, 慶南大學校博物館.

김종진·김한상·이미정·홍성우, 2006,『固城 巨流山城 試掘調査 報告書』, 晋州, 慶南考古學研究所.

5) 사천시

鄭澄元(外), 1989,『勒島住居址』, (釜山大學校博物館遺蹟調査報告 第13輯), 釜山, 釜山大學校博物館.

趙榮濟·柳昌煥·李瓊子, 1998,『泗川月城里古墳群』, (慶尙大學校博物館研究叢書 第18輯), 晋州, 慶尙
　　　　大學校博物館·慶南開發公社.

慶南考古學研究所, 2002,『泗川鳳溪里三國時代集落』, 晋州, 慶南考古學研究所.

우리문화재연구원, 2011,『泗川香村洞遺蹟』, (學術調査研究叢書36冊), 昌原, 우리문화재연구원.

6) 합천군

(1) 성산리토성

東西文物研究院, 2011,『陜川 玉田 M28墳·陜川 城山里 城址』, (東西文物研究院調査研究報告 第
　　　　31·32冊), 金海, 東西文物研究院·陜川郡.

東西文物研究院, 2015, 『陜川 城山里 城址』, (東西文物研究院調査研究報告 第82册), 金海, 東西文物研究院·陜川郡.

(2) 옥전고분군

趙榮濟·朴升圭(外), 1986, 『陜川玉田古墳群第1次發掘調査槪報』, 慶尙大學校博物館調査報告 第1輯), 慶尙大學校博物館.

趙榮濟, 1988, 『陜川玉田古墳群I-木槨墓-』, (慶尙大學校博物館調査報告 第3輯), 晋州, 慶尙南道·慶尙大學校博物館.

趙榮濟·朴升圭, 1990, 『陜川玉田古墳群II-M3號墳-』, (慶尙大學校博物館調査報告 第6輯), 晋州, 慶尙大學校博物館.

趙榮濟·朴升圭·金貞禮·柳昌煥·李瓊子, 1992, 『陜川玉田古墳群III-M1·M2號墳-』, (慶尙大學校博物館調査報告 第7輯), 晋州, 慶尙大學校博物館.

趙榮濟·朴升圭·柳昌煥·李瓊子·金相哲, 1993, 『陜川玉田古墳群IV-M4·M6·M7號墳-』, (慶尙大學校博物館調査報告 第7輯), 晋州, 慶尙大學校博物館.

趙榮濟, 1994, 『陜川玉田古墳群試掘調査報告書』, (慶尙大學校博物館學術調査報告 第10輯), 晋州, 慶尙大學校博物館.

趙榮濟·柳昌煥·李瓊子, 1995, 『陜川玉田古墳群V-M10·11·18號墳-』, (慶尙大學校博物館研究叢書 第13輯), 晋州, 慶尙大學校博物館.

趙榮濟·柳昌煥·李瓊子, 1997, 『陜川玉田古墳群VI-23·28號墳-』, (慶尙大學校博物館研究叢書 第16輯), 晋州, 慶尙大學校博物館.

趙榮濟·柳昌煥·李瓊子, 1998, 『陜川玉田古墳群VII-12·20·24號墳-』, (慶尙大學校博物館研究叢書 第19輯), 晋州, 慶尙大學校博物館.

趙榮濟·柳昌煥·河承哲, 1999, 『陜川玉田古墳群VIII-M5·M7·35號墳-』, (慶尙大學校博物館研究叢書 第21輯), 晋州, 慶尙大學校博物館.

趙榮濟·柳昌煥·河承哲, 2000, 『陜川玉田古墳群IX-67-A·B73~76號墳-』, (慶尙大學校博物館研究叢書 第23輯), 晋州, 慶尙大學校博物館.

趙榮濟·柳昌煥, 2003, 『陜川玉田古墳群X-88~102號墳-』, (慶尙大學校博物館研究叢書 第26輯), 晋州, 慶尙大學校博物館.

(3) 저포리유적

尹容鎭, 1987, 『陜川苧浦里D地區遺蹟』, (陜川댐水沒地區發掘調査報告5), 大邱, 慶尙南道·慶北大學校
　　　考古人類學科.

鄭永和·梁道榮·金龍星, 1987, 『陜川苧浦里古墳群(A地區)』, (陜川댐水沒地區發掘調査報告3), 慶山,
　　　慶尙南道·嶺南大學校博物館.

鄭澄元(外), 1987, 『陜川苧浦里E地區遺蹟』, (釜山大學校博物館遺蹟調査報告 第11輯), 釜山, 釜山大學
　　　校博物館.

曉星女子大學校博物館, 1987, 「陜川苧浦里C·D地區遺蹟」, 『曉星女子大學校博物館學術調査報告書』3,
　　　大邱, 慶尙南道·曉星女子大學校博物館.

朴東百·秋淵植, 1988, 『陜川苧浦里B古墳群』, (昌原大學博物館學術調査報告 第2册), 昌原, 昌原大學
　　　博物館.

(4) 삼가고분군

沈奉謹, 1982, 「陜川三嘉古墳群」, (古蹟調査報告書 第6册), 釜山, 慶尙南道·東亞大學校博物館.

慶南發展研究院歷史文化센터, 2013, 『陜川 三嘉古墳群Ⅱ地區』, (慶南發展研究院歷史文化센터調査研
　　　究報告書 第108册), 昌原, 慶南發展研究院歷史文化센터.

東西文物研究院, 2013, 『陜川 三嘉古墳群Ⅰ-Ⅲ』, (東西文物研究院調査研究報告 第69册), 金海, 東西文
　　　物研究院.

(5) 대야성

慶南發展研究院歷史文化센터, 2005, 『陜川 大耶城』, (慶南發展研究院歷史文化센터調査研究報告書 第
　　　27册), 昌原, 慶南發展研究院歷史文化센터.

(6) 여타유적

沈奉謹, 1986, 『陜川鳳溪里古墳群』, (古蹟調査報告書 第13册), 釜山, 慶尙南道·東亞大學校博物館.

金正完·任鶴鐘·權相烈·孫明助·鄭聖姬, 1987, 『陜川磻溪堤古墳群』, (國立晋州博物館遺蹟調査報告書
　　　第2册), 晋州, 慶尙南道·國立晋州博物館.

趙榮濟·朴升圭, 1987, 『陜川中磻溪墳墓群』, (陜川댐水沒地區發掘調査報告2), 晋州, 慶尙南道·慶尙大
　　　學校博物館.

沈奉謹, 1987, 『陜川倉里古墳群』, (古蹟調査報告書 第14册), 釜山, 慶尙南道·東亞大學校博物館.

이범홍·이일갑, 2004, 『陜川 美崇山城: 陜川郡 美崇山城 南門址 整備復元을 爲한 試掘調査 報告書』, (慶南發展研究院歷史文化센터調査研究報告書 第19冊), 昌原, 慶南發展研究院歷史文化센터.

이일갑·노재헌·이성현, 2006, 『陜川 傳 草八城』, (慶南發展研究院歷史文化센터調査研究報告書 第58冊), 昌原, 慶南發展研究院 歷史文化센터.

慶尙文化財研究院, 2016, 『陜川 陜川里 218番地 遺蹟』, (發掘調査報告書 第45冊), 晋州, 慶尙文化財研究院.

慶尙文化財研究院, 2016, 『陜川 陜川里 山16~2番地 遺蹟』, (發掘調査報告書 第49冊), 晋州, 慶尙文化財研究院.

7) 창녕군

(1) 화왕산성

慶尙文化財研究院, 2013, 『昌寧 火旺山城 西門址』, (發掘調査調査報告書 第21冊), 晋州, 慶尙文化財研究院.

김시환·구민정·이성호, 2013, 『昌寧 火旺山城 內 蓮池』, (發掘調査調査報告書 第74輯), (學術調査研究叢書 第74輯), 馬山, 慶南文化財研究院.

(2) 교동고분군

穴沢咊光·馬目順一, 1975, 「昌寧校洞古墳群-梅原考古資料による谷井濟一氏發掘遺物の研究-」, 『考古學雜誌』第60卷4號, pp.23~75, 東京, 日本考古學會.

沈奉謹·朴光春·李東注·辛勇旻·高久健二, 1992, 『昌寧校洞古墳群』, (東亞大學校博物館調査報告 第21冊), 釜山, 東亞大學校博物館.

국립가야문화재연구소, 2013, 『창녕교동고분군 주차장 조성부지 내 유적 발굴조사보고』, (학술조사보고 제 57집), 창원, 국립가야문화재연구소.

우리문화재연구원, 2014, 『사적 제514호 昌寧校洞과 松峴洞古墳群-종합학술연구보고서-』, (學術調査研究叢書65冊), 昌原, 우리문화재연구원.

우리문화재연구원, 2014, 『昌寧校洞과 松峴洞古墳群-第1群 7號墳 및 周邊 古墳-』, (學術調査研究叢書71冊), 昌原, 우리문화재연구원.

국립가야문화재연구소, 2015, 『창녕교동 88호분 발굴조사보고서』, (學術研究叢書 第67輯), 昌原, 국립가야문화재연구소.

國立金海博物館, 2015, 『昌寧 校洞 7號墳』, (日帝强占期調査報告18輯), 金海, 國立金海博物館.

(3) 송현동고분군

慶南文化財硏究院, 2006,『昌寧 松峴洞 古墳群-2~5호분 시굴조사 및 6~7호분 발굴조사-』, (學術調査
　　　　硏究叢書 第48輯), 馬山, 慶南文化財硏究院.

국립가야문화재연구소, 2011,『창녕 송현동고분군I-6·7호분 발굴조사보고-』, (學術硏究叢書 第50
　　　　輯), 昌原, 국립가야문화재연구소.

국립가야문화재연구소, 2014,『창녕 송현동고분군Ⅱ-15~17호분 발굴조사보고-』, (學術硏究叢書 第
　　　　51輯), 昌原, 국립가야문화재연구소.

(4) 계성리고분군

慶尙南道, 1977,『昌寧桂城里古墳群發掘調査報告』, 서울, 文化財管理局.

李殷昌·梁道榮·金龍星·張正男, 1991,『昌寧桂城里古墳群-桂域1·4號墳-』, (學術調査報告 第9冊),
　　　　慶山, 嶺南大學校博物館.

鄭澄元·全玉年, 1995,『昌寧桂城古墳群』, (釜山大學校博物館硏究叢書 第18輯), 釜山, 釜山大學校博物館.

姜仁求, 1998,「昌寧桂城里桂南 北5號墳」,『淸溪史學』14, 果川, 韓國精神文化硏究院淸溪史學會.

辛勇旻, 2000,『昌寧桂城古墳群』, (湖岩美術館遺蹟發掘調査報告 第6冊), 龍仁, 湖岩美術館.

慶南考古學硏究所, 2001,『昌寧 桂城 新羅 高塚群』, 晋州, 慶南考古學硏究所.

국립가야문화재연구소, 2014,『창녕 영산고분군』, (學術硏究叢書 第61輯), 昌原, 국립가야문화재연구소.

慶南發展硏究院歷史文化센터, 2017,『창녕 계성고분군 2·3호분』, (慶南發展硏究院 歷史文化센터 調
　　　　査硏究報告書 第132冊), 昌原, 慶南發展硏究院歷史文化센터.

두류문화재연구원, 2017,『창녕 계성리 고분군』, 發掘調査報告書 제 24·25輯, 김해, 두류문화재연구원.

(5) 계성리유적

우리문화재연구원, 2008,『昌寧 桂城里 遺蹟』, (學術調査硏究叢書8冊), 昌原, 우리문화재연구원.

(6) 동리고분군

한겨레문화재연구원, 2014,『昌寧 東里 遺蹟I』, (학술조사보고서제 27책), 蔚山, 한겨레문화재연구원.

(7) 여타유적

金誠龜·金正完·權相烈·姜炅希, 1991,『昌寧余草里土器窯蹟(I)』, (國立晋州博物館遺蹟調査報告書 第
　　　　7冊), 晋州, 國立晋州博物館.

慶南發展研究院歷史文化센터, 2004,『昌寧友江里古墳群』(慶南發展研究院歷史文化센터調査研究報告書 第12冊), 昌原, 慶南發展研究院歷史文化센터·釜山地方國土管理廳.

慶南考古學研究所, 2005,『昌寧 末屹里 遺蹟』, 晋州, 慶南考古學研究所.

東西文物研究院, 2009,『昌寧 兎川里 遺蹟』, (東西文物研究院調査研究報告 第6冊), 金海, 東西文物研究院·陜川郡.

頭流文化研究院, 2017,『창녕 명리 고분군』, (發掘調査報告書 第26輯), 金海, 頭流文化研究院.

8) 밀양시

(1) 월산리고분군

密陽大學校博物館, 2004,『密陽 月山里古墳群』(密陽大學校博物館學術調査報告 第4冊), 密陽, 密陽大學校博物館·密陽市.

(2) 귀명리고분군

趙賢庭·黃外植, 2007,『密陽 貴明里 三國時代 무덤군I-Ⅲ』, 晋州, 慶南考古學研究所.

(3) 신안유적

慶南發展研究院歷史文化센터, 2006,『密陽 新安遺蹟I-Ⅱ』(慶南發展研究院歷史文化센터調査研究報告書 第45冊), 昌原, 慶南發展研究院歷史文化센터·釜山地方國土管理廳.

(4) 미전리유적

東亞細亞文化財研究院, 2013,『密陽 美田里複合遺蹟』, (東亞細亞文化財研究院發掘調査報告書 第71輯), 馬山, 東亞細亞文化財研究院.

(5) 임천리유적

頭流文化研究院, 2016,『밀양 임천·금곡유적』, (發掘調査報告書 第17輯), 金海, 頭流文化研究院.

(6) 양동리고분군

최경규(외), 2017,『密陽 良東里古墳群』, (東亞細亞文化財研究院發掘調査報告書 第97輯), 馬山, 東亞細亞文化財研究院.

9) 의령군

(1) 호미산성

慶尙文化財硏究院, 2011,『의령 호미산성』, (發掘調査調査報告書 第4冊), 晋州, 慶尙文化財硏究院.

(2) 경산리고분군

趙榮濟·柳昌煥, 2004,『宜寧景山里古墳群』, (慶尙大學校博物館硏究叢書 第28輯), 晋州, 慶尙大學校博物館.

(3) 여타유적

趙榮濟·朴升圭·柳昌煥·李瓊子, 1994,『宜寧禮屯里墳墓群』, (慶尙大學校博物館學術調査報告 第11輯), 晋州, 慶尙大學校博物館.

趙榮濟·朴升圭·柳昌煥·李瓊子·金相哲, 1994,『宜寧中洞里古墳群』, (慶尙大學校博物館學術調査報告 第12輯), 晋州, 慶尙大學校博物館.

嶺南埋藏文化財硏究院, 1997,『宜寧泉谷里古墳群Ⅰ』, (嶺南埋藏文化財硏究院學術調査報告 第9冊), 大邱, 社團法人嶺南埋藏文化財硏究院·宜寧郡.

嶺南埋藏文化財硏究院, 1997,『宜寧泉谷里古墳群Ⅱ』, (嶺南埋藏文化財硏究院學術調査報告 第10冊), 大邱, 社團法人嶺南埋藏文化財硏究院·宜寧郡.

趙榮濟·柳昌煥·河承哲·孔智賢, 2000,『宜寧雲谷里古墳群』, (慶尙大學校博物館硏究叢書 第22輯), 晋州, 慶尙大學校博物館.

慶尙文化財硏究院, 2011,『의령 죽전리고분군』, (發掘調査調査報告書 第3冊), 晋州, 慶尙文化財硏究院.

慶南發展硏究院歷史文化센터, 2012,『의령 죽전리고분군』, (慶南發展硏究院歷史文化센터調査硏究報告書 第100冊), 慶南發展硏究院歷史文化센터.

10) 산청군

(1) 생초고분군

趙榮濟·柳昌煥·張相甲·尹敏根, 2006,『山淸 生草古墳群』, (慶尙大學校博物館硏究叢書 第29輯), 晋州, 慶尙大學校博物館.

조영제·류창환·김승신·정지선, 2008,『山淸 生草 M12·13號墳』, (慶尙大學校博物館硏究叢書 第31輯), 晋州, 慶尙大學校博物館.

(2) 중촌리고분군

新羅大學校博物館, 2004, 『山淸中村里古墳群』, (新羅大學校博物館遺蹟調査報告 第7輯), 釜山, 新羅大學校博物館.

慶南發展硏究院歷史文化센터, 2016, 『山淸 中村里 古墳群 2次』, (慶南發展硏究院歷史文化센터調査硏究報告書 第123冊), 昌原, 慶南發展硏究院歷史文化센터.

(3) 옥산리고분군

趙榮濟·柳昌煥·宋永鎭, 2002, 『山淸玉山里遺蹟-木槨墓-』, (慶尙大學校博物館硏究叢書 第25輯), 晋州, 韓國道路公社·慶尙大學校博物館.

趙榮濟·宋永鎭, 2013, 『山淸玉山里遺蹟-石槨墓-』, (慶尙大學校博物館硏究叢書 第34輯), 晋州, 韓國道路公社·慶尙大學校博物館.

(4) 평촌리고분군

慶南發展硏究院歷史文化센터, 2006, 『山淸坪村里遺蹟I』, (慶南發展硏究院歷史文化센터調査硏究報告書 第48冊), 昌原, 慶南發展硏究院歷史文化센터.

慶南發展硏究院歷史文化센터, 2007, 『山淸坪村里遺蹟Ⅱ』, (慶南發展硏究院歷史文化센터調査硏究報告書 第54冊), 昌原, 慶南發展硏究院歷史文化센터.

(5) 하촌리유적

최종혁·김주호·박영현, 2010, 『山淸 下村里 遺蹟I』, (慶南文化財硏究院學術調査硏究叢書 第84輯), 昌原, 慶南文化財硏究院.

최종혁·김주호·박영현·박다정·유은식, 2011, 『山淸 下村里遺蹟Ⅱ』, (學術調査硏究叢書 第93輯), 昌原, 慶南文化財硏究院.

(6) 명동유적

慶南發展硏究院歷史文化센터, 2004, 『山淸 明洞遺蹟I』, (慶南發展硏究院歷史文化센터調査硏究報告書 第17冊), 昌原, 慶南發展硏究院歷史文化센터.

慶南發展硏究院歷史文化센터, 2004, 『山淸 明洞遺蹟Ⅱ』, (慶南發展硏究院歷史文化센터調査硏究報告書 第23冊), 昌原, 慶南發展硏究院歷史文化센터.

慶南發展硏究院歷史文化센터, 2009, 『山淸 明洞遺蹟Ⅲ』, (慶南發展硏究院歷史文化센터調査硏究報告

書 第73冊), 昌原, 慶南發展研究院歷史文化센터.

(7) 묵곡리유적

慶南大學校博物館, 2013, 『山淸 黙谷里遺蹟』, (慶南大學校博物館學術調査研究報告 第25輯), 昌原, 慶
　　　南大學校博物館.

11) 진주시

(1) 옥봉·수정봉고분군

朝鮮總督府, 1916, 『朝鮮古蹟圖譜第三冊』, 京城, 朝鮮總督府.

定森秀夫·吉井秀夫·內田好昭, 1990, 「韓國慶尙南道晋州水精峯2號墳·玉峯7號墳出土遺物-東京大學
　　　工學部建築史研究室所藏資料の紹介-」, 『京都文化博物館研究紀要朱雀』第3集, pp.71~105,
　　　京都, 京都府京都文化博物館.

定森秀夫·吉井秀夫·內田好昭(우순희역), 1990, 「한국 경상남도 진주수정봉2호분·옥봉7호분 출토유
　　　물-동경대학공학부건축사연구실소장자료의소개-」, 『가야통신』19·20, 부산, 가야통신편집부.

(2) 무촌리고분군

姜炅希, 1994, 『晋陽武村里加耶墓』, (國立晋州博物館遺蹟調査報告書 第9冊), 晋州, 國立晋州博物館·
　　　晋陽郡.

慶南考古學硏究所, 2005, 『晋州 武村Ⅲ』, 晋州, 慶南考古學硏究所.

慶南考古學硏究所, 2005, 『晋州 武村Ⅳ』, 晋州, 慶南考古學硏究所.

(3) 기좌동고분군

趙榮濟·朴升圭, 1989, 『晋州加佐洞古墳群1~4號墳』, (慶尙大學校博物館調査報告 第4輯), 晋州, 慶尙
　　　大學校博物館.

최종혁·현창조·배보늬·임지승, 2005, 『晋州 加佐洞遺蹟』, (學術調査研究叢書 第35輯), 昌原, 慶南文
　　　化財研究院.

慶尙文化財研究院, 2017, 『晋州 加佐洞 山 39~6번지 遺蹟: 신진주 역세권 개발사업지구 내 유적』, (發
　　　掘調査研究叢書 第60冊),, 晋州, 慶尙文化財研究院.

(4) 평거동유적

慶南文化財研究院, 2010,『진주 평거동 유적Ⅰ-삼국시대 취락-』, (慶南文化財研究院學術調査研究叢書 87冊), 昌原, 慶南文化財研究院.

류창환·윤호필·고민정·김춘영, 2011,『진주 평거 3-1지구 유적Ⅰ~Ⅵ』, (慶南發展研究院歷史文化센터調査研究報告書 第86冊), 昌原, 慶南發展研究院 歷史文化센터.

(5) 상촌리유적

三江文化財研究院, 2010,『晋州 上村里 遺蹟-小加耶 陶窯址-』, 晋州, 三江文化財研究院.

(6) 여타유적

三江文化財研究院, 2010,『晋州 倉村里 遺蹟 -三韓-朝鮮墓-』, 晋州, 三江文化財研究所.

東西文物研究院, 2011,『晋州 佳谷古墳群』, (東西文物研究院調査研究報告書 第38冊), 金海, 東西文物研究院.

慶尙文化財研究院, 2016,『晋州 禮上里 山 64~10番地 遺蹟』, (發掘調査報告書 第50冊), 晋州, 慶尙文化財研究院.

12) 거창군

(1) 말흘리고분군

韓永熙·金正完, 1985,「居昌末屹里古墳」,『國立博物館古蹟調査報告』17, 서울, 國立中央博物館.

慶南發展研究院歷史文化센터, 2012,『居昌 末屹里古墳群』, (慶南發展研究院歷史文化센터調査研究報告書 第94冊), 昌原, 慶南發展研究院歷史文化센터.

(2) 무릉리고분군

慶尙文化財研究院, 2015,『居昌 武陵里古墳群』, (發掘調査調査報告書 第38冊), 晋州, 慶尙文化財研究院.

13) 함양군

(1) 백천리고분군

釜山大學校博物館, 1986,『咸陽白川里1號墳』, (釜山大學校博物館遺蹟調査報告10), 釜山, 釜山大學校博物館.

釜山大學校博物館, 1998,『咸陽白川里遺蹟』, (釜山大學校博物館遺蹟調査報告), 釜山, 釜山大學校博物館.

(2) 손곡리고분군

朴鍾益・李柱憲, 1996, 「咸陽蓀谷里古墳群發掘調查報告」, 『年報』, 昌原, 國立昌原文化財研究所.

(3) 여타유적

金東鎬, 1972, 『咸陽上柏里古墳群發掘調查報告』, (1972年度古蹟調查報告), 釜山, 東亞大學校博物館.

慶南發展研究院歷史文化센터, 2007, 『咸陽花山里遺蹟』, (慶南發展研究院歷史文化센터調查研究報告
　　　　書 第59册), 昌原, 慶南發展研究院歷史文化센터.

楊花英, 2009, 『咸陽 牛鳴里遺蹟』, (東西文物研究院調查研究報告 第7册), 東西文物研究院.

東亞細亞文化財研究院, 2012, 『咸陽 道川・松坪・玉溪里 遺蹟 咸陽 松坪里 遺蹟(追加 發掘調查)』, (東
　　　　亞細亞文化財研究院 發掘調查報告書 第61・62輯), 馬山, 東亞細亞文化財研究院.

14) 마산시

(1) 현동고분군

朴東百・李盛周・金亨坤, 1990, 『馬山 縣洞遺蹟』, (昌原大學校博物館學術調查報告3), 昌原, 昌原大學
　　　　校博物館.

東西文物研究院, 2012, 『馬山 縣洞遺蹟Ⅰ』, (東西文物研究院調查研究報告書 第51册), 金海, 東西文物
　　　　研究院.

楊花英(外), 2012, 『馬山 縣洞遺蹟Ⅱ』, (東西文物研究院調查研究報告書 第64册), 金海, 東西文物研究院.

(2) 합성동고분군

禹枝南(外), 2007, 『馬山合城洞遺蹟』, 晋州, 慶南考古學研究所.

(3) 대평리유적

慶南發展研究院歷史文化센터, 2011, 『馬山 鎭北 大坪里遺蹟』, (慶南發展研究院歷史文化센터調查研究
　　　　報告書 第90册), 昌原, 慶南發展研究院歷史文化센터.

15) 창원시

(1) 도계동고분군

朴東百・秋淵植, 1987, 『昌原道溪洞古墳群Ⅰ』, (昌原大學博物館學術調查報告 第1册), 昌原, 昌原大學博
　　　　物館.

林孝澤·郭東哲, 1996, 『昌原道溪洞古墳群』, (東義大學校博物館學術叢書4), 釜山, 東義大學校博物館.

慶南發展研究院歷史文化센터, 2004, 『昌原道溪洞遺蹟』, (慶南發展研究院歷史文化센터調查研究報告書 第26冊), 昌原, 慶南發展研究院歷史文化센터.

(2) 동전리유적

楊花英·余昌炫, 2012, 『昌原 東田里遺蹟』, (東西文物研究院調查研究報告 第53冊), 東西文物研究院.

東西文物研究院, 2013, 『昌原 東田里古墳群』, (東西文物研究院調查研究報告書 第70冊), 金海, 東西文物研究院.

(3) 반계동유적

昌原大學博物館, 2000, 『昌原盤溪洞遺蹟I, Ⅱ』, (昌原大學博物館學術調查報告 第27冊), 昌原, 昌原大學博物館.

(4) 중동유적

林東在·金東憲, 2012, 『昌原 中洞遺蹟』, (東西文物研究院調查研究報告書 第63冊), 金海, 東西文物研究院.

(5) 다호리고분군

任鶴鐘·洪鎭根·張尙勳, 2001, 『德山一本浦間地方道路工事區間內發掘調查　昌原茶戶里遺蹟』, (國立博物館古蹟調查報告 第32冊, 서울, 國立中央博物館·慶尙南道.

(6) 신방리유적

신용민(外), 2009, 『昌原 新方里 低濕遺蹟』, (東亞細亞文化財研究院發掘調查報告書 第33輯), 馬山, 東亞細亞文化財研究院.

(7) 봉림동유적

이제헌·정우현·황문정·장혜지, 2011, 『昌原 鳳林洞遺蹟(I)』, (韓國文物研究院古蹟調查報告 第14冊), 釜山, 韓國文物研究院.

이제헌·정우현·제미성, 2012, 『昌原 鳳林洞遺蹟(Ⅱ)』, (韓國文物研究院古蹟調查報告 第22冊), 釜山, 韓國文物研究院.

(8) 여타유적

安春培, 1984, 『昌原三東洞甕棺墓』, (釜山女子大學博物館遺蹟調査報告 第1輯), 釜山, 釜山女子大學博
物館.

李柱憲·金大成·俞炳一·金良美, 1994, 『昌原加音丁洞遺蹟』, (學術調査報告 第2輯), 昌原, 國立昌原文
化財研究所.

昌原大學校博物館, 2000, 『昌原 遷善洞古墳群』, (昌原大學校博物館 學術調査報告 第三十册), 昌原, 昌
原大學校博物館.

16) 진해시

(1) 석동유적

慶尙文化財研究院, 2017, 『昌原 石洞 1~40·9~18番地 遺蹟』, (發掘調査報告書 第57册), 晋州, 慶尙文
化財研究院.

慶尙文化財研究院, 2017, 『昌原石洞1~40·9~18番地遺蹟』, (發掘調査調査報告書 第57册), 晋州, 慶尙
文化財研究院.

배덕환(外), 2017, 『昌原 石洞複合遺蹟Ⅰ-Ⅵ』, (東亞細亞文化財研究院發掘調査報告書 第96輯), 馬山,
東亞細亞文化財研究院.

(2) 마천동유적

辛勇旻(外), 2011, 『鎭海 馬川洞 遺蹟』, (東亞細亞文化財研究院發掘調査報告書 第52輯), 馬山, 東亞細
亞文化財研究院.

(3) 여타유적

沈奉謹·李東注, 1996, 『鎭海龍院遺蹟(第1·2次合輯)』, (古蹟調査報告書 第24册), 釜山, 韓國土地公
社·東亞大學校博物館.

17) 하동군

(1) 흥룡리고분군

배덕환(外), 2012, 『河東 花心里 早田遺蹟·河東 興龍里古墳群』, (東亞細亞文化財研究院發掘調査報告
書 第55·59輯), 馬山, 東亞細亞文化財研究院.

(2) 남산리고분군

한국문화재재단, 1998, 「하동 남산리 184~9번지유적, 하동 남산리 184~10번지유적」, 『2014년도 소규모 발굴조사 보고서ⅩⅡ-경남 3-』14, 서울, 한국문화재재단.

(3) 여타유적

趙榮濟·朴升圭·朴鍾益·姜炅希, 1990, 『河東古梨里遺蹟附.河東郡辰橋面地表調査遺蹟』, (慶尙大學校博物館調査報告 第5輯), 晋州, 慶尙大學校博物館.

沈奉謹, 2001, 『하동 고소성 시굴조사 보고서』, 東亞大學校博物館.

우리문화재연구원, 2013, 『河東 橫川里 遺蹟』, (학술조사보고 59책), 창원, 우리문화재연구원.

18) 양산시

(1) 북정리고분군

小川敬吉, 1927, 「梁山夫婦塚と其遺物」, 『朝鮮總督府古蹟調査特別報告』第5冊, 京城, 朝鮮總督府.

沈奉謹(外), 1991, 『梁山金鳥塚·夫婦塚』, (古蹟調査報告書 第19冊), 釜山, 東亞大學校博物館.

(2) 여타유적

현창호·정현광·허선영, 2005, 『梁山 所土里 古墳群』, (學術調査研究叢書 第41輯), 馬山, 慶南文化財研究院.

東西文物研究院, 2012, 『梁山 上森里遺蹟Ⅱ』, (東西文物研究院調査研究報告書 第66冊), 金海, 東西文物研究院.

우리문화재연구원, 2013, 『梁山 大石里 遺蹟』, (학술조사보고 54책), 창원, 우리문화재연구원.

釜慶文物研究院, 2014, 『梁山 楡洞 遺蹟 -본문·도면-』, (古蹟調査報告 第6輯), 釜山, 釜慶文物研究院.

19) 거제시

慶南發展研究院歷史文化센터, 2006, 『巨濟 長木古墳』, (慶南發展研究院歷史文化센터調査研究報告書 第40冊), 昌原, 慶南發展研究院歷史文化센터.

20) 통영시

文栢成, 2009, 『統營 藍坪里遺蹟』, (東西文物研究院調査研究報告書 第17冊), 金海, 東西文物研究院.

3. 전라남도

1) 광양시

(1) 도월리유적

鄭一·安惠英, 2010,『光陽道月里遺蹟Ⅰ』, (全南文化財研究院學術叢書 第50冊), 全南文化財研究院.

鄭一·安惠英, 2010,『光陽道月里遺蹟Ⅱ』, (全南文化財研究院學術叢書 第49冊), 全南文化財研究院.

(2) 여타유적

崔仁善·李東熙, 1998,『光陽市의 山城-精密地表調查報告書-』, (順天大博物館地方文化叢書 第15冊), 順天, 順天大學校博物館·光陽市.

崔仁善·朴泰洪·宋美珍, 2003,『光陽龍江里機頭遺蹟』, (順天大博物館地方文化叢書 第45冊), 順天, 順天大學校博物館·全羅南道光陽教育廳.

全南文化財研究院, 2014,『광양 용장유적』, (全南文化財研究院學術叢書 第71輯), 全南文化財研究院.

2) 광주시

湖南文化財研究院, 2007,『光州 東林洞遺蹟Ⅲ -溝-』, (湖南文化財研究院學術調查報告書 第82冊), 湖南文化財研究院.

3) 여수시

(1) 죽림리유적

曹根佑(外), 2011,『麗水 竹林里 車洞遺蹟Ⅰ, Ⅱ』, (馬韓文化研究院叢書45), 順天, 馬韓文化研究院.

(2) 여타유적

崔仁善·李東熙·曹根佑·李順葉, 2002,『麗水禾長洞遺蹟Ⅱ』, (順天大博物館地方文化叢書 第41冊), 順天, 順天大學校博物館·麗水市.

崔仁善·朴泰洪, 2003,『麗水市의 山城』, (南道文化叢書 第4), 順天, 麗水市·順天大學校南道文化研究所.

崔仁善·曹根佑·李順葉, 2003,『麗水鼓樂山城1』, (順天大博物館學術資料叢書 第44冊), 順天, 順天大學校博物館·麗水市.

4) 순천시

(1) 운평리유적

李東熙(外), 2008, 『順天 雲坪里 遺蹟Ⅰ』, (順天大學校博物館學術資料叢書 第60册), 順天, 順天大學校博物館.

李東熙(外), 2010, 『順天 雲坪里 遺蹟Ⅱ』, (順天大學校博物館學術資料叢書 第66册), 順天, 順天大學校博物館.

順天大學校博物館, 2014, 『順天 雲坪里 遺蹟Ⅲ』, (順天大學校博物館學術資料叢書 第70册), 順天, 順天大學校博物館.

(2) 여타유적

최성락·이영문·이영철, 1997, 「순천 요곡리 유적」, 『湖南高速道路 擴張區間(古西-順天間)文化遺蹟發掘調査報告書Ⅱ』, 光州, 全南大學校博物館·全羅南道·韓國道路公社.

崔仁善·李東熙, 2001, 『順天龍堂洞望北遺蹟』, (順天大博物館學術資料叢書 第28册), 順天, 順天大學校博物館·順天市.

5) 고흥군

대한문화재연구원, 2011, 『高興 掌德里 獐洞遺蹟』, 光州, 대한문화재연구원.

國立羅州文化財研究所, 2014, 『古興 野幕古墳』, 羅州, 國立羅州文化財研究所.

林永珍·吳東墠·姜銀珠, 2015, 『高興 吉頭里 雁洞古墳, 』, (全南大學校博物館學術叢書100), 光州, 全南大學校博物館.

馬韓文化研究院, 2016, 『高興 柯也里 東村古墳』, (馬韓文化研究院叢書 65), 順天, 馬韓文化研究院.

6) 보성군

崔仁善·李東熙·朴泰洪·宋美珍, 2003, 『寶城鳥城里遺蹟』, (順天大博物館學術資料叢書 第50册), 順天, 順天大學校博物館·寶城郡.

7) 곡성군

嘉耕考古學研究所, 2016, 『谷城 龜成里遺蹟』, (嘉耕考古學研究所文化遺蹟調査報告 第20輯), 天安, 嘉耕考古學研究所.

4. 전라북도

1) 남원군

(1) 월산리고분군

全榮來, 1983, 『南原 月山里古墳群發掘調査報告』, 益山, 圓光大學校馬韓·百濟文化研究所.

金奎正(外), 2012, 『南原 月山里古墳群-M4·M5·M6號墳-』, (遺蹟調査報告 第65册), 任實, 全北文化
財研究院.

(2) 두락리고분군

尹德香·郭長根, 1989, 『斗洛里』, 全州, 全北大學校博物館·南原郡.

김승옥(외), 2015, 『南原 酉谷里 및 斗洛里32號墳』, (全北大學校博物館叢書 第57册), 全州, 全北大學
校博物館.

(3) 여타유적

全榮來, 1981, 『南原 草村里古墳群發掘調査報告書』, 全州, 韓國文化財保護協會 全北道支部.

文化財研究所, 1991, 『南原 乾芝里 古墳群』, (文化財研究所遺蹟調査報告 第10册), 서울, 文化財研究所.

昌原全北大學校博物館, 1994, 『杏亭里古墳群』, (全北大學校博物館叢書15), 全州, 全北大學校博物館叢書.

대한문화재연구원, 2012, 『南原 天使洞遺蹟』, 光州, 대한문화재연구원.

2) 장수군

(1) 東村里古墳群

郭長根·趙仁振, 2005, 『長水 三峰里·東村里古墳群』, 群山, 群山大學校博物館.

全州文化遺産研究院, 2015, 『長水 東村里古墳群-1호분-』(全州文化遺産研究院學術叢書 第20册), 全
州, 全州文化遺産研究院.

全州文化遺産研究院, 2015, 『長水 三峰里 古墳群』, (全州文化遺産研究院學術叢書 第17册), 全州, 全州
文化遺産研究院.

全州文化遺産研究院, 2017, 『장수 동촌리·삼봉리 고분군』(全州文化遺産研究院學術叢書 第31册), 全
州, 全州文化遺産研究院.

(2) 여타유적

郭長根·韓修英, 1998, 『長水三顧里古墳群』, (群山大學校博物館學術叢書 第6冊), 群山, 群山大學校博物館.

3) 진안군

尹德香·郭長根·趙仁振·盧美善·張知賢, 2001, 『鎭安龍潭댐水沒地區內文化遺蹟調査報告書I 臥亭遺蹟』, (全北大學校博物館叢書22·群山大學校博物館學術叢書22), 全州, 全北大學校博物館·群山大學校博物館·鎭安郡·韓國水資源公社.

__ 한국(도록)

1) 대구시

朴天秀, 2009, 『日本列島속의 大加耶文化』, 大邱, 慶北大學校·大伽耶博物館.
朴天秀, 2011, 『國內外 所藏 大加耶文物』, 大邱, 慶北大學校·大伽耶博物館.

2) 경상북도

(1) 고령군

大伽耶博物館, 2003, 『大伽耶의 遺蹟과 遺物』, 高靈, 大伽耶博物館.
大伽耶博物館, 2006, 『토기로 본 大加耶』, 高靈, 大伽耶博物館.
大伽耶博物館, 2008, 『대가야와 여섯 가야』, 高靈, 大伽耶博物館.
大伽耶博物館, 2010, 『대가야는 살아있다』, 高靈, 大伽耶博物館.
大伽耶博物館, 2015, 『고령 지산동 대가야고분군』, 高靈, 大伽耶博物館.
大伽耶博物館, 2017, 『대가야왕릉속의 비밀, 지산동 518호분』, 高靈, 大伽耶博物館國立加耶文化財研究所.

(2) 경주시

國立慶州博物館, 1987, 『菊隱 李養璿 蒐集文化財』, 慶州, 國立慶州博物館.

國立慶州博物館, 1997,『新羅土偶』, 서울, 通川文化社.

國立慶州博物館, 2001,『新羅黃金』서울, 씨티파트너.

3) 경상남도

(1) 김해시

國立金海博物館, 1998,『國立金海博物館圖錄』, 서울, 通川文化社.

國立金海博物館, 1999,『가야의 그릇받침』, 서울, 通川文化社.

大成洞古墳博物館, 2003,『대성동고분박물관 전시안내도록』, 金海, 大成洞古墳博物館.

國立金海博物館, 2007,『함안 말이산 34호분』, 金海, 國立金海博物館.

國立金海博物館, 2008,『國立金海博物館圖錄』, 서울, 通川文化社.

國立金海博物館, 2009,『특별전 지산동고분과 대가야』, 金海, 國立金海博物館.

大成洞古墳博物館, 2013,『동아시아 교역의 가교! 대성동 고분군』, 金海, 大成洞古墳博物館.

國立金海博物館, 2015,『甲胄, 戰士의 象徵』, 金海, 國立金海博物館.

國立金海博物館, 2015,『유리건판으로 보는 창녕고분군』, 金海, 國立金海博物館.

國立金海博物館, 2017,『밀양』, 金海, 國立金海博物館.

大成洞古墳博物館, 2017,『대성동고분박물관 재개관 기념 비밀의 문 다시 두드리다』, 金海, 大成洞古墳博物館.

國立金海博物館, 2018,『국립김해박물관』, 金海, 國立金海博物館.

國立金海博物館, 2018,『김해』, 金海, 國立金海博物館.

(2) 부산시

釜山大學校博物館, 1998,『金海의 古墳文化』, 金海, 金海市.

釜山廣域市立博物館福泉分館·國立金海博物館, 2000,『考古學이 찾은 先史와 加耶』, 釜山, 새한出版社

福泉博物館, 2001,『福泉博物館圖錄』, 釜山, 福泉博物館.

福泉博物館, 2002,『古代 동아시아의 文物交流』, 釜山, 福泉博物館.

福泉博物館, 2004,『금관가야와 신라』, 釜山, 福泉博物館.

福泉博物館, 2009,『복천동 고분문화』, 釜山, 福泉博物館.

福泉博物館, 2010,『한국의 고대갑주』, 釜山, 福泉博物館.

福泉博物館, 2013,『선사·고대 옥의 세계』, 釜山, 福泉博物館.

福泉博物館, 2015,『가야와 마한·백제』, 釜山, 福泉博物館.

(3) 진주시

國立晋州博物館, 1984, 『國立晋州博物館圖錄』, 晋州, 國立晋州博物館.

(4) 창원시

國立昌原文化財研究所, 2004, 『韓國의 古代木簡』, (學術調査報告 第25輯), 昌原, 國立昌原文化財研究所.

慶南發展研究院, 2010, 『경남의 역사와 문화유적』, 昌原, 慶南發展研究院.

國立加耶文化財研究所·國立金海博物館, 2010, 『비사벌』, 昌原, 國國立加耶文化財研究所·國立金海博
        物館.

(5) 함안군

咸安博物館, 2004, 『咸安의 遺蹟과 遺物』, 咸安, 咸安博物館.

咸安博物館, 2005, 『安羅國의 象徵 불꽃무늬토기』, 咸安, 咸安博物館.

(6) 합천군

陜川博物館, 2005, 『黃江, 玉田 그리고 多羅國』, 陜川, 陜川博物館.

陜川博物館, 2007, 『황강이 전하는 삶의 흔적』, 陜川, 陜川博物館.

陜川博物館, 2012, 『삼가, 또 하나의 가야왕국』, 陜川, 陜川博物館.

(7) 고성군

固城博物館, 2013, 『固城의 遺蹟과 遺物』, 固城, 固城博物館.

固城博物館, 2017, 『固城 內山里』, 固城, 固城博物館.

4) 전라남도

(1) 광주시

國立光州博物館, 2000, 『特別展新千年(1999~2000)湖南考古學의成果』, 光州, 國立光州博物館.

(2) 순천시

順天市, 2007, 『順天 文化財이야기』, 順天, 順天市.

順天大學校博物館, 2009, 『順天大學校博物館 新築 開館圖錄』, 順天, 順天大學校博物館.

5) 전라북도

(1) 전주시

國立全州博物館, 1991, 『國立全州博物館圖錄』國立全州博物館, 全州, 國立全州博物館.

國立全州博物館, 1995, 『바다와 祭祀-扶安 竹幕洞 祭祀遺蹟』, 全州, 國立全州博物館.

全北大學校博物館, 1997, 『博物館圖錄』, 全州, 全北大學校博物館.

國立全州博物館, 2001, 『韓·日古代人의 흙과 삶』, 全州, 國立全州博物館.

國立全州博物館, 2018, 『전북에서 만나는 가야 이야기』, 全州, 國立全州博物館.

(2) 군산시

群山大學校博物館, 2005, 『全北東北地域의 加耶遺物』, 群山, 群山大學校博物館.

6) 서울시

동화출판공사, 1974, 『한국미술전집 3 토기 토우 와전』, 서울, 동화출판공사.

중앙일보사, 1981, 『한국의 미 5-토기-』, 서울, 중앙일보사.

百濟文化開發研究院, 1984, 『百濟土器圖錄-百濟遺物圖錄 第2輯-』, 서울, 百濟文化開發研究院.

숭실대학교부설한국기독교 박물관, 1986, 『숭실대학교 부설 한국기독교 박물관도록』서울, 숭실대학교
          부설한국기독교박물관.

호림박물관, 1990, 『호림박물관명품선집 Ⅱ』, 서울, 호림박물관.

國立中央博物館, 1991, 『神秘의 古代王國-伽耶特別展-』, 서울, 國立中央博物館.

Edward B.Adams, 1994, Koreas Pottery Heritage Ⅰ, Seoul, Seoul International Publishing House.

國立中央博物館, 1997, 『特別展 韓國古代의 土器』, 서울, 國立中央博物館.

國立中央博物館, 2001, 『謙山崔永道辯護士기증문화재』, 서울, 國立中央博物館.

호림박물관, 2001, 『한국토기의 아름다움』, 서울, 호림박물관.

국립중앙박물관, 2008, 『갈대밭 속의 나라 茶戶里 - 그 발굴과 기록-』, 서울, 국립중앙박물관.

Leeum, 2011, 『삼성미술관 Leeum 소장품 선집, 고미술』, 서울, Leeum.

Leeum, 2013, 『金銀寶華』, 서울, Leeum.

한성백제박물관, 2017, 『가야 백제와 만나다』, 서울, 한성백제박물관.

7) 경기도

湖巖美術館, 1996, 『湖巖美術館 名品圖錄』, 용인, 湖巖美術館.

태평양박물관, 2001,『한국의 토기잔』, 수원, 태평양박물관.

디아모레뮤지움, 2005,『디 아모레뮤지움 소장품 도록』, 수원, 디아모레뮤지움.物館.

경기도박물관, 2006,『한성백제』, 수원, 경기도박물관.

용인대학교박물관, 2014,『토기 그 질박한 역사의 여정』, (우학문화연구제16호), 용인, 용인대학교박
　　　　물관.

일본(발굴조사 보고서)

1. 규슈

1) 나가사키현

水野淸一·樋口隆康·岡崎敬(編), 1953,『對馬』, (東方考古學叢刊2種6冊), 東京, 東亞考古學會.

小田富士雄(編), 1974,『對馬 淺茅灣とその周邊の考古學調查』, (長崎縣文化財調查報告書 第17集), 長
　　　　崎, 長崎縣敎育委員會.

坂田邦洋·永留史彦, 1974,『惠比須山遺蹟發掘調查報告』, 峰, 長崎縣峰村敎育委員會.

坂田邦洋, 1975,『對馬の遺蹟』, 長崎, 繩文文化硏究會.

坂田邦洋, 1976,『對馬の考古學』, 長崎, 繩文文化硏究會.

小田富士雄, 1978,「西日本發見の百濟系土器」,『古文化談叢』第5集, 北九州, 九州古文化硏究會.

藤田和裕(編), 1984,『コフノサエ遺蹟』, (上對馬町文化財調查報告書 第1集), 長崎縣上對馬町敎育委員會.

長崎縣敎育委員會, 1984,『神ノ崎遺蹟』, (小値賀町文化財調查報告書 第4集), 小値賀, 小値賀町敎育委
　　　　員會.

長崎市敎育委員會, 1987,『曲崎古墳群調查報告書』, 長崎, 長崎市敎育委員會.

長崎縣勝本町敎育委員會, 1990,『串山ミルメ浦遺蹟第3次調查報告書』, (勝本町文化財調查報告書 第8
　　　　集), 長崎. 縣勝本町敎育委員會.

芦邊町敎育委員會, 1990,『鬼の窟古墳』, 芦邊, 長崎縣芦邊町敎育委員會.

長崎縣敎育委員會, 1991,「對馬塚古墳」,『縣內古墳群細分布調查報告書』, (長崎縣文化財調查報告書 第
　　　　106集), 長崎, 長崎縣敎育委員會.

本田英樹(編), 1993, 『箕島遺蹟』, (美津島町文化財調査報告書 第6集), 美津島町教育委員會.

峰町教育委員會, 1993, 『大田原やもと遺蹟』, (峰町文化財調査報告書 第10集), 峰, 長崎縣峰町教育委員會.

長崎縣峰村教育委員會, 1995, 『峰町の遺蹟-三根灣岸の遺蹟-』, 峰, 長崎縣峰村教育委員會.

藤田和裕(編), 1998, 『クワバル古墳』, (上對馬町文化財調査報告書 第6集), 長崎縣上對馬町教育委員會.

長崎縣峰町教育委員會, 1998, 『下ガヤノキ遺蹟付錄吉田蒙古塚』, 峰, 長崎縣峰町教育委員會.

田中聰一(編), 2005, 『笹塚古墳』, (壹岐市文化財調査報告書 第5集), 長崎, 長崎縣壹岐市教育委員會.

田中聰一(編), 2006, 『雙六古墳』, (壹岐市文化財調査報告書 第7集), 長崎, 長崎縣壹岐市教育委員會.

2) 후쿠오카현

(1) 후쿠오카시

中山平次郎(外), 1930, 「日拜塚古墳」, 『福岡縣名勝天然記念物調査報告 第5集』, 福岡, 福岡縣.

福岡縣教育委員會, 1970, 『片山古墳群』, (福岡縣文化財調査報告書 第46集), 福岡, 福岡縣.

福岡縣教育委員會, 1977, 『新原・奴山古墳群』, (福岡縣文化財調査報告書 第54集), 福岡, 福岡市教育委員會.

山崎純男・柳沢一男(外), 1977, 『廣石古墳群』, (福岡市埋藏文化財調査報告書 第41集), 福岡, 福岡市教育委員會.

二宮忠司(編), 1979, 『三宅廢寺』, (福岡市埋藏文化財調査報告書 第50集), 福岡, 福岡市教育委員會.

二宮忠司・渡邊和子(編), 1980, 『吉武塚原古墳群』, (福岡市埋藏文化財調査報告書 第54集), 福岡, 福岡市教育委員會.

柳澤一男(外), 1984, 『鋤崎古墳』, (福岡市埋藏文化財調査報告 第112集), 福岡, 福岡縣教育委員會.

柳沢一男・杉山富雄(編), 1985, 『博多Ⅲ-第17・20・21・22次調査の槪要-』, (福岡市埋藏文化財調査報告書 第118集), 福岡, 福岡市教育委員會.

柳沢一男(編), 1986, 『丸隈山古墳Ⅱ』, (福岡市埋藏文化財調査報告書 第146集), 福岡, 福岡市教育委員會.

濱石哲也(編), 1986, 『有田遺蹟群-第81次調査-』, (福岡市埋藏文化財調査報告書 第129集), 福岡, 福岡市教育委員會.

吉留秀敏(編), 1987, 『堤ヶ浦古墳群發掘調査報告書』, (福岡市埋藏文化財調査報告書 第151集), 福岡, 福岡市教育委員會.

井澤洋一(外), 1987, 『博多Ⅶ』, (福岡市埋藏文化財調査報告書 第147集), 福岡, 福岡市教育委員會.

福岡市教育委員會, 1989, 『老司古墳』, (福岡市埋藏文化財調査報告書 第209集), 福岡, 福岡市教育委員會.

濱石哲也(編), 1989, 『吉武遺蹟群IV』, (福岡市埋藏文化財調査報告書 第194集), 福岡, 福岡市教育委員會.

濱石哲也(編), 1994, 『山崎古墳群-第2次調査-』, (福岡市埋藏文化財調査報告書 第380集), 福岡, 福岡市教育委員會.

二宮忠司·大庭友子(編), 1996, 『三郎丸古墳群』, (福岡市埋藏文化財調査報告書 第495集), 福岡, 福岡市教育委員會.

池田祐司·久住猛雄(編), 2000, 『JR筑肥線複線化地內遺蹟埋藏文化財調査報告書』, (福岡市埋藏文化財調査報告書 第654集), 福岡, 福岡市教育委員會.

松浦一之介, 2003, 『元岡·桑原遺蹟群2—桑原石ヶ元古墳群の報告』, (福岡市埋藏文化財調査報告書 第744集), 福岡, 福岡市教育委員會.

横山邦繼(編), 2003, 『吉武遺蹟群XV飯盛吉武圃場整備關係調査報告書19』, (福岡市埋藏文化財調査報告書 第775集), 福岡, 福岡市教育委員會.

大庭康時(編), 2009, 『事蹟鴻臚館蹟-鴻臚館蹟18谷部(堀分)の調査』, (福岡市埋藏文化財調査報告書 第1022集), 福岡, 福岡市教育委員會.

吉武學(編), 2012, 『事蹟鴻臚館蹟-鴻臚館蹟19南館部分の調査(1)』, (福岡市埋藏文化財調査報告書 第1175集), 福岡, 福岡市教育委員會.

吉武學(編), 2014, 『事蹟鴻臚館蹟-鴻臚館蹟21南館部分の調査(3)』, (福岡市埋藏文化財調査報告書 第1248集), 福岡, 福岡市教育委員會.

(2) 후쿠오카현

서부

宮地嶽神社, 1968, 『國宝宮地嶽古墳出土品修理報告書』, 津屋崎, 宮地嶽神社.

石山勳(編), 1977, 『神原·奴山古墳群』, (福岡縣文化財調査報告書 第54集), 福岡, 福岡縣教育委員會.

鈴木隆彦(編), 1978, 『奴山5號古墳發掘調査報告』, 津屋崎, 津屋崎町教育委員會.

石山勳(編), 1981, 『釜塚』, (前原町文化財調査報告書 第4集), 前原, 前原町教育委員會.

伊崎俊秋(編), 1981, 『手光古墳群I』, (福間町文化財調査報告書 第1集), 福間, 福間町教育委員會.

井上裕弘(編), 1983, 『御床松原遺蹟』, (志摩町文化財調査報告書 第3集), 志摩, 志摩町教育委員會.

岡部裕俊(編), 1987, 『井原遺蹟群 福岡縣糸島郡前原町大字井原字上學所在遺蹟調査報告』, (前原町文化財調査報告書 第25集), 前原, 前原町教育委員會.

林覚(編), 1992, 『井原塚廻遺蹟』, (前原町文化財調査報告書 第38集), 前原, 前原町教育委員會.

岡部裕俊(編), 1994, 『井原遺蹟群 井原周邊の古墳群』, (前原市文化財調査報告書 第51集), 前原, 前原市敎育委員會.

岡部裕俊・河村裕一, 1994, 「糸島地方の古墳資料集成(その1)」, 『福岡考古』第16號, 福岡, 福岡縣考古學會.

林覚(編), 1994, 『井ノ浦古墳・辻ノ田古墳群』, (前原市文化財調査報告書 第53集), 前原, 前原市敎育委員會.

西田大輔(編), 1994, 『夜臼・三代地區遺蹟群第4分冊』, (新宮町埋藏文化財發掘調査報告書 第16集), 新宮, 新宮町敎育委員會.

柳田康雄(編), 1999, 『手光古墳群Ⅱ』, (福間町文化財調査報告書 第15集), 福間, 福間町敎育委員會.

西田大輔(編), 1999, 『相島積石塚群』, (新宮町埋藏文化財發掘調査報告書 第9集), 新宮, 新宮町敎育委員會.

井浦一(編), 1999, 『福間割畑遺蹟』, (福間町文化財調査報告書 第14集), 福間, 福間町敎育委員會.

角浩行, 2000, 「伊都國の遺蹟と遺物-糸島地區出土朝鮮半島系遺物について-」, 『嶺南考古學會・九州考古學會第4回合同考古學大會 考古學から見た弁・辰韓と倭』, pp.203~221, 嶺南考古學會・九州考古學會.

북부

梅原末治・小林行雄, 1939, 『筑前國嘉穂郡王塚裝飾古墳』, (京都帝國大學文學部考古學研究室報告 第十五冊), 京都, 京都帝國大學文學部考古學研究室.

宗像神社復興期成會, 1958, 『沖の島-宗像神社沖津宮祭祀遺蹟-』, 東京, 宗像神社復興期成會.

宗像神社復興期成會, 1961, 『續沖の島-宗像神社沖津宮祭祀遺蹟-』, 東京, 宗像神社復興期成會.

渡邊正気, 1963, 『銀冠塚』, 福岡, 福岡縣敎育委員會.

児嶋隆人, 1970, 「福岡縣かって塚古墳調査報告」, 『考古學雜誌』52~3, 東京, 日本考古學會.

酒井仁夫(編), 1979, 『相原古墳群』, (宗像町文化財調査報告書 第1集), 宗像, 宗像町敎育委員會.

原俊一(編), 1982, 『浦谷古墳群I』, (宗像市文化財調査報告書 第5集), 宗像, 宗像市敎育委員會.

佐田茂(編), 1984, 『セスドノ古墳』, (田川市文化財調査報告書 第3集), 田川, 田川市敎育委員會.

藤田等・嶋田光一(編), 1986, 『寺山古墳』, (飯塚市文化財調査報告書 第10集), 飯塚, 飯塚市敎育委員會.

長谷川淸之(編), 1986, 『影塚南遺蹟影塚東遺蹟』, (桂川町文化財調査報告書 第6集), 桂川, 桂川町敎育委員會.

宗像市敎育委員會, 1988, 『久原遺蹟』, (宗像市文化財調査報告書 第19集), 宗像, 宗像市敎育委員會.

橋口達也(編), 1989, 『神原・奴山古墳群』, (津屋崎町文化財調査報告書 第6集), 津屋崎, 津屋崎町敎育委員會.

橫田賢次郎(編), 1990, 『天台寺蹟』, (田川市文化財調査報告書 第6集), 田川, 田川市教育委員會.

橋口達也(編), 1991, 『宮司井手ノ上古墳』, (津屋崎町文化財調査報告書 第7集), 津屋崎, 津屋崎町教育委員會.

嶋田光一, 1991, 「福岡縣櫨山古墳の再檢討」, 『児嶋隆人先生喜寿記念論集-古文化論叢-』, 論叢刊行會.

白木英敏(編), 1994, 『冨地原川原田I』, (宗像市文化財調査報告書 第39集), 宗像市教育委員會.

池ノ上宏·安武千里(編), 1994, 『在自遺蹟群I 津屋崎地區縣營圃場整備事業に伴う發掘調査報告』, (津屋崎町文化財調査報告書 第9集), 津屋崎, 津屋崎町教育委員會.

池ノ上宏·安武千里(編), 1995, 『在自遺蹟群II 縣營圃場整備事業津屋崎地區に伴う發掘調査報告』, (津屋崎町文化財調査報告書 第10集), 津屋崎, 津屋崎町教育委員會.

池ノ上宏(編), 1996, 『在自遺蹟群III』, (津屋崎町文化財調査報告書 第11集), 津屋崎, 津屋崎町教育委員會.

橫田賢次郎(編), 1997, 『大分廢寺』, (筑穂町文化財調査報告書 第3集), 筑穂, 筑穂町教育委員會.

岡崇(編), 2000, 『久原滝ヶ下』, (宗像市文化財調査報告書 第48集), 宗像市教育委員會.

毛利哲久(編), 2000, 『小正西古墳』, (穂波町文化財調査報告書 第12集), 穂波, 穂波町教育委員會.

福津市教育委員會, 2013, 『奴山正園古墳』, 福津, 福津市教育委員會.

九州大學考古學研究室, 2015, 『山の神古墳の研究』, 福岡, 九州大學考古學研究室.

동부

酒井仁夫(編), 1977, 『九州縱貫自動車道關係埋藏文化財調査報告IX』, 福岡, 福岡縣教育委員會.

竹並遺蹟調査會, 1979, 『竹並遺蹟』, 東出版寧樂社.

宇野慎敏(編), 1986, 『潤崎遺蹟』, (北九州市文化財調査報告 第49集), 北九州, 北九州市教育委員會.

岡村秀典·重藤輝行(編), 1993, 『番塚古墳-福岡縣京都郡苅田町所在前方後圓墳の發掘調査-』, 福岡, 九州大學文學部考古學研究室·感苅田町教育委員會.

行橋市教育委員會, 1999, 『鬼熊遺蹟-福岡縣行橋市南泉5丁目所在遺蹟の調査』, (行橋市文化財調査報告書 第27集), 行橋, 行橋市教育委員會.

行橋市教育委員會, 2005, 『稲童古墳群-福岡縣行橋市稲童所在の稲童古墳群調査報告』, (行橋市文化財調査報告書 第32集), 行橋, 行橋市教育委員會.

남부

橋口達也(編), 1979, 『池の上墳墓群』, (甘木市文化財調査報告 第5集), 甘木, 甘木市教育委員會.

柳田康雄(編), 1979,『小田茶臼山古墳』, (甘木市文化財調査報告 第4集), 甘木, 甘木市教育委員會.

森田勉・馬田弘稔(編), 1979,『福岡縣小郡市三沢所在遺蹟群の調査 下巻』, (九州縦貫自動車道關係埋藏
　　　文化財調査報告XXXI集), 福岡, 福岡縣教育委員會.

春日市教育委員會, 1980,『赤井手遺蹟』, (春日市文化財調査報告書 第6集), 春日, 春日市教育委員會.

橋口達也(編), 1982,『古寺墳墓群I』, (甘木市文化財調査報告 第14集), 甘木, 甘木市教育委員會.

舟山良一(編), 1982,『牛頸中通遺蹟群II』, (大野城市文化財調査報告書 第9集), 大野城市教育委員會.

橋口達也(編), 1983,『古寺墳墓群II』, (甘木市文化財調査報告 第15集), 甘木, 甘木市教育委員會.

佐田茂・伊崎俊秋(編), 1983,『立山山古墳』, (八女市文化財發掘調査報告書 第10集), 八女, 八女市教育
　　　委員會.

川述昭人(編), 1984,『瑞王寺古墳』, 筑後, 筑後市教育委員會.

宮田浩之(編), 1987,『津古生掛遺蹟I』, (小群市文化財調査報告書 第40集), 小郡, 小郡市教育委員會.

小田和利(編), 1987,『鬼の枕古墳』, (甘木市文化財調査報告 第19集), 甘木, 甘木市教育委員會.

宮田浩之(編), 1988,『津古生掛遺蹟II』, (小群市文化財調査報告書 第40集), 小郡, 小郡市教育委員會.

児玉真一(編), 1989,『若宮古墳群I-月岡古墳・塚堂古墳・日岡古墳』, (吉井町埋藏文化財發掘調査報告
　　　書 第4集), 吉井, 吉井町教育委員會集), 吉井, 吉井町教育委員會.

平川祐介(編), 1989,『月岡古墳國指定重要文化財出土圖錄』, 吉井, 吉井町教育委員會.

九州大學考古學研究室, 1990,「山隈窯蹟群の調査-福岡縣朝倉郡三輪町所在の初期須恵器窯蹟群-」,
　　　『九州考古學』第65號, pp.49~86, 福岡, 九州考古學會.

宮田浩之(編), 1990,『三沢古墳群I』, (小群市文化財調査報告書 第62集), 小郡, 小郡市教育委員會.

児玉真一(編), 1990,『若宮古墳群II-塚堂古墳・日岡古墳』, (吉井町埋藏文化財發掘調査報告書 第6集),
　　　吉井, 吉井町教育委員會.

宮田浩之(編), 1992,『團体營津古地區圃場整備事業關係埋藏文化財調査報告 津古片曽葉遺蹟 福岡縣
　　　小郡市津古所在遺蹟の調査』, (小郡市文化財調査報告書 第78集), 小郡, 小郡市教育委員會.

速水信也(編), 1992,『三沢古墳群II』, (小群市文化財調査報告書 第79集), 小郡, 小郡市教育委員會.

吉武孝禮(編), 1999,『堤蓮町遺蹟』, (甘木市文化財調査報告 第47集), 甘木, 甘木市教育委員會.

宮崎亮一(編), 2000,『大宰府条坊蹟XV-陶磁器分類編-』, (大宰府市文化財第49集), 大宰府, 大宰府市
　　　教育委員會.

松尾宏(編), 2000,『堤当正寺古墳』, (甘木市文化財調査報告 第49集), 甘木, 甘木市教育委員會.

児玉真一(編), 2005,『若宮古墳群III』, 吉井, 吉井町教育委員會.

3) 사가현

渡邊正気, 1958, 『佐賀市關行丸古墳』, (佐賀縣文化財調査報告書 第7集), 佐賀, 佐賀縣教育委員會.

木下之治, 1973, 『武雄市玉島古墳』, 武雄, 武雄市教育委員會.

木下之治, 1975, 『武雄市潮見古墳』, 武雄, 武雄市教育委員會.

佐賀縣教育委員會, 1980, 『下中杖遺蹟』, (佐賀縣文化財調査報告書 第54集), 佐賀, 佐賀縣教育委員會.

岡崎敬・本村豪章, 1982, 「島田塚」, 『末廬國』, 東京, 六興出版.

唐津灣周邊遺蹟調査委員會(編), 1982, 『末廬國』, 東京, 六興出版.

佐賀縣教育委員會, 1982, 『九州橫斷自動車道關係埋藏文化財發掘調査報告書(2)香田遺蹟』, 佐賀, 佐賀縣教育委員會.

佐賀縣教育委員會, 1983, 『九州橫斷自動車道關係埋藏文化財發掘調査報告書(3)西原遺蹟』, 佐賀, 佐賀縣教育委員會.

森田孝志(編), 1985, 『筑後川下流用水事業に係る文化財調査報告書1』, (佐賀縣文化財調査報告書 第80集), 佐賀, 佐賀縣教育委員會.

佐賀縣教育委員會, 2017, 「汐井川古墳群」, 佐賀, 佐賀縣教育委員會.

4) 오이타현

小田富士雄, 1974, 「大分縣下山古墳出土の鐵鋌」, 『古文化談叢』第2集, pp.67~78, 北九州, 九州古文化研究會.

甲斐忠彦(編), 1986, 『鶴見古墳-史蹟川部・高森古墳群保存修理報告書-』, 宇佐, 宇佐風土記の岡歷史民俗資料館館.

真野和夫(編), 1986, 「免ヶ平古墳」, 『大分縣宇佐風土記の岡歷史民俗資料館紀要』3, 宇佐, 宇佐風土記の岡歷史民俗資料館.

村上久和(編), 1989, 『上ノ原橫穴墓群I』, (大分縣文化財調査報告 第74集), 大分, 大分縣教育委員會.

5) 구마모토현

梅原末治, 1925, 「玉名郡繁根木古墳」, 『熊本縣名勝天然記念物調査報告』第2集, 熊本, 熊本縣.

乙益重隆, 1967, 「不知火町國越古墳」, 『昭和41年度埋藏文化財緊急調査概報』, 熊本, 熊本縣教育委員會.

熊本縣教育委員會, 1975, 『塚原』, (熊本縣文化財調査報告 第16集), 熊本, 熊本縣教育委員會.

本村豪章, 1990, 「古墳時代の基礎研究稿-資料篇(Ⅱ)-」, 『東京國立博物館研究紀要』第26號, pp.9~282,

東京, 東京國立博物館.

甲元眞之(編), 1994, 「野津古墳群」, 『熊本大學文學部考古學硏究室硏究報告 第1集』, 熊本, 熊本大學文學部考古學硏究室.

山城敏昭(編), 1997, 『塚坊主古墳』, (熊本縣文化財調査報告 第161集), 熊本, 熊本縣敎育委員會.

熊本縣敎育委員會, 1998, 『鞠智城蹟』, 熊本, 熊本縣敎育委員會.

中川裕二, 1998, 『小塚古墳』, (天水町文化財調査報告 第1冊), 天水, 天水町敎育委員會.

谷口義介·高木恭二, 1999, 『塚原平古墳』, 不知火, 不知火町敎育委員會.

今田治代(編), 1999, 『野津古墳群Ⅱ』, (龍北町文化財調査報告書 第1集), 龍北龍北町敎育委員會.

菊水町史編纂委員會, 2007, 『菊水町史 江田船山古墳』, 和水, 和水町.

6) 미야자키현

梅原末治, 1941, 「新田原古墳群調査報告」, 『宮崎縣名勝天然記念物調査報告 第11集』, 宮崎, 宮崎縣.

石川恒太郞, 1943, 「六野原古墳調査報告」, 『宮崎縣名勝天然記念物調査報告 第13集』, 宮崎, 宮崎縣.

瀨之口傳九郞·外, 1944, 「六野原古墳調査報告」, 『宮崎縣名勝天然記念物調査報告 第13集』, 宮崎, 宮崎縣.

梅原末治, 1969, 『持田古墳群』, 宮崎, 宮崎縣敎育委員會.

石川恒太郞, 1970, 「えびの市小木原地下式古墳發掘調査」, 『宮崎縣文化財調査報告書 第15集』, 宮崎, 宮崎縣敎育委員會.

石川恒太郞, 1970, 「國富町大坪地下式古墳調査報告」, 『宮崎縣文化財調査報告書 第15集』, 宮崎, 宮崎縣敎育委員會.

石川恒太郞(編), 1972, 『宮崎市下北方町地下式古墳調査報告』, (宮崎縣文化財調査報告書 第16集), 宮崎, 宮崎縣敎育委員會.

宮崎市敎育委員会, 1977, 『下北方地下式横穴第5號』, (宮崎市文化財調査報告書 第3集), 宮崎, 宮崎市敎育委員会.

面高哲郞·長津宗重, 1983, 「宮崎縣都城志和池出土の陶質土器」, 『古文化談叢』12, 北九州, 九州古文化研究會.

有馬義人(編), 2000, 「新田原古墳群3」, 『國指定史蹟新田原古墳群史蹟整備にともなう發掘調査概要報告3』, (新富町文化財調査報告書 第30集), 新富, 新富町敎育委員會.

宮崎市えびの市敎育委員會, 2001, 『島內地下式横穴墓群』, (えびの市文化財調査報告書 第29集), えびの, 宮崎市えびの市敎育委員會.

宮崎市敎育委員會, 2003, 『史蹟生目古墳群-保存整備事業發掘調査概要報告書Ⅳ-』, (宮崎市文化財調

查報告書 第54集), 宮崎, 宮崎市教育委員會.

南正覚雅士·丹俊詞(編), 2003, 『山崎上ノ原第2遺蹟山崎下ノ原第1遺蹟』, (宮崎縣埋藏文化財センター
　　　發掘調查報告書 第79集), 宮崎, 宮崎縣埋藏文化財センター.

7) 가고시마현

鹿児島縣教育委員會, 1985, 『大隅地區埋藏文化財分布調查槪報(橫瀬古墳』, (鹿児島縣文化財調查報告
　　　書 第29集), 鹿児島, 鹿児島縣教育委員會.

鹿児島大學總合研究博物館, 2008, 『大隈串良岡崎古墳群の研究』, (鹿児島大學總合研究博物館研究報
　　　告 No.3), 鹿児島, 鹿児島總合研究博物館.

橋本達也, 2015, 『大隅大崎神領10號墳の研究』, 鹿児島, 鹿児島總合研究博物館.

2. 쥬코쿠·시코쿠

1) 야마구치현

小野忠凞(外), 1977, 『長光寺山古墳』, 宇都, 宇都市教育委員會.

山口縣教育委員會(編), 1979, 『天神山古墳』, 山陽, 山陽町教育委員會.

小田冨士雄(外), 1981, 『松崎古墳』, 宇都, 宇都市教育委員會.

石川克彦(外), 1982, 『天神山古墳Ⅱ』, 山口, 山口縣教育委員會.

福島朝子, 1986, 「山口大學埋藏文化財資料館所藏の新羅系陶質土器について」, 『山口大學構內調查年
　　　報Ⅳ』, 山口, 山口大學.

山內紀, 1988, 「山口縣心光寺2號古墳の出土遺物をめぐって」, 『網干善敎先生華甲記念考古學論集』, 大
　　　阪, 網干善敎先生華甲記念會.

桑原邦彦, 1988, 「山口縣防府市桑山塔ノ尾古墳」, 『古文化談叢』20, pp.157~218, 北九州, 九州古文化
　　　研究會.

乘安和二三(編), 1988, 『國森古墳』, 田布施, 田布施町教育委員會.

岩崎仁志·白岡太·村岡真樹(編), 1992, 『國秀遺蹟-平成3年度縣營圃場整備事業に伴う發掘調查報告
　　　-』, (山口縣埋藏文化財調查報告 第152集), 山口, 山口縣埋藏文化財調查センター.

桑原邦彦, 1993, 「山口縣防府市天神山古墳出土の遺物について」, 『古文化談叢』30(中), 北九州, 九州古
　　　文化研究會.

岩崎仁志(編), 1994,『木ノ山古墳』, 山口, 山口縣教育委員會.

中村徹也, 2000,「すぐも塚横穴群」,『山口縣史資料編』, pp.616~621, 山口, 山口縣.

2) 시마네현

松江市教育委員會, 1978,『史蹟金崎古墳群』, 松江, 松江市教育委員會.

川口幸子・向田薫(編), 1986,『周布小建設予定地內埋藏文化財(森ケ曽根古墳)發掘調査報告書』, 浜田, 浜田市教育委員會.

松本岩雄(編), 1987,『出雲岡田山古墳』, 松江, 島根縣教育委員會.

內山敏行・大谷晃二, 1995,「安来市鳥木横穴墓について」,『八雲立つ風土記の丘』No.133, 八雲立つ風土記の丘.

小谷晃一(編), 1996,『御崎山古墳の研究』, 松江, 島根縣古代文化センター.

出雲市教育委員會, 1996,『上長浜貝塚』, 出雲, 出雲市教育委員會.

松本岩雄(編), 1999,『上塩治築山古墳の研究』, 松江, 島根縣教育委員會.

島根縣教育委員會, 2001,『斐伊川放水路建設予定地內埋藏文化財發掘調査報告書ⅩⅡ-蟹沢遺蹟・上沢Ⅲ遺蹟・古志本郷遺蹟Ⅲ-』, 松江, 國土交通省中國地方整備局出雲工事事務所・島根縣教育委員會.

松尾充晶(編), 2001,『かわらけ谷横穴墓群の研究』, (島根縣古代文化センター調査研究報告書10), 松江, 島根縣埋藏文化財調査センター・島根縣古代文化センター.

角田德幸(編), 2003,『史蹟出雲國府蹟1』, 松江, 島根縣教育委員會.

3) 돗토리현

佐々木謙, 1964,『福岡古墳群』, (佐々木古代文化研究室記錄第3), 米子, 佐々木古代文化研究室.

木村俊夫(編), 1978,『山陰の前期古墳文化の研究』, (山陰考古學研究所記錄第2), 米子, 山陰考古學研究所.

福部村教育委員會, 1978,『湯山6號墳發掘調査報告書』, 福部, 福部村教育委員會.

鳥取縣教育委員會, 1979,『彩色壁畵古墳・梶山古墳緊急發掘調査報告書』, 鳥取, 鳥取縣教育委員會.

鳥取縣教育文化事業團, 1981,『長瀬高浜遺蹟發掘調査報告書Ⅲ』, 鳥取, 財團法人鳥取縣教育文化事業團.

鳥取縣教育文化事業團, 1981,『長瀬高浜遺蹟發掘調査報告書Ⅳ』, 鳥取, 財團法人鳥取縣教育文化事業團.

鳥取縣教育文化事業團, 1983,『長瀬高浜遺蹟發掘調査報告書Ⅵ』, 鳥取, 財團法人鳥取縣教育文化事業團.

中山和之(編), 1990,『向山古墳群』, 淀江, 鳥取縣淀江町歷史民俗資料館.

森下哲哉·外, 1996, 『夏谷遺蹟發掘調査報告書』, (倉吉市文化財調査報告書 第84集), 倉吉, 倉吉市教育委員會.

倉吉市教育委員會, 1996, 『不入岡遺蹟發掘調査報告書』, (倉吉市文化財調査報告書 第85集), 倉吉, 倉吉市教育委員會.

財團法人米子市教育文化事業團, 2000, 『青木稻場遺蹟福市遺蹟(大成地區)』, (米子市教育文化事業團文化財調査報告書35), 財團法人米子市教育文化事業團.

鳥取縣, 2013, 『古郡家1號墳·六部山3號墳の研究』, 鳥取, 鳥取縣.

鳥取市教育委員會, 2018, 『倭文6號墳出土遺物の研究』, 鳥取, 鳥取市教育委員會.

4) 히로시마현

廣島縣教育委員會, 1954, 『三ツ城古墳』, 廣島, 廣島縣教育委員會.

吉舍町教育委員會, 1983, 『三玉大塚』, 吉舍, 吉舍町教育委員會.

櫨井勝(外), 1983, 『龜山古墳第2次發掘調査槪報』, 廣島, 廣島縣教育委員會.

廣島縣教育委員會, 1985, 『池の內遺蹟發掘調査報告』, 廣島, 廣島縣教育委員會.

財團法人廣島市歷史科學敎育事業團, 1991, 『廣島市佐伯區五日市町所在城ノ下A地區遺蹟發掘調査報告』, (財團法人廣島市歷史科學敎育事業團調査報告書 第2集), 廣島, 廣島市歷史科學敎育事業團.

5) 오카야마현

梅原末治, 1957, 「岡山縣下古墳調査記錄2」, 『瀨戶內海研究』9, 10, 瀨戶內海總合研究會.

鎌木義昌(編), 1965, 『隨庵古墳』, 總社, 總社市教育委員會.

鎌木義昌(編), 1965, 『長福寺裏山古墳群』, 岡山, 長福寺裏山古墳群關戶廢寺址推進委員會.

神原英朗(編), 1975, 『用木古墳群』, 山陽, 山陽團地埋藏文化財調査事務所.

神原英朗(編), 1976, 『岩田古墳群』, 山陽, 山陽團地埋藏文化財調査事務所.

村上幸雄(編), 1987, 「法連40號墳」, 『總社市埋藏文化財發掘調査報告4』, 總社, 總社市教育委員會.

津山市教育委員會, 1990, 『一貫西遺蹟』, (津山市埋藏文化財發掘調査報告 第33集), 津山, 津山市教育委員會.

近藤義郎·新納泉(編), 1991, 『岡山市浦間茶臼山古墳』, 京都, 真陽社.

近藤義郎, 1992, 『蒜山原四つ塚古墳群(改訂版)』, 八束村.

津山市教育委員會, 1992, 『長畝山北古墳群』, (津山市埋藏文化財發掘調査報告 第45集), 津山, 津山市教育委員會.

岡山縣教育委員會, 1993,「菅生小學校裏山遺蹟」,『岡山縣埋藏文化財發掘調査報告書81』, 岡山, 岡山縣
　　　　教育委員會.

內藤善史(編), 1993,「淺川古墳群ほか」,『岡山縣埋藏文化財發掘調査報告書123』, 岡山, 岡山縣教育委
　　　　員會.

島崎東(編), 1993,『窪木藥師遺蹟』, 岡山, 岡山縣文化財保護協會.

下沢公明(編), 1996,『齋富遺蹟』, 岡山, 岡山縣文化財保護協會.

行田裕美·坂本心平, 1997,『西吉田北遺蹟』, 津山, 津山市教育委員會.

松木武彦, 2001,「天狗山古墳·天狗山西古墳の發掘調査」,『吉備地域における(雄略朝)期の考古學的研
　　　　究』, (科學研究費補助金基盤研究(B)研究成果報告書), 岡山, 岡山大學文學部.

松木武彦(外), 2014,『天狗山古墳』, 天狗山古墳発掘調査團.

西田和浩(編), 2015,『千足古墳-第1-第4次發掘調査報告書-』, 岡山, 岡山市教育委員會.

6) 에히메현

谷若倫郎(編), 1993,『出作遺蹟I』, 松前, 松前町教育委員會.

松山市教育委員會, 1997,『桧山峠7號墳』, (松山市文化財調査報告書61)松山, 松山市教育委員會.

岡田敏彦, 1999,「鹿の子古墳群」,『縣道今治丹原線の建設に伴う埋藏文化財調査報告書 第2集 鹿の子
　　　　古墳群 新谷森ノ前遺蹟』, (埋藏文化財發掘調査報告書 第78集), 松山, 愛媛縣埋藏文化財調
　　　　査センター.

岡田敏彦, 2001,「愛媛縣における首長墳素描」,『(財)愛媛縣埋藏文化財調査センター研究紀要』第2號,
　　　　pp.1~36, 松山, 財團法人愛媛縣埋藏文化財調査センター.

高尾和生, 2003,『船ヶ谷遺蹟4次調査Ⅱ福音小學校構內遺蹟Ⅲ』, (松山市文化財調査報告書95), 松山,
　　　　松山市教育委員會·財團法人松山市生學習振興財團埋藏文化財調査センター.

7) 가가와현

香川縣, 1983,『新編香川叢書考古編』, 香川, 香川縣.

高橋守·笹川龍一, 1991,『安田東3號墳發掘調査報告書』, 香川, 満濃町教育委員會.

善通寺市教育委員會, 1992,『史蹟有岡古墳群保存整備事業報告書』, 善通寺, 善通寺市教育委員會.

香川縣教育委員會, 1993,『尾崎西遺蹟-平成4年度-』, 香川, 香川縣教育委員會.

片桐孝浩, 2002,『原間遺蹟Ⅱ』, (四國橫断自動車道建設に伴う埋藏文化財発掘調査報告 第42册), 香川,

香川縣敎育委員會.

8) 고치현

山本哲也, 1985,『高岡山古墳群發掘調査報告書』, 高知, 高知縣敎育委員會.

9) 도쿠시마현

西山要一·大崎敏子, 1977,「德島県恵解山第1號古墳出土衝角付冑の保存処理」,『古代硏究』11, 元興寺
　　　　仏敎民俗資料硏究所考古學硏究室.
德島縣文化財センター, 1994,『四國縱貫自動車建設に伴う埋藏文化財發掘調査報告書10柿谷遺蹟·菖
　　　　浦谷西山B遺蹟·山田古墳群A』, 德島, 財團法人德島縣文化財センター.

3. 긴키

1) 효고현

梅原末治(外), 1935,「飾磨郡奧山古墳」, (兵庫縣史蹟名勝天然記念物調査報告11), 神戶, 兵庫縣敎育委
　　　　員會.
梅原末治, 1939,「在田村龜山古墳と其の遺物」, (兵庫縣史蹟名勝天然記念物調査報告14), 神戶, 兵庫縣
　　　　敎育委員會.
小林行雄, 1941,「園田大塚山古墳とその遺物」, (兵庫縣史蹟名勝天然記念物調査報告15), 神戶, 兵庫縣
　　　　敎育委員會.
加古川市敎育委員會, 1965,『印南野-その考古學的硏究-1』, 加古川, 加古川市敎育委員會.
上野哲也, 1966,『姬路丁古墳群』, 姬路, 東洋大學附屬姬路高等學校.
加古川市敎育委員會, 1969,『印南野-その考古學的硏究-2』, 加古川, 加古川市敎育委員會.
姬路市敎育委員會, 1970,『宮山古墳發掘調査槪要』, 姬路, 姬路市敎育委員會.
喜谷美宣, 1970,『史蹟五色塚古墳環境整備事業報告』, 神戶, 神戶市敎育委員會.
阿久津久·小川良太, 1972,『明神古墳群』, 一宮, 一宮町敎育委員會.
姬路市敎育委員會, 1973,『宮山古墳第2次發掘調査槪報』, 姬路, 姬路市敎育委員會.
瀨戶谷晧(編), 1978,『但馬大薮古墳群-北兵庫における大型群集墳』, 養父, 養父町敎育委員會·武庫川
　　　　女子大學考古學硏究會.

瀬戸谷晧(編), 1978,『七ツ塚古墳群』, 豊岡, 但馬考古學研究會.

八賀晋(編), 1982,『京都國立博物館藏-富雄丸山古墳西宮山古墳出土遺物-』, 京都, 京都國立博物館.

兵庫縣揖龍野市教育委員會, 1984,『鳥坂古墳群』, 龍野, 兵庫縣揖龍野市教育委員會.

喜谷美宣, 1985,『カンス塚古墳』, 加古川, 加古川市教育委員會.

松本正信(外), 1986,『法花堂二號墳-甲冑と鐵鋌を出土した小古墳』, (香寺町文化財調査報告1), 香寺, 香寺町教育委員會.

八鹿町教育委員會, 1987,『箕石古墳群』, (兵庫縣八鹿町文化財調査報告書6), 八鹿, 八鹿町教育委員會.

丸山潔, 1990,「城の前地區第24次調査」,『昭和62年度神戸市埋藏文化財年報』, 神戸, 神戸市教育委員會.

近藤義郎(編), 1991,『權現山51號墳』, 岡山, 權現山51號墳刊行會.

藤田史子, 1992,『郡家遺蹟-神戸市東灘區所在御影中町地區第4次調査』, 西ノ宮, 大手前女子大學史學研究所.

加古川市教育委員會, 1997,『行者塚古墳發掘調査概報』, 加古川, 加古川市教育委員會.

龍野市教育委員會, 1998,『中垣內天神山・三昧山古墳群』, (龍野市文化財調査報告19), 龍野, 龍野市教育委員會.

兵庫縣教育委員會, 1999,『向山古墳群・市条寺古墳群・一乗寺経塚・矢別遺蹟』, (兵庫縣文化財調査報告 第191册), 兵庫, 兵庫縣教育委員會.

神戸市教育委員會, 1999,「寒鳳遺蹟 第2次調査」,『平成8年度神戸市埋藏文化財年報』, 神戸, 神戸市教育委員會.

松本正信(外), 2000,『山津屋麦田原』, 揖川, 兵庫縣揖保川町教育委員會.

神戸市教育委員會, 2001,『住吉宮町遺蹟』, 神戸, 神戸市教育委員會.

山田清朝(編), 2005,『市之郷遺蹟』, 兵庫, 兵庫縣教育委員會.

阪口英毅(編), 2006,『小野王塚古墳出土品保存処理報告書』, (小野市文化財調査報告 第27集), 小野, 小野市教育委員會.

大阪大學勝福寺古墳發掘調査團, 2007,『勝福寺古墳の研究』, (大阪大學大學院文學研究科考古學研究報告 第4册), 大阪, 大阪大學大學院文學研究科考古學研究室.

姫路市教育委員會, 2009,『姫路市見野古墳群發掘調査報告書』, 姫路, 姫路市教育委員會.

兵庫縣立考古博物館, 2010,『雲部車塚古墳の研究』, 兵庫, 兵庫縣立考古博物館.

兵庫縣縣立高古博物館, 2010,『事蹟茶すり山古墳』, 兵庫, 兵庫縣教育委員會.

姫路市教育委員會, 2016,『國指定重要文化財宮山古墳出土品』, 姫路, 姫路市教育委員會.

2) 오사카부

梅原末治, 1932, 「久米田寺西方の古墳群」, 『大阪府史蹟名勝天然記念物調査報告』3, 大阪, 大阪府敎育
委員會.

梅原末治, 1932, 「長持山古墳の調査」, 『大阪府の文化財』, 大阪, 大阪府敎育委員會.

末永雅雄·森浩一, 1953, 『河內黑姬山古墳の硏究』, 大阪, 大阪府敎育委員會.

樋口隆康·岡崎敬·宮川步, 1961, 「和泉七觀古墳調査報告」, 『古代學硏究』27, 大阪, 古代學硏究會.

藤直幹·井上薰·北野耕平, 1964, 『河內における古墳の調査』, (大阪大學文學部國史硏究室硏究報告 第
1冊), 豊中, 大阪大學文學部國史硏究室.

西谷正, 1965, 『藤の森·蕃上山二古墳の調査』, 大阪, 大阪府水道局.

堀江門也(外), 1974, 『一須賀古墳群發掘調査槪要』, 大阪, 大阪府敎育委員會.

北野耕平, 1976, 『河內野中古墳の調査』, (大阪大學文學部國史硏究室硏究報告 第2冊), 豊中, 大阪大學
文學部國史硏究室.

中村浩(編), 1980, 『陶邑Ⅲ』, (大阪府文化財調査報告書 第30輯), 大阪, 財團法人大阪府埋藏文化財協會.

赤木克巳(編), 1986, 『城山(その2)近畿自動車道天理-吹田線建設に伴う埋藏文化財發掘調査槪要報告
書』, 大阪, 財團法人大阪文化財センター.

天野末喜(外), 1986, 『古市古墳群』, 藤井寺, 藤井寺市敎育委員會.

柳本照男(編), 1987, 『摂津豊中大塚古墳』, (豊中市文化財調査報告書 第20集), 豊中, 豊中市敎育委員會.

岸本道昭·岡戶哲紀(編), 1990, 『陶邑·伏尾遺蹟A地區近畿自動車道松原南海線建設に伴う發掘調査報
告書』, (財大阪府埋藏文化財協會調査報告書 第60輯), 大阪, 大阪府敎育委員會·財團法人大
阪府埋藏文化財協會.

末永雅雄(編), 1991, 『楯塚·鞍塚·珠金塚古墳』, 奈良, 由良大和古代文化硏究協會.

虎間英喜, 1993, 『久米田古墳群發掘調査槪要』Ⅰ, 岸和田, 岸和田市敎育委員會.

三木弘(編), 1994, 『堂山古墳群』, (大阪府文化財調査報告書 第45輯), 大阪, 大阪府敎育委員會.

西口陽一, 1994, 『野々井西遺蹟·ON231號窯蹟』, 大阪, 大阪府敎育委員會·財團法人大阪府埋藏文化財
協會.

岡戶哲紀(編), 1995, 『陶邑·大庭寺遺蹟Ⅴ』, (財大阪府文化財調査硏究センター報告書 第10集), 大阪,
大阪府敎育委員會·(財)大阪府文化財調査硏究センター.

岡戶哲紀(編), 1995, 『陶邑·大庭寺遺蹟Ⅳ近畿自動車道松原·すさみ線建設に伴う發掘調査報告書 本
文編』, (財大阪府埋藏文化財協會調査報告書 第90輯), 大阪, 大阪府敎育委員會·財團法人大
阪府埋藏文化財協會.

江浦洋(編), 1998,『藏塚古墳』, (財大阪府文化財調査研究センター報告書 第24集), 大阪, (財)大阪府文化財調査研究センター.

吉井秀夫, 1998,『久米田貝吹山古墳第1~4次調査概報』, (立命館大學文學部 學藝員課程研究報告7), 京都, 立命館大學文學部.

大阪市文化財協會, 1999,『長原遺蹟東部地區發掘調査報告Ⅱ』, 大阪, 財團大阪市文化財協會.

交野市教育委員會, 2000,『交野車塚古墳群-交野東車塚古墳(調査編)-』, (交野市埋藏文化財調査報告 1999~1), 交野, 交野市教育委員會.

大阪府教育委員會, 2000,『安威遺蹟』, 大阪, 大阪府教育委員會.

大阪市文化財協會, 2002,『長原遺蹟東部地區發掘調査報告Ⅷ』, 大阪, 財團大阪市文化財協會.

羽曳野市教育委員會, 2002,『史蹟古市古墳群-峰ヶ塚古墳後圓部發掘調査報告書-』, 羽曳野, 羽曳野市教育委員會.

井上智博(編), 2002,『池島・福万寺遺蹟2』, (財)大阪府文化財調査研究センター報告書 第79集), 大阪, (財)大阪府文化財調査研究センター.

下山惠子・吉澤則男, 2002,『事蹟古市古墳群峯ヶ塚古墳後園部發掘調査報告書』羽曳野, 羽曳野市教育委員會.

豊中市史編纂委員會, 2005,「御獅子塚」,『新修 豊中市史 第4卷 考古』, 豊中, 豊中市史編纂委員會.

枚方市文化財調査研究會, 2006,『小倉東遺蹟Ⅱ』, (枚方市文化財調査報告 第48集), 枚方, 枚方市文化財調査研究會.

一瀬和夫, 2009,『古墳時代のシンボル-仁徳陵古墳-』, (シリーズ遺蹟に學ぶ055), 東京, 新泉社.

大阪府教育委員會, 2010,『蔀屋北遺蹟1』, 大阪, 大阪府教育委員會.

奥村茂輝(外), 2010,『高宮遺蹟』, (財)大阪府文化財センター報告書 第206集), 大阪, (財)大阪府文化財センター.

阪口英殼(編), 2014,『七観古墳の研究-1947, 1952年出土遺物の再檢討』, 京都, 京都大學大學院文學研究科.

小森牧人, 2015,「堺市城ノ山古墳にみえる倭と朝鮮半島の交渉-同志社大學所藏 堺市城ノ山古墳出土遺物調査報告(3)にかえて-」,『同志社大學考古學シリーズⅪ森浩一先生に學ぶ』50, pp.511~521, 京都, 同志社大學考古學シリーズ刊行會.

立命館大學文學部, 2016,『久米田古墳群調査報告』, 京都, 立命館大學文學部.

3) 교토부

梅原末治, 1920, 「葛野郡松尾村穀塚」, 『京都府史蹟名勝地調査會報告2』, 京都, 京都府.

安藤信策, 1976, 「大覚寺古墳群發掘調査槪要」, 『埋藏文化財發掘調査槪報』, 京都, 松香堂.

杉本宏(編), 1983, 『隼上り瓦窯蹟發掘調査槪報』, (宇治市埋藏文化財發掘調査槪報第3冊), 宇治, 宇治市教育委員會.

秋山浩三·山中章(編), 1988, 『物集女車塚』, (向日市埋藏文化財調査報告 第23冊), 向日, 向日市教育委員會.

鍋田勇外, 1989, 「私市圓山古墳群」, 『京都府遺蹟調査槪報』第36冊, 京都, 京都府埋藏文化財センター.

森浩一, 1990, 『園部垣內古墳』, 園部, 園部町教育委員會.

八幡市教育委員會, 1990, 『ヒル塚古墳發掘調査槪報』, 八幡, 八幡市教育委員會.

杉本宏(編), 1991, 『宇治二子山古墳發掘調査報告』, 宇治, 宇治市教育委員會.

京都府埋藏文化財センター, 1997, 『瓦谷古墳群』, (京都府遺蹟調査報告 第23冊), 京都, 京都府埋藏文化財センター.

河野一隆(編), 1997, 「奈具岡北古墳群」, 『京都府遺蹟調査槪報』第76冊, 京都, 京都府埋藏文化財センター.

河野一隆, 1997, 「奈具岡北古墳群」, 『京都府遺蹟調査槪報』第76冊, 京都, 京都府埋藏文化財センター.

小池寬, 1998, 「森垣外遺蹟第2次調査」, 『京都府遺蹟調査槪報』第86冊, 京都, 京都府埋藏文化財センター.

樋口隆康, 1998, 『椿井大塚山古墳發掘調査報告』, (京都府相樂郡郡山城町埋藏文化財調査報告 第20集), 京都, 真陽社.

門田誠一(編), 2001, 『園部岸ヶ前古墳群発掘調査報告書』, 佛教大学校地調査委員會.

京都市埋藏文化財研究所, 2002, 『平成11年度京都市埋藏文化財調査槪要』, 京都, 京都市埋藏文化財研究所.

浜中邦弘·田中元浩, 2006, 「宇治市街遺蹟(宇治妙樂55)古墳時代流路SD302について−出土須恵器と年代観の檢討を主として−」, 『第14回京都府埋藏文化財研究會發表資料集−京都府內最新の研究成果−』, 京都, 京都府埋藏文化財研究會.

城陽市教育委員會, 2009, 『城陽市埋藏文化財調査報告書』, 城陽, 城陽市教育委員會.

岩崎誠(外), 2012, 『長岡京市文化財調査報告書 第62冊─國史蹟恵解山古墳の調査─』, 長岡京, 長岡京市教育委員會.

4) 시가현

肥後和男, 1929, 『大津京の研究』, 大津, 滋賀縣保勝會.

西田弘·鈴木博司·金關恕, 1961, 『新開古墳』, (滋賀縣史蹟調查報告 第十二册), pp.34~57, 大津, 滋賀縣教育委員會.

丸山龍平·福岡澄男, 1969, 「大津北部の古墳文化」, 『滋賀縣文化財調查報告書4』, 大津, 滋賀縣教育委員會.

田邊昭三(編), 1973, 『湖西線關係遺蹟發掘調查報告書』, 大津, 滋賀縣教育委員會.

西田弘, 1974, 『畑尻遺蹟』, (大津市文化財調查報告書1), 大津, 大津市教育委員會.

池佐藤宗諄, 1975, 『穴太下大門遺蹟』, (大津市文化財調查報告書3), 大津, 大津市教育委員會.

中司照世·川西廣幸, 1980, 「滋賀縣北谷11號墳の研究」, 『考古學雜誌』66~2, 東京, 日本考古學會.

松本俊和, 1982, 「滋賀里遺蹟見世二丁目字馬艸1391, 5發掘調查報告」, 『滋賀里·穴太地區遺蹟群發掘調查報告書Ⅱ』, (大津市埋藏文化財調查報告書5), 大津, 大津市教育委員會.

長浜市教育委員會, 1988, 『越前塚發掘調查報告書』, (長浜市埋藏文化財調查資料第5集), 長浜, 長浜市教育委員會.

田保信, 1989, 『櫟本高塚遺蹟發掘調查報告』, 櫟本高塚遺蹟發掘調查團.

福田敬, 1994, 『大谷南遺蹟發掘調查報告書』, (大津市埋藏文化財調查報告書24), 大津, 大津市教育委員會.

靑山均, 1994, 『穴太遺蹟(彌生町地區)發掘調查報告書』, (大津市埋藏文化財調查報告書15), 大津, 大津市教育委員會.

小野山節(編), 1995, 『琵琶湖周邊の6世紀を探る』, 京都, 京都大學文學部考古學研究室.

野洲町教育委員會, 2001, 『史蹟大岩山古墳群-天王山古墳·圓山古墳·甲山古墳調查整備報告書』, (野洲町文化財調查報告書 第26集), 野洲, 野洲町教育委員會.

淸水ひかる(外), 2004, 『下五反田遺蹟』, 大津, 滋賀縣教育委員會·滋賀縣文化財保護協會.

林修平·細川修平, 2012, 『古代甲賀の首長と副葬品—塚越古墳出土遺物調查報告—』, (甲賀市史編纂叢書 第8集), 甲賀, 甲賀市教育委員會.

5) 나라현

梅原末治, 1921, 『佐味田新山古墳研究』, 東京, 岩波書店.

內務省, 1927, 『奈良縣に於ける指定史蹟』第2册, (內務省編纂史蹟調查報告 第三), 東京, 內務省.

史蹟名勝天然記念物保存協會, 1928, 『奈良縣に於ける指定史蹟』第1册, (史蹟調查報告 第三), 東京, 刀江書院.

佐藤小吉·末永雅雄, 1930, 「円照寺墓山第一號古墳調查」, 『奈良縣史蹟名勝天然記念物調查報告』11, 奈良, 奈良縣.

末永雅雄, 1949,『奈良市法華寺町ウナワベ古墳群大和第三, 第四, 第五, 第六號古墳調査』, (奈良縣史蹟名勝天然記念物調査報告抄報第4册), 奈良, 奈良縣教育委員會.

小島俊次·伊達宗泰, 1957,『珠城山古墳』, 奈良, 奈良縣教育委員會.

奈良國立文化財研究所, 1958,『飛鳥寺』, 京都, 真浜田耕作.

秋山日出雄·網干善教, 1959,『室大墓』, (奈良県史蹟名勝天然記念物調査報告 第18册), 奈良, 奈良縣教育委員會.

伊達宗泰, 1960,『大三輪町穴師珠城山2號·3號墳』, 奈良, 奈良縣教育委員會.

網干善教, 1961,『五条猫塚古墳』, (奈良縣史蹟名勝天然記念物調査報告 第20册), 奈良, 奈良縣教育委員會.

網干善教·友成誠司, 1974,『谷畑古墳』, 榛原, 榛原町教育委員會.

白石太一郎·河上邦彦·龜田博·千賀久, 1976,『葛城·石光山古墳群』, (奈良縣史蹟名勝天然記念物調査報告 第31册), 橿原, 奈良縣立橿原考古學研究所.

奈良縣立橿原考古學研究所(編), 1977,『新沢千塚126號墳』, 奈良, 奈良縣立橿原考古學研究所.

網干善教, 1977,『牽牛子塚古墳』, 明日香, 明日香村教育委員會.

奈良縣立橿原考古學研究所(編), 1981,『新沢千塚古墳群』, (奈良縣史蹟名勝天然記念物調査報告書 第39册), 奈良, 奈良縣教育委員會.

八賀晋(編), 1982,『京都國立博物館藏-富雄丸山古墳西宮山古墳出土遺物-』, 京都, 京都國立博物館.

阪口俊幸, 1983,「南山古墳群」,『日本考古學年報361983年度版』, 日本考古學協會.

河上邦彦(編), 1984,『市尾墓山古墳』, 高取, 高取町教育委員會.

奈良國立文化財研究所, 1985,「石神遺蹟第4次調査」,『飛鳥·藤原宮發掘調査概報15』, 奈良, 奈良國立文化財研究所.

今尾文昭(外), 1986,『掖上鑵子塚古墳測量調査報告』, 南葛城地域の古墳文化研究會.

阪口俊孝, 1986,「奈良縣南山古墳群」,『日本考古學年報36』, 東京, 日本考古學會.

關川尙功(編), 1987,『与樂古墳群』, 橿原, 奈良縣立橿原考古學研究所.

奈良國立文化財研究所飛鳥藤原宮蹟發掘調査部, 1987,「左京六条三坊の調査(第47·50次)」,『飛鳥·藤原宮發掘調査概報17』, 奈良, 奈良國立文化財研究所飛鳥藤原宮蹟發掘調査部.

奈良縣立橿原考古學研究所, 1987,『榛原町下井足遺蹟群』, (奈良縣史蹟名勝天然記念物調査報告 第52册).橿原, 奈良縣立橿原考古學研究所.

新庄町教育委員會·奈良縣立橿原考古學研究所, 1988,『寺口忍海古墳群』, 奈良, 新庄町教育委員會·奈良縣立橿原考古學研究所.

御所市教育委員會, 1988,『巨勢山古墳群2』, 御所, 御所市教育委員會.

奈良縣立橿原考古學研究所, 1990,『斑鳩藤ノ木古墳-第1次調査報告書』, 奈良, 斑鳩町・斑鳩町教育委員會.

泉武・山田圭子(編), 1990,『星塚・小路遺蹟』, (天理市埋藏文化財調査報告 第4集), 天理, 天理市教育委員會.

奈良縣立橿原考古學研究所, 1991,『寺口千塚』, 橿原, 奈良縣立橿原考古學研究所.

奈良縣立橿原考古學研究所, 1995,『斑鳩藤ノ木古墳第二・三次發掘調査報告書』, 奈良, 斑鳩町・斑鳩町教育委員會.

奈良縣立橿原考古學研究所, 1995,『斑鳩藤ノ木古墳第二・三次發掘調査報告書』, 奈良, 斑鳩町・斑鳩町教育委員會.

靑柳泰介, 1996,「井戶遺蹟・南鄕安田遺蹟發掘調査槪報」,『奈良縣遺蹟調査槪報1995年度』, 橿原, 奈良縣立橿原考古學研究所.

坂靖(外), 1996,『南鄕遺蹟群Ⅰ』, (奈良縣史蹟名勝天然記念物調査報告 第69冊), 橿原, 奈良縣立橿原考古學研究所.

藤田和尊・木許守, 1999,『台風7號被害による室宮山古墳出土遺物』, 御所, 御所市教育委員會.

奈良文化財研究所, 2002,『大和山田寺蹟』, 奈良, 奈良國立文化財研究所.

奈良縣立橿原考古學研究所, 2003,『後出古墳群』, (奈良縣史蹟名勝天然記念物調査報告 第61集), 橿原, 奈良縣立橿原考古學研究所.

伊藤雅和・木村充保(編), 2003,『中町西遺蹟』, (奈良縣立橿原考古學研究所調査報告 第85冊), 橿原, 奈良縣立橿原考古學研究所.

奈良文化財研究所, 2007,『法隆寺若草伽藍蹟發掘調査報告書』, 奈良, 奈良國立文化財研究所.

奈良文化財研究所, 2008,『特別史蹟 キトラ古墳發掘調査報告書』, 奈良, 奈良國立文化財研究所.

土橋理子(外), 2008,『向山遺蹟』, (奈良縣文化財調査報告書127冊), 橿原, 奈良縣立橿原考古學研究所.

金關恕, 2010,『東大寺山古墳の研究』, 天理, 東大寺山古墳研究會・天理大學・天理大學附屬博物館.

櫻井市立埋藏文化財センター, 2010,『櫻井の横穴式石室を訪ねて』, 櫻井, (財)櫻井市文化財協會.

小島靖彦・辰巳陽一(編), 2011,『下田東遺蹟』, 香芝, 香芝市教育委員會.

奈良國立博物館, 2013・2014・2015,『五條猫塚古墳の研究』, 奈良, 奈良國立博物館.

淸喜祐二(編), 2017,『宇和那邊陵墓参考地旧陪塚ろ號(大和6號墳)-出土の遺物整理報告-』, 東京, 宮內廳書陵部陵墓課.

6) 와카야마현

樋口隆康·西谷真治·小野山節, 1959,『大谷古墳』, 和歌山, 和歌山市教育委員會.

末永雅雄(編), 1967,『岩橋千塚』, 和歌山, 和歌山市教育委員會.

金谷克巳, 1970,『紀伊の古墳』3, 京都, 綜藝社.

關西大學文學部考古學研究室, 1972,『和歌山市における古墳文化』, 和歌山, 和歌山市教育委員會.

和歌山大學考古學研究會, 1973,「上野山古墳調査報告」,『埴輪』9, 和歌山, 和歌山大學考古學研究會.

和歌山縣教育委員會, 1984,『鳴滝地區遺蹟發掘調査報告書』, 和歌山, 和歌山縣教育委員會.

和歌山縣教育委員會, 1984,『鳴神地區遺蹟發掘調査報告書』, 和歌山, 和歌山縣教育委員會.

和歌山縣文化財センター, 1990,『田屋遺蹟發掘調査報告書』, 和歌山, 和歌山縣文化財センター.

和歌山市教育委員會, 1993,『車駕之古址古墳發掘調査概報』, 和歌山, 和歌山市教育委員會.

和歌山縣教育委員會, 2001,『岩橋千塚周邊古墳群發緊調査報告書』, 和歌山, 和歌山縣教育委員會.

和歌山縣文化財センター, 2003,『西庄遺蹟』, 和歌山, 和歌山縣文化財センター.

7) 미에현

榧本龜次郎, 1954,『三重考古圖錄』, 明和, 三重縣教育委員會.

鈴鹿市教育委員會, 1966,『鈴鹿市經塚古墳』, 鈴鹿, 鈴鹿市教育委員會.

明和町教育委員會, 1973,『神前山第1號墳發掘調査報告書』, 明和町教育委員會.

小玉道明(外), 1988,『井田川茶臼山古墳』, (三重縣史蹟調査報告 第26冊), 三重, 三重縣教育委員會.

朝日町教育委員會, 1988,『縄生廢寺蹟發掘調査報告』, (朝日町文化財調査報告1), 朝日, 朝日町教育委員會.

津市教育委員會, 1991,『メクサ3號墳發掘調査報告』, (津市文化財調査報告20), 津, 津市教育委員會.

三重縣埋藏文化財センター, 1994,『大里西沖遺蹟(2次)』, 三重, 三重縣埋藏文化財センター.

穂積裕昌(外), 2002,『六大A遺蹟發掘調査報告』, 三重, 三重縣埋藏文化財センター.

三重縣埋藏文化財センター, 2005,『天花寺丘陵內遺蹟群發掘調査報告Ⅵ天花寺城蹟·小谷赤坂遺蹟·小谷古墳群(第6·7 次調査)』, (三重縣埋藏文化財調査報告259), 三重, 三重縣埋藏文化財センター.

豊田祥三, 2006,「付編近代古墳発掘調査報告—伊賀市下神戸所在—」,『天童山古墳群発掘調査報告』, 三重県埋藏文化財センター.

三重縣埋藏文化財センター, 2009,『木造赤坂遺蹟』, 三重, 三重縣埋藏文化財センター.

志摩市教育委員會, 2016,『おじょか古墳發掘調査報告書』, 志摩, 志摩市教育委員會.

4. 호쿠리쿠

1) 후쿠이현

齋藤優, 1973, 『天神山古墳群』, 福井, 鯖江市教育委員會.

福井縣教育委員會, 1979, 『立洞2號墳耶山ノ上1號墳』, (北陸自動車關係遺蹟調査報告書13), 福井, 福井縣教育委員會.

齋藤優, 1979, 『改訂松岡古墳群』, 福井, 福井縣松岡町教育委員會.

齋藤優, 1979, 『若狹上中町の古墳』, 上中, 上中町教育委員會.

靑木豊昭, 1985, 「天神山7號墳」, 『第3回特別展遺蹟は語る』, 福井, 福井縣立博物館.

中司照世, 1986, 「Ⅳ古墳時代」, 『圖說發掘か語る日本史3-東海北陸-』, 東京, 新人物往來社.

上中町教育委員會, 1992, 『向山1號墳』, 上中, 上中町教育委員會.

中司照世, 1993, 「日本海中部の古墳文化」, 『新版古代の日本7-中部-』, 東京, 角川書店.

福井縣教育委員會, 1997, 「若狹地方主要前方後円墳總合調査報告書」, 福井, 福井縣教育委員會.

入江文敏, 2001, 「若狹越所在の首長墓出土の半島系遺物」, 『古墳時代の加耶と倭-繼体大王時代の日韓交流-』, 松岡, 松岡越の國傳說實行委員會.

松井政信・淺野良治(編), 2005, 『石舟山古墳・鳥越山古墳・二本松山古墳』, 松岡, 松岡町教育委員會・永平寺町教育委員會.

福井市教育委員会, 2011, 『河合寄安遺蹟』, 福井, 福井市教育委員会.

古川登(編), 2012, 『福井市古墳発掘調査報告書Ⅰ』, 福井, 福井市教育委員会.

若狹町, 2015, 『若狹向山1號墳』, 若野毛大塚：寺田良喜・三浦淑子(編)狹町.

2) 이시카와현

後藤修一, 1937, 「加賀國江沼郡勅使村字二子塚所在狐塚古墳」, 『古墳發掘報告』, 東京, 帝室博物館.

土肥富士夫(編), 1986, 『矢田遺蹟』, 七尾, 石川縣七尾市教育委員會.

宮下幸夫・樫田誠(編), 1989, 『後山無常堂古墳・後山神明3號墳発掘調査報告書』, 小松市教育委員會.

加賀市教育委員會, 1990, 『吸坂丸山古墳群』, 加賀, 加賀市教育委員會.

樫田誠, 1992, 『矢田野エジリ古墳發掘調査報告書』, 小松, 石川縣小松市教育委員會.

吉岡康・河村好光(編), 1997, 『加賀能美古墳群』, 寺井, 石川縣寺井町・寺井町教育委員會.

三浦俊明(編), 2004, 『下開発茶臼山古墳群Ⅱ』, 辰口町教育委員会.

能美市教育委員會, 2017, 『能美古墳群總括編』, 能美, 能美市教育委員會.

3) 도야마현

富山縣敎育委員會, 1973, 『富山縣氷見市朝日長山古墳群調査報告書』, 富山, 富山縣敎育委員會.

富山縣敎育委員會, 1978, 『富山縣高岡市櫻谷古墳群調査報告書』, 富山, 富山縣敎育委員會.

伊藤隆三(外), 1986, 『若宮古墳』, 小谷部, 小谷部市敎育委員會.

富山縣文化振興財團, 2014, 『加納南古墳群 · 稻積オオヤチ古墳群發掘調査報告書』, 富山, 富山縣文化
振興財團.

4) 니이가타현

甘粕健 · 小野昭, 1985, 『保內三王山古墳群測量調査報告書』, 三條, 三条市敎育委員會.

三条市敎育委員會, 1989, 『保內三王山古墳群』, 三条, 三条市敎育委員會.

5. 도카이 · 쥬부

1) 기후현

岐阜縣史編纂委員會, 1972, 『岐阜縣史 通史 · 原始』, 岐阜, 岐阜縣史編纂委員會.

岐阜市史編纂委員會, 1979, 『岐阜市史 史料編 考古 · 文化財』, 岐阜, 岐阜市史編纂委員會.

池田町敎育委員會, 1985, 『中八幡古墳發掘調査報告書』, 池田, 池田町敎育委員會.

岐阜縣 · 岐阜縣敎育委員會, 1986, 『椿洞古墳群-公共急傾斜地防災事業に伴う緊急發掘調査』, 岐阜, 岐
阜縣敎育委員會.

伊藤禎樹 · 尾谷雅彦, 1991, 「岐阜縣鎧塚の陶質土器」, 『考古學雜誌』77~2, 東京, 日本考古學會.

船來山古墳群調査會, 1999, 『船來山古墳群』, 船來山古墳群調査團.

大垣市敎育委員會, 2003, 『大垣市の古墳時代』, 大垣, 大垣市敎育委員會.

大垣市敎育委員會, 2003, 『史蹟昼飯大塚古墳』, (大垣市文化財調査報告12集), 大垣, 大垣市敎育委員會.

渡邊博人(編), 2003, 『大牧1號墳發掘調査報告書』, 各務原, 各務原市敎育委員.

橫幕大祐 · 內山敏行 · 鈴木一有, 2005, 『中八幡古墳資料調査報告書』, 池田, 池田町敎育委員會.

岐阜市敎育文化振興事業團, 2007, 『船木山古墳群』, 岐阜市敎育文化振興事業團.

遊塚古墳群資料調査檢討會, 2011, 「遊塚古墳群出土遺物報告」, 『大垣市史』考古編, 大垣, 大垣市.

2) 아이치현

木村光一(編), 1996, 『埋藏文化財調査報告書24伊勢山中學校遺蹟(第5次)』, (名古屋市文化財調査報告
　　　　31), 名古屋, 名古屋市教育委員會.

鈴木正貴, 1998, 「矢迫遺蹟」, 『年報平成9年度』, (財)愛知縣埋藏文化財センター.

岩原剛, 2001, 『三ツ山古墳調査槪要(Ⅲ)』, 豊橋, 豊橋市教育委員會.

名古屋市教育委員會, 2017, 『志段味古墳群3─志段味大塚古墳の副葬品─』, 名古屋, 名古屋市教育委員會.

3) 시즈오카현

後藤修一·內藤政光·高橋勇(編), 1939, 『松林山古墳』, (1975年復刻), 静岡, 静岡縣文化財保護協會.

內藤晃·大塚初重(編), 1961, 『三池平古墳』, 庵原, 庵原町教育委員會.

盤田市教育委員會, 1977, 『盤田67號墳發掘調査報告書』, 盤田, 盤田市教育委員會.

藤枝市教育委員會, 1983, 『若王子釣瓶落古墳群』, 藤枝, 藤枝市教育委員會.

静岡縣袋井市教育委員會·財團法人元興寺文化財研究所, 1994, 『團子塚九號墳』, 袋井, 袋井市教育委員會.

原秀三郎(編), 1995, 『遠江堂山古墳』, 磐田, 静岡縣磐田市教育委員會.

鈴木敏則(編), 1998, 『千人塚古墳 , 千人塚平古墳·宇藤坂古墳群』, 浜松, 浜松市教育委員會.

鈴木一有(編), 1999, 『五ヶ山B2號墳-静岡縣盤田郡浅羽町五ヶ山B2號墳発掘調査報告書』, 浅羽町教育
　　　　委員会.

白沢崇(編), 1999, 『石ノ形古墳』, 袋井, 袋井市教育委員会.

田村隆太郎·鈴木一有, 2008, 『森町円田丘陵の古墳群』, (静岡縣埋藏文化財調査研究所調査報告　第186
　　　　集), 静岡埋埋藏文化財調査研究所.

静岡縣埋藏文化財調査研究所, 2009, 『菊川市上平川の遺蹟群』, 静岡, 静岡縣埋藏文化財調査研究所.

4) 나가노현

森本六爾, 1929, 『川柳將軍塚古墳の研究』, 東京, 岡書院.

大場磐雄(外), 1966, 『信濃淺間古墳』, 本郷, 本郷村教育委員會.

長野市教育委員會, 1968, 『信濃長原古墳群』, (長野縣考古學會研究報告書5), 長野, 長野市教育委員會.

飯田市教育委員會, 1971, 『妙前大塚(3號)古墳發掘調査報告書』, 飯田, 飯田市教育委員會.

今村善興, 1983, 「畦地1號古墳」, 『長野縣史考古資料編全一卷(三)主要遺蹟(南信)』, pp.1,114~1,118,
　　　　長野, 長野縣.

長野市教育委員會, 1988,『地附山古墳群』, (長野市埋藏文化財第30集), 長野, 長野市教育委員會.

飯田市教育委員會, 1990,『高岡遺蹟―高岡3・4號墳―』, 飯田, 飯田市教育委員會.

飯田市教育委員會, 1992,『八幡原遺蹟　物見塚古墳』, 飯田, 飯田市教育委員會.

松本市教育委員會, 1994,『松本市出川南遺蹟Ⅳ平田里古墳群―緊急發掘調査報告書―』, 松本, 松本市
　　　　教育委員會.

小林正春(編), 2000,『宮垣外遺蹟・高屋遺蹟』, 飯田, 長野縣飯田市教育委員會.

須坂市教育委員會, 2000,『長野縣史蹟八丁鎧塚』, 須坂, 須坂市教育委員會.

小林正春(編), 2001,『溝口の塚古墳』, 飯田, 長野縣飯田市教育委員會.

木島平村教育委員會, 2002,「根塚遺蹟」, 木島平, 木島平村教育委員會.

小林正春(編), 2003,『北本城々蹟・北本城古墳』, 飯田, 長野縣飯田市教育委員會.

松本市教育委員會, 2003,「櫻ヶ丘古墳　再整理報告書」, 松本, 松本市教育委員會.

長野縣飯田市教育委員會, 2007,『飯田における古墳の出現と展開』, 飯田, 長野縣飯田市教育委員會.

明治大學文學部考古學硏究室, 2015,『信濃大室積石塚古墳群の硏究4』, 東京, 明治大學文學部考古學硏
　　　　究室.

飯田市教育委員會, 2017,『北方西の原遺蹟』, 飯田, 飯田市教育委員會.

6. 간토·도호쿠

1) 가나가와현

石野瑛, 1935,「橫浜市磯子區室の木古墳調査記」,『考古學雜誌』第25券第6號, 東京, 日本考古學會.

日野一郎, 1961,『真土大塚山古墳』, (平塚市文化財調査報告書3集), 平塚, 平塚市教育委員會.

赤星直忠, 1961,「伊勢原町登尾山古墳」,『埋藏文化財調査報告1』, 神奈川, 神奈川縣教育委員會.

本村豪章, 1974,「相模真土大塚山古墳の再檢討」,『考古學雜誌』第60券第1號, 東京, 日本考古學會.

2) 도쿄도

小出義治(外), 1985,「龜塚古墳」,『狛江市史』, 狛江, 狛江市.

寺田良喜・三浦淑子(編), 1999,『野毛大塚古墳』, 世田谷, 世田谷区教育委員会・野毛大塚古墳調査会.

3) 지바현

大場磐雄・龜井正道, 1951,「上總國姉崎二子塚古墳調査槪報」,『考古學雜誌』37~3, 東京, 日本考古學會.

滝口宏, 1952, 『上總金鈴塚古墳』, 東京, 早稻田大學考古學研究室.

甘粕健(編), 1969, 『我孫子古墳群』, 東京, 東京大學考古學研究室·我孫子町教育委員會.

市毛勳(編), 1971, 『千葉縣香取郡下總町大日山古墳』, 千葉, 千葉縣教育委員會.

小出義治(編), 1980, 『上總山王山古墳』, 市原, 千葉縣市原市教育委員會.

村井嵒雄, 1988, 「千葉縣木更津市大塚山古墳出土遺物の研究」, 『MUSEUM』No.189, 東京, 東京國立博物館.

平野功, 1989, 「布野台遺蹟の調査」, 『小見川町內遺蹟群發掘調査報告書1988年度』, 小見川, 小見川町教育委員會.

千葉縣埋藏文化財センター, 1990, 『佐倉市大作遺蹟-佐倉三工業團地造成に伴う埋藏文化財發掘調査報告書Ⅶ-』, 千葉縣埋藏文化財センター.

白井久美子, 2004, 「姉崎古墳群」, 『千葉縣の歴史資料編考古2』, pp.682~706, 千葉, 千葉縣.

白井久美子·西野雅人, 2004, 「生實椎名崎遺蹟群」, 『千葉縣の歴史資料編考古2』, pp.762~776, 千葉, 千葉縣.

小沢洋, 2004, 「內裏塚古墳群」, 『千葉縣の歴史資料編考古2』, pp.500~522, 千葉, 千葉縣.

酒井清治, 2004, 「大森第2遺蹟」, 『千葉縣の歴史資料編考古2』, pp.785~787, 千葉, 千葉縣.

平野功, 2004, 「城山古墳群」, 『千葉縣の歴史資料編考古2』, pp.1023~1027, 千葉, 千葉縣.

4) 야마나시현

山梨縣, 1931, 『山梨縣史蹟名勝天然記念物調査報告 第5集(大丸山古墳)』, 山梨, 山梨縣.

小林廣和(外), 1979, 『甲斐茶塚古墳』, 山梨, 山梨縣教育委員會.

甲府市教育委員會, 2001, 『横根櫻井積石塚古墳群調査報告書』, 甲府, 山梨縣教育委員會.

5) 사이타마현

村井嵒雄, 1956, 「武藏國川田谷熊野神社境內の古墳」, 『考古學雜誌』41~3, 東京, 日本考古學會.

埼玉縣立さきたま資料館, 1980, 『埼玉稻荷山古墳』, 浦和, 埼玉縣教育委員會.

埼玉縣史編纂室, 1982, 「大寺廢寺」·「高岡廢寺」, 『埼玉縣古代寺院蹟調査報告書』, 埼玉縣史編纂室.

行田市教育委員會, 1988, 『酒巻古墳群』, 行田, 行田市教育委員會.

若松良一(外), 1989, 『奧の山古墳·瓦塚古墳·中の山古墳』, 浦和, 埼玉縣教育委員會.

岡本健一(編), 1997, 『將軍山古墳』, 浦和, 埼玉縣教育委員會.

6) 군마현

澁川市敎育委員會, 1978, 『丸山古墳發掘調査報告書』, (澁川市文化財發掘調査報告Ⅱ), 澁川, 澁川市敎育委員會.

澁川市敎育委員會, 1988, 『行幸田山遺蹟』, 澁川, 澁川市敎育委員會.

田口一郎, 1988, 「下芝谷ツ古墳」, 『日本考古學年報』39, 東京, 日本考古學協會.

高崎市敎育委員會, 1992, 『觀音塚古墳調査報告書』, 高崎, 高崎市敎育委員會.

志村哲, 1993, 『範囲確認調査報告書Ⅲ平井地區1號古墳』, 藤岡, 藤岡市敎育委員會.

群馬縣敎育委員會·財團法人群馬縣埋藏文化財調査事業團, 1998, 『綿貫観音山古墳Ⅰ-墳丘·埴輪編-』, 勢多, 群馬縣考古資料普及會.

田口一郎, 1998, 「下芝·八ツ古墳の飾履が提起する問題—東國の渡来文化研究Ⅱ—」, 『日本考古学協会第64回總會研究発表要旨』日本考古學協會.

群馬縣敎育委員會·財團法人群馬縣埋藏文化財調査事業團, 1999, 『綿貫観音山古墳Ⅱ-石室·遺物編-』, 勢多, 群馬縣考古資料普及會.

群馬縣敎育委員會, 2000, 『保渡田八幡塚古墳, 群馬縣敎育委員會.

高崎市敎育委員會, 2001, 『劍崎長瀞西遺蹟1-浄水場建設に伴う發掘調査報告書 第1集』, (高崎市文化財調査報告書 第179集), 高崎, 高崎市敎育委員會.

大工原豊(外), 2003, 『簗瀬二子塚古墳·簗瀬首塚古墳』, 安中市敎育委員會.

專修大學考古學研究室, 2003, 『劍崎長瀞西5·27·35號墳-劍崎長瀞西遺蹟2-』, (專修大學考古學研究室研究報告 第1冊), 神奈川, 專修大學考古學研究室.

深澤敦仁, 2004, 「多田山古墳群」, 群馬県埋藏文化財調査事業團.

群馬縣敎育委員會, 2007, 『群馬縣古墳總覽』.

若狹徹(編), 2009, 『史蹟保渡田古墳群井出二子山』, (高崎市文化財調査報告書 第231集), 高崎, 高崎市敎育委員會.

大木紳一郎(外), 2017, 『金井東裏遺蹟甲冑装人骨等詳細調査報告書』, 群馬縣敎育委員会.

7) 도치키현

小山市敎育委員會, 1972, 『桑57號墳發掘調査報告書』, 小山, 小山市敎育委員會.

大和久震平(編), 1974, 『七廻り鏡塚古墳』, 帝國地方行政学会

那珂川町敎育委員會, 1990, 『カクチガ浦遺蹟群』, (那珂川町文化財調査報告書 第23集), 那珂川町敎育

　　　　委員會.

栃木縣敎育委員會, 1991,『十三塚遺蹟』, (栃木縣埋藏文化財調査報告 第115集)栃木縣敎育委員會.

板橋正幸·田熊淸彦, 2003,『西下田遺蹟』, (栃木縣埋藏文化財調査報告書 第273集), 宇都宮, 財團法人
　　　　とちぎ生涯學習埋藏文化財センター.

栃木縣敎育委員會, 2006,『磯岡北古墳群』, 栃木縣敎育委員會.

8) 이바라키현

齋藤忠(外), 1960,『三味塚古墳』, 茨城, 茨城縣敎育委員會.

大洋村敎育委員會, 1981,『常陸梶山古墳-茨城縣鹿島郡大洋村梶山所在』, 大洋, 大洋村敎育委員會.

增田精一, 1986,『武者塚古墳』, 新治, 新治村敎育委員會.

日立市敎育委員會, 1987,『赤羽橫穴群』, 日立, 日立市敎育委員會.

松尾昌彦·滝沢誠, 1988,「上野古墳出土遺物の再檢討」,『關城町史別册資料編關城町の遺蹟』, 關城町.

出島村敎育委員會, 1992,『富士見塚古墳』, 出島, 出島村敎育委員會.

9) 후쿠시마현

柳沼賢治(外), 1960,「南山田遺蹟」,『郡山東部10』, 郡山, 郡山市敎育委員會.

成田克俊·梅宮茂, 1960,『勿來市金冠塚古墳調査槪報』, (福島縣文化財調査報告書 第8集), 福島, 福島
　　　　縣敎育委員會.

會津若松史出版委員會, 1964,『會津大塚山古墳』, 若松, 會津若松史出版委員會.

いわき市史編纂委員會, 1971,『いわき市史別券中田橫穴』, いわき, いわき市.

10) 미야기현

藤沢敦·大友喜助, 1992,『西屋敷1號墳·吉ノ內1號墳發掘調査報告書 第1集』, (宮城縣角田市文化財調
　　　　査報告書 第8集), 角田, 角田市敎育委員會.

11) 야마가타현

山形縣敎育委員會, 1979,『大之越古墳』, 山形, 山形縣敎育委員會.

12) 아오모리현

靑森縣八戸市教育委員會, 1990, 「丹後平古墳」, 『八戸市埋藏文化財調查報告書 第44集』, 八戸, 靑森縣
　　　八戸市教育委員會.

__일본(도록)

1. 규슈

1) 후쿠오카현

岩戸山歷史資料館, 1988, 『岩戸山歷史資料館展示圖錄』, 八女, 八女市教育委員會.

北九州市立考古博物館, 1989, 『五世紀の北九州-倭の五王時代の國際交流-』, 北九州市, 北九州市立考
　　　古博物館.

北九州市立考古博物館, 1993, 『終末期古墳の世界-高松塚とその時代-』, 北九州市, 北九州市立考古博
　　　物館.

志摩町歷史資料館, 1997, 『伊都國發掘'97-近年の發掘調查成果展-道と交易』, 志摩町歷史資料館.

宗像大社神宝館, 2003, 『「海の正倉院」沖の島』, 宗像, 宗像大社

福岡市博物館, 2004, 『百濟武寧王と倭の王たち秘められた黄金の世紀展』, 福岡, 福岡市博物館.

福岡市博物館, 2007, 『古代の博多鴻臚館とその時代』, 福岡, 福岡市博物館.

九州國立博物館, 2011, 『馬アジアを駆けた二千年』, 大宰府, 九州國立博物館.

行橋市歷史資料館, 2012, 『大王に仕えた豊の豪族』, 行橋, 行橋市歷史資料館.

行橋市歷史資料館, 2015, 『稻童古墳群展』, 行橋, 行橋市歷史資料館.

行橋市教育委員會, 2017, 『邪馬台國時代の豊』, 行橋, 行橋市歷史資料館.

2) 사가현

佐賀縣立博物館, 1998, 『日本の古墳-僕が調べた歷史の謎-』, 佐賀, 佐賀縣立博物館.

佐賀縣立名護屋城博物館, 1999, 『倭國と加耶-古代の海をこえて-』, 佐賀, 佐賀縣立博物館.

3) 구마모토현

熊本縣立裝飾古墳館, 1980,『古代遺蹟發掘展』, 熊本, 熊本縣立裝飾古墳館.

熊本縣立裝飾古墳館, 1992,『裝飾古墳 -よみがえる古代・裝飾古墳の世界-』, 熊本, 熊本縣立裝飾古墳館.

熊本縣立裝飾古墳館, 1995,『宮崎縣の裝飾古墳と地下式横穴墓』, 熊本, 熊本縣立裝飾古墳館.

熊本縣立裝飾古墳館, 1996,『全國の裝飾古墳2 大分縣の裝飾古墳』, 熊本, 熊本縣立裝飾古墳館.

熊本縣立裝飾古墳館, 1997,『福岡縣の裝飾古墳』, 熊本, 熊本縣立裝飾古墳館.

熊本縣立裝飾古墳館, 1998,『今どきの考古學』, 熊本, 熊本縣立裝飾古墳館.

熊本縣立裝飾古墳館, 1998,『佐賀縣・長崎縣の裝飾古墳』, 熊本, 熊本縣立裝飾古墳館.

熊本縣立裝飾古墳館, 1999,『中國・四國地方の裝飾古墳』, 熊本, 熊本縣立裝飾古墳館.

熊本縣立裝飾古墳館, 2000,『近畿地方の裝飾古墳』, 熊本, 熊本縣立裝飾古墳館.

熊本縣立裝飾古墳館, 2003,『肥後の至宝展I 新發見・再發見　菊池川の古代遺蹟』, 熊本, 熊本縣立裝
　　　　飾古墳館.

熊本縣立裝飾古墳館, 2009,『茨城縣の裝飾古墳』, 熊本, 熊本縣立裝飾古墳館.

4) 미야자키현

西都原考古博物館, 2004,『遺物たちの復帰展』, 西都, 西都原考古博物館.

西都原考古博物館, 2004,『日韓交流展-それでも騎馬文化はやってきた그래도 기마문화는 왔다-』, 西
　　　　都, 西都原考古博物館.

西都原考古博物館, 2005,『日韓交流展-海を渡った日本文化 바다를 건넌 일본문화-』, 西都, 西都原考
　　　　古博物館.

西都原考古博物館, 2007,『巨大古墳の時代 -九州南部の中期古墳-』, 西都, 西都原考古博物館.

西都原考古博物館, 2007,『日韓交流展　王者の裝い』, 西都, 西都原考古博物館.

西都原考古博物館, 2008,『日韓の武具 한국과 일본의 무구』, 西都, 西都原考古博物館.

西都原考古博物館, 2011,『覇者の愛した煌めき -六世紀代の日韓金銅製品-』, 西都, 西都原考古博物館.

西都原考古博物館, 2012,『日向の古墳I 蒼き海路を統べるもの』, 西都, 西都原考古博物館.

西都原考古博物館, 2012,『日向の古墳II 山之將軍と里之王は地底の奥津城に眠る』, 西都, 西都原考古
　　　　博物館.

西都原考古博物館, 2013,『山之將軍と里之王は地底の奥津城に眠る』, 西都, 西都原考古博物館.

西都原考古博物館, 2013,『韓國中原と南九州 -日韓の古墳の多様性を檢討する-』, 西都, 西都原考古博
　　　　物館.

西都原考古博物館, 2014,『西都原を逸品たち』, 西都, 西都原考古博物館.

西都原考古博物館, 2014,『埴輪を科學する』, 西都, 西都原考古博物館.

西都原考古博物館, 2014,『日向の神々と出雲の神々』, 西都, 西都原考古博物館.

西都原考古博物館, 2015,『生目・西都原・新田原』, 西都, 西都原考古博物館.

西都原考古博物館, 2016,『火內と邊境 −隼人と蝦夷−』, 西都, 西都原考古博物館.

西都原考古博物館, 2017,『日向諸縣君と葛城氏』, 西都, 西都原考古博物館.

2. 쥬코쿠·시코쿠

1) 히로시마현

廣島縣立歷史民俗資料館, 1994,『古墳と大陸文化』, 廣島, 廣島縣立歷史民俗資料館.

2) 에히메현

松山市考古館, 2002,『海を渡ってきたひと・もの・わざ』, 松山, 松山市考古館.

3) 오카야먀현

津山郷土博物館, 2003,『渡來人』, 津山, 津山郷土博物館.

4) 도쿠시마현

德島縣立博物館, 1992,『四國の古墳』, 德島, 德島縣立博物館.

5) 시마네현

島根縣立八雲立つ負風土記の丘資料館, 1991,『古代の出雲と朝鮮半島−日本海が結ぶ古代文化交流−』
　　　松江, 島根縣八雲立つ負風土記の丘資料館.

島根縣立八雲立つ負風土記の丘資料館, 1996,『黃金に魅せられた倭人たち』松江, 島根縣八雲立つ負風
　　　土記の丘資料館.

島根縣立古代出雲歷史博物館, 2009,『輝く出雲ブランド−古代出雲の玉作り』松江, 島根縣立古代出雲
　　　歷史博物館.

島根縣立古代出雲歷史博物館, 2014, 『倭五王と出雲の豪族』松江, 島根縣立古代出雲歷史博物館.

3. 긴키

1) 효고현

兵庫縣立博物館, 1996, 『大王の世紀-兵庫の古墳と文化-』, 兵庫, 兵庫縣立博物館.

姫路市埋藏文化財センター, 2005, 『開館記念特別展宮山古墳』, 姫路, 姫路市埋藏文化財センター.

兵庫縣立考古博物館, 2010, 『アメノヒボコの考古學』, 兵庫, 兵庫縣立考古博物館.

2) 오사카부

大阪府教育委員會・大阪市文化財協會, 1989, 『よみかえる古代船と5世紀の大阪』, 大阪, 大阪府教育委員會・大阪市文化財協會.

大阪府埋藏文化財協會, 1993, 『須恵器の始まりをさぐる』, 大阪, 大阪府埋藏文化財協會.

吹田市立弥生文化博物館, 1993, 『海を渡ってきた陶人たち』, 大阪, 吹田市立弥生文化博物館.

柏原市立歷史資料館, 1995, 『高井田横穴群』, 柏原, 柏原市立歷史資料館.

大阪府立近つ飛鳥博物館, 1996, 『金の大刀と銀の大刀-古墳飛鳥の貴人と階層-』, 大阪, 大阪府立近つ飛鳥博物館.

大阪府立近つ飛鳥博物館, 1996, 『仁德陵古墳-築造の時代-』, 大阪, 大阪府立近つ飛鳥博物館.

大阪府立近つ飛鳥博物館, 1997, 『まつるかたち-古墳飛鳥の人と神-』, 大阪, 大阪府立近つ飛鳥博物館.

大阪府立近つ飛鳥博物館, 1998, 『大和の薄葬令-古墳のおわり-』, 大阪, 大阪府立近つ飛鳥博物館.

八尾市立歷史民俗資料館, 1998, 『高安城と古代山城』, 八尾, 八尾市立歷史民俗資料館.

大阪府立弥生文化博物館, 1999, 『渡來人登場-弥生文化を開いた人々-』, 大阪, 大阪府立近つ飛鳥博物館.

大阪府立近つ飛鳥博物館, 2001, 『荘嚴-飛鳥白鳳佛のインテリア-』, 大阪, 大阪府立近つ飛鳥博物館.

東大阪郷土博物館, 2002, 『うまかいのさと』, 東大阪, 東大阪郷土博物館.

四条畷市立歷史民俗資料館, 2002, 『第17回特別展　みどりの風と古墳-忍岡古墳石室覆屋再建を記念して-』, 四条畷, 四条畷市立歷史民俗資料館.

大阪府立近つ飛鳥博物館, 2003, 『黄金のアクセサリー-古墳時代の裝身具-』, 大阪, 大阪府立近つ飛鳥博物館.

大阪府立弥生文化博物館, 2004, 『大和王權と渡來人』, 大阪, 大阪府立弥生文化博物館.

大阪府立狹山池博物館, 2004, 『開館記念特別展-古代の土木技術-』, 大阪, 大阪府立狹山池博物館.

大阪府立近つ飛鳥博物館, 2006, 『年代のものさし-陶邑の須恵器-』, 大阪, 大阪府立近つ飛鳥博物館.

大阪府立近つ飛鳥博物館, 2006, 『應神大王の時代-河內政權の幕開け-』, 大阪, 大阪府立近つ飛鳥博物館.

大阪府立近つ飛鳥博物館, 2007, 『河內古代寺院巡禮』, 大阪, 大阪府立近つ飛鳥博物館.

大阪府立弥生文化博物館, 2007, 『發掘された大阪2007-水都大阪の國際交流史-』, 大阪, 大阪府立近つ
　　　　飛鳥博物館.

八尾市立歷史民俗資料館, 2008, 『八尾の渡來文化』, 八尾, 八尾市立歷史民俗資料館.

大阪府立弥生文化博物館, 2009, 『倭人がみた龍』, 大阪, 大阪府立弥生文化博物館.

財團法人枚方市文化財協會, 2009, 『図錄考古資料でみる枚方の歷史』, 枚方, 財團法人枚方市文化財協會.

大阪府立近つ飛鳥博物館, 2010, 『ふたつの飛鳥の終末期古墳-河內飛鳥と大和飛鳥-』, 大阪, 大阪府立
　　　　近つ飛鳥博物館.

大阪府立近つ飛鳥博物館, 2010, 『繼体大王の時代』, 大阪, 大阪府立近つ飛鳥博物館.

大阪府立近つ飛鳥博物館, 2011, 『鐵とヤマト王權』, 大阪, 大阪府立近つ飛鳥博物館.

大阪府立近つ飛鳥博物館, 2012, 『王と首長の神まつり』, 大阪, 大阪府立近つ飛鳥博物館.

大阪府立近つ飛鳥博物館, 2012, 『倭人と文字の出會い』, 大阪, 大阪府立近つ飛鳥博物館.

大阪府立近つ飛鳥博物館, 2013, 『考古學からみた推古期』, 大阪, 大阪府立近つ飛鳥博物館.

大阪大學大學院文學研究科(編), 2014, 『野中古墳と倭の五王の時代』, 大阪, 大阪大學.

大阪府立近つ飛鳥博物館, 2014, 『箸墓以降』, 大阪, 大阪府立近つ飛鳥博物館.

大阪府立弥生文化博物館, 2015, 『古代出雲とヤマト王權』, 大阪, 大阪府立弥生文化博物館.

大阪府立近つ飛鳥博物館, 2016, 『古墳とは何か』, 大阪, 大阪府立近つ飛鳥博物館.

大阪府立弥生文化博物館, 2016, 『鐵の弥生時代 -鐵器は社會を變えたのか？-』, 大阪, 大阪府立弥生文
　　　　化博物館.

大阪府立近つ飛鳥博物館, 2017, 『古墳出現期の筑紫・吉備・機內』, 大阪, 大阪府立近つ飛鳥博物館.

大阪府立近つ飛鳥博物館, 2017, 『東國尾張とヤマト王權』, 大阪, 大阪府立近つ飛鳥博物館.

3) 나라현

奈良國立文化財研究所飛鳥資料館, 1979, 『飛鳥時代の古墳』, 奈良, 奈良國立文化財研究所飛鳥資料館.

奈良國立文化財研究所飛鳥資料館, 1979, 『日本古代の墓誌』, 奈良, 奈良國立文化財研究所飛鳥資料館.

奈良縣立橿原考古學研究所附屬博物館, 1981, 『葛城の古墳と古代寺院』, 橿原, 奈良縣立橿原考古學研
　　　　究所附屬博物館.

藥師寺, 1986,『藥師寺白鳳再建への道』, 奈良, 藥師寺.

奈良縣立橿原考古學研究所附屬博物館, 1987,『倭の五王時代の海外交流-渡來人の足蹟-』, 橿原, 奈良縣立橿原考古學研究所附屬博物館.

奈良縣立橿原考古學研究所附屬博物館, 1988,『橿原考古學研究所50周年記念特別展-石舞台から藤ノ木古墳-』, 橿原, 奈良縣立橿原考古學研究所附屬博物館.

奈良縣立橿原考古學研究所附屬博物館, 1989,『古代の文化交流を探る-藤ノ木古墳-』, 橿原, 奈良縣立橿原考古學研究所附屬博物館.

奈良縣立橿原考古學研究所附屬博物館, 1989,『出土品とハイビジョン映像による-藤ノ木古墳とその時代展-』, 橿原, 奈良縣立橿原考古學研究所附屬博物館.

奈良縣立橿原考古學研究所附屬博物館, 1992,『1500年前のシルクロード-新沢千塚の遺宝とその源流-』, 橿原, 奈良縣立橿原考古學研究所附屬博物館.

奈良縣立橿原考古學研究所附屬博物館, 1995,『古代葛城の王』, 橿原, 奈良縣立橿原考古學研究所附屬博物館.

奈良縣立橿原考古學研究所附屬博物館, 1997,『常設展示圖錄大和の考古學』, 橿原, 奈良縣立橿原考古學研究所附屬博物館.

奈良國立博物館, 1998,『天平』, 奈良, 奈良國立博物館.

奈良縣立橿原考古學研究所附屬博物館, 1998,『大和まほろば』, 橿原, 奈良縣立橿原考古學研究所附屬博物館.

奈良縣立橿原考古學研究所附屬博物館, 1999,『蓮花百相-瓦からみた初期寺院の成立と展開-』, 橿原, 奈良縣立橿原考古學研究所附屬博物館.

飛鳥資料館, 1999,『佛舍利埋納』, 飛鳥, 飛鳥資料館.

奈良國立文化財研究所飛鳥資料館, 2000,『飛鳥池遺蹟』, 奈良, 奈良國立文化財研究所飛鳥資料館.

奈良縣立橿原考古學研究所附屬博物館, 2000,『權威の象徵-古墳時代の威儀具』, 橿原, 奈良縣立橿原考古學研究所附屬博物館.

奈良縣立橿原考古學研究所附屬博物館, 2000,『大古墳展-大和王權と古墳の鏡-』, 東京, 東京新聞.

奈良縣立橿原考古學研究所附屬博物館, 2001,『聖德太子の遺蹟-斑鳩宮造營千四百年-』, 橿原, 奈良縣立橿原考古學研究所附屬博物館.

奈良國立文化財研究所, 2002,『飛鳥・藤原展-古代律令國家の創造-』, 奈良, 朝日新聞社.

奈良國立博物館, 2002,『大仏開眼1250年記念-東大寺のすべて-』, 奈良, 奈良國立博物館.

奈良縣立橿原考古學研究所, 2002,『大和考古學100年』, 橿原, 奈良縣立橿原考古學研究所.

奈良縣立橿原考古學研究所附屬博物館, 2002, 『大和と東國-初期ヤマト政權を支えた力-』, 橿原, 奈良縣立橿原考古學研究所附屬博物館.

奈良縣立橿原考古學研究所附屬博物館, 2002, 『政權交替-古墳時代前期前半のヤマト-』, 橿原, 奈良縣立橿原考古學研究所附屬博物館.

奈良縣立橿原考古學研究所附屬博物館, 2003, 『馬と馬具の考古學-古墳時代の馬とのて出會い-』, 橿原, 奈良縣立橿原考古學研究所附屬博物館.

奈良縣立橿原考古學研究所附屬博物館, 2003, 『前方後圓墳-もう一人の主役-』, 橿原, 奈良縣立橿原考古學研究所附屬博物館.

奈良國立博物館, 2004, 『金銀の古墳時代-副葬品にみる日韓交流の足蹟-』, 奈良, 奈良國立博物館.

奈良縣立橿原考古學研究所附屬博物館, 2005, 『巨大埴輪とイワレの王墓』, 橿原, 奈良縣立橿原考古學研究所附屬博物館.

奈良縣立橿原考古學研究所附屬博物館, 2006, 『葛城氏の實像』, 橿原, 奈良縣立橿原考古學研究所附屬博物館.

奈良縣立橿原考古學研究所附屬博物館, 2006, 『海を越えたはるかな交流-橿原の古墳と渡來人-』, 橿原, 奈良縣立橿原考古學研究所附屬博物館.

奈良縣立橿原考古學研究所附屬博物館, 2007, 『金の輝き´ガラスの煌めき-藤ノ木古墳の全貌』, 橿原, 奈良縣立橿原考古學研究所附屬博物館.

奈良國立博物館, 2010, 『平成遷都1300年記念-大遣唐使展-』, 奈良, 奈良國立博物館.

奈良縣立橿原考古學研究所附屬博物館, 2011, 『仏敎傳來』, 橿原, 奈良縣立橿原考古學研究所附屬博物館.

東大寺博物館, 2011, 『奈良時代の東大寺』, 奈良, 東大寺博物館.

奈良縣立橿原考古學研究所附屬博物館, 2012, 『「日本國」の誕生 -古事記が出來たころ-』, 橿原, 奈良縣立橿原考古學研究所附屬博物館.

奈良縣立橿原考古學研究所附屬博物館, 2012, 『やまとの地宝 -遺物が語る奈良の歷史-』, 橿原, 奈良縣立橿原考古學研究所附屬博物館.

奈良縣立橿原考古學研究所附屬博物館, 2012, 『三國志の時代 -2・3世紀の東アジア-』, 橿原, 奈良縣立橿原考古學研究所附屬博物館.

奈良縣立橿原考古學研究所附屬博物館, 2014, 『弥生時代の墓 -死者の世界-』, 橿原, 奈良縣立橿原考古學研究所附屬博物館.

奈良縣立橿原考古學研究所附屬博物館, 2015, 『繼体大王とヤマト』, 橿原, 奈良縣立橿原考古學研究所附屬博物館.

奈良縣立橿原考古學研究所附屬博物館, 2016, 『やまとのみやけと司祭者』, 橿原, 奈良縣立橿原考古學
　　　研究所附屬博物館.
奈良縣立橿原考古學研究所附屬博物館, 2016, 『葛城氏を掘る』, 橿原, 奈良縣立橿原考古學研究所附屬
　　　博物館.

4) 교토부

京都文化博物館, 1989, 『海を渡って來た人と文化-古代日本と東アジア-』, 京都, 京都文化博物館.
京都國立博物館, 1993, 『倭國』, 京都, 京都國立博物館.
京都大學文學部博物館, 1993, 『紫金山古墳と石山古墳』, 京都, 京都大學文學部博物館.
京都大學總合博物館, 1997, 『王者の武裝-5世紀の金銅技術-』, 京都, 京都大學總合博物館.
京都市, 2012, 『平安京以前-古墳が造られた時代-』, (京都市文化財ブックス第26集), 京都, 京都市.
京都文化博物館, 2015, 『日本のふるさと-大丹後展-』, 京都, 京都文化博物館.

5) 와카야마현

和歌山市立博物館, 2001, 『渡來文化の波-5~6世紀の紀伊國を探る-』, 和歌山, 和歌山市立博物館.
和歌山縣立紀伊風土記の丘, 2014, 『須惠器誕生-新しい土器は古墳時代をどう變えたか-』, 和歌山, 和
　　　歌山縣立紀伊風土記の丘.

6) 시가현

大津市立歷史博物館, 1996, 『近江古代を掘る-土に刻まれた歷史-』, 大津, 大津市立歷史博物館.
野洲町立歷史民俗資料館, 2001, 『古代國家の始まり-古代野洲の王たち-』, 野洲, 野洲町立歷史民俗資
　　　料館.
滋賀縣立安土城考古博物館, 2001, 『20世紀近江發掘ベスト10展』, 安土, 滋賀縣立安土城考古博物館.
滋賀縣立安土城考古博物館, 2001, 『韓國より渡り來て-古代國家の形成と渡來人-』, 安土, 滋賀縣立安
　　　土城考古博物館.
栗東歷史民俗博物館·(財)栗東市文化大陸振興事業團, 2003, 『古墳時代の裝飾品』, 栗東, 栗東歷史民俗
　　　博物館·(財)栗東市文化大陸振興事業團.
滋賀縣立安土城考古博物館, 2011, 『湖と海の王-古墳時代の近江と越前·若狹·丹後-』, 安土, 滋賀縣立
　　　安土城考古博物館.

滋賀縣立安土城考古博物館, 2012, 『湖を見つめた王-繼体大王と琵琶湖-』, 安土, 滋賀縣立安土城考古博物館.

愛莊町歷史文化資料館, 2015, 『エチ秦氏-渡來文化の興隆-』, 愛莊, 愛莊町歷史文化資料館.

7) 미에현

槇本龜次郎, 1954, 『三重考古圖錄』, 三重縣敎育委員會.

三重縣埋藏文化財センター, 2005, 『第24回三重縣埋藏文化財展石山古墳』, 三重縣埋藏文化財センター.

4. 호쿠리쿠

1) 후쿠이현

福井縣立若狹歷史民俗資料館, 1991, 『躍動する若狹の王者たち-前方後圓墳の時代-』小浜, 福井縣立若狹歷史民俗資料館.

福井縣立博物館, 1994, 『北陸の玉-古代のアクセサリー-』福井, 福井縣立博物館.

福井縣立若狹歷史民俗資料館, 1999, 『若狹の古代遺蹟-發掘の成果と出土品-』小浜, 福井縣立若狹歷史民俗資料館.

若狹町歷史文化館, 2009, 『常設展示圖錄』若狹, 若狹町歷史文化館.

2) 도야마현

生駒勝浩·宇津裕人(編), 1994, 『平成6年度特別企畫展圖錄 古代の須惠器-新技術の傳來-』, 富山, 富山縣埋藏文化財センター.

5. 도카이·쥬부

1) 아이치현

名古屋市博物館, 1985, 『特別展古墳時代の馬具』, 名古屋, 名古屋市博物館.

2) 나가노현

飮田市美術博物館·飮田市上郷考古博物館, 1997, 『伊那谷の馬·科野の馬-古墳時代おける受容と廣が
　　　　り-』, 飮田, 飮田市美術博物館·飮田市上郷考古博物館.

6. 간토·도코쿠

1) 야마나시현

山梨縣考古博物館, 1994, 『古墳時代の甲冑』, 山梨, 山梨縣考古博物館.

2) 도쿄도

每日新聞社, 1968, 『原色版國寶1』, 東京, 每日新聞社.

東京國立博物館, 1982, 『寄贈小倉コレクション目錄』, 東京, 東京國立博物館.

東京國立博物館, 1992, 『伽耶文化展』, 東京, 東京國立博物館.

東京國立博物館, 1992, 『復帰20周年記念特別展海上の道-沖繩の歷史と文化-』東京, 東京國立博物館.

大田區立鄕土博物館, 1994, 『武藏國造の乱』, 東京, 大田區立鄕土博物館.

五島美術館, 1998, 『日本の三彩と綠釉』東京, 五島美術館.

東京國立博物館, 2000, 『日本出土の舶載陶磁-朝鮮·渤海·ベトナム·タイ·イスラム-』東京, 東京國立
　　　　博物館.

世田谷區立鄕土博物館, 2000, 『野毛大塚古墳の時代-畿內の王權と古代の東國-』, 東京, 足立區立鄕土
　　　　博物館.

足立區立鄕土博物館, 2000, 『古代伊興遺蹟の世界』, 東京, 足立區立鄕土博物館.

東京國立博物館·九州國立博物館, 2013, 『國宝大神社展』東京, 東京國立博物館.

3) 군마현

群馬縣立歷史博物館, 1990, 『藤ノ木古墳と東國の古墳文化』, 高崎, 群馬縣立歷史博物館.

群馬縣立歷史博物館友の會, 1996, 『圖說はにわの本』, 高崎, 群馬縣立歷史博物館友の會.

群馬縣立歷史博物館, 1999, 『観音山古墳と東アジア世界-海を越えた鏡と水瓶の縁-』, 高崎, 群馬縣立
　　　　歷史博物館.

4) 사이타마현

埼玉縣立博物館, 1994, 『古代東國の渡來文化』, 埼玉縣立博物館.

5) 가나가와현

横浜市立歴史博物館, 2004, 『ヤマトとアヅマ』, 横浜, 横浜市立歴史博物館.

6) 지바현

松戸市立博物館, 2012, 『東日本の古墳と渡來文化』, 松戸, 松戸市立博物館.
國立歴史民俗博物館, 2014, 『文字がつなぐ古代の日本列島と朝鮮半島』佐倉, 國立歴史民俗博物館.

7) 이바라키현

茨城縣立歴史館, 1990, 『特別展茨城の古墳』, 茨城, 茨城縣立歴史館.

8) 도치키현

栃木縣教育委員會·栃木縣立なす風土記の丘資料館·那珂川町教育委員會, 2008, 『那須の渡來文化』宇
　　　都宮.

9) 후쿠시마현

福島縣立博物館, 1994, 『會津大塚山古墳の時代-激動の三·四世紀-』, 會津若松, 福島縣立博物館.

II. 논저

1. 총설과 연구사

1) 총설

末松保和, 1956, 『任那興亡史』, 東京, 吉川弘文館.

김석형, 1966, 『초기 조일 관계 연구』, 평양, 사회과학원출판사.

이병도, 1976, 『韓國史-古代編-』, 서울, 을유문화사.

金廷鶴, 1977, 『任那と日本』, 東京, 小學館.

윤석효, 1990, 『가야사』, 민족문화사.

천관우, 1991, 『가야사연구』, 서울, 일조각.

한국고대사연구소, 1991, 『가야사의 제문제』2, 駕洛國史蹟開發硏究院.

田中俊明, 1992, 『大加耶連盟の興亡と任那』, 東京, 吉川弘文館.

金泰植, 1993, 『加耶聯盟史』, 서울, 一朝閣.

李永植, 1993, 『加耶諸國と任那日本府』, 東京, 吉川弘文館.

조희승, 1994, 『가야사 연구』, 평양, 사회과학출판사.

백승충, 1995, 『가야의 지역연맹사 연구』, (釜山大學校 大學院 博士學位論文), 釜山, 釜山大學校 大學院.

주보돈, 1995, 「서설-加耶史의 새로운 정립을 위하여」, 『가야사연구』, 대구, 경상북도.

朴天秀, 1996, 「伽耶の古代國家形成過程」, (大阪大學大學院博士學位論文), 大阪, 大阪大學文學硏究科.

한국고대사연구회, 1996, 『加耶史의 새로운 이해』, 한국고대사연구회.

윤석효, 1997, 『신편가야사』, 서울, 혜안.

仁濟大學校加耶文化硏究, 1997, 『加耶諸國의 王權』, 서울, 圖書出版新書苑.

김세기·노중국·박천수·이명식·이희준·주보돈, 1998, 『가야문화도록』, 대구, 경상북도.

이성주, 1998, 『新羅·伽倻社會의 政治·經濟的 起源과 成長』, (서울大學校 大學院 博士 學位論文), 서울, 서울大學校 大學院.

이희진, 1998, 『加耶政治史硏究』, 서울, 학연문화사.

釜山大學校韓國民族文化硏究所(編), 2000, 『加耶各國史의 再構成』, 서울, 혜안.

이성주·홍보식·박천수·박승규·곽장근, 2000, 『고고학을 통해 본 가야』, (한국고고학회 학술총서 1), 부산, 한국고고학회.

정중환, 2000, 『加羅史硏究』, 서울, 혜안.

부산대학교한국민족문화연구소(편), 2001, 『한국 고대사 속의 가야』, 서울, 혜안.

조희승, 2001, 『가야사』, 평양, 과학백과사전종합출판사.

高靈郡·韓國上古史學會(編), 2002, 『大加耶와 周邊諸國』, 서울, 學術文化社.

김태식, 2002, 『미완의문명 7백년 가야사』1, 2, 3, 서울, 푸른역사.

朴天秀·洪潽植·李柱憲·柳昌煥, 2003, 『加耶의 遺蹟과 遺物』, 서울, 學硏文化社.

白承玉, 2003, 『加耶 各國史 硏究』, 서울, 혜안.

부산대학교한국민족문화연구소(編), 2003, 『가야고고학의 새로운 조명』, 서울, 혜안.

권학수, 2005, 『가야고고학연구』, 서울, 小花.

박광춘, 2006, 『새롭게 보는 가야고고학』, 서울, 학연문화사.

박천수, 2007, 「가야」, 『한국고고학 강의』, 서울, 사회평론.

이용현, 2007, 『가야제국과 동아시아』, 서울, 통천문화사.

Park Cheun soo, 2008, Kaya and Silla in Archaeological Perspetive, EARLY KOREA1, Early Korea Project Korea Institute Harvard University.

田中俊明, 2008, 『古代日本と加耶』, 東京, 山川出版社.

조원영, 2008, 『가야, 그 끝나지 않은 신화』, 서울, 혜안.

권주현, 2009, 『가야인의 삶과 문화』, 서울, 혜안.

이영식, 2009, 『이야기로 떠나는 가야 역사여행』, 서울, 지식산업사.

박천수, 2010, 『가야토기-가야의 역사와 문화』, 진인진.

박천수, 2016, 「가야사 연구 서설」, 『가야고고학개론』, (중앙문화재연구원 학술총서 29), 서울, 진인진.

이성주, 2016, 「1-3세기 가야 정치체의 성장」, 『한국고대사논총』5, 서울, 한국고대연구소.

이영식, 2016, 「문헌사학으로 본 가야」, 『가야고고학개론』, (중앙문화재연구원 학술총서 29), 서울, 진인진.

이영식, 2017, 『가야제국사 연구』, 서울, 생각과 종이.

주보돈, 2017, 『가야사 새로 읽기』, 서울, 주류성.

김태식, 2018, 「문헌으로 본 가야의 대외 교류」, 『가야고분군Ⅱ』, 창원, 가야고분군 세계유산 등재추진단.

남재우, 2018, 「가야 각국의 발전과정과 멸망」, 『가야사 총론』, 창원, 가야고분군 세계유산 등재추진단.

박천수, 2018, 「고고학으로 본 가야의 권역과 대가야 영역국가의 역사적 의의」, 『가야사의 공간적 범위』, (가야사복원을 위한 국제 학술회의), 대구, 계명대학교 인문학연구당 한국학연구원.

백승충, 2018, 「가야사의 성립과 발전」, 『가야사 총론』, 창원, 가야고분군 세계유산 등재추진단.

선석열, 2018, 「가야와 주변국」, 『가야사 총론』, 창원, 가야고분군 세계유산 등재추진단.

이영식, 2018, 「가야사의 시기구분과 공간적 범위」, 『가야사 총론』, 창원, 가야고분군 세계유산 등재추진단.

2) 연구사

김태식, 1992, 「가야사연구의 현황과 과제」, 『한국사시민강좌』11, 서울, 일조각.

노중국, 2001, '가야사연구의 어제와 오늘」, 『한국고대사속의 가야』, 서울, 혜안.

이영식, 2006, 「가야사연구의 성과와 전망」, 『한국고대사입문 2-삼국시대와 동아시아-』, 서울, 신서원.

김태식, 2007, 「가야」, 『한국사고대사 연구의 새동향』, 서울, 서경문화사.

백승충, 2007, 「가야 정치체에 대한 연맹론과 국가론」, 『한국사고대사 연구의 새동향』, 서울, 서경문화사.

남재우, 2011, 「식민사관에 의한 가야사 연구와 그 극복」, 『한국고대사연구』61, 한국고대사학회.

남재우, 2017, 「전기 가야사 연구의 성과와 과제」, 『한국고대사연구』85, 한국고대사연구회.

이동희, 2017, 「후기가야 고고학연구의 성과와 과제」, 『한국고대사연구』85, 한국고대사연구회.

정경일, 2018, 「북한학계의 가야사 연구 현황」, 『가야사의 공간적 범위』, (가야사복원을 위한 국제 학술회의), 대구, 계명대학교 인문학연구당 한국학연구원.

2. 각국사

1) 금관가야

定森秀夫, 1982, 「韓國慶尙南道釜山金海地域出土陶質土器の檢討」, 『平安博物館研究紀要』7, 京都, 平安博物館.

申敬澈, 1992, 「금관가야의 성립과 대외관계」, 『가야문화』5, 가야문화연구원.

申敬澈, 1992, 「김해예안리 160호墳에 대하여-고분의 발생과 관련하여-」, 『가야고고학논총』1, 가락국사적개발연구원.

申敬澈, 1993, 『伽耶古墳文化の研究』, (筑波大學博士論文)筑波, 筑波大學大學院.

申敬澈, 1995, 「三韓·三國時代의 東萊」, 『東萊區史』, 東萊區史編纂委員會.

박천수, 1997, 「三國時代 東萊·釜山地域 集團의 倭系交涉」, 『가야사 복원을 위한 복천동고분군의 재조명』, 부산광역시립복천박물관.

申敬澈, 1997, 「福泉洞古墳群의 甲冑와 馬具」, 『加耶史 復元을 위한 福泉洞古墳群의 再照明』, 제 1회

부산광역시립복천박물관 학술발표대회, 복천박물관.

洪潽植, 1998, 「金官加耶의 성립과 발전」, 『加耶文化遺蹟 調査 및 整備計劃』, 大邱, 경상북도.

申敬澈, 2000, 「金官加耶의 成立과 聯盟의 形成」, 『加耶各國史의 再構成』, 민족문화학술총서 20, 혜안.

申敬澈, 2000, 「金官加耶土器의 編年-洛東江下流域前期陶質土器の編年-」, 『伽耶考古學論叢』3, 서울, 駕洛國史蹟開發研究院.

洪潽植, 2000, 「考古學으로 본 金官加耶」, 『考古學을 통해 본 가야』, (한국고고학회학술총서 1), 부산, 한국고고학회.

김대환, 2003, 「부산지역 금관가야설의 검토」, 『영남고고학』33, 영남고고학회.

김영민, 2008, 『금관가야의 고고학적 연구』, (釜山大學校博士學位論文), 釜山, 釜山大學校 大學院.

김미경, 2010, 「김해 죽곡리고분군을 통한 5세기대 금관가야 토기 연구」, 동아대학교 석사논문.

박영민, 2012, 『4~6세기 금관가야의 읍락 구성』, (慶北大學校碩士學位論文), 慶北大學校 大學院.

沈載龍, 2013, 「金海市 大成洞88號墳과 91號墳의 性格」, 『日韓交涉の考古學-古墳時代』, 日韓交涉の考古學-古墳時代-연구회.

沈載龍, 2013, 「中國系遺物로 본 金官加耶와 中國 東北地方-大成洞古墳群 출토 金銅, 銅製品을 중심으로-」, 『中國 東北地域과 韓半島 南部의 交流』, 제 22회 영남고고학회 학술발표회, 영남고고학회.

김일규, 2018, 「대성동고분군 목곽묘의 변천과 특징」, 『가야고분군I』, 창원, 가야고분군 세계유산 등재추진단.

배효원, 2018, 『부산지역 분묘출토 신식도질토기의 연구』, (釜山大學校碩士學位論文), 釜山, 釜山大學校 大學院.

2) 아라가야

이성주·김석주·김석환·석재은, 1992, 「아라가야 중심고분군의 편년과 성격」, 『한국상고사학보』10, 한국상고사학회.

金正完, 1994, 『咸安圈域 陶質土器의 編年과 分布變化』, (慶北大學校碩士學位論文), 大邱, 慶北大學校 大學院.

이주헌, 1996, 『함안지방의 고분문화』, 창원, 창원문화재연구소.

金正完, 2000, 「咸安圈域 陶質土器의 編年과 分布變化」, 『伽耶考古學論叢』3, 서울, 駕洛國史蹟開發研究院.

禹枝南, 2000, 「考察-咸安地域 出土 陶質土器」, 『道項里 末山里 遺蹟』, 진주, 慶南考古學研究所.

李盛周, 2000, 「考古學을 통해 본 阿羅伽耶」, 『考古學을 통해 본 가야』, (한국고고학회학술총서 1), 부산, 한국고고학회.

李柱憲, 2000, 「阿羅加耶에 대한 考古學的 檢討」, 『가야 각국사의 재구성』, 서울, 혜안.

남재우, 2003, 『安羅國史』, 서울, 혜안.

정주희, 2009, 「咸安樣式 古式陶質土器의 分布定型과 意味」, 『한국고고학보』73, 한국고고학회.

백승옥, 2018, 「加耶史 연구의 흐름과 安羅國史」, 『지역과 역사』42, 부산, 부경역사연구소.

이동희, 2018, 「고고학을 통해 본 안라국의 형성과정과 영역변화」, 『지역과 역사』42, 부산, 부경역사연구소.

이주헌, 2018, 「아라가야에 대한 연구 동향과 향후 전망」, 『지역과 역사』42, 부산, 부경역사연구소.

河承哲, 2018, 「고고자료를 통해 본 아라가야의 고분문화」, 『지역과 역사』42, 부산, 부경역사연구소.

하승철, 2018, 「아라가야의 고분문화」, 『지역과 역사』42, 부산, 부경역사연구소.

河承哲, 2018, 「유물을 통해 본 아라가야와 왜의 교섭」, 『중앙고고연구』25, 대전, 중앙문화재연구원.

하승철, 2018, 「함안 말이산고분군 묘제와 출토유물」, 『가야고분군I』, 창원, 가야고분군 세계유산 등재 추진단.

3) 소가야

定森秀夫, 1985, 「韓國慶尙南道泗川固城式土器について」, 『角田文衛博士古稀記念古代學論叢』, 京都, 角田文衛博士古稀記念論文刊行會.

趙榮濟, 1985, 「水平口緣壺에 대한 一考察」, 『慶尙史學』1, 晋州, 慶尙大學校史學科.

朴升圭, 1990, 『一段長方形透窓高杯에 대한 考察』, (東義大學校碩士學位論文), 釜山, 東義大學校大學院.

趙榮濟, 1990, 「三角透窓高杯에 대한 一考察」, 『嶺南考古學』7, 嶺南考古學會.

尹貞姬, 1997, 「小加耶土器의 成立과 展開」, (慶南大學校碩士學位論文), 馬山, 慶南大學校大學院.

朴升圭, 2000, 「考古學을 통해 본 小加耶」, 『考古學을 통해 본 가야』, (한국고고학회학술총서 1), 부산, 한국고고학회.

河承哲, 2001, 『加耶西南部 出土 陶質土器에 대한 一考察』, (慶尙大學校碩士學位論文), 晋州, 慶尙大學校大學院.

趙榮濟, 2006, 『西部慶南 加耶諸國의 成立에 대한 考古學的 研究』, (釜山大學校博士學位論文), 釜山, 釜山大學校大學院.

강세민, 2007, 「小加耶(聯盟體)에 대한 考古學的研究」, (慶南大學校碩士學位論文), 馬山, 慶南大學校大學院.

김규운, 2009, 『고고자료로 본 5~6세기 소가야의 변천』, (慶北大學校碩士學位論文)大邱, 慶北大學校 大學院.

김규운, 2010, 「5~6世紀 小伽倻 樣式 土器 設定」, 『한국고고학보』제 76집, 한국고고학회.

김지연, 2013, 『소가야 양식 토기의 연구』, (釜山大學校碩士學位論文), 釜山, 釜山大學校 大學院.

여창현, 2013, 『소가야연맹체의 고고학적 연구』, (釜山大學校碩士學位論文), 釜山, 釜山大學校 大學院.

河承哲, 2013, 「4~6世紀 南江水系 聚落 出土 土器의 編年」, 『韓日聚落研究』, 韓日聚落研究會, 서경문화사.

河承哲, 2015, 『소가야의 고고학적 연구』, (慶尙大學校博士學位論文), 晋州, 慶尙大學校大學院.

여창현, 2017, 「묘제를 통해 본 5~6세기 소가야연맹체 연구」, 『영남고고학』78, 영남고고학회.

4) 대가야

김태식, 1984, 『5세기 후반 대가야의 발전에 대한 연구』, (서울大學校碩士學位論文), 서울, 서울大學校 大學院.

木村光一, 1984, 「高靈池山洞古墳群, 32~35, 44, 45號墳, 石室プランの變遷について」, 『歷史と構造』12, 名古屋, 南山大學.

松原隆治, 1984, 「高靈池山洞古墳群に關する考察-陶質土器を中心として」, 『歷史と構造』12, 名古屋, 南山大學.

全榮來, 1985, 「百濟南方境域의 變遷」, 『千寬宇先生還曆記念 한국사학논총』, 서울, 정음문화사.

禹枝南, 1987, 「大伽倻古墳의 編年」, 『三佛金元龍教授停年退任紀念論叢』(I), 서울, 一志社.

定森秀夫, 1987, 「韓國慶尙北道高靈地域出土陶質土器の檢討」, 『東アジアの考古と歷史上, 岡崎敬先生退官記念論集』, 京都, 同朋舍出版.

郭鍾喆, 1988, 「韓國慶尙北道陶質土器の地域相研究-いわゆる高靈系土器を素材として」, 『古代文化』40~2, 京都, 古代學協會.

藤井和夫, 1988, 「陜川三嘉古墳群の編年について-伽耶地域古墳出土陶質土器編年試案VI-」, 『神奈川考古』第24號, 橫浜, 神奈川考古同人會.

藤井和夫, 1990, 「高靈池山洞古墳群の編年-伽耶地域古墳出土陶質土器編年試案V-」, 『東北アジアの考古學 [天池] -東北アジア考古學研究會二十周年記念論文集-』, 東京, 六興出版.

李熙濬, 1994, 「高靈樣式 土器 出土 古墳의 編年」, 『嶺南考古學』15, 釜山, 嶺南考古學會.

박천수, 1995, 「정치체의 상호관계로 본 대가야왕권」, 『加耶諸國의 王權』, 김해, 인제대학교 가야문화연구소.

李熙濬, 1995, 「土器로 본 大伽耶의 圈域과 그 변천」, 『加耶史研究 -대가야의 政治와 文化-』, 대구, 慶尙北道.

高正龍, 1996, 「加耶から新羅へ-韓國陜川三嘉古墳群の土器と墓制について-」, 『京都市埋藏文化財研究所研究紀要』第3號, 京都, 京都市埋藏文化財研究所.

趙榮濟, 1996, 「玉田古墳의 編年研究」, 『嶺南考古學』18, 嶺南考古學會.朴天秀, 1998, 「大伽耶圈墳墓의 編年」, 『韓國考古學報』39집, 大邱, 韓國考古學會.

金世基, 1998, 「고령양식 토기의 확산과 대가야문화권의 형성」, 『伽耶文化遺蹟調查 및 整備計劃』, 대구, 慶尙北道·伽耶大學校附設伽耶文化研究所.

곽장근, 1999, 『호남 동부 지역의 석곽묘 연구』, (全北大學校博士論文), 全州, 全北大學校大學院.

朴天秀, 2000, 「考古學으로본 加羅國史」, 『가야각국사의 재구성』, 서울, 혜안.

박천수, 2000, 「考古學資料를 통해 본 大伽耶」, 『考古學을 통해 본 加耶』, 부산, 한국고고학회 학술총서 1, 서울, 혜안.

윤용진·박천수, 2000, 「土器로 본 大伽耶」, 『伽耶考古學論叢』3, 서울, 駕洛國史蹟開發研究院.

조영제, 2000, 「多羅國의 成立에 대한 研究」, 『가야각국사의 재구성』, 부산, 부산대학교한국민족문화연구소.

조영제, 2002, 「考古學에서 본 大加耶聯盟體論」, 『盟主로서의 금관가야와 대가야』, (第8回加耶史學術會議), 金海, 金海市.

金世基, 2003, 『考古資料로 본 大加耶研究』, 서울, 學研文化社.

金世基, 2003, 『고분자료로 본 대가야』, 서울, 學研文化社.

朴升圭, 2003, 「大加耶土器의 擴散과 관계망」, 『韓國考古學報』49, 대구, 한국고고학회.

박천수, 2003, 「토기로 본 대가야권의 형성과 전개」, 『大加耶의 遺蹟과 遺物』, 고령, 大加耶博物館.

이희준, 2003, 「합천댐 수물지구 고분 자료에 의한 대가야국가론」, 『가야고고학의 새로운 조명』, 서울, 혜안.

박천수, 2004, 「토기로 본 대가야권의 형성과 전개」, 『大加耶의 遺蹟과 遺物』, 고령, 大加耶博物館.

李東熙, 2005, 『全南東部地域 複合社會 形成過程의 考古學的 研究』, (成均館大學校博士學位論文), 서울, 成均館大學校大學院.

朴天秀, 2006, 「任那四縣과 己汶, 帶沙를 둘러 싼 百濟와 大加耶」, 『第12回 加耶史國際學術會議』, 金海市.

조영제, 2007, 『옥전고분군과 다라국』, 서울, 혜안.

김태식, 2008, 「호남동부지역의 가야사」, 『전남동부지역의 가야문화』, 순천, 한국상고사학회.

이형기, 2009, 『大加耶의 形成과 發展 研究』서울, 경인문화사.

김재홍, 2012, 「전북동부지역 백제, 가야, 신라의 지역지배」, 『한국상고사학보』78, 한국상고사학회.

박순발, 2012, 「계수호와 초두를 통해 본 남원 월산리 고분군」, 『운봉고원에 묻힌 가야 무사』, 전주, 국립전주박물관·전북문화재연구원.

박승규, 2014, 「다라국과 대가야」, 『多羅國 그 위상과 역할』, 합천군·경상대학교 박물관.

최은비, 2016, 『三國時代 高靈樣式 土器 研究』, (釜山大學校碩士學位論文), 釜山, 釜山大學校大學院.

김재홍, 2017, 「위세품으로 본 전북가야의 위상과 성격」, 『전북가야를 선언하다』, 호남고고학회.

이희준, 2017, 『대가야 고고학 연구』, 서울, 사회평론.

전상학, 2017, 「전북지역 가야고분의 현황과 특징」, 『전북가야를 선언하다』, 호남고고학회.

조영현, 2018, 「고령 지산동고분군 묘제와 출토유물」, 『가야고분군 I』, 창원, 가야고분군 세계유산 등재추진단.

5) 비사벌

穴澤咊光·馬目順一, 1975, 「昌寧校洞古墳群-梅原考古資料를中心とした谷井濟一氏發掘資料의研究-」, 『考古學雜誌』60-4, 東京, 日本考古學會.

定森秀夫, 1981, 「韓國慶尙南道昌寧地域陶質土器의檢討」, 『古代文化』33-4, 京都, 古代學協會.

崔鍾圭, 1983, 「中期古墳의 性格에 대한 약간의 考察」, 『釜大史學』7, 부산, 부산, 부산대학교사학회.

신경철, 1989, 「삼한·삼국·통일신라시대의 부산」, 『부산시사』1, 부산, 부산대학교 사학회.

朴天秀, 1990, 『5~6세기대 昌寧지역 陶質土器의 研究』, (慶北大學校碩士學位論文)大邱, 慶北大學校大學院.

朴天秀, 1993, 「三國時代 昌寧地域 集團의 性格研究」, 『嶺南考古學』13, 영남고고학회.

이영식, 1993, 「창녕 교동 11호분 출토 환두대도명」, 『송갑호정년기념논문집』, 송갑호정년기념논문집 간행위원회.

鄭澄元·洪潽植, 1995, 「昌寧地域의 古墳文化」, 『韓國文化研究』7, 부산대학교 한국민족문화연구소.

이희준, 1998, 「4~5世紀 新羅의 考古學的研究」, (서울대학교박사학위논문), 서울, 서울대학교대학원.

朴天秀, 2000, 「三國時代 玄風地域 土器의 地域相」, 『慶北大學校 考古人類學科 20周年 紀念論叢』慶北大學校考古人類學科.

박천수, 2001, 「고고자료를 통해 본 가야시기의 창녕지방」, 『가야시기 창녕지방의 역사, 고고학적 성격』, 창원, 창원문화재연구소.

田中俊明, 2001, 「新羅의加耶進出과比斯伐」, 『가야시기 창녕지방의 역사, 고고학적 성격』, 창원, 창원문화재연구소.

이희준, 2005, 「4~5세기 창녕지역 정치체의 읍락 구성과 동향」, 『嶺南考古學』37, 嶺南考古學會.

김용성, 2009, 「창녕지역 고총 묘제의 특성과 의의」, 『한국 고대사 속의 창녕』, 대구, 경북대영남문화연구원.

이한상, 2009, 「장신구로 본 5~6세기 창녕지역의 정치적 동향」, 『한국 고대사 속의 창녕』, 대구, 창녕군·경북대영남문화연구원.

주보돈, 2009, 「문헌상으로 본 고대사회 창녕의 향방」, 『한국 고대사 속의 창녕』, 대구, 경북대영남문화연구원.

박현주, 2011, 「昌寧比斯伐伽倻의 成立과 發展」, (한국교원대학교석사논문), 한국교원대학교.

이주헌, 2012, 「考古資料로본 比斯伐의 對外交流」, 『영남고고학』62, 영남고고학회.

하승철, 2014, 「토기와 묘제로 본 고대 창녕의 정치적 동향」, 『영남고고학』70, 영남고고학회.

3. 역연대

申敬澈, 1983, 「伽耶地域における4世紀代の陶質土器と墓制-金海禮安里遺蹟の發掘調査を中心として」, 『古代を考える』34, 古代を考える會.

白石太一郎, 1985, 「年代決定論2」, 『岩波講座日本考古學1-研究の方法』, 東京, 岩坡書店.

강인구, 1987, 「新羅王陵의 再檢討(3)」, 『三國遺事의 綜合的 檢討』, 과천, 한국정신문화연구원.

米田敏幸, 1993, 「古式土師器に伴う韓式系土器について」, 『韓式系土器研究』IV, 韓式系土器會.

朴天秀, 1993, 「韓半島からみた初期須惠器の系譜と編年」, 『古墳時代における朝鮮系文物の伝播』, 埋藏文化財研究會.

崔秉鉉, 1993, 「新羅古墳 編年의 諸問題-慶州·月城路·福泉洞·大成洞古墳의 상대편년을 중심으로」, 『韓國考古學報』30, 韓國考古學會.

洪潽植, 1993, 「百濟 橫穴式石室墓의 型式分類와 對外傳播에 관한 研究」, 『博物館研究論集』2, 釜山, 釜山直轄市立博物館.

이희준, 1995, 「경주 황남대총의 연대」, 『嶺南考古學報』17, 嶺南考古學會.

宮代榮一, 1996, 「古墳時代における馬具の曆年代-埼玉稻荷山古墳出土例を中心に-」, 『九州考古學第』71號, 福岡, 九州考古學會.

金斗喆, 1996, 「韓國と日本の馬具-兩國間の編年調律-」, 『嶺南考古學會·九州考古學會第2回合同考古學大會-4·5世紀の韓日考古學-』, 大邱, 嶺南考古學會·九州考古學會.

이희준, 1996, 「경주 월성로가-13호 적석목곽묘의 연대와 의의」, 『석오윤용진교수 정년퇴임기념논총』, 대구, 정년퇴임기념논총간행위원회.

이희준, 1997, 「토기에 의한 新羅 고분의 分期와 편년」, 『韓國考古學報』36, 韓國考古學會.

朴天秀, 1998, 「大伽耶圈墳墓의 編年」, 『韓國考古學報』39집, 大邱, 韓國考古學會.

光谷拓實·次山淳, 1999, 「平城宮下層古墳時代の遺物の年輪年代」, 『奈良國立文化財研究所年報』 1999~1, 奈良, 奈良國立文化財研究所.

김용성, 2000, 「황남대총의 편년적 위치」, 『황남대총의 재조명』, 경주, 국립경주문화재연구소.

金斗喆, 2001, 「大加耶古墳의 編年檢討」, 『韓國考古學報』45집, 釜山, 韓國考古學會.

朴天秀, 2001, 「榮山江流域の古墳」, 『東アジアと日本の考古學I-墓制』, 東京, 東成社.

森岡秀人, 2001, 「庄內式土器の實年代について」, 『3·4世紀日韓土器の諸問題』, 釜山, 釜山考古學研究 會·庄內式土器研究會·古代學研究會.

박천수, 2003, 「地域間 並行關係로 본 加耶古墳의 編年」, 『가야 고고학의 새로운 조명』, pp.153-198, 서울, 혜안.

白井克也, 2003, 「馬具と短甲による日韓交差編年-日韓古墳編年の並行關係と曆年代-」, 『土曜考古』第 27號, pp.85~114, 埼玉, 土曜考古學硏究會.

白井克也, 2003, 「新羅土器の型式·分布變化と年代觀-日韓古墳編年の並行關係と曆年代-」, 『朝鮮古代 研究』第4號, pp.1~42, 京都, 朝鮮古代研究刊行會.

白井克也, 2003, 「日本における高靈地域加耶土器の出土傾向-日韓古墳編年の並行關係と曆年代-」, 『熊本古墳研究』創刊號, pp.81~102, 熊本, 熊本古墳研究會.

酒井淸治, 2004, 「須恵器生産のはじまり」, 『國立歷史民俗博物館研究報告-古代東アジアにおける倭と 加耶の交流』第110集, 國立歷史民俗博物館.

桃崎祐輔, 2005, 「高句麗太王陵出土瓦·馬具からみた太王陵說の評價」, 『海と考古學』, 東京, 六一書房.

朴天秀, 2005, 「가야고분의 편년」, 『伽倻文化』18, 49~74, 서울, 伽倻文化研究院.

김두철, 2006, 「삼국 고분시대의 연대관」, 『한일 삼국·고분시대의 연대관I』, 佐倉, 國立歷史民俗博物館.

朴天秀, 2006, 「신라 가야고분의 편년-일본열도 고분과의 병행관계를 중심으로-」, 『한일 삼국·고분시 대의 연대관I』, 佐倉, 國立歷史民俗博物館.

浜中邦弘·田中元浩, 2006, 「宇治市街遺蹟(宇治妙樂55)古墳時代流路SD302について-出土須恵器と年 代觀の檢討を主として-」, 『第14回京都府埋藏文化財研究會發表資料集-京都府內最新の研 究成果-』, 京都, 都府埋藏文化財研究會.

성정용, 2006, 「백제지역의 연대결정자료와 연대관」, 『한일 삼국·고분시대의 연대관I』, 佐倉, 國立歷 史民俗博物館.

李熙濬, 2006, 「太王陵의 墓主는 누구인가」, 『韓國考古學報』59, 서울, 韓國考古學會.

金斗喆, 2007, 「삼국 고분시대의 연대관Ⅱ」, 『한일 삼국·고분시대의 연대관Ⅱ·日韓古墳·三國時代의 年代觀Ⅱ』釜山大學校博物館·國立歷史民俗博物館.

成正鏞, 2007, 「백제권역의 신라·가야계 문물」, 『4~6세기 가야 신라고분 출토 외래계 문물』(第16回嶺南考古學會學術發表會), 嶺南考古學會.

이희준, 2007, 『신라고고학연구』, 서울, 사회평론.

田中淸美, 2007, 「年輪年代からみた初期須惠器の年代觀」, 『한일 삼국·고분시대의 연대관Ⅱ』, 釜山, 釜山大學校博物館·國立歷史民俗博物館.

早乙女雅博, 2007, 「裝身具からみた日韓の曆年代」, 『한일 삼국·고분시대의 연대관Ⅱ·日韓古墳·三國時代の年代觀Ⅱ』, 釜山, 釜山大學校博物館·國立歷史民俗博物館.

河承哲, 2007, 「스에키 출현과정을 통해본 가야」, 『4~6세기 가야 신라고분 출토 외래계 문물』(第16回嶺南考古學會學術發表會), 嶺南考古學會.

김용성, 2009, 『신라왕도의 고총과 그 주변』, 서울, 학연문화사.

諫早直人, 2009, 「古代東北アジアにおける騎馬文化の考古學的研究』, (京都大學博士學位論文.)京都, 京都大學院文學研究科.

藤野一之, 2009, 「Hr-FA의 降下年代와 須惠器年代」, 『上毛野の考古學Ⅱ』, 群馬縣考古學ネットワーク.

신경철, 2009, 「韓國考古資料로 본 日本 古墳時代 年代論의 問題點」, 『한일 삼국·고분고분시대의 연대관Ⅲ』, 佐倉, 國立歷史民俗博物館.

趙榮濟, 2009, 「型式亂立期의 加耶土器와 年代論」, 『한일 삼국·고분고분시대의 연대관Ⅲ』, 佐倉, 國立歷史民俗博物館.

和田晴吾, 2009, 「古墳時代の年代決定法をめぐって」, 『日韓における古墳三國時代の年代觀Ⅲ』, 佐倉, 國立歷史民俗博物館.

박천수, 2010, 『가야토기-가야의 역사와 문화』, 서울, 진인진.

신경철, 2010, 「대성동고분군 발굴조사의 성과와 과제」, 『대성동고분 발굴 20주년기념 대성동고분군과 동아세아』, (제 16회가야사국제학술회의), 김해, 김해시.

이희준, 2010, 「皇南大塚 南墳 奈勿王說」의 提起 背景과 槪要 그리고 意義」, 『皇南大塚』, 서울, 國立中央博物館.

김두철, 2011, 「가야·신라 고분의 연대관」, 『고고광장』9, 부산, 부산고고학연구회.

박광춘, 2011, 「금관가야 토기의 표준형식과 연대」, 『호남고고학보』제 37집, 호남고고학회.

박천수, 2012, 「新羅·加耶古墳 曆年代 再論」, 『원삼국·삼국시대 역연대론』, 서울, 학연문화사.

이창희, 2012, 「방사성탄소연대로 본 皇南大塚 南墳과 須惠器의 실연대 -방사성탄소연대의 적용방법과 타당성 재고-」, 『고문화』79, 한국대학박물관협회.

田中淸美, 2012, 「金海大成洞古墳群の調査成果と年代觀」, 『韓式系土器研究』XⅡ, 式系土器研究會.

홍보식, 2012, 「가야·신라토기와 須惠器 편년」, 『원삼국·삼국시대 역연대론』, 서울, 학연문화사.

최병현, 2013, 「신라 전기양식토기의 성립」, 『고고학』12~1, 중부고고학회.

최병현, 2014, 「경주 월성북고분군의 형성과정과 신라 마립간시기 왕릉의 배치」, 『한국고고학보』3, 한국고고학회.

최병현, 2014, 「초기 등자의 발전」, 『중앙고고연구』14, 대전, 중앙문화재연구원.

홍보식, 2014, 「신라·가야고분의 교차편년」, 『신라와 가야의 경계』, 영남고고학회.

김일규, 2015, 『백제 고고학 편년 연구』, 서울, 학연문화사.

朴天秀, 2016, 「慶州 皇南大塚의 曆年代와 新羅 陵園의 形成 過程」, 『新羅文化』47, 경주, 동국대학교신라문화연구소.

최정범, 2017, 「부산 복천동 65호분 청자완의 재검토」, 대전, 한국매장문화재협회.

최정범, 2017, 『한반도 출도 딩식 대당식구 연구』, (慶北大學校碩士學位論文), 大邱, 慶北大學校大學院.

임혜빈, 2018, 『삼국시대 중국제 도자기 연구-게수호와 반구호를 중심으로-』, (嶺南大學校碩士學位論文), 慶山, 嶺南大學校大學院.

4. 토기

1) 가야지역 출토품

宋桂鉉·安在晧, 1986, 「古式陶質土器에 關한 若干의 考察-義昌大坪里出土品을 通하여-」, 『嶺南考古學』第1集, pp.17~54, 大邱, 嶺南考古學會.

朴升圭, 1998, 「加耶土器의 地域相에 대한 硏究」, 『伽倻文化』11, 서울, 伽倻文化研究院.

朴天秀, 1999, 「기대를 통해 본 가야세력의 동향」, 『김해박물관 특별전 가야의 그릇받침』, pp.93~106, 서울, 통천문화사.

朴升圭, 2000, 「4~5세기 加耶土器의 變動과 系統에 대한 硏究」, 『인문연구논집』제 5집, pp.259~295, 부산, 동의대학교인문과학연구소.

朴天秀, 2001, 「맥타가트 기증 신라, 가야 토기의 양식과 편년」, 『맥타가트 박사의 대구사랑 문화재 사랑-기증 문화재 도록』, pp.139~157, 대구, 대구박물관.

尹溫植, 2001, 『3세기대 동해 남부 지역 토기 양식의 형성과 변천』, (慶北大學校碩士學位論文), 大邱, 慶北大學校大學院.

박천수, 2003, 「地域間 並行關係로 본 加耶古墳의 編年」, 『가야 고고학의 새로운 조명』, pp.153~198, 서울, 혜안.

박천수, 2003, 「토기로 본 대가야권의 형성과 전개」, 『大加耶의 遺蹟과 遺物』, pp.219~250, 고령大加耶博物館.

이성주, 2003, 「伽耶土器 生産 分配體系」, 『가야 고고학의 새로운 조명』, pp.269~350, 서울, 혜안.

조영제, 2003, 「加耶土器의 地域色과 政治體」, 『가야 고고학의 새로운 조명』, pp.489~534, 서울, 혜안.

박천수, 2004, 「가야토기에서 역사를 본다」, 『가야, 잊혀진 이름 빛나는 유산』, pp.49~77, 서울, 혜안.

朴相彦, 2006, 「洛東江流域의 古式陶質土器 研究」, (慶南大學校碩士學位論文), 馬山, 慶南大學校大學院.

尹溫植, 2006, 「4세기대 함안지역 토기의 변천과 영남 지방 토기의 樣式論」, 『東垣學術論文集』, 第8輯, pp.5~26, 서울, 韓國考古美術研究所.

조수현, 2006, 「火焰形透窓土器 研究」, 『한국고고학보』59, 한국고고학회.

하승철, 2007, 「스에키 출현과정을 통해 본 가야」, 『영남고고학회 학술발표회 16회』, 영남고고학회.

이성주, 2008, 「원저단경호의 생산-기술혁신에 따른 생산체계의 재편」, 『한국고고학보』68, 한국고고학회.

이미란, 2009, 「전남동부지역 출토 가야토기의 검토-토광묘 출토유물을 중심으로」, 『한국대학박물관협회 학술대회』, 한국대학박물관협회.

박승규, 2010, 『가야토기 양식 연구』, (東義大學校博士學位論文), 釜山, 東義大學校大學院.

조성원, 2010, 「고분 출토 고배로 본 5세기 대 낙동강 하류역의 소지역성 연구」, 『영남고고학』55, 영남고고학회.

조성원·홍진근, 2010, 「소성실험을 통해 본 삼국시대 소성기술 연구-영남지역 자료를 중심으로-」, 『야외고고학』제 8호, 한국매장문화재협회.

조영제, 2010, 「(有蓋)臺附把手附 小壺考」, 『한국고고학보』6, 한국고고학회.

박승규, 2011, 「加耶土器 樣式의 확산과 계층성」, 『영남고고학회 학술발표회 20회』, 영남고고학회.

이정근, 2012, 「三國時代 土器 재임방법에 대한 檢討 - 古式陶質土器 재임방법과 변화를 중심으로-」, 『영남고고학』60, 영남고고학회.

조성원, 2012, 「삼국시대 영남지역 도질토기 생산체계와 유통」, 『영남·구주학회합동고고학 10회대회』, 영남·구주고고학회.

이초롱, 2013, 「內陸樣式 古式陶質土器의 研究」, 『고고광장』, 부산, 부산고고학연구회.

조성원, 2013, 「토기문화로 본 삼국시대 낙동강하구의 교류양상」, 『한국고고학보』제 89집, 한국고고학회.

김경열, 2014, 「4世紀代 嶺南地域 短頸壺의 打捺技法 硏究」, 『한국고고학보』93, 한국고고학회.

박광열, 2014, 「신라·가야의 토기의 성립과 분화」, 『영남고고학회 학술발표회 23회』, 영남고고학회.

조성원, 2014, 「삼국시대 영남지역 도질토기 생산과 유통 -4~5세기를 중심으로-」, 『영남고고학』69, 영남고고학회.

문재은, 2015, 「4세기 영남지역 토기양식의 형성과 변천」, 『한국고고학보』97, 한국고고학회.

박승규, 2015, 「대가야토기의 생산체계와 유통」, 『대가야 문물의 생산과 유통』, 고령, 대가야박물관·영남문화재연구원.

박헌민, 2015, 「영남지방 4~6세기 토기가마 구조의 변화상」, 『대가야 문물의 생산과 유통』, 고령, 대가야박물관·영남문화재연구원.

홍보식, 2015, 「신라·가야지역 象形土器의 변화와 의미」, 『한국상고사학보』90, 한국상고사학회.

박광춘, 2016, 「신라·가야의 단경호와 장경호의 연구」, 『石堂論叢』66, 釜山, 東亞大學校附設石堂傳統文化硏究院.

박성배, 2016, 「湖南東部地域加耶土器의 流入과 變遷」, (경상대학교 석사학위논문), 진주, 경상대학교 대학원.

정주희, 2016, 「가야의 토기」, 『가야고고학개론』, (중앙문화재연구원학술총서 29), 서울, 진인진.

정효은, 2016, 「경남서부지역 삼국시대 생활용 토기의 변천과 의미」, 『영남고고학』75, 영남고고학회.

박승규, 2018, 「가야 토기」, 『가야고분군Ⅱ』, 창원, 가야고분군 세계유산 등재추진단.

2) 일본열도 출토품

定森秀夫, 1989, 「日本出土の"高靈タイプ"系陶質土器(1)-日本列島における朝鮮半島系遺物の硏究-」, 『京都文化博物館硏究紀要朱雀』第2集, pp.25~41, 京都, 京都府京都文化博物館.

新谷武夫, 1993, 「台付把手壺考」, 『考古文集一潮見浩先生退官記念論文集一』, 廣島, 潮見浩先生退官記念事業會.

三辻利一·虎間英樹, 1994, 「久米田古墳群出土の初期須恵器3」, 『韓式土器硏究』V, pp.81~92, 大阪, 韓式土器硏究會.

武末純一(全玉年譯), 1998, 「土器에서 본 加耶와 古代日本」, 『加耶史論集1-加耶와 古代日本-』, pp.93~126, 金海, 金海市.

中原幹彦·今田治代, 2001, 「熊本縣龍北町物見櫓古墳出土の陶質土器」, 『久保和士君追悼考古論文集』, pp.117~130, 松山, 久保和士君追悼考古論文集刊行會.

白井克也, 2003, 「日本における高靈地域加耶土器の出土傾向-日韓古墳編年の並行關係と曆年代-」,
　　　　『熊本古墳研究』創刊號, pp.81~102, 熊本, 熊本古墳研究會.

白井克也, 2003, 「朝倉高等學校所藏加耶土器高杯-甘木市·鬼の枕古墳からの出土経緯と出土の意義
　　　　-」,『福岡考古』第21號, 福岡, 福岡考古談話會.

5. 장신구

1) 개관

김기웅, 1988, 「신라와 가야의 문화교류-고분 출토 장신구류를 중심으로-」,『신라문화제학술발표논문
　　　　집』1, 신라문화선양회.

윤세영, 1988,『고분 출토 부장품 연구』, 서울, 고려대학교민족문화연구소.

이인숙, 1988, 「가야시대 장신구양식고-관류와 이식·경식」,『한국학논집』14, 서울, 한양대학교한국학
　　　　연구소.

早乙女雅博, 1990, 「政治的な裝身具」,『古墳時代の工芸』古代史復元7, 講談社.

최종규, 1992, 「濟羅耶의 문물교류-백제금공Ⅱ-」,『백제연구』23, 대정, 충남대학교백제연구소.

宇野眞敏, 1996, 「日本出土裝身具から見た日韓交流」,『4, 5世紀の日韓考古學』九州考古學會·嶺南考古
　　　　學會.

이한상, 2000, 「대가야권 장신구의 편년과 분포」,『한국고대사연구』18, 한국고대사연구회.

이한상, 2003, 「加耶의 威勢品 生産과 流通」,『가야 고고학의 새로운 조명』, pp.653~702, 서울, 혜안.

이한상, 2003, 「대가야의 장신구」,『大加耶의 遺蹟과 遺物』, pp.251~272, 고령, 大加耶博物館.

이한상, 2012, 「대가야 위세품에 대한 연구현황과 과제」,『대가야 연구의 현황과 과제』, 고령, 대가야
　　　　박물관·계명대학교한국학연구원.

이한상, 2013, 「대가야양식 유물의 분포양상과 의미」,『신라문화』41, 경주, 동국대학교 신라문화연구소.

이한상, 2016, 「가야의 장신구」,『가야고고학개론』, (중앙문화재연구원학술총서 29), 서울, 진인진.

金宇大, 2017,『金工品から読む古代朝鮮と倭』, 京都, 京都大學學術出版會.

金跳咏, 2018,『三國古墳時代の金工品をめぐる日韓交渉に関する考古学的研究』, (總合大學院大學博
　　　　士學位論文), 千葉, 總合大學院大學.

이한상, 2018, 「가야 금공품의 전개양상」,『가야고분군Ⅱ』, 창원, 가야고분군 세계유산 등재추진단.

土屋隆史, 2018,『古墳時代の日朝交流と金工品』, 東京, 雄山閣.

2) 관

早乙女雅博, 1982, 「新羅·伽耶の冠」, 『MUSEUM』372, 東京國立博物館.

毛利光俊彦, 1997, 「朝鮮古代の冠-伽耶-」, 『堅田直先生古希記念論文集』.

박보현, 1997, 「가야관의 속성과 양식」, 『고대연구』5, 고대연구회.

함순섭, 1997, 「小倉Collection 금제대관의 제작기법과 그 계통」, 『고대연구』5, 고대연구회.

함순섭, 2001, 「고대 관의 분류체계에 대한 고찰」, 『고대연구』8, 고대연구회.

함순섭, 2002, 「신라와 가야의 관에 대한 서설」, 『대가야와 주변제국』, 한국상고사학회 .

박보현, 2014, 「대가야의 관모전립식고」, 『과기고고연구』20, 아주대학교박물관.

3) 이식

野上丈助, 1982, 「日本出土垂飾付耳飾」, 『藤澤一夫先生古稀記念古文化論叢』, 大阪, 藤澤一夫先生古稀
　　　記念論叢刊行委員會.

石本淳子, 1990, 「日韓の垂飾付耳飾についての一考察―古墳時代の日韓關係考察のために―」, 『播磨
　　　考古學論叢』, 精文舍.

谷畑美帆, 1992, 「日本及び朝鮮半島出土の垂飾附耳飾について」, 『考古學研究』40, 考古學研究會.

李漢祥, 1995, 「大加耶系耳飾의 分類와 編年」, 『古代研究』4, 古代研究會.

三木ますみ, 1996, 「朝鮮半島出土の垂飾附耳飾」, 『筑波大學先史學·考古學研究調査報告』7, 筑波, 筑
　　　波大學考古學研究室.

高田貫太, 1998, 「垂飾附耳飾をめぐる地域間交渉」, 『古文化談叢』4, 九州古文化研究會.

高田貫太, 1998, 「垂飾付耳飾をめぐる地域間交渉」, 『古文化談叢』41, pp.55~76, 北九州, 九州古文化
　　　研究會.

李瓊子, 1998, 『大伽耶系古墳出土耳飾의 副葬樣相에 對한 一考察』, (慶尙大學校大碩士學位論文), 晋
　　　州, 慶尙大學校大學院.

三木ますみ, 1999, 「物見櫓古墳出土の垂飾附耳飾について」, 『野津古墳群Ⅱ』, 熊本縣龍北町教育委員會.

宇野慎敏, 1999, 「初期垂飾付耳飾の製作技法とその系譜」, 『日本考古學』第7號, pp.43~57, 東京, 日本
　　　考古學協會.

이경자, 1999, 「대가야계고분 출토 이식의 부장양상에 대한 일고찰」, 『영남고고학』24, 영남고고학회.

高田貫太, 2002, 「垂飾付耳飾をめぐる地域間交渉-九州地域を中心に-」, 『古墳時代の日韓交流-熊本の
　　　古墳文化を探る-』, pp.45~60, 熊本, 肥後考古學會·熊本古墳研究會.

西山めぐみ, 2002, 「金工技術からみた日韓交涉-古墳出土の耳環の材質·製作技法を中心に-」, 『人類史

硏究』vol.13, pp.1~18, 鹿児島, 人類史硏究會.

有井宏子, 2002, 「日本出土垂飾付耳飾の系譜」, 『『究班』Ⅱ-埋藏文化財硏究會25周年記念論文集-』, pp.281~286, 小郡, 埋藏文化財硏究會.

宇野愼敏, 2004, 「山梔子形垂飾附耳飾とその背景」, 『福岡大學考古學論集-小田富士雄先生退職記念-』.

이한상, 2006, 「이식으로 본 대가야와 왜의 교류」, 『석헌 정징원교수 정년퇴임기념논총』, 부산, 부산고고학연구회.

高田貫太, 2007, 「5, 6世紀の日朝交涉と渡來集團」, 『シンポジウム ユ-ラシアと日本 境界の形成と認識-報告書』, (ユ-ラシアと日本: 交流と表象, 硏究プロジェクト), 佐倉, 國立歷史民俗博物館·國立民族學博物館.

이은영, 2009, 『加耶時代耳飾硏究: 陜川玉田古墳出土耳飾을 중심으로』, (홍익대학교석사논문), 홍익대학교대학원.

이은영, 2011, 「다라국의 귀걸이 연구-국제교류를 통한 양식변화를 중심으로-」, 『신라사학보』21, 서울, 신라사학회.

이현정·류진아, 2011, 「마구와 이식을 통해 본 창녕지역의 금공품 제작 가능성」, 『경북대학교 고고인류학과 30주년기념 고고학논총』, 대구, 경북대학교출판부.

조민아, 2016, 『가야 이식 연구』, (동아대학교석사논문), 부산, 동아대학교대학원.

이은혜, 2017, 『陜川玉田古墳群出土加耶耳飾硏究』, (동국대학교석사논문), 대구, 동국대학교대학원.

4) 대장식구

町田章, 1970, 「古代帶金具考」, 『考古學雜誌』56~1, 東京, 日本考古學會.

町田章, 1980, 「埼玉稻荷山古墳の帶金具」, 『埼玉稻荷山古墳』, 埼玉縣教育委員會.

町田章, 1987, 「古代帶金具考」, 『東アジアの裝飾墓』, 京都, 同朋舍出版.

小浜成, 1993, 「日本出土帶金具の變遷と製作一龍文系帶金具の國內製作について一」, 『古墳時代における朝鮮文物の伝播』第34回埋藏文化財硏究集會.

小浜成, 1998, 「金·銀·金銅製品生産の展開一帶金具にみる5世紀の技術革新の實態一」, 『中期古墳の展開と變容一5 世紀における政治的·社會的變化の具体相(1)一』第44回埋藏文化財硏究集會實行委員會.

藤井康隆, 2014, 『中國江南六朝の考古學硏究』, 東京, 六一書房.

6. 철

1) 개관

東潮, 1999,『古代東アジアの鐵と倭』, 廣島, 溪水社.

村上恭通, 1999,『倭人と鐵の考古學』, 東京, 靑木書店.

千賀久·村上恭通, 2003,『考古資料大觀7-弥生·古墳時代鐵·金銅製品-』, 東京, 小學館.

孫明助, 2012,『韓國 古代 鐵器文化 研究』, 서울, 진인진.

2) 철과 철기 생산

尹東錫, 1983,「伽耶유적에서 출토된 철기유물의 실험금속학적 연구」,『대한금속학회지』21~2·3·4, 대한금속학회.

盧泰天, 1990,「韓半島 初期鐵器時代 鑄造鐵斧類에 關한 一考察」, (韓國精神文化研究院碩士學位論文), 城南, 韓國精神文化研究院.

古瀨淸秀, 1991,「鐵器の生産」,『古墳時代の研究』5, 東京, 雄山閣.

東潮, 1991,「鐵素材論」,『古墳時代の研究』5, 東京, 雄山閣.

梁勝弼, 1994,「新羅初期製鐵業研究」, (嶺南大學校博士學位論文), 慶山, 嶺南大學校大學院.

宋桂鉉, 1995,「洛東江下流域의 古代 鐵生産」,『加耶諸國의 鐵』서울, 신서원.

宋桂鉉, 1997,「삼국의 철기문화」,『鐵의 歷史』국립청주박물관.

尹鍾均, 1998,「古代鐵生産에 對한 一考察-中南部地域의 考古學的成果를 中心으로-」, (全南大學校碩士學位論文), 光州, 全南大學校大學院.

盧泰天, 2000,『加耶古代冶金技術史研究』, 서울, 學研文化社.

이영훈·손명조, 2000,「고대의 철·철기생산과 그 전개에 대한 고찰」,『韓國古代史論集』9, 韓國古代社會研究所.

村上恭通, 2001,「古墳時代成立期における鐵製武器の國內生産」,『季刊考古學』第76號, pp.61~64, 東京, 雄山閣.

武末純一, 2002,「三韓の鐵器生産体制-隍城洞遺蹟を中心に-」,『韓半島考古學論叢』, pp.281~328, 東京, すずさわ書店.

東潮, 2003,「古代日朝の鐵の交易と技術移転」,『東アジアの古代文化』114號, pp.17~27, 東京, 大和書房.

박장식, 2003,「김해 대성동고분군 출토 철제유물의 제작기술에 관한 연구(금속조직 분석을 통하여)」,『金海 大成洞 古墳群』Ⅲ, 釜山, 慶星大學校博物館.

孫明助, 2003, 「加耶の鐵」, 『東アジアの古代文化』114號, pp.43~53, 東京, 大和書房.

손명조, 2003, 「加耶의 鐵生産과 流通」, 『가야 고고학의 새로운 조명』, pp.237~268, 서울, 혜안.

村上恭通, 2003, 「黄海をめぐる鐵技術文化の展開-戦國時代の燕, 朝鮮半島の三韓·三國時代を中心に -」, 『東アジアと日本の考古學』Ⅲ(交流と交易), pp.75~99, 東京, 雄山閣.

塚本敏夫, 2003, 「古代の日韓鐵器製作技術の交流」, 『海峽をこえる技術の交流』, (第2回大手前大學·蔚山科學大學提携學術シンポジウム), pp.61~70, 西宮, 大手前大學.

人澤正己, 2004, 「金属組織學からみた日本列島と朝鮮半島の鐵」, 『國立歴史民俗博物館研究報告』第110集, pp.89~122, 佐倉, 國立歴史民俗博物館.

東潮, 2004, 「弁辰と加耶の鐵」, 『國立歴史民俗博物館研究報告』第110集, pp.31~54, 佐倉, 國立歴史民俗博物館.

村上恭通, 2004, 「日韓の鐵技術比較-3·4世紀を中心として-」, 『大和王權と渡來人　三·四世紀の倭人社會』, pp.70~75, 大阪, 大阪府立弥生文化博物館.

穴澤義功, 2004, 「日本古代の鐵生産」, 『國立歴史民俗博物館研究報告』第110集, pp.73~88, 佐倉, 國立歴史民俗博物館.

孫明助, 2005, 「고대 제철유적의 조사」, 『한국 매장문화재 조사연구 방법론 1』, 국립문화재연구소.

김일규, 2007, 「한국 고대 제철 유적의 조사 현황과 특징」, 『선사·고대 수공업 생산유적』韓國考古學會.

이남규, 2008, 「철기 생산 프로세스의 이해」, 『한국매장문화재 조사연구 방법론 4』, 국립문화재연구소.

박장식, 2009, 「김해 여래리유적 출토 철재 및 철광석 편의금속학적 조직분석」, 『金海 餘來里遺蹟』, 우리文化財研究院.

신경환·이남규·장경숙·남수진, 2009, 「김해 여래리유적 출토 제철관련 유물의 분석 고찰」, 『金海 餘來里遺蹟』, 우리文化財研究院.

金想民, 2010, 「「韓半島における鐵生産研究の動向-初期鐵器時代から三國時代までを中心として-」, 『季刊考古學』113, 東京, 雄山閣.

신경환·이남규·장경숙, 2011, 「김해 하계리 제철유적 출토 제철관련 유물의 금속학적 분석고찰」, 『金海 荷溪里 製鐵遺蹟』, 馬山, 東亞細亞文化財研究院.

신경환·이남규·장경숙, 2011, 「창원 봉림 국민임대주택단지 사업부지내 昌原 鳳林洞遺蹟 출토 제철관련 유물의 금속학적 분석고찰」, 『昌原 鳳林洞遺蹟(Ⅰ)』, 부산, 한국문물연구원.

金權一, 2012, 「1.한반도 고대 제철문화의 검토」, 『한반도의 제철유적』한국문화재조사기관협회.

한국문화재조사기관협회, 2012, 『한반도의 제철유적』, 대전, 한국문화재조사기관협회.

신동조, 2014, 「신라의 철생산」, 『신라고고학개론』, 서울, 진인진.

김권일, 2015, 「대가야 철의 생산과 유통 추론」, 『대가야 문물의 생산과 유통』, (제 10회대가야사 학술
　　　회의), 고령, 대가야박물관·영남문화재연구원.

신동조·장기명, 2016, 「가야의 철생산과 철기문화」, 『가야고고학개론』, (중앙문화재연구원 학술총서
　　　29), 서울, 진인진.

성정용, 2018, 「가야 철 생산」, 『가야고분군Ⅱ』, 창원, 가야고분군 세계유산 등재추진단.

3) 철기

三木弘, 1986, 「古墳出土の鐵製雛型農工具について」, 『史學研究集錄』11.

천말선, 1994, 「철제농구에 대한 고찰-원삼국·삼국시대 분묘출토품을 중심으로」, 『영남고고학』15, 嶺
　　　南考古學會.

千末仙, 1994, 『鐵製農具에 對한 考察-原三國·三國時代墳墓出土品을 中心으로-』, (慶北大學校碩士學
　　　位論文), 大邱, 慶北大學校大學院.

安順天, 1996, 「小形鐵製模型農工具 副葬의 意義 大伽耶古墳의 埋葬儀禮와 관련하여」, 『嶺南考古學』
　　　18, 嶺南考古學會.

김재홍, 1997, 「살포와 철서를 통해서 본 4~6세기 농업기술의 변화」, 『과기고고연구』2, 아주대학교박
　　　물관.

安順天, 1997, 『大加耶圈域의 縮小模型 鐵製農工具 研究』, (釜山大學校碩士學位論文), 釜山, 釜山大
　　　學校大學院.

이남규, 1997, 「전기가야의 철제 농공구 -낙동강 하류역을 중심으로」, 『국사관논총』74, 국사편찬위원회.

김도헌, 2001, 『고대의 철제농구에 대한 연구 -김해·부산지역을 중심으로-』, (부산대학교석사학위논
　　　문), 부산, 부산대학교대학원.

김재홍, 2003, 「大加耶地域 鐵製 農工具의 부장양상과 그 의의」, 『대가야와 주변제국』高靈郡2·韓國上
　　　古史學會.

村上恭通, 2003, 「中國·朝鮮半島における鐵器の普及と弥生時代の實年代」, 『月刊考古學ジャーナル』
　　　No.510, pp.17~20, 東京, ニュー·サイエンス社.

김재홍, 2004, 「대가야지역의 철제농기구-소형철제농기구와 살포를 중심으로」, 『대가야의 성장과 발
　　　전』, 고령군대가야박물관·계명대한국학연구원.

村上恭通, 2004, 「日韓の鐵技術比較-3·4世紀を中心として-」, 『大和王權と渡來人 三·四世紀の倭人
　　　社會』, pp.70~75, 大阪, 大阪府立弥生文化博物館.

金銀珠, 2006, 「三國時代 鍛冶具 研究 -嶺南地方을 中心으로」(영남대학교석사학위논문), 경산, 영남

대학교대학원.

신동조, 2007, 「영남지방 원삼국시대 철부와 철모의 분포정형 연구」, (경북대학교대학원석사학위논
        문), 대구, 경북대학교대학원.

김상민, 2009, 「한반도 주조철부의 전개양상에 대한 고찰」, 『호서고고학』20.

류위남, 2009, 「삼한시대 영남지역 출토 주조철부와 판상철부 연구」, 『영남고고학』51, 영남고고학회.

강석범, 2011, 「고령 지산동고분군 출토 철제농구에 대한 연구」, 『文物研究』19, 동아시아문물연구학술
        재단.

김재홍, 2011, 『한국 고대 농업기술사 연구 -철제 농구의 고고학-』진주, 考古.

김재홍, 2013, 「한국 중·근세의 농구(農具)」, 『농업의 고고학』, 한국고고학회.

김민범, 2015, 「3-5세기 김해지역 철기부장 양상 연구」, (경북대학교대학원석사학위논문), 대구, 경북
        대학교대학원.

4) 철정

黒田幹一, 1938, 「新羅の鐵鋌について」, 『貨幣』23.

松本正信, 1975, 「鐵鋌に關する一考察」, 『考古學研究』86, 岡山, 考古學研究會.

村上英之介, 1977, 「鐵鋌の本質とその編年序說」, 『考古學研究』95, 岡山, 考古學研究會.

임효택, 1985, 「副葬鐵鋌考」, 『동의사학』2호,, 부산, 동의대학교사학과.

東潮, 1987, 「鐵鋌の基礎的研究」, 『考古學論攷』第12冊, pp.69~167, 橿原, 橿原考古學研究所.

安在晧, 1990, 「鐵鋌에 대해서」, 『東萊福泉洞古墳群Ⅱ』, (釜山大學校博物館遺蹟調査報告 第14輯),
        pp.101~109, 釜山, 釜山大學校博物館.

古瀬淸秀, 1991, 「4農工具」, 『古墳時代の研究8古墳Ⅱ副葬品』, pp.71~91, 東京, 雄山閣.

村上英之介, 1993, 「韓國福泉洞古墳鐵鋌の微量成分分析と若干の考察」, 『古代學評論』3, pp.131~138,
        大阪, 古代を考える會.

大澤正己, 1994, 「出作遺蹟出土鐵器の金屬學的な調査」, 『出作遺蹟とそのマツリ-古墳時代における祭
        祀と政治-』松山, 愛媛縣松前町敎育委員會.

村上英之助, 1994, 「鐵鋌の遠近 -日本·朝鮮半島兩地域の鐵鋌の源流-」, 『考古學研究』160, 考古學研
        究會.

東潮, 1995, 「弁辰과 加耶의 鐵」, 『加耶諸國의 鐵』, 서울, 신서원.

西谷正, 1995, 「加耶의 鐵-鐵鋌」, 『加耶諸國의 鐵』仁濟大學校 加耶文化研究所編, 신서원.

송계현, 1995, 「洛東江下流域의 古代 鐵生産」, 『加耶諸國의 鐵』, 서울, 신서원.

이현혜, 1995, 「鐵器普及과 政治權力의 성장」, 『加耶諸國의 鐵』, 서울, 신서원.

이현혜, 1998, 『한국 고대의 생산과 교역』, 서울, 일조각.

東潮, 1999, 『古代東アジアの鐵と倭』, 廣島, 溪水社.

김정완, 2000, 「忠淸 全羅地域 出土 鐵鋌에 대하여」, 『고고학지』11, 서울, 한국고고미술연구소.

이영훈·손명조, 2000, 「고대의 철·철기생산과 그 전개에 대한 고찰」, 『한국고대사논총』9, 서울, 가락 국사적개발연구원.

손명조, 2003, 「加耶의 鐵生産과 流通」, 『가야 고고학의 새로운 조명』, pp.237~268, 서울, 혜안.

송계현, 2003, 「철기의 부장양상으로 본 아라가야의 발전」, 『加耶文化』16호, 서울, 가야문화연구원.

千賀久·村上恭通, 2003, 『考古資料大觀7-弥生·古墳時代鐵·金銅製品-』, 東京, 小學館.

김혁중·정주희, 2011, 「영남지방 철정연구 시론」, 『철문화연구회 학술세미나』7.

성정용·성수일, 2012, 「5.鐵鋌을 통해 본 古代 鐵의 生産과 流通」, 『한반도의 제철유적』한국문화재조사기관협회.

朴智惠, 2013, 「4~6世紀 嶺南地方 出土 鐵鋌의 變遷과 地域性」, (경북대학교석사학위논문), 대구, 경북대학교내학원.

7. 무기

1) 개관

新納泉, 1991, 「1武器」, 『古墳時代の研究8古墳Ⅱ-副葬品-』, pp.25~39, 東京, 雄山閣.

金宰佑, 1994, 「3·4世紀代 加耶武器에 關한 一考察-洛東江下流域을 中心으로-」, (慶星大學校碩士學位論文), 釜山, 慶星大學校大學院.

村上恭通, 1999, 「鐵製武器形副葬品の成立とその背景-三韓·三國時代と前方後圓墳成立期を對象として-」, 『白木原和美先生古希記念献呈論文集先史學·考古學論究Ⅲ』, pp.59~103, 熊本, 龍田考古會.

大竹弘之, 2000, 「朝鮮半島の鐵製武器研究について」, 『古代武器研究』vol.1, pp.23~30, 彦根, 古代武器研究會·滋賀縣立大學考古學研究室.

高久健二, 2003, 「嶺南地域の武器組成-紀元前2世紀前葉-起元後4世紀を中心に-」, 『古代武器研究』vol.4, pp.39~53, 滋賀, 古代武器研究會·滋賀縣立大學考古學研究室.

김두철, 2003, 「무기 무구 및 마구를 통해 본 가야의 전쟁」, 『가야 고고학의 새로운 조명』, pp.87-152,

서울, 혜안.

田中晋作, 2004, 「古墳時代における軍事組織について」, 『國立歷史民俗博物館研究報告』第110集, pp.163~186, 佐倉, 國立歷史民俗博物館.

김두철, 2005, 「4세기 후반-5세기 초 고구려·가야·왜의 무기·무장체계 비교」, 『광개토대왕비와 한일관계』, (한일관계사연구논집 1), 서울, 京仁文化社.

禹炳喆, 2006, 「新羅 및 加耶式鐵鏃의 成立과 擴散」, 『韓國考古學報』58, 韓國考古學會.

이현주, 2006, 「삼국시대 철제대도에 관한 고찰」, 『박물관연구논집』12, 부산, 부산광역시립박물관.

禹炳喆, 2008, 「鐵鏃과 鐵鉾 본 新羅, 加耶 그리고 倭」, 『嶺南考古學』47, 嶺南考古學會.

이현주, 2010, 「4~5세기 부산·김해지역 무장체제와 지역성」, 『嶺南考古學』54, 嶺南考古學會.

장상갑, 2010, 「후기가야의 무기와 군사조직」, 『영남고고학회 학술발표회 19회』, 영남고고학회.

豊島直博, 2010, 『鐵製武器の流通と初期國家形成』, 奈良, 奈良文化財研究所.

우병철, 2012, 「한반도 동남부지역 철기문화의 성격과 전개양상」, 『동아시아 고대철기문화연구』국립문화재연구소.

김두철, 2014, 「다라국의 무장-무기와 마구」, 『多羅國 그 위상과 역할』, 합천, 합천군·경상대학교박물관.

李賢珠, 2014, 「三國時代 武裝體系의 變化와 地域性-韓半島 東南部 地域을 中心으로」, 『武器·武具와 農工具·漁具』, 釜山, 釜山大學校博物館.

우병철, 2015, 「대가야 철제무기의 특성과 확산」, 『대가야 문물의 생산과 유통』, 고령, 대가야박물관·영남문화재연구원.

김도영, 2016, 「가야의 무기」, 『가야고고학개론』, (중앙문화재연구원 학술총서 29), 서울, 진인진.

장상갑, 2018, 「가야 무기」, 『가야고분군 Ⅱ』, 창원, 가야고분군 세계유산 등재추진단.

2) 철모

高久健二, 1992, 「韓國出土 鐵鉾의 傳播過程에 대한 研究」, 『考古歷史學志』8, 釜山, 東亞大學校博物館.

高田貫太, 1994, 「古墳副葬鐵鉾の性格」, 『考古學研究』第45卷第1號, 岡山, 考古學研究會.

金吉植, 1994, 「三國時代鐵鉾의 變遷—百濟系鐵鉾의 認識—」, 『百濟研究』24, 大田, 忠南大學校百濟研究所.

朴天秀, 1999, 「裝飾鐵鉾の性格とその地域性」, 『國家形成期の考古學』, pp.457~470, 大阪, 大阪大學文學部考古學研究室.

高田貫太, 2002, 「朝鮮半島南部地域の三國時代古墳副葬鐵鉾についての豫察」, 『古代武器研究』vol.3, pp.4~14, 滋賀, 古代武器研究會·滋賀縣立大學考古學研究室.

禹炳喆, 2005,「南韓出土 鎏部多角形鐵鉾에 대한 一考察」,『嶺南文化財研究』18, 嶺南文化財研究院.

齊藤大輔, 2014,「古代東アジアにおける裝飾鐵鉾の系譜」,『第11回　古代武器研究會發表資料集』山口, 古代武器研究會·山口大學考古室研究室.

富山直人, 2017,「近畿地方出土鐵鉾の基礎的研究-古墳時代中期を中心として-」,『考古學研究』第64卷 第1號, 考古學研究會.

3) 환두대도

町田章, 1976,「環頭の系譜」,『奈良文化財研究所學報』28, 奈良, 奈良文化財研究所.

穴沢咊光·馬目順一, 1976,「龍鳳文環頭大刀試論」,『百濟研究』7, 大田, 忠南大學校百濟研究所.

穴澤咊光·馬目順一, 1979,「獅噛環刀試考」,『信濃』31~4, 長野, 信濃史學會.

新納泉, 1982,「單龍·單鳳環頭大刀の編年」,『史林』65~4, 京都, 史學研究會.

穴澤咊光·馬目順一, 1984,「三國時代の環頭大刀」,『考古學ジャーナル』236, 東京, ニュ·サイエンス社

瀧瀨芳之, 1986,「圓頭大刀·圭頭大刀の編年と佩用者の性格」,『考古學ジャーナル』266, 東京, ニュ·サイエンス社.

具滋奉, 1987,「三葉環頭大刀의 一考察」, (嶺南大學校碩士學位論文), 慶山, 嶺南大學校大學院.

趙榮濟, 1992,「新羅와 加耶의 武器·武具-龍鳳文大刀와 三累環頭大刀」,『韓國古代史論叢』3, 韓國古代社會研究所.

穴沢咊光·馬目順一, 1993,「陜川玉田出土の環頭大刀群の諸問題」,『古文化談叢』30(上), pp.367~386, 北九州, 九州古文化研究會.

李柱憲, 1994,「三國時代 嶺南地方 大刀副葬相에 對한 研究」, (慶北大學校碩士學位論文), 大邱, 慶北大學校大學院.

具滋奉, 1995,「環頭大刀의 分類와 名稱에 대한 考察」,『嶺南考古學』17, 嶺南考古學會.

高島徹, 1996,「裝飾付大刀を出土した古墳」,『金の大刀と銀の大刀-古墳·飛鳥の貴人と階層』, pp.85~88, 大阪, 大阪府立近つ飛鳥博物館.

一瀬和夫, 1996,「大刀と裝飾」,『金の大刀と銀の大刀-古墳·飛鳥の貴人と階層』, pp.69~83, 大阪, 大阪府立近つ飛鳥博物館.

町田章, 1997,「加耶의 環頭大刀와 王權」,『加耶諸國의 王權』, 서울, 신서원.

具滋奉, 1998,「環頭大刀의 圖像에 대하여」,『韓國上古史學報』27, 韓國上古史學會.

小谷地肇, 2000,「獅噛式環頭大刀の分類」,『靑森縣考古學』12, 靑森, 靑森縣考古學會.

小谷地肇, 2002,「伏岩里3號墳第7號石室出土獅噛式環頭大刀をめぐって」,『海と考古學とロマン-市川

金丸先生古稀記念献呈論文集-』, pp.235~245, 青森, 市川金丸先生古稀を祝う會.

穴沢咊光·馬目順一, 2002, 「出羽出土の韓半島系環頭大刀」, 『悠山姜仁求教授停年紀念東北亞古文化論叢』, pp.443~463, 果川, 悠山姜仁求教授停年紀念論叢編纂委員會.

李漢祥, 2004, 「三國時代 環頭大刀의 製作과 所有方式」, 『韓國古代史研究』36, 韓國古代史學會.

大谷晃二, 2005, 「日韓の龍鳳文環頭大刀の展開」, 『古墳出土金工製品の日韓比較研究』大阪府文化財センター.

持田大輔, 2005, 「韓半島と倭國における裝飾環頭大刀の展開」「益子天王塚古墳の時代」, 東京, 早稻田大學會津八一記念博物館.

이한상, 2006, 「裝飾大刀로 본 百濟와 加耶의 交流」, 『百濟研究』第43輯, 大田, 忠南大學校百濟研究所.

持田大輔, 2007, 『裝飾大刀の導入と展開』, 東京, 早稻田大學博士學位論文.

이한상, 2010, 「大加耶의 성장과 龍鳳紋大刀文化」, 『新羅史學報』18, 서울, 新羅史學會.

持田大輔, 2010, 「含玉系単龍鳳文環頭大刀の檢討—日本列島および朝鮮半島出土例より—」, 『比較考古學の新地平』, 東京, 同成社.

김도영, 2011, 「대가야 용봉문환두대도 외환의 제작방법과 복원실험」, 『慶北大學校 考古人類學科 30周年 紀念 考古學論叢』, 大邱, 慶北大學校考古人類學科30周年紀念考古學論叢刊行委員會.

金宇大, 2011, 「裝飾付環頭大刀の技術系譜と傳播 –朝鮮半島東南部出土資料を中心に–」, 『古文化談叢』66, 九州古文化研究會.

김우대, 2011, 「製作技法을 中心으로 본 百濟·가야의 裝飾大刀」, 『嶺南考古學』59, 嶺南考古學會.

金跳咏, 2012, 『三國時代 龍鳳文環頭大刀의 製作技術論的 接近』, (慶北大學校 碩士學位論文)大邱, 慶北大學校大學院.

李漢祥, 2013, 「陜川 玉田35號墳 龍鳳紋大刀의 金工技法과 文樣」, 『考古學探究』13號, 考古學探究會.

李漢祥, 2013, 「陜川 玉田M3號墳 龍鳳紋大刀의 還部 製作工程」, 『考古學探究』14, 晋州, 考古學探究會.

김낙중, 2014, 「가야계 환두대도와 백제」, 『百濟文化』50, 百濟文化研究所.

김도영, 2014, 「三國時代 龍鳳文環頭大刀의 系譜와 技術傳播」, 『中央考古研究』14, 大田, 中央文化財研究院.

金宇大, 2015, 「単龍·単鳳環頭大刀製作の展開」, 『古代武器研究』vol.11, 古代武器研究會.

우병철, 2015, 「三國時代 裝飾大刀의 製作技術과 地域性」, 『한국고고학보』제 96집, 한국고고학회.

金宇大, 2017, 『金工品から読む古代朝鮮と倭』, 京都, 京都大學學術出版會.

4) 철촉

杉山秀宏, 1988,「古墳時代の鐵鏃について」,『橿原考古學研究所論集』第8, pp.529~644, 東京吉川弘文館.

松木武彦, 1991,「前期副葬鐵鏃の成立と展開」,『考古學研究』第37券第4號, 岡山, 考古學研究會.

조영제, 1992,「玉田고분출토 鐵鏃에 대한 소고」,『가야문화』5, 가야문화연구원.

金吉植, 1993,『三國時代鐵鏃의 研究-嶺南地方資料를 中心으로-』, (慶北大學校碩士學位論文), 大邱, 慶北大學校大學院.

이현주, 1993,「3~4세기대 鐵鏃에 대하여-嶺南地方 出土品을 中心으로-」,『博物館研究論集』2, 釜山, 釜山直轄市立博物館.

松木武彦, 1996,「前期古墳副葬鏃群の成立過程と構成」,『雪野山古墳の研究』大阪, 雪野山古墳發掘調査團.

鈴木一有, 2000,「交易された鐵鏃」,『表象としての鐵器副葬』, 鐵器文化研究會.

鈴木一有, 2003,「中期古墳における副葬鏃の特質」,『帝京大學山梨文化財研究所研究報告 第11集-特集古墳時代中期の諸樣相-』, pp.49~70, 山梨, 帝京大學山梨文化財研究所.

水野敏典, 2003,「古墳時代中期における日韓鐵鏃の一樣相」,『帝京大學山梨文化財研究所研究報告 第11集-特集古墳時代中期の諸樣相-』, pp.71~80, 山梨, 帝京大學山梨文化財研究所.

水野敏典, 2003,「日韓鐵鏃にみる相對年代觀-古墳時代中期を中心として-」,『新世紀の考古學-大塚初重先生喜寿記念論文集-』, pp.385~400, 東京, 大塚初重先生喜寿記念論文集刊行會.

우병철, 2004,「영남지방 출토 4~6세기 철촉의 형식분류」,『영남문화재연구』第17集, 칠곡, 영남문화재연구원.

禹炳喆, 2005,『嶺南地方 출토 3~6세기 鐵鏃의 地域性 研究』, (慶北大學校碩士學位論文)大邱, 慶北大學校大學院.

金斗喆, 2006,「三國時代 鐵鏃의 研究」,『百濟研究』43, 大田, 忠南大學校百濟研究所.

張相甲, 2009,『後期加耶 實戰用鐵鏃의 所有樣相에 대한 一考察』, (慶尙大學碩士學位論文), 慶尙大學校大學院.

8. 무구

1) 概觀

野上丈助, 1991,『論集武具』, 東京, 學生社田中晋作, 1991, 「2武具」, 『古墳時代の研究8古墳Ⅱ-副葬品-』, pp.39~55, 東京, 雄山閣.

內山敏行, 1992, 「古墳時代後期の朝鮮半島甲冑」, 『研究紀要』第1號, 栃木縣文化振興事業團.

內山敏行, 1994, 「古墳時代後期 朝鮮半島系冑」, 『研究紀要』1, (財)とちぎ生涯學習文化材團埋藏文化財
　　　　　センター.

김영민, 2000, 「영남지방 판갑에 대한 재고」, 『울산사학』9, 울산, 울산대학교사학회.

內山敏行, 2001, 「古墳時代後期 朝鮮半島系冑(2)」, 『研究紀要』9, (財)とちぎ生涯學習文化材團埋藏文
　　　　　化財センター.

송계현, 2001, 「4~5세기 동아시아의 갑주」, 『4~5世紀 東亞細亞 社會와 加耶』, (第2回加耶史國際學術
　　　　　大會), 金海, 金海市.

橋本達也, 2005, 「古墳時代甲冑系譜論-日韓の帶金式甲冑の問題」, 『マロ塚古墳出土品を中心にした古
　　　　　墳時代中期武器・武具研究』, 佐倉, 國立歷史民俗博物館.

內山敏行, 2008, 「古墳時代の武具生産一古墳時代中期甲冑の二系統を中心に一」, 『地域と文化の考古
　　　　　學 Ⅱ』, 東京, 六一書房.

內山敏行, 2008, 「小札甲の變遷と交流」, 『王權と武器と信仰』, 東京, 同成社.

송정식, 2009, 「삼국시대 판갑의 특징과 성격」, 『학예지』제 16집, 육군사관학교 육군박물관.

이현주, 2010, 「영남지역 4~5세기 무장체제의 지역성」, 『영남지역의 무기와 무구』, (제 19회영남고고
　　　　　학회학술발표회), 영남고고학회.

임지영·이유진·이현주, 2010, 「삼국시대 종장판갑 부착 유기질 연구」, 『한국고고학보』75, 한국고고학회.

初村武寬, 2010, 「古墳時代中期における小札式付屬具の基礎的檢討」, 『洛北史學』第12號.

黃秀鎭, 2011, 「三國時代 嶺南 出土 札甲의 研究」, 『韓國考古學報』78, 한국고고학회.

김혁중, 2014, 「고대 한일 찰갑의 교류」, (한일교섭의고고학제 2회공동연구회).

김혁중, 2015, 「중국 중원·동북지방 갑주로 본 영남지방 갑주문화의 전개과정과 특징」, 『영남고고학』
　　　　　72, 영남고고학회.

2) 시통

早乙女雅博, 1987, 「古代東アジアの盛矢具」, 『東京國立博物館紀要』23, 東京, 東京國立博物館.

田中新史, 1988, 「古墳出土の胡籙・靫金具」, 『井上コレクション彌生・古墳時代時代資料圖錄』, 東京,
　　　　　言叢社.

全玉年, 1992, 「加耶의 金工品에 대하여-盛矢具研究」, 『加耶考古學論叢』1, 서울, 가락국사적개발연구원.

西岡千繪, 2007, 「韓半島의 胡籙 -금구의 분류와 구성-」, 『고고학탐구』2, 고고학탐구회.

土屋隆史, 2012, 「日本における胡籙金具の展開」, 『考古學研究』第59券第1號, 考古學研究會.

土屋隆史, 2018, 『古墳時代の日朝交流と金工品』, 東京, 雄山閣.

3) 갑주

藤田和尊, 1985, 「日韓出土の短甲について-福泉洞10號墳·池山洞32號墳出土例に關連して-」, 『末永雅雄先生米寿記念献呈記念論文集』, 大阪, 末永雅雄先生米寿記念會.

宋桂鉉, 1988, 「三國時代鐵製甲冑의 硏究-嶺南地域出土品을 中心으로-」, (慶北大學校碩士學位論文), 大邱, 慶北大學校大學院.

內山敏行, 1992, 「古墳時代後期の朝鮮半島系冑」, 『硏究紀要』1, 栃木, 財團法人栃木縣文化振興事業團.

鈴木一有, 1996, 「三角板系短甲について-千人塚古墳の研究」, 『浜松市博物館舘報』8, 浜松, 浜松市博物館.

橋本達也, 1998, 「4~5世紀における韓日交渉の考古學的檢討-竪矧板·方形板革綴短甲の技術と系譜-」, 『青丘學術論集』12, 東京, 財團法人韓國文化振興財團.

淸水和明, 2000, 「古代の甲冑製作技術について」, 『古代武器研究』vol.1, 彦根, 古代武器研究會·滋賀縣立大學考古學研究室.

內山敏行, 2001, 「古墳時代後期の朝鮮半島系冑(2)」, 『硏究紀要』第9號-埋藏文化財センター創立10周年記念論集-, 栃木, 財團法人とちぎ生涯學習文化財團埋藏文化財センター.

宋桂鉉, 2001, 「朝鮮半島の甲冑」, 『季刊考古學』第76號, 東京, 雄山閣.

田中晋作, 2001, 「古墳時代における鐵製甲冑の出現」, 『季刊考古學』第76號, 東京, 雄山閣.

宋槙植, 2003, 『加耶·新羅의 縱長板甲研究-構造復元을 中心으로-』, (釜山大學校碩士學位論文), 釜山, 釜山大學校大學院.

宋桂鉉, 2004, 「加耶古墳の甲冑の變化と韓日關係」, 『國立歷史民俗博物館研究報告』第110集, 佐倉, 國立歷史民俗博物館.

楊泓, 2004, 「6世紀以前の東アジアの鐵製甲冑」, 『國立歷史民俗博物館研究報告』第110集, 佐倉, 國立歷史民俗博物館.

오광섭, 2004, 「縱長板甲의 鳥裝」, 『영혼의 전달자』, 국립김해박물관 기획특별전 도록.

김혁중, 2006, 「구조로 본 종장판갑」, 『慶州 九政洞 古墳』, (國立慶州博物館 學術調査報告 第18冊), 경주, 國立慶州博物館.

송정식, 2008, 「종장판갑의 제작공정과 기술변화 연구」, 『한국고고학보』, 한국고고학회.

김혁중, 2009, 「영남지방 출토 종장판갑의 분포와 의미」, 『영남고고학』49, 영남고고학회.

김재우, 2010, 「금관가야의 갑주」, 『대성동고분군과 동아세아』, (제 16회가야사국제학술회의), 김해,

김해시.

송정식, 2010, 「동북아시아 찰갑(札甲)의 기술계통 연구-4세기대 영남지역 찰갑고찰을 위한 시론-」, 『야외고고학』제 9호, 한국매장문화재협회.

김혁중, 2011, 「한반도 출토 왜계갑주의 분포와 의미」, 『중앙고고연구』제 8호, 대전, 중앙문화재연구원.

송정식, 2012, 「가야 종장판갑의 장식적 요소와 상징적 의미」, 『양동리, 가야를 보다』, 김해, 국립김해 박물관.

이성훈, 2013, 「영남지역 출토 종장판주의 제작공정과 기능변화」, 『영남고고학』65, 영남고고학회.

김혁중, 2016, 「가야의 갑주」, 『가야고고학개론』, (중앙문화재연구원 학술총서 29), 서울, 진인진.

김영민, 2018, 「가야 갑주」, 『가야고분군Ⅱ』, 창원, 가야고분군 세계유산 등재추진단.

9. 말과 마구

1) 말

森浩一(編), 1974, 『馬』, 東京, 社會思想史.

松井章, 1991, 「家畜と牧-馬の生産」, 『古墳時代の硏究4-生産と流通』, pp.33~34, 東京, 雄山閣.

桃崎祐輔, 1993, 「古墳に伴う牛馬供儀の檢討-日本列島朝鮮半島中國東北地方の事例を比較して-」, 『古文化談叢』第31集, pp.1~141, 北九州, 九州古文化硏究會.

末崎真澄(編), 1996, 『馬と人間の歷史』, 東京, 馬事文化財團.

寢屋川市敎育委員會, 1998, 『歷史シンポジウム-わか國最古の牧-』, 寢屋川, 寢屋川市敎育委員會.

東大阪鄕土博物館, 2002, 『うまかいのさと』, 東大阪, 東大阪鄕土博物館.

西原雄大, 2002, 「湖北の馬事文化について」, 『古代武器硏究』vol.3, pp84~91, 彦根, 古代武器硏究會.

右島和夫, 2003, 「上野地域における方墳の系譜と馬-岩下淸水古墳群をめぐって-」, 『古墳時代東國における渡來系文化の受容と展開』, pp.88~103, 神奈川, 專修大學文學部.

山上弘, 2004, 「馬飼の里が見つかった？」, 『今來才伎古墳・飛鳥の渡來人』, pp.74~75, 大阪, 大阪府近つ飛鳥博物館.

이준정·고은별, 2007, 「사천 방지리 패총 출토 동물자료」, 『사천 방지리 유적Ⅲ』, 창원, 경남발전연구원역사문화센터.

黑澤一男, 2009, 「가평 대성리유적 원 49호 수혈 출토 동물유존체 분석」, 『加平 大成里遺蹟』, 京畿文化財硏究院.

이준정·고은별, 2012, 「高靈 池山洞 第73號墳 出土 馬 頭蓋骨에 대하여」, 『高靈 池山洞 第73~75號墳』, (대동문화재연구원학술조사보고제 36집)대구, 대동문화재연구원.

이준정, 2013, 「한반도 선사, 고대 동물사육의 역사와 그 의미」, 『농업의 고고학』, (한국고고학회학술총서 5), 한국고고학회.

諫早直人, 2017, 「日本列島における馬匹生産のはじまり」, 『古代武器研究』vol.13, 山口, 古代武器研究會.

2) 마구

(1) 개관

小野山節, 1966, 「日本發見の初期の馬具」, 『考古學雜誌』第52卷第1號, pp.1~10, 東京, 日本考古學會.

申敬澈, 1985, 「古式鐙子考」, 『釜大史學』9, 釜山, 釜山大學校史學會.

岡安光彦, 1988, 「心葉形鏡板付轡·杏葉の編年」, 『考古學研究』第35卷第3號, pp.53~68, 岡山, 考古學研究會.

千賀久, 1988, 「古墳時代壺鐙の系譜と變遷-杓子形壺鐙を中心に」, 『考古學と技術』(同志社大學考古學シリーズⅣ), 京都, 同志社大學.

千賀久, 1988, 「日本出土初期馬具の系譜」, 『橿原考古學研究所論集』9, pp.17~67,, 東京, 吉川弘文館.

金斗喆, 1991, 『三國時代轡의 研究-轡의 系統研究를 中心으로-』, (慶北大學校碩士學位論文), 大邱, 慶北大學校大學院.

中村潤子, 1991, 「騎馬民族說の考古學」, 『考古學その見方と解釋』, 東京, 筑摩書房.

千賀久, 1991, 「3馬具」, 『古墳時代の研究8古墳Ⅱ-副葬品-』, pp.55~70, 東京, 雄山閣.

金斗喆, 1992, 「新羅와 加耶의 馬具-馬裝을 中心으로」, 『韓國加耶史論叢』3, 서울, 가락국사적개발연구원.

柳昌煥, 1992, 「伽耶古墳 出土 鐙子에 대한 研究」, 『韓國考古學報』33, 韓國考古學會.

宮代榮一, 1993, 「中央部に鉢を持つ雲珠·辻金具について」, 『埼玉考古』30, 埼玉考古學會.

金斗喆, 1993, 「三國時代 轡의 研究」, 『嶺南考古學』13, pp.55~105, 釜山, 嶺南考古學會.

李尙律, 1993, 『嶺南地方 三國時代 杏葉의 研究』, (慶北大學校碩士學位論文), 大邱, 慶北大學校大學院.

李尙律, 1993, 「三國時代 杏葉 小考」, 『嶺南考古學』13, pp.107~156, 釜山, 嶺南考古學會.

柳昌煥, 1994, 「伽耶古墳 出土 鐙子에 對한 研究-木心鐵板被輪鐙를 中心으로-」, (東義大學校碩士學位論文), 釜山, 東義大學校大學院.

木下尙子, 1994, 「イモガイをつけた馬具―騎馬文化の中の南海産貝―」, 『倭國の形成と東アジアの騎馬文化』, 第11回古代史シンポジウム.

千賀久, 1994, 「日本出土初期馬具の系譜」, 『橿原考古學研究論集』12, 吉川弘文館.

金斗喆, 1995, 「嶺南地方의 騎乘文化 受容과 發展」, 『伽耶古墳의 編年研究Ⅲ—甲冑와 馬具—』, (제 4
　　　회영남고고학회 학술발표회), 嶺南考古學會.

鄭薰鎭, 1995, 『嶺南地方에서 出土된 鞍裝에 대한 一考察』, (成均館大學校碩士學位論文), 서울, 成均
　　　館大學校大學院.

姜裕信, 1997, 『新羅·加耶의 馬具 研究』, (嶺南大學校博士學位論文), 慶山, 嶺南大學校大學院.

李尙律, 1998, 「新羅, 伽倻文化圈에서 본 百濟의 馬具」, 『百濟文化』27, 公州, 公州大學校 百濟文化研究所.

姜裕信, 1999, 『韓國古代의 馬具와 社會』, 서울, 學研文化社.

桃崎祐輔, 1999, 「日本列島における騎馬文化の受容と拡散–殺馬儀禮と初期馬具の拡散にみる慕容鮮
　　　卑·朝鮮三國伽耶の影響」, 『渡來文化の受容と展開–5世紀における政治的社會的變化の具
　　　体相(2)–』, (第46回埋藏文化財研究集會), pp.373~420, 大阪, 埋藏文化財研究會.

李蘭暎·金斗喆, 1999, 『韓國의 馬具(馬文化研究叢書Ⅲ)』, 果川, 韓國馬事會馬事博物館.

中村潤子, 1999, 「日本の初期馬具文化の源流について–遼西發見の馬具特に鞍金具に關連して–」, 『文
　　　化學年報』第48輯, pp.155~171, 京都, 同志社大學文化學會.

金斗喆, 2000, 「韓國古代馬具의 研究」, (東義大學校博士學位論文), 釜山, 東義大學校大學院.

姜裕信, 2002, 「韓半島 南部 古代 馬具의 系統」, 『淸溪史學』16·17, 과천, 한국정신문화연구원청계사
　　　학회.

岡安光彦, 2003, 「馬具生産と流通の諸畫期」, 『七世紀研究會シンポジウム–武器生産と流通の諸畫期』,
　　　pp.1~9, 七世紀研究會.

李尙律, 2003, 「加耶, 百濟の初期馬具–その源流と特徴を中心に–」, 『東アジアと日本の考古學Ⅲ–交流
　　　と交易–』, 東京, 同成社.

張允禎, 2003, 「韓半島における馬具研究の流れ」, 『考古學研究』第50卷, 第2號, pp.85~104, 岡山, 考古
　　　學研究會.

中條英樹, 2003, 「鐵製f字形鏡板轡の編年と性格」, 『帝京大學山梨文化財研究所研究報告 第11集–特集
　　　古墳時代中期の諸樣相–』, pp.87~109, 山梨, 帝京大學山梨文化財研究所.

千賀久, 2003, 「馬具」, 『考古資料大觀』第7卷, 弥生·古墳時代鐵·金銅製品　小學館.

千賀久, 2003, 「日本列島の初期の騎馬文化」, 『가야와 광개토대왕』(제 9회가야사국제학술회의), 김해,
　　　김해시.

岡安光彦, 2004, 「古墳時代中期の馬具と馬匹— 生産と流通 —」, 『日本考古學協會第70回總會　發表
　　　要旨』, 日本考古學協會.

桃崎祐輔, 2004, 「倭の出土馬具からみた國際環境–朝鮮三國伽耶·慕容鮮卑三燕との交渉關係–」, 『加

耶, 그리고 倭와 北方』, pp.97~143, 金海, 金海市.

千賀久, 2004, 「日本出土の「非新羅系」馬裝具の系譜」, 『國立歷史民俗博物館研究報告』第110集, 國立歷史民俗博物館.

諫早直人, 2005, 「朝鮮半島南部三國時代における轡製作技術の展開」, 『古文化談叢』第54集, pp.109~138, 北九州, 九州古文化研究會.

李尙律, 2005, 「三國時代 馬具의 研究」, (釜山大學校博士學位論文), 釜山, 釜山大學校大學院.

李尙律, 2005, 「三國時代 圓環轡考」, 『古文化』65, 韓國大學博物館協會.

張允禎, 2005, 「삼국시대 등자의 展開와 地域色」, 『馬事博物館誌』, 馬事博物館.

張允禎, 2005, 「韓半島における馬具研究の流れ」, 『馬具研究の研究史と方法論』, pp.65~90, 古代武器研究會·鐵器文化研究會聯合研究集會實行委員會.

李尙律, 2007, 「三國時代 壺鐙의 出現과 展開」, 『韓國考古學報』65, 韓國考古學會.

李炫姃, 2007, 「신라고분 출토 안교손잡이 시론」, 『嶺南考古學』41, 嶺南考古學會.

李尙律, 2009, 「新羅, 大加耶 新式板轡의 成立」, 『古文化』74, 韓國大學博物館協會.

李炫姃, 2009, 『嶺南地方 三國時代 二繫裝飾具 研究』, (慶北大學校碩士學位論文), 大邱, 慶北大學校大學院.

李尙律, 2010, 「扁圓魚尾形杏葉의 發生」, 『釜山大學校考古學科創設20周年 記念論文集』, 釜山大學校考古學科.

諫早直人, 2012, 「3.九州出土の馬具と朝鮮半島」, 『沖の島祭祀と九州諸勢力の對外交涉』, 第15回九州前方後圓墳研究會北九州大會發表要旨資料集.

諫早直人, 2012, 『東北アジアにおける騎馬文化の考古學的研究』, 東京, 雄山閣.

諫早直人, 2012, 「馬具」, 『古墳時代研究の現狀と課題』下, 東京, 同成社.

李鉉宇, 2012, 『三國時代 鞍裝의 構造 研究』, (釜山大學校碩士學位論文), 釜山, 釜山大學校大學院.

李炫姃, 2012, 「馬具를 통해 본 新羅와 倭의 交流-'新羅 馬具'란 무엇인가?-」, 『新羅와 倭의 交流』, 대구, 경북대학교박물관·일본국립역사민속박물관.

柳昌煥, 2013, 「三燕·高句麗 馬具와 三國時代 馬具」, 『日韓交涉の考古學-古墳時代』, 日韓交涉の考古學-古墳時代-研究會.

李尙律, 2013, 「新羅·加耶馬具가 提起하는 問題와 日本馬具」, 『日韓交涉の考古學-古墳時代』, 日韓交涉の考古學-古墳時代-研究會.

李炫姃, 2013, 「울산지역 원삼국-삼국시대 마구의 등장과 변천」, 『울산 철 문화』, 울산박물관 학술총서V.

朴天秀·李炫姃, 2015, 「三國時代 日本列島 南島産 貝製品을 둘러싼 諸問題」, 『해양 교류의 고고학』,
　　　　(제 11회嶺南·九州합동학술대회).嶺南考古學會·九州考古學會.

유영춘, 2015, 「雲峰高原出土馬具研究-재갈·사행상철기·등자를 중심으로」, (군산대학교석사논문),
　　　　군산, 군산대학교대학원.

허미연, 2015, 「신라·가야의 초기 마구의 계통」, 『영남고고학회 학술발표회 24회』, 영남고고학회.

(2) 마구

申敬澈, 1985, 「古式鐙子考」, 『釜大史學』9, 釜山大學校史學會.

申敬澈, 1989, 「伽耶의 武具와 馬具-甲冑와 鐙子를 중심으로-」, 『國史觀論叢』7, 國史編纂委員會.].

金斗喆, 1993, 「加耶の馬具」, 『加耶と古代東アジア』, 東京, 新人物往來社.

柳昌煥, 1994, 「伽倻古墳 出土 鐙子에 대한 研究」, 東義大學校 史學科 碩士學位論文.

申敬澈, 1994, 「加耶 初期馬具에 대하여」, 『釜大史學』18, 釜山大學校史學會.

柳昌煥, 1995, 「伽耶古墳 出土 鐙에 對한 研究」, 『韓國考古學報』33, pp.91~147, 韓國考古學會.

金斗喆, 1998, 「前期加耶의 馬具」, 『加耶史論叢』1, 加耶와 古代 日本, 金海市.

金斗喆, 2000, 「마구를 통해 본 가야와 백제」, 『가야와 백제』, (제 6회가야사 학술대회), 김해, 김해시.

柳昌煥, 2000, 「大伽耶圈 馬具의 變化와 劃期」, 『韓國 古代史와 考古學』, 鶴山 金廷鶴博士 頌壽記念論
　　　　叢, 서울, 學研文化社.

柳昌煥, 2000, 「環板轡의 編年과 分布」, 『伽倻文化』13, 서울, 伽倻文化研究院.

柳昌煥, 2002, 「마구를 통해 본 아라가야」, 『고대 함안의 사회와 문화』, (국립창원문화재연구소 2002
　　　　년도학술대회), 창원, 국립창원문화재연구소.

中山淸隆, 2002, 「馬具からみた鮮卑·高句麗と伽耶」, 『淸溪史學』16·17, 果川, 韓國情神文化研究院淸
　　　　溪史學會.

金斗喆, 2003, 「부산지역 고분문화의 추이-가야에서 신라로-」, 『港都釜山』19, 釜山, 釜山市史編纂委
　　　　員會.

金斗喆, 2004, 「加耶と倭の馬具」, 『國立歷史民俗博物館研究報告』第110集, pp.263~281, 佐倉, 國立歷
　　　　史民俗博物館.

柳昌煥, 2004, 「古代東アジア初期馬具の展開」, 『福岡大學考古學論集-小田富士雄先生退任記念-』, 小
　　　　田富士雄先生退任記念事業會.

柳昌煥, 2006, 「가야의 마구에 나타난 전환기적 특징-전기가야 마구에서 후기가야 마구로-」, 『가야와
　　　　그 전환기의 고분문화』, 국립창원문화재연구소.

諫早直人·李炫姃, 2007, 「고령 지산동 44호분 출토 마구의 재검토」, 『경북대학교박물관 年報』, 大邱, 慶北大學校博物館.

柳昌煥, 2007, 「三國時代 鐵製鐙子에 대한 一考察」, 『考古廣場』創刊號, 釜山考古學硏究會.

柳昌煥, 2007, 『加耶馬具의 硏究』, (東義大學校博士學位論文), 釜山, 東義大學校大學院.

柳昌煥, 2008, 「마구로 본 6세기대 소가야와 주변제국」, 『6세기대 가야와 주변제국』, (제 14회가야사 국제학술회의), 김해시.

柳昌煥, 2008, 「부장철기로 본 아라가야의 수장들」, 『중앙고고연구』11, 대전, 중앙문화재연구원.

諫早直人, 2009, 「大伽耶圈 馬具 生産의 全開와 그 特質 -高靈 池山洞古墳群을 중심으로-」, 『高靈 池山洞44號墳 -大伽耶王陵-』大邱, 慶北大學校博物館·慶北大學校考古人類學科·高靈郡大加耶博物館.

이상율, 2009, 「新羅·大加耶新式板의 성립」, 『고문화』74, 한국대학박물관협회.

柳昌煥, 2010, 「부장품으로 본 가야마구의 성격과 의의」, 『경남연구』3, 창원, 경남발전연구원역사문화센터.

諫早直人, 2011, 「낙동상 하뷰역 줄토 마구의 지역성과 그 배경」, 『慶北大學校考古人類學科30周年記念考古學論叢』, (慶北大學校考古人類學科考古學叢書Ⅱ), 大邱, 慶北大學校考古人類學科.

姜昇姬, 2011, 「加耶·新羅의 후걸이(尻繫) 硏究」, (釜山大學校碩士學位論文), 釜山, 釜山大學校大學院.

柳昌煥, 2012, 『가야마구의 연구』, 서울, 서경문화사.

이현정, 2016, 「가야의 말과 마구」, 『가야고고학개론』, (중앙문화재연구원 학술총서 29), 서울, 진인진.

류창환, 2018, 「가야 마구」, 『가야고분군Ⅱ』, 창원, 가야고분군 세계유산 등재추진단.

(3) 마주

若松良一, 1991, 「古代日朝의 馬冑について」, 『埼玉縣立さきたま資料館調査報告』4, pp.1~12, 浦和, 埼玉縣立さきたま資料館.

神谷正弘, 1992, 「日本·韓國出土의 馬冑·馬甲」, 『考古學論集』4, 新戸, 考古學을 學ぶ會.

若松良一, 1993, 「からくに渡った東國의 武人たち-埼玉將軍山古墳과 房總의 首長의 交流をめぐって-」, 『法政考古學』第20集4, pp.199~214, 東京, 法政大學考古學會.

伊藤秋男, 1993, 「慶州皇南洞109號墳出土의 馬冑-馬冑의 型式과 系譜의 問題를 中心として」, 『日本考古學協會第59回總會研究發表要旨』, pp.46~49, 東京, 日本考古學協會.

大田博之, 1994, 「埼玉將軍山古墳出土馬冑資料의 基礎研究」, 『日本考古學』1, pp.103~125, 東京, 日本考古學協會.

伊藤秋男, 1994, 「韓國陜川磻溪堤가A號墳出土の革製馬冑の復元について」, 『日本考古學協會第60回總
　　　　會研究發表要旨』, pp.82~85, 東京, 日本考古學協會.

李尙律, 1999, 「加耶의 馬冑」, 『加耶의 對外交涉』, (第5回加耶史學術會議), 金海, 金海市.

神谷正弘, 2000, 「日本・韓國・中國出土の馬冑・馬甲について」, 『古代武器研究』vol.1, pp.10~15, 彦根,
　　　　古代武器研究會・滋賀縣立大學考古學研究室.

李尙律, 2000, 「金海杜谷8號墳の馬冑」, 『大谷古墳とその遺物』, pp.29~33, 和歌山, 和歌山市立博物館.

金井塚良一, 2002, 「海を渡った馬冑-紀伊の古代氏族, 紀氏と伽耶-」, 『三國時代研究2悠山姜仁求教授
　　　　停年紀念論集』, (淸溪古代學研究會學術叢書2), pp.31~99, 서울, 學硏文化社.

金宰佑, 2004, 「嶺南地方의 馬冑에 대하여-金海 大成洞古墳出土 馬冑를 소재로-」, 『嶺南考古學』35,
　　　　pp.59~86, 釜山, 嶺南考古學會.

神谷正弘, 2006, 「中國・韓國・日本出土の馬冑と馬甲」, 『東アジア考古學論叢』, 奈良, 日本奈良文化研
　　　　究所・中國遼寧省文物考古研究所.

10. 동완

小田富士雄, 1975, 「日本の古墳出土の銅椀について」, 『百濟研究』第6輯, pp.199~220, 大田, 忠南大學
　　　　校百濟研究所.

毛利光俊彦, 1978, 「古墳出土の銅椀の系譜」, 『考古學雜誌』64~1, pp.1~27, 東京, 日本考古學會.

桃崎祐輔, 2000, 「風返稻荷山古墳出土銅椀の檢討」, 『風返稻荷山古墳』, pp.121~134, 霞ヶ浦, 霞ヶ浦
　　　　教育委員會・日本大學考古學會.

毛利光俊彦, 2004, 『古代東アジアの金属容器I(中國)』, (奈良文化財研究所史料第68冊)奈良, 奈良文化
　　　　財研究所.

毛利光俊彦, 2005, 『古代東アジアの金属容器Ⅱ(朝鮮・日本)』, (奈良文化財研究所史料第71冊)奈良, 奈
　　　　良文化財研究所.

11. 경

樋口隆康, 1972, 「武寧王陵出土鏡と七子鏡」, 『史林』55~4, 京都, 史學研究會.

飯島義雄・小池浩平, 2000, 「古墳時代銅鏡の製作方法の檢討-獸帶鏡のいわゆる「同型鏡」を基にして-」,

『群馬縣立歷史博物館紀要』第21號, pp.61~84,, 高崎, 群馬縣立歷史博物館.

12. 유리

毛利光俊彦, 1991, 「10青銅製容器·ガラス容器」, 『古墳時代の研究8古墳Ⅱ 副葬品』, pp.189~205, 東京, 雄山閣.

李仁淑, 1993, 『한국의 古代유리』, 서울, 創文.

谷一尙, 1999, 『ものが語る歷史シリーズ2ガラスの考古學』, 東京, 同成社

由水常雄, 2001, 『ローマ文化王國-新羅』, 東京, 新潮社.

박천수, 2014, 「古代 東北아시아 琉璃器의 考古學的 研究」, 『금관가야의 국제교류와 외래계 유물』, 서울, 주류성.

朴天秀, 2016, 「古代 東北亞細亞 出土 琉璃器의 移入經路와 歷史的背景」, 『한국고고학보』101, 오산, 한국고고학회.

章곳, 2018, 「삼국시대 유리기의 기원과 유입」, (부산대학교석사학위논문), 부산, 부산대학교대학원.

13. 주거와 취락

이성주, 1991, 「伽耶聚落遺蹟의 諸問題(上)」, 『한국상고사학보』5, 한국상고사학회.

이홍종, 1993, 「부뚜막 施設의 登場과 地域相」, 『嶺南考古學』12, 嶺南考古學會.

杉井健, 1998, 「4~5世紀における韓日交涉の考古學的檢討-朝鮮半島における竈の特質および日本列島との相互關係-」, 『靑丘學術論集』, 12, pp.27~46, 東京, 韓國文化研究振興財團.

배덕환, 2005, 「先史·古代의 地上式建物」, 『東亞文化』1, 馬山, 東亞文化研究院.

權五榮·李亨源, 2006, 「三國時代 壁柱建物 研究」, 『韓國考古學報』60, pp.158~211, 서울, 韓國考古學會.

공봉석, 2008, 「경남서부지역 삼국시대 수혈건물지의 구들 연구」, 『한국고고학보』66, 한국고고학회.

김진철, 2008, 「삼국시대 타원형 수혈주거지 연구」, (동아대학교석사학위논문), 부산, 동아대학교대학원.

공봉석, 2009, 「경남 서부지역 삼국시대 주거와 취락」, 『嶺南地方 原三國·三國時代 住居와 聚落』I, 第18回 嶺南考古學 會學術發表會, 嶺南考古學會.

배덕환·김민수, 2009, 「三國時代 高床建物의 住居로서의 可能性」, 『聚落研究1』, 취락연구회.

유병록, 2009, 「삼국시대 낙동강 하류역 및 남해안 취락의 특성」, 『嶺南地方 原三國·三國時代 住居와

聚落』I, 嶺南考古學會.

李盛周, 2009, 「原三國·三國 嶺南地域 住居와 聚落研究의 課題와 方法」, 『嶺南地方 原三國·三國時代 住居와 聚落』I, 嶺南考古學會.

박미라, 2010, 「전남 동부지역 가야계토기 출토 주거지의 성격」, 『문화사학』33, 한국문화사학회.

이나영, 2010, 「3~4세기 원형계 수혈주거지의 복원에 대한 연구-서부경남지역을 중심으로-」, 『慶南研究』2, 창원, 경남발전연구원역사문화센터.

공봉석, 2011, 「경남 서부지역 3~5세기 취락 검토」, 『광양만권의 마한·백제취락 재조명』, (국립광주박물관광양기획특별전학술세미나), 광주, 국립광주박물관.

소배경, 2011, 「김해 관동리유적과 가야의 항구-김해 관동리 삼국시대 진지(津址)를 중심으로-」, 『가야의 포구와 해상활동』, 서울, (인제대학교가야문화연구소·김해시, 주류성).

이동희, 2012, 「三國時代 湖南地域 住居·聚落의 地域性과 變動」, 『中央考古研究』10, 大田, 中央文化財研究院.

정우현, 2012, 『경남지역 삼국시대 방형계 수혈주거지 연구』, (동아대학교석사학위논문), 부산, 동아대학교대학원.

공봉석, 2013, 「영남지방 원삼국·삼국시대 주거」, 『주거의 고고학』, (제 37회 한국고고학전국대회), 韓國考古學會.

兪炳珠, 2013, 「三國時代 嶺南地方의 特殊聚落 檢討」, 『韓日聚落研究』, 韓日聚落研究會·서경문화사.

李東熙, 2013, 「三國時代 南海岸地域 住居·聚落의 地域性과 變動」, 『韓日聚落研究』, 韓日聚落研究會·서경문화사.

공봉석, 2015, 「신라·가야 취락의 분화와 전개」, 『영남고고학』73, 嶺南考古學會.

공봉석, 2015, 「영남서부지역의 주거와 취락」, 『삼국시대 고고학 개론 2-취락편-』, 서울, 진인진.

공봉석, 2016, 「가야의 주거와 취락」, 『가야고고학개론』, (중앙문화재연구원 학술총서 29), 서울, 진인진.

하승철, 2017, 「아라가야의 고도 함안」, 『한국의 고도와 익산』, 익산, 원광대학교 마한 백제문화연구소.

이동희, 2018, 「가야의 왕성과 취락」, 『가야사 총론』, 창원, 가야고분군 세계유산 등재추진단.

14. 성곽

고정용, 1986, 「가야말기 산성개축에 대한 일고찰(상)」, 『가야통신』제 15·16, 부산, 부산대학교박물관.

아라가야향토사연구회, 1996, 『안라국고성』함안, 아라가야향토사연구회.

趙晶植, 2005, 『洛東江 中流域 三國時代 城郭 研究』, (慶北大學校碩士學位論文)大邱, 慶北大學校大學院.

조효식, 2006, 「낙동강 중류역 삼국시대 성곽의 분류와 특징」, 『고문화』67, 한국대학박물관협회.

조효식·김민철, 2006, 「대가야성곽의 연구-고령 대가천 주변 성곽을 중심으로-」, 『가야문화』, 가야문화연구원.

안성현, 2007, 「경남지역 고대 석축산성 축조기법에 관한 연구」, 『한국성곽학보』11, 한국성곽학회.

정인태, 2011, 「가야지역 고분과 고대 산성의 관계 검토: 경남·고령지대 대형봉토분과 석축산성을 중심으로」, 『고문화』78, 한국대학박물관협회.

안성현, 2012, 「창녕지역 고대 성곽에 대한 연구」, 『한국성곽학보』19, 한국성곽학회.

조효식, 2014, 「대가야의 방어체계」, 『대가야의 고분과 산성』대가야박물관, 대동문화재연구원.

조효식·장주탁, 2016, 「가야의 성곽」, 『가야고고학개론』, (중앙문화재연구원 학술총서 29), 서울, 진인진.

조명일, 2017, 「전북가야의 봉수 운영과 그 역사성」, 『전북가야를 선언하다』, 호남고고학회.

최재현, 2018, 「대가야 왕도의 공간구성으로 본 산성의 기능」, 『가야사의 공간적 범위』, (가야사복원을 위한 국제 학술회의), 대구, 계명대학교 인문학연구당 한국학연구원.

15. 묘제

1) 고분

金鍾徹, 1982, 「大伽耶 墓制의 編年研究-高靈 池山洞古墳群을 中心으로」, 『韓國學論集』, 大邱, 계명대학교한국학연구소.

金世基, 1983, 『伽耶地域 竪穴式墓制의 研究』, (啓明大學校碩士論文), 大邱, 啓明大學校大學院.

張正男, 1987, 『伽耶古墳의 槨室配置에 對한 研究』, (嶺南大學校碩士學位論文), 慶山, 嶺南大學校大學院.

曹永鉉, 1989, 「三國時代橫穴式石室墳의 系譜와 編年研究-漢江以南地域을 中心으로-」, (忠南大學校碩士論文), 大田, 忠南大學校大學院.

姜賢淑, 1990, 「竪穴式石槨墓研究」, (서울大學校碩士學位論文), 서울, 서울大學校大學院.

朴廣春, 1992, 「伽耶의 竪穴式石槨墓 起源에 대한 研究」, 『考古歷史學誌』8, 東亞大學校博物館.

李海蓮, 1993, 『金海大成洞29號墳에 關한 研究-洛東江下流域의 出現期古墳의 一樣相-』, (慶星大學校碩士學位論文), 釜山, 慶星大學校大學院.

林孝澤, 1993, 『洛東江 下流域 加耶의 土壙木棺墓 研究』, (漢陽大學校博士學位論文), 서울, 漢陽大學校大學院.

李在賢, 1994, 「嶺南地域 木槨墓의 構造」, 『嶺南考古學』第15號, 嶺南考古學會.

曹永鉉, 1994,「三國時代の橫穴式石室墳」,『季刊考古學』45, 東京, 雄山閣.

洪潽植, 1994,「竪穴式石槨墓의 型式分類와 編年」,『伽耶古墳의 編年研究Ⅱ』, 第3回 嶺南考古學會學術發表會 發表 및 討論要旨, 嶺南考古學會.

郭長根, 1999,『湖南東部地域石槨墓研究』, 서울, 書景文化社.

吉井秀夫, 2000,「대가야계 수혈식석곽분의 목관 구조와 그 성격-못, 꺾쇠의 분석을 중심으로-」,『慶北大學校 考古人類學科 20周年 紀念論叢』, 大邱, 慶北大學校考古人類學科.

山本孝文, 2001,「伽倻地域 橫穴式石室의 出現背景 -墓制 變化의 諸側面에 대한 豫備考察-」,『百濟研究』第34輯, 大田, 忠南大學校百濟研究所.

吉井秀夫, 2002,「朝鮮三國時代における墓制の地域性と被葬者集團」,『考古學研究』第49卷第3號, pp.37~51, 岡山, 考古學研究會.

김세기, 2003,「대가야의 묘제」,『大加耶의 遺蹟과 遺物』, pp.187~218, 고령, 大加耶博物館.

김세기, 2003,「墓制로 본 加耶社會」,『가야 고고학의 새로운 조명』, pp.603~652, 서울, 혜안.

조수현, 2004,「함안지역의 수혈식석곽묘」,『咸安博物館圖錄』, 咸安, 咸安博物館.

權龍大, 2005,『玉田古墳群 木槨墓의 分化樣相과 位階化에 대한 一考察』, (慶尙大學校碩士學位論文), 晋州, 慶尙大學校大學院.

국립가야문화재연구소, 2007,『가야무덤Ⅰ, Ⅱ』, 창원, 국립가야문화재연구소.

권용대, 2007,「소가야지역 분구묘의 특징과 형성과정 연구」,『야외고고학』, 대전, 한국문화재조사기관협회.

김세기, 2008,「가야지역 고분자료와 묘제의 지역성 고찰」,『영남학』13, 대구, 경북대학교 영남문화연구원.

김주용, 2008,「昌原·馬山地域의古墳文化」,『고문화』71, 한국대학박물관협회.

金奎運·金俊植, 2009,「泗川 船津里 石室墳」,『嶺南考古學』48號, 嶺南考古學會.

사회과학원고고학연구소, 2009,『가야의 무덤과 유물』, 서울, 진인진.

김두철, 2010,「棺床과 전기가야의 묘제」,『한국고고학보』75, 한국고고학회.

홍보식, 2010,「수혈식석곽과 조사방법」,『中央考古研究』6, 大田, 中央文化財研究院.

국립가야문화재연구소, 2012,『가야고분 축조기법Ⅰ』, 창원, 국립가야문화재연구소.

조영현, 2012,「'大加耶墓制'에 대한 연구현황과 과제」,『대가야 연구의 현황과 과제』, 고령군 대가야박물관·계명대학교 한국학연구원.

조재윤, 2012,『5~6世紀加耶古墳의 構造를 통해 본 地域性研究』, (고려대학교대학원석사학위논문), 조치원, 고려대학교대학원.

국립가야문화재연구소, 2013,『가야고분 축조기법Ⅱ』, 창원, 국립가야문화재연구소.

김준식, 2013,『가야 횡혈식석실의 성립과 전개』, (慶北大學校碩士學位論文)大邱, 慶北大學校大學院.

조영제, 2013,「西部慶南 加耶 木槨墓에 대하여」,『考古廣場』12, 부산, 부산고고학연구회.

崔景圭, 2013,『加耶 竪穴式石槨墓 研究』, (東亞大學校博士學位論文), 釜山, 東亞大學校大學院.

하승철, 2013,「소가야지역 4~5세기 목곽묘 연구」,『경남연구』8, 창원, 경남발전연구원역사문화센터.

하승철, 2013,「창녕 교동 12호분의 구조와 성격」,『야외고고학』18, 대전, 한국매장문화재협회.

김용성, 2014,「대가야고총체계와 왕묘」,『한국고대사탐구』18, 서울, 한국고대사탐구학회.

조영현, 2014,「고령 지산동 제 73~75호분의 축조양상과 기술」,『대가야의 고분과 산성』, 고령, 대가
　　　야박물관·대동문화재연구원.

권용대, 2015,「신라·가야 묘제 분화와 상호관계 검토」,『영남고고학회 학술발표회 24회』, 영남고고학회.

김동헌, 2015,『가야지역 횡혈계 석실묘의 변천과 배경』, (仁濟大學校碩士學位論文), 金海, 仁濟大學
　　　校大學院.

김준식, 2015,「경남 남해안 일대 倭系石室 被葬者의 성격과 역할」,『야외고고학』23, 大田, 韓國埋藏文
　　　化財協會.

조영현, 2015,「지산동고분군 대형 고총의 축조공정-제 73호분과 제 75호분의 예-」,『고령 지산동 대
　　　가야고분군』, 고령, 대가야박물관.

김준식·김규운, 2016,「가야의 묘제」,『가야고고학개론』, (중앙문화재연구원 학술총서 29), 서울, 진
　　　인진.

오재진, 2016,『大加耶圈橫穴式石室墓研究』, (慶尙大學校碩士學位論文), 晋州, 慶北大學校大學院.

백승옥, 2017,「가야의 왕릉급 고분에 대한 역사적 해석」,『한국고대사연구』88, 한국고대사학회.

최영준, 2017,『加耶多槨式古墳研究』, (慶尙大學校碩士學位論文), 晋州, 慶北大學校大學院.

강현숙, 2018,「고구려고분과 비교해본 가야 고분의 세계유산적 가치」,『가야고분군Ⅰ』, 창원, 가야고분
　　　군 세계유산 등재추진단.

권오영, 2018,「유라시아 고분과 비교를 통해 본 가야고분의 OUV」,『가야고분군Ⅰ』, 창원, 가야고분군
　　　세계유산 등재추진단.

김대환, 2018,「가야와 신라 묘제의 비교」,『가야고분군Ⅰ』, 창원, 가야고분군 세계유산 등재추진단.

윤영석, 2018,「5~6세기 호남 동부권 가야계 고분 축조세력의 규명」,『頭流文化』1, 金海, 頭流文化研究院.

이성주, 2018,「가야고분군 형성과정과 경관의 특징」,『가야고분군Ⅰ』, 창원, 가야고분군 세계유산 등재
　　　추진단.

정현광, 2018,「가야 제국의 고고학적 전환기 양상 연구」,『頭流文化』1, 金海, 頭流文化研究院.

홍보식, 2018, 「가야고총고분의 입지와 축조 기술」, 『가야고분군 I』, 창원, 가야고분군 세계유산 등재추
    진단.

2) 매장의례

和田萃, 1969, 「殯の基礎的考察」, 『史林』第53卷第5號, 京都, 史學研究會.

和田萃, 1982, 「飛鳥·奈良時代喪葬儀禮」, 『東アジアにおける儀禮と國家』, 東京, 學生社.

小出義治, 1990, 「喪葬祭祀と土器」, 『土師器と祭祀』, 東京, 雄山閣.

小林行雄, 1993, 「黃泉戶喫」, 『古墳文化論考』, pp.263~281, 東京, 平凡社.

田中良之·村上久和, 1994, 「墓室內飮食物供獻と死の認定」, 『九州文化史研究所紀要』39號, 福岡, 九州
    大學九州文化史研究所.

土生田純之, 1998, 『黃泉國の成立』, 東京, 學生社.

田中良之, 1999, 『人骨および人骨付着昆虫遺体からみた古墳時代モガリの研究』, 福岡, 九州大學院比
    較社會文化研究科.

金東淑, 2000, 「新羅·加耶墳墓의 祭儀遺構와 遺物에 關한 研究」, (慶北大學校碩士學位論文), 大邱, 慶
    北大學校大學院.

金東淑, 2000, 「嶺南地方의 6~7世紀代 墳墓出土 鐵鐸에 관한 研究」, 『慶北大學校 考古人類學科 20周
    年 紀念論叢』, 大邱, 慶北大學校人文大學考古人類學科.

김두철, 2000, 「祭祀考古學의 研究成果와 課題 -竪穴式儀禮遺構를 중심으로」, 『고고학의 새로운 지
    향』, (제 4회부산복천박물관 학술발표회)부산, 복천박물관.

淺岡俊夫, 2001, 「韓國古墳副葬品の脚台打ち欠き祭祀」, 『立命館大學考古學論集 II』, pp.159~174, 京
    都, 立命館大學考古學論集刊行會編.

金東淑, 2002, 「新羅·伽耶 墳墓의 祭儀遺構와 遺物에 관한 研究」, 『嶺南考古學』30.

田中良之, 2004, 「殯再考」, 『福岡大學考古學論集-小田富士雄先生退職記念-』, pp.661~678, 福岡, 小
    田富士雄先生退職記念事業會.

김동숙, 2007, 「고고자료로 본 가야인의 정신세계」, 『加耶의 精神世界』, (第13回加耶史學術會議), 金海,
    金海市.

김동숙, 2008, 「신라·가야의 象形容器와 분묘 제사」, 『丹豪文化研究』12, 龍仁, 龍仁大學校傳統文化研
    究所.

김용성, 2009, 「대가야 고총의 상장례」, 『가야인의 정신세계』, 고령, 대가야박물관·계명대학교 한국학
    연구원.

3) 순장

권오영, 1991, 「고대 영남지방의 순장」, 『한국고대사논총』4, 서울, 가락국사적개발연구원.

金秀桓, 2005, 「金官加耶의 殉葬: 金海 大成洞古墳群 殉葬樣相을 中心으로」, 『嶺南考古學』第37號, 嶺南考古學會.

이성준, 2009, 「한반도 고대사회에서 순장의 사상적 배경과 그 성격」, 『대가야의 정신세계』, 고령, 대가야박물관·계명대학교 한국학연구원.

金秀桓, 2010, 「阿羅加耶의 殉葬-大型 殉葬墓를 中心으로」, 『영남고고학』55, 영남고고학회.

김용성, 2013, 『고령 지산동고분군의 순장과 사후세계』, 대구, 경상북도.

신석원, 2013, 「고령 지산동 44호분 순장곽의 매장패턴 연구-인골과 부장품의 위치관계를 중심으로-」, 『한국고고학보』제88집, 한국고고학회.

김세기, 2014, 「대가야의 묘제와 순장」, 『대가야의 고분과 산성』, 고령, 대가야박물관·(재)대동문화재연구원.

김세기, 2015, 「지산동고분군의 순장」, 『고령 지산동 대가야고분군』, 고령, 대가야박물관.

신상백, 2017, 「加耶古墳殉葬의 比較研究」, (경북대학교석사논문), 경북대학교대학원.

김수환, 2018, 「가야의 순장」, 『가야사 총론』, 창원, 가야고분군 세계유산 등재추진단.

16. 생업

李賢惠, 1998, 「한국 농업기술 발전의 諸時期」, 『韓國 古代의 생산과 교역』, 서울, 一潮閣.

곽종철, 2002, 「우리 나라의 선사-고대 논밭 유구」, 『韓國 農耕文化의 形成』, 서울, 학연문화사.

곽종철, 2003, 「가야의 생업」, 『가야 고고학의 새로운 조명』, 부산대학교 한국민족문화연구소, 혜안.

최영하, 2008, 「고대 가야인의 사회발전과 생계경제 -어로활동을 중심으로」, (부경대학교석사학위논문), 부산, 부경대학교대학원.

권주현, 2009, 『가야인의 삶과 문화』, 서울, 혜안.

김병섭, 2009, 「밭유구의 調査方法과 田作方法」, 『한국과 일본의 선사·고대 농경기술』, 창원, 경남발전연구원 역사문화센터.

金度憲, 2010, 「嶺南 地域의 原始·古代 農耕 研究」, (釜山大學校博士學位論文), 釜山, 釜山大學校大學院.

권지영·김도헌, 2011, 「원시·고대 보 시설의 조사 방법과 구조 복원에 대한 시론」, 『야외고고학』11, 한국문화재조사연구기관협회.

안승모, 2013, 「식물유체로 본 시대별 작물조성의 변천」, 『농업의 고고학』, (한국고고학회 학술총서 5),
　　　　서울, 사회평론.

이준정, 2013, 「한반도 선사·고대 동물 사육(動物飼育)의 역사와 그 의미」, (한국고고학회 학술총서
　　　　5), 서울, 사회평론.

김도헌, 2016, 「가야의 생업과 제의」, 『가야 고고학개론』, (중앙문화재연구원학술총서 16), 서울, 진인진.

김재홍, 2018, 「가야 생업」, 『가야고분군Ⅱ』, 창원, 가야고분군 세계유산 등재추진단.

17. 가야와 왜

1) 총설

金廷鶴, 1977, 『任那と日本』, 東京, 小學館.

西島定生(外), 1992, 『巨大古墳と伽耶文化-空白の四世紀五世紀を探る-』, 東京, 角川書店.

李永植, 1993, 『加耶諸國と任那日本府』, 東京, 吉川弘文館.

鈴木靖民, 1995, 「伽耶の鐵と倭王權について歴史的パースペクティーヴ」, 『日本古代國家の展開』上,
　　　　思文閣.

朴天秀, 1995, 「渡來系文物からみた加耶と倭における政治的變動」, 『待兼山論叢』史學編29, pp.53~84,
　　　　大阪, 大阪大學文學部.

朴天秀, 1996, 「일본 속의 가야문화」, 『가야사의 새로운 이해』, 대구, 한국고대사연구회.

鈴木靖民(外), 1998, 『伽耶はなぜほろんだか』, 東京, 大和書房.

李熙真, 1999, 『加耶와 任那』, 서울, 東方미디어.

白石太一郎, 1999, 「日本列島における國家形成と加耶」, 『加耶の對外交渉』, (第5回加耶史學術會議),
　　　　pp.27~32, 金海, 金海市.

趙榮濟, 2001, 「5, 6世紀の加耶と倭」, 『シンポジウム古墳時代の加耶と倭-繼体大王時代の日韓交流』,
　　　　pp.35~65, 松岡, まつおか越の國傳說實行委員會.

白石太一郎, 2002, 「倭と加耶の交流の歴史的意味」, 『第5回國立歴史民俗博物館國際シンポジウム2002
　　　　古代東アジアにおける倭と加耶の交流』, pp.265~270, 佐倉, 國立歴史民俗博物館.

李盛周, 2003, 「加耶-倭의 相互作用에 대한 考古學의 解釋」, 『伽倻文化』第16號, pp.53~130, 서울, 財
　　　　團法人伽倻文化研究院.

李永植, 2004, 「加耶諸國の對外關係史の論点と視点」, 『國立歴史民俗博物館研究報告』第110集,

pp.533~548, 佐倉, 國立歷史民俗博物館.

武末純一, 2004, 「加耶と倭の交流-古墳時代前·中期の土器と集落-」, 『國立歷史民俗博物館研究報告』
第110集, pp.311~335, 佐倉, 國立歷史民俗博物館.

白承忠, 2004, 「廣開土王陵碑文」からみた加耶と倭」, 『國立歷史民俗博物館研究報告』第110集,
pp.579~608, 佐倉, 國立歷史民俗博物館.

宣石悦, 2004, 「加耶の鐵と倭の南北市糴」, 『國立歷史民俗博物館研究報告』第110集, pp.123~143, 佐
倉, 國立歷史民俗博物館.

朴天秀, 2005, 「5세기 日本列島의 韓半島系 文物을 통해 본 加耶와 倭」, 『한일관계사논집 2-왜 5왕문
제와한일관계-』, pp.283~318, 서울, 景仁文化社.

定森秀夫, 2005, 「考古學からみた伽耶」, 『古代を考える-日本と朝鮮-』, pp.172~201, 東京, 吉川弘文館.

박천수, 2007, 『새로쓰는 고대한일교섭사』, 서울, 사회평론.

박천수, 2011, 『일본 속의 고대 한국문화』, 서울, 眞仁眞.

박천수, 2012, 『日本 속 古代 韓國 文化-近畿지방-』, 서울, 東北亞歷史財團.

高田貫田, 2014, 『古墳時代の日朝關係』, 東京, 吉川弘文館.

井上主税, 2014, 『朝鮮半島の倭系遺物からみた日朝關係』, 東京, 学生社.

高田貫太, 2017, 『海の向こうから見た倭國』, 東京, 講談社.

中久保辰夫, 2017, 『日本古代國家の形成過程と對外交渉』, 大阪, 大阪大学出版会.

Park Cheun Soo, 2018, Kaya, Silla and Wa: Changing Relationships and Their Historical Back-
grounds, EARLY KOREA-JAPAN INTERACTIONS, Early Korea Project Korea Institute
Harvard University.

박천수, 2018, 「가야의 대외 교류」, 『가야고분군 Ⅱ』, 창원, 가야고분군 세계유산 등재추진단.

백승옥, 2018, 「가야와 중국·왜」, 『가야사 총론』, 창원, 가야고분군 세계유산 등재추진단.

山本孝文, 2018, 『古代韓半島と倭國』, 東京, 中央公論新社.

2) 금관가야와 왜

申敬澈, 1983, 「伽耶地域における4世紀代の陶質土器と墓制-金海禮安里遺蹟の發掘調査を中心とし
て」, 『古代を考える』34, 大阪, 古代を考える會.

申敬澈, 1992, 「금관가야의 성립과 대외관계」, 『伽耶와 東아시아』, 金海, 金海市.

申敬澈, 1993, 『伽耶古墳文化の研究』, 筑波, 筑波大學文學博士論文.

高久健二, 1997, 「良洞里と大成洞」, 『考古學による日本歷史10-對外交渉-』, pp.35~40, 東京, 雄山閣.

洪潽植, 2000, 「考古學으로 본 金官加耶」, 『考古學을 통해 본 가야』, (한국고고학회학술총서 1), pp.1~48, 부산, 한국고고학회.

申敬澈, 2004, 「金海大成洞古墳群の始まりと終り」, 『倭人のクニから日本へ』, pp.77~87, 東京, 學生社.

洪潽植, 2004, 「金官加耶と倭」, 『國立歷史民俗博物館研究報告110-古代東アジアにおける倭と加耶の交流』, pp.435~460, 佐倉, 國立歷史民俗博物館.

3) 소가야와 왜

趙榮濟, 2004, 「小加耶(聯盟體)와 倭系文物」, 『嶺南考古學會·九州考古學會 第6回 合同考古學大會-韓日交流의 考古學-』, pp.187~221, 釜山, 嶺南考古學會 九州考古學會.

하승철, 2011, 「외래계문물을 통해 본 고성 소가야의 대외교류」, 『가야의 포구와 해상 활동』, 김해, 인제대학교가야문화연구소.

諫早直人, 2018, 「마구로 보는 소가야와 왜의 교류」, 『소가야의 고분문화와 대외교류』, 창원, 국립가야문화재연구소.

김규운, 2018, 「소가야의 왜계고분 수용과 전개」, 『소가야의 고분문화와 대외교류』, 창원, 국립가야문화재연구소.

4) 아라가야와 왜

김태식, 1991, 「530년대 안라의 일본부 경영에 대하여」, 『釜山史學』4, 부산, 부산사학회.

남재우, 1997, 「6세기 안라국의 왜·일본부와의 관계」, 『成大史林』12·13, 서울, 성균관대학교사학회.

남재우, 2003, 『安羅國史』, 서울, 혜안.

하승철, 2013, 「고고자료를 통해 본 아라가야와 왜의 교류」, 『고고학을 통해 본 아라가야와 주변제국』, 서울, 경남발전연구원역사문화센터·학연문화사.

田中俊明, 2018, 「日本書紀を通して見た安羅と倭の関係」, 『안라의 위상과 국제관계』, 서울, 학연문화사.

5) 대가야와 왜

田中俊明, 1992, 『大加耶連盟の興亡と任那』, 東京, 吉川弘文館.

朴天秀, 1995, 「渡來系文物からみた加耶と倭における政治的變動」, 『待兼山論叢』史學編29, pp.53~84, 大阪, 大阪大學文學部.

朴天秀, 1996, 「일본 속의 가야문화」, 『가야사의 새로운 이해』, pp.55~86, 대구, 한국고대사연구회.

朴天秀, 2000,「考古學으로 본 加羅國史」,『가야각국사의 재구성』, pp.55~86, 서울, 혜안.

朴天秀, 2002,「大伽耶と倭」,『第5回國立歷史民俗博物館國際シンポジウム2002古代東アジアにおける 倭と加耶の交流』, pp.248~262, 佐倉, 國立歷史民俗博物館.

定森秀夫, 2002,「陶質土器로 본 倭와 大加耶」,『大加耶와 周邊諸國』, pp.207~275, 서울, 學術文化社.

朴天秀, 2004,「大加耶と倭」,『國立歷史民俗博物館研究報告』第110集, pp.461~480, 佐倉, 國立歷史民 俗博物館.

朴天秀, 2009,『日本列島속의 大加耶文化』, 大邱, 慶北大學校·大伽耶博物館.

18. 가야지역의 일본열도계 문물

1) 총론

柳田康雄, 1989,「朝鮮半島における日本系遺物」,『九州における古墳文化と朝鮮半島』, 東京, 雄山閣.

申敬澈, 1994,「伽耶地域山上倭系遺物の歷史的意義」,『伽耶および日本の古墳出土遺物の比較研究』, 佐倉, 國立歷史民俗博物館.

柳本照男, 2001,「金海大成洞古墳群出土の倭系遺物について」,『久保和士君追悼考古論文集』, pp.203~218, 松山, 久保和士君追悼考古論文集刊行會.

柳本照男, 2001,「倭國の形成と戰爭」,『季刊考古學』第76號, pp.14~19, 東京, 雄山閣.

朴天秀, 2002,「考古資料를 通해본 古代 韓半島와 日本列島의 相互作用」,『韓國古代史研究』27, pp.53~110, 서경문화사.

李盛周, 2002,「南海岸地域에서 출토된 倭系遺物」,『古代 東亞細亞와 三韓 三國의 交涉』, pp.53~84, 부산, 복천박물관.

井上主稅, 2003,「김해 및 부산지역 古墳 출토 倭系遺物에 대하여」,『考古學報』第51輯, pp.99~132, 大 邱, 韓國考古學會.

高久健二, 2004,「韓國の倭系遺物-加耶地域出土の倭系遺物を中心に-」,『國立歷史民俗博物館研究報 告』第110集, pp.367~402, 佐倉, 國立歷史民俗博物館.

井上主稅, 2004,「金海および釜山地域古墳出土の倭系遺物について」,『堀田啓一先生古稀記念献呈論 文集』, pp.25~48, 大阪, 堀田啓一先生古稀記念献呈論文集作成委員會.

安在晧, 2005,「韓半島에서 출토된 倭 관련 文物」,『한일관계사연구논집 2-왜 5왕 문제와 한일관계-』, 서울, 景仁文化社.

井上主税, 2006,『嶺南地方 出土 倭系遺物로 본 韓日交涉』, (慶北大學校博士學位論文).大邱, 慶北大學
　　　校大學院.

井上主税, 2014,『朝鮮半島の倭系遺物からみた日朝關係』, 東京, 学生社.

2) 하지키와 스에키

(1) 하지키

武末純一, 1988,「朝鮮半島の布留系の甕」,『永井昌文教授定年記念論文集-日本民族文化の生成』,
　　　pp.827~843, 東京, 六興出版.

米田敏幸, 1991,「土師器の編年-近畿」,『古墳時代の研究6 土師器と須恵器』, 東京, 雄山閣.

米田敏幸, 1993,「古式土師器に伴う韓式系土器について」,『韓式系土器研究』IV, 大阪, 韓式系土器研究會.

安在晧, 1993,「土師器系軟質土器考」,『加耶と古代東アジア』, pp.163~184, 東京, 新人物往來社.

申敬澈, 2000,「三國時代의 韓半島南部와 北部九州의 相互交流에 관한 考古學的研究 - 특히 嶺南出土
　　　土師器系土器를 소재로-」,『韓國民族文化』16, 부산, 부산대학교한국민족문화연구소.

申敬澈, 2001,「嶺南出土의 土師器系土器」,『3·4世紀日韓土器의 諸問題』, pp.1~39, 釜山, 釜山考古學
　　　研究會·庄內式土器研究會·古代學研究會.

安在晧, 2005,「韓半島에서 출토된 倭 관련 文物」,『한일관계사연구논집 2-왜 5왕문제와 한일관계-』,
　　　서울, 景仁文化社, I.

井上主税, 2005,「영남지역 출토 土師器系土器의 재검토」,『韓國上古史學報』48, 韓國上古史學會.

井上主税, 2008,「창녕 계성리유적 출토 土師器系 토기」,『昌寧 桂城里遺蹟』, 우리문화재연구원.

조성원, 2016,「영남지역 출토 4~5세기대 土師器系土器의 재검토」,『韓國考古學報』99, 韓國考古學會.

(2) 스에키

田邊昭三, 1981,『須恵器大成』, 東京, 角川書店.

菱田哲郎, 1992,「須恵器生産の拡散と工人の動向」,『考古學研究』第39卷 第3號, 考古學研究會.

酒井淸治, 1993,「韓國出土の須恵器類似品」,『古文化談叢』第30集(中), pp.899~913, 北九州, 九州古
　　　文化研究會.

木下亘, 2003,「韓半島 出土 須恵器(系)土器에 대하여」,『百済研究』37, pp.21~36, 大田, 忠南大學校百
　　　濟研究所.

河承哲, 2007,「스에키 출현과정을 통해본 가야」,『4-6세기 가야 신라고분 출토 외래계 문물』(第16回

嶺南考古學會學術發表會), 嶺南考古學會.

酒井淸治, 2013, 『土器から見た古墳時代の日韓交流』, 東京, 同成社.

이지희, 2015, 『한반도 출토 須惠器의 시공적 분포 연구』, (경북대학교석사학위논문), 경북대학교대학원.

3) 옥 석제품

(1) 경옥제 곡옥

崔恩珠, 1986, 「韓國 曲玉의 硏究」, 『崇實史學』第4輯, 서울, 崇實大學校史學會.

森浩一(編), 1988, 『古代翡翠文化の謎』, 東京, 新人物往來社.

森浩一(編), 1990, 『古代翡翠道の謎』, 東京, 新人物往來社.

門田誠一, 1992, 「ヒスイ・日本と朝鮮半島との交易」, 『海でむすばれた人々-古代東アジアの歴史とく
　　　らし-』, pp.51~74, 京都, 同朋社出版.

寺岡光晴, 1995, 『日本の翡翠』, 東京, 吉川弘文館.

早乙女雅博・早川泰弘, 1997, 「日韓硬玉製勾玉の自然科學分析」, 『朝鮮學報』第162輯, pp.21~42, 天理,
　　　朝鮮學會.

大賀克彦, 2005, 「稲童古墳群の玉類について-古墳時代中期後半における玉の伝世-」, 『稲童古墳群-福
　　　岡縣行橋市稲童所在の稲童古墳群調査報告』, pp.286~297, 行橋, 行橋市敎育委員會.

朴天秀・林童美, 2013, 「新羅・加耶의 玉」, 『韓國 先史・古代의 玉研究』, 부산, 복천박물관.

(2) 석제품

米田文孝, 1991, 「7石製品」, 『古墳時代の研究8古墳Ⅱ副葬品』, pp146~160, 東京, 雄山閣.

申敬澈, 1994, 「伽耶地域出土倭系遺物の歴史的意義」, 『伽耶および日本の古墳出土遺物の比較研究』,
　　　pp.1~4, 佐倉, 國立歴史民俗博物館.

河村好光, 1995, 「海をわたってきた鍬形碧玉製品」, 『考古學研究會40周年記念論集-展望考古學-』,
　　　pp.117~124, 岡山, 考古學研究會.

(3) 석제 모조품

白石太一郎, 1985, 「神まつりと古墳の祭祀-古墳出土石製模造品を中心として-」, 『國立歴史民俗博物
　　　館研究報告』第7集, pp.79~114, 佐倉, 國立歴史民俗博物館.

木下亘, 1991, 「8石製模造品」, 『古墳時代の研究8古墳Ⅱ-副葬品-』, pp.161~171, 東京, 雄山閣.

河野一隆, 2003,「石製模造品の編年と儀禮の展開」,『帝京大學山梨文化財研究所研究報告 第11集−特
　　　　集古墳時代中期の諸樣相−』, pp.15~27, 山梨, 帝京大學山梨文化財研究所.

4) 왜경

小田富士雄, 1988,「韓國古墳出土の倭鏡」,『考古學叢考』, 東京, 齊藤忠先生頌壽記念論文集刊行會.

高倉洋彰, 1989,「韓國原三國時代の銅鏡」,『九州歷史資料館研究論集』14, 福岡, 九州歷史資料館.

岡村秀典, 1993,「考察−銅鏡−」,『番塚古墳』, pp.233~236, 福岡, 九州大學文學部考古學研究室・感苅田
　　　　町教育委員會.

高倉洋彰, 1993,「倭鏡の製作」,『季刊考古學第43號−鏡が語る古代史−』, 東京, 雄山閣.

車崎正彦, 1993,「倭鏡の作者」,『季刊考古學第43號−鏡が語る古代史−』, 東京, 雄山閣.

門田誠一, 2000,「新羅・皇南大塚北墳出土の鐵鏡についての覚書」,『朝鮮古代研究』第2號, pp.51~64,
　　　　京都, 朝鮮古代研究刊行會.

高倉洋彰, 2002,「弁韓・辰韓の銅鏡」,『韓半島考古學論叢』, pp.235~248, 東京, すずさわ書店.

松浦有一郎, 2003,「方格T字鏡の國外出土資料−韓國金海市良洞里遺蹟出土鏡について−」,『新世紀の考
　　　　古學−大塚初重先生喜寿記念論文集−』, pp.875~882, 東京, 大塚初重先生喜寿記念論文集刊
　　　　行會.

上野祥史, 2004,「韓半島南部出土鏡について」,『國立歷史民俗博物館研究報告110—古代東アジアにお
　　　　ける倭と加耶の交流』, pp.403~434, 佐倉, 國立歷史民俗博物館.

5) 무구 · 무기

(1) 무구

穴沢咊光・馬目順一, 1975,「南部朝鮮出土の鐵製鋲留甲冑」,『朝鮮學報』76, 天理, 朝鮮學會.

藤田和尊, 1985,「日韓出土の短甲について−福泉洞10墳・池山洞32號墳出土例に關連して−」,『末永雅
　　　　雄先生米壽記念獻呈記念論文集』, 大阪, 末永雅雄先生米壽記念會.

鈴木一有, 1996,「三角板系短甲について−千人塚古墳の研究」,『浜松市博物館舘報』8, 浜松, 浜松市博物館.

宋桂鉉, 2001,「朝鮮半島の甲冑」,『季刊考古學』第76號, pp.39~42, 東京, 雄山閣.

橋本達也, 2002,「古墳時代甲冑の系譜−朝鮮半島との關係−」,『第5回國立歷史民俗博物館國際シンポジ
　　　　ウム2002古代東アジアにおける倭と加耶の交流』, pp.115~124, 佐倉, 國立歷史民俗博物館.

小林謙一, 2002,「韓半島出土の倭系甲冑」,『第5回國立歷史民俗博物館國際シンポジウム2002古代東ア
　　　　ジアにおける倭と加耶の交流』, pp.129~134, 佐倉, 國立歷史民俗博物館.

福尾正彦, 2003, 「古墳時代後期の鐵製冑」, 『古墳時代東國における渡來系文化の受容と展開』, pp.31~40, 神奈川, 專修大學文學部.

福尾正彦, 2003, 「日本と朝鮮半島の鐵製甲冑-短甲を中心に-」, 『東アジアと日本の考古學』Ⅲ(交流と交易), pp.149~179, 東京, 雄山閣.

宋桂鉉, 2004, 「加耶古墳の甲冑の變化と韓日關係」, 『國立歷史民俗博物館研究報告』第110集, pp.187~224, 佐倉, 國立歷史民俗博物館.

김영민, 2014, 「한국 출토 대금식 판갑의 제문제」, 한일교섭의 고고학 제2회 공동연구회.

鈴木一有, 2014, 「朝鮮半島出土の倭系武裝にみる日韓交渉」, 『武器·武具와農耕具·漁具』, 韓日交涉의 考古學 -三國·古墳時代-研究會.

橋本達也, 2015, 「古墳時代中期の武器·武具生産」, 『中期古墳とその時代-5世紀の倭王權を考える-季刊考古學·別册22』, 東京, 雄山閣.

阪口英毅, 2017, 「中期古墳編年と甲冑研究」, 『中期古墳研究の現状と課題Ⅰ-廣域編年と地域編年の問題-』, 中國四國前方後円墳研究會.

(2) 무기

鈴木一有, 2003, 「中期古墳における副葬鏃の特質」, 『帝京大学山梨文化財研究所研究報告』11, 帝京大学山梨文化財研究所.

禹炳喆, 2008, 「鐵鏃과 鐵鉾로 본 新羅, 加耶 그리고 倭」, 『嶺南考古學』47, 大邱, 嶺南考古學會.

豊島直博, 2010, 『鐵製武器の流通と初期國家形成』, 奈良, 奈良國立文化財研究所.

6) 파형동기

田中晋作, 2000, 「巴形銅器について」, 『古代學研究』151, 大阪, 古代學協會.

井上主税, 2003, 「김해 및 부산지역 古墳 출토 倭系遺物에 대하여」, 『考古學報』第51輯, pp.99~132, 大邱, 韓國考古學會.

岩本崇, 2013, 「古墳出土巴形銅器の製作技術」, 『技術と交流の考古學』, 同成社.

7) 통형동기

山田良三, 1969, 「筒形銅器考(附筒形銅器集成)」, 『古代學研究』55, pp.22~35, 大阪, 古代學協會.

田中晋作, 1990, 「百舌鳥·古市古墳群の被葬者の性格について」, 『古代學研究』122, 大阪, 古代學協會.

福永伸哉, 1998, 「4~5世紀における韓日交涉の考古學的檢討-對半島交涉からみた古墳時代倭政權の

性格-」,『靑丘學術論集』, 12, pp.7~26, 東京, 韓國文化研究振興財團.

山田良三, 1999,「筒形銅器の再考察」,『考古學論攷』, 第23冊, pp.1~44, 橿原, 橿原考古學研究所.

鄭澄元·洪潽植, 2000,「筒形銅器」,『福岡大學綜合研究所報』, 240, pp.45~56, 福岡, 福岡大學.

原久仁子, 2001,「韓·日出土筒形銅器に對する比較檢討」,『三國時代研究1』, (淸溪古代學研究會學術叢書1), pp.69~99, 서울, 學硏文化社.

原久仁子, 2002,「筒形銅器の用途推定論に對する再檢討」,『悠山姜仁求敎授停年紀念東北亞古文化論叢』, pp.41~53, 서울, 悠山姜仁求敎授停年紀念論叢編纂委員會.

申敬澈, 2004,「筒形銅器論」,『福岡大學考古學論集–小田富士雄先生退職記念–』, pp.679~702, 福岡, 小田富士雄先生退職記念事業會.

細川晋太郎, 2010,「한반도 출토 통형동기와 자루의 접속방법」,『고고광장』6, 부산, 부산고고학연구회.

細川晋太郎, 2010,「한반도 출토 통형동기의 제작기술 복원」,『과기고고연구』16, 아주대학교 박물관.

細川晋太郎, 2012,「한반도 출토 筒形銅器의 제작지와 부장배경」,『韓國考古學報』85, 韓國考古學會.

8) 자연유물

(1) 남도산패

木下尙子, 1996,『南島貝文化の研究』, 東京, 法政大學出版部.

木下尙子, 2001,「古代朝鮮·琉球交流試論–朝鮮半島における紀元1世紀から7世紀の大型卷貝使用製品の考古學的檢討」,『靑丘學術論集』第18集, pp.7~53, 東京, 韓國文化研究振興財團.

木下尙子, 2002,「韓半島の琉球列島産貝製品–1~7世紀を對象に–」,『韓半島考古學論叢』, pp.503~544, 東京, すずさわ書店.

朴天秀·李炫姃, 2015,「古代 韓半島 出土 琉球列島産 貝製品의 諸問題」,『海洋交流의 考古學』, 沖繩, 영남고고학회·九州考古學會.

(2) 관재

박상진·강애경, 2011,「창녕 송현동 6·7호분 출토 목제유물의 수종분석」,『창녕 송현동고분군I-6·7호분 발굴조사보고-』, (學術研究叢書 第50輯), 昌原, 국립가야문화재연구소.

加耶

XI

도판 목록과 출처

I. 가야 연구의 문제와 과제

II. 가야의 영역과 시기구분

Ⅲ. 가야의 유적과 유물의 연대

IV. 유적과 유물로 본 가야의 문화

Ⅴ. 가야와 왜의 교류

IX. 한일 가야관련 유적 탐방